FRANZ HAMPL
GESCHICHTE ALS KRITISCHE WISSENSCHAFT

DRITTER BAND

FRANZ HAMPL

GESCHICHTE ALS KRITISCHE WISSENSCHAFT

DRITTER BAND

PROBLEME DER RÖMISCHEN GESCHICHTE
UND ANTIKEN HISTORIOGRAPHIE
SOWIE EIN GRUNDSÄTZLICHER RÜCKBLICK

Herausgegeben von
INGOMAR WEILER

1979
WISSENSCHAFTLICHE BUCHGESELLSCHAFT
DARMSTADT

CIP-Kurztitelaufnahme der Deutschen Bibliothek

Hampl, Franz:
[Sammlung]
Geschichte als kritische Wissenschaft / Franz Hampl.
Hrsg. von Ingomar Weiler. — Darmstadt: Wissenschaftliche Buchgesellschaft.

Bd. 3. Probleme der römischen Geschichte und antiken Historiographie sowie ein grundsätzlicher Rückblick. — 1979.
ISBN 3-534-07539-0

2 3 4 5

Bestellnummer 7539-0

© 1979 by Wissenschaftliche Buchgesellschaft, Darmstadt
Satz: Roddert Fotosatz, Mainz
Druck und Einband: Wissenschaftliche Buchgesellschaft, Darmstadt
Printed in Germany
Schrift: Compugraphic Garamond, 9/11

ISBN 3-534-07539-0

INHALT

'Stoische Staatsethik' und frühes Rom 1

Römische Politik in republikanischer Zeit und das Problem des 'Sittenverfalls' 22

Das Problem des Aufstiegs Roms zur Weltmacht. Neue Bilanz unter methodisch-kritischen Aspekten 48
    Exkurs I: 'Späte Zeugnisse für frühen römischen Imperialismus?' . 80
    Exkurs II: Zum Verhältnis zwischen Individuum und Gemeinschaft im republikanischen Rom 85
    Exkurs III: Rom und die griechische Welt in der Zeit nach dem Zweiten Makedonischen Krieg 103
    Exkurs IV: Zur Frage des *divide et impera* als einer 'Maxime' der römischen Politik 116

Universalhistorische Vergleiche und Perspektiven zum Themenkreis 'Politik – Staatsethik – Sittenverfall im republikanischen Rom' . . 120

Rezension von: Gerold Walser, Caesar und die Germanen. Studien zur politischen Tendenz römischer Feldzugsberichte 159

'Denkwürdigkeiten' und 'Tatenberichte' aus der Alten Welt als historische Dokumente. Ein Beitrag zur Glaubwürdigkeit von Selbstdarstellungen geschichtlicher Persönlichkeiten 167

Herodot. Ein kritischer Forschungsbericht nach methodischen Gesichtspunkten 221

Beiträge zur Beurteilung des Historikers Tacitus 267

Rezension von: F. W. Walbank, A Historical Commentary on Polybios. Vol. I: Commentary on Books I—VI 295

Rezension von: F. W. Walbank, A Historical Commentary on Polybios. Vol. II: Commentary on Books VII—XVIII 300

Rezension von: Gustav Adolf Lehmann, Untersuchungen zur historischen Glaubwürdigkeit des Polybios 303

Rezension von: Vincenzo La Bua, Filino – Polybio. Sileno – Diodoro. Il problema delle fonti dalla morte di Agatocle alla guerra mercenaria in Africa 307

Rezension von: Kurt von Fritz, Die Griechische Geschichtsschreibung, Band I: Von den Anfängen bis Thukydides 310

Rezension von: Antony Andrewes, The Greeks 315

Rückblick und Ausblick 318

Ergänzung zum in Band I veröffentlichten Schriftenverzeichnis von Franz Hampl 369

Register 371
   A. Sachregister 371
   B. Eigennamen 374
   C. Geographisches Register 382

Berichtigung zu S. 345 s. am Schluß des Bandes

'STOISCHE STAATSETHIK' UND FRÜHES ROM*

I

Die Zeiten, in denen man geneigt war, die griechische Kultur der letzten vorchristlichen Jahrhunderte als bloße Verfallserscheinung zu beurteilen und abzutun, sind längst vorüber. Die Arbeit ganzer Forschergenerationen hat es immer deutlicher werden lassen, daß die schöpferischen Kräfte des Griechentums in der Epoche, die wir seit *Droysen* als die des Hellenismus bezeichnen, noch keineswegs versiegt waren, ja es hat sich klar gezeigt, daß die griechische Kultur auf gewissen Teilgebieten gar erst jetzt, in ihrer Spätzeit also, zur vollen Blüte kam mit Konzeptionen, von denen demgemäß in den früheren Jahrhunderten höchstens schon Vorstufen und Ansätze zu finden sind, die wir somit im ganzen als besonderen Ruhmestitel des Hellenismus betrachten dürfen. Zu diesen Konzeptionen gehört gewiß nicht zufällig (man denke an die Entwicklung in anderen Kulturen) auch alles das, was wir heute gemeinhin als 'stoische Staatsethik' bezeichnen und hier im besonderen die Idee von der sittlichen Verwerflichkeit des Krieges: nur wenn alle sonstigen Mittel erschöpft sind und es um nichts anderes geht als darum, feindliches Unrecht in Notwehr zu verhindern und einen ungestörten Frieden für die Zukunft zu sichern, ist der Krieg vom ethischen Standpunkt erlaubt und gerechtfertigt. Auch die Schonung des Feindes, der nicht durch eigene Grausamkeit jeden Anspruch auf Gnade verlor, wird jetzt, nach gewissen Vorstufen in der älteren philosophischen Literatur, zu einem festen ethischen Postulat.

Ein Hauptverdienst auf diesem Gebiete gebührt bekanntlich dem Panaitios, dem großen Stoiker aus Rhodos, von dessen Ideen wir freilich nicht viel wüßten, hätte nicht Cicero sie sich zu eigen gemacht und vor allem in seiner Schrift ›De officiis‹ verarbeitet. Mit einer bei ihm ungewöhnlichen Deutlichkeit bringt es Cicero selbst zum Ausdruck, daß er den beiden ersten Büchern seiner genannten Schrift das Werk des Panaitios περὶ καθήκοντος zugrunde legte.[1]

---

* Unveränderter Neudruck. Erstdruck in: HZ 184, 1957, 249—271. Zweitdruck in: Das Staatsdenken der Römer, hrsg. von R. Klein (Wege der Forschung 46), Darmstadt: Wissenschaftliche Buchgesellschaft 1966, 116—142.

[1] Siehe bes. off. II 60. III 7, dazu I 6. In der neueren Forschung ist dieser Tatbestand wohl allgemein anerkannt, siehe schon A. Schmekel, Die Philosophie der mittleren Stoa (1892), 18 ff., ferner etwa M. Pohlenz, Antikes Führertum, Cicero, de officiis und das Lebensideal des Panaitios (1934), 5 f., vgl. RE XVIII 435. Philippson, RE VII A 1171 f.

Es ist nun freilich nicht so, daß Cicero den Panaitios einfach übersetzte; und gerade auch dort, wo er im Anschluß an Panaitios eingehender auf den Krieg und die Grenzen seiner Zulässigkeit unter ethischem Aspekt gesehen zu sprechen kommt (off. I 34 ff.), erlaubt er sich einige höchst aufschlußreiche und für ihn charakteristische eigene Zusätze in Form von historischen Abschweifungen, die ihn zurück in die römische Geschichte der früheren Jahrhunderte führen; das ethische Postulat der Stoa, den Besiegten zu schonen, soweit er nicht grausam war, brachte den Römern nichts Neues, haben sie sich doch schon in früheren Zeiten praktisch entsprechend verhalten, indem sie zwar Karthago und Numantia vernichteten, aber die Tuskulaner, Aequer, Volsker, Sabiner und Herniker nicht nur bestehen ließen, sondern sogar in ihre eigene Bürgerschaft aufnahmen. Auch die stoische Idee des nur unter bestimmten oben herausgestellten Umständen als gerechtfertigt zu betrachtenden Krieges sieht Cicero im Verhalten der Altvordern des eigenen Volkes bereits verwirklicht, und zwar im Fetialrecht:

ac belli quidem aequitas sanctissime fetiali populi Romani iure prescripta est. ex quo intellegi potest nullum bellum esse iustum, nisi quod aut rebus repetitis geratur aut denuntiatum ante sit et indictum.[2]

Die Verbindung, die hier Cicero herstellt zwischen der besprochenen Forderung der stoischen Staatsethik und dem altrömischen Fetialrecht, wird uns noch näher beschäftigen. Vorerst richten wir unseren Blick auf jene andere Parallele zwischen der stoischen Forderung menschlicher Haltung gegenüber den Besiegten und der Praxis der römischen Politik und Kriegführung der früheren Zeit.

Die damit von Cicero gezogene Linie besitzt natürlich nur dann eine wirkliche Berechtigung, wenn sich sagen läßt, daß die ältere römische Praxis, besiegte

---

Vgl. auch H. Fuchs, Augustin und der antike Friedensgedanke (1926), 137 Anm. 4 (mit Hinweis auf die Anfänge dieser Staatsethik bei Platon).

[2] Off. I 36, vgl. dazu rep. III 35. Nur nebenbei sei vermerkt, daß durch das korrespondierende *aut—aut* in den Satz ein Sinn kommt, den Cicero selbst in diesem Zusammenhang eigentlich nicht für richtig halten konnte und der auch den tatsächlichen im Fetialrecht gegebenen Verhältnissen nicht entsprach, vgl. dazu unten S. 8 ff. Die bei Cicero mögliche und hier naheliegende Übersetzung „entweder — oder wenigstens" (vgl. die Belege bei R. Kühner, Ausführliche Grammatik der lateinischen Sprache, 1955, 104) bringt die Sache nicht ins reine. An eine Gleichsetzung von *aut — aut* mit *et — et* entsprechend späterem volkstümlichen Gebrauch kann bei Cicero kaum gedacht werden. — Auf den Hinweis Ciceros (a.O. 35), daß nach dem *mos maiorum* Feldherrn, die besiegte Gemeinden in die *fides* des römischen Volkes aufgenommen hatten, zugleich selbst die Patrone dieser Gemeinden wurden, soll an anderer Stelle eingegangen werden, hier genügt die Feststellung, daß wir mit einem Usus dieser Art für die frühen Zeiten Roms keineswegs rechnen können.

Nachbargemeinden (früher oder später) in die eigene Bürgerschaft aufzunehmen, ganz oder teilweise aus dem Bewußtsein resultierte, daß solche Haltung sittlich gefordert sei, und daß andererseits die Römer Karthago und Numantia aus eben dem Grunde nicht schonten, weil diese Gegner — im Gegensatz zu jenen italischen Völkerschaften — grausam waren und damit im Sinne der Idee des Panaitios das Recht auf menschliche Behandlung verwirkt hatten. Daß davon tatsächlich keine Rede sein kann, bedarf an sich wohl keiner näheren Ausführungen, doch scheint es in Hinblick auf das Weitere nicht fehl am Platze, bei den Dingen kurz zu verweilen.

Ciceros Hinweis auf die Vernichtung von Karthago und Numantia (und Korinth, das für ihn einen besonders unbequemen Sonderfall darstellt) könnte wohl — von Cicero selbst hier offensichtlich nicht beabsichtigt — den Eindruck erwecken, daß die Römer erst in der 'Verfallszeit' dazu übergingen, in solcher Weise mit besiegten Gegnern zu verfahren, wie das tatsächlich wohl vielfach angenommen wurde (vgl. schon Polyb. XXXVI 9, 6). Wir wissen aber, daß Rom schon in den früheren Jahrhunderten entsprechend verfuhr, also feindliche Städte nach erfolgter Eroberung, gelegentlich wohl auch nach erfolgter Dedition durch seine Feldherrn zerstören und die Einwohnerschaft in die Sklaverei verkaufen ließ[3], wobei die Frage, ob sich die betroffenen Gemeinden während des Krieges besonderer Grausamkeiten schuldig gemachte hatten, wiederum ganz irrelevant war.

Wie weit die frühen Römer davon entfernt waren, die Vernichtung einer Stadtgemeinde durch Versklavung der Bürgerschaft und Ausplünderung als etwas an sich sittlich Anstößiges zu betrachten, tritt mit besonderer Deutlichkeit auch in einer Bestimmung des zweiten Vertrages Roms mit Karthago (Polyb. III 24, 5f.) zutage. Karthager, die an der latinischen Küste landen, dürfen, so wird ausgemacht, latinische Städte, die Rom nicht untertänig sind, erobern und mitsamt der Einwohnerschaft ausräumen, wenn sie dann nur die leeren Städte den Römern übergeben. Die gewaltige Kluft, durch welche die Männer, die sich eine solche in einem offiziellen Staatsvertrag festgelegte Vereinbarung ausdachten, von einem Panaitios in der Haltung zu Krieg und Eroberung getrennt waren, muß wohl jeder empfinden, der die Dinge nüchtern und unvoreingenommen betrachtet. Die Frage, ob die betreffenden latinischen Städte etwa wegen eigener Grausamkeit kein besseres Schicksal verdienten, liegt völlig abseits, es geht einfach darum, daß von den vertragschließenden Parteien mit sehr handfesten, höchst 'unmoralischen' Beweggründen die gänzliche Vernichtung latinischer Gemeinden in Aussicht genommen wird.[4]

---

[3] Beispiele aus der annalistischen Tradition: Liv. II 17, 5f. IV 29, 4. V 21f. VII 27, 7f.
[4] Daß die Römer dabei nicht nur durch den Wunsch, auf solche billige Weise zu neuem Land zu kommen, bestimmt waren, sondern etwa auch den Gedanken hatten, auf solche

'Stoische Staatsethik' und frühes Rom

Das Bild, das sich hier und in dem Vorgehen der Römer gegen Städte, die sie sich selbst zu eigen machten, hinsichtlich der frühen römischen Geistesart bietet, macht es uns von vornherein unmöglich, die von den Römern in den gleichen Zeiten gepflogene Aufnahme ehemaliger Gegner in die eigene Bürgerschaft gemäß der von Cicero hergestellten Verbindungslinie anstatt auf nüchtern-praktische Erwägungen auf ethische Beweggründe zurückzuführen oder solchen Beweggründen auch nur eine mitbestimmende Rolle einzuräumen. Das bestätigt sich uns, wenn wir sehen, daß ein solches zunächst befremdlich wirkendes Nebeneinander von grausamer Vernichtung und scheinbar bewundernswert großmütiger Behandlung besiegter Feinde eine Erscheinung ist, die wir bei Kulturvölkern auf früher Stufe und ebenso auch schon bei primitiven und halbzivilisierten Völkern häufig antreffen. War es im allgemeinen das Schicksal der Gefangenen in den Fehden zwischen indianischen Stämmen, grausam getötet zu werden, so konnte es andererseits freilich auch vorkommen, daß solche Männer zu vollen Rechten in den Stamm (oder die Sippe) der Sieger aufgenommen wurden, wenn etwa starke blutige Verluste oder allgemein der Wunsch nach Stärkung der eigenen Gemeinschaft solches Vorgehen angezeigt erscheinen ließen. Aufnahme der Frauen und Kinder eines besiegten gegne-

Art die betreffenden latinischen Gemeinden in ihre Untertänigkeit zu pressen, ist natürlich nicht ausgeschlossen, aber es geht nicht an, der behandelten Bestimmung das (von unserem Standpunkt und dem des Panaitios aus betrachtet) Anstößige zu nehmen, indem man in sie etwas hineinlegt, was in ihr schlechterdings nicht enthalten ist. Siehe etwa E. Kornemann, Römische Geschichte I (3. Aufl. hrsg. von H. Bengtson, 1954), 115, wo durch bestimmte (im folgenden Zitat kursiv gedruckte) Zusätze der Sinn der Bestimmung verändert und, wie wir hinzusetzen müssen, verfälscht wird. Von den latinischen Städten „genießen die ersteren (scil. die unter Roms Herrschaft befindlichen) Roms Schutz, während die Karthager *im Falle eines Krieges* der zweiten Gruppe gegenüber (scil. gegenüber den nicht untertänigen Gemeinden) erobernd auftreten dürfen..., die eroberte Stadt jedoch an Rom *zurück*geben müssen". Auch J. Vogt geht sicher zu weit, wenn er meint, daß durch die behandelte Bestimmung „von der Seemacht Karthago den Römern in eindeutiger Form die territoriale Beherrschung von Latium zugesprochen wurde" (Römische Geschichte, Die römische Republik, ³1955, 61). Wie hätte Rom vertraglich zulassen können, daß sich in seinem Territorium karthagische Scharen erobernd herumtrieben? Zudem: in der behandelten Bestimmung werden die Städte, um die es hier geht, ja gerade als Rom „*nicht* untertänig" bezeichnet. Ähnlich wie Vogt F. Altheim, Römische Geschichte (1953), 385. — Vgl. auch die nächste Klausel des gleichen Vertrages (a.O. 24, 6): Die Römer haben auch nichts dagegen, wenn karthagische Seeräuber Bürger von Städten versklaven, mit denen sie selbst in einem vertraglich festgelegten Frieden leben, nur bitten sie sich (aus Gründen, die hier nichts zur Sache tun) aus, daß in einem solchen Fall die geraubten Menschen nicht gerade in einen römischen Hafen gebracht werden. Falls dies doch geschieht, soll jeder Gefangene frei sein, dem ein Römer die Hand auflegt. — Über die zeitliche Ansetzung des Vertrages Polyb. III 24 siehe Rh. Mus. 101 (1958), 58 ff.

rischen Stammes in die eigene Stammesgemeinschaft bei gleichzeitiger Ausrottung der wehrhaften Männer ist ebenfalls eine in solchen Bereichen keineswegs selten zu beobachtende Erscheinung[5], ganz zu schweigen natürlich von dem Usus, daß man Mädchen und junge Frauen schont, um sie als Konkubinen und Mägde mit nach Hause zu nehmen. Beispiele für solches Vorgehen und dafür, daß man auch Männern Schonung angedeihen läßt mit dem Hintergedanken, sie den Angehörigen gegen hohes Lösegeld zurückzuerstatten und solcherart ein gutes Geschäft mit ihnen zu machen, ließen sich auch für das frühe Griechentum aus den homerischen Epen und sonstiger Überlieferung in genügender Zahl beibringen; wichtiger ist, was das frühe Griechentum betrifft, in unserem Zusammenhang die Tatsache, daß sich eine krasse Diskrepanz in der Behandlung der älteren Bevölkerungsschichten im griechischen Raum durch die einwandernden Stämme — hier Vernichtung oder Versklavung, dort Aufnahme in den eigenen Verband etwa als neu hinzukommende Phyle — bekanntlich in verschiedenen Fällen nachweisen oder doch wahrscheinlich machen läßt. Auch in den Bereichen der älteren östlichen Kulturen finden wir den Fall, daß siegreiche Herrscher, anstatt den Gegner zu vernichten, aus realen Erwägungen heraus zu einem ganz konträren Verhalten kamen. Wir bringen ein Beispiel aus den Annalen des Hethiterkönigs Murschilisch II.[6]: Der König zieht gegen feindliche Städte und brennt sie nieder. Die Bewohner weiterer, vom gleichen Schicksal bedrohter Städte ziehen dem König entgegen und übergeben sich ihm mit einer Formel, die etwa so lautet (in der Übersetzung von J. Friedrich): „Unser Herr, du mögest uns nicht zugrunde richten, nimm uns in Dienstbarkeit und mache uns zu Fußtruppen und Wagenkämpfern; und wir wollen mit dir zu Felde ziehen." Dazu der König: „Ich nahm sie in Dienstbarkeit und machte sie zu Fußtruppen und Wagenkämpfern."

Der große Zusammenhang, in den wir das je nach der gegebenen Situation sehr verschiedene Verhalten Altroms gegenüber den besiegten Nachbarn zu stellen suchten, macht es völlig klar: Wenn die Römer schon in der frühen Zeit scheinbar geneigt waren, neben kalter Brutalität und Grausamkeit besondere Menschlichkeit walten zu lassen, indem sie in bestimmten Fällen den Adel oder auch die ganze Bürgerschaft besiegter Gemeinden (in der Regel freilich nicht mit vollen Rechten) in den eigenen Staatsverband aufnahmen, so steht dahinter kein sittliches Postulat im Sinne der Forderung der Stoiker, sondern ein praktischer Beweggrund, konkret gesagt die Erkenntnis, daß es in vielen Fällen vom Standpunkt der Nützlichkeit und 'Staatsraison' aus gesehen das gegebene war,

---

[5] Siehe etwa H. Bernatzik, Völkerkunde III ([2]1954), 266, 289. H. Krieg, Zwischen Anden und Atlantik (1948), 179f. Vgl. auch K. Birket-Smith, Gesch. der Kultur (1946), 321.

[6] J. Friedrich, Aus dem hethitischen Schrifttum 1. Heft, 1925 (Der Alte Orient, 24. Bd.), 9ff.

den früheren Gegner zu schonen und darüber hinaus gar mit dem eigenen Bürgerrecht auszustatten.

Die Meinung Ciceros, die darauf hinausläuft, daß die Römer jenes stoische Postulat, das den Siegern Milde gegenüber den Besiegten auferlegte, in ihrer Politik bereits Jahrhunderte zuvor praktisch erfüllt hätten, entspricht also nicht dem tatsächlichen historischen Sachverhalt. Um sie richtig zu verstehen, müssen wir berücksichtigen, daß die an sich allgemein-menschliche Neigung, die 'gute alte Zeit' in ein ideales Licht zu setzen, bei den Römern der Zeiten Ciceros aus besonderen Gründen besonders stark zur Geltung kam. Man kannte wohl von den Griechen die Mythen von den verschiedenen Zeitaltern und gewisse in ähnliche Richtung gehende etruskische Vorstellungen und kannte auch die Theorien eines Epikur über den Wandel der Lebensweise und Lebenshaltung der Menschen und eines Polybios über den Kreislauf der Verfassungen, aber daß sich in der Geschichte eine Entwicklung vollzieht, die den ganzen Menschen in seelischer und geistiger Beziehung erfaßt, derzufolge etwa Cicero ein ganz anderer war als ein führender Römer der Königszeit und in dieser frühen Zeit demgemäß undenkbar wäre — diese Erkenntnis war den damaligen Römern ebenso fremd wie auch noch ihren griechischen Lehrmeistern.[7] Bei dieser Sachlage war es für Cicero und seine Zeitgenossen nahezu eine innere Notwendigkeit, aus dem zu der Ethik des reifen Griechentums (freilich nur in gewisser Hinsicht) gut passenden äußeren Bild des Verhaltens der Vorfahren zur Umwelt auf eine entsprechende sittliche Haltung zu schließen, die Altrömer also, pointiert ausgedrückt, zu lauter Stoikern zu machen, denen ein Leben in Tugend über alles ging und die aus solcher sittlichen Haltung heraus natürlich auch nicht umhin konnten, besiegte Gegner mit Menschlichkeit zu behandeln und in dieser Humanität so weit zu gehen, daß sie ihnen Aufnahme in den eigenen Kreis gewährten, die im übrigen, wie Sallust es ausdrückt (B. C. 9, 5), „erlittenes Unrecht lieber verziehen als ahndeten".

Wie wenig von all dem tatsächlich die Rede sein kann, ließe sich, wenn es dessen bedürfte, indirekt auch schön am Charakter der altrömischen Religion

---

[7] Was die Griechen betrifft, so ist in dieser Hinsicht die Interpretation Homers durch die Stoiker besonders aufschlußreich. Sie ist überhaupt nur zu verstehen, wenn man sich klarmacht, daß diese Männer der hellenistischen Zeit Homer und seine Helden als ihresgleichen betrachteten. Ebenso sieht etwa Polybios in den römischen Staatsführern der frühen Zeit seinesgleichen, wenn er (VI 56, 9 ff.) die Ansicht vertritt, daß diese Männer ganz rationalistisch die Götterkulte einführten, um durch sie die Menge zu zügeln. — Die Mißachtung, mit der man in einem Teil der Literatur der neuesten Zeit dem Entwicklungsgedanken begegnet, bringt es mit sich, daß hier ähnliche krasse Anachronismen auftreten. In dem Werk etwa von J. Spiegel über ›Das Werden der altägyptischen Hochkultur‹ (1953) sieht es so aus, als wären die Ägypter der Pyramidenzeit richtiggehende Existenzialisten gewesen. Vgl. dazu unten Anm. 8.

demonstrieren, insofern hier besonders deutlich wird, daß die Römer in bezug auf ihre sittliche Entwicklung durchaus keinen Sonderfall unter den Völkern der Weltgeschichte darstellen, daß sie, genauer gesagt, weder auf dem behandelten noch auch auf anderen Gebieten in den frühen Zeiten bereits die ethische Stufe erreichten, die wir bei den Griechen erst im einschlägigen Schrifttum der hellenistischen Epoche erreicht finden. Schon von *Ed. Meyer* und vielen anderen damaligen und späteren Forschern ist mit aller Klarheit gezeigt worden, daß mit dem Aufkommen einer 'Gewissensethik' an Stelle der primitiveren und dementsprechend allgemein älteren 'Erfolgsethik' in den verschiedenen Kulturen eine 'Ethisierung der Religion' (ein m. W. von Ed. Meyer geprägter Ausdruck) insofern Hand in Hand ging, als man nun in der Regel die Götter zu Trägern der neuen sittlichen Postulate machte. Daß aber in dieser Hinsicht die römische Religion der griechischen etwas voraus hatte, ist wohl das letzte, was sich behaupten ließe.

Die Situation, die sich hinsichtlich des erörterten Problems im ganzen ergibt, ist jedem, der sich mit solchen Fragen näher beschäftigt, wohlvertraut. Es handelt sich, mit einem Wort, darum, daß gewisse Institutionen und Verhaltungsweisen, die einen rein praktischen Ursprung haben, im Laufe der Zeit einen sittlichen Gehalt gewinnen und daß dann die späteren Menschen diesen sittlichen Gehalt auch für die frühe Zeit voraussetzen und hier vielleicht nun gar die Wurzel der betreffenden Institutionen sehen. Schon *R. von Jhering* ging diesen Zusammenhängen in seiner vor achtzig Jahren erschienenen grundlegenden Untersuchung über die Gastfreundschaft im Altertum nach und betonte dabei mit vollem Recht, daß wir es hier mit Dingen zu tun haben, „die niemand, der nicht in seinem Urteil gänzlich fehlschlagen will, außer acht lassen darf"[8].

II

Wir können uns nun Ciceros zweitem Exkurs in die frühe römische Geschichte zuwenden, auf den es uns im Rahmen des Themas besonders ankommt. Stellen wir noch einmal fest: Bei Panaitios findet Cicero (und natürlich nicht er allein, siehe unten) den Gedanken, daß der Krieg nur als Notwehr und Verteidigungskrieg sittlich gerechtfertigt sei, und wieder glaubt er sagen zu können, daß die Römer schon in früher Zeit dem ethischen Postulat des reifen Griechentums entsprechend handelten, indem sie tatsächlich nur Verteidigungskriege führten,

---

[8] Deutsche Rundschau 51 (1887), 357 ff., zit. 375. Die 'unhistorische Anschauung', gegen die sich Jhering im weiteren wendet, nach welcher das sittliche Gefühl in der Menschheit von Anfang an und ohne jede Entwicklung da war, hat freilich noch heute, und heute sogar wieder besonders, ihre Vertreter. Hier nur als Beispiel das Werk von J. Messner, Das Naturrecht (1950); siehe bes. 30 ff.

das Schwert gegen andere also nur gebrauchten, wenn das Gesetz der Notwehr, bezogen auf sie selbst und ihre Bundesgenossen, sie dazu zwang.[9] Wenn die obigen Darlegungen zutreffen, müssen wir von vornherein erwarten, daß auch hier Cicero eine Linie zog, die keine wirkliche Gültigkeit hat. Aber der äußere Tatbestand scheint ihm in diesem Falle mehr als in dem oben behandelten recht zu geben, ich meine die Art, wie auf Grund des Fetialrechtes, an das Cicero ja konkret denkt, von den Römern schon der frühen Zeit ein Krieg vorbereitet und angesagt wurde.

Bekanntlich sind wir über diese Dinge durch eine Stelle bei Livius (I 32) gut informiert, von der heute wohl allgemein anerkannt ist, daß sie uns alte Überlieferung aus der Zeit, da Rom in der Hauptsache noch auf das Gebiet am unteren Tiber beschränkt war, mehr oder weniger unverfälscht erhalten hat — ob man freilich mit dem Wortlaut der Formel über den gallischen Brand hinaufgehen kann, muß unsicher bleiben (vgl. schon *L. Lange*, Röm. Altertümer I,³1876, 324).

Die Stelle ist in der Literatur schon so oft eingehend behandelt worden, daß wir uns hier auf das Wichtigste beschränken können.[10] Es war Sache der Fetialen, einen Krieg des römischen Staates auf besondere Weise einzuleiten. Ihnen lag es ob, vom künftigen Gegner unter feierlicher Anrufung der Götter zunächst Genugtuung für das 'Unrecht' zu fordern, das die Römer erlitten hatten. Wurde die Auslieferung der Schuldigen oder die Rückerstattung der geforderten Sachen verweigert, so riefen die Fetialen nach Ablauf einer Frist von 30 (oder 33) Tagen die Götter zu Zeugen dafür an, daß jenes Volk „ungerecht war und das Recht nicht erfüllte". Nach dem nun folgenden Kriegsbeschluß war es wiederum Sache der Fetialen, den Krieg in feierlicher Form anzusagen und durch symbolischen Lanzenwurf zu eröffnen.

---

[9] Daß Cicero in der damaligen Zeit mit dieser Beurteilung der älteren römischen Politik als praktisch geübte stoische Staatsethik keineswegs allein stand, ließe sich an Hand zahlreicher Beispiele dartun. Besonders bezeichnend das Gebet, das Plutarch nach unbekannter Quelle (jedenfalls nicht nach Livius) den Camillus nach der Einnahme von Veii an die Götter richten läßt (5, 6): Ζεῦ μέγιστε καὶ θεοὶ χρηστῶν ἐπίσκοποι καὶ πονηρῶν ἔργων, αὐτοί που σύνιστε 'Ρωμαίοις ὡς οὐ παρὰ δίκην ἀλλὰ κατ' ἀνάγκην ἀμυνόμενοι μετερχόμεθα δυσμενῶν ἀνδρῶν κτλ. — Der ursprüngliche Plan, im Rahmen dieser Untersuchung den Einfluß stoischen und sonstigen hellenistischen Gedankengutes auf römische und griechische Bearbeiter der älteren Geschichte Roms bis in seine weit vor der Zeit Ciceros liegenden Anfänge zurückzuverfolgen, wurde aus Platzgründen nicht ausgeführt.

[10] Siehe etwa L. Lange a.O. 326f. J. Marquardt, Röm. Staatsverwaltung III (1879), 402 ff. O. Karlowa, Röm. Rechtsgesch. I (1885), 280 ff. C. Phillipson, The International Law and Custom of Ancient Greece and Rome II (1911), 329 ff. A. Heuß, Die völkerrechtlichen Grundlagen der römischen Außenpolitik in republikanischer Zeit, Klio Beiheft 31. N.F. 18 (1933), 20 ff.

Ehe wir im folgenden in einer Erörterung dieser Fetialordnung unter dem von unserem Thema bestimmten Gesichtspunkt eintreten, ist es nötig, kurz herauszustellen, daß wir es hier nicht eigentlich mit dem 'Grundfall' kriegerischer Aktionen der römischen Gemeinde zu tun haben. Über diesen werden wir durch einzelne aufschlußreiche Notizen bei Cassius Dio und Gellius ins Bild gesetzt.[11] Was wir hier erfahren, ist dies, daß noch in später Zeit die Centuriatscomitien durch kriegerisches Hornsignal einberufen wurden und daß es dann Aufgabe einer hierfür bestimmten Abteilung war, den Ianiculus militärisch zu besetzen und dort eine rote Kriegsfahne zu hissen — nur wenn diese Fahne wehte, durfte die Tagung der Comitien durchgeführt werden. Was es mit diesen später sinnlosen Bräuchen ursprünglich auf sich hatte, ist ganz klar. Die Centuriatscomitien waren, wie dies ja auch ihre Gliederung in Hundertschaften erkennen läßt und zudem noch verschiedene alte noch spät in Gebrauch befindliche Ausdrücke und Formeln bestätigen[12], ursprünglich das Aufgebot der Gemeinde, das mobilisiert wurde, wenn unmittelbare Kriegsgefahr in Gestalt eines anrückenden Feindes drohte. Die Bürgerschaft versammelte sich als Aufgebot auf dem Marsfeld, um dort zunächst die nötigen Beschlüsse zur Begegnung der drohenden Gefahr zu fassen, damit aber in der Zwischenzeit der Feind keinen Handstreich auf die Stadt unternahm, besetzte man den Ianiculushügel und begann mit der Tagung erst, wenn man sich solcherart geschützt und gesichert wußte. Für die Zeremonien der Fetialordnung und das hier vorgeschriebene Ultimatum mit dreißigtägiger Wartefrist war in solcher Situation kein Platz, handelte es sich doch darum, daß einem auftretenden Feind sogleich begegnet wurde, und zwar natürlich auch dann, wenn man sich mit den Angreifern bis dahin noch nicht im Kriegszustand befand. Man kann danach konstatieren, daß für die Verteidigungskriege im strengen Sinne des Wortes nicht die Fetialen, sondern, wenn man so will, die Hornisten der Centuriatscomitien zuständig waren, womit freilich nicht gesagt ist, daß nach Abwehr solcher feindlicher Invasionen die Fetialen nicht auch noch in Aktion traten. Wenn es sich um Einfälle bewaffneter Scharen von Freibeutern aus Nachbargemeinden, mit denen man zu diesem Zeitpunkt in Frieden lebte, handelte, war dies sogar regelmäßig der Fall, indem es nun darum ging, durch die Fetialen von den betreffenden Gemeinden Genugtuung für den von ihren Bürgern angerichteten Schaden zu fordern (vgl. die folgenden Ausführungen).

---

[11] Cassius Dio XXXVII 28. Gellius XV 27, 2 und 5, vgl. Varro, 1.1.VI 88. Dazu H. Siber, Zeitschr. Sav. Stift. N.F.57 (1937), 247.

[12] H. Siber a.O., vgl. neuerdings E. Schönbauer, Historia II (1953/54), 30f., wo mit Recht gegen die nicht selten (zuletzt von G. Devoto in: Historia Mundi, hrsg. von F. Valjavec, Bd. 3, 1954, 382) vertretene Meinung Stellung genommen wird, daß die Gliederung der Centuriatscomitien nur scheinbar eine militärische sei.

Nun zu Liv. I 32 und dem uns speziell angehenden Verhältnis des hier überlieferten Fetialrechtes zur 'stoischen Staatsethik'. *Mommsen* hat bekanntlich die Auffassung vertreten (Röm. Staatsrecht III, 341 ff.), daß die Fetialen in der dargelegten Weise nur gegenüber Gemeinden in Aktion traten, mit denen man in einem völkerrechtlichen Vertragsverhältnis stand. Wäre diese Auffassung, der sich etwa *S. Brassloff* und *E. Hohl* anschlossen[13], richtig, so wäre, wie wir unter dem Aspekt unserer Themastellung konstatieren müssen, einer Verbindung zwischen der Fetialordnung und der stoischen Idee von der sittlichen Zulässigkeit bzw. Verwerflichkeit allgemein des Krieges von vornherein der Boden entzogen. Allein es fehlt ihr jegliche feste Stütze, und die Formeln selbst sind ihr keineswegs günstig, indem sie nichts von einem Vertragsbruch verlauten lassen, sondern nur ganz allgemein von einem 'Unrecht' sprechen, das sich die Gegenseite (etwa durch Raub von Vieh und Menschen) zuschulden kommen ließ.[14]

Eine andere Meinung, die erstmals wohl von *Osenbrüggen* in seiner 1836 erschienenen Schrift ›De iure pacis ac belli Romanorum‹ (23) vertreten wurde und die ebenfalls noch im neueren Schrifttum einzelne Anhänger hat[15], geht dahin, daß im Sinne der Fetialordnung jeder Krieg gerecht war, der unter genauester Beachtung der äußeren kultischen Formen erklärt wurde. In der Tat haben die äußeren Formen von Anbeginn eine äußerst wichtige Rolle gespielt, und doch trifft, wie schon *M. Müller-Jochmus* erkannte[16], auch diese Theorie nicht das Wesen der Sache. Es geht primär um das 'Unrecht', das vor allem darin gegeben war, daß Angehörige einer fremden Gemeinde auf eigenem Gebiet erschienen und hier plünderten und Vieh raubten und vielleicht auch Frauen und Kinder mit sich fortschleppten. Es muß aber freilich schon hier mit Nachdruck betont werden, daß dieser Sachverhalt noch nicht zu dem Schluß berechtigt, daß die Römer im Gegensatz zu ihren Nachbarn solche Beutezüge an sich für verwerflich hielten und ihre Genugtuungsforderung in diesem Sinne ethisch begründet war. Bei nüchterner Betrachtung des einschlägigen Quellenmaterials kommen wir um die Feststellung nicht herum, daß die frühen Römer in dieser Hinsicht

---

[13] S. Brassloff, Der römische Staat und seine internationalen Beziehungen (1928), 25 Anm. 16. E. Hohl, Gnomon 9 (1933), 144, vgl. auch G. Wissowa, Religion und Kultus der Römer (1912), 550.

[14] Vgl. gegen Mommsen vor allem A. Heuß, a.O.24f. Gegen die Auffassung Mommsens spricht weiterhin das in den folgenden Ausführungen behandelte Vergleichsmaterial aus der frühen griechischen Welt.

[15] Siehe etwa W. Otto, Zur Geschichte der Zeit des 6. Ptolemäers, Abh. Bayer. Akad. Wiss., phil.-hist. Abt. N.F. Heft 11 (1934), 39 Anm. 3. V. Pöschl, Grundwerte römischer Staatsgesinnung in den Geschichtswerken des Sallust (1940), 82 Anm. 2 (anders freilich im 3. Band der ›Historia Mundi‹, vgl. unten Anm. 20).

[16] M. Müller-Jochmus, Geschichte des Völkerrechts im Altertum (1848), 155. Vgl. ferner besonders T. Frank, Class. Philol. VII (1912), 335 ff.

vor ihren Nachbarn nichts voraus hatten und 'Unrecht' bei ihnen ebenso wie bei den anderen damaligen Völkern auf gleicher Kulturstufe im allgemeinen nur Bezug auf den Schaden hatte, den man selbst durch fremden Zugriff erlitt. Ein Blick auf die Welt der homerischen Epen wird uns helfen, die hier gegebenen Verhältnisse zu verstehen. Die Fürsten von Ithaka betrachten es wohl als eine Genugtuung heischende Tat, wenn messenische Männer auf der Insel landen und die Herden rauben, aber das hindert sie nicht, die Mehrung der eigenen Güter durch Seeraub auch selbst für eine ganz normale und keineswegs anstößige Beschäftigung zu halten, der sie nicht minder gern als jene Messenier nachgehen. Odysseus gibt sich nicht nur dem Eumaios und Antinoos gegenüber, und natürlich durchaus nicht in der Absicht, sich damit in ein schlechtes Licht zu setzen, als ein Mann aus, der mit seinen Gefährten fremde Küsten als Pirat heimsucht (Od. XIV 229 ff. XVII 415 ff.), sondern er ist auch tatsächlich, wie ihn der Dichter schildert, ein solcher Mann: seine Knechte hat er sich durch Beutezüge, die wir uns nach Art des freilich mißglückten Zuges gegen die Kikonen vorzustellen haben, verschafft (Od. I 397), und den Schaden, den ihm die Freier zufügten, wird er, wenigstens teilweise, wiederum durch solche Beutezüge gutmachen.[17] Wie wir sehen, beginnt für diese griechischen Herren einer frühen Zeit das Genugtuung heischende 'Unrecht' erst dort, wo man selbst durch entsprechendes Verhalten anderer geschädigt ist, hier freilich ist man schon recht empfindlich und wohl auch schon geneigt, die Götter als Helfer, Schützer und Rächer mit hereinzuziehen: Telemachos droht nach Od. I 379 f. den Freiern, die sein väterliches Gut verprassen, mit göttlicher Vergeltung. Nach Od. XIV 276 ff. fleht der Seeräuber, als welcher sich Odysseus in der erfundenen

---

[17] Od. XXIII 357. Bekanntlich hat aus dieser und den sonstigen in die gleiche Richtung weisenden Stellen des Epos schon Thukydides (I 5) den Schluß gezogen, daß die Piraterie im frühen Griechentum eine allgemein geübte und keineswegs als schimpflich betrachtete Erwerbsquelle war, und in der Tat lassen die Stellen aus Homer sowie zahlreiche Angaben späterer Überlieferung über Polykrates, die Phokäer, die solonische Gesetzgebung usw. eine andere Erklärung schlechterdings nicht zu und wären auch dann in dieser Richtung beweisend, wenn sich nicht von der Ethnologie her zeigen ließe, daß wir es hier wiederum mit einer bei Völkern auf bestimmter Kulturstufe sehr verbreiteten Erscheinung zu tun haben. Bei Berbern, Beduinen, Tuareg, Kirgisen usw. liegen die Dinge, wo nicht moderne Staatsgewalt einschreitet, noch heute nicht wesentlich anders. Vgl. zu den diesbezüglichen Verhältnissen (soweit es sich um Afrika handelt) B. Malinowski, Dynamik des Kulturwandels (1951), 169 ff. — Ich muß an dieser Stelle gestehen, daß ich, einer heute stark wirksamen Tendenz nachgebend, eine Zeitlang selbst geneigt war, die homerischen Verhältnisse diesbezüglich zu idealisieren. Die speziell diese Dinge betreffenden Einwände, die ich damals gegen einzelne Feststellungen in M. Pohlenz' Werk ›Der hellenische Mensch‹ (1947) glaubte erheben zu müssen (HZ 172, 1951, 112), nehme ich hiermit ausdrücklich zurück.

Erzählung vor Eumaios ausgibt, den mit Heeresmacht gegen ihn und seine Gefährten zum Schutze des Landes herbeieilenden Ägypterkönig um Schonung an, die in seinen Augen, wo er nun selbst der leidende Teil ist, in fast grotesker Weise geradezu als Gebot des den Fremdling schützenden Zeus erscheint. Nur in diesem Zusammenhang ist auch die auffällige Geschichte zu verstehen, daß Hektor einerseits den Wunsch äußert, den Kopf des toten Patroklos auf einen Pfahl zu stecken und seinen Rumpf den Hunden vorzuwerfen, andererseits aber vor seinem Tode für den eigenen Leichnam die Übergabe an die eigenen Angehörigen erfleht und mit dem Zorn der Götter droht, als Achill es ihm verweigert (Il. XVII 126f. XVIII 176f. XXII 338ff.).

Die Verhältnisse in der frühen römischen Welt liegen im Prinzip nach allem, was sich erkennen läßt, nicht anders. Man fordert wohl Genugtuung in dem Fall, daß etwa Angehörige von Nachbargemeinden plündernd das eigene Gebiet heimsuchen, zögert auch nicht, bei solchen Gelegenheiten die Götter feierlich anzurufen, und wenn in den Verträgen bei Polyb. III 22ff. den Karthagern verboten wird, im Gebiet der Römer und ihrer Untertanen als Freibeuter aufzutreten, so heißt das (wenigstens in der Übersetzung des Polybios), sie sollen den betreffenden Städten „nicht Unrecht tun" (μὴ ἀδικεῖν). Auf der anderen Seite setzen die gleichen Verträge voraus, daß römische und latinische Herren nicht anders als solche aus Karthago als Freibeuter fremde Küsten unsicher machen.[18] Auch haben, wie wir bereits sahen, die Römer in diesen Abmachungen durchaus nichts dagegen, daß karthagische Piraten sich an außerhalb des römischen Herrschaftsbereiches liegenden latinischen Städten vergreifen, sofern die Karthager nur bereit sind, sie, die Römer, auf die dargelegte Weise am Geschäft zu beteiligen. Von 'Unrecht' kann also tatsächlich in der damaligen römischen Sicht ebenso wie in derjenigen etwa der homerischen Herren nur dort gesprochen werden, wo man durch räuberisches Verhalten anderer selbst geschädigt ist. Es läßt sich nicht leugnen, daß solche Haltung noch weit entfernt war vom Geiste einer Ethik stoischer Prägung, die im diametralen Gegensatz dazu vom einzelnen Menschen erwartete, daß er in bezug auf sittliches Verhalten zu allerst bei sich selbst den Anfang machte und nötigenfalls lieber Unrecht erlitt, als daß er selbst welches tat.[19]

---

[18] Polyb. III 24, 4: τοῦ καλοῦ ἀκρωτηρίου ... μὴ λῄζεσθαι ἐπέκεινα Ῥωμαίους μηδ' ἐμπορεύεσθαι μηδὲ πόλιν κτίζειν. Dazu a.O. 22, 5: μὴ πλεῖν Ῥωμαίους μηδὲ τοὺς Ῥωμαίων συμμάχους (μακραῖς ναυσὶ, siehe a.O. 23,2) ἐπέκεινα τοῦ καλοῦ ἀκρωτηρίου κτλ.

[19] Da auch für uns heute die Wörter 'Unrecht' und 'ungerecht' einen ausgesprochen ethischen Inhalt haben, ist es natürlich überhaupt problematisch, sie mit Bezug auf *iniustum* und *iniuste* in den altrömischen Fetialformeln anzuwenden. Im Grunde liegen hier die Dinge nicht anders als etwa bei den Wörtern *virtus* und *sapientia*, deren Bedeutung ursprünglich auch keineswegs die unseres 'Tugend' und unseres 'Weisheit' war. Vgl. zu

Unsere Feststellungen im Anschluß an die Ablehnung der *Osenbrüggen*'schen These führten uns nun schon mitten in eine Auseinandersetzung mit der heute herrschenden Meinung über das römische Fetialrecht, von der wir sagen dürfen, daß sie mehr oder weniger auf eine Sanktionierung der Ansicht Ciceros und seiner Zeitgenossen hinausläuft. Lassen wir einen ihrer führenden Vertreter selbst zu Worte kommen[20]:

> Ebenso tritt uns die römische Politik im Verkehr mit den Nachbarn vorwiegend in defensiver Haltung entgegen, sie verschmäht die rohe Gewalt und unterwirft sich förmlich den Normen des Rechtsgangs. Nach alten Satzungen, die von der Priesterschaft der Fetialen gehütet werden, gilt der Krieg als Notwehr, seine Eröffnung und Begründung wird justizmäßig vollzogen. In aller Feierlichkeit wird vom Partner die Wiedergutmachung des Unrechts verlangt, und erst wenn dieser Anspruch abgelehnt ist, wird die Forderung gewaltsam eingetrieben. So wird der Krieg — *bellum iustum piumque*[21] — zu einer Rechtsexekution. Es versteht sich dann auch, daß er nach dem Waffenentscheid durch eine vertragliche Regelung abgeschlossen werden muß, der Vertrag aber ist eine sittliche Bindung...

Der Krieg schlechthin nur als letztes Mittel in der Notwehr erlaubt und in allen anderen Fällen somit verwerflich — das wäre in der Tat eine von den Römern um viele Jahrhunderte vorweggenommene Verwirklichung der stoischen Konzeption vom Krieg und den Grenzen seiner sittlichen Berechtigung, und Cicero hätte mit der von ihm hergestellten Beziehung zwischen Panaitios und dem altrömischen Fetialrecht im Grunde völlig recht. Nach allem, was wir bisher zu sagen hatten, sind wir nicht in der Lage, diese Auffassung zu teilen, doch wollen wir es uns nicht zu leicht machen; unsere Aufgabe im folgenden wird es sein, das wichtige Problem unter allen sonst noch möglichen Gesichtspunkten zu untersuchen. Es wird sich dabei bestätigen, daß die Lösung nicht in der Richtung liegt, in der sie von den zitierten Forschern gesucht wird.

Wer an den Römern besonders hervorhebt, daß sie (im Sinne der Fetialordnung) Kriege nur in der Verteidigung und nur in bestimmten Rechtsformen

---

sapientia jetzt D. Kienast, Cato der Zensor (1954), 140f. Auch das griechische ἀρετή hat seine uns geläufige ethische Bedeutung erst im Laufe der Zeit erhalten, siehe darüber Ed. Schwartz, Ethik der Griechen, hrsg. von W. Richter (1951), 19ff. Für die Bedeutung von *ius* im älteren römischen Recht siehe vor allem M. Kaser, Das altrömische ius (1949), 22ff.

[20] J. Vogt, Röm. Gesch., 3. Aufl. 98f., vgl. 171f. Ähnlich etwa M. Gelzer, Hermes 68 (1933), 165. E. Burck, Antike 16 (1940), 216. H. E. Stier, Welt als Geschichte VII (1941), 13f. A. Heuß in: Rom und Karthago, hrsg. von J. Vogt (1943), 128ff. E. Kornemann, Röm. Gesch.I³, 6. R. Paribeni, Storia di Roma I (1954), 108f. V. Pöschl in: Historia Mundi III, 467f. U. von Lübtow, Das römische Volk (1955), 482f. (hier Anm. 31 noch weitere Literaturhinweise).

[21] Es muß vermerkt werden, daß die hier bei Vogt wie auch bei den meisten anderen zitierten Forschern greifbare Vorstellung, daß der Terminus *bellum iustum* schon im altrömischen Fetialrecht vorkommt, dem Befund der Tradition nicht entspricht.

führten, setzt doch offenbar voraus, daß es sich hier um eine speziell römische Erscheinung handelt und keinesfalls um eine solche von mehr oder weniger allgemeiner Verbreitung. Demgegenüber läßt selbst noch die späte annalistische Tradition unbeschadet dessen, daß auch sie bestrebt ist, den Römern der älteren Zeit hinsichtlich Rechtlichkeit, Sittlichkeit und Gottesfurcht eine einzigartige Stellung unter den damaligen Völkern zuzuweisen, klar erkennen, daß von spezifisch römisch im vorliegenden Fall nicht gesprochen werden kann. Die Erzählungen Liv. I 22 und I 30 über Genugtuungsforderungen, die seitens der Latiner von Alba Longa bzw. der Sabiner für erlittenes Unrecht an die Römer gerichtet wurden, mögen einen historischen Kern haben oder nicht — auf jeden Fall zeigen sie, daß man es noch in späteren Zeiten römischerseits für selbstverständlich hielt, daß die Haltung der sonstigen italischen Völkerschaften in solchen Situationen im Prinzip der eigenen ganz entsprach, und tatsächlich ist denn auch die Existenz des Kollegiums der Fetialen außer für Rom noch für eine ganze Reihe anderer italischer Gemeinden der latinisch-faliskischen und umbro-sabellischen Völkergruppen bezeugt.[22] Wer also dazu neigt, aus dem römischen Fetialrecht den Schluß zu ziehen, daß den frühen Römern gleich den späten griechischen und römischen Philosophen der Krieg allgemein nur als Notwehr gerechtfertigt schien, der kann wohl nicht umhin, einen entsprechenden Sachverhalt auch für die übrigen italischen Völker oder doch jedenfalls für einen erheblichen Teil dieser Völker anzunehmen, und steht dann vor der Schwierigkeit, daß die Zahl der Kriege und Fehden in diesem Raum nach allem, was man sagen kann, nicht geringer war als die Zahl der Kriege sonst irgendwo in den Bereichen halbzivilisierter Völkerschaften. Uns bestärkt dieser Sachverhalt in der Meinung, daß die Römer in dieser Hinsicht weder besser noch schlechter als die sonstigen auf gleicher Kulturstufe stehenden Völker waren, und wir sehen uns darin weiterhin bekräftigt durch die Ergebnisse, zu denen wir kommen, wenn wir wiederum versuchen, die Dinge aus einem möglichst weiten Zusammenhang heraus zu verstehen.

In der frühen griechischen Welt, wie wir sie vor allem aus den homerischen Epen kennen, wird bekanntlich viel Krieg geführt, doch handelt es sich hier — ganz so wie bei den Völkern, mit denen es die Ethnologie zu tun hat (vgl. *K. Birket-Smith* a.O. 314, 368) — größtenteils nicht etwa um Aktionen, die von Stammes- oder Stadtgemeinden beschlossen und durchgeführt werden, sondern um solche durchaus 'privater' Natur, um Beutezüge vor allem, die adlige Herren

---

[22] Siehe CIL X 797. Dionys. II 79. Liv. VIII 39, 14, vgl. Liv. I 32, 5. Serv. VII 695. X 14. G. Wissowa, Religion und Kultus der Römer 550 mit Anm. 5 sieht in dem Umstand, daß sich „der Rechtsverkehr von Volk zu Volk ursprünglich ausschließlich durch die Vermittlung der beiderseitigen Fetialen" vollzieht, den besten Beweis dafür, „daß diese Institution in ganz Latium und über dessen Grenzen hinaus in Mittelitalien heimisch war". Vgl. auch Samter, RE VI 2259. Gelzer, RE XII 946.

mit ihren Gefolgschaften durchführen und in deren Verlauf es nur dann zu größeren Kämpfen kommt, wenn sich die Angegriffenen zur Wehr setzen, wie es z. B. die Kikonen tun, als Odysseus und seine Gefährten eine ihrer Ortschaften überfallen und ausplündern. Eine klare Scheidung zwischen diesen privaten Kriegszügen der adligen Herren und kriegerischen Unternehmungen, welche die Gemeinden als solche durchführen, finden wir etwa Od. XIV 229ff. in der Geschichte, die Odysseus dem Eumaios über sein angebliches früheres Leben vorerzählt: Neunmal fuhr er mit seinen Gefolgsleuten auf Schiffen gegen fremde Völker und kam jedesmal mit Beute beladen zurück in die Heimat und wurde so ein reicher (und wohlgemerkt auch angesehener) Mann. Dann kam der trojanische Krieg und machte diesem Freibeuterdasein ein jähes Ende. Denn das Volk seiner kretischen Heimatgemeinde bestimmte ihn neben Idomeneus zum Führer der Schiffe, die diese Gemeinde gegen Troja stellte, und er, Odysseus (oder als welchen er sich ausgab), sah keine Möglichkeit, dem auszuweichen; eine sozusagen offizielle staatliche Aktion also, zu welcher der adlige Herr gleichsam eingezogen wurde, während jene Beutefahrten nichts weiter waren als seine und seiner Gefolgsleute Privatsache. Dies als Beispiel für einen Sachverhalt, wie er auch an vielen anderen Stellen in der ›Ilias‹ und ›Odyssee‹ deutlich wird (vgl. unten).

Wenn uns ausschließlich die späte annalistische Tradition zur Verfügung stünde, würde es uns nicht ganz leichtfallen, einen sicheren Beleg dafür zu finden, daß auch für den älteren römischen Bereich mit einem solchen Nebeneinander von kriegerischen Aktionen der Gemeinde und Unternehmungen, die einzelne Männer mit ihren Gefolgsleuten und Knechten auf eigene Faust ins Werk setzten, zu rechnen ist, doch sprechen die beiden ersten Karthagerverträge (Polyb. III 22ff.) auch hier eine klare Sprache. Wir haben auf die einschlägigen Bestimmungen dieser Verträge schon oben hingewiesen. Sie sehen nicht nur vor, daß Karthager mit dem Ziel, Beute zu gewinnen und ganze Städte mit bewaffneter Hand auszuräumen, bis nach Latium kommen, sondern rechnen ebenso auch mit Fahrten römischer Freibeuter (und Händler) entlang den Küsten des westlichen Mittelmeers. Daß hierbei nicht etwa an staatliche, von Volk und Senat beschlossene Aktionen zu denken ist, sondern an solche privaten Charakters, durchgeführt von römischen und latinischen Herren aus eigenem Entschluß heraus und mit eigenen, ihnen persönlich verpflichteten Mannschaften, ist an sich schon klar und erhellt überdies aus einer Klausel des zweiten Vertrages (a.O. 24, 8ff.), die eine scharfe Unterscheidung staatlicher und privater Angelegenheiten mit Bezug auf Altrom und Karthago ebenso hervortreten läßt wie etwa die behandelte Odysseestelle mit Bezug auf das frühe Griechentum:

> Wenn der Römer (scil. der sich als Pirat oder Händler unterwegs befindet) aus einem Land, das unter karthagischer Herrschaft steht, Wasser oder Lebensmittel für die Reise nimmt, so soll er bei dieser Verproviantierung an denen, mit welchen die Karthager in

Frieden und Freundschaft stehen, kein Unrecht tun, und gleiches gilt umgekehrt auch für die Karthager. Wenn aber solches geschieht, soll sich der Geschädigte nicht auf eigene Faust Genuugtung verschaffen. ἐὰν δέ τις τοῦτο ποιήσῃ, δημόσιον γινέσθω τὸ ἀδίκημα.
Die bis dahin private Angelegenheit wird damit zur 'Staatsaffäre'.

Die späte annalistische Überlieferung hat sich, wie schon angedeutet, in ihrer Tendenz, das frühe Rom zu verherrlichen, nicht gerade bemüht, von dieser eben behandelten Seite des Altrömertums, auf welche die Karthagerverträge ein helles Licht werfen, die Nachwelt allzuviel wissen zu lassen, doch konnte auch sie die Spuren räuberischer Privatkriege ihrer adligen Herren und Sippen nicht ganz verwischen. Wir denken hier an die schon berührte Geschichte Liv. I 22, nach welcher die von Leuten aus Alba Longa auf dem Gebiete der Römer durchgeführten Beutezüge ihre römischen Gegenstücke hatten, oder an den (an sich wahrscheinlich unhistorischen) Beutezug, den nach Dionys. VII 19 Coriolan gegen Antium unternahm; auch die berühmte Geschichte bei Liv. II 48 ff. (vgl. Dionys. IX 15 ff.) von dem Auszug der Fabier gegen Veii und ihrer Niederlage an der Cremera gehört allem Anschein nach hierher. Die Erzählung steht in einem offenbar auf die fabische Familienchronik zurückgehenden und jedenfalls *ad maiorem gloriam* des fabischen Geschlechtes geschriebenen annalistischen Stück und läßt demgemäß, gleich dem vorhergehenden Bericht a.O. 45 ff., das genannte Geschlecht in einem außerordentlich günstigen Licht erscheinen. Da lesen wir, wie sich die Fabier anboten, allein gegen Veii zu ziehen, wie der Senat dies mit Dank annahm, wie das Gerücht davon durch die Stadt eilte und diese von Lobsprüchen über das edle Geschlecht widerhallte, wie dann die Fabier unter den Augen der staunenden und mit Bewunderung erfüllten Menge auszogen usf. Wenn wir die Geschichte von all dem schönen Beiwerk befreien, um den historischen Kern, an dessen Vorhandensein nach den Forschungen *F. Münzers* nicht zu zweifeln ist, freizulegen, so bleibt ein privater Kriegszug, den das fabische Geschlecht mit seinem Anhang in das Gebiet der Veijenter unternahm[23], der dann freilich anders ausging, als es sich die ausziehenden Herren erhofft hatten.

[23] So schon etwa U. von Lübtow a.O. 35. Zur Historizität der Geschichte siehe F. Münzer, Römische Adelsparteien und Adelsfamilien (1920), 53 und 55. — Viel Verwirrung hat der Versuch des Servius (VII 614. VIII 1) gestiftet, diesen ihm von seinem Standpunkt aus unverständlichen Privatkrieg als *coniuratio* schlecht und recht in das römische Staatsrecht einzugliedern. Es handelt sich dabei um eine der drei in Rom möglichen *militiae genera: quae fit in tumultu ... quando vicinum urbis periculum singulos iurare non patitur*, bei der also in Hinblick auf die unmittelbar drohende Gefahr, die zur Eile drängt, gemeinschaftlich der Eid abgelegt wird, und zwar vor dem Führer des Heeres, der zur *coniuratio* mit der Formel aufruft: *qui rem publicam salvam esse vult, me sequatur*. Die Beurteilung des Fabierzuges als eine solche *coniuratio* durch Servius wurde von Mommsen

Wir haben uns hier zu fragen, ob solche private Fehden und die Beutezüge entlang den Küsten des Meeres auch feierlich durch Fetialen angesagt wurden und sich demgemäß auch nur gegen Gemeinden richteten, die 'Unrecht' taten. Die Feststellung, daß davon keine Rede sein kann, klingt gewiß überflüssig und ist es doch nicht in unserem Zusammenhang: Auch von hier aus betrachtet ergibt sich die Unhaltbarkeit der Meinung, daß die Römer der älteren Zeiten aus einem besonderen Rechtsempfinden und zugleich einer sittlichen Haltung heraus jede kriegerische Unternehmung ablehnten, die nicht ein in Notwehr geführter Verteidigungskrieg war. Das Problem spitzt sich damit auf die Frage zu, wie unter den gegebenen Verhältnissen die Fetialordnung, die ja *für den Staat* wirklich nur Verteidigungskriege (im behandelten Sinne) zuläßt, zu verstehen ist.

Wieder müssen wir hinüberschauen in den Bereich des frühen Griechentums. Wir haben uns schon in früheren Abschnitten mit den privaten, vornehmlich der Mehrung des eigenen Gutes dienenden Fehden der homerischen Herren beschäftigt, die ihrer Natur nach offensiven Charakter hatten, und wollen nun sehen, wie es unter dem gewonnenen Aspekt mit den 'staatlichen' Kriegen in der homerischen Welt steht, genauer gesagt mit den Kriegen, von denen wir annehmen dürfen, daß Homer sie sich als staatliche, von den Gemeinden als solchen unternommene Aktionen dachte. Haben wir es am Ende auch hier nur mit Verteidigungskriegen zu tun und Unternehmungen, bei denen es um Buße für erlittenes 'Unrecht' ging?

Da ist der Krieg gegen Troja, den in der behandelten Erzählung des Odysseus (Od. XIV 229ff.) eine kretische Gemeinde beschließt. Wie sich der Dichter das Verhältnis dieser Gemeinde zu Agamemnon vorstellt, ob als ein solches der Untertänigkeit oder der Symmachie, ist nicht ersichtlich, aber jedenfalls war das

(Röm. Forsch. II, 249ff.) und einigen Neueren (K. Latte, N. G. G., N. F. 1, 1934/36, 66ff. R. Stark, Hermes 75, 1940, 208ff.) aufgegriffen, obwohl sichtlich alle sachlichen Voraussetzungen fehlen. Weder weiß die livianische Erzählung etwas von einer akuten, die Stadt unmittelbar bedrohenden Gefahr, wie sie nach Servius die Voraussetzung zu einer *coniuratio* bildete, noch auch kann davon die Rede sein, daß der Führer des Kriegszuges alle Bürger zur freiwilligen Teilnahme aufforderte, denn das ist ja gerade der Kern der Erzählung, daß es nur die Fabier waren, die auszogen. Nicht ganz klar ist mir, wie Mommsen und seine Nachfolger den Fabierzug einerseits als *coniuratio* und andererseits dann doch wieder auch als privaten Beutezug auffassen können. — Der private Charakter eines Kriegszuges dieser Art schließt natürlich an sich noch nicht aus, daß die Beute, die man gewann oder zu gewinnen hoffte, nicht auch dem Volke zugute kam, dessen Gunst man durch entsprechendes Verhalten gewinnen oder festigen konnte. Als homerische Parallele wäre hierfür der Zug des Nestor gegen die Eleer anzuführen (Il. XI, 670ff.). — R. Stark (Res publica, Diss. Göttingen 1937, 15) sieht ansprechend in der Tatsache, daß nicht die römische Gemeinde, sondern der Feldherr das Verfügungsrecht über die Beute hatte, ein Rudiment aus der Zeit der Privatkriege.

große Unternehmen, um dessen Teilnahme es ging, ein Krieg gegen einen im 'Unrecht' sich befindenden Gegner im Sinne des römischen Fetialrechts: Die Stadt wurde bekriegt, die es abgelehnt hatte, die von den Achäern für die Entführung der Helena durch Paris erforderte Genugtuung zu leisten. Einen entsprechenden Fall bietet Od. XXI 16ff., nur daß es hier um eine viel gewöhnlichere Sache, um Herdenraub, ging. Messenische Männer hatten, worauf in anderem Zusammenhang schon hinzuweisen war, auf einem ihrer Piratenzüge 300 Schafe der Ithakenser mitsamt ihren Hirten geraubt. Nun kam Odysseus, von Laertes und den übrigen Geronten geschickt, als Gesandter also der Gemeinde von Ithaka[24], nach Messene, um hier die Buße zu fordern, die „das ganze Volk" schuldete. Der Krieg der Gemeinde von Ithaka gegen diejenige der Messenier, der dann ausbrach, falls die Messenier der von Odysseus überbrachten Forderung nicht stattgaben, war zweifellos wieder ein Krieg der Art, wie ihn die altrömische Fetialordnung als 'Normalfall' vorsah. Als ein Unternehmen des ganzen Volkes scheint sich Homer des weiteren den Zug der Kureten gegen Kalydon nach der berühmten Eberjagd vorzustellen, doch bleiben die näheren Umstände hier unklar.[25] An den sonstigen Stellen der homerischen Epen, wo die Gemeinden als solche kriegerisch auftreten, liegen die Dinge besonders einfach, es ist die Situation, die der Dichter auch im typisch gestalteten Bild des Krieges auf dem Schild des Achilleus zur Darstellung bringt (Il. XVIII 509ff.): Fremde reisige Scharen erscheinen auf ihrem Zug nach Beute vor einer Stadt, die mit Vernichtung bedroht wird, wenn sie nicht bereit ist, alles in ihren Mauern auf gleich und gleich mit den Feinden zu teilen. Aber die Gemeinde in der Stadt lehnt ab und tritt nun mit ihrem Aufgebot in Aktion, indem sie dieses gegen den Feind ausrücken läßt, während die Frauen, Kinder und Greise zum Schutze der Mauern zurückbleiben.

Wo die Gemeinden als solche in der homerischen Welt kriegerisch aktiv werden, handelt es sich also in allen Fällen, in denen eine Aussage darüber möglich ist, um Verteidigungskriege im strengen Sinne des Wortes oder um Kriege, die doch jedenfalls durch feindliche Übergriffe bzw. die Ablehnung einer Genugtuung seitens der Gemeinde, welcher die Schadenstifter angehörten, veranlaßt wurden. Die Diskrepanz, die sich uns damit hier ebenso wie im römisch-italischen Bereich zwischen dem Charakter der kriegerischen Unternehmungen

[24] Vgl. dazu Od. III 82 und IV 314, wo mit Bezug auf die Reise des Telemachos scharf herausgestellt wird, daß sie nicht in öffentlicher, das Volk von Ithaka betreffender Angelegenheit, sondern in eigener privater Sache durchgeführt wurde.

[25] Il. IX 547ff. Nach späterer Überlieferung (siehe diese bei Höfer, Roschers Lexikon der Mythologie V, 777ff. s. v. Thestiaden) hätte es sich darum gehandelt, daß Meleagros die Söhne des Kuretenfürsten Thestios im Verlauf eines Streites nach der Verteilung der Jagdtrophäen erschlug, aber es ist natürlich unsicher, ob Homer diese Version bereits bekannt war.

einerseits der mächtigen Einzelmenschen und andererseits der Gemeinden ergibt, kann selbstredend nicht mit der Behauptung erklärt werden, daß die Staaten als solche in den frühen Zeiten gerecht und friedliebend, die Individuen dagegen ungerecht und kriegerisch gewesen seien. Offensichtlich *lag es im Wesen der Gemeinden, nur Verteidigungskriege zu führen*, oder anders ausgedrückt: nur für Kriege, die (wenigstens theoretisch) der Verteidigung und dem Schutze der Bürger und ihres Gutes dienten, betrachtete sich die Gemeinde als solche zuständig. Es ist im Rahmen unserer Themastellung besonders wichtig, daß sich gerade für Rom die Richtigkeit dieses Ergebnisses an einem besonderen Tatbestand bestätigt.

Worum es sich handelt, ist oben S. 9 bereits dargelegt worden — um die Art der Einberufung der Centuriatscomitien und die besonderen Begleitumstände ihrer Tagungen. Wenn diese Comitien noch in der eigentlich historischen Zeit *nur* auf ein kriegerisches Alarmsignal hin zusammentreten und *nur dann* als beschließende Versammlung fungieren konnten, wenn der Ianiculus besetzt war und zum Zeichen dessen die rote Fahne wehte, dann bedeutet das nicht mehr und nicht weniger, als daß das bürgerliche Aufgebot, aus dem die Centuriatscomitien hervorgingen, strenggenommen überhaupt nicht fähig war, zu anderen Gelegenheiten als zur Verteidigung der eigenen Gemeinde in Aktion zu treten, daß also hier schlechthin der Zuständigkeits- und Aufgabenbereich des Aufgebotes der Gemeinde lag. Wiederum zeigt sich damit, daß die Tatsache, daß der römische Staat theoretisch nur Verteidigungskriege führte, einfach aus dem Wesen dieses Staates resultiert, das andere Kriege gar nicht zuließ, und folglich nichts zu tun hat mit einer besonderen sittlichen Einstellung des frühen römischen Menschen zum Kriege. —

Halten wir die Dinge, auf die es ankommt, noch einmal fest. Bei der Lektüre des philosophisch-ethischen Schrifttums der Stoa stieß Cicero auf Ideen, die ihn als einen der geistig führenden Männer des Römertums der spätrepublikanischen Zeit ansprachen und von denen er dann auf Grund bestimmter Verhaltensweisen der Altrömer gegenüber der Umwelt annahm, daß sie schon in frühen Zeiten der römischen Geschichte zwar noch nicht theoretisch konzipiert, aber doch schon praktisch, und zwar in höchst bedeutsamer Weise, wirksam waren. Er maß damit, einer sehr verbreiteten, in der Geschichte immer wieder hervortretenden menschlichen Tendenz entsprechend, von den sittlichen Postulaten der eigenen Zeit her bestimmten frühen Vorgängen und Erscheinungen einen sittlichen Gehalt bei, der ihnen tatsächlich nicht eignete. Weder hatte die von den alten Römern in bestimmten Fällen vorgenommene Aufnahme besiegter Gegner in die eigene Bürgerschaft etwas mit dem stoischen Postulat der Schonung der Feinde zu tun, noch auch liegt bereits in der altrömischen Fetialordnung bzw. in dem aus der letzteren resultierenden Rechtscharakter aller vom römischen Staat unternommenen Feldzüge als Verteidigungskriege die stoische Idee vom Kriege als einem nur im Falle der Notwehr sittlich erlaubten Mittel der

Politik. Die Punkte, die es uns unmöglich machten, hier Cicero zu folgen, brauchen nicht noch einmal aufgezählt zu werden, aber wir wollen an dieser Stelle noch festhalten, daß die Ergebnisse, zu denen wir kamen, an und für sich schon zu erwarten waren. Hätten Cicero und seine Zeitgenossen recht, würde das Altrömertum nicht nur unter den damaligen italischen Völkern, sondern überhaupt unter den Völkern dieser Kulturstufe ganz aus dem Rahmen fallen, während ihm die Resultate dieser Untersuchung wenigstens hinsichtlich der behandelten Dinge einen ganz regulären Platz unter besagten Völkern zuweisen. Wir stellen es noch einmal mit Nachdruck heraus, daß die frühen Römer nach allem, was sich erkennen läßt, in bezug auf ihr Verhältnis zu besiegten Feinden und ihre Einstellung zu Krieg und Fehde wie auch sonst nicht besser und natürlich auch nicht schlechter als die anderen Völker in diesem Stadium der Entwicklung waren und von den hohen ethischen Postulaten des späten Hellenismus noch ebensoweit entfernt wie etwa die Griechen der homerischen Zeit. Gerade hier, d. h. zwischen den frühen Römern und den frühen Griechen, haben sich in dieser Untersuchung (unbeschadet der vorhandenen mehr oder weniger tiefgehenden völkisch bedingten Verschiedenheiten, die uns im Rahmen des Themas nicht interessierten) zahlreiche innere Beziehungen aufzeigen lassen — Beziehungen, denen gewiß mehr historische Realität eignet als denen, die vermeintlich das Altrömertum mit den Philosophen des Hellenismus und insonderheit mit Panaitios verbanden.

Wir sind uns klar darüber, daß die Ergebnisse dieser Untersuchung eine erneute Behandlung verschiedener weiterer Probleme historischer und rechtlicher Art gebieterisch fordern. Wir denken da etwa an das Problem allgemein der Entstehung und des Wesens der Gemeinde, das in der neueren althistorischen Literatur auffällig zurücktritt, an das Problem sodann der römischen Politik in der älteren Zeit, an das Problem des 'Sittenverfalls' in den Jahrhunderten des Niederganges der römischen Republik und nicht zuletzt auch an die Frage, wieweit die verschiedenen sonstigen von Cicero, Sallust, Livius und auch schon etwa von Polybios herausgestellten altrömischen Verhaltensweisen und Charakterzüge wirklich als solche gelten können. Wer mit Cicero und den anderen geistig führenden Männern der damaligen Zeit die Altrömer nur 'gerechte Kriege' im Sinne der Stoa führen läßt, neigt notwendig dazu, auch alles übrige zu akzeptieren, was in dieser späten Literatur den Altrömern an sittlichen Tugenden und sonstigen edlen Eigenschaften zugeschrieben wird, und ist dann wiederum auch geneigt, die römische Politik der älteren Zeiten in ein ideales Licht zu setzen und also zu glauben, daß die Römer ihren Aufstieg zur Weltmacht vor allem ihrer Frömmigkeit und Sittlichkeit und Treue verdankten und ein Wille zur Mehrung von Macht und Besitz hier weniger als sonst irgendwo in der Weltgeschichte wirksam war.[26]

---

[26] Den neuesten Beleg für diese letztens Endes wieder auf Cicero und seine Zeitgenossen zurückgehende idealisierende Betrachtung der älteren römischen Politik im modernen

Es sind das, wie gesagt, Probleme, deren erneute Behandlung durch obige Untersuchung akut wurde, auf die wir aber freilich in diesem Rahmen nur noch kurz hinweisen konnten. Eine eingehendere Beschäftigung mit ihnen im Anschluß an die hier gewonnenen Ergebnisse muß einem späteren Zeitpunkt vorbehalten bleiben.[27]

Schrifttum bieten die einschlägigen Beiträge V. Pöschls in: Historia Mundi (siehe bes. III 462ff. und IV 12).

[27] Zum Problem der römischen Politik und zur Frage des 'Sittenverfalls' siehe jetzt die Darlegungen unten S. 48ff.

RÖMISCHE POLITIK IN REPUBLIKANISCHER ZEIT UND DAS PROBLEM DES 'SITTENVERFALLS'*¹

Sprecht von den Alten mit mehr Ehrfurcht, ihr Jünger der Seichtheit,
Weil ihr ihnen ja doch alles in allem verdankt:
Kunst habt ihr von den Griechen gelernt, Politik von den Römern,
Habt selbst Religion bloß von den Juden gelernt!

I

August von Platen, von dem dieser Vierzeiler stammt², war nicht der erste, der in solcher Weise dazu neigte, neben den Griechen und Juden auf den Gebieten der Kunst und Religion den Römern im politischen Bereich einen besonderen Platz in der Menschheitsgeschichte einzuräumen. Wir können diese Vorstellung bis in die Renaissance zurückverfolgen, in der Cola di Rienzo und etwa auch Petrarca den Aufstieg Roms zur Weltmacht sich selbst und ihren fürstlichen Zeitgenossen als Beispiel und Vorbild vor Augen stellten. In der neueren Zeit ist die Idee von den Römern als den politischen Lehrmeistern der späteren abendländischen Kulturvölker über Platen hinaus bis in unsere Tage lebendig geblieben, und zwar nicht zuletzt in den Kreisen der Männer, die selbst als Politiker die Geschicke der Staaten und Völker maßgeblich bestimmten. Es ist bekannt, daß sich wenigstens in diesem einen Punkt Hitler und sein englischer Gegenspieler Churchill völlig einig waren; beide dachten dabei wiederum vor allem an die Epochen, in denen die Römer schrittweise alle Völker der Mittelmeerwelt unter ihre Herrschaft brachten.

Die althistorische Fachliteratur, die sich seit den Anfängen unserer modernen Geschichtsschreibung verständlicherweise immer wieder mit der römischen Poli-

---

* Unveränderter Neudruck. Erstdruck in: HZ 188, 1959, 497—525. Zweitdruck in: Das Staatsdenken der Römer, hrsg. von R. Klein (Wege der Forschung 46), Darmstadt: Wissenschaftliche Buchgesellschaft 1966, 143—177.

¹ Dieser Aufsatz geht auf einen Vortrag zurück, der erstmals im Frühjahr 1958 an der Universität Erlangen und später — in teilweise veränderter Form — an anderen westdeutschen Universitäten gehalten wurde. Da ich die Absicht habe, den ganzen Problemkomplex in einer größeren Schrift eingehend zu behandeln, blieben die Quellen- und Literaturhinweise auf ein Mindestmaß beschränkt.

² August Graf von Platen, Sämtliche Werke, hrsg. von M. Koch und E. Patzet, Bd. IV 3 (o.J.), 173.

tik und ihren Grundzügen und Grundkräften beschäftigte, ergibt, wenn man sie im ganzen überschaut, naturgemäß kein einheitliches Bild. Indessen ist nicht zu verkennen, daß die Diskussion in den Zeiten seit Mommsen insofern eine für jene verbreitete Meinung günstige Entwicklung nahm, als die auf diesem Gebiete forschend tätigen Althistoriker und Philologen auch ihrerseits immer mehr dazu kamen, den Römern hinsichtlich ihrer politischen Maxime und praktischen Politik eine einzigartige Stellung unter den alten und neueren Kulturvölkern zuzuweisen und von dem Verhalten des alten Rom zur Umwelt ein Bild zu entwerfen, das es in der Tat als berechtigt erscheinen läßt, die römische Politik als schlechthin beispielhaft zu betrachten.

Man kann die Dinge, hält man sich an den heutigen Stand der Diskussion, etwa auf folgende Formel bringen: Die Politik Roms hatte bis herab in die Zeit der Erringung der Herrschaft über die Mittelmeerwelt einen sittlichen Grundzug. Kriege hielt man für gerechtfertigt nur dann, wenn sie — als 'gerechte' Kriege — in Notwehr zur eigenen Verteidigung oder zu derjenigen der Bundesgenossen geführt wurden, Verträge betrachtete man als sittliche Bindungen. Auch das Verhältnis zu den Untertanen hatte eine moralische Grundlage, indem es vor allem auf *fides* beruhte. Nicht durch militärische Siege, so hat man es kürzlich formuliert, sondern durch die *fides Romana* errang Rom seine größten Erfolge.[3]

Dieses in der Fachliteratur heute stark vorherrschende Bild hat nun bekanntlich eine breite quellenmäßige Grundlage, die gekennzeichnet ist durch die Namen des Cato Censorius, Polybios, Sallust und anderer literarisch tätiger Männer, die in der spätrepublikanischen Zeit lebten oder doch auf Quellen aus dieser Zeit zurückgehen. Hier stoßen wir auf ein erstes Problem: Die positiven Aussagen dieser Autoren über die römische Politik haben ausschließlich Bezug auf eine mehr oder weniger ferne Vergangenheit. Die Politik, die Rom in der eigenen spätrepublikanischen Zeit trieb, sah ganz anders aus, war vornehmlich bestimmt durch die Herrschsucht und Habsucht einer skrupellosen Nobilität, deren Vertreter sich auch persönlich im Verkehr mit Untergebenen und fremden

---

[3] V. Pöschl in: Historia Mundi, hrsg. von F. Valjavec, Bd. 4 (1956), 12, vgl. 3 (1954), 462 ff. S. ferner etwa U. Knoche in: Das neue Bild der Antike, hrsg. von H. Berve, Bd. 2 (1942), 203 ff. H. Schaefer, Hist. Jahrb. 62.—69. Jahrg. (1949), 13 ff. und die in meiner Abhandlung ›Stoische Staatsethik und frühes Rom‹ oben S. 13, Anm. 20 zitierte Literatur. (Es darf an dieser Stelle vermerkt werden, daß die vorliegende Arbeit in mancher Hinsicht an jenen Aufsatz anknüpft und ihn in gewisser Beziehung fortsetzt.) Anders J. H. Thiel, A History of Roman Sea-Power before the Second Punic War (1954), 14 Anm. 34. Daß H. Bengtson (Griechische Geschichte, 1950, 449 [vgl. jetzt 3. Aufl., 1962, 462 und 465]) es wagte, die Meinung von einer rein defensiven römischen Politik wenigstens mit Bezug auf Roms Ausgreifen nach dem Osten im 2. Jahrhundert v. Chr. anzuzweifeln, hat H. E. Stier in einen heiligen Zorn versetzt, siehe dessen Arbeit über ›Roms Aufstieg zur Weltmacht und die griechische Welt‹ (1957).

Völkern nur allzu leicht über Recht und Moral hinwegsetzten, wenn der Eigennutz solches Verhalten nahelegte. Aber früher herrschten allerdings im Verhältnis Roms und seiner Politiker zur Umwelt Treue, Recht und Menschlichkeit: Die Freunde und Bündner raubte man nicht aus, sondern erwies ihnen im Gegenteil Wohltaten, erlittenes Unrecht verzieh man weit lieber, als daß man es rächte. Man schonte die besiegten Feinde, übte, wo immer es möglich war, *clementia* und *mansuetudo*, nur hochmütige und grausame Gegner warf man nieder. Es wurden nur gerechte Kriege geführt zu dem Zweck, sich selbst und weit mehr noch die Bundesgenossen vor feindlichen Zugriffen zu schützen.[4]

Wir wollen nun unsererseits von dem wenig günstigen Bild ausgehen, das die genannten antiken Historiker und Publizisten von der römischen Politik ihrer eigenen Zeit glaubten entwerfen zu müssen. Es liegt sehr nahe, jedenfalls diese Aussagen als zeitgenössische Urteile von geistig führenden Männern ernst zu nehmen in dem Sinne, daß wir die tatsächlichen politischen Verhältnisse der damaligen Zeit ganz entsprechend sehen. Indessen ist nicht zu verkennen, daß unsere Autoren in dieser Hinsicht keineswegs nüchtern-objektiv, sondern tendenziös sind, ja gelegentlich nahezu so etwas wie eine antirömische Tendenz verraten, indem sie etwa dazu neigen, den spanischen Rebellen Viriathus als makellose Lichtgestalt und die römischen Feldherren in diesem Krieg als unfähige und verkommene Bösewichte zu schildern. Diese Tendenz wurzelt nicht nur in der nobilitätsfeindlichen Einstellung einiger Berichterstatter wie insbesondere des Sallust. Von entscheidender Bedeutung ist es, daß alle in der Zeit als Geschichtsschreiber oder sonst publizistisch tätigen Männer, welchem politischen Lager sie immer auch angehörten, mehr oder weniger von dem Gefühl oder Bewußtsein beherrscht waren, daß Rom sich damals im Zustand eines allgemeinen Sittenverfalls befand, das aber bedeutete für sie: im Zustand einer fortschreitenden Auflösung und Vernichtung aller früher in Rom wie jetzt noch bei jenen Rebellen in Spanien, Ligurien usw. herrschenden moralischen und politischen Werte.

Die verwerflichen politischen Praktiken Roms in der eigenen Zeit waren also nichts weiter als eine (notwendige) Teilerscheinung einer allgemein im Staate herrschenden Verderbnis, und ebenso ließ sich andererseits die von moralisch-rechtlichen Grundsätzen bestimmte Politik der früheren Zeiten nur als Ausfluß einer auch ansonsten noch ganz intakten Sittlichkeit verstehen. Zwei gänzlich verschiedene Welten stehen sich somit in der Vorstellung der genannten Autoren gegenüber: die eigene Welt, in der auch im Inneren nur noch *ambitio* und *avaritia* herrschten und überhaupt alle Laster blühten, und die Welt von früher, die innerhalb der Gemeinde wie im Verkehr mit den Nachbarn nur das Recht kannte, in der es unter den Bürgern nur *concordia* und Bewährung in *virtus* gab,

---

[4] Siehe besonders Sallust, Bell. Cat. 5,9 ff. (vgl. 52, 19 ff.). Zu weiteren Hinweisen werden die folgenden Ausführungen im Text Gelegenheit geben.

in der schließlich alle egoistischen Zielsetzungen noch ganz hinter dem Bestreben des einzelnen, dem Wohle des Staates selbstlos zu dienen, zurücktraten.

Fragen wir nun zunächst unsere antiken Gewährsmänner, wann nach ihrer Meinung die Ablösung der guten alten Zeit durch die schlechte spätere Zeit erfolgt sein soll und wie man sich überhaupt diese Entwicklung vorzustellen hat, so stoßen wir auf einen zunächst überraschenden Sachverhalt. In der frühen Kaiserzeit war man überzeugt davon, *in puncto* Sittenverfall einen noch nie dagewesenen Tiefpunkt erreicht zu haben[5] und neigte folglich dazu, die vorhergehenden Zeiten in dieser Hinsicht noch relativ günstig zu beurteilen und die entscheidende Wendung zum Schlechten mit nicht allzu weit zurückliegenden Vorgängen in ursächlichen Zusammenhang zu bringen, nämlich mit den Bürgerkriegen der letzten Zeit der Republik und vor allem mit der Errichtung der Monarchie und der damit verbundenen Konstituierung eines allgemeinen und, wie man glaubte, demoralisierenden Friedens.[6] Aber die Männer, die im letzten Jahrhundert des Zeitalters der Republik lebten und zu solchen Fragen das Wort ergriffen, waren schon ganz ebenso davon überzeugt, inmitten der ärgsten Sittenverderbnis zu stehen, deren Ursache sie ihrerseits in bestimmten außenpolitischen Ereignissen des 2. Jh. v. Chr. sehen wollten wie insbesondere in der Zerstörung Karthagos i. J. 146 und in der Vernichtung der makedonischen Monarchie 168 v. Chr.[7] Der ältere Cato wetterte indessen schon lange vor 168 gegen die völlige Korruptheit der römischen Gesellschaft, prangerte schon während seines Konsulates 195 v. Chr. die herrschende *avaritia* und *luxuria* an (Liv. XXXIII 4, 2), beschwor bereits 190 v. Chr. die verlorene *fides maiorum* (Gell. X 3, 17), stellte damals auch schon der Schlechtigkeit der von ihm angegriffenen Mitbürger die

---

[5] Siehe etwa Juvenal, Sat. 1, 147 ff., 13, 22 ff. Pausanias VIII 2,4. Ähnlich auch schon Livius, praef. 9.

[6] Siehe darüber die eingehende Untersuchung von F. Klingner, Mus. Helv. 14 (1958), 194 ff., der wir freilich nicht in allen Punkten folgen können. Vor allem: die Meinung Klingners (siehe bes. 201 f.), daß der Verfallsgedanke ein spezifischer Zug der römischen Geschichtsschreibung im Gegensatz zur Dichtung sei, läßt unberücksichtigt, daß solche Gedanken tatsächlich ja doch ebenso im nichthistoriographischen Schrifttum und wohlgemerkt auch in der Dichtung — z. B. bei Juvenal ebenso wie bei Tacitus — hervortreten. Es bleibt aber bestehen, daß einzelne Dichter wie vor allem Vergil mit seinem „Preis der erfüllten Zeit" in einen für die ganze Situation wiederum höchst bezeichnenden Gegensatz zu den Verkündern des Sittenverfallsgedankens traten. — Für die Erkenntnis der Verhältnisse in der frühen Kaiserzeit sind wichtig auch die (von Klingner nicht behandelten) Reflexionen des älteren Plinius in N. H. XIV praef. 2 ff.; vgl. dazu H. Fuchs, Der geistige Widerstand gegen Rom in der antiken Welt (1938), 47 f.

[7] An das Jahr 168 denkt vor allem Polybios (siehe bes. XXXI 25), während Sallust, auf Poseidonios zurückgehend, die Wendung zum Schlechten mit der Zerstörung Karthagos in Verbindung bringt (Bell. Cat. 10. Bell. Jug. 41. Hist. I 11 f.). Weiteres Material bei U. Knoche, Neue Jahrb. für Antike und deutsche Bildung I (1938), 145 f.

virtus barbarischer Nachbarvölker gegenüber, die für ihn ebenso wie für viele spätere Römer und Griechen wohl mit der *virtus* der Altrömer auf einer Linie lag. Freilich stimmte Cato Maior mit den späteren Autoren darin überein, daß die Ära der großen Punischen Kriege zu den guten älteren Zeiten zu rechnen war. Aber der Dichter Naevius, der den Ersten Punischen Krieg als Soldat mitmachte, konnte nach dem Zeugnis des Cicero (de senect. 6, 20) nicht umhin, auch schon über die nach seiner Meinung durch verschiedene Umstände, vor allem aber durch das Auftreten 'neumodischer' Redner verdorbene *res publica* seines Zeitalters den Stab zu brechen. Wir gewinnen also ein Bild, das uns mit großer Eindringlichkeit zu Bewußtsein bringt, daß die ganze herausgestellte Unterscheidung zwischen einer guten alten und einer schlechten neuen Zeit nicht auf einer gleichsam auf wissenschaftlichem Wege gewonnenen rationalen Erkenntnis eines entsprechenden realen Sachverhaltes beruht, sondern vielmehr aus einer bestimmten gefühlsmäßigen Einstellung resultiert, die sich, wie wir sehen werden, über alle Einsichten hinwegsetzte, zu denen eine nüchterne Beschäftigung mit den Verhältnissen von einst und jetzt gelangen mußte oder vielmehr hätte gelangen müssen und die außer den Römern und vielen anderen Kulturvölkern auch die Griechen dazu brachte, jeweils frühere Zeiten gegenüber der eigenen herauszustellen und zu verklären. Wahrscheinlich ist es nur auf das Fehlen von einschlägiger älterer Überlieferung zurückzuführen, daß wir für den römischen Bereich hinsichtlich dieses Verhaltens über das 3. Jh. v. Chr. nicht hinauskommen, während sich bei den Griechen die Tendenz, die Vergangenheit auf Kosten der Gegenwart zu erhöhen oder umgekehrt die eigene Zeit von der Vergangenheit her herabzusetzen, bis in die Frühzeit, d.h. bis Homer und Hesiod zurückverfolgen läßt. Von einer näheren Beschäftigung mit diesen griechischen Verhältnissen muß hier abgesehen werden, doch können wir nicht umhin, wenigstens ganz kurz darzutun, daß das Bild, das etwa im 4.Jh. v. Chr. Isokrates und Demosthenes ohne Rücksicht auf die historische Wirklichkeit vom frühen Athen entwerfen, bis in die Einzelheiten dem entspricht, was wir bei Sallust usw. über das ältere Rom und seine Bürgerschaft lesen können.

Einst herrschte, sagt uns Isokrates[8], in der athenischen Bürgerschaft Einigkeit, es gab noch keinen Gegensatz zwischen Reichen und Armen, da man sich gegenseitig nach Kräften half. Alle Bürger waren arbeitsam, die Jugend wurde zu ἀρετή erzogen und war gesittet. ἀρετή war überhaupt das besondere Merkmal der Ahnen, die sich aber auch durch φιλανθρωπία auszeichneten sowie

---

[8] Auf einzelne Belege muß hier verzichtet werden. Reiches Material bietet K. Jost, Das Beipiel und Vorbild der Vorfahren bei den attischen Rednern und Geschichtsschreibern bis Demosthenes. Diss. Basel (1935), siehe bes. 137ff., 153f., 212ff. Von den übrigen einschlägigen Schriften sei nur noch genannt G. Schmitz-Kuhlmann, Das Beispiel der Geschichte im politischen Denken des Isokrates, in: Philologus Suppl. Bd. 31, H. 4 (1939).

durch σωφροσύνη und δικαιοσύνη. Sie stellten die κοινά über die ἴδια, also das Gemeinwohl über die eigenen Interessen. Die Ämter betrachteten sie demgemäß nur als Last, die sie für den Staat auf sich nahmen, nicht als Mittel zur Bereicherung. Eide und Verträge wurden wie selbstverständlich gehalten. Was Demosthenes in seinen Reden über die athenische Politik der früheren Zeiten sagt, liegt ganz auf dieser Linie. Sie war bestimmt durch ein Gefühl der Verantwortung für ganz Hellas. Freunde wurden nie verraten, erlittenes Unrecht wurde verziehen, den Unterdrückten ward geholfen. Die führenden Politiker dachten vor allem an das Wohl der Stadt. Die Bürger waren für den Staat da, nicht umgekehrt; sie zeichneten sich durch Tugend aus, es herrschte Eintracht unter ihnen wie auch Menschenfreundlichkeit und Gerechtigkeit. Die Kriegführung war offen und ehrlich.

Dieses von Isokrates und Demosthenes und anderen Publizisten der Zeit entworfene Bild ist sehr bemerkenswert angesichts der schon berührten Tatsache, daß es auf die ihm diametral entgegenstehenden Aussagen einer umfangreichen älteren Überlieferung, angefangen bei den Gedichten Solons, keinerlei Rücksicht nimmt. Wir müssen uns fragen, was jene Männer dazu führte, über das vielstimmige Zeugnis der älteren, ihnen zumindest teilweise nicht unbekannten Literatur hinweg ein solches Bild ganz ernsthaft und offenbar im festen Glauben an seine Richtigkeit den Zeitgenossen vorzuhalten. Der mögliche Hinweis auf die allgemein-menschliche Neigung, vergangene Zeiten zu idealisieren, bietet nur eine halbe Erklärung.

Eine Stelle bei Aristophanes soll uns helfen, den hier gegebenen Sachverhalt ganz zu verstehen. Sie steht in der Komödie ›Die Wolken‹ (961 ff.) und handelt von der verderbten männlichen Jugend der neuen (für die Späteren freilich schon 'guten alten') Zeit, der u. a. vorgeworfen wird, daß sie nicht davor zurückscheue, mit Männern zu buhlen. Der moderne Historiker hat demgegenüber genug Material zur Hand — vor allem Bildmaterial von den schwarzfigurigen und frühen rotfigurigen Vasen[9] —, um mit Sicherheit sagen zu können, daß die Päderastie in Athen nicht erst in Aristophanes' Zeiten aufkam, sondern im Gegenteil in den früheren Zeiten besonders im Schwange war, ohne daß man freilich damals in ihr, wie wiederum vor allem die Vasen bezeugen, ein besonderes Übel sah. Gerade darin trat in der Folgezeit ein Wandel ein: Man fing an, die Knabenliebe für anstößig zu halten, für ein Laster, von dem sich die anständige Jugend besser fernhielt. Aus diesem *neuen* sittlichen Gefühl heraus führt Aristophanes seine Klage und aus ihm heraus entwirft er nun unversehens und ihm selbst unbewußt ein Bild von der Entwicklung der Dinge, das nicht nur den tatsächlichen Verhältnissen nicht entspricht, sondern diese geradezu in ihr Gegenteil verkehrt: Seinerzeit gab es so etwas nicht, aber die verdorbene Jugend von

[9] Weiteres Material findet man bei W. Kroll, RE XI 902 f.

heute verfällt ganz diesem Laster, wie sie natürlich auch sonst einen Vergleich mit der in jeder Hinsicht züchtigen Jugend von einst nicht aushält.

Das Vorgehen des Isokrates und Demosthenes, von dem wir oben handelten, liegt ganz auf der gleichen Linie. Nehmen wir nur etwa die von Isokrates in seiner Friedensrede (Kap. 66) ausgesprochene Verurteilung der damaligen athenischen Herrschaft als einer ungerechten, bei gleichzeitigem Lob der gerechten Herrschaft, die in früherer Zeit von den Athenern ausgeübt wurde. Man fragt sich zunächst erstaunt, ob denn Isokrates wirklich von der athenischen Arché des 5.Jh. und ihren uns durch Thukydides und ein reiches inschriftliches Material wohlbekannten machiavellistischen Grundsätzen nichts wußte, um dann sogleich zu erkennen, daß hier wie im behandelten Fall bei Aristophanes nur scheinbar eine Aussage über reale historische Tatbestände vorliegt, in Wirklichkeit aber etwas völlig anderes: Die von Isokrates — im Gegensatz zu Thukydides und allen anderen Autoren der früheren Zeiten — in der gleichen Rede ›Über den Frieden‹ (Kap. 120, vgl. 136) erhobene Forderung, daß Recht und Moral im Verhalten der Staaten untereinander ebenso, ja mehr noch als im Leben des Einzelmenschen zur Geltung kommen müßten, drängt ihn fast zwangsläufig zur Kritik an der damaligen athenischen Politik, die zwar, wie wir als Historiker einfügen müssen, gewiß nicht so skrupellos-imperialistisch wie die der erwähnten älteren Zeit, aber doch auch keineswegs 'gerecht' im Sinne des Postulats des Isokrates war, und die dieser nun unzutreffend als beklagenswertes Ergebnis eines Sittenverfalls betrachtet, da für ihn wie für Aristophanes im Falle der Päderastie feststeht, daß das praktische Verhalten der Altvorderen dem eigenen Postulat voll und ganz entsprach.

Die zeitgenössischen Quellen des 6. und 5.Jh. haben die moderne Forschung von vornherein daran gehindert, aus den Aussagen des Isokrates und Demosthenes irgendwelche Schlüsse auf die tatsächlichen Verhältnisse jener früheren Zeiten zu ziehen und somit in ihnen etwas anderes zu sehen, als was sie wirklich waren: in die Vergangenheit zurückprojizierte Wunschbilder. Solche zeigenössischen Quellen fehlen nun freilich so gut wie völlig für den älteren römischen Bereich. Nur darin kann der Schlüssel zum Verständnis der Tatsache liegen, daß die eingangs zitierten Forscher die Aussagen der späten römischen und griechischen Autoren über das alte Rom grundsätzlich anders bewerten als die mit ihnen ganz auf einer Ebene liegenden und ihnen auch inhaltlich völlig entsprechenden Aussagen der behandelten Publizisten des 4.Jh.v.Chr. über die Zustände im alten Athen. Isokrates' Gedanken über die politischen und sonstigen Ideale und praktischen Verhaltensweisen der Vorväter bleiben — unbeschadet ihrer Bedeutung für die Beurteilung des Isokrates als eines führenden Geistes seiner Zeit — mit Recht unbeachtet, wo es darum geht, die Verhältnisse im archaischen und klassischen Athen aufzuhellen, aber die gleichen Reflexionen besagter später Autoren des römischen Bereiches werden wie selbstverständlich als vollgültige Zeugnisse anerkannt, wo es sich darum handelt, zu zeigen, wie es in der römischen Welt aussah, ehe sie der Sittenverfall ins Verderben führte. Wir versuchen hier einen anderen Weg zu gehen. Die Diskrepanz zwischen den römischen Autoren in bezug auf die zeitliche Ansetzung des Beginns des Sittenverfalls in Rom und die herausgestellte Situation im griechischen Bereich nötigen uns zu der Erklärung, daß die Aussagen eines Cato, Sallust usw. über die Grundsätze und Verhaltensweisen der *maiores* keinerlei Verbindlichkeit besitzen, also nichts über die Verhältnisse aussagen, wie sie im älteren Rom tatsächlich herrschten. Wir brauchen es aber bei dieser sozusagen negativen Feststellung nicht bewenden zu lassen, sondern können darüber hinaus konstatieren, daß die Reste älteren Materials, die uns in der späten annalistischen und sonstigen Überlieferung erhalten sind, immerhin ausreichen, um das von Cato Censorius und seinen Nachfolgern vom alten Rom entworfene Bild als ebenso falsch zu erweisen, wie es das Bild ist, das wir bei Isokrates und Demosthenes vom alten Athen erhalten.

II

In den Fragmenten der Schriften des älteren Cato (frg. 83 Peter) findet sich die schöne Geschichte von einem Kriegstribunen, die sich während des Ersten Punischen Krieges in Afrika ereignet haben soll. Das römische Heer war in einen feindlichen Hinterhalt geraten, aus dem es kein Entrinnen gab, es sei denn, daß eine Abteilung sich für das Ganze opferte. Wer aber sollte diese Abteilung führen? Da meldete sich jener Kriegstribun beim Konsul und sprach: „Wenn du sonst niemanden findest, so nimm mich für diese gefahrvolle Unternehmung. Ich gebe dir und der *res publica* diese (meine) Seele." Cato bringt die Geschichte, um zu zeigen, daß die alten Römer Taten vollbrachten, die nicht geringer waren als die Tat eines Leonidas, aber von jenen wurde — anders als von der des Spartanerkönigs in den Thermopylen — kein Aufheben gemacht, wie sie denn auch ohne jede Ruhmgier, als selbstverständliche Hingabe an die gemeine Sache, vollbracht wurden. Die Forscher, die sich in neuerer Zeit mit der Erzählung beschäftigten, haben das schön herausgestellt, um sodann auch ihrerseits einen der wesentlichsten Unterschiede zwischen den alten Römern und den Griechen eben hier zu fassen.[10]

Dazu wäre nun folgendes zu sagen: Wenn die zitierten Worte des Kriegstribunen wirklich historisch sind (was wir nach dem, was unten noch zur Sprache kommen soll, kaum annehmen dürfen), so war jedenfalls dieser Mann ein völlig anderer als Cato selbst, der sich rühmte, mehr Städte in Spanien erobert zu haben, als er Tage dort verbrachte, und mit Bezug auf seine Rolle im Kampf um

---

[10] Siehe vor allem E. Burck, Antike 16 (1940), 212f.

die Thermopylen 190 v. Chr. laut erklärte, daß das römische Volk ihm mehr verdanke als er dem römischen Volk, der im übrigen einen Großteil seines Werkes über die römische Geschichte seinen eigenen Taten widmete, während er bekanntlich die übrigen bedeutenden Männer der Vergangenheit und eigenen Zeit nicht einmal mit Namen nannte. Und auch vom Altrömertum trennt dann jenen Tribunen eine tiefe Kluft. Wie wir wissen, dienten die Familienchroniken der adligen Geschlechter nicht zuletzt der Verherrlichung der Taten der Familienangehörigen, die es zum Oberamt brachten. Man war, wie allbekannt, weit davon entfernt, über errungene Siege wie über eine selbstverständliche Leistung für die *res publica* mit Stillschweigen hinwegzugehen, sondern stellte sie mit größtem Nachdruck heraus, wie uns z. B. viele Angaben bei Livius und ebenso etwa die erhaltenen Grabinschriften zweier früher Angehöriger des Scipionengeschlechtes[11] zeigen, machte sie oft auch größer, als sie in Wirklichkeit waren, und schreckte übrigens — nicht eben zur Freude des modernen, die annalistische Tradition bearbeitenden Althistorikers — keineswegs davor zurück, kriegerische Erfolge einfach zu erfinden, wo es an wirklichen Ruhmestaten fehlte. Auch die öffentlichen Leichenreden waren, wie uns Polybios in einem berühmten Abschnitt (VI 53 f.) berichtet, nichts weiter als Lobreden auf die Taten und Erfolge des Toten und seiner Vorfahren. Ebenso dienten schließlich nach dem Zeugnis keines anderen als des älteren Cato (frg. 118 Peter) die in den frühen Zeiten bei Gelagen veranstalteten Rundgesänge der Verherrlichung der Taten berühmter Männer. Wir müssen also festhalten, daß die Meinung Catos, es hätten die *maiores* nach Art jenes legendären Kriegshelden ihre Taten ohne jede Ruhmgier als selbstlose Hingabe an den Staat betrachtet, nicht mehr Wahrheitsgehalt besitzt als dieselbe Angabe des Isokrates über die Athener der früheren Zeit.

Die Erzählung vom Tribunen hat bekanntlich ein Gegenstück in der Geschichte vom heroischen Ende des Konsuls M. Atilius Regulus, die freilich erst viel später entstanden ist, dann aber als besonders eindrucksvolles *exemplum* für Hingabe der Vorväter an die *res publica* immer wieder behandelt wurde: Der Konsul gerät in punische Gefangenschaft und wird von den Karthagern gegen das Versprechen, zurückzukehren, nach Rom geschickt, um die karthagischen Wünsche betreffend Austausch der Gefangenen und Friedensschluß vor dem Senat bekanntzugeben und zugleich — im eigensten Interesse — zu befürworten. Aber Regulus denkt als echter Altrömer nicht an sich selbst, sondern rät, den sicheren Tod vor Augen, zum Wohle der *res publica* von der Annahme der karthagischen Vorschläge ab und kehrt dann, seinem Wort getreu, zu den Feinden zurück, die ihn aus Rache eines grausamen Todes am Kreuz sterben lassen. In

---

[11] Dessau, ILS Bd. 1, Nr. 1 f., vgl. dazu schon W. Ihne, Römische Geschichte I (²1893), 436 ff.

einem glänzenden Artikel in der RE hat *Klebs* nachgewiesen, wie diese Legende in nachpolybianischer Zeit allmählich entstand und den wirklichen Hergang der Dinge dann mehr und mehr verdunkelte.[12] Allerdings sind wir auf Grund der Angaben des Polybios (I 35) und Diodor (XXIV 12) noch in der Lage, uns von dem wahren Sachverhalt ein grobes Bild zu machen: Regulus, der durch ganz maßlose Forderungen die zum Frieden geneigten Karthager zur Fortsetzung des Kampfes zwingt und so sein Unglück selbst verschuldet, stirbt — offenbar eines natürlichen Todes — in der Gefangenschaft, seine Witwe aber beschließt, den Tod des Gatten an zwei in ihrem Gewahrsam befindlichen karthagischen Gefangenen auf grausame Weise zu rächen. (Eine weitere, ebenfalls spät erfundene Geschichte über Regulus soll weiter unten noch kurz berührt werden.)

An einer Stelle im 13. Buch seines Geschichtswerkes (Kap. 3) sagt Polybios, die alten Griechen hätten ihre Kriege — im Gegensatz etwa zu dem Zeitgenossen Philipp V. von Makedonien — ganz ohne Hinterlist geführt, da sie, wie er hinzufügt, einen gewonnenen Sieg weder für ehrenvoll noch auch für zuverlässig hielten, wenn man den Gegner nicht in einem offenen Kampf auch innerlich überwand. Die gleiche Feststellung kehrt im 36. Buch (Kap. 9) mit Bezug auf die alten Römer wieder. Auch diese führten in edler Weise Krieg und vermieden nächtliche Überfälle und Hinterlist, weil sie eben nur den offenen Kampf Mann gegen Mann für ihrer würdig hielten. Daß auch hier das Lob des Altrömertums vor dem gleichen Lob der älteren Griechen, dem wir wiederum schon bei Isokrates begegnen, hinsichtlich seines historischen Gehaltes nichts voraus hat, ließe sich an zahlreichen Einzelfällen dartun; hier genüge ein Hinweis auf die Art, wie man sich 396 v. Chr. nach langer Belagerung in den Besitz von Veii setzte: Von einem unterirdischen Stollen her eroberte man die Stadt, nachdem es vorher gelungen war, die Schutzgöttin der Vejenter durch verlockende Versprechungen dem Feinde abspenstig zu machen.

Völlig klar liegen die Dinge des weiteren hinsichtlich der in der späteren römischen Tradition oft wiederkehrenden Behauptung, daß Habsucht und Ämtergier erst im Zuge des sog. Sittenverfalls in Rom Eingang fanden. Wie wenig dies den wirklichen Verhältnissen entspricht, beweist allein schon der im frühen fünften Jahrhundert ausbrechende Ständekampf, der bekanntlich schon Sallust bei der Niederschrift der ›Historien‹ (frg. 11 Maurenbrecher) an jener von ihm selbst vorher mit besonderer Eindringlichkeit vertretenen Meinung irre werden

---

[12] E. Klebs, RE II 2086ff. Erfundene Geschichten über römische Gefangene, die vom Feind auf Zeit entlassen werden und dann in die Gefangenschaft zurückkehren, waren auch sonst in der spätannalistischen Geschichtsschreibung beliebt, siehe darüber D. Kienast, RE XXIV 139f. — Der Versuch T. Franks (Class. Philol. 21, 1926, 311f., vgl. auch H. Kornhardt, Hermes 82, 1954, 101ff.), den Kern der spätannalistischen Regulusgeschichte als historisch zu erweisen, geht von falschen Voraussetzungen aus, vor allem der, daß Polybios in den einschlägigen Abschnitten seines Werkes einfach Philinos folgte.

und — ungeachtet dessen, was er bei Cato über die Korruptheit der damaligen Zeit lesen konnte — nun behaupten ließ, daß es hinsichtlich der Sitten und der Einigkeit unter den Bürgern nie so gut bestellt gewesen sei als in den Jahrzehnten zwischen dem Zweiten und Dritten Punischen Krieg. Im Ständekampf ging es ja tatsächlich keineswegs darum, sich gegenseitig in *virtus* zu übertreffen (Sallust, Bell. Cat. 9, 2), es ging um Besitz und politische Rechte und die Ämter im Staate, und wenn sich — etwa im Falle des Gesetzesantrages des C. Flaminius, 232 v. Chr. — die Herren der Oberschicht weigerten, Teile ihrer okkupierten Ländereien besitzlosen Mitbürgern zu überlassen, so lag der Grund einfach darin, daß sie nicht besser und nicht mehr auf das Staatswohl bedacht waren als die Adligen, mit denen sich Solon in Athen herumschlug, und auch nicht besser als die Nobiles, die 133 v. Chr. das unbestreitbar im Interesse des Staates gelegene Ackergesetz des Tiberius Gracchus aufs äußerste bekämpften. Man denke auch an das der frührepublikanischen Zeit, also der frühen Phase des Ständekampfes angehörende XII-Tafel-Recht. Niemand wird sagen wollen, daß die Gesetze, die im Zusammenhang mit der damaligen Kodifizierung des Rechtes gegen Wucher, Veruntreuung usw. erlassen wurden, einem in ferner Zukunft etwa eintretenden Sittenverfall vorbeugen sollten und nicht vielmehr den handgreiflichen Zweck hatten, die Leute in ihre Schranken zurückzuweisen, die *schon damals*, also im frühen Rom ebenso wie im frühen Athen und im Boiotien der Zeiten Hesiods, ihre überlegene Macht skrupellos ausnutzten, um sich auf Kosten der Schwächeren in unrechtmäßiger Weise zu bereichern.[13]

[13] Eines von zahlreichen Beispielen dafür, wie wenig sich die späteren Autoren um die historischen Tatsachen kümmerten, wenn es ihnen darum ging, dem verderbten Rom der eigenen Zeit ein noch unverdorbenes Rom der früheren Zeiten gegenüberzustellen, bietet eine Stelle in den Historien des Tacitus (II 38): In deutlicher Anlehnung an die Betrachtungen Sallusts in Bell. Cat. 9 ff. wird hier der Beginn der Kämpfe zwischen dem Senat und dem Volk *expressis verbis* in die Zeit nach der Erringung der Weltherrschaft anstatt in die ersten Jahrzehnte der Republik gesetzt. Das neuere einschlägige Schrifttum ist reich an Beispielen für ein entsprechendes Vorgehen. Wir beschränken uns hier auf einige Hinweise: Auch U. Knoche kennt natürlich den Ständekampf und die erwähnten Gesetze des XII-Tafel-Rechts, trotzdem steht für ihn fest, daß in Rom „das Aufkommen einer eigensüchtigen Gesinnung" an Stelle der früheren „Ausrichtung des Verhaltens auf das Wohl des römischen Staates und seiner Bürger" als eines der „Krisenmerkmale" des 2. Jh. v. Chr., die den römischen Sittenverfall einleiteten, zu werten sei (Neue Jahrbücher für Antike und deutsche Bildung 1, 1938, 157 ff., vgl. 153). Vgl. dazu etwa noch E. Schmähling, Die Sittenaufsicht der Censoren (Würzburger Studien zur Altertumsw. 12, 1938), 96: Seit dem frühen 2. Jh. v. Chr. fingen die korrupten römischen Herren an, sich in den Mittelpunkt zu stellen und im Zusammenhang damit mit allen Mitteln zum Triumph zu streben. Aber schon 241 haben beide Konsuln nach einem sechstägigen militärischen Spaziergang gegen die Falisker einen Triumph gefeiert (A. Degrassi, Inscr. Ital. XIII, 76 f., 549), und viele andere Konsuln der 'guten' republikanischen Zeit machten es nicht

Ganz allgemein kann nach dem Dargelegten und nach allem, was sich sonst hier noch feststellen ließe, gesagt werden, daß das, was wir gemeinhin als den Sittenverfall in der späten römischen Republik bezeichnen, insoweit keine Realität besitzt, als es Bezug hat auf die Klagen der damaligen Philosophen, Historiker und sonstigen publizistisch tätigen Männer über eine Auflösung alles dessen, was diese geistigen Führer ihrer Zeit von ihrem Standpunkt aus als eigentlich ethische Werte begriffen: Die alten Römer waren gewiß nicht menschlicher als ihre Nachfahren, sie waren nicht weniger aktiv, wenn es um Mehrung von Reichtum und Macht im Staate ging, sie zögerten ebensowenig wie ihre Enkel, bei Widerstreit der Interessen die eigenen Belange über die der Gesamtheit zu stellen. Natürlich wird davon nicht berührt, daß der Geldumlauf in den Zeiten nach der Einführung der römischen Silberprägung stetig zunahm (und also die späteren Politiker auch größere Bestechungsaktionen durchführen konnten als ihre Ahnen), daß das Tafelgeschirr in Ciceros Zeiten tatsächlich reicher war als in früheren Jahrhunderten, daß wirklich immer mehr Menschen in die Badewannen stiegen und auch noch andere Errungenschaften griechischen Wohnkomforts schätzen lernten, daß immer größere Kreise an griechischen Theaterstücken Gefallen fanden, so daß es schon um die Mitte des 2.Jh. v. Chr. gegen den Protest des über solchen Sittenverfall sehr entrüsteten Scipio Ämilianus zum Bau eines steinernen Theaters kam. Und es wird davon des weiteren nicht berührt, daß die Frauen die Fesseln allmählich sprengten, die ihnen einstens hier wie in allen 'vaterrechtlich' bestimmten Gesellschaften angelegt waren, daß — davon nicht zu trennen — der *pater familias* seiner alten selbstherrlichen Stellung hier ebenso wie etwa im neueren China und Japan im Laufe der Zeit teilweise verlustig ging. Auch die fortschreitende 'Aufklärung' kann in diesem Zusammenhang genannt werden, die einem immer größer werdenden Kreis gebildeter Römer, sehr zum Kummer des Livius, den Wert der althergebrachten Zeichendeuterei wie überhaupt der alten religiösen Praktiken problematisch werden ließ. All das ist für den Historiker wichtig, besagt aber wenig, wenn es darum geht, einem ethisch im Sinne der moralischen Reflexionen des Cicero und Sallust hochstehenden Rom der älteren Zeit ein sittlich verkommenes Rom der späteren Zeit gegenüberzustellen.[14]

anders, siehe etwa T. R. S. Broughton, The Magistrates of the Roman Republic I (1950), 200f. — Der methodische Fehler von Knoche, Schmähling usw. deckt sich völlig mit dem der antiken Autoren: man legt den Finger auf bestimmte Erscheinungen des 2. und 1.Jh. v. Chr. und setzt voraus, daß es so etwas früher noch nicht gab, *obwohl sich das Gegenteil aus den Resten der älteren Tradition beweisen läßt.*

[14] Unsere antiken Gewährsmänner (und manche ihrer modernen Nachfolger) zögern natürlich nicht, auch die oben aufgezählten Fakten, insbesondere die Lockerung der Bindungen, denen die Frau in älterer Zeit unterworfen war, als Symptome der fortschreitenden moralischen Verderbnis zu werten. Höchst bezeichnend hierfür ist die Tatsache, daß

Die starke Wirkung, die die Sittenverfallsidee der spätrepublikanischen und kaiserzeitlichen Römer trotz ihrer fehlenden Substanz bis in unsere Tage ausübt, hängt wohl teilweise mit einer Vorstellung zusammen, in deren Bann wir alle irgendwie stehen, ich meine die Vorstellung, daß die herrschende Schicht im frühen Rom kein Adel war, der sich in bezug auf Mentalität und Lebenshaltung etwa mit dem frühen griechischen und germanischen Adel vergleichen ließe, sondern gleich der Masse des Volkes einen durchaus bäuerlichen Zug aufwies. Die Geschichte von Cincinnatus, den man vom Pflug weg zur Diktatur holte, steht uns dabei bewußt oder unbewußt vor Augen, obwohl wir uns doch sagen müßten, daß diese Erzählung und ebenso die erhebenden Geschichten von den aufrechten und unbestechlichen Bauernkriegern Curius Dentatus und Fabricius, wenn wir sie für historisch gesichert halten könnten[15], weit eher das Gegenteil von dem beweisen würden, was aus ihnen scheinbar zu erschließen ist; wie sonst ließe sich wohl verstehen, daß solche Vorfälle und Verhaltensweisen einzelner Mitbürger die damaligen Römer derart beeindruckten, daß sie sie schriftlich festhielten und so für die Nachwelt verewigten? Die römischen Herren der älteren republikanischen Zeit waren tatsächlich Gutsbesitzer, deren Leben sich von dem der frühen griechischen Herren offenbar wenig unterschied. Man kümmerte sich wohl um das Gut, wie es ja auch Odysseus tat, führte vielleicht auch wirklich einmal selbst den Pflug, wie es wiederum auch von Odysseus berichtet wird, aber man ließ sich durch diese Dinge sowenig wie die homerischen Herren davon abhalten, ein Leben zu führen, wie es eben solchen Herren, und nur ihnen, geziemte. Auf die Gelage, bei denen in Liedern die Kriegstaten berühmter Männer verherrlicht wurden, war oben (S. 30) schon hinzuweisen. Wie überall, wo ein Adel sich vom gemeinen Volk abhob, lebte man in Geschlechtern mit Stammbäumen, die man auf göttliche oder sonstige erlauchte Ahnen zurückführte.

der sonst in der Frage des Sittenverfalls sehr zurückhaltende Seneca (de matrim. 387, 3 Bickel, vgl. W. Kroll, Die Kultur der ciceronischen Zeit II 38) die — in allen vaterrechtlichen Gesellschaften anzutreffende — Gepflogenheit der Altrömer, ihre Gelage ohne Beisein von jungen (bürgerlichen) Mädchen zu feiern, auf einen sittlichen Beweggrund glaubt zurückführen zu dürfen: Man habe die Mädchen von den Obszönitäten, die sie sonst zu hören bekommen hätten, fernhalten, sie also vor sittlichen Gefahren bewahren wollen. Dem Leser war nun klar, daß die Entwicklung, die in den Zeiten der ausgehenden Republik und des frühen Prinzipates den Frauen den Zugang zum gesellschaftlichen Leben öffnete, ebenso wie etwa die Entwicklung zu den Badewannen und zum Silbergeschirr ihren Platz im Prozeß der Demoralisierung des römischen Volkes hatte.

[15] Daß von der Überlieferung, der wir besagte Geschichten verdanken, schwerlich mehr zu halten ist als von der über den braven Bauern Regulus, mit der wir uns unten S. 35 f. noch beschäftigen werden, ist längst erkannt. Hier genüge ein Hinweis auf die Ausführungen F. Münzers in RE VI 1934 ff. betreffend die von Legenden völlig überwucherte Tradition über Curius Dentatus und Fabricius.

Man war durchaus exklusiv und bezeichnenderweise eher bereit, den Angehörigen fremder adliger Geschlechter als den Mitbürgern der unteren Schichten die Aufnahme in den eigenen Kreis und damit auch die Zulassung zu den hohen Staatsämtern zu gewähren. Man zog beritten ins Feld[16] und schlug sich — nicht selten in Zweikämpfen (siehe Polyb. VI 54) — mit den Feinden des Staates wie auch mit fremden Herren, die man an der Spitze der eigenen mehr oder weniger zahlreichen Gefolgschaft in privater Fehde mit dem Ziel, Beute und Ruhm zu gewinnen, bekriegte.[17] Die frühen Verträge zwischen Rom und Karthago (Polyb. III 22 ff.) lehren uns, daß man es auch nicht verschmähte, auf schnellen Schiffen als Seeräuber und Händler die Gewässer des westlichen Mittelmeeres bis hin nach Spanien zu befahren, wie einstens die homerischen Herren das östliche Mittelmeergebiet als Piraten und zu Handelszwecken bevölkert hatten.

In der späten römischen Publizistik, in der man sich, den eigenen Idealen und Wunschbildern entsprechend, von den Angehörigen der Oberschicht in der 'guten' republikanischen Zeit eine völlig andere Vorstellung machte, sind solche Züge des altrömischen Adels nicht gerade mit Liebe und Sorgfalt festgehalten worden, und doch erfahren wir, wie sich zeigt, genug für eine grobe Skizze, die nicht wesentlich anders aussieht als das Bild, das man vom Lebensstil des Adels in jenen anderen frühen Bereichen entwerfen könnte. Für uns ist von besonderer Wichtigkeit, daß wir in einem Fall mit aller Deutlichkeit erkennen können, wie sich in der Phantasie der späten Römer ein stolzer und wohlhabender Adliger, dem neuen romantischen Idealbild gemäß, in einen armen Landmann verwandelte. Wir sprachen von dem Konsul Regulus und der Gloriole, mit der dieser Mann in der späten Legende als ein Märtyrer der römischen Sache gegenüber Karthago umgeben wurde. Nicht genug damit machte man ihn zugleich zu einem leuchtenden *exemplum* altrömisch-bäuerlicher Lebenshaltung: Vom Senat für ein zweites Jahr mit dem Oberbefehl betraut, soll Regulus an die Väter die Bitte gerichtet haben, abgelöst zu werden, damit er sein sieben Joch großes Äckerchen, von dem Frau und Kind leben mußten, bestellen könnte. Aber der Senat zeigte sich der Situation würdig und beschloß, den Unterhalt der Familie für die Dauer des prolongierten *imperium* aus öffentlichen Mitteln zu bestreiten.[18] So wurde aus dem Haupt eines ebenso reichen wir mächtigen kampanischen Rittergeschlechtes, das um 340 v. Chr. Aufnahme in den Kreis des patri-

---

[16] Vgl. dazu A. Alföldi, Der frührömische Reiteradel und seine Ehrenzeichen (1952), bes. 87 ff.

[17] Liv. II 48 ff. (vgl. Dionys. IX 15 ff.) zeigt uns, wie aus einer solchen Privatfehde des fabischen Geschlechts, in dieses den kürzeren zog, in der späten Tradition eine patriotische Selbstaufopferung der Fabier zum Wohle des Staates wurde. Vgl. dazu etwa U. v. Lübtow, Das römische Volk (1955), 35 und oben S. 16 f.

[18] Val. Max. IV 4, 6. Front. strat. IV 3, 3. Sen. dial. XII 12, 6 f., de vir. ill. 40, 2; dazu Klebs, RE II 2087.

zischen Adels gefunden hatte[19], unter der Hand der römischen Autoren der späten republikanischen oder frühen Kaiserzeit ein kleines armes Bäuerlein, das die Sorge um das Schicksal der Familie auf weiteren kriegerischen Ruhm verzichten ließ. Solche Geschichten führten schließlich zu einer völligen Verklärung der älteren römischen und italischen Welt als einer Welt von Menschen, die ohne Unterschied des Standes in Unschuld ein idyllisches Dasein im Kreise ihrer Lieben auf ihren bescheidenen Gütern verlebten und noch nichts wußten von der bösen Welt mit ihrer Jagd nach Besitz über die eigenen Bedürfnisse hinaus. Juvenal gibt uns in seiner 14. Satire von diesen einstens vermeintlich herrschenden Verhältnissen eine eindrucksvolle Schilderung, wobei er (181 ff.) nicht umhinkann, den Römern der eigenen Zeit den besonderen Vorwurf zu machen, daß sie ihre Söhne anhielten, das Recht zu studieren und derart gerüstet Prozesse zu führen. Er merkte nicht, daß dieser Vorwurf niemanden mehr als den älteren Cato traf, den Mann also, der neben Regulus und Curius Dentatus als Musterbeispiel des noch unverdorbenen Bauernrömers im Gedächtnis der Späteren fortlebte.[20]

Wenn wir zum Schluß dieses Abschnittes versuchen, hinsichtlich des Problems des 'Sittenverfalls' unter Berücksichtigung der behandelten gleichgelagerten Verhältnisse bei den Griechen zu einem (wenigstens vorläufigen) Ergebnis zu kommen, so können wir es wie folgt formulieren: Wir stehen vor dem seltsamen Phänomen, daß sich im differenzierteren Bewußtsein einer durch die Begegnung mit dem griechischen Geist empfindlicher und Gewissen-hafter gewordenen Zeit die Dinge in merkwürdiger Umkehr der Wirklichkeit spiegeln. Man betrachtet die eigene Zeit, in Wirklichkeit eher humaner geworden[21], als gänzlich korrupt, während man in der in naivem Egoismus befangenen Frühzeit mit

---

[19] Siehe darüber F. Münzer, Römische Adelsparteien und Adelsfamilien (1920), 56 ff., 331 ff.

[20] Im wissenschaftlichen Schrifttum läßt sich die Vorstellung von dem kernigbäuerlichen Altrom als dem Hort höchster Sittlichkeit weit zurückverfolgen, siehe etwa M. Voigt, Römische Rechtsgeschichte (1892), 110. Unter den Historikern der letzten Jahrzehnte, die die Altrömer ganz und gar unter solchem Aspekt betrachten möchten, muß an erster Stelle E. Kornemann mit seiner ›Römischen Geschichte‹ (Bd. 1, 3. Aufl. hrsg. von H. Bengtson, 1954) genannt werden. Die methodische Schwäche dieses Aspektes tritt aber vielleicht nirgends stärker hervor als in der Arbeit von E. Burck über die altrömische Familie in dem von H. Berve herausgegebenen Sammelwerk ›Das neue Bild der Antike‹ (Bd. 2, 1942, 5 ff.), wo immer wieder der bäuerliche Charakter der römischen Oberschicht vorausgesetzt anstatt bewiesen und zugleich zum Ausgangspunkt für weitgehende Erörterungen über die römische Mentalität, die Politik Altroms usw. genommen wird.

[21] Vgl. dazu die Ausführungen unten S. 40 ff. über die Dedition sowie S. 46 f. über die Verhältnisse in den Provinzen in den Zeiten um Christi Geburt. — Besonders instruktiv wäre in dieser Beziehung eine Untersuchung über die Sklaverei in Rom in den früheren und späteren Zeiten. Hier ein kurzer Hinweis auf den Bericht bei Tacitus, Ann. XIV

der unreflektierten Selbstverständlichkeit ihrer rauhen Praktiken und ihrer 'Erfolgsethik' das im eigenen Innern starke Wunschbild nach sittlicher Vervollkommnung in edler Selbsttäuschung verwirklich sieht.

III

Kehren wir nun zurück zu den Aussagen der behandelten römischen und griechischen Autoren über das Verhältnis Roms zur Umwelt. Auch hier, und hier ganz besonders, waren, wie wir im ersten Teil dieser Abhandlung bereits kurz herausstellten, die späten *laudatores temporis acti* bestrebt, die Verhältnisse von einst und jetzt zu kontrastieren: Heute ist Rom allerdings brutal und ungerecht, herrschsüchtig und habgierig, aber das sind Ergebnisse des Sittenverfalls. Frei von allem brutal-egoistischen Macht- und Besitzstreben hielten sich die Vorväter in der Politik und Kriegführung wie im Leben untereinander an die Postulate der *humanitas*, der *clementia*, der *mansuetudo* und beschränkten ihre Aktivität nach außen auf die Verteidigung und Erhaltung des Rechts.

Cicero, der wie Sallust und etwa auch schon der ältere Cato von solcher Vorstellung ganz beherrscht war, verkannte freilich nicht, daß schon die Vorväter im Zuge großer kriegerischer Unternehmungen zahlreiche Städte zerstörten und ihre Bewohner versklavten, doch verschuldeten, wie er glaubt (de off. I 34ff.), die betroffenen Gemeinden selbst durch Grausamkeit ihren Untergang; allen übrigen besiegten Feinden wurde mit Menschlichkeit begegnet. Hier ist mit Händen zu greifen, daß Cicero aus seiner von Panaitios und anderen griechischen Philosophen beeinflußten ethischen Haltung heraus der älteren römischen Politik Züge zuschreibt, die ihr tatsächlich nicht eigneten. Die Berichte etwa über die Vernichtung von griechischen Gemeinden auf Sizilien während der großen Punischen Kriege enthalten nichts, was uns zu der Annahme berechtigte, daß die Römer sich zu solchem Vorgehen widerstrebend nur aus dem Grunde entschlossen, um erlittene Unmenschlichkeiten zu sühnen, ja selbst die spätannalistischen im Geiste der Zeit geschriebenen Erzählungen über ein entsprechendes Vorgehen

42ff., der uns ganz klar zeigt, daß sich in der frühen Kaiserzeit das öffentliche Gewissen gegen den alten, bis dahin offenbar unangefochtenen Rechtsgrundsatz empörte, nach welchem bei einem todeswürdigen Verbrechen eines Sklaven auch sämtliche Mitsklaven hingerichtet wurden. Im älteren wissenschaftlichen Schrifttum ist die Tatsache, daß das Verhältnis zu den Sklaven im Laufe der Zeit humaner wurde, nicht übersehen worden, siehe etwa J. Marquardt, Das Privatleben der Römer (^{2}1886), 189ff. Für die Situation im 1.Jh. v. Chr. sind sehr aufschlußreich mehrere Äußerungen Varros (r. r. I 17, 1. 17, 5. 17, 7. II 10, 6, vgl. dazu W. L. Westermann, RE Suppl. VI 978f.). Sie sind Ausdruck einer viel menschlicheren Haltung, als wir sie bei dem älteren Cato gegenüber den Sklaven antreffen.

der frühen Römer in Italien bieten keinerlei Anhaltspunkte nach dieser Richtung. Ebensowenig können wir andererseits annehmen, daß die Schonung bestimmter anderer Gemeinden aus ethischen Beweggründen heraus erfolgte und nicht vielmehr deshalb, weil den damaligen römischen Politikern in den betreffenden Fällen eine solche Verhaltensweise den eigenen Interessen am besten zu entsprechen schien. Eine ganz analoge Verzeichnung der Haltung Altroms gegenüber der Umwelt liegt auch darin, daß Cicero von der stoischen Staatsethik zum frühen römischen Fetialrecht eine Linie zieht, um solcherart zu zeigen, daß die Vorväter die Anwendung von Gewalt als Mittel der Politik — ganz den sittlichen Postulaten der mittleren Stoa entsprechend — als unsittlich ablehnten, wenn sie nicht ihrerseits angegriffen wurden, bzw. die fremde Macht sich weigerte, Genugtuung für begangenes Unrecht zu leisten.[22]

Wie Cicero gerade mit dieser Verbindung von stoischer Staatsethik und altrömischem Fetialrecht großen Widerhall fand, so Polybios (XXXVI 9) mit der von ihm wohl erstmals vorgenommenen unterschiedlichen Einschätzung der römischen Politik vor und nach der Schlacht bei Pydna. Damals, 168 v. Chr., soll das römische Verhalten gegenüber der Umwelt jene brutalen und zugleich perfiden Züge angenommen haben, die es in der neueren Literatur etwa J. *Vogt* (Die römische Republik, ²1951, 151 ff.) berechtigt erscheinen lassen, von einer 'machiavellistischen' Politik seit Pydna zu sprechen. In der Tat war das Verhalten gegenüber Rhodos kurz nach dem Perseuskrieg machiavellistisch, und Cato hatte völlig recht, dieses Vorgehen gegen die alten treuen Bundesgenossen in einer berühmten Rede anzuprangern, nur die *maiores*, die in solchen Fällen nach seiner Meinung ganz selbstlos waren und *clementia* übten, beschwor er zu Unrecht. Es fällt nicht schwer, für alle Fälle von römischem Machiavellismus in den Zeiten nach 168 v. Chr. ältere Gegenstücke zu finden. Wir lassen einige Beispiele folgen.

Man rottete wohl 167 v. Chr. einen Teil der Epeiroten aus, doch verfuhr man 283 v. Chr. mit den gallischen Senonen kaum besser, und beide Male waren es in erster Linie wirtschaftliche Interessen der herrschenden Schicht, die zu solchem Schritt führten. Gewiß scheuten 'korrupte' Feldherren und Machthaber der spätrepublikanischen Zeit wie Caesar in Gallien vor keinem Mittel zurück, um ihre militärischen und politischen Ziele zu erreichen, doch ist nicht leicht zu sagen, was diesen Männern die Feldherren des Zweiten Punischen Krieges moralisch voraushatten, die sich in gleich skrupelloser Weise etwa der Bürgerschaft von Henna und der gegen Zusicherung freien Abzugs kapitulierenden karthagischen Besatzung von Casilinum entledigten, ohne daß freilich damals ein Cato Uticensis im Senat auftrat und solchen Verhaltens wegen Anklage erhob. Die Aufstände

---

[22] Eine ausführliche Beschäftigung mit diesem Problem bietet meine Untersuchung ›Stoische Staatsethik und frühes Rom‹ (oben S. 1 ff.).

Römische Politik und das Problem des 'Sittenverfalls' 39

der spanischen Völkerschaften in der Mitte des 2.Jh. werden auf die Verkommenheit der damaligen Führer der römischen Nobilität zurückgeführt; es blieb dabei nur außer Betracht, daß schon die ältere Geschichte Roms voll ist von Aufständen, in denen Latiner und sonstige italische Föderierte wie auch außeritalische Provinzialvölker immer wieder versuchten, das römische Joch abzuschütteln, das demnach in diesen älteren Zeiten als nicht minder drückend denn im 2.Jh. v. Chr. empfunden wurde. Daß sich der römische Senat 137 v. Chr. weigerte, den von Hostilius Mancinus in Spanien abgeschlossenen Kapitulationsvertrag anzuerkennen, ohne freilich das vom Feind bereits entlassene Heer nun wieder in die Gefangenschaft zurückzuschicken, war gewiß nicht schön, aber wer darin wiederum ein besonderes Symptom der fortschreitenden moralischen Verderbnis sehen möchte, sollte doch bedenken, daß ein entsprechender Fall auch aus der älteren römischen Geschichte überliefert ist, nämlich das Verhalten des Senates nach der Kapitulation des römischen Heeres in den Caudinischen Pässen.[23] Nennen wir schließlich noch den Raub Sardiniens 238/37 v. Chr. und den schon dem 5.Jh. angehörenden, das Recht schwerstens verletzenden römischen Schiedsspruch im Streit zwischen Ardea und Aricia als besonders eindringliche Mahnungen, daß wir uns hüten müssen, aus den römischen Maßnahmen in den Zeiten nach Pydna auf eine eben damals sich vollziehende Wendung zu einer neuartigen machiavellistischen Politik zu schließen und das Verhältnis des älteren Rom zur Umwelt mit den Augen zu sehen, mit denen es Cato, Polybios und die späteren Römer sahen. —

In einzelnen neueren Versuchen, das Bild der späteren Überlieferung über die Grundzüge der altrömischen Politik als richtig zu erweisen, spielt die Frage eine besondere Rolle, inwieweit man sagen kann, daß das Verhältnis der älteren Römer zu ihren Untertanen und abhängigen Bündnern bestimmt war durch *fides* im Sinne einer sittlichen, das Vertrauen der Gegenseite rechtfertigenden Bindung. In einer berühmten Untersuchung beschäftigte sich *R. Heinze*[24] allgemein mit dem *fides*-Begriff und glaubte mit der erwähnten Bedeutung den 'ursprünglichen' Sinn des Wortes erfaßt zu haben, ohne freilich mit dem von ihm herangezogenen Material über die späte Zeit hinauszukommen, in der die römi-

---

[23] Die Historizität dieser bei Liv. IX 8ff. berichteten Geschichte wird oft ohne zwingende Gründe in Zweifel gezogen. Man denkt an eine Rückspiegelung des Vorfalls von 137, obwohl sich doch die spätannalistische Überlieferung um alles eher bemühte als darum, schändliche Vorkommnisse der eigenen Zeit nun auch den *maiores* in die Schuhe zu schieben. Anders noch Th. Mommsen, Römische Geschichte I 365f. (mit scharfem Ausfall gegen die „römische Advokaten- und Pfaffenkasuistik" und nachfolgender Apologie des Senates) und W. Ihne, Römische Geschichte I² 374ff. Wie dem aber auch sei: Auf jeden Fall bleibt bestehen, daß selbst die späte römische Geschichtsschreibung den *maiores* solches Verhalten zutraute.

[24] R. Heinze, Vom Geist des Römertums, 3. Aufl., hrsg. von E. Burck (1960), 59ff.

sche Kultur unter griechischem Einfluß stand. Anknüpfend an Heinze versuchte M. *Gelzer* (Hermes 68, 1933, 129 ff.) darzutun, daß die bei Polybios sich mit Bezug auf die römische Politik findenden Stellen über πίστις-*fides* auf Fabius Pictor zurückgehen. Wie dem immer auch sei — wir dürfen nicht vergessen, daß schon Fabius Pictor stark unter dem Einfluß griechischen Ideengutes stand und sein Geschichtswerk, wie Gelzer selbst schön herausstellt, in griechischer Sprache für die Griechen schrieb, um diesen gegenüber die römische Politik zu rechtfertigen und in einem günstigen Lichte erscheinen zu lassen; eine Tendenzschrift also, deren Aussagen überall mehr Gewicht haben als dort, wo eben diese Tendenz wirksam ist.[25]

Bei Cicero und auch im sonstigen Schrifttum der Zeiten um Christi Geburt ist die Idee durchaus herrschend, daß eine fremde Gemeinde, die sich in einem unglücklichen Krieg mit Rom entschließt, ihren Widerstand nicht fortzusetzen und sich durch den Akt der *deditio* förmlich in die Gewalt des römischen Volkes zu geben, damit einen moralischen Anspruch auf Schonung seitens der Sieger erwarb: das *se dare in dicionem populi Romani* ist hier gleichbedeutend mit *se dare in fidem populi Romani*.

Es fügt sich gut zu dem bei Fabius Pictor gegebenen Sachverhalt und dürfte kaum ein Zufall sein, daß der älteste Beleg für eine solche vermeintlich für die Römer ganz besonders charakteristische Anschauung nicht aus dem römischen, sondern aus dem griechischen Bereich stammt. Er führt uns zurück in die griechische Geschichte der klassischen Zeit. Die Spartaner belagern das feste Platää, dessen Bürger nach längerem Widerstand sich selbst und die Stadt dem Feind übergeben. In der Rede, die nach der Darstellung des Thukydides (III 58 f.) nun die Gefangenen zu ihrer Verteidigung halten dürfen, machen die Platäer geltend, daß sie sich den Lakedämoniern, ohne es zum Äußersten kommen zu lassen, ergaben und daß sie eben deshalb nach gemeinhellenischem Nomos einen Anspruch auf Schonung hätten. Sie beschwören die Lakedämonier, sie nicht aus ihrer Gewalt und ihrer πίστις den Thebanern, ihren Todfeinden, zu übergeben.

Es tut nichts zur Sache, ob die Rede wirklich so von den Platäern gehalten wurde oder mehr oder weniger eigene Konzeption des Thukydides ist[26] — in

---

[25] Die bekannte Münze aus dem unteritalischen Lokris mit Ῥώμα und Πίστις (B. V. Head, Hist. Num., 1911, 104) wird von Gelzer a.O. 146 Anm. 2 als „ein höchst wertvolles monumentales Zeugnis für römische *fides* aus dem frühen 3. Jahrhundert" gewertet. Aber wie will man beweisen, daß sich πίστις hier auf Rom bezieht und nicht auf Lokris, wie viele andere Forscher annehmen (siehe außer den bei Gelzer zitierten noch G. F. Hill, Historical Greek Coins, 1906, 128)? Zudem wäre wohl mit einem solchen Beweis nichts gewonnen außer etwa einem Zwischenglied zwischen der griechischen πίστις und der römischen *fides* im Sinne der Ausführungen im Text.

[26] Vgl. hierzu A. W. Gomme, A Historical Commentary on Thucydides II (1956), 346.

jedem Falle belegt sie für die griechische Welt der Zeit des Peloponnesischen Krieges das Vorhandensein jener besprochenen, uns aus dem Schrifttum der spätrepublikanischen Zeit bekannten Vorstellung. Die angesichts dieser Tatsache sich aufdrängende Frage, ob wir es hier nicht ebenso wie etwa bei der von Cicero erhobenen allgemein die Schonung besiegter Feinde betreffenden Forderung mit einer Idee zu tun haben, die im Denken der Römer erst heimisch wurde, als dieses Volk gleichsam in die griechische Kultur hineinwuchs, diese Frage darf bejaht werden.

Es war bei den Römern des 1.Jh. v. Chr. und der folgenden Zeit nicht nur theoretisch gefordert, sondern auch in der Praxis üblich, den sich dedierenden Gegner zu schonen, und wenn Caesar etwa im Falle der Veneter anders verfuhr, so sah er sich doch veranlaßt, dies mit einer Verletzung des Gesandtenrechtes, die sich das genannte Volk angeblich hatte zuschulden kommen lassen, besonders zu motivieren (Bell. Gall. III 16). Nicht so klar liegen bezeichnenderweise die Dinge im 2.Jh. v. Chr. Zwar fehlt es auch für diese Zeit nicht an Belegen für die Idee, es müsse eine dedierte Stadt und ihre Bürgerschaft geschont werden[27], und an Belegen dafür, daß das Postulat sich praktisch auswirkte; aber daneben kennen wir aus dem 2.Jh. immerhin eine Reihe von Fällen, daß römische Feldherren nichts dabei fanden, gegen Städte und Völkerschaften, die sich in regulärer Weise dediert hatten, ohne jede Schonung vorzugehen. Allbekannt ist die grausame Behandlung, die Scipio Ämilianus den Numantinern nach erfolgter Dedition und Marius den ebenfalls dedierten Einwohnern von Capsa *contra ius belli*, wie Sallust hierzu als rückblickender Historiker des 1.Jh. vermerkt, zuteil werden ließen (Appian, Hisp. 95f., Sallust, Bell. Jug. 91, 7). In unserem Zusammenhang verdient besondere Beachtung das Vorgehen des Konsuls Manius Acilius gegen die Ätoler 191 v. Chr.[28]: Als die ätolischen Staatsführer sich selbst und ihr Volk dem Konsul im Vertrauen auf gnädige Behandlung dedierten, mußten sie sogleich erkennen, daß der Römer anders als sie selbst in dem Akt nichts weiter sah als die bedingungslose Unterwerfung unter seine Befehle: Ihrer mit einem Hinweis auf das Recht und hellenische Gepflogenheiten begründeten Weigerung, bestimmte vom Konsul sogleich erteilte Weisungen auszuführen, setzt der letztere in schroffster Form die Erklärung entgegen, daß sie nun, nachdem sie sich in die πίστις der Römer gegeben, keinerlei Forderungen mehr zu stellen hätten und er seinerseits völlig nach Belieben mit ihnen verfahren, sie z.B. auch in Eisen legen könne. Es war also für den Konsul das 'sich in die πίστις der Römer geben' entgegen dem, was die Griechen von ihrem Stand-

---

[27] Siehe etwa Liv. XXXVII 32, dazu unten S. 42 Anm. 30.
[28] Polyb. XX 9f. Die Stelle ist in der Literatur natürlich schon öfters behandelt worden, siehe besonders A. Heuß, Die völkerrechtlichen Grundlagen der römischen Außenpolitik in republikanischer Zeit, Klio Beiheft 21 (1933), 66f.

punkt aus erwarten konnten (und was der Ausdruck selbst besagt), nichts anderes als die Überlassung der vollen Verfügungsgewalt an den Sieger. Eine zusätzliche Bemerkung des Polybios[29] bestätigt, daß eine Dedition der dargelegten Art für die damaligen Römer tatsächlich nur diesen Inhalt hatte, also im allgemeinen noch keine moralischen Verpflichtungen involvierte; doch verkennen wir nicht, daß sich eine Tendenz nach dieser Richtung schon jetzt da und dort geltend machte.

Von den Stellen der Tradition, die uns weiterhin zeigen, daß die Entwicklung so und nicht umgekehrt verlief, daß somit auch hier die Vorstellung vom moralischen Verfall des spätrepublikanischen Rom ein falsches Bild ergibt, sei im Rahmen dieser Arbeit nur eine zitiert: Liv. VII 27, 7 mit einem Bericht über das Vorgehen der Römer gegen Satricum 343 v. Chr. Nach kurzem Krieg dedierte sich die Bürgerschaft des genannten Ortes dem römischen Feldherrn. Trotzdem und obgleich der letztere die Dedition annahm, wurde die Stadt niedergebrannt, ihre Einwohner aber brachte man nach Rom und verkaufte sie dort in die Sklaverei. Viertausend Menschen verloren so ihre Heimat und ihre Freiheit. Es sind aber welche, so fügt Livius hinzu, die angeben, daß diese viertausend Menschen nur die Sklaven waren, die man in der Stadt erbeutete. Livius selbst schließt sich dieser Meinung an, da er als Mensch seiner Zeit nicht glauben kann, daß man die Bürger einer dedierten Stadt versklavte. Wir haben also den Fall, daß eine alte lakonische Nachricht des Inhaltes, daß Satricum nach erfolgter Dedition zerstört wurde, bei späteren Annalisten wie auch bei Livius selbst nach mittlerweile erfolgter 'Ethisierung' des *deditio*-Begriffes Anstoß erregte und daß man nun versuchte, das Anstößige zu beseitigen, indem man naiv aus den 4000 versklavten Bürgern der dedierten Stadt 4000 versklavte Sklaven dieser Bürger machte; was aus den letzteren wurde, blieb dann freilich offen.[30]

---

[29] A.O. IX 12: παρὰ (δὲ) 'Ρωμαίοις ἰσοδυναμεῖ τό τ' εἰς τὴν πίστιν αὐτὸν ἐγχειρίσαι καὶ τὸ τὴν ἐπιτροπὴν δοῦναι περὶ αὐτοῦ τῷ κρατοῦντι.
[30] Weitere Beispiele für ein schonungsloses Vorgehen der frühen Römer gegen dedierte Städte: Liv. II 17, 5. VII 16, 6. E. Täubler, Imperium Romanum I (1913), 22 Anm. 1 vertritt die Ansicht, daß in den Liv. II 15, 5 und VII 27, 7 (siehe oben im Text) erwähnten Fällen die Anwendung des strengen Kriegsrechtes „wegen zu später Dedition" erfolgt sei. Das würde heißen, daß etwa die Bürger von Satricum die Dedition zwar anboten, daß diese jedoch von den Römern verweigert wurde. Aber davon steht bei Livius nichts, und weder Livius selbst noch auch jene Gewährsmänner, die auf die Ausflucht mit den versklavten Sklaven verfielen, können an so etwas gedacht haben. Die von Täubler als Beleg zitierte Stelle bei Caesar, B. G. II 32, wonach sich Caesar herbeiließ, den Atuatukern die erbetene Dedition zu gewähren, da sie diesen Schritt taten, ehe die Sturmböcke die Mauern ihrer Stadt berührten, beweist nichts für die ältere Zeit und ist selbst für die Auffassung, daß eine entsprechende Anschauung in der Zeit der ausgehenden Republik herrschend war, eine viel zu schmale Grundlage angesichts dessen, daß Caesar seine erwähnte Haltung

Die Ausführungen über *deditio* und *fides* sollten nicht zuletzt auch deutlich machen, daß in der verbreiteten Vorstellung von einem im 2.Jh. v. Chr. sich anbahnenden Umbruch ein richtiger Kern steckt, wenn dieser auch an ganz anderer Stelle, als die Sittenverfalls-Idee erwarten läßt, ja geradezu in entgegengesetzter Richtung zu suchen ist. Die Situation, wie sie in der 1. Hälfte des genannten Jh. gegeben war, verkörpert in fast symbolischer Weise der ältere Cato. Manches an dieser zwiespältigen Persönlichkeit war noch altrömisch, aber dieses Altrömische lag nicht dort, wo er selbst es suchte bzw. bei anderen vermißte. Er griff seine adligen Kollegen in der Magistratur und im Senat wegen ihrer Haltung gegenüber den Ligurern, Rhodiern und Spaniern im Namen Altroms und altrömischer Menschlichkeit an, während hier tatsächlich der Mann sprach, der zu den Wegbereitern einer neuen Zeit gehörte und der aus dieser Situation heraus übrigens nicht umhinkonnte, sich mit den Werken der verachteten Griechen eingehend zu beschäftigen. Das Altrömische bei Cato finden wir demgegenüber etwa in der ganz von nüchtern-praktischen Gesichtspunkten bestimmten Behandlung, die er seinen Sklaven angedeihen ließ, und in seinen das Staatswohl und die staatlichen Gesetze nicht übermäßig berücksichtigenden Praktiken als Gutsbesitzer und Unternehmer, die er mit seiner bekannten Erklärung erläuterte, nur derjenige sei ein bewundernswerter Mann, dessen selbst hinzuerworbenes Gut in den Rechnungsbüchern den vom Vater geerbten Besitz übersteige (Plut., Cato 21, 8). Die nicht nur auf uns, sondern gewiß auch schon auf manche Zeitgenossen naiv wirkende Art, dem eigenen Ruhm zu dienen und die eigenen Taten herauszustellen und zu vergrößern (vgl. oben S. 29f.), darf hier des weiteren genannt werden. Die pfiffige Weise, wie er die geheiligte Arbeitsruhe an bestimmten Tagen umging und so die Götter überlistete, hat bezeichnenderweise ihre Parallelen in gewissen, das Verhältnis der römischen Gemeinde zu ihren Nachbarn betreffenden Vorgängen, die uns aus der älteren republikanischen Zeit überliefert sind. Man lese nur bei Livius nach, auf welche Weise man

gegenüber den Atuatukern ausdrücklich damit begründet, daß es „seine Gewohnheit" (nicht etwa römisches Kriegsrecht) sei, so vorzugehen. Hätten wir es hier wirklich mit einem Vorgehen zu tun, das dem damals herrschenden Kriegsrecht entsprach, wäre auch der von Cicero in de off. I 11, 35 geäußerte, offenbar gerade gegen Caesar und seine erwähnte Angabe gerichtete Gedanke unverständlich: *et cum iis, quos vi deceris, consulendum est, tum ii, qui armis positis ad imperatorum fidem confugient, quamvis murum aries percusserit, recipiendi.* Im übrigen dürfte allein schon Liv. XXXVII 32 beweisen, daß eine Regel, wie sie Täubler aus Caesar a.O. für die ganze republikanische Zeit erschließen will, jedenfalls noch im beginnenden 2.Jh. v. Chr. nicht existierte: Die Phokäer dedieren sich — 190 v. Chr. — den Römern zu einem Zeitpunkt, da das römische Sturmgerät die Mauern bereits bearbeitet. Der Prätor Ämilius nimmt die Dedition an und versucht sodann, und zwar mit Berufung auf eben diese Dedition, die Soldaten von der Plünderung der Stadt abzuhalten.

318 v. Chr. die Samniter zu Schändern priesterlicher Würde stempelte, um so den Zorn der irregeführten Götter auf ihre Häupter zu lenken (IX 10, 6 ff.).

IV

Der letzte Hinweis führt uns zurück zum Ausgangspunkt und Kernpunkt unserer Untersuchung. Halten wir noch einmal fest: Das Bild, das sich die Römer der ausgehenden republikanischen und der frühen Kaiserzeit von den politischen Maximen und der praktischen Politik der *maiores* machten, ist zwar schön und erhebend und geeignet, über Jahrhunderte und Jahrtausende hinweg beispielhaft zu wirken, entspricht aber der historischen Wirklichkeit nicht besser als etwa die Vorstellung, die wir bei Demosthenes von der Politik der frühen Athener finden. Wenn wir jetzt noch versuchen, das tatsächliche Verhältnis des älteren Rom zur Umwelt hinsichtlich der in ihm vornehmlich wirkenden Kräfte in ganz groben Zügen zu umreißen, so empfiehlt es sich, den Ausgang von der (durchaus nicht neuen) Feststellung zu nehmen, daß in der 'großen Politik', wie sie sich dem rückschauenden Historiker darstellt, ebenso wie im Dasein des Einzelmenschen zwei freilich nicht streng voneinander zu trennende Faktoren stets wirksam waren und oft genug bestimmend hervortraten: Der Wille zur Mehrung der Macht und der Wunsch nach Erweiterung des Besitzes auch über das hinaus, was man selbst wirklich brauchte. Wer den römischen Nobiles, die im Senat und Oberamt die Politik Roms lenkten, ein solches zwiefaches Streben trotz der Tatsache, daß sie in ihrem privaten Dasein gemäß dem zitierten Ausspruch Catos diesen Prinzipien ungehemmt und offen huldigten, abspricht und sie im Sinne des Wunschbildes einer späten Zeit in der Sorge um Sicherheit und Recht aufgehen läßt, weist ihnen in dieser Hinsicht einen ganz besonderen Platz zu und sieht sich dann der rätselhaften Tatsache gegenüber, daß gerade die Römer innerhalb einer relativ kurzen Zeitspanne mehr Macht und Besitz gewannen als irgendein anderer Staat der antiken Welt. Grundsätzlich ist zu sagen, daß uns allein schon der Gang der römischen Geschichte der republikanischen Zeit zwingt, die Erfahrungstatsache, daß Macht- und Besitzstreben in den politischen Auseinandersetzungen vergangener Zeiten Faktoren von besonderer Bedeutung waren, bis zum Beweis des Gegenteils auch für Rom, und für dieses ganz besonders, gelten zu lassen.[31]

---

[31] Die Diskrepanz zwischen der Meinung, daß die Römer bis herab in die Zeit des Sittenverfalls eine ganz auf Verteidigung und Sicherung ausgerichtete Politik trieben, und der Tatsache, daß sich seit der Mitte des 4. Jh. v. Chr. die römische Macht und der römische Besitz unaufhörlich mehrten, ist verständlicherweise schon öfters empfunden worden, siehe vor allem R. Heinze, Von den Ursachen der Größe Roms ([5]1938), 13 ff. Vgl. auch etwa H. Berve, Imperium Romanum (Schriftenreihe der Deutsch-Italienischen Gesellschaft Leipzig Nr. 1, 1942), 9 f.

Es kann nicht unsere Aufgabe sein, diese Dinge noch näher auszuführen und etwa noch zu versuchen, von einer Untersuchung der Ursachen und Anlässe der einzelnen Kriege Roms her die Probe aufs Exempel zu machen. Nicht übergehen dürfen wir freilich die Tatsache, daß wir in alten religiösen Formeln und Riten, die bis in die späte Zeit lebendig blieben, noch gleichsam urkundliche Belege dafür besitzen, daß tatsächlich schon früh das Streben nach Mehrung des Reiches in den Beziehungen Roms zu anderen Völkern und Staaten von besonderer Bedeutung war. Das Gebet, das seit alter Zeit der eine der Zensoren bei jedem feierlichen Lustrum an die Götter richtete[32], besagt eigentlich schon alles: Nicht um Schutz vor feindlichen Zugriffen wurden die Unsterblichen angefleht, sondern darum, *ut populi Romani res meliores amplioresque facerent*. Alle fünf Jahre wurde dieses Gebet an die Götter gerichtet, bis sich kurz nach der Mitte des 2. Jh. v. Chr. ein Zensor — offenbar war es Scipio Ämilianus (s. Val. Max. a. O.) — veranlaßt sah, es mit der ganz eindeutig auf die Größe des damaligen Imperium Romanum bezogenen Begründung, daß *populi Romani res* „genügend gut und groß" seien, durch ein Gebet zu ersetzen, das die bloße Erhaltung des bestehenden Zustandes von den Göttern erflehte.

Weiteres der gleichen kultischen Sphäre, wo Altes sich am längsten halten konnte, angehörendes Material weist in dieselbe Richtung. Wir wissen aus Tacitus (Ann. XII 23), daß noch in der Kaiserzeit ein Inhaber des Oberamtes, dem es gelungen war, eine Erweiterung der Grenzen im großen durchzuführen, das Recht hatte, die Grenzen der heiligen Bannmeile der Stadt Rom in feierlichem Akt vorzuschieben, was zur Voraussetzung hat, daß in den Zeiten der Einführung dieses Ehrenrechtes die Mehrung römischen Gebietes ein an sich erstrebenswertes Ziel war. Wichtig auch dies, daß es offenbar zum festen Aufgabenkreis der Haruspices gehörte, vor Beginn von Kriegen durch Opfer nicht nur festzustellen, ob der geplante Feldzug einen guten Ausgang nahm, sondern darüber hinaus auf entsprechende Weise zu eruieren, ob das Unternehmen zu einer „Erweiterung der römischen Grenzen" führte.[33] Wiederum bei Valerius Maximus finden wir eine Angabe, nach welcher die Triumphalordnung die Bestimmung enthielt, *ut pro aucto imperio ... triumphus decerneretur*[34]. Sie rundet

---

[32] Val. Max. IV 1, 10; vgl. dazu J. Vogt, Vom Reichsgedanken der Römer (1942), 129.

[33] Siehe Livius XXXI 5, 7. XXXVI 1, 3. XLII 30, 9. Die Tatsache, daß gerade die Kriege, um die es sich hier handelt, nicht eigentlich eine Erweiterung der römischen Grenzen, sondern nur eine solche der römischen Machtsphäre zeitigten, bestätigt, daß wir es hier mit einer althergebrachten Formel zu tun haben.

[34] Val. Max. II 8, 4. I. M. Nap, Die römische Republik um das Jahr 225 v. Chr. (1935), 209, möchte die Bestimmung auf ein Gesetz des Jahres 225 zurückführen. Die von Th. Mommsen (Röm. Staatsr. I 133 Anm. 1) beiläufig geäußerten Zweifel können sich nach Lage der Dinge nur gegen den Zusammenhang richten, in welchem Valerius Maximus besagte Bestimmung erwähnt, nicht gegen die Bestimmung (bzw. ihre Historizität) als solche.

ein Bild ab, zu welchem auch jede unvoreingenommene Betrachtung der äußeren Geschichte Roms in den Jahrhunderten seines Aufstieges zur größten Macht der damaligen Welt führen müßte.

Natürlich wäre es verfehlt, wollten wir nun glauben, daß den Römern seit frühester Zeit die Gewinnung der Weltherrschaft als Ziel oder gar als eine ihnen vom Schicksal auferlegte Mission im Sinne der vielzitierten Verse Vergils im 6. Gesang der Äneis (V. 851ff.) vorschwebte. Immerhin zeigen die beiden ersten Verträge Roms mit Karthago (Polyb. III 22f.), daß der Gesichtskreis der römischen Politiker schon früh ein sehr weiter war, und Polybios (I 6, 6) mag demgemäß recht haben, wenn er die Römer seit ihren Kriegen mit den Etruskern und Galliern von einem naiven Besitzanspruch auf ganz Italien erfüllt sein läßt. Daß sie spätestens seit dem Hannibalischen Krieg Ambitionen auf die Weltherrschaft hatten (a.O. 3, 6), können wir freilich nicht glauben: Erst in der Zeit um 200 v. Chr. finden wir sichere Anhaltspunkte dafür, daß ein einzelner Großer, der ältere Scipio, von der Idee mehr oder weniger erfüllt war, daß seinem Volke die Herrschaft über die ganze Oikumene zustand. Die herablassend-herrscherliche Art, mit welcher der römische Senat und einzelne Amtsträger in der Folgezeit auch solchen Mächten entgegentraten, die außerhalb des Imperiums standen, legt uns nahe anzunehmen, daß besagte Idee in den Kreisen der Nobilität bald zu voller Geltung kam, doch ist andererseits nicht zu verkennen, daß nur wenige Männer in den letzten Jahrzehnten der Republik und in der frühen Kaiserzeit den Wunsch und auch die Kraft in sich verspürten, die tatsächlichen Verhältnisse mit dem Weltherrschaftspostulat wirklich in Einklang zu bringen, also die Grenzen des Reiches über alle bekannten Länder des Erdkreises auszudehnen. —

Eine Frage, die sich uns nach allem Dargelegten unausweichlich stellt, muß abschließend noch kurz gestreift werden[35]: Läßt sich behaupten, daß die unter griechischem Einfluß entstandene politische Ideologie, wie sie uns vor allem in den Quellen der Jahrhunderte um Christi Geburt entgegentritt, in der Politik Roms zu einer praktischen Auswirkung kam? Man darf diese Frage bejahen, und zwar nicht nur mit Bezug auf die aufgezeigte Veränderung des Inhaltes des *deditio*-Begriffes, sondern auch und vor allem mit Bezug auf das Verhältnis Roms zu seinen Untertanen. Der steigende Unwille, mit dem man es in Rom zur Kenntnis nahm, wenn Statthalter ohne Rücksicht auf das Recht und das Wohl der Provinzialen ihr Amt zu persönlicher Bereicherung mißbrauchten, führte um die Mitte des 2. Jh. zur Errichtung jenes ständigen Gerichtshofes, der fortan für entsprechende Klagen der Provinzialen bzw. ihrer Patrone zuständig war.[36]

---

[35] Die folgenden Hinweise berühren sich stark mit H. Berve, Imperium Romanum 13ff.
[36] Über dieses von L. Calpurnius Piso 149 v. Chr. beantragte Gesetz siehe C. I. L. I 2, 583 Z. 74 und 81. Lucil. 573f. (Marx). Cicero, Brutus 106. de off. II 75. Weitere Stellen bei T. R. S. Broughton, The Magistrates of the Roman Republic I 459.

Aus den folgenden Zeiten kennen wir die Namen gar mancher Römer, die um eine gerechte und menschliche Behandlung der Untertanen als Statthalter wie auch als Ankläger in Prozessen gegen pflichtvergessene Beamte sehr bemüht waren und etwa auch bewußt versuchten, die Forderungen der stoischen Staatsethik in ihrem Wirkungsbereich zu realisieren. Wir nennen hier nur den Mann, der auf Rhodos, als er gerade im Zenit seiner Macht stand, seine *fasces* vor Poseidonios, dem stoischen Philosophen, senken ließ: Pompeius Magnus. Dessen großartige Neuordnung des Ostens wurde wirklich zum Wohle der Untertanen durchgeführt und entsprach damit der stoischen Idee, daß Herrschaft einer sittlichen Berechtigung bedurfte, die nur darin liegen konnte, daß der Nutzen und das Gedeihen der Untertanen den Herrschenden Richtschnur war, wie dies in Rom Cicero in seinen philosophischen Schriften und in besonders beredter Weise (und nicht ohne dankbares Bekenntnis zu seinen griechischen Lehrmeistern) in seinem ersten Brief an den Bruder Quintus forderte.

Das Werk des Pompeius und der anderen in dieser Richtung bahnbrechenden Politiker der Zeit der endenden Republik wurde von verschiedenen Kaisern der ersten nachchristlichen Jahrhunderte fortgesetzt. Was diese Männer, erfüllt von hohen Idealen und einem bewundernswerten Herrscherethos, für die Provinzen, die alten *praedia populi Romani*, nicht anders als für Rom und Italien taten, war dann fast so etwas wie eine späte Rechtfertigung der Herrschaft, welche die Römer in den früheren Zeiten aus ganz anderem Geist heraus über all diese Länder errichtet hatten.

DAS PROBLEM DES AUFSTIEGS ROMS ZUR WELTMACHT

Neue Bilanz unter methodisch-kritischen Aspekten[1]

Vorbemerkung: Vor langen Jahren habe ich mich unter bestimmten Gesichtspunkten in zwei Abhandlungen, denen mehrere einschlägige Buchbesprechungen folgten, mit der römischen Politik und den in ihr wirkenden Faktoren beschäftigt.[2] Ich hatte seinerzeit die Absicht, dem Thema bald eine größere zusammenfassende Publikation zu widmen, doch verhinderten andere Arbeitsvorhaben die Realisierung besagten Planes. Den Anlaß dazu, daß ich jetzt auf diese Dinge zurückkomme, geben mir — von der (Anm. 1 erwähnten) Vortragseinladung abgesehen — gewisse neuere Strömungen, die sich u. a. in der sog. Imperialismusdiskussion der letzten Jahre niederschlagen. Diese letztere Diskussion entzündete sich bekanntlich an dem Neudruck eines schon 1902 erschienenen, vor allem die englische Kolonialpolitik des späten 19.Jh. und andere entsprechende Vorgänge behandelnden Werkes von *John A. Hobson*[3] und spiegelt, wie ich es jedenfalls sehe, gewisse heute allgemein in den Bereichen der Geschichtswissenschaft auftretende Schwächen sehr deutlich wider — Schwächen, die teilweise daraus resultieren, daß die hier einschlägig Forschenden geneigt sind, scheinbar sichere, tatsächlich aber sehr fragwürdige Ergebnisse anderer Wissenschaften für unsere Disziplin fruchtbar zu machen, wobei sie dann der Gefahr, gewisse methodische Grundforderungen zu vernachlässigen, nicht immer entgehen.

Wenn es mir nun auch fernliegt, diesen Beitrag als bloße Auseinandersetzung mit Kollegen, die in eine solche Richtung tendieren, aufzuziehen, so war eben doch hier der Anstoß für mich gegeben, die Frage der römischen Politik und speziell des Aufstiegs Roms zur Weltherrschaft neu anzugehen.

---

[1] Die nachstehende Abhandlung geht auf einen — hier nur geringfügig erweiterten — Vortrag zurück, den ich, einer Einladung von H. Bellen folgend, am 7.6.1977 an der Universität Mainz hielt. Die Anmerkungen und Exkurse sind selbstverständlich erst im nachhinein eingearbeitet bzw. angefügt worden.

[2] 'Stoische Staatsethik' und frühes Rom, in: HZ 184 (1957), 249ff. (siehe jetzt oben S. 1ff.); Römische Politik in republikanischer Zeit und das Problem des 'Sittenverfalls', in: HZ 188 (1959), 497ff. (siehe jetzt oben S. 22ff.). Beide Aufsätze wurden auch in das von R. Klein herausgegebene Sammelwerk ›Das Staatsdenken der Römer‹ (Wege der Forschung Bd. 46, 1966) aufgenommen (116ff. und 143ff.). Von Hinweisen auf Buchbesprechungen, in denen ich einige in den zitierten Aufsätzen ausgeführte Gedanken erneut aufgriff, kann hier abgesehen werden.

[3] J. A. Hobson, Der Imperialismus, deutsch von H. Hirsch (Nachdr. 1968). Vgl. dazu H.-U. Wehler (Hrsg.), Imperialismus (1970), bes. 104ff. (zu Hobson).

Gemessen an dem, was dem Neuhistoriker, der sich etwa mit der englischen Politik der Victorianischen Zeit beschäftigt, an Quellen zur Verfügung steht, müssen wir Althistoriker, die wir das hier zur Behandlung stehende Thema erörtern, mit verhältnismäßig dürftiger Überlieferung von noch dazu ungleichem Wert auskommen. Diese Überlieferung bietet aber doch, wie ich glaube, eine genügend breite Basis dafür, in den wesentlichen allgemeinen Fragen einigermaßen gesicherte Ergebnisse zu gewinnen, so viel im einzelnen auch offen bleibt. Wenn gleichwohl die Diskussion — auch mit Bezug auf die Grundfragen — immer noch weitergeht, so muß dies bestimmte Gründe haben, die gewiß nicht darin zu suchen sind, daß sich historische Probleme, einem verbreiteten Topos gemäß, jeder Generation neu und anders stellen und dann auch immer anders gelöst werden.

Einer der wirklichen Gründe für den besagten Sachverhalt scheint mir in den weiten Bereichen des Emotionellen und des (sozusagen) Ideologischen zu liegen. Die an sich ja naheliegende Vorstellung, daß der Historiker als nüchterner Wissenschaftler immer nur Einsichten Raum gibt, die er *sine ira et studio* aus dem ihm zur Verfügung stehenden Material erarbeitet hat, erweist sich hier wie sonst als fragwürdig. Selbst der bedeutendste unter den die römische Geschichte erforschenden Historikern des 19. Jh., *Theodor Mommsen*, sah nicht selten einfach rot, wo es darauf angekommen wäre, sachlich zu argumentieren, und bei dem Gedanken, daß es Fachkollegen etwa wagten, die Proklamation der Freiheit der Griechen durch Titus Quinctius Flamininus 196 v. Chr. auf eine Linie mit den älteren Freiheitserklärungen der Diadochen zu stellen und dementsprechend eigennützige Erwägungen auf seiten der Römer zumindest nicht ganz auszuschließen — bei diesem Gedanken packte ihn ein heiliger Zorn, dem er mit den Worten Ausdruck gab:

Nur von der verächtlichen Unredlichkeit oder der schwächlichen Sentimentalität kann es verkannt werden, daß es mit der Befreiung Griechenlands den Römern vollkommen ernst war....[4]

[4] Th. Mommsen, Römische Geschichte I (⁹1903), 720f., vgl. a.O. 699: „Nur die stumpfe Unbilligkeit kann es verkennen, daß Rom in dieser Zeit noch keineswegs nach der Herrschaft über die Mittelmeerstaaten griff..."; a.O. 781: Für jede „nicht oberflächliche Betrachtung" sei es offenbar, daß die römische Regierung im Zeitraum zwischen der Einigung Italiens und der Zertrümmerung Makedoniens nur die Herrschaft über Italien begehrte und dann „bloß wünschte, nicht übermächtige Nachbarn neben sich zu haben". Kritische Bemerkungen gegen solche Gedanken äußerte schon zu Mommsens Zeit W. Ihne, Römische Geschichte III (1872), 63 Anm. 1 (mit freilich nicht minder fragwürdiger eigener Gegenposition). Vgl. auch C. Peter, Geschichte Roms I (²1865), 437. (Die hier von Peter vorgenommene Charakterisierung der Freiheitsproklamation von 196 v. Chr. als „Danaergeschenk" auch bei H. Bengtson, Griechische Geschichte, ⁵1977, 479.) — Die Tatsache, daß der Großteil der Forscher, die sich in den letzten Jahrzehnten zu dem Problem äußerten, ganz auf der Linie Mommsens liegt, gibt mir Anlaß, den Fragenkomplex in einem eigenen Exkurs neu anzugehen (siehe unten S. 103 ff.).

Es wäre ein leichtes, aus der sonstigen älteren und neueren Literatur zur römischen Geschichte weitere Stellen zu zitieren, die weniger als wissenschaftlich fundierte Aussagen denn vielmehr als Gefühlsausbrüche zu werten sind, welch letztere dann natürlich immer zu mißlichen und unguten Situationen führen. Wo Emotionen etwa in dem Sinne, daß Forschern gewisse Dinge unantastbare, ja heilige Dinge sind, mitspielen, können Gefühle verletzt und damit Barrieren geschaffen werden, die keine sachliche Argumentation mehr zu überwinden vermag. Auch hier gilt, was der Historiker auf dem Felde seiner Forschung immer und überall beobachten kann: Geraten Emotionen und Einsichten in Widerstreit, so erweisen sich die ersteren als stärker.

Von der Tendenz zur 'beschönigenden Historie', die sich in diesem Zusammenhang besonders geltend macht, ist nicht zu trennen die verbreitete Neigung, sich hinsichtlich der Beurteilung der älteren republikanischen Zeit das Bild zu eigen zu machen, das spätere römische Autoren wie vor allem Cicero, Sallust und Livius rückblickend entwarfen — bekanntlich das Bild von Menschen, die nie vom 'Pfad der Tugend' abwichen und im Verhältnis zueinander und zu den Nachbarn von egoistischen Regungen und Zielsetzungen noch ganz frei waren. Solche Aussagen zeigen zwar, wie die genannten und sonstige hier etwa noch zu nennende literarisch tätige Männer die Vergangenheit von ihrer Warte aus sahen, sagen aber nichts darüber aus, wie es damals wirklich zuging oder genauer: könnten einen Aussagewert in solcher Hinsicht nur dann für sich beanspruchen, wenn sich die uns als zuverlässig bekannten Fakten aus der römischen Geschichte in dieses Bild zwanglos einfügten. Das Gegenteil ist der Fall! Schon in den eingangs zitierten früheren Arbeiten versuchte ich zu zeigen, daß besagtes Bild der historischen Wirklichkeit effektiv nicht entspricht — auch nicht hinsichtlich der römischen Politik, die uns hier ja besonders interessiert. Konkret gesprochen: Auch in der römischen politischen Welt spielten Faktoren wie Macht- und Besitzstreben, deren Bedeutung allgemein in den zwischenstaatlichen Auseinandersetzungen schon Thukydides erkannte, nicht nur eine Rolle als beklagenswerte späte Verfallserscheinungen im Rahmen eines allgemeinen Sittenverfalls, sondern waren hier wie sonst sozusagen ebenso alt wie die Politik selbst. Jene Angaben einer relativ späten römischen Überlieferung über die Politik der Altvorderen liegen also tatsächlich auf derselben Linie wie die bis ins einzelne ihnen entsprechenden Aufstellungen, in denen Griechen der nachklassischen Zeit wie Isokrates und Demosthenes die politische Welt ihrer Vorfahren bis herab in die Perikleische Zeit allen gegenteiligen Aussagen einer auch ihnen sicher nicht unbekannten Überlieferung zum Trotz idealisieren.[5]

---

[5] Vgl. hierzu die Ausführungen oben S. 26 f., sowie unten S. 150 ff. (zu Thuk. III 82 f.). Daß die hier vorhandenen schlagenden Parallelen diejenigen Neueren, welche die römische Politik

Im Prinzip in die gleiche Richtung gehen die methodischen Bedenken, die uns kommen, wenn wir sehen, mit welchem inneren Engagement im neueren Schrifttum immer wieder die berühmten Worte im 6. Gesang der ›Äneis‹ (851 ff.) zitiert werden, in denen der Geist des Anchises den Römern aufträgt, als Herrscher sich der Sendung stets bewußt zu sein, Unterworfene zu schonen und dem Frieden Gesittung und Gesetze zu geben. Man muß erwägen, ob uns diese Sätze nicht zu der Annahme berechtigen, daß nicht nur im Kopfe Vergils, sondern auch in den Köpfen anderer geistig führender Römer der Augusteischen Zeit so etwas wie ein politisches Sendungsbewußtsein gegenüber den anderen, zumal den barbarischen Völkern der damaligen Welt lebendig war.[6] Wer jedoch, wie es schon *Richard Heinze* in seiner Rektorsinaugurationsrede ›Von den Ursachen der Größe Roms‹ mit großer Selbstverständlichkeit tat[7], die erwähnte ›Äneis‹-Stelle als hinreichenden Beweis dafür wertet, daß die römische Politik zu allen Zeiten von einem Sendungsbewußtsein, wie es Vergil erfüllte, geleitet war, macht sich eines Verstoßes gegen die Grundprinzipien historischer Betrachtungsweise ebenso schuldig wie einer, der etwa aus bestimmten Stellen in der modernen französischen Literatur erschließen wollte, daß die Politik Frankreichs seit der Merowingerzeit von der Europaidee und dem Ideal der Menschenrechte bestimmt wurde. Ein anderer Vergleich liegt hier noch näher: Im Viktorianischen England fehlte es nicht an Männern, die mit Bezug auf die Kolonialpolitik des damaligen Vereinigten Königreiches von einer 'Mission' zur Kolonisierung

der älteren Zeit mit den Augen des Cicero und des Livius sehen, somit auch als etwas ganz Einmaliges betrachten, ganz ungerührt lassen, läßt mehr als alles andere deutlich werden, wie stark in diesem Bereich die Emotionen, die hier wie sonst blind machen, wirksam sind. Kaum weniger bezeichnend aber in diesem Zusammenhang ist dies, daß sich ein Historiker vom Range M. Gelzers noch nach einer runde fünfzig Jahre umfassenden sehr intensiven Beschäftigung mit der Geschichte der römischen Republik ausdrücklich zu der Vorstellung, daß die Römer der guten alten Zeit notabene nur Kriege zum Schutz der Verbündeten führten, bekannte, ohne hierfür eine bessere Begründung ins Feld führen zu können als die folgende: „... die Konflikte mit dem Ausland (brachen) naturgemäß am Rande des Machtgebiets (auf)" (Kleine Schriften, hrsg. von H. Strasburger und Ch. Meier, Bd. 1, 1962, 250).

[6] Vgl. zu Vergil a.O. Horaz, Carm. saec. 49 ff. und Properz, El. III 22, 19 ff. mit der Forderung nach schonender Behandlung der Feinde, ferner die in die gleiche Richtung gehende, freilich mit den Tatsachen in Widerspruch stehende Stelle Mon. Anc. 3, dazu G. Binder, Aeneas und Augustus. Interpretationen zum 8. Buch der Aeneis (Beiträge zur klassischen Philologie, hrsg. von R. Merkelbach, Heft 38, 1971), 280 mit Anm. 604.

[7] R. Heinze, Von den Ursachen der Größe Roms. Rede gehalten beim Antritt des Rektorats an der Universität Leipzig am 31. Oktober 1921 (⁵1938), 25, letzter Nachdr. in: H. Oppermann (Hrsg.), Römertum. Ausgewählte Aufsätze und Arbeiten aus den Jahren 1921 bis 1961 (Wege der Forschung Bd. 18, 1967), 11 ff. Die weiteren Zitate aus Heinzes Schrift beziehen sich auf die 5. Aufl. von 1938.

noch unzivilisierter Gebiete sprachen und es damit offenbar mehr oder weniger ehrlich meinten. Aber daraus abzuleiten, daß etwa schon hinter den Eroberungszügen Sir W. Raleighs und den frühen Aktionen der Engländer in Ostindien ein Missionsbewußtsein stand, wäre natürlich verfehlt — davon abgesehen, daß es auch unter den im späten 19. Jh. und in den folgenden Jahrzehnten auf der politischen Bühne aktiv tätigen Engländern sicher nur wenige gab, für die 'Mission' und 'Sendungsbewußtsein' mehr als bloße Schlagwörter waren.[8]

R. Heinze war es bekanntlich auch, der jener verbreiteten, als solche bis in die Frühzeit der Altertumswissenschaft zurückzuverfolgenden Neigung, das Altrömertum zu idealisieren, starke Impulse verlieh, indem er mit zwei Abhandlungen den Auftakt zu den zahlreichen Arbeiten über 'spezifisch römische' Werte gab, die in den vergangenen 50 Jahren herauskamen.[9] So wertvoll diese Arbeiten auch zweifellos sind, so konnten ihre Verfasser, angefangen bei Heinze selbst, doch der Gefahr nicht ganz auskommen, die Dinge in eben jener nicht unbedenklichen Weise zu behandeln, die mit Bezug auf die Rektoratsrede Heinzes oben herauszustellen war: Man eruiert die Bedeutung, in welcher Ausdrücke wie *fides, clementia, magnitudo animi, constantia* usw. von Dichtern und Schriftstellern der Jahrhunderte um Christi Geburt verwendet werden, und glaubt damit auch schon Erkenntnisse über Tugenden gewonnen zu haben, die den Römern schlechthin eigneten, wobei dann, wo doch zeitlich differenziert wird, die frühen, von jenen Autoren durch Jahrhunderte getrennten Römer als die eigentlichen Träger besagter Werte bezeichnet werden, während man diese letzteren den Menschen der Zeit, aus der unsere Zeugnisse stammen, mehr oder weniger

---

[8] Beispiele für die Tendenz, aus Vergil a.O. auf ein allgemeines Sendungsbewußtsein zu schließen, das auch schon in der römischen Politik der republikanischen Zeit durch die Jahrhunderte hindurch wirksam gewesen sein soll (außer R. Heinze, vgl. die letzte Anm.): F. Altheim, Italien und Rom I (^{2}o. J.), 215ff. H. Haffter, Römische Politik und Politiker. Aufsätze und Vorträge (1963), 52ff. O. Seel, Römertum und Latinität (1964), 31, 92f., 271f. Ernst Meyer, Römischer Staat und Staatsgedanke (^{3}1964), 271: „*Dem* Römer war das in Vergils berühmten Versen in klassischer Formulierung ausgedrückte Bewußtsein zutiefst eingepflanzt, daß das römische Volk ... berufen sei zu besonderen Leistungen ..." (Kursivsetzung von mir). Vgl. auch oben Bd. 2, 250f.

[9] Vgl. den Überblick bei H. Fuchs, Rückschau und Ausblick im Arbeitsbereich der lateinischen Philologie, in: Mus. Helv. 4 (1947), 147ff. Ernst Meyer, Römischer Staat und Staatsgedanke, 523ff. H. Oppermann, Vorbemerkung zu dem von ihm hrsg. Sammelwerk ›Römische Wertbegriffe‹ (Wege der Forschung Bd. 34, 1967), S. IX ff. — Die von Heinze selbst 1925 und 1929 herausgebrachten Abhandlungen über *auctoritas* und *fides* wurden 1938 erneut publiziert: R. Heinze, Vom Geist des Römertums. Ausgewählte Aufsätze, hrsg. von E. Burck (1938), 1ff. und 25ff.

abspricht, nur abgesehen von den Männern, die sich bemühten, sie wieder lebendig zu machen.[10]

Auf einen ganz anderen Tatbestand beziehen sich die Vorbehalte, die aus der sog. Imperialismusdiskussion der letzten Jahre und deren sozusagen römischem Aspekt resultieren. Genauer gesagt betreffen diese Vorbehalte ein Verfahren, das recht eigentlich den 'roten Faden' für besagte Diskussion hergibt: Man bemüht sich um eine Definition eines scheinbar festen, daher klar zu definierenden Begriffes 'Imperialismus' und entscheidet dann von dieser Definition her, die den angeblich festen Begriff willkürlich einmal weiter, einmal enger faßt und dabei zumeist schon von den Anliegen der betreffenden Forscher vorgeprägt ist, ob die Politik einer bestimmten historischen Persönlichkeit oder eines bestimmten Volkes oder auch einer bestimmten Zeit imperialistisch war oder nicht. Zwei Beispiele: *John A. Hobson* verstand, den englischen Kolonialismus der spätvictorianischen Zeit vor Augen, unter 'Imperialismus' eine politische Verhaltensweise, die in erster Linie aus massiven kapitalistischen Beweggründen einzelner Gruppen resultiert und dabei nach außen aktiv wird.[11] Die Politik eines altorientalischen Fürsten, der sich primär etwa durch Streben nach Weltherrschaft zu ständigem kriegerischem Ausgreifen bestimmen ließ, für den also wirtschaftliche Gesichtspunkte allenfalls eine sekundäre Bedeutung hatten, wäre danach nicht als imperialistisch zu bezeichnen. Das zweite Beispiel führt uns zu unserem eigentlichen Thema zurück: In einer vor einigen Jahren erschienenen Abhandlung über die römische Politik unterscheidet *R. Werner* ganz rigoros zwischen Streben nach Hegemonie und Imperialismus, um sodann aus besagter Unterscheidung messerscharf zu erschließen, daß Roms Vorgehen im Osten bis in die Mitte des 2. Jh. v. Chr., weil auf Errichtung einer Hegemonie abzielend, nicht imperialistisch war.[12] Es ist klar, daß sich eine solche terminologische Diffe-

---

[10] Vgl. hierzu bes. C. Becker, Wertbegriffe im alten Rom — ihre Geltung und ihr Absinken zum Schlagwort (Münchener Universitätsreden, NF, Heft 44, 1967), 7: „Eines der Ziele der großen Autoren unter Augustus (Horaz, Vergil, Livius) ist es dann (scil. nachdem „hohe Begriffe wie *libertas* oder *pietas*" in der spätrepublikanischen Zeit mißbraucht worden waren) gewesen, ... auch diesen Begriffen wieder ihren einstigen Wert zurückzugeben" und zugleich, so wäre sinngemäß hinzuzufügen, natürlich auch ihre einstige Bedeutung.

[11] J. A. Hobson, Der Imperialismus, siehe bes. 298 ff., 302 ff. Es muß hier vermerkt werden, daß Hobson selbst, dessen Werk, wie schon eingangs erwähnt, in der heutigen 'Imperialismusdiskussion' eine besondere Rolle spielt, bei seiner erwähnten engen Begriffsbildung nicht konsequent verharrt, sondern da und dort den Ausdruck weiter faßt und dann 'Imperialismus' geradezu als Ausfluß „nackter Herrschsucht" begreift (siehe etwa 193 ff.). Vgl. dazu auch die Ausführungen unten S. 78 ff.

[12] R. Werner, Imperialismus und römische Ostpolitik im 2. Jahrhundert v. Chr., in: Aufstieg und Niedergang der römischen Welt, hrsg. von H. Temporini, Bd. 1 (1972),

renzierung, wäre sie akzeptabel und intersubjektiv verbindlich, auch sonst als recht bequemer Schlüssel für die Klärung historischer Tatbestände verwenden ließe: Napoleon strebte nach der Hegemonie über Europa, also war seine Politik nicht imperialistisch. Oder auch umgekehrt: Napoleons Politik war imperialistisch, also nicht bestimmt von einem Streben nach Hegemonie. Die Faszination, die von solchen auf einen bloßen Streit um Worte hinauslaufenden, nur scheinbar begrifflichen Unterscheidungen erstaunlicherweise ausgeht, bezeugt u. a. eine Abhandlung, die ein jüngerer Althistoriker unter dem Titel ›Der sogenannte römische Imperialismus‹ im letzten Band der HZ herausbrachte.[13]

Überblickt man die besagte Imperialismusdiskussion, deren Wurzeln sich übrigens im althistorischen Schrifttum wie auch sonst sehr weit, ja bis zu

501 ff., siehe bes. 523 ff. und 561. Ähnlich, nur mit anderer Terminologie, schon R. Schottlaender, Römisches Gesellschaftsdenken (1969), 103 f. Vgl. jetzt auch G. Lieberg, Die Ideologie des Imperium Romanum mit einer Schlußbetrachtung über Ideologie und Krise, in: Krisen in der Antike. Bewußtsein und Bewältigung, hrsg. von G. Alföldy, F. Seibt, A. Timm, 71 f. Nach Lieberg geht Rom 168 v. Chr. (also nicht erst in der Mitte des 2. Jh.!) von „hegemonialen Bestrebungen zur direkten Beherrschung fremder Staaten, d. h. zum Imperialismus im strengen Sinn" über (was bekanntlich schon insofern nicht stimmt, als Roms Herrschaft sogar über Makedonien auch nach 168 nur eine indirekte war). — Die Gegenposition bei M. Rostovtzeff, The Social and Economic History of the Hellenistic World I (1941), 70 f.: Their (scil. der Römer) policy of demoralizing the Hellenistic world, of dictating to it, and of chastising any state that disobeyed their orders, was not a policy of self-defence, but a prepotency and imperialism. Imperialism does not always involve the intention of acquiring an increase of territory. The desire for political hegemony, the wish to play the leading role in the political life of the civilized world, cannot but be regarded as a form of imperialism. In die gleiche Richtung wie Rostovtzeff gehend E. Badian, Roman Imperialism in the Late Republic (²1938), 4. Vgl. auch J. P. V. D. Balsdon, Rome: The Story of an Empire (1970), 38.

[13] D. Flach, Der sogenannte römische Imperialismus, in: HZ 222 (1976), 1 ff., vgl. auch J. Deiningers Rezension der 1971 erschienenen Dissertation von A. J. L. Van Hoff über ›Pax Romana‹ in: HZ 218 (1974), 100 f. Deininger möchte den 'Begriff' Imperialismus aus der Diskussion über die römische Politik ganz verbannt wissen. Gegen die von Van Hoff gebrauchte Bezeichnung „tragischer Imperialismus" für die römische Politik ab 168 v. Chr. nimmt Deininger mit Recht Stellung. Eine zusammenfassende Darstellung des Problems versucht K. Christ, Römische Geschichte. Einführung, Quellenkunde, Bibliographie (1973), 85 ff. Christs eigene Meinung in der Sache ist freilich nicht unproblematisch, wie schon der erste Satz (a.O. 85) eindringlich zeigt: „Da die Frage nach der Existenz und den Formen eines römischen Imperialismus identisch ist mit der grundsätzlichen Bewertung der römischen Außenpolitik, ist die Notwendigkeit einer präzisen Definition hier noch dringlicher als anderswo."

Mommsen zurückverfolgen lassen[14], so findet man, das muß hier noch festgehalten werden, unter den an ihr Beteiligten nicht wenige, die sich einer bestimmten, von der Soziologie herkommenden und hier vor allem mit dem Namen *Emile Durkheim* und *Max Weber* verbundenen Richtung verpflichtet fühlen. Die Vertreter dieser offenkundig ideologisch orientierten Richtung sind entschlossen, das Individuum mit seinen aus irgendwelchen Überlegungen oder Emotionen heraus getroffenen Entscheidungen aus der Geschichte ganz zu eliminieren oder zu einer bloßen „sozialen Institution", wie sich *Peter R. Hofstätter* bezeichnenderweise ausdrückt[15], zu degradieren. Als in der Geschichte wirksame Faktoren wollen dann die Betreffenden nur noch die 'Gesellschaften' und 'Gruppen' gelten lassen, sowie die 'Institutionen' und die 'Strukturen', die man durch 'Analyse' erhellen und klären muß. Es versteht sich, daß die dieser Strömung zuzurechnenden Historiker (ich nenne aus dem engeren deutschen Bereich nur *R. Lorenz, H.-U. Wehler* und *W. J. Mommsen* und aus dem angelsächsischen *D. K. Fieldhouse,* der in seinem Werk über die Kolonialreiche seit dem 18.Jh. die britischen Staatsmänner Disraeli und Gladstone nur je einmal ganz beiläufig erwähnt!) eine Aversion dagegen haben, Faktoren wie den Machtwillen, das Streben nach Mehrung des Besitzes, das Ruhmbedürfnis und andere in die gleiche Richtung gehende sozusagen menschlich-allzumenschliche Triebkräfte als geschichtswirksame Kräfte anzuerkennen, und zwar *gegen alle*

---

[14] Th. Mommsen, Römische Geschichte I, 661: „ ... die *Hegemonie* und die daraus entwickelte *Herrschaft* über das Mittelmeergebiet" soll den Römern ohne ihre Absicht zugefallen sein (Kursivsetzungen von mir). Vgl. auch etwa F. Altheim, Italien und Rom I, 208 ff.

[15] P. R. Hofstätter, Einführung in die Sozialpsychologie (⁴1966), 176 ff. Die zitierte und die sonstigen Schriften Hofstätters können als repräsentativ für eine Richtung gelten, deren Vertreter allenfalls noch sich selbst als Individuen gelten lassen, während ansonsten nur noch Gruppen, Institutionen und andere Kollektivs in Geschichte und Gegenwart als wirksame Faktoren auftreten. Wer hier nicht mitmacht, muß den Vorwurf hören, die Geschichte zu 'personalisieren'. Siehe etwa H. Bergmann, Personalisierung im Geschichtsunterricht — Erziehung zur Demokratie? (1972). Daß wir von der gleichen Seite (H. Marcuse) dann gelegentlich doch auch mit der 'individuellen Person' in der Geschichte konfrontiert werden, ist eigentlich — auch abgesehen von der läppischen Tautologie, wie sie uns, angefangen beim Wort 'Volksdemokratie', so oder ähnlich im einschlägigen Schrifttum massenhaft begegnet — nur belustigend. Zwei jüngere in Marcuses Fußstapfen wandelnde Männer, die in der von I. Geis und R. Tamchina herausgebrachten Schrift ›Ansichten einer künftigen Geschichtswissenschaft‹ (1974) als Dissertanten eine Kollektivarbeit mit „Überlegungen zur Begründung einer kritischen Geschichtswissenschaft" vorlegten, bezeichnen die Menschen als — „gesellschaftliche Subjekte" (a.O. 111 Anm. 40)! Auf diese Dinge wird unten im letzten Teil von Exkurs II zu dieser Studie noch zurückzukommen sein (mit weiteren Zitaten).

Evidenz. Gleichwohl stehen sie damit keineswegs allein, sie haben vielmehr, was die Geringschätzung der aufgezählten Faktoren (nicht unbedingt auch die Einschätzung des Individuums!) betrifft, mächtige Verbündete in den heutigen Vertretern der bekannten Schulen der Tiefenpsychologie und Verhaltensforschung. Hier hat es sich eingebürgert, gegenüber der 'Primitivpsychologie' als Triebkraft Nr. 1 in der Geschichte wie im zwischenmenschlichen Verhalten den Aggressionstrieb zu betrachten, der dann allerdings häufig noch aus einer frustrierten Sexualität oder, wie sich des deutschen Buchhandels liebstes Kind *A. Mitscherlich* ausdrückt, aus „zurückgedrängten libidinösen Erwartungen" oder auch aus einer Kastrationsangst abgeleitet wird.[16] Warum also griffen 264 v. Chr. die Römer auf Sizilien über? Antwort: Weil sie sexuell frustriert waren oder Angst hatten, entmannt zu werden und sich nun darauf einstellten, ihre Komplexe in einer Aggression gegenüber Hieron von Syrakus und den Karthagern abzureagieren.

Zur Ehre der heutigen die römische Geschichte beackernden Forschung darf gesagt werden, daß solche Auffassungen hier bislang ebensowenig wie die Tendenz, in den Menschen, also auch in den Römern nichts anderes als nackte Graugänse mit zwei Armen und zwei Beinen zu sehen, zu einer fühlbaren Auswirkung kamen. Etwas anders liegen die Dinge hinsichtlich jener von der Soziologie und dem Strukturalismus herkommenden Strömungen, die sich mit manchen im Schrifttum zur römischen Geschichte schon lange vertretenen Anschauungen, auf die ich später noch kurz zu sprechen kommen möchte, berühren und daher von vornherein mit stärkerer Beachtung rechnen konnten. Als ein für

---

[16] A. Mitscherlich, Die Idee des Friedens und die menschliche Aggressivität (1970), 71, vgl. auch etwa a.O. 14, wo Mitscherlich den — natürlich abschätzig gemeinten — Ausdruck „Primitivpsychologie" für die sozusagen herkömmliche Psychologie verwendet. Zur Kriegslust als „Abwehr der Kastrationsangst" siehe P. C. Kuiper, Soziale Implikationen des Ödipuskomplexes, in: Psyche 23 (1969), 796 ff. Eigentliches Anliegen von Kuiper, der immerhin die Leitung der Psychiatrischen Klinik der Universität Amsterdam hat (oder hatte), ist es, die Studentenunruhen der 60er Jahre aus einem unbewältigten Ödipuskomplex zu erklären! — Kritische Vorbehalte gegen die Tendenz, den Aggressionstrieb als den eigentlichen Motor zwischenstaatlicher Verhaltensweisen zu betrachten (eine Tendenz, die bekanntlich nicht allein aus der Psychoanalyse abzuleiten ist, sondern auch in der „Verhaltensforschung" der Lorenz-Schule wurzelt), finden sich in dem Werk von A. Plack (Hrsg.), Der Mythus vom Aggressionstrieb (1973). Vgl. ders., Die Gesellschaft und das Böse (1967), bes. 248 ff. (zu den Parallelen zwischen Freud und Lorenz hinsichtlich der Einschätzung der Aggression als Urtrieb). — Eine Art Rückfall in die „Primitivpsychologie" im Lager linker Psychoanalytiker: E. Fromm (Haben und Sein. Die seelischen Grundlagen einer neuen Gesellschaft, 1975, 197) erwartet sich eine „neue Gesellschaft" und einen „neuen Menschen" nur, wenn die „alten Motivationen — Profit, Macht, Intellekt (!) — durch neue ersetzt werden: Sein, Teilen, Verstehen."

unsere Zeit sehr charakteristischer Versuch, besagte Strömungen für die Erkenntnis der römischen Politik und der in ihr wirkenden Grundkräfte fruchtbar zu machen, darf vielleicht das Buch gelten, das J. *Bleicken* 1975 unter dem etwas irreführenden Titel ›Die Verfassung der römischen Republik‹ herausbrachte und bei dem wir einige wenige Augenblicke verweilen müssen.[17]

Für Bleicken ist die ganze römische Politik der republikanischen Zeit bestimmt vom Willen einer — von ihm gelegentlich als „Kollektiv" bezeichneten — „aristokratischen Gesellschaft", die als solche „nur begrenzte Möglichkeiten der Expansion" gehabt hätte, sowie von einer „herrschaftssoziologische(n) Situation", die „eine Weltherrschaft universell-geographischen Ausmaßes verboten" haben soll. Von da aus möchte er es auch verstehen, daß sich der Senat seit 150 v. Chr. gegen jede weitere Ausdehnung des direkten römischen Herrschaftsraumes zur Wehr gesetzt habe, und daß auch „einzelne Aristokraten" — Bleicken denkt vor allem an Pompeius und Caesar — ihre Kriege letztlich nur als „Konsequenzen innerpolitischer Konstellationen" geführt hätten.

Es ist von großem Interesse zu sehen, daß in den letzten Jahren ähnliche Gedanken von seiten ideologisch stark engagierter Neuhistoriker wie die schon oben genannten Professoren Wehler und Wolfgang J. Mommsen mit Bezug auf die europäischen Kriege der neuen und neuesten Zeit geäußert wurden — auch hier treten geschichtliche Persönlichkeiten, wenn man sie auch nicht ganz übergehen kann, sehr zurück hinter vornehmlich innenpolitischen, will heißen gesellschaftlichen Konstellationen und Strukturen etwa im Wilhelminischen Deutschland und im Reiche Hitlers.[18] Was Bleicken betrifft: Man simplifiziert

---

[17] J. Bleicken, Die Verfassung der römischen Republik (1975) 219 ff., vgl. 145 f. und 214.
[18] Siehe bes. H.-U. Wehler, Das deutsche Kaiserreich 1871—1918 (1973), 184 ff. und passim. W. J. Mommsen, Gesellschaftliche Bedingtheit historischer Aussagen, in: Die Funktion der Geschichte in unserer Zeit, hrsg. von E. Jäckel und E. Weymar (1975), 208 ff., siehe vor allem 216 f. Zu Wehler vergleiche jetzt dessen Aufsatz ›Kritik und kritische Antikritik‹, in: HZ 225 (1977), 347 ff. (361 erscheint als — von ihm natürlich abgelehnte — „Alternative" zu seiner Auffassung die „Rückkehr zum reinen Individualitätsprinzip des älteren Historismus"!). — Besonders abschreckendes Beispiel einer *historia sine nominibus* im Sinne der modernen Gesellschaftstheoretiker: der Beitrag von R. Lorenz über die Sowjetunion (bis 1941) in dem 1972 erschienenen Band ›Rußland‹ der ›Fischer Weltgeschichte‹, der sich aber insofern (ebenso wie etwa der von D. K. Fieldhouse über die englische Kolonialpolitik) bestens in diese Fischer-Reihe einfügt, als der Verlag offensichtlich bestrebt ist, die Autoren der einzelnen Beiträge, über die man sich nur mühsam orientieren kann, ganz in den Hintergrund treten zu lassen. Da wäre es eigentlich nur konsequent, einen weiteren kleinen Schritt zu tun und einfach nur noch von einem „Autorenkollektiv" zu sprechen, wie es sich bekanntlich in den Oststaaten allmählich einbürgert. Auf die *historia sine nominibus*, die also auf dem besten Wege ist, ihre eigenen Kinder zu verschlingen, wird im Exkurs II (unten S. 103 ff.) zurückzukommen sein.

die Dinge nicht nur, sondern verzerrt sie geradezu, will man beispielsweise die Operationen des Pompeius im kaukasischen und arabischen Raum — die schon eine gute zeitgenössische Überlieferung aus einem persönlichen Weltherrschaftsstreben des Genannten, das ganz eindeutig auf Eroberung der noch außerhalb des Reiches liegenden Länder ausgerichtet war, resultieren läßt — im Sinne Bleickens aus innenpolitischen Konstellationen ableiten. Die gleiche Situation hinsichtlich der These von dem gegen jede weitere direkte Machtausweitung eingestellten Senat der Zeit ab 150 v. Chr. Diese These müßte sich natürlich quellenmäßig begründen lassen. Sie läßt sich tatsächlich nicht begründen und erweist sich damit gleich jener Leugnung eines auf Beherrschung des ganzen *orbis terrarum* ausgerichteten Strebens als Ausfluß einer vorgefaßten Meinung, nämlich der Meinung vom gesellschaftlichen Urgrund aller römischen Politik.[19]

[19] Was den Senat betrifft, so darf uns natürlich nicht irremachen, daß es gelegentlich vorkam, daß ein Einzelner wie C. Flaminius mit einer geschlossenen Opposition der übrigen Senatoren, von denen sich ein jeder in seinen persönlichen Interessen getroffen fühlte, konfrontiert sah. Man kann hier von 'Standesinteressen' sprechen, wenn man nur das Richtige darunter versteht, nämlich die Interessen der einzelnen Mitglieder des Senates, die hier ebenso zu einer Blockbildung führen wie in dem heute so regulären Falle, daß ein Parlament geschlossen für die Erhöhung der Abgeordnetengehälter stimmt. Zu solchen Blockbildungen kam es im Senat sicher auch häufig, und zwar eben in den Fällen, in denen Standesinteressen im erwähnten Sinne auf dem Spiel standen. In anderen Fällen, in welchen besagte Interessen nicht tangiert wurden, mag die Meinung des *princeps senatus* oft einfach die Stimmen einer Mehrzahl der anderen Senatoren nach sich gezogen haben. Man sollte allerdings diesen Gesichtspunkt nicht strapazieren. In vielen etwa die Wahlen betreffenden Angelegenheiten kam es, wie wir annehmen dürfen, schon vor den Senatssitzungen zu Absprachen, an denen die Betreffenden in der Regel auch dann festhielten, wenn die *sententia* des *princeps senatus* davon abwich. Weiteres zu Bleicken und zu dem Problem als solchem im Exkurs II unten S. 85 ff. — Hier nur noch eine das Grundsätzliche betreffende Feststellung: Ein „Gesamtwille" (*volonté générale*) im Gegensatz zu einem „Willen aller" (*volonté de tous* = Summe der Einzelbestrebungen) im Sinne von Rousseau war weder im römischen Senat, noch allgemein in der Nobilität, noch in der Plebs, noch auch — last not least — im *populus Romanus* als solchem vorhanden und ist überhaupt nur das Phantasieprodukt des genannten französischen Denkers und seiner späten Jünger, die mit ihrer „Kollektivseele" im Grunde dasselbe meinen wie Rousseau mit dem erstgenannten Ausdruck. Ganz besonders gilt dies von E. Durkheims *conscience collective*, das hätte R. König (Emile Durkheim, in: Klassiker des soziologischen Denkens I, 1976, 312 ff.) nicht bestreiten sollen. — *Nachtrag*: Auf eine im gegebenen Zusammenhang wichtige bisher von mir übersehene Stelle führt mich die Lektüre des gehaltvollen Aufsatzes von H. Aigner, Gab es im republikanischen Rom Wahlbestechungen für Proletarier?, in: Gymnasium 85 (1978), 228 ff., siehe bes. 235 f. In dem wohl aus der Feder von Q. Tullius Cicero stammenden ›Commentariolum Petitionis‹ erhält — Kap. 30 — M. Tullius Cicero als Bewerber um das Konsulat von seinem Bruder den Rat, die ganze Stadt in Rechnung zu stellen, „alle Kollegien, Distrikte und Bezirke", und diesen Rat konkre-

Lassen wir uns von den skizzierten modernen Strömungen nicht irritieren, so können uns zwei Fakten nicht verborgen bleiben:
1. Nicht durch bloßes Sich-Verteidigen wurde Rom groß und reich. Es muß ein Wille zur Mehrung von Macht und Besitz und ein Wille zu kriegerischem Ausgreifen hier wie sonst in der Welt, wo es zu Reichsbildungen kam, vorhanden und wirksam gewesen sein.
2. Dieser Machtwille hing in Rom so wenig wie irgendwo sonst an der 'Gesellschaft' oder an den 'Strukturen', sondern an den auf der Bühne des politischen Geschehens agierenden Männern, die natürlich, wenn man so will, irgendwelchen Gesellschaften angehörten bzw. diese letzteren, zusammen mit anderen Menschen, bildeten, ohne daß allerdings dadurch ein 'Über-Ich' oder ein Kollektiv mit eigener 'Seele' herauskam.

Nun macht es gewiß einen Unterschied aus, ob im Pharaonenreich ein Thutmosis III. ganz Herr seiner eigenen Entschlüsse war, wenn es galt, eine Gelegenheit zur Mehrung seines Großreiches nicht ungenutzt vorübergehen zu lassen, oder ob ehrgeizige Politiker und Militärs in griechischen und italischen Gemeinwesen von entsprechenden in Bürgerversammlungen und Ratsgremien zu fassenden Beschlüssen abhängig waren. Es hat jedoch weder die demokratische Staatsordnung des klassischen Athen, das erkannte schon Thukydides, verhindern können, daß große Individuen wie vor allem Perikles ein persönliches Regiment ausübten und — wohlgemerkt! — auch die athenische Außenpolitik *de facto* bestimmten, noch auch verhinderte die 'gemischte Verfassung' Roms, daß tatendurstige Einzelne ihre Intentionen und Ambitionen sozusagen auf den Staat, der seine Impulse hier wie sonst letzten Endes nur von den führenden Männern erhalten konnte, übertrugen. Ja, man kann feststellen, daß gewisse Institutionen im alten Rom der Tendenz, daß sich persönliche Zielsetzungen politisch aktiver Männer im Verhalten der Gemeinde zur Umwelt auswirkten, geradezu förderlich waren, und zwar teilweise entgegen ihrer Funktion. Ich denke hierbei vor allem an das Oberamt und dessen Annuität sowie an den Triumph, der dem siegreich von einem Feldzug zurückkehrenden Träger des Imperiums zustand.

Das Konsulat und — in den Zeiten seit der Sullanischen Reform — das Prokonsulat zu erreichen, war, wie schon etwa *J. Vogt* richtig herausstellte, für jeden Römer mit politischen Ambitionen das höchste unter den im Leben erstrebenswerten Zielen. Dabei ging es freilich weniger um das Amt als vielmehr um die Aussicht auf Gewinnung oder Mehrung von Macht, Ruhm und Reichtum, die mit dem Amt verbunden waren, wenn man die Möglichkeit hatte, einen Feldzug gegen eine auswärtige Macht führen und siegreich beenden zu können.

tisiert der Autor dann wie folgt: *ex his* (scil. der Kollegien usf.) *principes ad amicitiam tuam si adiunxeris, per eos reliquam multitudinem facile tenebis.*

Eine umfangreiche literarische Überlieferung, mit der sich diese Annahme für zahlreiche Römer konkret belegen ließe, wird durch epigraphisches Material, auf das ich gleich noch zurückkommen möchte, gestützt. Allerdings hatten die Oberbeamten selbst nicht das Recht, Kriege ohne entsprechende Beschlüsse von Senat und Comitien zu beginnen, so oft dies auch *de facto* seit dem Feldzug des Cn. Manlius Vulso gegen die Galater geschehen ist; aber die Männer, die es zum Konsulat brachten, verfügten über zahlreiche Freunde und Klienten im Senat und im Volk und hatten zudem die Möglichkeit, in Volksversammlungen die Meinung der Mitbürger in ihrem Sinne zu beeinflussen, indem sie ihnen etwa, wie uns Polybios (I 11, 2) mit Bezug auf die Vorgänge in Rom vor Ausbruch des Ersten Punischen Krieges überliefert, reiche Beute als verlockendes Ziel vor Augen stellten. Hier eine Bemerkung am Rande, die aber doch nötig ist: Es spricht Bände, daß ein jüngerer Althistoriker, *J. Molthagen*, in einem Aufsatz im vorletzten Jahrgang der Zeitschrift ›Chiron‹ von Polybios behauptet, er habe in seiner Darstellung der Vorgeschichte des Ersten Punischen Krieges „das Beute-Motiv aus logisch-kompositorischen Gründen" eingeführt, während es in Wirklichkeit keine Rolle gespielt hätte. Da bleibt uns nur der schöne Ausspruch *Christian Morgensterns*, daß nicht sein kann, was nicht sein darf: Daß Römer schon im 3. Jh. v. Chr. und nicht erst in der schrecklichen tugendlosen Zeit des Verfalls sich nicht zu gut waren, auf Beute aus zu sein — nein und tausendmal nein, das kann es nicht gegeben haben, auch wenn es nicht nur die berührte Notiz des Polybios, sondern auch viele andere Stellen der Überlieferung klar bezeugen, auch wenn also die Tatsachen dem entgegenstehen. „Um so schlimmer für die Tatsachen"? Nein, *so geht es eben nicht*[20].

---

[20] J. Molthagen, Chiron 5 (1975), 126 zu Polyb. I 11, 2. Molthagen gibt im weiteren zu bedenken, daß die Angabe des Polybios „in dem tatsächlichen Verhalten der Römer in der Zeit von 264 bis 262" keine Rechtfertigung findet. Soll das heißen, daß die Römer in besagter Zeit keine Beute machten und damit erst — nun ganz neue Wege zum Schlechten hin beschreitend — anfingen, als sie 261 v. Chr. Akragas eroberten und ausplünderten? Siehe im übrigen etwa Polyb. II 29, 9, wo uns berichtet wird, daß der Anblick des Goldschmucks der in der Schlacht bei Telamon 225 v. Chr. in den ersten Reihen kämpfenden Kelten bei den Römern teils Furcht erregte, teils aber auch die Kampfeslust durch die Hoffnung, den Schmuck zu erbeuten, verdoppelte; dazu a.O. 31, 4: Der siegreiche Konsul brach nach der Schlacht bei Telamon in das Land der Bojer ein, wo er das Verlangen des Heeres nach Beute stillte. Polyb. X 16f. wird über ein bei den Römern eingeführtes System berichtet, das garantieren sollte, daß bei der Beuteverteilung niemand zu kurz kam. Polybios spricht darüber im Rahmen seines Berichtes über die Einnahme von Neu Karthago durch den älteren Scipio. Offenbar funktionierte das System noch in seiner Zeit. — Das eindrucksvollste Beispiel (neben zahlreichen anderen!) aus der spätrepublikanischen Zeit für die Rolle, welche die Aussicht auf Beute bei den römischen Soldaten spielte, bietet wohl der Bericht über die Vorgänge im Lager Sullas bei Nola 88 v. Chr.: Durch

Es liegt auf der Hand, daß speziell die Annuität des Oberamtes dazu angetan war, die entsprechenden Aktivitäten, die offenbar durch die Doppelstelligkeit und das Einspruchsrecht des Amtskollegen in der Praxis nur selten — im Sinne einer „Fesselung der Magistratur", wie es einmal F. *Leifer* ausdrückte — wirklich beeinträchtigt wurden, noch zu verstärken: Nur zwölf Monate standen in der Regel zur Verfügung, um die ersehnten Ziele zu erreichen und dann etwa gar zum Triumph zu gelangen, der so begehrt war, daß in der quasi glanzvollsten Zeit der römischen Geschichte, 241 v. Chr., gleich beide amtierenden Konsuln nach einer sechstägigen Strafaktion gegen das benachbarte aufsässige Falerii in gemeinsamem Triumphzug in Rom einzogen, und andere nicht davor zurückscheuten, siegreiche Schlachten, die sie gar nicht geschlagen, geschweige denn gewonnen hatten, des Triumphes wegen einfach zu erfinden. Bekanntlich sah sich Cato d. Ä. — selbst nicht gerade kleinlich, wenn es darum ging, die eigenen Kriegstaten ins gehörige Licht zu stellen — veranlaßt, diesen Unfug in einer Rede ›De falsis pugnis‹ anzuprangern. Dessen ungleicher Urenkel, Cato Uticensis, hatte das zweifelhafte Vergnügen, sich mit einem entsprechenden Anliegen Ciceros abgeben zu müssen, welch letzteren eine langjährige Beschäftigung mit stoischem Gedankengut nicht davon abhielt, als Prokonsul von Cilicien von buchstäblich triumphaler Heimkehr zu träumen, womit er freilich bei Cato nur eine scharfe Abfuhr erntete.[21] Sehr bezeichnend auch dies, daß ein im Triumph

die Bemerkung, Marius werde die im bevorstehenden Krieg gegen Mithridates zu erwartende Beute lieber anderen Truppen zukommen lassen als den seinigen, entfesselte Sulla unter seinen Soldaten einen Aufruhr, der dazu führte, daß die letzteren zwei Volkstribunen, die von den Machthabern in Rom zu Sulla geschickt worden waren, kurzerhand lynchten. Vgl. zu diesen Vorgängen und etwa noch zu den Konflikten zwischen Lucullus und seinen Soldaten, in denen es nicht zuletzt auch um die Beute ging, die nach Meinung der Soldaten wegen der humanen Kriegführung ihres Feldherrn nicht reichlich genug ausfiel, E. H. Erdmann, Die Rolle des Heeres in der Zeit von Marius bis Caesar. Militärische und politische Probleme einer Berufsarmee, Diss. Konstanz (1972) und H. Aigner, Die Soldaten als Machtfaktor in der ausgehenden römischen Republik (Innsbrucker Beiträge zur Kulturwissenschaft, Sonderheft 35, 1974), 10 ff., 29 ff. — Die Tendenz zur „beschönigenden Historie" feiert übrigens nicht nur an der zitierten Stelle, sondern auch sonst bei Molthagen fröhliche Urständ. Dabei ist besonders bemerkenswert, daß Molthagen erneut und ohne sich bei einer Widerlegung der inzwischen vorgebrachten Bedenken aufzuhalten (vgl. Verf., in: Aufstieg und Niedergang der römischen Welt, hrsg. von H. Temporini, Bd. 1, 1972, 413 ff.), die von A. Heuß und anderen vertretene Meinung aufgreift, daß den Römern 264 v. Chr. der Gedanke an einen Krieg mit den Karthagern noch völlig ferne lag. Diesen Krieg will er, gegen alle Überlieferung und in der Tat nur, weil eben nicht sein kann, was nicht sein darf, erst i. J. 262 beginnen lassen.

[21] Siehe Ciceros Brief an Cato: ad fam. XV 4 und Catos Antwort a. O. 5. Vgl. dazu H. Aigner, Die Soldaten als Machtfaktor in der ausgehenden römischen Republik, 185 ff. Aufschlußreich in diesem Zusammenhang auch der Kampf um den Triumph, den ver-

in Rom einziehender Träger des Oberamtes das Recht hatte, den von ihm gelieferten Beitrag zur Mehrung des Reiches durch den symbolischen Akt der Erweiterung des Pomeriums, der heiligen Bannmeile von Rom, zu dokumentieren — ein Akt, der übrigens allein schon zeigt, daß Mehrung des Reiches eine politische Zielsetzung war, die als solche in Rom wie etwa auch im christlichen Mittelalter als etwas Positives und an sich, d. h. ohne Ansehung der damit meistens verbundenen wirtschaftlichen Gewinne Erstrebenswertes betrachtet wurde (vgl. dazu Exkurs I). Natürlich kann niemand leugnen, daß es nicht auch immer wieder in der Welt zu Gebietserweiterungen aus primär wirtschaftlichen Gründen kam, also etwa die frühen Pharaonen Nubien vor allem wegen der dort liegenden Goldbergwerke eroberten.

Man sollte in diesem Zusammenhang nicht an den verhältnismäßig frühen Grabinschriften und Elogien vorbeigehen, die aus dem Scipionengrab in Rom zu uns kamen und die jeweils in einem lapidaren Satz die den damaligen Römern besonders bemerkenswert erscheinenden Taten der hier beigesetzten Männer festhielten. Es waren fast nur kriegerische, auf Eroberung und Unterwerfung fremder Gebiete und Mächte hinzielende Taten — in einem Fall (Dessau, ILS Nr. 1) die Einnahme samnitischer, übrigens gänzlich unbekannter Plätze und die Bezwingung (auch dies wohl eine Übertreibung!) von „ganz Lukanien" und Wegführung lukanischer Geiseln, in einem zweiten Fall (Dessau a.O. Nr. 3) die Eroberung von Corsica und Aleria, bekanntlich einem Ort auf der genannten Insel, der gleichwohl hier eigens neben Corsica aufgeführt wird. Für einen dritten Grabinhaber, der schon mit 33 Jahren starb, ohne zu entsprechenden Taten gelangt zu sein, mußte der Vater Lucius Scipio mit der von ihm vollzogenen Niederwerfung Antiochos' III., die auf der Grabinschrift des jung Verstorbenen verzeichnet ist, gleichsam einspringen.[22] Daß diese Grabinschriften keineswegs so etwas wie einen Sonderfall darstellen, vielmehr eine unter den führenden Römern allgemein der republikanischen Zeit verbreitete Einstellung widerspiegeln, ließe sich leicht zeigen. Wir beschränken uns hier auf den Hinweis, daß nach dem Zeugnis Ciceros (de re publ. III 15) die Worte *finis imperii propagavit* auf Grabdenkmälern von besonders erfolgreichen römischen Feldherrn offenbar geradezu eine feststehende Formel waren — eine Formel übrigens, der allerbestens

---

schiedene um 190 v. Chr. im griechischen Osten tätige Konsuln führten, so M. Acilius Glabrio (cos. 191), M. Fulvius Nobilior (cos. 189) und Cn. Manlius Vulso (cos. 189). Die Bedeutung des Triumphes für den römischen Magistrat stellt schon J. Vogt, Die römische Republik (²1951), 89 gehörig heraus: „... unter dem Jubel der Bürgerschaft im Triumph auf das Kapitol zu ziehen, galt den Magistraten als der Höhepunkt ihrer Laufbahn".

[22] Dessau a.O. 5. Vgl. zu dieser und den obengenannten Inschriften die zahlreichen Literaturangaben bei W. Helbig, Führer durch die öffentlichen Sammlungen klassischer Altertümer in Rom I, hrsg. von H. Speier (⁴1963), 210, 214 ff.

auch die Feststellung entspricht, die Kaiser Augustus in seinem Tatenbericht (Mon. Anc. 26) für die Nachwelt traf: *Omnium provinciarum populi Romani ... fines auxi.*[23]
Wenn also die römischen Censoren bei jedem Census die Götter feierlich baten, *ut populi Romani res meliores amplioresque facerent*, wenn die Opferpriester vor Beginn eines Krieges *prolatio finium, victoria* und *triumphus* aus den Eingeweiden der Opfertiere prophezeiten, wenn mit der Mehrung des römischen Besitzes durch Eroberung fremden Landes ein Anspruch auf Triumph und auch das Recht auf Erweiterung des Pomeriums verbunden war[24], wenn ferner, was die Praxis der Politik betrifft, Rom es sich schon in der italischen Periode seines Aufstiegs zur Großmacht zur Regel machte, einen größeren oder kleineren Teil der Ackerflur besiegter Gemeinden zu annektieren[25], wenn — last not least — schon seit dem ausgehenden 4.Jh.v.Chr. die Vorstellung Platz griff, daß ganz Italien zu Rom gehörte und ab 200v.Chr. ein römischer Weltherrschaftsanspruch laut wurde, so steht, wie eigentlich für jeden klar sein muß, der nicht mit Durkheim von der 'Kollektivseele' träumt, dahinter der politisch aktive Einzelne, dem es immer wieder — hier nicht anders als im Perikleischen Athen, im

---

[23] Vgl. dazu auch die Cippen, die Kaiser Claudius aus Anlaß der von ihm vorgenommenen Erweiterung des Pomeriums aufstellen ließ mit Inschriften, die besagen, daß der Kaiser *auctis populi Romani finibus* das Pomerium erweiterte und (neu) begrenzte (CIL VI 4, 2, 31537). Zur Sache vgl. den Exkurs I unten S. 76ff. Mit der oben zitierten Stelle Mon. Anc. 26, 1 beschäftigt sich ein nachgelassener Aufsatz von H. Braunert, Omnium provinciarum populi Romani ... fines auxi. Ein Entwurf, in: Chiron 7 (1977), 207ff.

[24] Vgl. die — allerdings unvollständigen — Quellenhinweise oben S. 45. und dazu jetzt P. Frei, Späte Zeugnisse für frühen römischen Imperialismus?, in: Mus. Helv. 32 (1975), 73ff. Frei möchte die Zeugnisse als solche für ein römisches Macht- und Besitzstreben in der republikanischen Zeit nicht gelten lassen und versucht, in einer Auseinandersetzung mit mir zu zeigen, daß wir es in allen angeführten Fällen mit späten Erfindungen oder Neuerungen zu tun haben. Dazu muß in einem eigenen ersten Exkurs (siehe unten S. 80ff.) Stellung genommen werden.

[25] Siehe die Belegstellen schon etwa bei J. Marquardt, Römische Staatsverwaltung I (²1873), 35, W. Kubitschek, RE 1, 790f. und J. Göhler, Rom und Italien. Die römische Bundesgenossenpolitik von den Anfängen bis zum Bundesgenossenkrieg, 10. Göhler hat natürlich recht, wenn er gegenüber spätannalistischen Stellen, die mit Bezug auf bestimmte, der frührömischen Geschichte angehörende Vorgänge dezidiert davon sprechen, daß sich die Römer ein Drittel oder gar zwei Drittel des Bodens abtreten ließen, zur Vorsicht mahnt. Aber die von ihm (im Anschluß an T. Frank) vertretene Meinung, daß der Usus, sich von einem besiegten Feind einen nicht geringen Teil des Bodens abtreten zu lassen, hellenistischen Ursprungs und von den Römern erst Ende des 3.Jh.v.Chr. übernommen worden sei, hängt ganz in der Luft und wird allein schon durch App., B. C. I 7 widerlegt ('Ρωμαῖοι τὴν 'Ιταλίαν πολέμῳ κατὰ μέρη χειρούμενοι γῆς μέρος ἐλάμβανον κτλ).

Sparta der Zeit des Lysandros und Agesilaos, im Theben der Zeit des Epameinondas und im Frankreich der Zeit Napoleons — gelingt, das Verhalten des Gemeinwesens in seinem Sinne mehr oder weniger stark zu prägen, und zwar das Verhalten sowohl nach außen wie nach innen. Man weiß, was diesen letzteren Punkt betrifft, daß sich 232 v. Chr. die Angehörigen der senatorischen Oberschicht wie ein Mann gegen die von C. Flaminius geplante Agrarreform stellten. Sie taten dies nicht, weil es hier — für den Senat als Repräsentanten des Staates — etwa um Sein oder Nichtsein der *res publica* ging oder darum, daß Ideale auf dem Spiel standen, die zu verteidigen eine heilige Verpflichtung gewesen wäre. Nein, die im Senat sitzenden Großgrundbesitzer wollten ganz einfach, und zwar gegen die Staatsinteressen, nichts von ihrem Boden, auch nicht vom bloß okkupierten, abgeben, sondern hielten es mit dem Prinzip des älteren Cato, daß nur derjenige ein rechter Mann sei, dessen selbsterworbenes Gut das ererbte an Umfang übertraf. Warum herrscht heute Einmütigkeit in ansonsten zerstrittenen Parlamenten, wenn es um die eigenen Diäten und Pensionen der Abgeordneten geht? Stehen höhere Werte zur Debatte, oder bringt sich hier nicht vielmehr ein Besitzstreben des Einzelnen — wohlgemerkt auf Kosten des Ansehens der betreffenden Körperschaften — ungeniert zur Geltung? Auch bei den Kämpfen der sogenannten römischen Revolution handelte es sich nicht um sozusagen ideologische Differenzen zwischen einer angeblichen Popularenpartei und einer ihr gegenüberstehenden Optimatenpartei, als deren bloße Exponenten oder „zeitweilige Geschäftsführer", wie sich Mommsen mit Bezug auf Sulla ausdrückte[26], etwa Marius und Sulla zu betrachten wären[27], ebensowenig um „Konsequenzen

---

[26] Th. Mommsen, Römische Geschichte II, ([11]1916), 372, vgl. auch das Zitat unten S. 95 Anm. 53 (hier geht es um die Beurteilung der Sullanischen Reform und Mommsens Stellung dazu).

[27] Vgl. hierzu vor allem H. Strasburger, RE 18, 773 ff. (bes. 779 ff.). M. Gelzer, Kleine Schriften I (1962), 174 (... „politische Phraseologie ... unter stärkstem griechischem Einfluß"). A. Weische, Studien zur politischen Sprache der römischen Republik (1966), 5 ff. Teilweise im Anschluß an M. Gelzer und F. Münzer legt H. Strasburger dar, wie verfehlt es ist, überhaupt von Parteien im republikanischen Rom zu sprechen. Natürlich schließt das nicht aus, daß es Klassengegensätze hier wie überall gab, welche ehrgeizige Demagogen, sogenannte Popularen, die gleich den frühen griechischen Tyrannen oft aus Kreisen der Nobilität kamen, erfolgreich für sich ausnutzten, indem sie etwa einen Großteil des besitzlosen Volkes gegen die Besitzenden mobilisierten. Wie wenig es allerdings auch in dieser Hinsicht möglich ist, die Dinge auf eine glatte Formel zu bringen, ließe sich beispielsweise sehr schön anhand der Überlieferung über die Unruhen der Zeit um 100 v. Chr., als deren Hauptfiguren der Volkstribun Saturninus und der Prätor Glaucia in Erscheinung treten, dartun (siehe bes. Appian, B. C. I 29 ff.; die Bedenken, die Ch. Meier, RE Suppl. 10, 549 gegen diese Überlieferung äußert, müßten sich begründen lassen).
— Eine genauere Betrachtung der — oben im Text bereits berührten — Verhältnisse in

innenpolitischer Konstellationen", wie es Bleicken an zitierter Stelle sieht, auch nicht um Auseinandersetzungen zwischen Adelsfamilien im Sinne von F. Münzer und seinen deutschen, englischen und italienischen Schülern[28] und schon gar nicht um einen Kampf zwischen einer „Sklavenhaltergesellschaft" und den Sklaven (so M. A. Maschkin u. a.), sondern primär um Machtkämpfe zwischen den damals politisch führenden Männern, denen die Alleinherrschaft in Rom

den Zeiten des Marius und Sulla wäre in diesem Zusammenhang besonders aufschlußreich. An dieser Stelle hierzu nur soviel: Jeder Versuch, in Sulla so etwas wie das Haupt einer Senatspartei und in Marius den Führer einer Volkspartei zu sehen, muß allein schon daran scheitern, daß sich Sulla mit seinem den Auftakt zum Bürgerkrieg gebenden Entschluß 88 v. Chr., gegen Marius und Sulpicius Rufus und damit gegen Rom zu ziehen, auf die Zustimmung, ja auf eine entsprechende Forderung der Masse seiner Soldaten stützen konnte, während, wie Appian, B. C. I 57 berichtet wird, die höheren, dem Senatorenstand angehörenden Offiziere, von einer einzigen Ausnahme abgesehen, nicht mittaten und sich von Sulla lossagten. Die zitierte Appianstelle informiert uns übrigens auch über die Gründe für die Haltung der gemeinen Soldaten: Sie hofften, unter dem Kommando von Sulla im Krieg gegen Mithridates zu Beute zu kommen. Vgl. dazu oben Anm. 20. — Wichtig für den ganzen Problemkomplex auch Ch. Meier a.O. 549 ff., vgl. auch J. Martin, Die Popularen in der Geschichte der Späten Republik, Diss. Freiburg (1965) und A. Weische, Studien zur politischen Sprache der römischen Republik (Orbis Antiquus 24, 1966), 1 ff. Gegen die Verwendung des Ausdruckes 'Parteien' mit Bezug auf „Popularen" und „Optimaten" jetzt auch J. Deininger, HZ 218 (1974), 100. Die neueste Behandlung des Problemkomplexes stammt wiederum von Ch. Meier, siehe seinen Beitrag in: J. Bleicken — Ch. Meier — H. Strasburger, Matthias Gelzer und die römische Geschichte (Frankfurter althistorische Studien 9, 1977), 41 ff., 47 ff.

[28] F. Münzer, Römische Adelsparteien und Adelsfamilien (1920). Von den Werken, welche auf Münzers Buch aufbauen oder doch mehr oder weniger an ihn anknüpfen, seien hier nur genannt: W. Schur, Scipio Africanus und die Begründung der römischen Weltherrschaft (1927). R. Syme, The Roman Revolution (1939). H. H. Scullard, Roman Politics 210 — 150 B. C. (1951). T. A. Dorey, Contributory of the Second Macedonian War, in: AJPh 80 (1959), 288 ff. F. Cassola, I gruppi politici romani nel III. secolo A. C. (1962). Meine kritischen Vorbehalte gegen diese Richtung habe ich in einer längeren Besprechung des zitierten Werkes von Scullard, die sich übrigens stark mit einer Rezension von M. Gelzer (Kl. Schriften I 201 ff.) berührt, zu Papier gebracht, siehe jetzt: Geschichte als kritische Wissenschaft, hrsg. von I. Weiler, Bd. 2 (1975), 260 ff., vgl. auch A. Weische, Studien zur politischen Sprache der römischen Republik, 1 ff. (mit weiterer Literatur S. 2 Anm. 4), sowie W. Dahlheim, Struktur und Entwicklung des römischen Völkerrechts im 3. und 2. Jahrhundert v. Chr. (Vestigia 8, 1968), 241 Anm. 20. Gegen Münzer und die anderen von ihm so genannten „Prosopographen" wendet sich jetzt auch R. Rilinger in einer 1976 erschienenen erweiterten Dissertation ›Der Einfluß des Wahlleiters bei den römischen Konsulwahlen von 366 bis 50 v. Chr.‹ (Vestigia Bd. 24). Seine eigenen unter Anwendung der „hermeneutischen Methode" gewonnenen Ergebnisse sind freilich auch ihrerseits fragwürdig.

und der ganzen damaligen Welt als höchstes Ziel vor Augen stand.[29] Dem größten von ihnen, Caesar, wäre bekanntlich die Position des führenden Mannes in einem elenden Pyrenäendorf lieber gewesen als die Stellung des zweiten Mannes in Rom. Es darf in diesem Zusammenhang noch erwähnt werden, daß die in den Zeiten vor 100 v. Chr. erfolgende Ablösung des militärischen Aufgebotes durch ein vornehmlich aus dem römischen Bürgerproletariat sich zusammensetzendes Söldnerheer dem Individuum auf der politischen Bühne weitere Möglichkeiten gab, seine persönlichen Ambitionen, mochten sie sich auch gegen Rom selbst richten, zu verwirklichen — vorausgesetzt, daß es ihm gelang, sich die Söldner durch entsprechendes Verhalten geneigt zu machen und solche Bindungen dauerhaft zu gestalten, was bekanntlich sogar einem Caesar nicht ohne weiteres möglich war.[30]

Hier wie sonst muß sich der Historiker natürlich vor unzulässiger Vereinfachung und davor, alles über einen Kamm zu scheren, hüten. Gewiß haben die Römer gleich allen anderen Völkern und Staaten auch Verteidigungskriege geführt, gewiß hat der Wunsch nach Sicherheit dann und wann auch bei den Römern eine Rolle gespielt, und es fehlten — insbesondere bei römischen Kaisern, aber auch schon bei Männern wie jenem Volkstribunen C. Flaminius — keineswegs Gesichtspunkte, die von höheren Idealen und dem Staatswohl bestimmt waren. Aber auf jene anderen Faktoren ist es in erster Linie zurückzuführen, daß Rom in den vorchristlichen Jahrhunderten schrittweise zur herrschenden Macht im italischen Raum und dann zur Weltmacht wurde — ein Sachverhalt, der in einem Satz, welchen just einer der *laudatores temporis acti*, Sallust, dem König Mithridates VI. von Pontos in den Mund legte, wie folgt zum Ausdruck kommt:

Denn für die Römer gibt es von alters her nur einen einzigen Grund, mit allen Nationen, Völkern und Königen Krieg zu führen, nämlich ihre grenzenlose Gier nach Macht und Reichtum.[31]

---

[29] Besser als viele Neuere erkannte dies, was den Bürgerkrieg zwischen Caesar und Pompeius betrifft, schon Cicero, siehe bes. seinen am 27.2.49 v. Chr., also kurz nach dem Ausbruch des Bürgerkrieges, geschriebenen Brief an Atticus (VIII 11): *dominatio quaesita ab utroque est ... uterque regnare vult.*

[30] Vgl. zu der Bedeutung der Ablösung des bäuerlichen Aufgebotes durch das Söldnerheer für die Stellung des Individuums im spätrepublikanischen Rom die Ausführungen im 1. Teil von Exkurs I unten S. 80 ff.

[31] Sallust, [Epistula Mithridatis] 5. Siehe hierzu und zu anderen, auf der gleichen Linie liegenden Stellen der römischen Überlieferung (einschließlich den Berichten über den berühmten Auftritt des Karneades in Rom 155 v. Chr., vgl. im Text S. 70) vor allem H. Fuchs, Der geistige Widerstand gegen Rom (1938), 16 ff. H.-E. Stier (Der Mithridatesbrief aus Sallust, Historien als Geschichtsquelle, in: Beiträge zur Alten Geschichte und deren Nachleben, Festschrift für F. Altheim zum 6.10.1968, 1969, 441 ff., siehe bes. 451) möchte in dem Mithridatesbrief ein „Verfahren" sehen, mit welchem Sallust „auch dem letzten

Ein Mann, der viele Jahre lang mit führenden Römern engsten persönlichen Kontakt hatte und keineswegs Rom feindlich gesinnt war, Polybios, formulierte es — frei übersetzt — einmal so:

Die Entscheidungen der Römer sind zum guten Teil derart, daß sie die Unwissenheit der Nachbarn ausnutzen, um emsig ihre eigene Herrschaft zu mehren und zu festigen und dabei auch noch den Eindruck zu erwecken, als würden sie sich den Verlierern gefällig erweisen und ihnen wohltun (XXXI 10, 7, vgl. dazu unten S. 129 Anm. 14).

Der gleiche Polybios hielt im Wortlaut eine — uns über Livius erhaltene — Rede fest, die 184 v. Chr. sein eigener Vater Lykortas als achäischer Stratege vor dem römischen Gesandten Appius Claudius hielt und in der der Genannte die römische Machtpolitik und die damalige Situation der Griechen in fast ergreifender Weise charakterisierte; eine Art zweiter Melierdialog, nur nicht, wie der des Thukydides, vom Geschichtsschreiber selbst konzipiert, um die zeitlosen Grundzüge der Machtpolitik zu charakterisieren, sondern tatsächlich gesprochen und gerichtet an den anwesenden Repräsentanten des Rechts des Stärkeren, der seinerseits offenbar keinerlei Versuch machte, die Situation, wie sie in den Zeiten nach der Freiheitserklärung von 196 v. Chr. in Griechenland gegeben war, irgendwie zu beschönigen.[32]

Zweifler" das „gefährliche Barbarentum des nur äußerlich vom Hellenismus berührten erbitterten Römerfeindes" klar erkennen machen wollte. — Für uns noch von besonderem Interesse Tacitus, Agric. 30 (Rede des britannischen Fürsten Calgacus): *Raptores orbis* (scil. *Romani*), *postquam cuncta vastantibus defuere terrae, et mare scrutantur: si locuples hostis est, avari, si pauper, ambitiosi, quos non Oriens, non Occidens satiaverit: soli omnium opes atque inopiam pari adfectu concupiscunt. Auferre trucidare rapere falsis nominibus imperium, atque ubi solitudinem faciunt, pacem appellant.* Man beachte im übrigen das *soli omnium*: Wird den Römern ansonsten eine Sonderstellung im Positiven unter den Völkern zugewiesen, so schlägt diese Auffassung hier ins gerade Gegenteil um. Zu dem — auf eine Basler Rektoratsrede zurückgehenden — Buch von H. Fuchs: Eine Schwäche der an sich höchst wertvollen Monographie liegt m. E. darin, daß ihren Verfasser die doch wohl auch in seiner Sicht nicht nebensächliche Frage, ob bzw. inwieweit die an Rom und seiner Politik geübte Kritik berechtigt war, wenig interessierte.

[32] Liv. XXXIX 36, 5 ff. mit Paus. VII 9, 4. Vgl. dazu M. Holleaux, Rev. ét. gr. 34 (1921), 410 ff. und 420. P. Pédech, Les ét. class. 37 (1939), 253. G. A. Lehmann, Untersuchungen zur historischen Glaubwürdigkeit des Polybios (1967), 278 f. mit Anm. 280. J. Deininger, Der politische Widerstand in Rom und Griechenland 217—86 v. Chr. (1971), 123 mit Anm. 28. H. Tränkle, Livius und Polybios (1977), 77. Gegen die Annahme, daß die Rede des Lykortas bei Liv. a.O. nicht auf Polybios zurückgeht, sondern entweder annalistische Fiktion ist oder von Livius selbst konzipiert wurde, spricht vor allem, daß ihr Inhalt in keiner Weise dem Bild entspricht, das sich die spätere Annalistik, Livius selbst nicht ausgenommen, von der römischen Politik der damaligen Zeit machte, wohl aber ganz dem Bild, welches uns das — Polyb. XXIV 12 f. direkt überlieferte — Rededuell zwischen Phi-

Es ist nötig, daß wir uns an dieser Stelle noch einmal kurz dem einschlägigen neueren Schrifttum zuwenden. Daß Macht- und Besitzstreben in der römischen Politik, nicht anders als sonst in der Welt bis herauf in die neueste Zeit, Faktoren von Bedeutung waren, wurde natürlich schon oft erkannt, doch durchkreuzten — aus eingangs berührten Gründen — diese Einsicht nicht selten Gedanken, die im Endeffekt zu ganz anderen Vorstellungen führten. *R. Heinze* übersteigert in seiner zitierten Rede den Machtgedanken sogar, indem er, im Anschluß an die Typenlehre E. Sprangers, die Römer schlechthin, also die kleinen Bauern in den Sabinerbergen, denen es ganz gleichgültig war, ob Arabien zum Römischen Reich gehörte oder nicht, und die Handwerker im Viertel Trans Tiberim ebenso wie Männer vom Schlag eines Marius und eines Caesar als typische Machtmenschen bezeichnet, ja nicht ansteht, von einem im römischen 'Volksgeist' verwurzelten zähen Willen zur Machterweiterung zu sprechen (13). Aber dann entfernt er sich schrittweise von seiner zunächst bezogenen Position und sieht schließlich (21) in der „völlig selbstlose(n) Hingabe an die res publica", die als solche in der Sprangerschen Lehre von den verschiedenen Charaktertypen natürlich keinen Platz hat, „die höchste Wertsetzung, die der einzelne Römer für sein eigenes Ich vollzieht". Einen ähnlichen Zwiespalt finden wir bei J. Vogt. Bei ihm wie auch bei verschiedenen anderen neueren Gelehrten von F. Altheim bis etwa zu A. Heuß kommt dem Jahr der Schlacht bei Pydna im gegebenen Zusammenhang ein besonderer Platz zu: Allerdings war die römische Politik imperialistisch, jedoch erst seit 168, während sie vorher — unbeschadet eines bereits vorhandenen und von Vogt mit Nachdruck herausgestellten Machtwillens — ganz auf Wahrung und Verteidigung sittlicher Werte, auf Sicherheit und etwa noch (so die Meinung des französischen Althistorikers P. Grimal) auf Erfüllung einer Beschützerrolle gegenüber dem unteritalischen und sizilischen Griechentum ausgerichtet gewesen wäre — letzteres übrigens eine Auffassung, welche, konfrontiert man sie mit den Realitäten, besonders schön jenen Tatbestand illustriert, daß unversehens eigene Wunschbilder an die Stelle von Realitäten treten.[33] Ein zweites aus dem römischen Bereich stammendes Beispiel für den

lopoimen und Aristainos vermittelt. Sicher auch auf Polybios zurück gehen die in unserem Zusammenhang ebenfalls wichtigen, der Lykortasrede wie auch den Reden des Philopoimen und Aristainos völlig entsprechenden Ansprachen, die makedonische Gesandte vor den Ätolern 199 v. Chr. bei Liv. XXXI 29 und Minnio als Vertreter Antiochos' III. in Ephesos vor römischen Gesandten bei Liv. XXXV 16 hielten.

[33] Zur Beurteilung des Jahres 168 v. Chr. als eines Epochenjahres im erwähnten Sinne muß anmerkungsweise noch eine Klarstellung vorgenommen werden: Man sollte nicht, wie es etwa H. Haffter tut (Römische Politik und römische Politiker. Aufsätze und Vorträge, 14f.), übersehen, daß Th. Mommsen diese Auffassung noch nicht vertrat, sondern vielmehr einen Standpunkt einnahm, der grob gesprochen auf das gerade Gegenteil besagter Meinung hinausläuft: Die Herrschaft über Italien und, wie Mommsen an anderer

gleichen Tatbestand dürfen wir hier nicht übergehen, es betrifft den erwähnten Satz Heinzes über den Römer und sein Verhältnis zur *res publica*, genauer gesagt den dahinterstehenden Topos, daß sich der Römer, so lange er diesen Namen zu Recht führte, ganz und gar als Glied der staatlichen Gemeinschaft fühlte und erst in einer späten Verfallszeit als eigene Persönlichkeit mit eigenen, zumindest teilweise egoistischen Zielsetzungen hervortrat. Der ältere Cato soll besagten Tatbestand einer altrömischen 'heilen Welt', der er selbst gemeinhin als einer ihrer letzten Repräsentanten zugerechnet wird, in seiner *historia sine nominibus* eindrucksvoll demonstriert haben. Was Cato wirklich demonstrierte, erhellt aus der Tatsache, daß er einen nicht geringen Teil seines die italische Geschichte von ihren Anfängen bis in seine Zeit behandelnden Werkes den eigenen kriegerischen Taten widmete ... Richtig an besagtem Topos ist nur dies, daß die Männer

Stelle hinzufügte, über Sizilien sollen die Römer gewonnen haben, weil sie sie „erstrebt haben", während ihnen die Herrschaft über die übrige Mittelmeerwelt „gewissermaßen ohne ihre Absicht durch die Verhältnisse zugeworfen" worden sei (Römische Geschichte I, ⁹1903, 661, dazu 781). Das Reizvolle des Tatbestandes, daß Mommsen den römischen Imperialismus hundert Jahre vor dem Zeitpunkt enden läßt, da er nach den oben zitierten u. a. Gelehrten erst begann, wird noch erhöht durch das Faktum, daß es weitere Althistoriker gibt, die zwar auch — mit jenen oben zitierten Gelehrten — glauben, daß ein Machtstreben Roms nicht schon in der Frühzeit da war, sondern erst später aufkam, jedoch die Zäsur früher ansetzen, dabei allerdings untereinander stark differieren, so daß — faßt man das Ganze (einschießlich des über Mommsen Gesagten) ins Auge — der Außenstehende um den Eindruck wohl kaum herumkommt, daß hier reine Willkür Trumpf ist. Einige Beispiele: Für J.-R. Palanque (Les Impérialismes antiques, 1948, 95 f.) beginnt der römische Imperialismus im ausgehenden 4. Jh. v. Chr., für J. Carcopino (Les Étapes de l'Impérialisme romaine, ²1961, 10) 218 v. Chr., für G. de Sanctis (Storia dei Romani IV 1, ²1969, 24 f.) in der Zeit um 200. Der Perseuskrieg als Beginn des „eindeutigen Imperialismus" kommt erneut zu Ehren bei G. Lieberg, Die Ideologie des Imperium Romanum mit einer Schlußbetrachtung über Ideologie und Krise, in: G. Alföldy (Hrsg.), Krisen in der Antike. Bewußtsein und Bewältigung (1975), 70ff., bes. 88. R. Werner möchte, wie anderen Ortes schon erwähnt, über das Jahr 168 v. Chr. noch heruntergehen. Es sei hier auch noch einmal an Bleicken erinnert, der ab dem Zeitpunkt, den Werner für den Beginn des römischen Imperialismus in Anspruch nimmt, den römischen Senat anti-annexionistisch eingestellt sein läßt. Für J. Martin hinwiederum wäre eine solche annexionsfeindliche Haltung des Senates für die Zeit zwischen 200 v. Chr. und Sulla charakteristisch gewesen (Saeculum 25, 1974, 177). Gegenstandslos erscheint die ganze Diskussion L. Pareti (Storia di Roma e del Mondo Romano II, 1952, 69) angesichts dessen, daß man von den Römern allgemein weder sagen könne, daß sie immer Wölfe, noch auch, daß sie immer Schafe gewesen seien. — Die im ganzen Zusammenhang besonders wichtige und dementsprechend oft diskutierte Frage, wie das Eingreifen Roms in Griechenland in der Zeit des T. Quinctius Flamininus zu beurteilen ist, soll in einem eigenen Exkurs behandelt werden (siehe unten S. 103ff.).

von sozusagen fortgeschrittenen Zeiten in Rom wie sonst untereinander gleichsam differenzierter sind: Es kommen — neben solchen, für die weiterhin kriegerischer Ruhm, Macht, Grundbesitz und Geld im Mittelpunkt des Interesses stehen — mehr und mehr Persönlichkeiten auf, die, erfüllt von gewissen Ideen und Idealen älterer griechischer Philosophen, ganz ihre eigenen Wege gingen, denen der Aufzug als Triumphator vielleicht weniger bedeutete als eine ertragreiche Diskussion mit ihren philosophischen Lehrern, die das 'Zulassungserfordernis' von 5000 getöteten Feinden für die Bewilligung des Triumphes vielleicht schon mit ähnlichen Gefühlen betrachteten wie wir heute, die ferner das 'einfache Leben' auf einem Landgut in den Sabinerbergen der politischen Laufbahn vorzogen, und die vielleicht auch geneigt waren, dem Karneades recht zu geben, wenn er 155 v. Chr. den Römern vorhielt, daß sie ihr ganzes Reich wider alles Recht zusammengeraubt hätten und — nach Freigabe aller eroberter Gebiete — in ihre Hütten auf dem Palatin zurückkehren müßten, wenn das Recht in ihrer Politik zum Tragen kommen sollte. Karneades wollte freilich damit nur ausdrücken, daß es Gerechtigkeit in der Politik nicht geben kann. Wenig mehr als ein halbes Jahrhundert später traten in Rom die ersten Männer auf, die es mit dem Gedanken, daß Recht und Moral auch in der Politik gelten sollten, sehr ernst nahmen, und die Forderung des jüngeren Cato, Caesar für sein vertragsbrüchiges und unmenschliches Vorgehen gegenüber den Usipetern und Tenkterern auszuliefern, war sicher nicht nur ein politischer Schachzug. Natürlich wäre es verfehlt, nun in Cato Uticensis einen letzten oder allerletzten echten Römer zu sehen, vielmehr steht er mit anderen Männern der spätrepublikanischen Zeit einigermaßen am Anfang einer neuen Ära der römischen Politik, in der sich schrittweise höhere Zielsetzungen zur Geltung brachten. Symbolhaft wirkt in solcher Sicht nicht nur jener eingangs erwähnte, ein Sendungsbewußtsein bezeugende Vergilvers, sondern auch und insbesondere die Tatsache, daß die Zeit nicht mehr fern war, da einzelne Große, die selbst als stoische Philosophen und Künder einer Staatsethik wirkten, in höchste Staatsämter, ja zum kaiserlichen Purpur gelangten.[34] —

---

[34] Ganz anders sieht es M. Gelzer im abschließenden Teil einer Abhandlung über ›Cato Uticensis‹, wenn er von Catos mächtigem Schatten schreibt, der sich nicht nur hinter dem erdolchten Caesar gereckt, sondern der auch die weiteren Jahrhunderte verdunkelt habe. „Sie (scil. die weiteren Jahrhunderte) waren ein für alle Male gerichtet als eine Zeit, die weder einem wirklichen Römer noch überhaupt einem seines sittlichen Adels bewußten Manne menschenwürdigen Lebensraum bot" (Cato Uticensis, in: Die Antike 10, 1934, 146; Nachdr. in: M. Gelzer, Kleine Schriften, hrsg. von H. Strasburger und Ch. Meier, Bd. 2, 1963, 285). Der jüngere Cato also tatsächlich so etwas wie ein letzter Römer (vgl. dazu auch Gelzers weitere Ausführungen!) und die Männer, die in der römischen Kaiserzeit die Geschicke des Reiches lenkten, samt und sonders nicht nur unrömisch, sondern auch — im Gegensatz zu denjenigen, deren Reihe im jüngeren Cato ausgelaufen wäre —

Der letzte Teil der Studie soll nun noch einer Frage gewidmet sein, die sich in unserem Zusammenhang aufdrängt und die wir ganz grob und primitiv so formulieren können: Wieso gelang es gerade Rom und nicht Tarquinii oder Syrakus, ein großes Reich sukzessive zu errichten und sodann auch über lange Jahrhunderte zu behaupten? Auch in Syrakus gab es, wie man weiß, ehrgeizige Männer, die Machtpolitik trieben und mit dem Gedanken spielten, ihre Stadt zum Mittelpunkt eines großen Reiches zu machen. Aber diese syrakusanischen Tyrannen und Könige, angefangen bei Gelon über den älteren Dionysios bis zu Agathokles, konnten die Ziele, die sie sich steckten, immer nur anpeilen, nie wirklich erreichen, während die Männer, die in Rom Politik trieben, trotz vieler Rückschläge im Endeffekt immer erfolgreich blieben.

Versuche antiker Autoren, diesen Sachverhalt mit Hinweisen auf die 'gemischte' Verfassung oder etwa auf eine überlegene *virtus* und *disciplina* und besondere Frömmigkeit der Römer zu erklären, können — unbeschadet dessen, daß sie auch im modernen Schrifttum eine Rolle spielen — nicht befriedigen. Ebensowenig überzeugt die von verschiedenen neueren Historikern und Politikern wie Hitler und Churchill vertretene Meinung, daß die Römer mit ihren politischen Grundsätzen allen anderen Völkern bzw. Menschen der Antike überlegen gewesen seien und insbesondere die oft beschworene Weisheit des Senates immer wieder den Ausschlag zugunsten Roms gegeben habe. Die gewiß nicht in diese Richtung weisenden 'Maximen' *divide et impera, vae victis* und *oderint dum metuant* sind zwar erst spät (was den ersten Satz betrifft, offenbar gar erst in der Neuzeit) und in keinem Falle mit besonderem Bezug auf Rom so formuliert worden, doch kann kein Zweifel bestehen, daß die Römer schon (aber natürlich nicht nur!) in der älteren republikanischen Zeit ganz ebenso wie beispielsweise die Athener der Zeit des Ersten Attischen Seebundes nach ihnen verfuhren.[35] Man denke nur — mit besonderer Blickrichtung auf das 'teile und herrsche' — an die Ordnung, die sie 338 v. Chr. in Latium und 168/67 v. Chr. in Makedonien und Illyrien herstellten, man berücksichtige hinsichtlich des *vae victis* die Tatsache, daß sich aus allen Perioden der römischen Geschichte Beispiele dafür beibringen lassen, daß die Römer — gleich den anderen damaligen Mächten — bezwungene gegnerische Gemeinden dem Erdboden gleichmachten

bar eines sittlichen Adels? Mit solchem Urteil wird fraglos zahlreichen geschichtlichen Persönlichkeiten der Kaiserzeit Unrecht getan, etwa Marc Aurel, den Gelzer selbst an anderer Stelle (Kleine Schriften a.O. 306) mit einem sehr schönen Gedanken aus den ›Selbstgesprächen‹ zu Wort kommen läßt.

[35] Vgl. zu den obigen Hinweisen und zu den weiteren Ausführungen im Text J. Vogt, Divide et impera — Die angebliche Maxime des römischen Imperialismus (sic!), zuerst erschienen in: Das Reich. Idee und Gestalt. Festschrift für J. Haller (1940), letzter Nachdr. in: R. Klein (Hrsg.), Das Staatsdenken der Römer (1966), 15 ff. Weiteres im Exkurs III unten S. 103 ff.

oder doch als eigene selbständige Staatswesen auslöschten. Schließlich wollen wir, was das *oderint dum metuant* betrifft, nicht übersehen, daß sich bei manchen italischen und außeritalischen Bundesgenossen (was letztere betrifft, bietet uns Polybios eindrucksvolle Schilderungen!) im Laufe der Zeit ein so großer Römerhaß aufstaute, daß Furcht und Einsicht in die Aussichtslosigkeit von offenen Rebellionen nicht stark genug waren, solche Vorhaben zu verhindern. Es kann nicht wundernehmen, daß wir in diesem Zusammenhang auch Gemeinden begegnen, denen Rom ein *foedus aequum*, ein „gleiches Bündnis", gewährt hatte: Auch diese Gemeinden waren *de facto* in jeder Phase ihrer Geschichte römische Untertanen, die ihre Kontingente immer wieder zu Feldzügen stellen mußten, die ohne ihre Beteiligung von den Centuriatscomitien in Rom beschlossen wurden; es gab bekanntlich keine beratenden und beschließenden Bundesorgane, und die Föderierten waren nur mit Rom, nicht auch untereinander vertraglich verbunden. Ströme von Blut mußten im sogenannten Bundesgenossenkrieg fließen, ehe sich Rom — nun ganz einfach durch die Umstände dazu gezwungen — bereit fand, die Italiker in ihrer Gesamtheit (wenn auch immer noch nicht mit völliger Gleichberechtigung!) in das Bürgerrecht aufzunehmen. Als sich etwa 35 Jahre zuvor ein Freund des C. Gracchus, M. Fulvius Flaccus, im Zusammenhang mit der Durchführung des Ackergesetzes des Tiberius Gracchus mit einem Gesetzesentwurf beschäftigte, welcher die Verleihung des römischen Bürgerrechtes wenigstens an einen Teil der italischen Bundesgenossen bereits vorsah, scheiterte dies am offenbar auch hier geschlossenen Widerstand der im Senat sitzenden Männer, deren Haltung in der Überlieferung mit dem lakonischen Satz begründet wird: „Der Senat war darüber aufgebracht, daß man diejenigen, die bisher Untertanen waren, zu gleichberechtigten Bürgern zu machen beabsichtigte" (Appian, B.C. I 87). Mit ganz entsprechenden Überlegungen konnte wenige Jahre später der Konsul Fannius die Masse des römischen Volkes gegen C. Gracchus aufbringen und damit dessen Sturz einleiten.

Die Frage nach dem 'Geheimnis' des Aufstieges Roms zur Weltherrschaft[36] kann letztlich nur mit der Feststellung beantwortet werden, daß die Römer ihren Gegnern in der Regel militärisch überlegen waren. Infolge der bereits von Cicero herausgestellten günstigen geographischen Lage wurde Rom schon früh zu einer der volkreichsten Städte Italiens mit dem längsten Mauerring, über den eine

---

[36] In der Sicht von H. Schaefer (Probleme der Alten Geschichte, 1963, 169) wird der Aufstieg Roms „wohl immer ein unlösbares Rätsel bleiben". Vgl. dann aber a.O. 172: „Durch Jahrhunderte nämlich wurde Rom regiert von einer kleinen ... Adelsschicht, die die Summe ihrer politischen Weisheit und Erfahrung unpersönlich (sic!) von Generation zu Generation weitergab ...". Ähnlich schon R. Heinze, Von den Ursachen der Größe Roms, 34, vgl. auch etwa H. Strasburger, RE 18, 797 f. (seine bis dahin ganz nüchternen, im übrigen ausgezeichneten Darlegungen über „Optimates" läßt Strasburger hier in eine *laudatio* auf die Optimaten als die wirklich „Besten" ausklingen).

Stadt auf der Halbinsel überhaupt verfügte. Auch in den seltenen Fällen, in denen sich gegnerische Gemeinden aus der Einsicht heraus, allein den Römern nicht gewachsen zu sein, zu größeren Koalitionen zusammenschlossen, verfügte Rom über das Plus der sogenannten inneren Linie und konnte infolgedessen seine Streitkräfte schwerpunktmäßig mit örtlicher Überlegenheit einsetzen. Wie schon Machiavelli erkannte, befand es sich gegenüber Karthago schon deshalb im Vorteil, weil es nicht auf fremdstämmige Söldnertruppen angewiesen war, sondern über ein Aufgebot verfügte, das Polybios (II 24, 16) für die Zeit kurz vor dem Ausbruch des Hannibalischen Krieges auf über 700000 Mann Fußvolk und gegen 70000 Mann Reiterei beziffert. In den Kämpfen gegen die Kelten erwies sich, wie uns der gleiche Autor bei Gelegenheit der Schilderung der Schlacht bei Telamon expliziert (II 30, 8f.), die römische Bewaffnung als überlegen. Die Manipulartaktik, welche die Römer nach bitteren Erfahrungen mit den Samniten von eben diesen übernommen hatten, bewährte sich vor allem in den Entscheidungsschlachten im griechischen Osten gegenüber einer damals zweifellos veralteten Phalanxtaktik. Solche Fakten und Faktoren schlossen zwar militärische Rückschläge nie aus, bewirkten aber — neben dem gewaltigen militärischen Potential, demgegenüber auch die Meister des Kleinkrieges in Spanien und Numidien auf die Dauer keine Chance hatten — doch, daß Rom im Endeffekt fast immer Sieger blieb. Daß dabei ab und zu auch überlegene Feldherrnkunst zum Tragen kam, ist nicht zu übersehen, doch fehlte es, wie bekannt, auch den Feinden Roms keineswegs an großen Meistern der Kriegskunst, die allerdings — Hannibal nicht ausgenommen — die Stärke Roms ebenso unterschätzten wie etwa Napoleon diejenige Rußlands und Englands. (Die Meinung von R. Heinze, daß sich hier und überhaupt in den hohen Staatsfunktionen jeweils die Tüchtigsten durchsetzten und letztlich darin das Geheimnis des Erfolges Roms zu suchen wäre, läßt sich mit der sich ja richtigen Feststellung, daß es im alten Rom keine Parteien gab, nicht begründen und wird u. a. durch den von F. Münzer geführten Nachweis widerlegt, daß viele Männer durch Absprachen zwischen den Häuptern der mächtigen Geschlechter zum Oberamt und damit auch in die Stellung von Heerführern gelangten.[37]) —

---

[37] Siehe R. Heinze, Von den Ursachen der Größe Roms, 29ff. 30, stellt Heinze fest: „Innerhalb der hierdurch gezogenen Grenzen (Heinze spricht vorher vom persönlichen Wert des Bewerbers) hat begreiflicherweise die Familienpolitik vornehmer und reicher Geschlechter ihren Einfluß ausgeübt; aber immer wieder erkennt man, wie diesem Einfluß zum Trotz doch der Tüchtige sich durchsetzt." Denkt Heinze hier besonders an die *homines novi*? Sie fallen zahlenmäßig kaum ins Gewicht, und einer von den wenigen, die in diesem Zusammenhang zu nennen wären, nämlich C. Terentius Varro, versagte, wie bekannt, als Feldherr völlig. Vgl. zu dem Problem H. Strasburger, RE 17, 1227f. — Heinze hat allerdings insofern etwas Richtiges gesehen, als das Prinzip der „negativen

Nur ein Wort noch zu der Frage, wie es zu verstehen ist, daß sich das Imperium Romanum nach seiner schrittweisen Konstituierung die langen Jahrhunderte der römischen Kaiserzeit hindurch halten konnte. Theodor Mommsen wurde dieser Epoche gewiß nicht ganz gerecht, wenn er sie als den „leidlichen Abend" bezeichnete, welcher der antiken Welt nach „schwülem Nachmittag" noch beschieden war. Eher darf man wohl von einer großen Zeit sprechen, in der immer wieder Männer die Zügel des Reiches in die Hand nahmen, denen Eroberung und Erweiterung der Grenzen keine inneren Anliegen mehr waren, die sich vielmehr, erfüllt von einem hohen Herrscherethos, immer erneut für den Frieden und das Wohl der ihnen anvertrauten Länder und Völker einsetzten. Sicher war dies nicht der einzige, aber doch wohl der Hauptgrund für die angesichts seines Umfanges sehr bemerkenswerte Stabilität, die das Reich manche innere und äußere Krise erfolgreich überstehen ließ, ehe es schließlich in den Stürmen der Völkerwanderungszeit zugrunde ging.

Geschichte soll — unbeschadet der ästhetischen Aspekte der Historiographie — keine Kunst sein, sondern eine Wissenschaft, ihre Aufgabe ist es also, mit grundsätzlichem, wenn auch nicht immer *de facto* realisierbarem Anspruch auf Verbindlichkeit aufzuzeigen, „wie es eigentlich gewesen" ist und nicht, wie es etwa gewesen sein sollte. Unter diesem Motto standen die obigen Ausführungen, aber das war es nicht allein. Gewiß geht es nicht an, den Satz, daß Männer Geschichte machen, zu strapazieren, also anzunehmen, daß der Gang der politischen Geschichte im besonderen und der Geschichte im allgemeinen von nichts anderem als von persönlichen Entscheidungen bestimmt ist.[38] Eine Gefahr, von

---

Auslese", das in den modernen Parteien-Demokratien bekanntlich eine verhängnisvolle Rolle spielt, im antiken Rom nicht aufzuzeigen ist, es sei denn, man nimmt mit herein, daß immer wieder Männer hervortraten, die ihre Karriere mehr oder weniger ausschließlich der Fähigkeit verdankten, auf die Masse des Volkes rhetorisch einzuwirken. Im übrigen müßte Heinze zeigen können, daß in Rom durch die ganzen fraglichen Jahrhunderte relativ *mehr* Tüchtige nach oben kamen als etwa bei den Samniten oder Spaniern oder Ätolern. Wie könnte dies geschehen? — Zur neuesten von J. Bleicken verfaßten Studie über das Problem der Ursachen des Aufstiegs Roms zur Weltmacht siehe die Ausführungen unten S. 92 ff. Hier halten wir nur noch fest, daß die auf einen 1958 gehaltenen Vortrag zurückgehende Abhandlung M. Gelzers über ›Aufstieg und Untergang des alten Rom und des römischen Imperiums‹ (M. Gelzer, Kleine Schriften I, 1962, 248 ff.) für das oben behandelte Thema nichts ausgibt. Das Problem bleibt — anders als das Problem der Ursachen des Unterganges des Römischen Reiches, dem Gelzer hier starke Beachtung schenkt — praktisch außer Betracht.

[38] Bekanntlich geht jener Satz auf H. von Treitschke zurück, doch weist A. Heuß neuerdings mit Recht darauf hin (HZ 225, 1977, 64), daß er in seiner „genuinen Formulierung" (= „Männer machen die Geschichte": H. von Treitschke, Deutsche Geschichte im 19. Jahrhundert, ³1883, 28) „ganz unverfänglich" ist, nämlich „gleichbedeutend mit

dieser Seite die geschichtlichen Verhältnisse und Vorgänge falsch zu sehen, besteht heute allerdings kaum, wohl aber droht eine solche von anderer Seite, nämlich von jenen modernen nur noch mit 'Gesellschaft' und 'Strukturen' operierenden Strömungen, die darauf abzielen, den Menschen durch das Kollektiv zu ersetzen und kollektive Veränderungen schlechthin als Geschichte zu begreifen. Im Falle der römischen Geschichte sind solche moderne Strömungen im Begriff, sich mit alten, ja teilweise bis in die antike Überlieferung zurückgehenden, ihnen im Grunde verwandten Anschauungen zu verbinden, nach denen der Senat, die Popularenpartei, die Gruppen der Adelsfamilien und -faktionen usw. die eigentlichen die damalige politische Entwicklung bestimmenden Kräfte gewesen wären. Daß an dieser Verbindung die altehrwürdige Tendenz, die ältere römische Geschichte zu idealisieren, weiterhin voll und ganz beteiligt ist, war für uns ein Grund mehr, das ganze Problem hier erneut aufzurollen.[39]

'Menschenwille', mit dem es der Naturforscher nicht zu tun" hat. Heußens Hinweis ergänzend, möchte ich hier noch eine seltsame weitere Überlegung Treitschkes erwähnen, welche die Gültigkeit der zitierten Feststellung weitgehend auf Preußen und seine Geschichte einschränkt: „Man kann sich die englische Geschichte vorstellen ohne Wilhelm III., die Geschichte Frankreichs ohne Richelieu; der preußische Staat ist das Werk seiner Fürsten" (a.O. 29). Nun, genauso gut oder genauso schlecht, wie man sich eine französische Geschichte mit oder ohne Richelieu und Napoleon vorstellen kann, kann man sich auch eine preußische Geschichte mit oder ohne den Großen Kurfürsten und Friedrich Wilhelm I. vorstellen, aber es ist klar, daß solche Gedankenspielereien außerhalb jeder Wissenschaft stehen. Davon abgesehen: Indem Treitschke mit dem Satz, daß Männer (mit Willensentscheidungen, die man nicht vorausberechnen kann) die Geschichte machen, seine Feststellung begründet, daß es dem Historiker nicht gestattet sei, „nach der Weise der Naturforscher das Spätere aus dem Früheren einfach abzuleiten", macht er eine Aussage, die im gegebenen Zusammenhang selbstverständlich ebenso Anspruch auf *allgemeine* Gültigkeit erhebt wie der Hinweis auf die Naturforscher, der damit seine Begründung erhält. Bei Licht besehen schränkt also Treitschke mit seinen Überlegungen über die Geschichte Englands und Frankreichs jenen Satz über die Rolle der Willensentscheidungen der Männer, die in der Geschichte tätig sind, nicht nur ein, sondern hebt ihn auf. Also ein Beispiel mehr für sehr unklare und in sich widerspruchsvolle Gedankenführung, und zwar im Werk eines Mannes, der zu den berühmtesten Historikern des 19.Jh. zählt!

[39] Vgl. hierzu auch die Exkurse, insbesondere den Exkurs II (S. 85 ff.) mit weiteren Ausführungen ›Zum Verhältnis zwischen Individuum und Gemeinschaft im republikanischen Rom‹.

Nachtrag

Die obigen Ausführungen nahmen ihren Ausgang von der neueren sog. Imperialismusdiskussion und berührten diese dann noch mehrere Male, doch war — aus Raum- bzw. Zeitgründen — ein näheres Eingehen auf diese Diskussion nicht möglich und daher auch von vornherein nicht beabsichtigt; es blieb bei einigen mehr oder weniger auf das Methodische ausgerichteten Feststellungen mit besonderem Bezug auf die Geschichte des republikanischen Rom. Nun erschienen aber, kurz nach der Fertigstellung des Manuskriptes, zugleich und an der gleichen Stelle zwei Aufsätze, die sich mit eben diesem Thema beschäftigen, und zwar in so grundsätzlicher Weise, daß ihre nachträgliche Berücksichtigung unumgänglich erscheint. Es sind dies die Abhandlungen von *V. Wittmütz* über ›Die Expansion Roms — Zur Relevanz eines historischen Phänomens‹ und *E. Erdmann* über ›Römischer 'Imperialismus' — Schlagwort oder Begriff?‹, beide in: Geschichte in Wissenschaft und Unterricht 28 (1977), 449 ff. und 461 ff. Die folgende Auseinandersetzung mit diesen Studien bietet im übrigen eine willkommene Gelegenheit, die methodischen Bezüge unseres eigenen Anliegens noch stärker, als es oben möglich war, herauszuarbeiten.

Wir beginnen mit der zweiten der genannten Arbeiten. Man muß der Verfasserin zunächst testieren, daß es ihr, bei aller deutlich hervortretenden Verbundenheit mit modernen Strömungen, ganz ferne liegt, durch Flucht in eine modisch-dunkle Diktion einer Konfrontation mit Vertretern anderer Meinungen von vornherein auszuweichen. Eine solche Konfrontation oder, genauer gesagt, eine kritische Überprüfung der in der Abhandlung vorgelegten Gedanken ist nun freilich hier notwendig.

Die eigentliche Crux der Studie wird m. E. schon deutlich, wenn man sie unter dem — gewiß berechtigten — Gesichtspunkt liest, wie die Autorin die Frage beantwortet, die sie selbst als eigentliches Thema und Ausgangspunkt wählte: Hat die Rede vom römischen 'Imperialismus' Bezug auf ein bloßes Schlagwort (462: „ein mehr oder weniger modisches Schlagwort...") oder einen (wirklichen) Begriff? Die Frage aufwerfen, heißt — in diesem Falle — nicht schon, sie beantworten. Rasch erkennt man, daß die Verfasserin sie zunehmend aus dem Auge verliert, um sodann 'Begriff' und 'Wort' hinsichtlich eines römischen und auch nichtrömischen 'Imperialismus' sozusagen auswechselbar und synonym zu gebrauchen. So spricht sie (467) davon, daß sich Soziologen und Politologen „mit guten Gründen gegen eine Ausweitung des *Begriffes* wenden" und nun untersucht werden müsse, ob und wie „Althistoriker das *Wort* mit der römischen Geschichte in Verbindung bringen" (Kursivsetzungen hier und im folgenden von mir), und hält es weiter unten (473) für unumgänglich, manchmal „eine *Begriffs*bildung zur Kennzeichnung einer historischen Erscheinung zu verwenden" — natürlich denkt sie dabei an nichts anderes als an neue

*Wort*prägungen, wie sie heute in übergroßer Zahl auf den wissenschaftlichen Markt kommen.

Im zweiten Teil einer im I. Band des vorliegenden Sammelwerkes herausgebrachten Abhandlung ›Information und Kommunikation in der Sicht eines Historikers‹ (a.O. 48ff.) war es mir u. a. ein besonderes Anliegen, dem so häufig anzutreffenden Phänomen der Gleichsetzung bzw. Vermengung von 'Wort' und 'Begriff', über die bekanntlich schon Goethe an berühmter Stelle in unvergleichlicher Weise reflektierte[40], nachzugehen und an konkreten Fällen aufzuzeigen, was bei solchem im Grunde einfach gedankenlosen Vorgehen herauskommt und welche Verwirrung damit angestiftet wird: Jedermann spricht von 'Historismus' und 'Positivismus' und tut so, *als ob* es sich hier um feste Begriffe handelte, die für jeden Einsichtigen Geltung haben und sich somit auch allgemeingültig definieren lassen müßten, die aber tatsächlich nichts weiter sind als Wortprägungen, die dementsprechend heute *de facto* in zahlreichen ganz verschiedenen Bedeutungen verwendet werden. Es war schon oben S. 53 f. darauf hinzuweisen, daß natürlich auch 'Imperialismus' kein fest abzugrenzender Begriff ist und es daher buchstäblich auf einen Streit um Worte hinausläuft, wenn etwa versucht wird, 'Imperialismus' und 'Streben nach Hegemonie' (oder auch 'imperialistisch' und 'imperial', vgl. oben Bd. 2, 250!) fein säuberlich zu trennen, um dann von solcher Basis aus zu entscheiden, ob die Politik dieser oder jener Macht imperialistisch oder bloß auf Erringung von Hegemonie ausgerichtet war. Also im Prinzip der gleiche Sachverhalt wie in den Fällen der obenerwähnten Wortbildungen, nur mit dem Unterschied, daß bei 'Imperialismus' rein vom lateinischen Ausdruck her der Willkür der 'Sinngebung' enge Grenzen gesetzt sind. Ich kann zwar, wenn mir solche Spielereien Vergnügen bereiten, einen Mann, der zu schönen Frauen ein positives Verhältnis hat, als einen 'Positivisten' bezeichnen (womit ich die Zahl der Bedeutungen, in denen das Wort heute verwendet wird, um eine vermehren würde), dagegen wäre es, vom Ausdruck her gesehen, sinnwidrig, einen Einsiedler, den Macht und Besitz völlig kalt lassen, 'imperialistisch' (oder 'kapitalistisch') zu nennen und seine Lebenshaltung als 'Imperialismus' zu bezeichnen. Auch abgesehen vom gegebenen Anlaß erscheint es nicht überflüssig, diese Dinge einmal beim Namen zu nennen — ist heute doch bei vielen Politologen, Psychologen, Soziologen usw. die Begriffsver-

---

[40] Faust I 1990ff. Vgl. zu dem Problem u. a. die treffenden Feststellungen von W. Stegmüller, Hauptströmungen der Gegenwartsphilosophie ([4]1969), 365. Die Tendenz mancher neuerer Philosophen, nicht mehr von 'Begriff', sondern von 'Term' zu sprechen, kann wohl nur als Ausfluß jener Sucht, überall mit neuen Ausdrücken aufzuwarten, verstanden werden und macht überdies deutlich, daß die Betreffenden im Grunde nicht verstanden haben, worum es hier geht. Eine Änderung dieser Art im wissenschaftlichen Sprachgebrauch muß als sinnwidrig und, falls sie sich durchsetzt, als verhängnisvoll in ihren Auswirkungen gelten.

wirrung — es müßte eigentlich heißen: Wortverwirrung — schon so weit fortgeschritten, daß sie nichts dabei finden, das Wort 'Aggression', von dem das oben über 'Imperialismus' Gesagte ebenfalls gilt, mit größter Selbstverständlichkeit auch auf Handlungen wie Notwehr und — Geschlechtsverkehr anzuwenden und so zu tun, als handle es sich dabei um neue wissenschaftliche Erkenntnisse.

Was nun praktisch in der hier zur Behandlung stehenden Studie von *E. Erdmann* herauskommt, ist kurz folgendes: Die modernen 'Imperialismustheorien' sind auf die römische Geschichte nicht anwendbar, also sollte von einem römischen Imperialismus nicht gesprochen werden.[41] Bei näherem Zusehen wird deutlich, daß sich die Autorin gleich vielen anderen Neueren nicht zuletzt an 'Imperialismus' im Sinne von *Hobson* (wir kommen darauf am Ende dieses Exkurses noch einmal zurück!) orientiert und aus der Erkenntnis, daß sich die römische Politik natürlich nicht ohne weiteres mit der von Hobson bevorzugt aufs Korn genommenen englischen Kolonialpolitik des späten 19.Jh. in einen Topf werfen läßt, den Schluß zieht, daß die römische Politik nicht imperialistisch war. Wir halten demgegenüber fest: Wenn sich zeigen läßt, daß die römische Politik in der republikanischen Zeit in einem mehr oder weniger starken Ausmaß bestimmt war von einem Streben nach Erweiterung der Macht und Herrschaft, so sind wir vom Wort und Sprachgebrauch her berechtigt, von Imperialismus mit Bezug auf das damalige Rom zu sprechen, und niemand kann uns daran irremachen mit dem Hinweis, daß dieser oder jener Soziologe oder Historiker der Vergangenheit oder Gegenwart mit dem Ausdruck eine andere, speziellere oder auch weitere Bedeutung verknüpft oder den Ausdruck gar sinnwidrig (etwa im Sinne von Verteidigungspolitik) verwendet.

Auch für *V. Wittmütz* ist 'Imperialismus' Wort und Begriff in einem (siehe bes. a.O. 452). Methodisch liegen also der Genannte und E. Erdmann auf derselben Linie. Daß bei dieser Sachlage die beiden Autoren hinsichtlich der Frage, ob man von einem römischen Imperialismus sprechen kann oder nicht, zu wohlgemerkt genau entgegengesetzten Ergebnissen gelangen, kennzeichnet die fatale Situation, wie sie mit innerer Notwendigkeit herrscht, wenn man in der skizzierten Weise verfährt. Sagt Erdmann in Sachen römischer Imperialismus Nein, so sagt Wittmütz Ja, wobei letzterer zwischen einem modernen und einem römischen Imperialismusbegriff unterscheidet, um sodann die beiden 'Begriffe' zu konfrontieren und daraufhin zu untersuchen, was sie gemeinsam haben und worin sie sich unterscheiden.

Vergleichendes Vorgehen zu dem Zweck, die Verhältnisse hier und dort klarer zu erfassen, wäre das Letzte, was wir ablehnen möchten. Aber Wittmütz' Vergleich hinkt, und zwar aus Gründen, die uns nach dem Dargelegten nicht über-

---

[41] Den gleichen Gedanken äußern schon J. Deininger und D. Flach in den oben S. 54 Anm. 13 zitierten Schriften.

raschen können. Auch bei ihm läuft es im Grunde darauf hinaus, daß er von einem 'Begriff' eines (modernen) Imperialismus ausgeht, der in etwa auf der Linie dessen liegt, was sich Hobson und andere speziell die neuere Kolonialpolitik behandelnde Männer darunter vorstellten. Mit diesem Imperialismus-„Begriff", den offenbar viele Neuere als für die Neuzeit allgemein gültig betrachten, konfrontiert Wittmütz einen römischen, der sich auf den ersten Augenschein hin als abgeleitet von der uns auch schon bekannten Vorstellung erweist, daß Außenpolitik allgemein von den gesellschaftlichen Verhältnissen in den betreffenden Staaten her zu verstehen und somit auf innenpolitische-soziale Verhältnisse und Vorgänge zurückzuführen ist. Freilich übernimmt Wittmütz diese Auffassung nicht sozusagen unbesehen, er versucht vielmehr, ihr — mit Bezug auf die römische Politik und damit den römischen Imperialismus — eine feste quellenmäßige Grundlage zu geben.

Es sind zwei Stellen der annalistischen Tradition, die Wittmütz (453) als Belege für die Richtigkeit seiner Auffassung ins Feld führt. Die erste Stelle — Liv. IV 1 — hat Bezug auf Vorgänge, die sich 446 v. Chr. in Rom abgespielt haben sollen: Einem Streit zwischen den Patriziern und Plebejern in Angelegenheit *conubium* und Zulassung der Plebejer zum Konsulat wurde durch blutige Grenzzwischenfälle, die einige Nachbargemeinden vom Zaun brachen, zur Freude der Patrizier ein vorzeitiges Ende gesetzt. An der zweiten Stelle — Liv. XXXI 6 — geht es um den Kriegsbeschluß gegen Philipp V. um 200 v. Chr. bzw. den Widerstand, der sich gegen den Antrag zunächst in den Centuriatscomitien erhob, wobei der Volkstribun Q. Baebius den „Vätern" vorwarf, „daß sie nur Kriege aus Kriegen erwachsen ließen, um die Plebejer nie eines Friedens froh werden zu lassen".

Natürlich müßte sich die Auffassung, der römische Imperialismus resultiere in der Hauptsache aus innenpolitischen Schwierigkeiten bzw. gesellschaftlichen Gegebenheiten, anders und besser begründen lassen als mit den beiden zitierten Liviusberichten, die für sich genommen schlechterdings nichts nach der besagten Richtung hergeben. Aber Wittmütz will offenbar selbst mit seiner Interpretation der genannten Stellen nicht allzu ernst genommen werden — schließt er sich doch gleich im folgenden, von seinem Weg abkommend, der verbreiteten Meinung an, daß Rom, wenn nicht ausschließlich, so doch vornehmlich, „seine Ausdehnung und sein Reich einem übertriebenen Sicherheitsbedürfnis" verdankt habe (454); die bekannte Auffassung also von der römischen Außenpolitik als einer Politik, die vor allem von dem Wunsch, sich gegen äußere Gefahren zu sichern, bestimmt worden sein soll, somit *nicht* als Ausfluß innenpolitischer Schwierigkeiten im dargelegten Sinne zu beurteilen wäre. Hier nun wiederum erhebt sich sofort die Frage, was einen Gelehrten, der die Dinge — wenigstens an dieser Stelle — so sieht, bewegen kann, von römischem 'Imperialismus' zu sprechen. Es ist im Grunde die gleiche Frage, die wir auch an die Aggressions-Theoretiker zu richten haben, wenn sie, wie wir sahen, Selbstverteidigung der

Aggression zurechnen, und hier wie dort scheint uns eine sinnvolle Antwort nicht möglich zu sein.

Ein Wort schließlich zur heutigen Hobson-Renaissance allgemein. Wie es zu dieser kam, ist einigermaßen klar: Mit seiner — freilich von vielen anderen Gedanken durchkreuzten — Vorstellung, daß insbesondere die englische Kolonialpolitik seit dem späten 19. Jh. von den kapitalistischen Interessen einzelner Gruppen und Klassen gelenkt wurde, nahm Hobson ziemlich genau das vorweg, was heute von den Vertretern gewisser ideologisch festgelegter Strömungen als Politik schlechthin, die es zu bekämpfen gilt, betrachtet wird. Die in diese Richtung gehenden Männer übersehen dabei Wesentliches: Hobson gehörte zu den 'separatistischen' Engländern, welche die von Nationalisten, Militärs und zahlreichen Geschäftsleuten und sonstigen Unternehmern begrüßte Wendung Benjamin Disraelis zu einer Politik möglichst weitgehender Mehrung des Empires ablehnten und teilweise in Wort und Schrift bekämpften. Sein Imperialismus-Werk ist in diesem Sinne als Kampfschrift aufzufassen — mit allen Schwächen, die einer solchen immer anhaften. Vor allem: Hobson sah die Dinge ganz einseitig und war einigermaßen blind gegenüber der Tatsache, daß *auch* hier die Mehrung des Reiches nicht zu trennen ist von einem — keineswegs immer, ja nicht einmal in erster Linie von wirtschaftlich-kapitalistischen Interessen bestimmten — Machtstreben führender, natürlich über einen breiten Anhang von Gleichgesinnten verfügender Persönlichkeiten, angefangen beim späten Disraeli selbst über Cecil Rhodes und Joseph Chamberlain bis hin zu nationalistischen Generalen wie Gordon, der gegen die Weisung des damaligen, ganz anders eingestellten Premiers Gladstone den okkupierten Sudan nicht räumte, wofür er dann freilich mit seinem Leben bezahlen mußte.

Es ist durchaus verständlich, daß Hobsons Werk in- und außerhalb Englands als Protest gegen die britische Machtpolitik Aufsehen erregte und dann von Lenin im Sinne seiner antikapitalistischen Ideen ausgewertet, um nicht zu sagen ausgeschlachtet wurde. Weniger verständlich ist es (es sei denn, man denkt an ideologische Beweggründe!), daß moderne Forscher von einer Imperialismus-'Theorie' Hobsons sprechen und darin eine feste Größe sehen, mit der sie auch etwa dann auf diese oder jene Weise operieren zu können glauben, wenn es gilt, die Wurzeln der römischen Politik in republikanischer Zeit freizulegen.

Exkurs I: 'Späte Zeugnisse für frühen römischen Imperialismus?'

Unter diesem Titel ließ der Schweizer Gelehrte *P. Frei* den schon oben S. 63 Anm. 24 erwähnten Aufsatz erscheinen, in welchem er darzutun versucht, daß die von mir im letzten Teil meiner Abhandlung über › Römische Politik in republikanischer Zeit und das Problem des 'Sittenverfalls'‹ kurz behandelten Belege für ein Macht- und Besitzstreben als wesentlichen Faktor in der römischen Politik der republikanischen Zeit (siehe jetzt oben S. 22ff.) einer näheren Überprüfung nicht standhalten. Sachgemäß gliedert Frei seine Ausführungen in vier Punkte, mit denen wir uns im folgenden kurz beschäftigen müssen.

1. Es geht zunächst um das Gebet, das nach Val. Max. IV 1,10 alle fünf Jahre beim feierlichen Lustrum des Census einer der beiden Censoren an die Götter richtete: *ut populi Romani res meliores amplioresque facerent*, und das Scipio Aemilianus als Censor mit der Begründung *satis bonae et magnae sunt* abgeändert haben soll: *itaque precor ut eas perpetuo incolumes servent*. Mit Recht trennt Frei die seit vielen Jahrzehnten diskutierte Frage[42], ob Scipio Aemilianus die ihm hier zugeschriebene Neuerung wirklich durchführte, von der Frage nach der Authentizität des Gebetes, an der auch er nicht zweifelt. Aber er zweifelt daran, daß das Gebet auf Mehrung des Reiches Bezug hat, wie wir das nicht nur aus dem großen Zusammenhang heraus (vgl. dazu auch die weiteren unten zur Sprache kommenden Punkte!) annehmen dürfen, sondern schon aus der Stelle selbst erschließen müssen. Das (tatsächliche oder angebliche) Verhalten des Scipio Aemilianus als Censor erscheint völlig sinnlos, wenn man die zitierte Formel des Gebetes mit Frei einfach „auf das gesamte Befinden des römischen Volkes" (Frei fügt einschränkend hinzu: „insbesondere auf sein materielles Wohlergehen") Bezug haben läßt und nicht auf Mehrung von Macht und Besitz, wie dies denn auch, was Frei offenbar übersah, von Valerius Maximus anschließend an die zitierte Mitteilung ausdrücklich so formuliert wird:

prudenter enim sensit tunc incrementum Romano imperio petendum fuisse, cum intra septimum lapidem triumphi quaerebantur, maiorem autem totius terrarum orbis partem possidenti ut auidum esse quicquam ultra adpetere, ita abunde felix, si nihil ex eo, quod optinebat, amitteret.

2. Das Recht des römischen Feldherrn, der Eroberungen machte, das Pomerium zu erweitern, möchte Frei (75f.) als kaiserzeitliche Neuerung, ja nicht ungern als spezielle Erfindung des Kaisers Claudius betrachten. Aber was sagt es, daß „weder Livius noch Dionys von Halikarnass die Sache zu kennen scheinen" und „das Ganze" — nach Freis Meinung — „schlecht zum republikanischen Staats-

---

[42] Siehe bes. K. Bilz, Die Politik des P. Cornelius Scipio Aemilianus (Würzburger Studien zur Altertumswissenschaft 7, 1935), 42ff. A. Aymard, Deux Anecdotes sur Scipion Émilien, in: Mélanges de la Société Toulousaine d'Études classiques II (1946), 101f. H. H. Scullard, Scipio Aemilianus, in: JRS 50 (1960), 68 mit Anm. 38. A. E. Astin, Scipio Aemilianus (1967), 325ff. Die Diskussion wurde bekanntlich schon durch einen vor bald hundert Jahren von F. Marx im Rhein. Mus. 39 (1884) veröffentlichten Aufsatz in Gang gebracht, wobei der genannte Gelehrte seinen Ausgang von einer Ciceronotiz nahm, nach welcher das Lustrum, um welches es sich hier handelt, nicht von Scipio Aemilianus, sondern von seinem Mitcensor Mummius vorgenommen worden sein soll.

recht" passen soll? Das von Frei in diesem Zusammenhang an die Spitze gestellte Argument: „Alle Zeugnisse stimmen darin überein, daß in republikanischer Zeit als erster Sulla eine solche Vorverlegung der heiligen Stadtgrenze vorgenommen habe", muß auf kuriose Weise zustande gekommen sein. Bei Seneca (de brev. vitae XIII 8), den Frei in chronologischer Vorgangsweise als ersten Gewährsmann zitiert, steht das gerade Gegenteil, d. h. Sulla erscheint nicht als der erste, sondern als der letzte unter den Römern, die das Pomerium erweiterten: *Sullam ultimum Romanorum protulisse pomerium, quod numquam provinciali, sed Italico agro adquisito proferre moris apud antiquos fuit* (eine Stelle, die wohl vor der von Kaiser Claudius vorgenommenen, durch CIL VI 4, 2, 31537 und Tac., Ann. XII 23 f. bezeugten Pomerium-Erweiterung geschrieben sein muß und übrigens zeigt, daß Seneca von den gleich noch zu erwähnenden von Caesar und Augustus vorgenommenen Akten der Erweiterung der heiligen Bannmeile von Rom keine Kenntnis hatte).

Unser nächster Gewährsmann Tacitus (a.O.) sagt allerdings, daß vor Claudius nur Sulla und Augustus das Pomerium aus dem bewußten Anlaß erweiterten, spricht aber zugleich von *more prisco*, und im folgenden hält er es jedenfalls für möglich, daß dieser Brauch bis in die frühe Königszeit zurückgeht. Offenbar waren ihm keine anderen konkreten Fälle für die Erweiterung des Pomeriums außer den von ihm genannten (auch nicht der von Caesar vorgenommene Akt, den Gellius und Cassius Dio bezeugen[43]), bekannt, aber es war eben doch auch für ihn ein *mos priscus*, der als solcher nicht erst von Sulla oder, wie Frei vermutet, gar noch später von Claudius eingeführt worden sein kann.

Auch Gellius (a.O.), den Frei sodann als weiteren Zeugen für seine Ansicht nennt, erweist sich tatsächlich als Gegenzeuge. Diesem Autor geht es zunächst um die Frage, warum der Aventinhügel bis in die römische Kaiserzeit außerhalb des Pomeriums verblieb, d. h. bei den Erweiterungen des Pomeriums immer sozusagen ausgespart wurde. Das führt ihn zu der Feststellung: *habebat ... ius proferendi pomerii, qui populum Romanum agro de hostibus capto auxerat.* Warum also, fragt Gellius, haben weder Servius Tullius noch Sulla noch auch Caesar bei gegebener Gelegenheit eine Einbeziehung des Aventins vorgenommen? Die ihm am plausibelsten erscheinende Antwort fand er schon bei dem gelehrten M. Valerius Messalla, dem Verfasser eines Werkes ›De auspiciis‹, das offenbar in der Zeit nach Caesars Ermordung, bald nach der Mitte des 1. Jh. v. Chr. geschrieben wurde und aus dem nun Gellius wörtlich zitiert (a.O. 14, 6): *idcirco inquit omnes, qui pomerium protulerunt, montem istum excluserunt quasi avibus obscenis ominosum.* Danach muß wohl klar sein, daß auch Gellius als Beleg für die These, daß der besagte Brauch der Erweiterung des Pomeriums

---

[43] Gellius XIII 14, 2 ff. (vgl. dazu die weiteren Ausführungen). Cassius Dio XLIII 50 vgl. XLIV 49. Vgl. auch Hist. Aug. Vit. Aurel. 21.

eine späte, vielleicht erst kaiserzeitliche Institution oder Erfindung sei, ausfällt — mehr noch: ebenso wie Seneca und Tacitus das Gegenteil bezeugt. Wollte man sich nun noch der Frage zuwenden, warum in den erhaltenen Büchern des Livius und bei Dionysios von Halikarnass kein Hinweis auf den Brauch zu finden ist: Sicher ist, daß den siegreich heimkehrenden Feldherrn ein spektakulärer Triumph wichtiger war als der kultische Akt der Erweiterung der Bannmeile von Rom um vielleicht nur einige Dutzend Quadratmeter. Ob das dann dazu führte, daß nicht alle Feldherrn auf der Durchführung des Kultaktes bestanden, oder ob es nur an der natürlich auch sonst keineswegs lückenlosen annalistischen Berichterstattung lag, der die betreffenden Akte der Erwähnung nicht wert schienen — wer möchte das entscheiden? Bezeichnend ist in diesem Zusammenhang jedenfalls auch dies, daß sich Angaben über Pomerium-Erweiterungen durch Caesar und Augustus, wie wir sahen, nur in einem Teil der behandelten Überlieferung, und auch hier differierend, finden, woraus wir natürlich nicht folgern dürfen, daß sie gar nicht stattfanden, aber doch wohl erschließen müssen, daß solche Zeremonien keine übermäßig große Beachtung fanden.

3. In den auf die Kriege Roms im griechischen Osten sich beziehenden Angaben des Livius (XXXI 5, 7. XXXVI 1, 3. XLII 20, 4. XLII 30, 9), daß die Haruspices bei ihren zuvor jeweils angestellten Opfern Erweiterungen der Grenzen, Sieg und Triumph prophezeiten, möchte Frei kurzweg annalistische Erfindungen sehen, wofür er (77) geltend macht, daß „in der Forschung allgemein akzeptiert" sei, „daß die Vorgeschichte der Ostkriege von der Annalistik sehr stark umgestaltet worden war im Bemühen, die Römer als die Angegriffenen erscheinen zu lassen ...". Dazu würden nun allerdings die zitierten Angaben wie die Faust aufs Auge passen! Aber davon abgesehen: Mit einer gerade für diese Teile des Werkes des Livius sicher unberechtigten, unter Berufung auf einen (vermeintlichen) Konsens der Forschung ausgesprochenen Pauschalverdächtigung läßt sich doch nicht im Ernst entscheiden, ob jene konkreten Mitteilungen der Überlieferung über kultische Handlungen der Haruspices vor Beginn von Kriegen bloße annalistische Erfindungen waren und nicht vielmehr Aussagen über wirkliche historische Vorgänge. Wer hier an Erfindungen des Livius oder seines Gewährsmannes denkt, also bestreitet, daß Livius an den zitierten Stellen über Vorgänge berichtet, die sich tatsächlich zutrugen, müßte schon deshalb in der Lage sein, seine Skepsis mit handfesten konkreten Argumenten zu untermauern, weil er sonst der Annahme, daß hier der Wunsch der Vater des Gedankens war, kaum entkommen kann.

4. Gegen die Angabe bei Val. Max. II 8, 4 (vgl. Ammianus Marc. XXV 9, 10), daß der Triumph *pro aucto imperio* zugestanden wurde, führt Frei (78f.) ins Feld, daß 61 v. Chr. C. Pomptinus für die Niederwerfung der aufständischen Allobroger den Triumph erhielt. Aber damit wird doch nur — bestenfalls —

bewiesen, daß man es mit dem besagten Grundsatz zumindest in dieser späten Zeit in der Praxis dann nicht sehr genau nahm, wenn der Anwärter über einen genügend großen Anhang im Senat verfügte, um seinen Anspruch durchzusetzen — einen Anspruch übrigens, der sich sicher auch damit begründen ließ, daß die Niederwerfung des Aufstandes da und dort mit einer Erweiterung der alten Provinzgrenzen, die ja schwerlich bei der Einrichtung der Provinz eine genaue Fixierung in einem zwischenstaatlichen Abkommen erhalten hatten, verbunden war[44]. Daß Valerius Maximus zu seiner, nach Freis Meinung also falschen Annahme kam, möchte der genannte Gelehrte nicht zuletzt auf Stilgründe zurückführen. Er geht damit einen Weg, den auch viele andere Forscher gehen, die sich schwer tun, mit sachlichen Erwägungen einen unbequemen antiken Gegenzeugen auszuschalten oder auch etwa einen modernen Kritiker an der Glaubwürdigkeit eines antiken Memoirenschreibers oder Historikers außer Gefecht zu setzen.[45]

Es ist nicht leicht, zu erkennen, was Frei veranlaßte, die zahlreichen Stellen, welche die Mehrung des Reiches als sozusagen höchstes Ziel der römischen Außenpolitik im republikanischen Rom bezeugen, ohne triftige Gründe in ihrer Glaubwürdigkeit anzuzweifeln und dabei auch noch die oben S. 62f. behandelten Grabinschriften und jene Stellen bei Cicero (de re publ. III 15), welche die Formel *finis imperii propagavit* als geradezu feste Redewendung auf den Inschriften der Gräber erfolgreicher römischer Feldherrn der republikanischen Zeit überliefern, also auf der gleichen Linie wie die oben behandelten Zeugnisse liegen, und jeden Angriff auf die letzteren von vornherein diskreditieren, außer Betracht zu lassen. Ich wüßte keine andere Erklärung als die, daß hier einmal

---

[44] An Parallelbeispielen dafür, daß in der Zeit der ausgehenden Republik alte Bräuche und Satzungen nicht mehr streng beachtet wurden (ohne daß man daraus erschließen könnte, daß sie nie existierten oder erst spät eingeführt wurden!), fehlt es gerade in dem hier gegebenen Zusammenhang nicht. So entsprach es sicher nicht dem *mos priscus*, daß ein Privatmann wie Pompeius regulär triumphierte (vgl. dazu zuletzt H. S. Versnel, Triumphus. An Inquiry into the Origin, Development and Meaning of the Roman Triumph, 1970, 169 Anm. 50), und ganz und gar fiel der Triumph Caesars über die in der Schlacht bei Munda besiegten Mitbürger aus dem Rahmen, der zwar allenthalben in Rom Unwillen erregte, aber eben doch möglich war, weil es niemanden gab, der Caesar hätte daran hindern können.

[45] Vgl. dazu oben S. 60 (zu dem Versuch von J. Molthagen, Angaben des Polybios über Römer, die in der Zeit vor der beginnenden Sittenverderbnis schon auf Beute aus waren, auf Stilgründe zurückzuführen); S. 173 Anm. 5 (zu dem entsprechenden Versuch, Abweichungen von der historischen Wahrheit in Caesars Commentarien mit Stilgründen zu erklären); S. 232 (zu E. Howalds Annahme, daß die Berufung Herodots auf fingierte Gewährsmänner nichts weiter sei als „Stileigenart"). Natürlich soll mit diesen Hinweisen nicht geleugnet werden, daß Stilgesetze bei antiken Geschichtsschreibern wie bei neueren gelegentlich wirksam waren, aber im Prinzip doch nur dort, wo die Beobachtung solcher 'Gesetze' nicht zu einer Verfälschung der historischen Wahrheit führte.

mehr ein Forscher entschlossen war, für die ihm teure Idee der hochmoralischen Politik der alten Römer auf die Barrikade zu steigen und nun eben mit allen Mitteln, tauglichen oder untauglichen, zu versuchen, wenigstens die unter 1.—4. behandelten, besagter Idee entgegenstehenden Angaben der Überlieferung als Gegenzeugen außer Gefecht zu setzen. Dabei leitete Frei allerdings ein richtiges Gefühl: Wer die Aussagen dieser Tradition nicht ausschalten kann, steht als Vertreter besagter Auffassung schon auf verlorenem Posten und damit, wenn er konsequent ist, bereits vor der Notwendigkeit, sich von der Meinung zu trennen, daß es den alten Römern in ihrer Politik um nichts anderes ging als um die Moral und den Schutz und die Sicherheit der ihnen anvertrauten Bündner und des eigenen Staates vor dem Zugriff macht- und besitzlüsterner Nachbarn.[46]

Exkurs II: Zum Verhältnis zwischen Individuum und Gemeinschaft im republikanischen Rom

Der oben im Text (S. 66) gegebene Hinweis auf die Bedeutung des Aufkommens des Söldnerheeres für die Stellung des Einzelnen im republikanischen Rom soll als Ausgangspunkt für diesen Exkurs dienen.

Da ist zunächst die allbekannte und in historischer Sicht sehr bedeutsame Tatsache herauszustellen, daß sich der Söldner, wo immer er uns in der Geschichte begegnet, weniger dem Staat oder einem fernab residierenden Fürsten verbunden fühlt als vielmehr dem Feldherrn, der ihm den Sold zahlt, der für seine Beteiligung an der Beute Sorge trägt und ihm, sofern er länger dient, eine bestimmte Versorgung für die Zeit nach dem aktiven Dienst in Aussicht stellt. Der besoldete Landsknecht im Dreißigjährigen Krieg kann hier immer als Musterbeispiel

---

[46] Zu den obigen den Triumph betreffenden Ausführungen vgl. auch Ursula Schlag, Regnum in senatu. Das Wirken römischer Staatsmänner von 200 bis 191 v. Chr. (Kieler Historische Studien, 1968), 70. Was die zahlreichen Triumphe betrifft, die in der von der Verf. behandelten Zeit gefeiert, zumindest angestrebt wurden, so ist sich Schlag über die Beweggründe der Akteure durchaus im klaren. Aber das war — nach Schlag — natürlich nicht immer so, und die Ruhmsucht, die römische Große in der späteren republikanischen Zeit nach dem Triumph streben ließ, wäre nicht anders zu beurteilen denn als Ergebnis oder Symptom des Sittenverfalls und des mit diesem schrittweise aufkommenden „Egoismus" und „Individualismus" (vgl. a.O. 16). Ganz entsprechend sah es vor vierzig Jahren schon E. Schmähling, Die Sittenaufsicht der Censoren (1938), 96, wogegen bereits in dem Aufsatz über › Römische Politik in republikanischer Zeit und das Problem des 'Sittenverfalls' ‹ Stellung genommen wurde (vgl. jetzt oben S. 32 Anm. 13). Auf einem anderen Blatt steht natürlich die Tatsache, daß eine ursprüngliche Vorstellung, die wohl dahin ging, daß mit dem siegreichen Feldherrn Iupiter selbst nach Rom zurückkehrte und der Feldherr geradezu als Inkarnation des Iupiter galt, allmählich verblaßte und in Vergessenheit geriet.

gelten. Es ist allerdings klar, daß sich mit diesem Landsknecht des 17. Jh. der Söldner, der unter der Fahne des Marius oder des Caesar kämpfte, schon deshalb nicht ohne weiteres auf eine Linie stellen läßt, weil der letztere ebenso wie der Milizsoldat, den er ablöste, in der Regel römischer Bürger war und als solcher angeworben wurde, während der Landsknecht als mehr oder weniger heimatloser Glücksritter durch die Länder zog und sich immer demjenigen Feldherrn — gleich welcher Nationalität (und Religion) — verdingte, der das günstigste Angebot machte. Aber das ändert nichts daran, daß die oben getroffene Feststellung über die Verlagerung des Schwerpunktes vom Staat zum Feldherrn im Zusammenhang mit der Einführung von Söldnertruppen im Prinzip auch für Rom Gültigkeit hat.

Was den römischen Feldherrn mit politischen Ambitionen in der fraglichen spätrepublikanischen Zeit angeht, so machen die geschichtlichen Ereignisse deutlich, daß er sich in zwiefacher Hinsicht in einer, verglichen mit den Verhältnissen in den früheren Jahrhunderten, neuen Situation befand. Einmal stellte das Söldnerheer in ganz anderer Weise als das ältere bäuerliche Aufgebot eine Machtbasis für einen Kampf um die herrschende Stellung im Staat und Reich dar, ja es hatte geradezu 'Aufforderungscharakter' nach dieser Richtung, wenn es sich um eine Truppe handelte, die aufgrund ihrer Ausbildung und ihrer etwa in Grenz- oder Eroberungskriegen erworbenen militärischen Erfahrungen als besonders kampfkräftig gelten konnte und die im übrigen, wenn man sie nicht entlassen wollte, immer erneut in gewinnbringenden Operationen eingesetzt werden mußte. Die also aus der Umwandlung des Aufgebotes in eine Söldnertruppe für den ehrgeizigen Einzelnen resultierenden Möglichkeiten erfuhren zum anderen nun allerdings dadurch eine gewisse Einschränkung, daß der Söldner hier in Rom wie auch sonst in ganz anderer Weise als der zum Dienst eingezogene Bauernsoldat dazu neigte, an den Feldherrn seinerseits Forderungen zu richten und bei Nichterfüllung derselben schwierig zu werden oder gar zu meutern. In unserem Zusammenhang darf nicht übergangen werden, daß natürlich auch hier strenggenommen nicht ein Kollektiv handelnd hervortritt und sozusagen als Gegenspieler des Einzelnen fungiert; auch die Söldnerheere empfangen, wenn sie gegen ihre eigenen Feldherrn mobil werden, nach Ausweis der Überlieferung immer von Einzelnen ihre Impulse, von Männern, die wir, wenn es sich um offene Rebellionen handelt, als Rädelsführer zu bezeichnen pflegen und an die sich die Feldherrn halten, wenn es gelingt, die Rebellion niederzuschlagen und ein Strafgericht fällig ist. Eine Reihe von Konsuln und Prokonsuln, angefangen bei Cinna über Valerius Flaccus und Lucullus bis zu Caesar, hat es teilweise am eigenen Leib zu spüren bekommen, welche Macht solche Männer in den angeworbenen Legionen gewinnen konnten, indem sie letztlich ebenso wie die Feldherrn selbst die durch die Umwandlung der Heeresstruktur geschaffene Situation ausnutzten und dabei zu ihren Gunsten noch zum Tragen brachten, daß ihre Wünsche und Forderungen mit denen der anderen Soldaten mehr oder weniger identisch waren.[47]

Die beste Illustration aus dem nichtrömischen Altertum zu den oben umrissenen Verhältnissen gewinnen wir, wenn wir im Vorbeigehen einen Blick auf die eingehende Schilderung des libyschen Söldneraufstandes bei Polybios (I 65 ff.) werfen. Natürlich ist dabei zu berücksichtigen, daß die karthagischen Söldner, von denen der Bericht handelt, insofern nicht mit den römischen Söldnern auf eine Linie zu stellen sind, als sie außerhalb des karthagischen Bürgerverbandes standen, wenn sie auch größtenteils im karthagischen Herrschaftsgebiet angeworben wurden.

Es begann mit einer allgemeinen Unzufriedenheit im karthagischen Söldnerheer, als am Ende des Ersten Punischen Krieges die Soldzahlungen seitens der karthagischen Staatskasse ins Stocken gerieten. Die erzwungene Muße im Heerlager vor Sikka, wohin man die Söldner nach der Räumung Siziliens gebracht hatte, war um so mehr geeignet, diese Unsicherheit zu steigern, als „einige" von den Söldnern — Polybios (a.O. 66, 11) nennt uns hier keine Namen — nun 'den Rechenstift in die Hand nahmen', dabei zu einem Vielfachen der Geldsumme, die ihnen nach Polybios tatsächlich zustand, kamen und solcherart bei ihren Kameraden die Erwartungen erweckten, mit dem Sold reich zu werden, den sie — gemäß den Versprechungen, die ihre Feldherrn in kritischen Situationen angeblich gemacht hatten — glaubten fordern zu können. Zu einer offenen Meuterei und damit zum Beginn des furchtbaren libyschen Söldnerkrieges kam es freilich erst, als zwei Männer, nämlich der ehemalige kampanische Sklave und Überläufer Spendios und der Libyer Mathos, zu denen sich dann noch der Gallier Autaretos gesellte, aktiv wurden, indem sie aus ganz persönlichen Beweggründen, über die Polyb. a.O. 69, 4 ff. berichtet wird (bei Spendios war es die Angst vor Auslieferung an die Römer und grausamer Hinrichtung), mit entsprechenden Hetzreden auf die Masse einwirkten, welche ihnen dann nicht nur

---

[47] Vgl. zu den obigen Hinweisen E. H. Erdmann, die Rolle des Heeres in der Zeit von Marius bis Caesar (1972) und H. Aigner, Die Soldaten als Machtfaktor in der ausgehenden römischen Republik (1974). In diesen Untersuchungen, die unabhängig voneinander entstanden sind, tritt allerdings die Frage, inwieweit die Haltung der Soldaten jeweils durch Rädelsführer in ihren Kreisen bestimmt war, zurück hinter der Frage nach der Bedeutung und Rolle des spätrepublikanischen Söldnerheeres als solchem in den damaligen Machtkämpfen und Kriegen. Übrigens ist — ich habe es im Text schon kurz angedeutet — klar, daß die Erfolge der Rädelsführer immer aus der Tatsache resultieren, daß die Angehörigen von Heeren im allgemeinen und von Söldnerheeren im besonderen gemeinsame Interessen und Wünsche haben, die sie untereinander und mit ihren Rädelsführern mehr oder weniger einigen und dahin bringen können, ganz oder einigermaßen geschlossen gegen ihre Feldherrn mit Forderungen, Drohungen und entsprechenden Aktivitäten Front zu machen.

zustimmte, sondern sie auch als ihre Anführer anerkannte. Die Dinge weiter zu verfolgen, können wir uns hier ersparen. Erwähnt sei nur noch das grausame Schicksal, das dem karthagischen Feldherrn Gisko widerfuhr, der die Überfahrt der Söldner von Sizilien nach Afrika durchgeführt und sich auch sonst um die Söldner so verdient gemacht hatte, daß er bei ihnen — im Gegensatz zu Hamilkar Barkas, dem man seinen Rücktritt vom Oberbefehl und die damit verbundene Abkehr von früher gemachten Versprechungen sehr verübelte — zu größter Wertschätzung und Beliebtheit gelangte bis zu dem Tage, da jener Autaretos seine und seiner karthagischen Begleiter Hinrichtung in einer Heeresversammlung forderte und damit auch durchdrang: Nach schrecklicher Tortur nahmen Gisko und alle anderen in der Gewalt der Söldner befindlichen Karthager im Graben vor dem Heerlager ein schmähliches Ende.

Zu Vorgängen dieser Art konnte es im spätrepublikanischen Rom nicht kommen, aber auch hier war es möglich, daß Abgesandte der römischen Regierung von Söldnern, die der Feldherr selbst aufgehetzt hatte, gelyncht und Konsuln in den Heerlagern aufgrund entsprechender Aktivitäten einzelner Rädelsführer umgebracht wurden.

Wir sind also wieder im spätrepublikanischen Rom. Für Männer in hohen Ämtern, die an der Spitze ihrer Söldnertruppen eine führende oder gar herrschende Stellung im Staat gewinnen wollten, waren die oben umrissenen Verhältnisse und die aus ihnen resultierende Gefahr für die eigene Person und die eigene Sache sozusagen die Kehrseite der Medaille, doch bleibt bestehen, daß ihnen die Umwandlung der Heeresordnung vom Miliz- zum Söldnerwesen Möglichkeiten im Kampf um die Macht gab, die sie vorher noch nicht hatten, daß also, in der Sicht der Genannten, die Nachteile der neuen Situation geringer waren als die Vorteile, wenn man es nur verstand, diese auszunutzen. Nun kamen freilich in der fraglichen Zeit noch drei weitere Momente zugunsten des politischen 'Aktivisten' zum Tragen. Sie sind bekannt, sollen aber doch im folgenden noch aufgezählt werden.

1. Man kann es zwar als sicher betrachten, daß schon in der älteren republikanischen Zeit von einzelnen Geschlechtshäuptern in Rom vornehmlich aus Klienten sich rekrutierende private Streitkräfte aufgestellt wurden (vgl. oben S. 15ff.), doch erlaubten es erst in der spätrepublikanischen Zeit die veränderten Verhältnisse, daß sogar amtslose Männer aus eigenen Mitteln ganze auf Soldbasis aufgebaute Privatarmeen auf die Beine brachten. Wir erinnern an Pompeius und Octavian: Jener konnte 83 v. Chr. als erst 22jähriger *privatus* in Picenum, wo sein Vater Pompeius Strabo als Grundbesitzer und Patron eine fast fürstliche Stellung innehatte, ein stattliches Heer aufstellen, das er bekanntlich dem aus dem Osten nach Italien zurückkehrenden Sulla zuführte. Von Octavian wissen wir aus seinem Tatenbericht (Mon. Anc. 1), daß er aus eigenen Mitteln im Alter von 19 Jahren ein Heer zusammenbrachte, das es ihm ermöglichte, sich in den nach Caesars Ermordung ausgebrochenen Machtkampf einzuschalten.

2. Die Verstädterung der römischen Bürgerschaft bot dem Einzelnen die früher nur in beschränktem Umfang gegebene Möglichkeit, einen relativ großen Teil der Bürgerschaft nicht nur in den Centuriats- und Tributcomitien, sondern auch in laufenden *contiones* auf dem Forum anzusprechen, zu 'manipulieren' und sich persönlich zu verbinden und damit eventuell auch günstige Voraussetzungen für die Anwerbung von Soldaten aus den Kreisen des stadtrömischen Proletariats zu schaffen.

3. Das zunehmende Versagen der alten gemeindestaatlichen Ordnung vor den neuen gewaltig erweiterten politischen und militärischen Aufgaben erhöhte die Chancen für den Einzelnen, der sich vor allem als Feldherr schon ausgewiesen hatte, für mehrere Jahre auf der Grundlage eines prokonsularischen oder auch eines außerordentlichen, durch Gesetz beschlossenen Imperiums in eine führende Position zu gelangen. Die Zeit schrie förmlich nach starken Männern, und so führt eine gerade Linie von den tüchtigen Generalen, die schon in der Notzeit des Hannibalischen Krieges immer erneut mit dem Oberamt bzw. *imperium proconsulare* betraut wurden, über Flamininus, Scipio Aemilianus, Marius und Sulla zum *consul sine collega* Pompeius und zum *dictator perpetuus* Caesar, dem ersten wirklichen Monarchen in Rom. —

Wir müssen an dieser Stelle — über bisherige kurze Hinweise hinausgehend — auf den Weltherrschaftsgedanken zu sprechen kommen, der bekanntlich in der Politik der spätrepublikanischen Ära eine große Rolle spielte, und haben in diesem Zusammenhang als erstes erneut herauszustellen, daß gerade der Weltherrschaftsgedanke den Konnex zwischen politischer Zielsetzung Roms und aktiver Persönlichkeit besonders klar und eindeutig hervortreten läßt. Daß hier eine Crux für diejenigen besteht, welche als Faktoren in der römischen Politik nur (oder fast nur) gesellschaftliche Gegebenheiten gelten lassen wollen, liegt auf der Hand, und da kann es für uns nicht uninteressant sein zu sehen, wie die Vertreter dieser Richtung versuchen, damit fertig zu werden. Um es schon hier zu sagen: Der Weg, den *J. Bleicken* in seinem Werk über die römische Verfassung als ein typischer Vertreter dieser Richtung im Bereich der Forschung zur römischen Geschichte einschlägt, um besagte Crux zu meistern, ist gewiß der einzige, der sich überhaupt einschlagen läßt, will man das Rennen nicht von vornherein aufgeben.

Daß der Weltherrschaftsgedanke an und für sich nicht zu trennen ist von dem Wunsch gewaltiger Machthaber wie Alexander d. Gr., sich möglichst die ganze Welt untertan zu machen, ist auch dem genannten Gelehrten einigermaßen klar.[48] Aber in Rom kann es das nicht gegeben haben — hat doch hier „die bestimmte herrschaftssoziologische Situation jeden Gedanken an eine Weltherrschaft universell-geographischen Ausmaßes verboten" (a.O. 219). Das Weitere

---

[48] J. Bleicken, Die Verfassung der römischen Republik, 216 ff.

ist dann nur sozusagen Routine: „den" Römern fehlte „der spezifische Wille zu einer 'weltweiten' Expansion ihrer Herrschaft" (a.O. 220), also kann es, so dürfen wir den Gedanken ausspinnen, in der römischen Politik nichts gegeben haben, was in diese Richtung ging. Wer dann aber doch etwa der Überlegung nachhängt, Männer wie Pompeius und Caesar hätten sich mit Weltherrschaftsplänen beschäftigt, wird rasch eines anderen belehrt: Auch die Genannten „führten ihre Kriege als Konsequenz innenpolitischer Konstellationen, die die äußere Welt überhaupt nicht im Blick hatte ..." (a.O. 221).

Diese Feststellungen Bleickens, auf die teilweise schon oben S. 57f. Bezug zu nehmen war, liegen sehr genau auf der Linie dessen, was man im Rahmen der von dem Genannten und den anderen diesen Weg gehenden Gelehrten vertretenen Grundeinstellung erwarten möchte, sie kranken jedoch daran, daß sie auf die realen geschichtlichen Verhältnisse bzw. die Quellen, die uns über die letzteren ins Bild setzen, zu wenig Rücksicht nehmen. Man halte sich nur etwa an das, was wir aus den Quellen über Pompeius und seine Vorstöße in Richtung auf das Kaspische Meer (nach damaliger Ansicht eine Ausbuchtung des nördlichen Ozeans) und das Rote Meer erfahren. Eine reiche, in diesem Sinne beispielsweise schon von *M. Gelzer* behandelte und ausgewertete Überlieferung[49] läßt keinen Zweifel daran zu, daß hier ein römischer Machthaber am Werk war, dem — nicht anders als Alexander dem Großen — ganz bewußt die Ausweitung der römischen und damit der eigenen Herrschaft über die ganze bewohnte Erde vorschwebte, wie es eine von Diodor (XL 4) im Wortlaut mitgeteilte Weihinschrift des Pompeius denn auch ausdrücklich festhält: ...καὶ τὰ ὅρια τῆς ἡγεμονίας τοῖς ὅροις τῆς γῆς προσβιβάσας, ... Man kann nicht annehmen, daß Bleicken diese und die reiche sonstige, das gleiche Bild ergebende Tradition bewußt unterdrückte, nein, diese Tradition wurde wohl von einem

---

[49] M. Gelzer, Pompeius (²1959), 122ff. Vgl. dazu etwa J. Vogt, Orbis Romanus, in: Orbis, Ausgewählte Schriften zur Geschichte des Altertums, hrsg. von F. Taeger und K. Christ (1960), bes. 161ff. Vogt möchte im römischen Weltherrschaftsgedanken griechisches Erbe sehen. Daran ist sicher zutreffend, daß es Polybios war, der als erster die Idee hatte, die Ausweitung der römischen Macht in der Zeit von den Punischen Kriegen bis zur Schlacht bei Pydna als Aufstieg Roms zur Weltherrschaft aufzufassen. Natürlich muß man dabei aber folgendes berücksichtigen: Wenn Polybios (I 3, 7) davon spricht, daß Rom und Karthago περὶ τῆς τῶν ὅλων ἀρχῆς stritten und er auch etwa Philipp V. Weltherrschaftspläne zuspricht, dann will er damit nicht sagen, daß es den genannten Mächten — wie später etwa Pompeius — darum ging, ihre Herrschaft bis an den Rand der bewohnten Erde auszudehnen (und zugleich etwaige Konkurrenten auf diesem Gebiet auszuschalten), sondern nur darum, eine führende oder, wenn man so will, herrschende Stellung in der Mittelmeerwelt zu gewinnen bzw. zu spielen. In diesem Sinne muß auch die Beurteilung der Stellung, die Rom nach Polybios seit 168 v. Chr. innehatte, verstanden werden.

Gelehrten, für den das Problem von vornherein im Sinne einer heute herrschenden Strömung zu lösen war, einfach verdrängt. Aber es geht hier nicht um Bleicken und die anderen modernen Gesellschaft- und Strukturtheoretiker, sondern um die römische Politik und das richtige Verständnis des römischen Weltherrschaftsstrebens, welches im Prinzip in der Tat nicht anders war, auch gar nicht anders sein konnte als das Alexanders und der frühen orientalischen und etwa fernöstlichen Könige,[50] welches im übrigen ebensowenig wie irgendein anderes Weltherrschaftsstreben an einem Volksganzen oder an einer Klasse hing, sondern an Persönlichkeiten, die sich stark genug fühlten, solche Ziele sich nicht nur zu setzen, sondern auch zu erreichen. Diese Auffassung steht nicht im Widerspruch zur Überlieferung, sondern baut auf ihr auf und wird von ihr bestätigt. Aus der Fülle des hier zur Verfügung stehenden Materials bringen wir nur noch eine Stelle, welche für das 2. Jh. v.Chr. ein Weltherrschaftsstreben im dargelegten Sinne bezeugt und zwar mit Bezug auf einen Mann, den man gemeinhin mit solchem Streben nicht in Zusammenhang bringt: Tiberius Gracchus. In einer seiner Reden vor dem Volk führte nach Appian, B. C. I 11 der genannte Volkstribun seinen Zuhörern vor Augen, daß die Römer den größten Teil der Erde kraft Eroberung schon besaßen und ihre Hoffnung nun auf das restliche Land der Oikumene (τὴν λοιπὴν τῆς οἰκουμένης χώραν) richteten. Dabei standen sie vor der Alternative, durch Fülle an tapferen Männern die noch außerhalb der gewonnenen Herrschaft liegenden Teile der Oikumene tatsächlich zu gewinnen oder aber durch Kraftlosigkeit auch das bereits Gewonnene wieder einzubüßen.[51]

[50] Das Herrschaftsstreben der Fürsten des Alten Orients zieht auch Bleicken in seine Betrachtung mit ein, wobei er auch hier einen Gegensatz zum Verhalten Alexanders aufzuzeigen versucht: Während der letztere bestrebt war, wirklich die ganze Welt zu erobern, hätten die altorientalischen Fürsten zur „Welt" nur das gerechnet, was „der eigenen Bewußtseinslage nahestand" (a.O. 217) und daher auch nicht den Wunsch gehabt, irgendwelche außerhalb dieses Bereiches liegende Länder zu erobern. Daran ist nur richtig, daß es sicher im Alten Orient wie auch an vielen anderen Stellen der Welt, etwa in China, Herrscher gab, die den Weltherrschaftsanspruch im ererbten Titel trugen, ohne ihn ernsthaft zu vertreten. Wo jedoch besagter Anspruch Herrschern ein wirkliches Anliegen war, ging es natürlich um nichts anderes als im Falle des jungen Makedonen und des Pompeius: Auch Kyros und Kambyses waren bestrebt, die Grenzen so weit wie möglich vorzuschieben und wollten nicht zur Kenntnis nehmen, daß es außerhalb ihres Herrschaftsbereiches Völker und Fürsten gab, die ihre Oberherrschaft nicht oder noch nicht anerkannten. (Daß sie dabei an die Eroberung von Ländern, von deren Existenz sie noch keine Ahnung hatten, nicht dachten, versteht sich von selbst.)

[51] Nur anmerkungsweise halten wir hier fest, daß T. Gracchus gewiß nicht der erste Römer war, der an Weltherrschaft als Ziel der römischen Politik dachte. Nach D. Flach (HZ 222, 1976, 2) könnte es „Rom" im 3. oder um die Wende vom 3. zum 2.Jh. noch nicht in den Sinn gekommen sein, Weltherrschaftspläne zu schmieden: „Wie rasch die hellenisti-

Von der Erörterung des Weltherrschaftsgedankens in der späten römischen Republik ist es für Bleicken, auf den wir hier noch einmal zurückkommen, nur ein kleiner Schritt zu einer neuerlichen Behandlung der Frage nach den Ursachen der Größe Roms (a.O. 234 ff.), und auch hier liegen die von dem Genannten gesetzten Schwerpunkte, wie nicht anders zu erwarten, durchaus im Bereich dessen, was man heute mit den Schlagworten 'Gesellschaft' und 'Struktur' kennzeichnen kann. Der Aufgabe, auch diese Partien von Bleickens Werk kurz zu überprüfen, können wir uns um so weniger entziehen, als es sich — von einer kurzen Meinungsäußerung *T. Parsons'* abgesehen (siehe unten Anm. 52) — m.W. um die einzige Erörterung besagten Themas handelt, die in jüngster Vergangenheit herauskam.

Bleicken sieht zunächst sehr klar (siehe bes. 237 ff.), daß es sich hier um ein vielschichtiges Problem handelt und daher jeder Versuch, die Dinge auf eine glatte Formel zu bringen, von vornherein zum Scheitern verurteilt ist. Er kann aber der Versuchung nicht widerstehen, eine monokausale Erklärung im Sinne seiner bekannten Grundposition anzubieten, indem er sich im Zuge seiner Darlegungen darauf einstellt, in der ganzen Frage das zu sehen, was sie im Grunde ja doch von Anfang an für ihn war: ein Problem der 'Gesellschaft' und 'Struktur'. Der „verhältnismäßig geringe Umfang von sozialen Spannungen" und seine Kehrseite, die „Statik der sozialen Struktur" wie auch die „verhältnismäßig große Geschlossenheit der führenden Gruppe" (a.O. 245) und die „jedenfalls zu einem guten Teil aus der besonderen Sozialordnung" sich ergebende Disziplin des römischen Heeres (a.O. 249) — das seien, wie es Bleicken nunmehr einschätzt, die wesentlichen, den Aufstieg Roms zur Weltmacht bestimmenden Faktoren gewesen. Dabei werden von ihm (einmal mehr) Ursache-Wirkung-Beziehungen hergestellt bzw. postuliert, die in keiner Weise von der Überlieferung her einsichtig sind: Weil die soziale „Struktur" statisch war (war sie es wirklich? — darüber ließe sich wohl streiten!), weil im römischen Heer Disziplin

sche Staatenwelt zusammenbrach, erstaunt den rückblickenden Historiker noch heute. Wie hätten die zeitgenössischen Römer diesen Gang der Ereignisse so klar voraussehen können, daß sie ihre Pläne von Anbeginn darauf abgestimmt hätten?" Die dagegen zu erhebenden Einwände liegen auf der Hand: Sicher hat „Rom" nicht schon um 200 v. Chr. oder gar noch früher die politische und militärische Schwäche des hellenistischen Ostens voll erkannt und darauf ein Weltherrschaftsprogramm aufgebaut. Aber das sagt um so weniger etwas gegen die Annahme, daß sich etwa ein Scipio Africanus d.Ä. bereits um 200 mit solchen Wünschen trug, als Weltherrschaftsstreben ja in aller Regel mit nüchternen Einsichten gar nichts zu tun hat. Überspitzt ausgedrückt: Allem Weltherrschaftsstreben in der Geschichte lag ein Wunschdenken zugrunde, dem ein nüchternes Abwägen der Erfolgschancen wesensmäßig fern lag und dem es in jedem Falle von vornherein bestimmt war, zu irgendeinem früheren oder späteren Zeitpunkt als das, was es war, eben als im Grunde nichtiges Wunschdenken zu scheitern.

herrschte, deshalb wurde Rom zu einer Großmacht. Die Disziplin, die schon bei Cicero (Tusc. I 2) einen besonderen Platz einnimmt (vgl. demgegenüber Sallust, bell. Cat. 9!), könnte man übrigens — als einen neben anderen Faktoren, die die Römer zu so vielen kriegerischen Erfolgen gelangen ließen — an sich in Erwägung ziehen, aber doch natürlich nur dann, wenn sich aus der Überlieferung wahrscheinlich machen ließe, daß in den Heeren der Gegner Roms, also etwa in denen der Samniten oder in den von Hamilkar Barkas und Hannibal befehligten Armeen Disziplin weniger groß geschrieben wurde als bei den Römern. Den aussichtslosen Versuch, einen solchen Sachverhalt evident zu machen, unternimmt Bleicken erst gar nicht, für ihn steht vielmehr die spezielle Bedeutung des Faktors Disziplin bei den Römern als Ausfluß von Sozialordnung (und im Hinblick darauf, daß Disziplin mit Gruppe und Struktur irgendwie zusammenhängt) von vornherein fest, und er geht dann, von dieser Basis aus, so weit, zu erklären (a.O. 251f.), daß die Römer „manchmal sogar alle Schlachten eines Krieges" verloren, „aber sie verloren nicht den Krieg, weil die Disziplin des römischen Heeres es möglich machte, dem römischen Soldaten die unendliche Mühsal der Defensive aufzuerlegen" — einer Defensive, in der Bleicken, weiterhin ganz in seinem Element, die Auswirkung eines „defensiven Denkens" und einer „defensiven Strategie" als „Konsequenz der aristokratischen Ordnung des römischen Staates" sieht (a.O. 252), womit er hinwiederum in ursächlichen Zusammenhang bringen möchte, daß die Römer „nur in der frühesten Phase ihrer Entwicklung den besiegten Gegner ausgelöscht (haben)", was bekanntlich gar nicht zutrifft.

Was bei der Lektüre dieser Partien von Bleickens Werk, unter welchem Gesichtspunkt immer man sie sich vornimmt, besonders irritiert, ist, daß hier alles ganz schlicht unter jenem berühmt-berüchtigten Motto zu stehen scheint: „das stimmt nicht mit den Tatsachen? — um so schlimmer für die Tatsachen" (ein Satz, an den wir uns schon bei *J. Molthagen* und anderen Neueren erinnert fühlten). Eine reiche Überlieferung, die wir gewiß nicht durchwegs als Fiktion bezeichnen können, bezeugt für alle Jahrhunderte der römischen Geschichte ein brutales und hartes Vorgehen gegen besiegte und eroberte Städte, wie es nach Bleicken (der damit die verbreitete Ansicht von der Wendung zum Brutalen 168v.Chr. in ihr Gegenteil verkehrt) nur in der „frühesten Phase" der römischen Geschichte angewandt worden sein soll. Eine umfangreiche Überlieferung beweist des weiteren, daß die Römer in jedem Abschnitt ihrer Geschichte ganz ebenso wie alle anderen damaligen Völker neben den defensiven militärischen Operationen auch die Offensive kannten und — als Mittel, Kriege zu einem siegreichen Abschluß zu bringen — oft genug anwandten. Daß die Römer Kriege gewannen, nachdem sie sämtliche in ihnen geschlagenen Schlachten verloren hatten, sollte sich doch wohl auch von der Überlieferung her verifizieren lassen, aber solche Überlegungen bzw. methodische Forderungen gelten offenbar bei

Vertretern strukturanalytischer und sonstiger moderner Richtungen als naivpositivistisch und hinterwäldlerisch. Irritierend auch dies, daß der Hang zur Verklärung des älteren Rom gegen alle in den unmittelbar vorhergehenden Ausführungen von Bleicken gemachten Vorsätzen in den behandelten Partien seines Werkes dann doch durchschlägt, ja geradezu Triumphe feiert: der edle Römer, der alle Mühsal zur Abwehr seiner Feinde geduldig erträgt und „Milde und Nachgiebigkeit" zum Leitsatz seines Verhaltens gegenüber besiegten Feinden macht (a.O. 252); und das alles erfahren wir in einem Abschnitt, der Klarheit darüber schaffen soll, wieso es gerade den Römern möglich war, ein Weltreich zu schaffen![52]

Als sich Bleicken zur Abfassung seines Buches entschloß, hatte er offenbar nicht übel Lust, es dem älteren Cato gleichzutun und so etwas wie eine *historia sine nominibus* zu schreiben, wenn seine Beweggründe auch ganz andere waren: Hier wie in der neueren Geschichte (vgl. H.-U. Wehler, D. K. Fieldhouse, Wolfgang J. Mommsen u. a.) sollten endlich die gesellschaftlichen und verfassungsmäßigen Strukturen den ihnen zukommenden Platz als die in der Geschichte wirksamen Faktoren erhalten und mit der üblichen 'Personalisierung' der Geschichte Schluß gemacht werden. Das war dann freilich kein geeigneter Ansatzpunkt zur Klärung des in diesem Exkurs zur Behandlung stehenden Problems des Verhältnisses zwischen Individuum und Gemeinschaft im republikanischen Rom.

Wir wollen hier freilich nicht übersehen, daß eine Einstellung wie die Bleickens natürlich ihre Geschichte hat und daß schon Th. Mommsen im Zuge seiner Tendenz, die ganze römische Geschichte der republikanischen Zeit in

[52] In diesem Zusammenhang sei übrigens auch erwähnt, daß eine freilich nur sehr knappe Stellungnahme zum Problem des Aufstiegs Roms zur Weltherrschaft in jüngster Zeit auch von dem Soziologen und ehemaligen Harvardprofessor T. Parsons abgegeben wurde, und zwar eine Stellungnahme, die sich bezeichnenderweise mit der Bleickens berührt (T. Parsons, Gesellschaften. Evolutionäre und komparative Perspektiven, deutsch von N. T. Lindquist, 1975, 138): „Ähnlich wie der frühe Islam und viele andere Imperien schlug diese ursprünglich sehr kleine korporative Gesellschaft (scil. die Römer) den Weg der Expansion ein, wobei sie erfolgreich ihre unmittelbaren Nachbarn, dann ganz Italien und schließlich die ganze westliche zivilisierte Welt 'eroberte', welche die gesamte Mittelmeerküste umfaßte und sich in der einen Richtung bis nach Britannien und in der anderen bis nach Mesopotamien erstreckte... Die weite Expansion Roms, in der späten Republik beginnend, läßt sich nicht ausschließlich durch seine überlegene militärische Organisation erklären. Diese mochte bei der ersten Vereinnahmung neuer Bevölkerungen und Territorien noch so wichtig sein — die Stabilisierung der römischen Herrschaft beruhte dennoch weitgehend auf dem Rechtssystem, welches ihren institutionellen Rahmen bildete." Der letzte Satz zeigt, daß Parsons den Faden verlor: Hier geht es ja nicht mehr um eine Erklärung der Expansion Roms, sondern um eine solche des Faktums, daß das Imperium Romanum eine bemerkenswerte Stabilität bewies. Vgl. zu diesem Problem oben S. 74.

eine Auseinandersetzung zwischen zwei Klassen und Gesellschaften aufzulösen, nicht anstand, an einer unten Anm. 53 noch wörtlich zu zitierenden Stelle einen Mann wie Sulla *expressis verbis* als bloßes „Richtbeil" des „Reaktionsterrorismus" der Senatsoligarchie, das im Erlaß der Proskriptionen unbewußt in Aktion trat, zu betrachten — Mommsen, der ansonsten wahrlich nicht zögerte, die Männer der republikanischen Geschichte einschließlich Sullas als Persönlichkeiten mit ganz eigenen Zielsetzungen und eigenen Charakterzügen herauszustellen und über sie zu Gericht zu sitzen.

Wir verweilen noch einen Augenblick bei dem genannten Römer, dessen Reform — mit den Intentionen ihres Schöpfers und dem, was dann tatsächlich herauskam — in unserem Zusammenhang ein besonderes Interesse beanspruchen kann.

Ein Blick auf einen berühmten in der spätrepublikanischen Zeit unternommenen Versuch einer Reform des römischen Staates wird uns helfen, die Dinge über das Dargelegte hinaus noch besser in den Griff zu bekommen.

Von der fragwürdigen Voraussetzung ausgehend, daß der Bürgerkrieg zwischen Marius und Sulla letztlich eine Auseinandersetzung zwischen Volks- und Senatspartei gewesen sei, in welcher Sulla nur als Haupt, wenn nicht gar nur als Vollzugsorgan der letzteren fungierte, neigen viele Neuere dazu, den Sinn der Reform, die Sulla nach seinen letzten Siegen als Diktator durchführte, darin zu sehen, daß durch sie eine Senatsherrschaft in Rom restituiert und eine Volksherrschaft für die Zukunft unmöglich gemacht werden sollte.[53]

Betrachtet man von dieser Grundeinstellung aus Sullas Maßnahmen bzw. Neuerungen, so muß allerdings manches unverständlich bleiben — angefangen bei der Tatsache, daß sich Sulla nicht, wie es der Tradition des römischen Staats-

---

[53] Mit großer Entschiedenheit gibt schon Th. Mommsen ein solches Urteil ab, wobei er, wie oben im Text schon erwähnt, so weit geht, in Sulla nicht mehr zu sehen als das Vollzugsorgan der Aristokratie (Römische Geschichte II, 11. Aufl., 372f.), ja Mommsen möchte Sulla sogar von einer persönlichen Verantwortung an den berüchtigten Proscriptionen freisprechen: „Adelstaten waren dies und Restaurationsterrorismus, Sulla aber nicht mehr dabei als, mit dem Dichter zu reden, das hinter dem bewußten Gedanken unbewußt herwandelnde Richtbeil." Nein, Sulla war mehr als jenes Mitglied des Tribunals der Schreckensherrschaft von 1793/94, das sich nach dem Sturz Robespierres, nun selbst auf der Bank der Angeklagten sitzend und den sicheren Tod vor Augen, mit dem Verzweiflungsschrei verantwortete: „Wir waren nur das Beil! Sitzt man über das Beil zu Gericht?" (zitiert nach F. Sieburg, Robespierre, 1958, 278). Bei aller Verschiedenheit der Männer: Sulla gehört in diesem Punkt nicht an die Seite jenes kleinen Mannes, sondern vielmehr an die Seite des Robespierre, er war, wie der Führer der Französischen Revolution (und sozusagen allerletzte Römer!), alles andere als bloßes Richtbeil. — Repräsentativ für die Literatur der neueren Zeit: E. Kornemann, Römische Geschichte I, 3. Aufl., 481: „Wie ein roter Faden zieht sich durch die Reformen Sullas das Streben nach *Stärkung der Senatsmacht*" (Hervorhebung von Kornemann).

rechtes entsprochen hätte, zum Diktator von einem der Konsuln ernennen ließ, vielmehr es vorzog, sich vom Volk wählen zu lassen, womit er dem letzteren aus freien Stücken ein Recht zuerkannte, auf das es gar keinen Anspruch hatte. Wichtige Neuerungen während seiner Tätigkeit als Reformer gehen in die gleiche Richtung. Die Tributcomitien hatten bekanntlich schon seit langer Zeit das Recht, die niederen Staatsbeamten zu wählen. Dieses Recht erhielt seitens Sullas eine gewaltige Aufwertung durch die Vermehrung der Zahl der Quästoren von 8 auf 20 und weit mehr noch durch die Neuerung, daß die gewesenen Quästoren automatisch in den Senat kamen und die laufende Ergänzung des Senates, die bis dahin bekanntlich beim Censor lag, solcherart indirekt dem Kompetenzbereich der Tributcomitien zugewiesen wurde. Die Tatsache, daß Sulla die 300 neuen Senatoren aus dem Ritterstand, mit denen er den Senat erweiterte, nicht selbst ernannte, wozu er als *dictator rei publicae constituendae* zweifellos berechtigt gewesen wäre, sondern einzeln von den Tributcomitien wählen ließ, paßt genau dazu. Andere Maßnahmen, die sich scheinbar weniger gut in dieses Bild einfügen, richten sich in Wahrheit nicht gegen das Volk, sondern gegen die Inhaber von Ämtern und vor allem gegen die Volkstribunen, denen bekanntlich künftig die weitere reguläre Ämterlaufbahn versperrt sein sollte und denen es untersagt wurde, mit Angelegenheiten, die nicht vorher im Senat beraten wurden, vor das Volk zu gehen.

Wenn es in der Sullanischen Reform so etwas wie einen roten Faden gibt, dann ist es dies, daß Sulla wie mit Bezug auf die Volkstribunen, so auch mit Bezug auf die Inhaber der curulischen Ämter bestrebt war, die Bewegungsfreiheit und Aktionsmöglichkeiten der Betreffenden einzuschränken und so eine Wiederholung von Vorgängen zu verhindern, wie sie sich in den Jahren und Jahrzehnten vorher in Rom abgespielt hatten. Von Maßnahmen abgesehen, die ganz einfach aus der Einsicht in ihre Notwendigkeit resultierten (wie die Festsetzung der Unveräußerlichkeit der den Veteranen zugewiesenen Landlose, die Abschaffung der Getreidezuteilungen an das stadtrömische Proletariat und die längst fällige Einrichtung von stehenden Geschworenengerichtshöfen mit fest umrissenen Zuständigkeitsbereichen), kann man in der Tat vieles von dem Reformwerk Sullas nur aus einer gegen den selbstherrlichen Einzelnen gerichteten Tendenz erklären, angefangen bei der Degradierung der Konsuln zu stadtrömischen und italischen Verwaltungsbeamten.

Gerade an diesem Punkt manifestierte sich allerdings bald mit größter Deutlichkeit, wie wenig eine Staatsreform in der damaligen Zeit gegen den Einzelnen ausrichten konnte. Was den Konsuln als solchen faktisch genommen wurde, der Oberbefehl über die römischen Heere, erhielten die gleichen Männer als Prokonsuln und diejenigen, denen die Comitien zur Bewältigung außerordentlicher militärischer Aufgaben außerordentliche Befehlsgewalten übertrugen. Das Ergebnis ist bekannt: Was Sulla (wie dann auch Caesar mit seiner *lex Iulia de provinciis*!) verhindern wollte, nämlich, daß Einzelne später in seine Fußstapfen traten und nach seinem Beispiel die ganze Macht im Staate in ihre Hände brachten, hat er tatsächlich durch seine Reform forciert, erwiesen sich doch bald das prokonsularische und das außerordentliche Imperium als die beste Ausgangsbasis für den Kampf um die Alleinherrschaft. Und so kann man denn auch der Tatsache eine tiefere historische Bedeutung nicht absprechen, daß nicht nur Caesar in derselben rechtlichen Stellung wie Sulla seine Alleinherrschaft, nun ohne zeitliche Begrenzung, ausübte, sondern daß auch Octavian, was freilich oft übersehen wird, seine Machtstellung auf einer Gewalt *rei publicae constituendae* aufbaute, die im Triumvirat von 43 v. Chr. ihren Anfang hatte und sich im Grunde nur durch ihre Namenlosigkeit und ihre Dauer von dem außerordentlichen Amt unterschied, das Sulla als Reformer innehatte (vgl. dazu unten S. 208 ff.).

Wir kommen nun zu einem letzten Teil dieses Exkurses, der uns in Hinblick auf das hier zur Behandlung stehende Generalthema besonders wichtig erscheint und mit welchem wir auf frühere freilich ganz flüchtige Hinweise zurückgreifen.

Sicher haben die oben im ersten Abschnitt des Exkurses behandelten Vorgänge dazu beigetragen, daß sich vor allem in den Kreisen der modernen Altertumswissenschaftler, denen die Beschäftigung mit altrömischen oder spezifisch römischen Tugenden und Werten ein besonderes Anliegen ist, die Vorstellung von einer bestimmten inneren Entwicklung festsetzte, die das Verhältnis zwischen Individuum und Gemeinschaft im alten Rom durchgemacht haben soll: Fühlte sich in der älteren Zeit bis herab ins 2. Jh. v. Chr. der Einzelne ganz als Glied der Gemeinschaft, sah er damals den Sinn seines Wirkens vor allem in der Hingabe an die *res publica*, so erwachte später die Persönlichkeit „zum Bewußtsein ihres Eigenwertes" mit allen positiven und, mehr noch, negativen Seiten[54]; sie sprengte Schritt für Schritt die Bande der Gemeinschaft und ließ an die Stelle der Hingabe für das gemeine Wohl die Ausrichtung auf die persönlichen Interessen und den eigenen Vorteil treten. Es ist verständlich, daß hier und dort in diesem

---

[54] Das Zitat aus W. Schur, Scipio Africanus und die Begründung der römischen Weltherrschaft (1927), 7. Schur möchte die ganze Zeit der ausgehenden Republik vornehmlich als einen Kampf zwischen dem zu besagtem Bewußtsein erwachten Einzelmenschen und „der im Senat organisierten Masse" (!) einschätzen. Als deren ersten Akt betrachtet er die Geschichte des älteren Scipio. Vgl. etwa auch H. Berve, Sulla, in: Gestaltende Kräfte der Antike, hrsg. von E. Buchner und P. R. Franke (^{2}1966), 383, vgl. 394. Weitere Literatur in der nächsten Anm. Eine Auffassung, die in gewisser Hinsicht auf das Gegenteil der oben skizzierten hinausläuft, vertrat seinerzeit F. Leifer in seinem bekannten, 1914 erschienenen Werk ›Die Einheit des Gewaltgedankens im römischen Staatsrecht. Ein Beitrag zur Geschichte des öffentlichen Rechts‹. Für Leifer führte die Entwicklung von einem absoluten Königtum schrittweise zu einer echten Volksregierung in der spätrepublikanischen Zeit.

Zusammenhang Cato d. Ä. — es war auf diese Dinge schon oben S. 69 kurz hinzuweisen — mit seiner, wie es Cornelius Nepos an oft besprochener Stelle (Cato 3) formulierte, *historia sine nominibus* zu Ehren kommt: Der letzte Altrömer (daß dieser Titel auch anderen wie etwa Sulla und Tiberius zugesprochen wird, braucht uns hier nicht zu beschäftigen) hinterließ mit seinen ›Origines‹ eine römische Geschichte, in welcher — echt römischer Einstellung entsprechend — der Einzelne nichts war und das Volk bzw. die gemeine Sache alles. Wer die Dinge so sieht und, an Cato anknüpfend, etwa davon spricht, daß im Rom der (sozusagen) Vor-Verfallszeit, und zwar nicht nur in der Einbildung Catos, sondern auch in der historischen Wirklichkeit, „der Einzelne ... nur dem Ruhm des Ganzen zu dienen" hatte[55], kommt um die für ihn fatale Tatsache wohl nicht herum, daß Cato selbst in solcher Sicht gesehen völlig aus der Rolle fiel, als bei Behandlung der betreffenden Zeitabschnitte in den ›Origines‹ die Versuchung an ihn herantrat, die eigene Persönlichkeit und die eigenen Taten herauszustreichen. Bekannt ist Catos offenbar ganz ernst gemeinte Behauptung, daß er mehr Städte in Spanien erobert habe als er Tage dort verbrachte. Noch eindringlicher

---

[55] W. Kienast, Cato der Zensor. Seine Persönlichkeit und seine Zeit (1954),110, vgl. auch etwa F. Klingner, Cato Censorius und die Krisis des römischen Volkes, in: Die Antike 10 (1934), 258 f., R. Heinze, Von den Ursachen der Größe Roms ([5]1938), 21 und O. Seel, Römertum und Latinität (1964), 213. Seel findet den „zutiefst" römischen Gedanken zugleich bei Cato und bei Cicero: „daß nämlich der Einzelne, das Individuum, nichts wert sei, vergänglich, nichts als ein Krümchen Humus auf dem Acker der Geschichte ... nichts als ein Steinchen im Bau, jederzeit ersetzbar, ruhmreich nur insoweit, als vom Ganzen her ein Lichtstrahl auf ihn fällt". Einen in unserem Zusammenhang sehr aufschlußreichen Sachverhalt bietet das Buch von U. Schlag, Regnum in senatu. Das Wirken römischer Staatsmänner von 200 bis 191 v. Chr. (Kieler Historische Studien, 1968). Für die Verf. ist es, was man nach dem Buchtitel nicht erwarten möchte, ein wichtiges Anliegen, zu zeigen, daß die römische Politik in der genannten Zeit vor allem von Männern bestimmt wurde, die sich dabei von sehr persönlichen Ambitionen leiten ließen. Besonders auf A. Lippold (Consules, Untersuchungen zur Geschichte des römischen Konsulates von 264 bis 201 v. Chr., Antiquitas VIII, 1963) sich beziehend, stellt Schlag (a.O. 15) auch nachdrücklich heraus, „daß der Individualismus im ersten Jahrzehnt des zweiten Jahrhunderts keine neue Erscheinung darstellt" — würden doch Lippolds Untersuchungen zeigen, „daß sich individualistische Tendenzen bereits im dritten Jahrhundert wirkungsvoll entwickelt hatten". Die Erkenntnis, daß nicht nur für die von ihr untersuchte Zeit, sondern auch schon für das vorhergehende Jahrhundert die Vorstellung vom Individuum als bloßem Glied einer größeren Gemeinschaft keine Geltung hat, reicht also auch bei Schlag nicht aus, daß sie hinsichtlich ihrer Grundposition, die offensichtlich derjenigen der oben zitierten Forscher entspricht, verunsichert wird, sondern bringt sie nur dazu, den Zeitpunkt, zu welchem sich „individualistische Tendenzen" durchsetzten, in eine frühere Periode der römischen Geschichte zurückzuverlegen, ohne sich zu fragen, ob besagte „Tendenzen" in noch früheren Zeiten etwa auch schon da waren.

Exkurs II

der Plut., Cato 14 überlieferte Satz, daß denen, die ihn, Cato, in der Schlacht bei den Thermopylen bei der Verfolgung der Feinde sahen, aufgegangen sei, daß er dem römischen Volk weniger verdankte als umgekehrt das Volk ihm. Man kann, wenn man will, diese Sätze als gut römisch bezeichnen, so man damit nur ausdrücken möchte, daß *auch* den römischen Politikern und Militärs, welcher Zeit immer sie angehörten, ein gesundes Selbstbewußtsein und ein Geltungsbedürfnis, das hier ebensowenig wie irgendwo sonst als bloße Dekadenzerscheinung rangieren kann, nicht fremd war. Wollte man an besagter Deutung der *historia sine nominibus* gleichwohl festhalten[56], müßte man allerdings den Kronzeugen selbst als einen bereits Verdorbenen ausklammern — und hätte damit doch nichts gewonnen: Wir erinnern an die schon oben S. 62f. herausgestellte Tatsache, daß wir genug Zeugnisse aus den Zeiten vor Cato dafür besitzen, daß es in der Tat schon damals das gab, was wir — ganz wertfrei — als mehr oder weniger egozentrisch ausgerichtetes, auf Macht, Ruhm und Reichtum bedachtes Individuum bezeichnen können. Die 'Ortsbestimmung' Catos muß sich danach orientieren: Mit seinen zitierten Aussprüchen und seinen Taten war dieser Mann weder der erste Repräsentant einer anhebenden Entartung noch auch der letzte Altrömer, sondern einer, der in seiner skizzierten Art viele Vorläufer und Nachfolger in Rom hatte und natürlich nicht *nur* in Rom, sondern ebenso auch in den übrigen Teilen der Welt (wir kommen auf diesen letzten Punkt noch einmal kurz zurück).

Aus der historischen Entwicklung resultierende Unterschiede zwischen großen Einzelnen einer früheren und einer späteren Zeit sind natürlich auch hier vorhanden, doch liegen diese nicht dort, wo man sie sucht, wir müssen vielmehr in die (sozusagen) entgegengesetzte Richtung gehen. Männer wie Rutilius Rufus, Lucullus, Cato Uticensis und Pompeius waren gewiß auch nicht frei von persönlichen Ambitionen (und Schwächen!), aber indem sie mit teilweise großem und bleibendem Erfolg versuchten, in ihrem Wirken Ideen der stoischen Staatsethik zum Tragen zu bringen, richteten sie dieses Wirken — in einem gewissen Ausmaß — auf das Wohl der Mitbürger und vor allem der Provinzialen aus, womit sie, das ist hier wesentlich und wurde übrigens — mit besonderem Bezug auf Cato Uticensis — schon oben S. 70 herausgestellt, keinen Endpunkt setzten, son-

---

[56] Beiläufig ist hier noch zu vermerken, daß die berühmte Erklärung des Entschlusses Catos, eine *historia sine nominibus* zu schreiben, im neueren Schrifttum keineswegs durchgehend vertreten ist. Von den sonstigen Erklärungsversuchen dürfte vielleicht die wenn auch simpel klingende Meinung am meisten für sich haben, daß es Cato vermeiden wollte, durch Nennung von Feldherrn, die großenteils Geschlechtern angehörten, mit denen er verfeindet war, dem Ruhm dieser Geschlechter zu dienen. Natürlich mußte er dann auch die Namen der anderen Feldherrn verschweigen, doch brauchte er keine Hemmungen zu haben, die Gestalten der italischen Frühzeit namentlich vorzuführen, wie er dies nach Ausweis der erhaltenen Fragmente der ›Origines‹ auch tatsächlich tat.

dern vielmehr den Auftakt zu einer neuen Ära gaben, in welcher die *praedia populi Romani* mit Rom und Italien allmählich zu einer großen Gemeinschaft von Ländern und Völkern verschmolzen.[57]

Es versteht sich im übrigen von selbst, daß auch das oben behandelte Problem eines ist, das man nicht mit Scheuklappen behandeln darf, sondern in universalhistorischer Sicht angehen muß. Konkret gesprochen: Eine Entwicklung, die dahin tendiert, daß das Individuum als solches erst allmählich aus der Gemeinschaft herauswächst und sich über die letztere erhebt, könnte nicht auf Rom beschränkt gewesen sein, sondern müßte sich als eine allgemeine Erscheinung auch sonst nachweisen lassen. Tatsächlich genügt ein Blick auf die frühe epische Literatur der Sumerer, der Inder, der Griechen und der germanisch-romanischen Völker, um zu erkennen, wie wenig eine solche Vorstellung hier und dort den real gegebenen geschichtlichen Sachverhalten entsprechen würde. Gleichwohl ist sie auch außerhalb des oben erörterten Bereiches gelegentlich anzutreffen, so insbesondere in dem Topos, daß das (angebliche!) Fehlen von Künstlersignaturen im frühen Kunstschaffen in einem (angeblich!) noch fehlenden Bewußtsein der auf diesem Gebiet tätigen Männer, eigene Künstlerpersönlichkeiten zu sein, seine Ursache habe.

Was an der Auffassung vom Herauswachsen des Individuums aus einer Gemeinschaft zutrifft, ist dies, daß 'frühe' und einfache Menschen allgemein gesellig sind und der Einzelgänger in diesen Gesellschaften noch fehlt, d. h. der Mensch, der die Einsamkeit insbesondere der Natur sucht, um sich in dieser Einsamkeit mit sich und mit Problemen, die ihn bewegen, zu beschäftigen. Ein Mann wie der jüngere Plinius, der sich aus solcher innerer Einstellung heraus allein im unberührten Wald erging, wäre in der Tat für die früheren Jahrhunderte der römischen Republik kaum vorstellbar.

Hinsichtlich der universalhistorischen Aspekte der in diesem Exkurs und in der ihm zugrunde liegenden Studie über die römische Politik vorgetragenen Auffassung wäre über die obigen Hinweise hinaus natürlich noch sehr viel zu sagen. Man könnte beispielsweise herausarbeiten, daß die krassen Wechsel in der ägyptischen Außenpolitik in den Zeiten der 18. Dynastie evidentermaßen in ursächlichem Zusammenhang mit der Tatsache stehen, daß sich auf dem Thron der Pharaonen Persönlichkeiten völlig verschiedener Geistesart ablösten. Mehrung des Reiches: für Thutmosis III. wichtigstes Anliegen, für Echnaton wohl kaum wert, daß auch nur ein Gedanke daran verschwendet wurde. Strebte Samos im 6. Jh. v. Chr. nach der Thalassokratie, oder war es nicht vielmehr der Tyrann Polykrates? Der Zusammenbruch oder — besser — das sang- und klanglose Aufhören der thebanischen Hegemonie über Hellas nach der für die Thebaner siegreichen Schlacht bei Mantineia: Niemand kann ernsthaft bestreiten, daß

---

[57] Vgl. dazu die Ausführungen oben S. 47 und 74.

dieser Wandel aus dem Umstand resultierte, daß der Mann, welcher Thebens Haltung zur übrigen griechischen Welt in den Zeiten seit Leuktra wesentlich bestimmte, nun nicht mehr existierte und niemand in Theben willens und fähig war, seinen Kurs fortzusetzen. Die japanische Weltherrschaftspolitik im ausgehenden 16.Jh.: weder ein Anliegen der japanischen 'Gesellschaft' noch des damaligen japanischen Schattenkaisers, sondern der Ehrgeiz des größten Machthabers der japanischen Geschichte, des Iulius Caesar Ostasiens Toyotomi Hideyoshi. Die Lage des Hinduismus im Reich der Großmogulen hing immer davon ab, ob in den Zentren des Reiches tolerante Herrscher wie Akbar oder intolerante wie Aurangzeb auf dem Thron saßen. Die offiziell deklarierte Verbindung von Tugend und Terror im Frankreich des Jahres 1794 mit all ihren Auswirkungen — sie ließe sich von der Person Robespierres auch dann nicht trennen, wenn das Ende der Schreckensherrschaft nicht dem Robespierres am 10. Thermidor auf den Fuß gefolgt wäre. Wir stellen noch einmal heraus (vgl. oben S. 80), daß die Wendung, welche die englische Kolonialpolitik im späten 19.Jh. nahm, nicht zu trennen ist von der Tatsache, daß Männer mit entsprechenden Intentionen in London ans Ruder kamen. Können wir — ein weiterer Punkt — *H.-U. Wehler* in der Annahme folgen, daß die deutsche Großmachtpolitik in der gleichen Zeit letztlich weder von Bismarck, noch von Wilhelm II., noch von irgendwelchen anderen als Reichskanzler oder Staatssekretäre amtierenden Personen bestimmt wurde, sondern von „den traditionellen Oligarchien ... im Verein mit den anonymen Kräften der autoritären Polykratie"[58]? Und Hitler soll tatsächlich, wie es *W. J. Mommsen* sieht[59], *in puncto* Rußlandfeldzug nur die Möglichkeit gehabt

---

[58] H.-U. Wehler, Das deutsche Kaiserreich 1871—1918, 72, vgl. dazu die vorhergehenden Ausführungen von Wehler, wo vom Wirken Bismarcks die Rede ist, aber wohlgemerkt nicht unter dem Titel „er", sondern unter dem Titel „es": *das* „bonapartistische Diktorialregime". An anderer Stelle (a.O. 172) bietet Wehler eine dunkle Grundsatzerklärung, indem er — nach Reflexionen über „Sozialimperialismus" und „Imperialismus als Strategie und Mittel defensiver Herrschaftsstabilisierung" — schreibt: „Die Dogmatisierung des historischen Individualitätsprinzips" geht in die Irre, „da sie eine komparative Analyse, die an den strukturellen Gemeinsamkeiten ihre Erklärungskraft beweisen kann, erschwert, wenn nicht gar verhindert". Wie stark heute solche Tendenzen wirksam sein können, zeigt sich daran, daß gewisse Formulierungen schon zum festen Bestand des Vokabulars der Journalisten und der für den Nachrichtendienst im Rundfunk und Fernsehen zuständigen Leute wurden. So hat es sich allenthalben eingebürgert, von 'Carteradministration' zu sprechen, und zwar auch dort, wo es zweifelsohne um persönliche Entscheidungen des amerikanischen Präsidenten geht, die auch von der Sache her gesehen mit 'Administration' gar nichts zu tun haben.

[59] Gesellschaftliche Bedingtheit und gesellschaftliche Relevanz historischer Aussagen, in: Die Funktion der Geschichte in unserer Zeit, hrsg. von E. Jäckel und E. Weymar (1975), 216.

haben, den genauen Zeitpunkt des Beginns des Feldzuges zu bestimmen, während der Feldzug als solcher (fast) zwangsläufig aus der „Dynamik" resultierte, die der Nationalsozialismus „zur Erhaltung seines strukturell instabilen Herrschaftssystems bedurfte"?

Es wäre natürlich reizvoll, unter entsprechenden Aspekten Fragen auch an die Kulturgeschichte zu stellen und sich etwa durch den Kopf gehen zu lassen, ob es richtig war, wenn man bislang die schöpferische Leistung, die zweifellos in der Tragödie ›Antigone‹ steckt, eher bei dem Dichter Sophokles als bei der athenischen Gesellschaft suchte und in Leonardo da Vinci den Schöpfer des ›Abendmahls‹ in S. Maria delle Grazie in Mailand sah und nicht die damalige Mailänder gesellschaftliche Ordnung.[60] Darüber braucht nicht weiter gesprochen zu werden, doch wollen wir in diesem Zusammenhang nicht versäumen, noch ein Faktum herauszustellen, das sehr deutlich zeigt, daß die oben an mehreren anderen Stellen der hier und in den früheren Bänden vorgelegten Abhandlungen kritisch betrachteten Tendenzen nicht nur zu Marx und Engels (und über diese zu Rousseau) zurückführen, sondern noch eine zweite Wurzel im 19. Jh. in der Romantik haben: Entgegen seinem (bekanntlich von Herder eingeführten) Namen und der damit verbundenen Vorstellung ist (auch!) das Volkslied nicht Schöpfung eines Kollektivs ›Volk‹ oder Erzeugnis eines Begriffes ›Volksgeist‹, sondern, wie es schon L. Uhland erkannte und dann etwa John Meier in eingehenden Untersuchungen evident machte, wiederum Schöpfung Einzelner, die hinsichtlich musikalischer und dichterischer Begabung aus dem Volk herausragen. Nach allem Dargelegten ist es nicht überflüssig, diesen Sachverhalt heute in Erinnerung zu bringen und dabei besonders zu unterstreichen, daß die schönsten deutschen Volkslieder (= Lieder, die in weiten Kreisen des Volkes gesungen werden, jedenfalls gesungen wurden) von großen Dichtern und Komponisten, unter denen Goethe, Herder, Beethoven und Schubert nicht fehlen, konzipiert wurden.

Natürlich ist der eigentliche Quell jener modernen Strömungen aber nicht die Romantik, sondern die Ideologie von Marx und Engels, und da paßt es gut in unseren Zusammenhang, sich zu vergegenwärtigen, was *K. Marx* im (1869 geschriebenen) Vorwort zur Neuauflage von ›Der achtzehnte Brumaire des Luis Bonaparte‹ über Caesar und Napoleon schrieb. Diese Männer erscheinen hier als

[60] Vgl. dazu W. J. Mommsen a.O. 210 allgemein über die Renaissance. Sie ist für den Genannten „epochaler Durchbruch einer gesellschaftlichen Ordnung". Es folgt eine — bei diesem anti-'personalistisch' eingestellten Autor — überraschende Fortsetzung: „... in deren (scil. der gesellschaftlichen Ordnung) Zentrum die Individualität und die schöpferische Kreativität des autonomen Einzelnen steht ...". Dann freilich erscheint die Renaissance wieder als „historische Struktur", die sich „erst unter dem Blickwinkel eines säkularisierten, individualistischen Denkens" erschließe. Demnach könnte sie sich Wehler wohl nie erschließen.

— die „politischen Ausgeburten" des „antiken und modernen Klassenkampfes", die sich, das ist für Marx in diesem Zusammenhang das Wesentliche, „bei so gänzlicher Verschiedenheit zwischen den materiellen, ökonomischen Bedingungen" des genannten Kampfes hier und dort nicht vergleichen ließen[61]. Es tröstet, daß man es in den Schriften von Marx und Engels auch anders lesen kann, ja an einer Stelle brachte der letztere Sätze zu Papier, welche die eigenen oben dargelegten Gedanken, man könnte fast sagen, in schönster Weise vorwegnehmen (Kursivsetzungen im Originaltext wurden weggelassen):

> Die Geschichte tut nichts ... Es ist vielmehr der Mensch, der wirkliche, lebendige Mensch, der das alles tut, besitzt und bekämpft; es ist nicht etwa die 'Geschichte', die den Menschen zum Mittel braucht, um ihre ... Zwecke durchzuarbeiten, sondern sie ist nichts als die Tätigkeit des seine Zwecke verfolgenden Menschen.[62]

Exkurs III: Rom und die griechische Welt in der Zeit nach dem Zweiten Makedonischen Krieg

Der Bannstrahl, den *Th. Mommsen* gegen diejenigen schleuderte, die nicht bereit waren, das Eingreifen Roms im Osten und die Tätigkeit des Flamininus dortselbst aus dem alleinigen Wunsch der Römer zu verstehen, den Griechen die Freiheit zu geben, so wenig sie diese — nach Mommsen — damals auch noch verdienten; dieser Bannstrahl hat nicht verhindern können, daß auch in der Folgezeit verschiedene Forscher wie etwa *C. Peter* und *W. Ihne* (vgl. oben Anm. 4) ihre eigenen Wege gingen und einer realistischeren Einschätzung des Vorgehens der Römer das Wort redeten. Es ist jedoch nicht zu übersehen, daß vor allem in den Zeiten seit dem Zweiten Weltkrieg Mommsens Auffassung von der römischen Ostpolitik des frühen 2.Jh. v.Chr. wieder stark 'im Kommen' ist und das emotionelle Moment, das wir bei Mommsen feststellten, da und dort wieder sehr spürbar hervortritt. Hält man sich an die einschlägigen Äußerungen von

---

[61] K. Marx — F. Engels, Werke VIII (1960), 560. Eine Einzelheit am Rande: In einer ansonsten keineswegs unfreundlichen und sehr verständigen Besprechung des von I. Weiler und mir herausgebrachten Sammelwerkes ›Kritische und vergleichende Studien zur Alten Geschichte und Universalgeschichte‹ (1974) kritisiert R. Günther, Althistoriker in Leipzig, die von mir a.O. 137 gezogenen Vergleiche zwischen Caesar und Hideyoshi und anderen durch große Zeiträume getrennten geschichtlichen Persönlichkeiten (DLZ 97, 1976, 659). Hier wird, nach Günther, vergleichendes Vorgehen zur bloßen „Spielerei".

[62] K. Marx — F. Engels, Die heilige Familie oder Kritik der kritischen Wissenschaft, in: K. Marx, Frühe Schriften, hrsg. von H.-J. Lieber und P. Furth, Bd. 1, 1962, 777. Die Sätze stammen nicht von Marx, wie E. Fromm (Haben und Sein. Die seelischen Grundlagen einer neuen Gesellschaft, 98) irrtümlich annimmt, sondern von Engels, doch tut dies wenig zur Sache.

Althistorikern, die aus den letzten Jahrzehnten und Jahren gedruckt vorliegen, so erscheint die Feststellung nicht unberechtigt, daß der weit überwiegende Teil der modernen Forscher, zumal derjenigen im deutschsprachigen Bereich, dazu neigt, das Eingreifen Roms in Griechenland und besonders die Rolle, die T. Quinctius Flamininus dabei spielte, in einem für die Römer bzw. Flamininus sehr günstigen Licht zu sehen.[63] Dabei ist freilich zu beobachten, daß manche in diesem Zusammenhang wichtige Vorgänge bzw. Angaben der Überlieferung nicht die ihnen zukommende Berücksichtigung finden. Wir gehen deshalb das Problem im folgenden neu an. Es liegt auf der Hand, daß die dabei zu gewinnenden Ergebnisse auch für das Gesamtthema der oben vorgelegten Abhandlung von Bedeutung sind.

[63] Die folgenden Literaturhinweise beschränken sich auf das Schrifttum der Zeit nach dem Zweiten Weltkrieg und können auch für diese Zeit keine Vollständigkeit beanspruchen: J. Vogt, Die römische Republik (^{2}1951), 141 f. (vgl. freilich 138!). H.-E. Stier, Roms Aufstieg zur Weltmacht und die griechische Welt (Arbeitsgemeinschaft für Forschung des Landes Nordrhein-Westfalen, Heft 11, 1957), 162 und passim. E. Badian, Foreign Clientelae (264—70 B.C.) (1958), 55 ff., ders., Roman Imperialism in the Late Republic (^{2}1968), 1 ff. (Vgl. zu Badian auch die weiteren Ausführungen; seine Monographie über Flamininus ist mir leider nicht zugänglich.) F. Cassola, La politica di Flaminino e gli Scipioni, in: Labeo 6 (1960), 105 ff. A. S. Accame, L'espansione Romana in Grecia (1961), 247 f. W. Hoffmann, in: Neue Propyläen Weltgeschichte, hrsg. von G. Mann und A. Heuß, Bd. 4 (1963), 136 ff. J. Montanelli, Storia dei Greci (^{7}1963), 472 f. H. Schaefer, Probleme der Alten Geschichte (1963), 169. H. Gundel, RE 24, 1040 ff. P. Grimal, in: ders. (Hrsg.), Der Aufbau des römischen Reiches. Die Mittelmeerwelt im Altertum III (Fischer Weltgeschichte Bd. 7, 1966), 30 ff. M.-L. Heidemann, Die Freiheitsparole in der griechisch-römischen Auseinandersetzung (200—188 v. Chr.), Diss. Bonn (1966), siehe bes. 81 ff. K. Christ, in: Saeculum Weltgeschichte II (1966), 410 ff. H. Berve, Imperium Romanum, in: Gestaltende Kräfte der Antike (^{2}1966), 453 f. H. Haffter, Römische Politik und römische Politiker. Aufsätze und Vorträge (1967), 41 f. E. Bayer, Griechische Geschichte (1968), 710 f. F. Schottlaender, Römisches Gesellschaftsdenken (1969), 102. S. Lauffer, Kurze Geschichte der antiken Welt (1971), 164 f. R. Werner, Imperialismus und römische Ostpolitik im 2. Jh. v. Chr., in: Aufstieg und Untergang der römischen Welt, hrsg. von H. Temporini, Bd. I, 1 (1972), 501 ff., siehe bes. 561 f. G. Lieberg, Die Ideologie des Imperium Romanum (siehe das genaue Zitat oben S. 54 Anm. 12), 71 f. A. Heuß, Römische Geschichte (^{4}1976), 106. W. Dahlheim, Gewalt und Herrschaft. Das provinziale Herrschaftsyssstem der römischen Republik (1977), 110 ff. (vgl. aber auch das Zitat weiter unten!). Als Vertreter einer Richtung, die W. Ihne und C. Peter näher steht als Mommsen, seien hier nur genannt: H. H. Scullard, Roman Politics 220—150 B. C. (1951), bes. 119 f. M. Cary, A History of Rome (^{2}1962), 202 f. C. Schneider, Kulturgeschichte des Hellenismus I (1967), 207 („Flamininus inszenierte seine berüchtigte Freiheitserklärung ...") und passim (bes. noch I, 953 ff.). W. Dahlheim, Struktur und Entwicklung des römischen Völkerrechts im 3. und 2. Jahrhundert v. Chr. (Vestigia 8, 1968), 91 ff. (mit der im Hinblick auf das oben zitierte Schrifttum überraschenden Feststellung — a.O. 95 Anm. 49 —, daß die Zeiten

Der einst zwischen E. *Täubler* und A. *Heuß* ausgefochtene Streit darüber, ob die Römer 196 v. Chr. ein Protektorat im Rechtssinne über Griechenland errichteten, soll uns, zumindest an dieser Stelle, nicht interessieren. Es geht hier um die Frage, wie sich die Verhältnisse tatsächlich gestalteten. Kann man also sagen, daß die Griechen seit dem Friedensschluß zwischen Rom und Philipp V., der in der Präambel ihre Freiheit förmlich proklamierte, und der nachfolgenden, strenggenommen nur auf die ehemals Philipp untertänigen Griechenstädte in Europa sich beziehenden Freiheitserklärung auf dem Isthmos von Korinth oder doch zumindest seit dem Abzug der römischen Truppen aus Hellas 194 v. Chr. tatsächlich frei waren, oder kommt man der geschichtlichen Wirklichkeit näher, wenn man von einer römischen Oberherrschaft über Griechenland ab den genannten Zeiten spricht?

Da ist zunächst an Stellen in der polybianischen Überlieferung zu erinnern, die klar ergeben, daß es keineswegs nur, wie man bei Durchsicht der modernen Literatur glauben könnte, die Ätoler waren, die nach 196 von einer römischen Herrschaft über Hellas sprachen (und diese Meinung auch noch nach 194 vertra-

vorbei seien, in denen man in Flamininus einen römischen Lord Byron sah, wofür sich Dahlheim auf E. Badian, Foreign Clientelae, 81, beruft, ohne zu berücksichtigen, daß auch Badian die Dinge teilweise beschönigt und übrigens uneinheitlich darstellt). U. Schlag, Regnum in senatu. Das Wirken römischer Staatsmänner von 200 bis 191 v. Chr. (Kieler Historische Studien, 1968), 71 ff. (mit zahlreichen Hinweisen auf ältere Literatur). H. Bengtson, Griechische Geschichte (^{4}1969), 476 Anm. 1 (Bengtson rechnet sich selbst einer mehr realistischen Richtung zu, deren ältere Hauptvertreter a.O. auch zitiert werden, doch ist seine eigene Haltung zwiespältig). J. Deininger, Der politische Widerstand gegen Rom in Griechenland 217 — 86 v. Chr. (1971), siehe bes. 63 f. (mit weiteren Literaturangaben). Vgl. auch R. Bernhardt, Imperium und Eleutheria. Die römische Politik gegenüber den freien Städten des griechischen Ostens, Diss. Hamburg (1971), 33 f., 38 ff. Eine Art Mittelstellung nimmt ein etwa E. Kornemann, Römische Geschichte, 3. Aufl., bearb. von H. Bengtson, Bd. 1 (1954), 286: Den Römern kam es „nicht nur" auf Befreiung an, sondern auch darauf, „durch 'Befreiung' ein Protektorat über alle Griechen zu gewinnen". Also lief das Ganze auf „eine milde Form der Übernahme der Herrschaft in römische Hände" hinaus, „so ernsthaft auch der Akt vom großen Philhellenen Flamininus durchgeführt wurde ...". Auch für G. de Sanctis, Storia dei Romani IV 1 (^{2}1969), 96 ff. vgl. 164 f. war es den Römern und zumal Flamininus mit der Befreiung bzw. Freiheit der Griechen durchaus ernst, aber indem sie den Griechen die Freiheit gaben bzw. ließen, dienten sie zugleich ihren eigenen Interessen. Gleichwohl führten, wie es de Sanctis sieht, die Verhältnisse dann zwangsläufig zu einer römischen Herrschaft. Vgl. freilich auch a.O. 25 Anm. 58, wo de Sanctis den militarismo als wesentlichen Faktor der römischen Politik in der 1. Hälfte des 2. Jh. v. Chr. betrachtet. Nach R. M. Errington (Philopoemen, 1969, 89) wäre das Ziel des Flamininus in Griechenland gewesen, eine balance of power herzustellen. Eine entsprechende (hier wie dort anfechtbare!) Auffassung wird bekanntlich oft mit Bezug auf die Neuordnung der kleinasiatischen Verhältnisse durch die Römer 188 v. Chr. vertreten. Vgl. auch die Literaturhinweise in den weiteren Anmerkungen dieses Exkurses.

ten), sondern auch viele andere Griechen, darunter, und das hat immerhin in unserem Zusammenhang einiges Gewicht, die führenden achäischen Politiker wie Philopoimen und sein Gegenspieler Aristainos, Lykortas und — last not least — Polybios selbst, dem wir die Kenntnis der ebenso illusionslosen wie bitteren Überlegungen bzw. Äußerungen jener anderen Politiker verdanken.[64] Es wäre methodisch und sachlich gleich verfehlt, diese Äußerungen von Männern, die in eigener Person Tag für Tag mit den politischen Realitäten konfrontiert wurden, die ihre Entscheidungen dann wohl oder übel darauf abstimmten, es somit wirklich 'wissen mußten', diese Äußerungen also ebenso als — für sich genommen — unverbindlich zu betrachten wie all das, was etwa Männer der spätrepublikanischen Zeit rückblickend über die politischen Grundsätze der Altvordern zu Papier brachten, ohne auf die Tatsachen Rücksicht zu nehmen. Lassen wir nun im folgenden die Tatsachen sprechen, und fragen wir uns, ob sie die Aussagen des Polybios und seiner Gewährsmänner bestätigen oder aber widerlegen.

Wir gehen aus von dem bekannten Faktum, daß nach dem Friedensschluß mit Philipp V. — einem auch sonst vor und nach dieser Zeit von Rom geübten Vorgehen gemäß — eine Zehnerkommission, der ausschließlich römische Senatoren angehörten, zusammen mit T. Quinctius Flamininus vom Senat bevollmächtigt wurde, die Verhältnisse in Griechenland bis ins einzelne neu zu regeln. Besonders wesentlich ist dabei, daß hier die Römer, ohne die eigene Meinung der betroffenen Gemeinden zu berücksichtigen, das Recht für sich in Anspruch nahmen, festzulegen, welche Gemeinden frei und welche etwa einem — neu gegründeten oder bereits bestehenden — Koinon angehören sollten; daß sie sich ferner auch für berechtigt hielten, die Grenzen zwischen den einzelnen Gemeinwesen in etwa strittigen Fällen nach eigenem Gutdünken festzulegen. Wohlgemerkt machten die Römer hierbei auch keinen Unterschied zwischen den vordem von Philipp beherrschten Gemeinden, die durch den Friedensvertrag, soweit sie in Europa lagen, an sie kamen und dann auf dem Isthmos von Korinth von Flamininus im Auftrag des Senates freigelassen wurden[65], und den schon vordem freien Städten und Bünden[66].

[64] Vgl. die oben S. 67 Anm. 32 angeführten Quellenstellen, dazu noch Paus. VII 8, 2. Speziell zum Verhältnis zwischen Philopoimen und Flamininus siehe R. M. Errington a.O. 90ff.

[65] Polyb. XVIII 44 und 46. Liv. XXXIII 30 und 33. Die Neueren ließen sich teilweise durch eine Stelle bei Polybios (XVIII 46, 15, vgl. Liv. a.O. 33, 8 und 34, 49) dazu verleiten, die Freiheitsproklamation rechtlich auf alle mutterländischen Griechen zu beziehen. Richtig u.a. G. de Sanctis, Storia dei Romani IV 1, 96 und W. Dahlheim, Struktur und Entwicklung des römischen Völkerrechts im 3. und 2. Jahrhundert v. Chr. (Vestigia 8, 1968), 83ff. mit umfassender Erörterung des mit der Proklamation von 196 v. Chr. verbundenen Fragenkomplexes unter Berücksichtigung der einschlägigen älteren Speziallliteratur.

[66] Mit Nachdruck stellt schon E. Badian, Foreign Clientelae, 74, heraus, daß die Römer zwischen den ehemals Philipp untertänigen und von ihnen 196 für frei erklärten Grie-

Diese diktatorische Regelung, die in die Zeit vor den Isthmischen Spielen von 196 zurückgeht, größtenteils jedoch erst nachher durchgeführt wurde, hat ihre Vorgeschichte in den gescheiterten Friedensverhandlungen zwischen Flamininus und Philipp im Winter 198/97 v. Chr. Schon hier war es so, daß die Entscheidung über einen Philipp zu gewährenden Frieden und dessen Bestimmungen nicht etwa bei einer Versammlung lag, in der die griechischen Verbündeten neben den Römern Sitz und Stimme hatten, die Entscheidung lag vielmehr allein bei Senat und Volk in Rom bzw. bei Flamininus, nachdem diesem vom Senat die Vollmacht, alles weitere zu regeln, übertragen worden war (Polyb. XVIII 12, 1). Daß der letztere diese Vollmachten und überhaupt seine Stellung in Griechenland zur Befriedigung seiner persönlichen Wünsche und Ambitionen ausnützte, steht auf einem anderen Blatt und soll uns noch beschäftigen.

Hinsichtlich der Verhältnisse, wie sie von den Römern 197/96 geschaffen wurden, ist es nicht unwichtig, festzuhalten, daß die Beschlüsse der oben erwähnten bevollmächtigten Senatskommission selbstverständlich für die betroffenen griechischen Gemeinden bindend waren und eine auch nur geringfügige Abänderung der neuen Ordnung durch einzelne Gemeinden davon abhing, ob die Kommission bzw. der Senat dem zustimmte. Daß Rom keine rechtliche Verpflichtung einging, bei eigenmächtigen Korrekturen besagter Ordnung durch einzelne kriegerische Gemeinden einzugreifen, ist ebenso wenig verwunderlich, wie es andererseits auf der Hand liegt, daß es gegebenenfalls nicht bereit war, Eigenmächtigkeiten dieser Art zu dulden.

Das Verhalten der Römer gegenüber den griechischen Bündnern bei den Verhandlungen 198/97 und nach dem Abschluß des Friedens mit Philipp findet sozusagen seine Fortsetzung 195 v. Chr., als Flamininus nach einem kurzen Feldzug, den er an der Spitze seines römischen Heeres und der bundesgenössischen griechischen Kontingente siegreich gegen Nabis von Sparta durchführte, mit dem genannten Tyrannen ohne Rücksicht auf die Forderung der Griechen, die Tyrannis zu stürzen, einen Friedensvertrag schloß, dessen Bedingungen er — nach bloßer Anhörung der Männer seines römischen Gefolges und also wiederum ohne Zuziehung der Bündner — aus eigener Machtvollkommenheit festsetzte.[67]

---

chenstädten und den sonstigen griechischen Gemeinden keinen Unterschied machten. Der Schluß daraus: "Both groups were in the same class: free *amici* of Rome" — dieser Schluß ist allerdings unrichtig, wenn man, wie es Badian tut, unter den „freien Freunden" Gemeinden versteht, die rechtlich *und faktisch* den Römern auf gleicher Ebene gegenüberstanden. Vgl. dazu die Ausführungen unten S. 114 ff.

[67] Liv. XXXIV 35. E. Badian (a.O. 75) übergeht in seiner oben schon angezogenen Erörterung der damaligen Verhältnisse in Griechenland das Liv. a.O. erwähnte Faktum und stellt dafür heraus, daß Flamininus vor Beginn der Operationen die Frage, ob der Feldzug gegen Nabis geführt werden sollte, mit den griechischen Bundesgenossen besprach: "Flamininus expounds the situation and politely asks for their decision" — Badian kann

Der im Jahr darauf erfolgte Abzug der römischen Besatzungsmacht aus Griechenland ist natürlich nicht nur ein Angelpunkt für alle die Forscher, die das Ausgreifen Roms nach dem Osten in den Jahren nach 200 mit den Augen Mommsens betrachten (vgl. dazu auch die weiteren Ausführungen!); er gab auch oft schon Anlaß zu einem Tadel, den man den Römern als Philhellenen und damit schlechten Realpolitikern erteilte[68]: Besagte Aktion habe ein Vakuum geschaffen, das für fremde Mächte sozusagen Aufforderungscharakter hatte, sie sei somit ein schwerer politischer Fehler gewesen. Nun, als sich Antiochos III. einige Jahre später auf eine ausdrückliche Aufforderung der Ätoler hin entschloß, mit einer Truppenmacht nach Griechenland überzusetzen, konnte er keinen Augenblick im Zweifel sein, daß dies kein Vorstoß in ein Niemandsland war, sondern der Auftakt zu einem Krieg mit einer Macht, die den griechisch-makedonischen Raum nach wie vor als zu ihrem Herrschaftsbereich gehörig betrachtete[69] und die auf den Schritt des Seleukidenkönigs denn auch unverzüglich in entsprechender Weise reagierte. Warum die Römer 194 v. Chr. und damit zu einer Zeit, da man, nach Ausweis der Quellen, mit der Möglichkeit eines neuen Krieges im Osten und wohl auch schon mit der Möglichkeit eines Überganges Antiochos' III. über die Ägäis bereits rechnete, ihre in Hellas stationierten Truppen abzogen, ist eine Frage, die sich unschwer beantworten läßt. Man schätzte offenbar die Gefahr, die von seiten eines etwaigen syrischen Expeditionskorps drohte, nicht höher ein, als sie, nach den späteren Ereignissen zu schließen, tatsächlich war. Entscheidend ist aber wohl dies, daß sich, wie wir aus der polybianischen Tradition wissen (und oben schon erwähnten), die öffentliche Meinung

jedoch selbst nicht umhin, hinzuzufügen: "which can, of course, be taken for granted". Vgl. zu dem Krieg gegen Nabis neuerdings bes. R. Bernhardt, Imperium und Eleutheria. Die römische Politik gegenüber den freien Städten des griechischen Ostens, 42 ff.

[68] Nur einige Beispiele: J. Vogt, Römische Republik, 142. E. Kornemann, Römische Geschichte I, 286. H.-E. Stier, Roms Aufstieg zur Weltmacht und die griechische Welt, 162 (vgl. dazu unten Anm. 73). R. Bernhardt, Imperium und Eleutheria, 45.

[69] Ins Schwarze treffend die Bemerkung von M. Holleaux, C.A.H. VIII ([2]1954), 194: "The Romans had gone (scil. 194 v. Chr.), but their 'protectorate', as we may call it, remained". Dazu a.O. 195: "Thus the 'liberated' Greece of 194 was a Greece in which most of the states, in varying degrees, were dependent upon Rome, which the authority of Rome had reconstituted, ordered and pacified, and which remained in the shadow of that authority." Die Gegenposition etwa bei A. Heuß, Neue Jahrbücher für antike und deutsche Bildung I (1938), 348: „Der klarste Beweis hierfür (scil. dafür, daß die Römer im Gegensatz etwa zu den Diadochen mit der Freiheitsdeklaration keinen „Anspruch auf ein gewisses Maß politischer Führung" verbanden) ist, daß wenige Jahre später, bei dem Zusammentreffen mit Antiochos, der politische Zustand Griechenlands für Rom denkbar unzuverlässig war und Antiochos allenthalben auf Sympathie stieß". Gewiß, aber das war ja — nach Ausweis der Überlieferung — gerade die Folge der durch das Auftreten der Römer bewirkten Ernüchterung und Verbitterung. Vgl. auch etwa E. Badian a.O. 75.

in den griechischen Gemeinden nach der Freiheitsproklamation von 196 in steigendem Maße gegen die Präsenz der römischen Legionen richtete, die den Griechen immer mehr als ein Hohn auf die besagte Freiheitserklärung erscheinen mußte. Der Abzug des Heeres war also ein dringendes politisches Erfordernis und lag auch im persönlichen Interesse des Flamininus, der damals, nicht zum ersten Mal, mit der Möglichkeit einer Ablösung rechnen mußte. Eine bestimmte Variante jener Vakuumtheorie wollen wir nicht übergehen, sie liegt insofern mit der behandelten auf einer Linie, als auch sie dahin tendiert, die nach dem griechischen Osten ausgreifenden Römer als Machtpolitiker wenn nicht ganz zu entlasten, so doch quasi zu entschuldigen: Nachdem sie die makedonische Herrschaft über Griechenland zerschlagen hatten, blieb den Römern wohl oder übel nichts anderes übrig, als das damit geschaffene Vakuum selbst auszufüllen.[70]

Wie wenig tatsächlich der Abzug der römischen Truppen 194v. Chr. an der in den Jahren davor faktisch errichteten Oberherrschaft Roms über Griechenland etwas änderte, zeigte sich besonders kraß bei jenem durch spartanische Exulanten provozierten Eingriff Roms in die inneren Verhältnisse des achäischen Koinon 184v.Chr., von dem oben S. 67 bereits die Rede war, kaum minder deutlich aber auch schon 191v.Chr., als der wieder nach Griechenland zurückgekehrte und gerade in Chalkis weilende Flamininus von den widerrechtlich aus dem achäischen Koinon ausgetretenen und nun von einem achäischen Heer bedrängten Messeniern zu Hilfe gerufen wurde. Flamininus zögerte nicht einzugreifen und, man kann es nicht anders sagen, ein Machtwort zu sprechen, das jeder rechtlichen Grundlage entbehrte. Wie es im Bericht bei Livius[71] heißt, tadelte er

---

[70] So etwa J.-R. Palanque in seinem 1948 erschienenen Buch ›Les Impérialismes Antiques‹ (102), unbeschadet dessen, daß er ansonsten keineswegs bereit ist, die Dinge mit romantischen Augen zu betrachten und in Flamininus die hehre Lichtgestalt zu sehen, als die er bei vielen anderen erscheint. Man erkennt übrigens unschwer, daß Palanques skizzierte Auffassung sich im Prinzip deckt mit der von J. Vogt (Römische Republik, 151f.) und anderen vertretenen Meinung, daß die, wie es die Betreffenden sehen, Wendung der römischen Politik in Griechenland zu Imperialismus und Machiavellismus 168v.Chr. die notwendige Folge der Vakuum-Politik von 196/94 war: Diese Politik erwies sich als Fehlschlag, daher waren die Römer nunmehr gezwungen, 'andere Saiten aufzuziehen', ohne daß sich übrigens — nach Vogt (a.O.) — an den Grundsätzen und Zielsetzungen der römischen Politik etwas geändert hätte. Nach wie vor sei es um Sicherung gegangen, nur daß eben das System der Sicherung 168v.Chr. im Sinne einer Umstellung auf direkte Beherrschung von bis dahin nur in lockerer Abhängigkeit gehaltenen Gemeinden effektiver gestaltet worden wäre, was, nebenbei bemerkt, gar nicht zutrifft. Hinsichtlich der bloß indirekten Herrschaftsausübung, wie sie Rom im frühen 2.Jh. in Griechenland institutionalisiert hatte, blieb bekanntlich 168v.Chr. alles beim alten. Vgl. auch die weiteren Ausführungen im Text.

[71] Liv. XXXVI 31, vgl. dazu A. Aymard, Les Premiers Rapports de Rome et de la Confédération Achaienne (1938), 342ff.

den achäischen Strategen Diophanes, den er in sein Hauptquartier zitierte (*iuberet*), mit Milde (*leniter*), weil er eine so wichtige Aktion wie die Unternehmung gegen die abtrünnigen Messenier *sine auctoritate sua* unternommen habe und befahl ihm (*iussit*), das Heer zu entlassen. Dann erteilte er den Messeniern den Befehl (*imperavit*), die Verbannten wieder aufzunehmen und in das achäische Koinon zurückzukehren, nicht ohne sie — deutlich genug — zugleich einzuladen, zu ihm nach Korinth zu kommen, falls sie irgend etwas zu beanstanden oder für die Zukunft sicherzustellen hätten. Der ganze Fall nimmt die Situation vorweg, die 184 v. Chr. den achäischen Strategen Lykortas zu der Rede veranlaßte, von der wir oben sprachen.

Daß die Römer, angefangen natürlich bei T. Quinctius Flamininus, der sich auf einer Weihinschrift selbst als „göttlicher Titus" bezeichnete und — ein völliges Novum im römischen Münzwesen — Goldmünzen mit seinem Porträt und seinem Namen in lateinischen Buchstaben schlagen ließ[72], in Griechenland in der fraglichen Zeit als Herren auftraten und von den 'Befreiten' Gehorsam erwarteten, und somit die Ätoler und viele andere mit ihrer Erklärung, es habe Hellas nach Kynoskephalai nur den Herrn gewechselt, recht hatten, kann im Hinblick auf die behandelten Vorgänge und Fakten nicht gut bezweifelt werden.[73] Wer trotzdem glaubt, daß es Flamininus bei seinen behandelten Maßnah-

---

[72] Die Weihinschrift bei Plut., Titus 12. Die zu ihr nicht schlecht passenden Münzen mit Porträtkopf und der Aufschrift T. QUINCTI hat schon G. F. Hill, Historical Greek Coins (1906), 136f. mit guten Gründen für eine Emission erklärt, die Flamininus selbst herausbrachte. Die Neueren halten überwiegend an der schon zu Hills Zeiten verbreiteten Meinung fest, daß die Münzen von einer griechischen Gemeinde zu Ehren des Flamininus geprägt wurden, siehe zuletzt M. H. Crawford, Roman Republican Coinage (1974), 544. Man traut Flamininus offenbar das in der Münze sich ausdrückende Geltungsbedürfnis nicht zu, muß aber natürlich stillschweigend einräumen, daß die Prägung jedenfalls ohne die Zustimmung des Flamininus nicht möglich war. Gleiches gilt von den Ehren und Ehrenstatuen, die offenbar in großer Zahl für den Römer in den Jahren seines Aufenthaltes in Griechenland dekretiert wurden (vgl. die Aufstellung bei H. Gundel, RE 24, 1075f.). In dieser Hinsicht sind die betreffenden Beschlüsse gewiß informativ. Ob man aus ihnen auch erschließen darf, daß sich Flamininus in Griechenland der Zuneigung eines großen Teiles der Bevölkerung erfreute, ist natürlich eine andere Sache.

[73] Zu dem wachsenden Widerstand der Ätoler und vieler anderer Griechen gegen die römische Besatzungsmacht vgl. H.-E. Stier, Roms Aufstieg zur Weltmacht und die griechische Welt, 162: Die Räumung Griechenlands durch die Römer habe sich als Fehlschlag erwiesen, doch sei es „die verbrecherische Lügenpropaganda der Ätoler und ihrer Gesinnungsfreunde in Hellas" gewesen, die „jene auf Anstand und Edelmut gegründete Politik" der Römer (ähnlich — im Anschluß an Stier — H. Gundel, RE 24, 1098) zum Scheitern gebracht hätte. Stier fügt hinzu: „Der 'Irrtum' des Philhellenismus ehrt das Römertum; gerade uns Heutigen stände es besser an, ihn zu begreifen als uns über ihn zu mokieren". Wer mokiert sich?

men nur um die Befreiung der Griechen und allenfalls noch um die Sicherung der römischen Existenz und der römischen Stellung in Italien ging, müßte zugunsten einer solchen Auffassung mehr in die Waagschale werfen können als die väterlichen Ermahnungen über den richtigen Gebrauch der Freiheit, die Flamininus in der Festansprache äußerte, mit der er 194 v. Chr. von den Griechen in Korinth Abschied nahm[74], um sich sodann — schwer beladen mit Beute und sonstigen Schätzen, die er in Makedonien und Griechenland in den vorgehenden Jahren auf verschiedene Weise zusammengebracht hatte — für kurze Zeit zurück nach Rom zu begeben.

A propos Beute und Schätze: Wir können in diesem Zusammenhang doch wohl kaum mit gutem Gewissen an jenen ungeheuren Mengen gemünzten und ungemünzten Edelmetalls vorbeigehen, die Flamininus nach seinem erwähnten Abgang aus Griechenland in einem dreitägigen Triumphzug, der alle bisherigen Triumphzüge weit in den Schatten stellte, dem staunenden Volk von Rom vorführte und die schon B. *Niese* zu der lakonischen Feststellung veranlaßte: „Ein guter Teil der Reichtümer Griechenlands fand damals seinen Weg nach Italien[75]." Es hieße denn doch, die Dinge recht wirklichkeitsfern zu beurteilen, wollte man — in Abwandlung eines oben Anm. 33 zitierten Satzes von *Mommsen* — behaupten, die Schätze seien Flamininus und den Römern „ohne ihre Absicht durch die Verhältnisse zugeworfen worden"; mehr spricht sicher für die Annahme, daß sich hier letzlich ein Besitzstreben besonders massiv zur Geltung brachte, und zwar ein Besitzstreben in einem Bereich, in welchem die volle Verantwortung niemand anderer trug als Flamininus selbst. Allerdings liegen diese Dinge auf einer anderen Ebene als der dem Flamininus zugesprochene Philhellenismus, sie müßten aber doch in eine sinnvolle und einleuchtende Beziehung zu diesem Philhellenismus zu bringen sein. Formulieren wir es so: Die nicht nur von B. Niese, sondern auch von anderen späteren Althistorikern[76] ins gehörige Licht gesetzte Tatsache, daß die Römer Griechenland wirtschaftlich schwer schädigten, indem sie jene in der Überlieferung aufgezählten Reichtümer mit nach

---

[74] Liv. XXXIV 48, 2 ff., vgl. auch das Schreiben des Flamininus an die Stadt Chyretiai bei Dittenberger, Syll. I³, 593, dazu H. Volkmann, Hermes 82 (1954), 474. Volkmann sieht in diesem inschriftlich erhaltenen Brief des Flamininus an die genannte Gemeinde und in anderen auf der gleichen Linie liegenden Äußerungen von römischen Politikern des 2. Jh., die von ihm ebenfalls besprochen werden, einen „Teil der Propaganda", die damals „um die Meinung der Griechen warb".

[75] B. Niese, Geschichte der griechischen und makedonischen Staaten seit der Schlacht bei Chaironeia II (1899), 667 aufgrund von Plut., Titus 14 und Liv. XXXIV 52, 5.

[76] Siehe bes. J. A. O. Larsen bei T. Frank, An Economic Survey of Ancient Rome IV (1938, Nachdr. 1958), 273 ff. M. Holleaux, C. A. H. VIII, 194. M. Rostovtzeff, The Social and Economic History of the Hellenistic World II (²1953), 606 ff., III (²1953), 1458 f. G. de Sanctis, Storia dei Romani IV 1, 109 f.

Rom gehen ließen — diese Tatsache paßt zu dem oben entworfenen Bild einer über Hellas errichteten Herrschaft auf jeden Fall besser als zu der Annahme, es seien die Römer, angefangen bei Flamininus, als selbstlose Philhellenen ins Land gekommen.

Ein von der Überlieferung einhellig bezeugtes, die Person des Flamininus betreffendes Faktum darf uns in diesem Zusammenhang auch nicht kalt lassen, nämlich die schon oben kurz berührte Tatsache, daß der römische Oberfeldherr bei seinen Überlegungen oft ganz persönliche Ambitionen ins Spiel brachte und sich in seinen Entschlüssen danach ausrichtete.

Das Bemühen des Flamininus, Philipp nach Kynoskephalai zu einem möglichst raschen Friedensschluß zu bringen, resultierte nach dem Zeugnis des Polybios (XVIII 39, 4) aus der Befürchtung des römischen Feldherrn, es möchte sich Philipp auf die Nachricht vom Aufbruch des Antiochos aus Syrien hin entschließen, den Krieg noch fortzusetzen, und damit bewirken, daß der Hauptruhm des Sieges nicht ihm, sondern einem anderen zufiel. Auf der gleichen Linie liegt die Nachricht Liv. XXXII 6f., nach welcher Flamininus bei den ersten von ihm mit dem Makedonenkönig noch vor der Entscheidungsschlacht geführten Verhandlungen entschlossen war, Philipp für den Fall, daß der Oberbefehl an einen der neuen Konsuln übergehen sollte, milde Bedingungen zu gewähren, die einen Friedensschluß noch in seiner Amtszeit herbeiführen konnten, während er bei etwaiger Prolongierung seines eigenen Oberbefehls — tatsächlich! — vorsah, die Bedingungen so zu stellen, daß Philipp sie ablehnte und ihm damit die willkommene Gelegenheit zu einem Sieg auf dem Schlachtfeld — *et ipse victoriae quam pacis avidior*, formuliert es Livius (XXXII 37, 6) — verschaffte. Im Sinne dieser letzteren Intentionen schickte er seine Vertrauensmänner nach Rom, deren also auf Verlängerung seines Imperiums hinzielende Mission dank der Unterstützung seiner Verwandten erfolgreich endete.[77] Das Verhalten gegenüber Nabis 195 v. Chr. war nach Liv. XXXIV 33, 14 von entsprechenden Überlegungen bestimmt. Bleibt noch, die Rolle des Flamininus in der Angelegenheit der Ermordung des in Theben bald nach dem Friedensschluß mit Philipp vom Volk gewählten Boiotarchen Brachylles zu streifen, über die uns Polybios (XVIII 43) informiert, während Livius (XXXIII 27,5 ff.) in seinem auf Polybios zurückgehenden Bericht zwar die Mordgeschichte erzählt, jedoch die Rolle, die der römische Oberfeldherr dabei spielte, mit Stillschweigen übergeht. Flamininus war nicht nur über den Mordplan, den einige Exponenten der römischen Partei aushecken, informiert, er gab den Betreffenden — nach Polyb. a.O. — sogar einen 'Tip', den zu befolgen die Verschwörer nicht zögerten. Freilich sollten,

---

[77] Liv. XXXII 32, 6f., Plut., Titus 7. Vgl. dazu jetzt H. Tränkle, Livius und Polybios (1977), 145. Letzte umfassende Behandlung aller *prorogationes imperii* des Flamininus bei U. Schlag, Regnum in senatu, 85 ff.

wie Flamininus selbst die Verschwörer wissen ließ, diese seine Aktivitäten geheim bleiben ...⁷⁸

Wer dazu neigt, Flamininus in dargelegter Weise als Lichtgestalt einzuschätzen, kann die oben herausgestellten Dinge wie natürlich auch die Tendenz des Feldherrn zur Selbstvergottung und sein behandeltes praktisches Verhalten in den Jahren nach dem Friedensschluß mit Philipp doch wohl nur mit einigen Unlustgefühlen zur Kenntnis nehmen — gesetzt, er nimmt sie überhaupt zur Kenntnis. Solche Unlustgefühle bleiben uns schon deshalb erspart, weil wir bei Beurteilung des Flamininus aus dessen eigener realen Welt heraus keinen Anlaß sehen, ihn seiner Taten bzw. Haltung in Griechenland wegen allzu negativ zu apostrophieren. Er war nicht besser und nicht schlechter als die politisch tätigen Römer vor und nach ihm, und auch unter seinen Zeitgenossen gab es natürlich viele, die sich ganz entsprechend verhielten. Es sei nur an die Männer erinnert, die in der Zeit um 190 mit allen Mitteln die Bewilligung eines Triumphes betrieben (siehe oben S. 61 Anm. 21), und an M. Cl. Marcellus, der sich — nach Polyb. XVIII 42, 3f. — bemühte, die Ratifizierung des Friedensvertrages mit Philipp zu verhindern, weil er, wie Polybios feststellt, den Krieg in Griechenland selbst fortsetzen wollte. Auch die Art, wie Flamininus später Hannibal in den Tod trieb und zugleich den damaligen König von Bithynien die römische Macht fühlen ließ, mag uns brutal und schändlich erscheinen, weist jedoch dem Genannten keine Sonderstellung in negativer Hinsicht unter den damaligen Römern zu.

⁷⁸ Die Meinung von E. Badian (Foreign Clientelae, 75), es habe Flamininus "perhaps unwittingly" den Beteiligten an dem Komplott seine Hilfe gewährt, widerspricht klar der Aussage des Polybios, dessen Angaben (a.O.) Badian auch im weiteren nicht gebührend berücksichtigt, wenn er schreibt: "This instance, discreditable as it is, provides the best proof of the fact that Rome did not regard herself as sovereign and the Greeks as subjects: for if Flamininus had been able to make direct demands, the whole unsavoury business would have been unnecessary." Polybios sagt ausdrücklich, daß Flamininus angesichts des drohenden Krieges mit Antiochos durch ein großzügiges Verhalten gegenüber Brachylles, der in der Schlacht bei Kynoskephalai in römische Gefangenschaft geraten war, die Boioter auf seine Seite ziehen wollte. Da blieb ihm dann in der Tat nur die Alternative, sich mit Brachylles' Wahl zum Boiotarchen abzufinden oder ein auf Ermordung des Genannten hinzielendes Komplott im geheimen zu unterstützen. Vgl. zur Brachyllesaffäre jetzt H. Tränkle, Livius und Polybios, 149ff. — Eine apologetische Tendenz gegenüber Flamininus läßt Badian übrigens auch sonst gelegentlich deutlich spüren, so etwa HZ 208 (1969), 642f., wo er — mit besonderem Bezug auf Flamininus — der folgenden allgemeinen Überlegung Raum gibt: „Ehrbare Gelehrte ... legen immer wieder den Maßstab eines englischen Gentleman an griechische und römische Politiker an: in diesem Fall vergessen sie leicht, daß im Zeitalter des Flamininus der Ehrgeiz kein Laster war, sondern eine aristokratische Tugend ...". Gewiß, nur gab es schon damals Grenzen, wo aristokratische Tugend eindeutig aufhörte, Tugend zu sein. Das sollten wir nicht übersehen.

Wir müssen hier noch einmal auf die oben S. 106 Anm. 66 zitierten einschlägigen Ausführungen *E. Badians* zurückgreifen. Die von Badian vertretene Auffassung, daß nach der Freiheitserklärung von 196 alle mutterländischen Griechen, gleichgültig, ob die Proklamation auf sie im Rechtssinne Bezug hatte oder nicht, juristisch und auch faktisch frei und den Römern nur durch Bande der Dankbarkeit verbunden waren, steht im engen Zusammenhang mit der von Badian am selben Ort (74) entwickelten Meinung, die besagte Freiheitserklärung sei für den römischen Senat ebenso unwiderrufbar gewesen wie entsprechende Erklärungen des englischen Parlamentes hinsichtlich des Status von Neuseeland und Indien.

Diesen Aufstellungen entsprechen ziemlich genau die Gedanken, welche — nach dem Vorgang anderer — *D. Magie* in seinem Werk über die römische Herrschaft in Kleinasien hinsichtlich der dortigen Verhältnisse nach dem siegreichen Abschluß des Krieges der Römer gegen Antiochos III. entwickelt.[79] Konkret gesprochen: Magie vertritt die These, daß die in der genannten Zeit von einer bevollmächtigten Senatskommission in Kleinasien durchgeführte Neuordnung mit Freilassungen griechischer, vordem Antiochos III. untertäniger Städte, Gebietszuweisungen an Eumenes II. und die Rhodier usw. für Rom unwiderrufbar war. Daß ihm Badian (a.O. 98ff.) darin nicht widersprechen möchte, liegt auf der Hand, und dies ist wohl auch der Grund, daß der letztere die von mir gegen Magies Auffassung vorgebrachten Überlegungen außer Betracht läßt.[80]

Meine Überlegungen, das muß hier kurz dargelegt werden, bezogen sich in erster Linie auf die Tatsache, daß Rom nach Pydna den Rhodiern genau die Gebiete wieder absprach, die es ihnen nach dem Syrischen Krieg zugewiesen hatte,

---

[79] D. Magie, Roman Rule in Asia Minor to the End of the Third Century A.C., 2 Bde. (1950), siehe bes. I, 117, 156 und passim. Vgl. schon, in die gleiche Richtung gehend, A. Heuß, Die völkerrechtlichen Grundlagen der römischen Außenpolitik, Klio Beiheft 31 (1933), 106ff. und A. Schenk v. Stauffenberg, Die Welt als Geschichte II (1936), 132ff.

[80] Siehe meine Besprechung von Magies Werk in: Anz AW 5 (1952), 211ff., jetzt in: Geschichte als kritische Wissenschaft II (1975), 272ff. In seinem 1957 erschienenen Buch ›Rom und Rhodos‹ sieht H. H. Schmitt im Vorgehen der Römer gegen Rhodos einen „Akt der Macht, die das Recht gebeugt ... hatte" (128) — ein Satz, dessen ersten Teil man gewiß akzeptieren kann. Gegen Schmitt nehmen Stellung R. Bernhardt, Imperium und Eleutheria, 83, und T. Schwertfeger, Der Achäische Bund von 146 bis 27 v. Chr. (Vestigia 19, 1974), 8. Diese beiden Autoren möchten den römischen Standpunkt dahingehend charakterisieren, daß er, wie sich Schwertfeger ausdrückt, „weniger ein rechtlicher, sondern vielmehr ein moralischer" gewesen sei. Eher wohl — mitsamt den etwa gleichzeitig von den Römern durchgeführten Aktionen in Epirus usw. — ein amoralischer! — Die neuerdings von R. Reinhart (Historia 26, 1977, 68) vertretene Meinung, nach römischer Auffassung seien nicht nur die Bundesgenossen und *civitates liberae*, sondern auch die *civitates stipendiariae* in den Provinzen frei gewesen, scheint mir ganz abwegig zu sein — nicht zuletzt auch von dem Standpunkt aus gesehen, den uns die in diesem Exkurs behandelten Ereignisse zuweisen.

daß es somit einen sehr wesentlichen Teil seiner damaligen Entscheidungen zwei Jahrzehnte später klar widerrief und rückgängig machte und dies, ohne daß dagegen, wenn die Überlieferung einen solchen Schluß *ex silentio* zuläßt, Bedenken etwa im Senat oder auch nur seitens des sonst ja keineswegs unkritischen Polybios laut geworden wären. Was hätte auch Rom daran hindern können, diesen Schritt zu tun? Gab es internationale Rechtskonventionen, die das römische Verhalten als Verletzung einer übernommenen Verpflichtung ausgewiesen hätten, gab es einen antiken Vorläufer des Haager Schiedsgerichts, der hier seines Amtes hätte walten können, oder einen antiken UNO-Sicherheitsrat oder sonst irgendeine Institution, mit deren Aktivitäten vielleicht hätte gerechnet werden können? Natürlich konnte Großbritannien die Unabhängigkeitserklärung Indiens weder rechtlich noch faktisch zu irgendeinem Zeitpunkt nach 1947 rückgängig machen, wer aber möchte, von Badian (a.O.) abgesehen, angesichts der völligen Verschiedenheit der Verhältnisse mit einem solchen Vergleich im Ernst operieren?

Wir wollen über solchen Reflexionen nicht aus dem Auge verlieren, daß schon die Voraussetzung, von der Badian ausgeht, unhaltbar ist: Mit dem vermeintlichen Nachweis, daß die griechische Ordnung von 197/96 unwiderrufbar war, glaubt der Genannte auch schon gezeigt zu haben, daß die von Rom in der fraglichen Zeit für frei erklärten griechischen Gemeinwesen wirklich frei waren, und dann um so mehr natürlich auch jene Staaten, die schon vorher die Freiheit hatten. Die in diesem Exkurs summarisch behandelten Vorgänge machen deutlich, daß man hier ebensowenig wie sonst als Historiker die rechtlichen und tatsächlichen Verhältnisse einfach identifizieren kann, daß die Dinge also in Wirklichkeit anders lagen und die damaligen griechischen Politiker, angefangen bei Lykortas und Philopoimen, die Situation, in der sie sich tatsächlich befanden, weit besser erfaßten als diejenigen rückblickenden Althistoriker, die bis herauf in die neueste Zeit den Weg, den ihnen Mommsen wies, fortschreiten möchten.

Wir erwähnen abschließend noch, daß der gleichen Zeit, in der Rom sein Protektorat über die griechische Welt errichtete, das berühmte *Senatus consultum de Bacchanalibus* angehört, d.h. ein Beschluß des römischen Senates, welcher nach dem Willen Roms für die italischen Föderierten, und zwar ohne Ansehung der Art des Bündnisses, ebenso wie für die römischen Bürger bindend war: ein Akt, der deutlicher als alles andere vor Augen führt, daß jedenfalls den damals im Senat den Ton angebenden Männern die Frage, was völkerrechtlich angängig war und was nicht, ganz belanglos erschien, wenn es darum ging, durch ein Machtwort die Verhältnisse herzustellen, die man innerhalb und außerhalb des eigenen Rechtsbereiches herzustellen gewillt war.[81]

---

[81] *Senatus Consultum de Bacchanalibus*: CIL I, 2. Aufl., Nr. 581, dazu Liv. XXXIX 8 ff. Die Auffassung von J. Göhler (Rom und Italien. Die römische Bundesgenossenpolitik von den Anfängen bis zum Bundesgenossenkrieg, 1938, 56), „daß die Föderierten freiwillig

*Exkurs IV: Zur Frage des 'divide et impera'
als einer 'Maxime' der römischen Politik*

Oben S. 71 Anm. 35 war auf die 1940 erstmals erschienene Abhandlung von J. *Vogt* über *divide et impera* als „angebliche Maxime des römischen Imperialismus" hinzuweisen. Wie schon die Formulierung deutlich macht, bezweifelt Vogt, daß ein solcher Grundsatz tatsächlich für die Römer Geltung hatte. Er weiß sich darin einig mit seinem Schüler J. *Göhler*, der das Problem im ersten Teil seiner Schrift über das Verhältnis Roms zu den italischen Bundesgenossen eingehender behandelt.[82]

Der von Göhler unternommene Versuch, besagte Auffassung als falsch zu erweisen, konzentriert sich vor allem auf Roms Verhalten gegenüber den Latinern 338 v. Chr. und operiert mit folgenden Argumenten: 1. Livius (VIII 13) läßt nach der Niederwerfung der Latiner den Konsul Camillus eine — ganz auf Milde und Versöhnung abgestellte — Rede in der Kurie halten, die der Senat mit Zustimmung zur Kenntnis nahm, um sodann zu bestimmen, daß man über jede ehemals gegnerische Gemeinde gesondert Beschlüsse fasse, *cum aliorum causa alia esset* (VIII 14, 2). Es habe also, meint Göhler, das damalige Vorgehen Roms mit besagter angeblicher Maxime „herzlich wenig zu schaffen". 2. Einen latinischen Bund im Sinne eines Verbandes, der politisch und militärisch aktiv werden konnte, hat es vor 338 nicht gegeben, also konnten ihn die Römer auch nicht zerschlagen.

sich dem Verbot anschlossen", widerspricht dem Wortlaut des Beschlusses (Z. 8), der die Verbindlichkeit desselben für alle italischen Bündner klar bezeugt. Vgl. E. Badian a.O. 145f., dessen Meinung: "we can be certain, ... that no excuse was given (scil. seitens des Senates für seine Vorgangsweise) and that neither side felt the need for one", ganz den oben vorgebrachten eigenen Überlegungen zu Roms Vorgehen gegenüber den Rhodiern in Angelegenheit der ihnen vorher zugesprochenen kleinasiatischen Gebiete entspricht und sicher zutreffend ist. Weitere in die gleiche Richtung gehende Literatur bei H. Galsterer, Herrschaft und Verwaltung im republikanischen Italien (Münchner Beiträge zur Papyrusforschung und antiken Rechtsgeschichte 68, 1976), 169 Anm. 37. Die von Galsterer selbst aufgestellte These, daß sich der Senatsbeschluß nur auf „den unmittelbaren Herrschaftsbereich Roms" bezieht (und also auch das *tota(m) Italia(m)* im Bericht bei Liv. XXXIX 14, 7, vgl. 18, 7f. zu korrigieren ist!), läßt die ausdrückliche Erwähnung der *socii* (neben den Bürgern und den Angehörigen des *nomen Latinum*) im Senatsbeschluß (a.O.) außer Betracht und resultiert offensichtlich ebenso wie die zitierte These Göhlers aus dem also auch hier greifbaren Wunsch, den Römern zu testieren, daß sie in der Vor-Verfallszeit frei von Herrschsucht waren und sich daher auch jeglicher Eingriffe in die Angelegenheiten der Bundesgenossen enthielten. Die Diskrepanz zwischen 'beschönigender Historie' und geschichtlicher Wirklichkeit tritt hier besonders deutlich hervor.

[82] J. Göhler, Rom und Italien. Die römische Bundesgenossenpolitik von den Anfängen bis zum Bundesgenossenkrieg (Breslauer Historische Forschungen 13, 1938), 4ff.

Was das erste dieser beiden Argumente betrifft, so liegt zunächst auf der Hand, daß die dem Camillus in den Mund gelegte Rede ganz den Geist der spätrepublikanischen oder augusteischen Zeit atmet und also für die Einstellung eines römischen Politikers des 4. Jh. v. Chr. nichts hergibt (vgl. Göhler selbst a. O. 5). Evident ist des weiteren, daß die Begründung, die Livius für den Beschluß des Senates, es solle über jede ehemals gegnerische Gemeinde gesondert beschlossen werden, auch dann im Zusammenhang nichts besagen könnte, wenn wir sie ohne weiteres als authentisch betrachten dürften: Daß der Senat — die natürlich mehr als fragliche Authentizität einmal vorausgesetzt — seinen Beschluß nicht mit einem offenen *divide et impera* motivierte, sondern vielmehr die realpolitischen Beweggründe irgendwie zu bemänteln trachtete, liegt auf der Linie dessen, was man von vornherein erwarten muß.

Auch hinsichtlich des zweiten von Göhler gegen die Meinung der älteren Forschung vorgebrachten Argumentes können wir uns kurz fassen. Wenn Göhler in Abrede stellt, daß es vor bzw. bis 338 v. Chr. einen latinischen Bund im erwähnten Sinne gab, so hat er die einschlägige Überlieferung klar gegen sich (vgl. die einzelnen Stellen etwa bei *M. Gelzer*, RE 12, 961 ff.), *auch* die livianische Tradition, auf die er sich ansonsten vornehmlich stützt (vgl. oben), und die auch wir ernst nehmen müssen, wo es sich nicht um Worte handelt, die im nachhinein einem Hauptakteur in den Mund gelegt wurden, und um Überlegungen, mit denen der Senat — tatsächlich oder in der Sicht des rückblickenden Annalisten — sein Vorgehen gegenüber den latinischen Gemeinden motivierte, sondern um konkrete sachliche Angaben über ein unter zwei Prätoren operierendes latinisches Aufgebot, ein gemeinsames *concilium populorum Latinorum* usf. Es muß also wohl dabei bleiben: Wenn Rom 338 v. Chr. in Latium eine Ordnung schuf, die beinhaltete bzw. bewirkte, daß künftig jede einzelne latinische Gemeinde in einem besonderen Rechtsverhältnis zu Rom stand, ohne noch die Möglichkeit zu haben, zusammen mit den anderen Gemeinden politisch aktiv zu werden, wenn ferner zumindest einem Teil der latinischen Gemeinden gegenseitiges *conubium* und *commercium* ebenso untersagt wurde wie nach der Zerschlagung des makedonischen und des illyrischen Königreiches den hier neu geschaffenen 'autonomen' Distrikten sowie den peloponnesischen Gemeinden nach ihrem Aufstand 146 v. Chr.[83], so läßt sich die damit hergestellte Situation in der Tat mit nichts treffender als mit dem Satz *divide et impera* charakterisieren.

---

[83] Mit dem von J. Vogt im oben zitierten Aufsatz (23 f. des letzten Nachdr.) unternommenen Versuch, die makedonische Ordnung von 168 aus dem „Glauben" der Römer zu erklären, „auf diese Weise auch die Makedonen dem Ideal der griechischen Freiheit zuführen zu können", brauchen wir uns nicht auseinanderzusetzen. Vogt gab selbst später diese Ansicht zugunsten einer Auffassung preis, die praktisch der oben vertretenen entspricht (Römische Republik, 152).

Auch Göhler bestreitet übrigens nicht, daß Rom nach dem dritten Samniterkrieg die große Stammesorganisation des besiegten Gegners zerschlug und die samnitischen Gemeinden einzeln an sich band, doch kann er (a. O. 13) in solchem Verhalten nichts „typisch Römisches" sehen. Wir stimmen ihm darin bei, müssen ihm jedoch zu bedenken geben, daß natürlich niemand von seinen und Vogts Gegnern behaupten kann (soweit ich sehe, auch nicht behauptet hat), das *divide et impera* charakterisiere speziell die römische Politik und sei nicht vielmehr eine sehr verbreitete Erscheinung in der politischen Szenerie der Weltgeschichte. Im Altertum bietet neben Rom wohl Athen das trefflichste Beispiel für eine Macht, die besagtes Prinzip erfolgreich zur Anwendung brachte. Schrittweise unterhöhlte es in der Zeit der Pentekontaëtie den 478/77 konstituierten Ersten Attischen Seebund, in welchem es, von der Rechtslage her betrachtet, nur die militärische Führung im Verbande gleichberechtigter Mitgliedsstaaten innehatte, indem es diese letzteren in Einzelverträgen oder gar nur in einseitig gefaßten Beschlüssen, die ein *de facto*-Herren-Untertanenverhältnis konstituierten, an sich band. Eine „groß angelegte politische Konzeption"[84]? Eher wohl ein Weg, den Machthaber fast instinktiv einschlugen, wenn es ihnen darum zu tun war, eine Herrschaft zu errichten bzw. für die Zukunft zu sichern — vorausgesetzt natürlich, daß die gegebenen Verhältnisse es zuließen, besagten Weg zu beschreiten. Diese Einschränkung scheint nicht überflüssig zu sein. Sie soll auch deutlich machen, daß es problematisch ist, in diesem Zusammenhang von einer 'Maxime' zu sprechen, als wäre das *divide et impera* zumindest für die römischen Politiker so etwas wie ein Leitstern gewesen, der ihnen allzeit vor Augen stand und ihr Verhalten gegenüber der nichtrömischen Welt in allererster Linie prägte. Dazu fehlte es ganz einfach an Gelegenheiten, was aber wiederum nicht heißen soll, daß die oben behandelten oder jedenfalls berührten Fälle als Einzelfälle zu betrachten sind. Weitere Beispiele aus der römischen Geschichte für die herausgestellte Vorgangsweise ließen sich leicht beibringen. Hier nur noch eines: die Teilung der numidischen Monarchie unter Massinissas Söhnen Micipsa, Gulussa und Mastanabal, die Scipio Aemilianus nach dem Tode jenes Fürsten

---

[84] So H. Bengtson, Grundriß der römischen Geschichte und Quellenkunde I (1967), 62 mit Bezug auf Roms Verhalten gegenüber den Latinern 338 v. Chr. Damals habe besagtes von Bengtson als in der Sache „altrömisch" bezeichnetes Prinzip zum ersten Male in der römischen Politik „seine Triumphe" gefeiert. Vgl. auch H. Haffter, Römische Politik und Politiker, 16. — In der jüngsten Behandlung der Ordnung von 338 wird von der Alternative: '*divide et impera* oder nicht', stillschweigend abgesehen, doch ist nach dem ganzen Zusammenhang klar, daß der Autor gleich Göhler bestrebt ist, die römische Politik allgemein gegenüber den Bündnern in einem günstigen Licht erscheinen zu lassen (H. Galsterer, Herrschaft und Verwaltung im republikanischen Italien, 87, vgl. oben S. 116 Anm. 81).

im Namen Roms durchführte und die den inneren Ruin des genannten Reiches zwangsläufig bewirkte.[85]

---

[85] Vgl. zu den obigen Ausführungen noch besonders die folgenden kritischen Besprechungen von Göhlers Buch: E. Hohl, DLZ 61 (1940), 1019 ff. und M. Gelzer, Gnomon 17 (1941), 145 ff. (Nachdr. in: Kleine Schriften II, 86 ff.). Mißverständlich ist die Formulierung bei F. Schottlaender, Römisches Gesellschaftsdenken, 125. Schottlaender läßt Vogt einräumen, daß Rom das Prinzip des *divide et impera* „nach vielen Vorgängern angewendet", wenn auch nicht zur Maxime seiner Politik gemacht habe.

UNIVERSALHISTORISCHE VERGLEICHE UND PERSPEKTIVEN ZUM THEMENKREIS 'POLITIK — STAATSETHIK — SITTENVERFALL IM REPUBLIKANISCHEN ROM'*

Schon in den Untersuchungen ›'Stoische Staatsethik' und frühes Rom‹ (neu abgedruckt oben S. 1 ff.) und ›Römische Politik in republikanischer Zeit und das Problem des 'Sittenverfalls'‹ (neu abgedruckt oben S. 22 ff.), auf die hier erneut Bezug genommen werden muß, schien es mir angezeigt, zur Klärung der angeschnittenen Fragen außerrömische Bereiche in die Betrachtung mit einzubeziehen. Der damit beschrittene Weg soll in dieser Studie fortgesetzt werden. Dabei kann es sich — natürlich — auch hier nur um ein sozusagen exemplarisches Verfahren handeln, das allerdings das Ziel verfolgt, die a.O. erörterten Probleme nun ganz bewußt in einen größeren universalhistorischen Zusammenhang zu stellen und von hier aus aufzuzeigen, daß wir es mit Verhältnissen zu tun haben, die uns überall auch in den außerrömischen Bereichen begegnen und deren Behandlung auf vergleichender Basis letztlich immer wieder gleiche oder ähnliche Ergebnisse zeitigt. Unnötig zu betonen, daß die im folgenden niedergelegten Überlegungen auch mit Gedanken in Zusammenhang stehen, die in der Abhandlung ›Das Problem des Kulturverfalls in universalhistorischer Sicht‹ (oben Bd. 1, 252 ff.) geäußert wurden, und daß schließlich auch Beziehungen zwischen dieser Studie und dem neuen Beitrag über die römische Politik (oben S. 48 ff.) nicht fehlen.

Und noch eine grundsätzliche Bemerkung, ehe wir *medias in res* gehen: Wer, wie wir das im folgenden beabsichtigen, den Weg einschlägt, ein bestimmtes Problem unter vergleichend-universalhistorischen Gesichtspunkten einer Klärung zuzuführen, die in vollem Ausmaß nur auf solchem Wege erreichbar erscheint, muß den Mut haben, auch Texte heranzuziehen, die ihm nur über das Medium von Übersetzungen zugänglich sind, muß es also — im gegebenen Fall — auf sich nehmen, beispielsweise mit der deutschen Übersetzung des Lin Yü durch R. Wilhelm und mit der englischen Übersetzung der in einer altertümlichen Sprache der Mayas von Yukatan geschriebenen Chronik des Chilam Balam von Chumayel, welche R. L. Roys in verdienstvoller Weise für seine der genannten Sprache unkundigen Mitforscher herausbrachte, zu arbeiten. Die Problematik der Verwendung von Übersetzungen ist jedem von uns vertraut. Vor die Alternative gestellt, den Horizont historischer Betrachtungsweise gerade nur so weit reichen zu lassen, wie die eigenen Sprachkenntnisse reichen, also auf universalhistorische Ausrichtung auf jeden Fall zu verzichten oder aber Texte aus fremden Kulturwelten in Übertragungen, die natürlich von zuständigen Gelehrten verfaßt sein müssen, auszuschöpfen — vor diese Alternative gestellt, kann es für uns nur den letzteren Weg geben, auch wenn sich dem vor 70 Jahren kein Geringerer als *Ed. Meyer* entgegenstellte mit der damals wie heute unvermeidlichen Folge, daß die von ihm selbst proklamierte universalhistorische Ausrichtung *de facto* auf

* Originalbeitrag 1977.

eine Negation der Universalgeschichte, in der auch Süd- und Ostasien und Amerika ihre Plätze haben müssen, hinauslief.[1] Zum Verständnis der Haltung Ed. Meyers, deren konkreter Anlaß bekanntlich ein Streit mit K. *Breysig* war, muß man freilich berücksichtigen, daß gute und zuverlässige Übersetzungen von historischen und literarischen Texten der außereuropäischen Literatur damals noch verhältnismäßig rar waren. So gehören auch die obengenannten Übersetzungen aus dem Chinesischen und der Mayasprache von Yukatan einer späteren Zeit an. Hier noch die Namen von zwei berühmten Gelehrten, die schon vor langen Jahrzehnten keine Scheu hatten, den oben bezeichneten Weg zu beschreiten: *H. Usener* und *M. Weber.*

Wir beginnen mit einem räumlich wie zeitlich weit abliegenden Problem, nämlich dem der Politik der Inkaherrscher, wie sie in der Chronik des *Cieza de León* dargestellt wird. Der Erörterung dieses Fragenkomplexes muß ein kurzes Wort über den genannten spanischen Chronisten und sein Werk vorausgeschickt werden.

Schon mit dreizehn Jahren verließ Cieza de León, wie er uns selbst erzählt, seine spanische Heimat und verbrachte die nächsten siebzehn Jahre als Soldat in verschiedenen nicht genauer bekannten Funktionen in den nördlichen Andenländern und hier vor allem in den Kerngebieten des früheren Inkareiches, nicht ohne, wie sich das von selbst verstand, an den Kämpfen teilzunehmen, welche die Konquistadoren schon bald nach der Liquidierung des Kaisertums der Inkas untereinander ausfochten. Aber Cieza de León fühlte sich in erster Linie nicht als Soldat, sondern als Chronist, und noch vor seiner Rückkehr nach Spanien i. J. 1550 ging er — aufgrund seiner sehr umfangreichen, offenbar kontinuierlich vorgenommenen Aufzeichnungen — an die Niederschrift seiner ›Crónica del Perú‹, deren ersten, als eine Art Landeskunde angelegten Teil er 1553 und 1554 in Sevilla und Antwerpen — kurz vor seinem Tode 1554 — veröffentlichte, während das Kernstück des ganzen, vier Teile umfassenden Werkes, der zweite mit den Inkas und ihrem Reich sich beschäftigende Band, gleich den weiteren Teilen, die hier — als Beschreibungen der späteren Kriege zwischen den Konquistadoren — außer Betracht bleiben können, erst im späten 19.Jh. entdeckt und veröffentlicht wurde.[2] Cieza de León war bekanntlich keineswegs der einzige

---

[1] Eine eingehendere Erörterung dieses Problems bietet die Untersuchung ›Universalhistorische Betrachtungsweise als Problem und Aufgabe‹ im 1. Bd. dieses Werkes 132 ff. (siehe bes. 144 ff.).

[2] Über die sehr verwickelte Geschichte der Publikation der verschiedenen Teile der ›Crónica‹ orientiert jetzt am besten V. W. von Hagen in der Vorrede und der als Anhang gebotenen Literaturübersicht zu seinem 1971 erschienenen Werk ›Auf den Königsstraßen der Inka‹ (19 ff., 542 ff.). Dieses Werk bietet eine auf Veranlassung des genannten Amerikanisten von H. de Onis besorgte Übersetzung der Chronik ins Amerikanische, die dann K. H. Kosmehl ins Deutsche übertrug. Die Zitate und Hinweise in den folgenden Ausführungen beziehen sich auf diese Ausgabe V.W. von Hagens, in welcher, wo es wissenschaftlich vertretbar erschien, Abschnitte des ersten mit solchen des zweiten Teiles „syn-

Spanier, der sich damals gedrängt fühlte, die Zustände und Ereignisse in den neuentdeckten und eroberten Andenländern zu schildern, doch war er zweifellos der bedeutendste von allen — nicht ausgenommen den Mann, in dessen Schatten er lange Jahrhunderte stand, den 'Inka' *Garcilaso de la Vega*, der als Sohn eines Spaniers und einer Inkaprinzessin in der ehemaligen Hauptstadt des Inkareiches, in Cuzco, geboren wurde, aber schon in jungen Jahren für immer nach Spanien ging und dort in hohem Alter, über ein halbes Jahrhundert nach dem Erscheinen des ersten Teiles des Werkes des Cieza de León, seine ›Comentarios reales, que tratan del origen de los Incas‹ schrieb. (Es wäre reizvoll, auch diese Chronik und etwa noch die ganz anders angelegte und — durch den hohen spanischen Auftraggeber bedingt — sehr tendenziöse Chronik des P. Sarmiento de Gamboa in die Betrachtung mit einzubeziehen, wenn dies nicht den Rahmen unserer Abhandlung völlig sprengen würde; so mußte es bei einzelnen Hinweisen sein Bewenden haben.[3])

Man hat Cieza de León gelegentlich mit Herodot verglichen[4], und in der Tat fühlt man sich bei der Lektüre seines Werkes immer wieder an den berühmten 'Vater der Geschichte', den der spanische Chronist offenbar gelesen hat, erinnert. Vor allem ist zu konstatieren: Gleich Herodot kann Cieza de León als ein großartiger Erzähler gelten, der mit wachem Blick für das Interessante und ethnologisch und historisch Wesentliche viele Jahre lang durch Kolumbien und die südlich angrenzenden Länder des ehemaligen Inkareiches streifte und — den Notizblock ständig bei sich tragend — durch Befragung von ihm glaubwürdig erscheinenden Landesbewohnern und ansässigen Spaniern zu dem reichen Material kam, das es ihm ermöglichte, sein Geschichtswerk zu konzipieren und

chronisiert" wurden (vgl. a.O. 22). Zur Überprüfung der im folgenden zitierten Stellen am Urtext war mir nur der — allerdings alle für uns wichtige Partien des Gesamtwerkes umfassende — 1880 nach seiner Entdeckung erstmals publizierte Band 2 zugänglich: P. de Cieza de León, Segunda Parte de la Crónica del Perú, que trata del señorío de los Incas yupanquis y de sus grandes hechos y gobernacion, hrsg. von M. Jiménez de la Espada (1880).

[3] Garcilaso de la Vega, Comentarios reales, que tratan de origen de los Incas (1608/09), mir nur in der 1633 von I. Baudoin herausgebrachten französischen Ausgabe zugänglich). P. Sarmiento de Gamboa, Geschichte des Inkareiches (spanischer Urtext mit ausführlicher Einleitung), hrsg. von R. Pietschmann (Abh. der Gesellsch. der Wiss. Göttingen, philol.-hist. Kl. N.F. VI Nr. 4, 1906). Auf die Einstellung des Garcilaso de la Vega (und seine Glaubwürdigkeit!) wirft die Tatsache, daß der Genannte mit Nachdruck bestreitet, daß es unter den Inkas Menschenopfer gab, ein grelles Schlaglicht. Nicht nur die sonstige literarische Überlieferung, sondern auch die Ausgrabungen, angefangen bei der Freilegung der Nekropole von Pachacamac, beweisen das Gegenteil. Schrieb hier der 'Inka' wider besseres Wissen oder hatte sich in seiner Erinnerung so Wesentliches verschoben? Beides ist möglich.

[4] V. W. von Hagen, Auf den Königsstraßen der Inkas, 31. Vgl. auch die weiteren Darlegungen V. W. von Hagens, in denen auch das wenige zur Sprache kommt, das wir über das Leben Cieza de Leóns wissen.

zu Papier zu bringen. Wie Herodot fühlte er sich verpflichtet, den Leser ins Bild zu setzen, wenn die Aussagen über bestimmte Vorgänge divergierten, wobei er, wiederum so wie Herodot, oft bestrebt war, zu einer eigenen Entscheidung hinsichtlich der Glaubwürdigkeit der verschiedenen Berichte zu gelangen, wenn ihm auch, abermals gleich dem Historiker aus Halikarnass, einigermaßen sichere Kriterien für solche Entscheidungen nicht zur Verfügung standen.[5] Worin sich Cieza de León von Herodot unterschied: Er war — verständlicherweise — aufgeklärter, glaubte insbesondere nicht an die indianischen Vorzeichen und Orakel[6], und er sah die Dinge von einer bestimmten Warte insofern, als er die Spanier — von Ausnahmen abgesehen — für grausam und habgierig und damit, verglichen mit den Inkas und ihren Untertanen, trotz ihres Christentums für moralisch minderwertiger hielt (siehe Kap. 104 und passim).

Von der letztgenannten Beobachtung nicht zu trennen ist der folgende Sachverhalt, der in unserem Zusammenhang insofern Bedeutung hat, als er zwar keine Sittenverfalls-Vorstellung der uns von den Römern her vertrauten Art widerspiegelt, wohl aber ein besonders eindrucksvolles und klares Beispiel dafür bietet, daß neben einem der historischen Wirklichkeit offensichtlich entsprechenden Bild eine völlig andere, die Vergangenheit und die in ihr wirkenden Männer in jeder Hinsicht verklärende Anschauung entstehen bzw. existieren kann. Da haben wir einerseits die Inkas als Großkönige, die jedes fremde Volk, das zögert, sich ihnen zu unterwerfen und damit ein drückendes Joch auf sich zu nehmen, furchtbar heimsuchen und mit allen Mitteln ihr Weltreich gegen innere und äußere Gefahren sichern und ausbauen, und andererseits die Inkas als Friedensfürsten, erfüllt von einem Sendungsbewußtsein gegenüber allen in ihrem

---

[5] Vgl. zu den obigen Ausführungen D. Briesemeister, Kindlers Literatur Lexikon, Ergänzungsband (1970), 10588, s.v. Crónica del Perú: „Obwohl als Kriegsmann nicht eigentlich gebildet, besaß er (scil. Cieza de León) ein erstaunliches historisches Gespür, eine scharfe Auffassungsgabe, die ihm verschiedene Wissensgebiete erschloß, und eine natürliche, spontane Ausdrucksfähigkeit". Die zweite Hälfte dieses Satzes kann ohne Einschränkung unterschrieben werden. Zu dem Hinweis auf das „erstaunliche historische Gespür" vgl. die weiteren Ausführungen im Text. Unhaltbar ist die Bemerkung betreffend die mangelnde historische Bildung des 'Kriegsmannes'. Ihr stehen verschiedene Stellen im Werke Cieza de Leóns klar entgegen, die eine große Belesenheit des Genannten (auch auf dem Gebiete der antiken Literatur!) bezeugen. Cieza de León muß sie sich in ganz jungen Jahren, bevor er nach Südamerika ging, angeeignet haben. Es mag hier noch vermerkt werden, daß er unter den damals mit Amerika sich beschäftigenden spanischen Chronisten hinsichtlich seiner Vertrautheit mit antiken Autoren keineswegs allein steht. Neben ihm ist vor allem noch zu nennen sein Zeitgenosse F. López de Gómara, der bekanntlich über eine geradezu klassische Bildung verfügte.

[6] Siehe vor allem Kap. 38. Allerdings war Cieza de León davon überzeugt, daß der Teufel mit den Indios sein Unwesen trieb und die Orakel letztlich auf ihn — sozusagen als Teufelsspuk — zurückgingen.

Gesichtskreis liegenden Völkern und dem Bedürfnis, sich durch Wohltaten Freunde zu erwerben und ihr Imperium durch ebensolche Wohltaten und eine gerechte und soziale Herrschaftsausübung vor der Mit- und Nachwelt zu rechtfertigen.

Befragte Cieza de León die Alteingesessenen über die Verhältnisse und Zustände, wie sie vor der Gründung der Reichshauptstadt Cuzco durch den ersten Großinka Manco Capac und damit vor der Konstituierung des Inkareiches in diesen Ländern herrschten, so erhielt er eine Antwort, die offenbar einer damals und vielleicht schon früher sehr verbreiteten Vorstellung entsprach (siehe bes. Kap. 4 und 6): Vor dem Auftreten der Inkas waren die Menschen noch „unglaublich dumm und viehisch". Ohne Ordnung und Zivilisation lebten sie in Höhlen und bekriegten einander aus geringsten Anlässen unter der Führung mächtiger Tyrannen. Dabei rotteten sie sich gegenseitig aus, raubten sich die Weiber, heirateten aber auch die eigenen Mütter und Töchter und führten überhaupt in jeder Beziehung das Leben von noch gänzlich unkultivierten Barbaren. Das änderte sich mit dem Auftreten der Inkas, denn diese betrachteten es als ihre große Aufgabe, den anderen Menschen bzw. Völkern gute Sitten beizubringen und sie dieses und jenes für sie Segensreiche und Gute, angefangen beim Säen und Ernten, zu lehren. Sie verboten ihnen zugleich, sich gegenseitig zu bekämpfen und gar aufzufressen und in anderer Weise gegen die Gesetze der Natur sich zu versündigen (Kap. 8, 12, 19 und passim). Wer freilich dem freundlichen Zureden der Inkas oder ihrer Abgesandten hartnäckig widerstand, wurde wohl bekriegt, aber selbst noch in diesen Fällen erwiesen sich die Großkönige als Hort edelster Menschlichkeit und Sittlichkeit: Die Gefangenen wurden mitsamt der Beute den Besiegten zurückgegeben, ja die letzteren erhielten von den siegreichen Inkas überdies als Geschenke schöne Weiber, Gold und Wolle (Kap. 48), und die gegnerischen Fürsten verblieben in ihrer Stellung (a.O.). Ein ihnen auferlegter Tribut hielt sich in geringer Höhe und fand zudem einen vollen Ausgleich durch die Wohltaten, welche die Inkas allen ihren Untertanen zukommen ließen. Vor allem geschah dies dann, wenn die betreffenden Stämme Mangel an etwas litten und nun vom Herrscher „mit allem..., was er entbehren konnte", versehen wurden.[7] Die Statthalter, welche — Cieza de León verschweigt es nicht — den einheimischen Fürsten an die Seite gestellt wurden, erhielten Anweisung, „in allen Maßnahmen größte Gerechtigkeit walten zu lassen..." (Kap. 79). Kein Wunder bei dieser Sachlage, daß viele Völker von sich aus, auf die bloße Kunde vom gerechten und wohltätigen Regiment der Inkas hin, die Oberherrschaft der letzteren anerkannten, indem sie überzeugt waren, daß die Ahnen dieser weisen und ehrenhaften Fürsten vom Himmel herabgestiegen seien (Kap. 61, 69, 79). Kein Wunder auch, daß einer dieser Großkönige,

---

[7] Siehe etwa die Kap. 2, 12f., 19, 100 und passim.

Topa Inca, so sehr geliebt und verehrt wurde, daß man ihm die Beinamen „Vater der Welt", „guter Inka" und „Freund und Arm der Gerechtigkeit" gab (Kap. 194). Allgemein war die Ehrfurcht vor den Inkas sehr groß, sie wurzelte „in der Weisheit und Gerechtigkeit der Herrscher", wie denn auch jeder wußte, „daß einer bösen Tat die Strafe auf den Fuß folgen würde" (Kap. 58).

Der zweite Überlieferungsstrang, den wir bei Cieza de León verfolgen können, bietet ein völlig anderes Bild. Hier erscheint das Verhältnis der Inkas zu den benachbarten Fürsten und Völkern nicht zuletzt bestimmt durch den Willen der ersteren, ihr Reich und ihren Reichtum auf Kosten der benachbarten Fürsten und Völker mit allen Mitteln bei jeder sich bietenden Gelegenheit zu mehren und zu stärken. Allerdings wird auch in dieser Überlieferung, die sich natürlich von jener oben behandelten nicht immer säuberlich trennen läßt, von Botschaften der Inkas an noch unabhängige Fürsten und Stämme gesprochen, aber diese hatten eindeutig den Charakter von herrischen Ultimaten, die nach einer bestimmten Frist — man denkt an die 30-Tage-Frist bei den Römern! — abliefen und nichts anderes beinhalteten, als daß die Betreffenden vor die Alternative gestellt wurden, sich einer tyrannischen Herrschaft (vgl. unten) bedingungslos zu unterwerfen oder es auf einen Krieg auf Leben und Tod ankommen zu lassen.[8] Wie solche Kriege (und andere, bei denen es sich darum handelte, rebellische Untertanen zur Raison zu bringen) geführt wurden, erfahren wir an verschiedenen Stellen. Von Pachacuti wird berichtet, daß er die Einwohner der Städte Ayaviri und Copacopa, die auf seine wohlgemeinten 'Vorschläge' nicht eingehen wollten und es also auf bewaffneten Widerstand ankommen ließen, zu töten befahl und die Städte selbst zerstören ließ (Kap. 89). Das in Ecuador sitzende Volk der Otavalo, das sich Huayna Capac nicht freiwillig unterwerfen wollte, wurde in einer großen Schlacht besiegt, und alle Gefangenen fielen auf Befehl des siegreichen Inka einem Blutbad zum Opfer (Kap. 12f.). Nicht anders verfuhr nach Kap. 2 (vgl. Kap. 13) der genannte Inka mit den Bewohnern von Caranqui und den umliegenden Dörfern, die ihn „herausgefordert und beleidigt hatten", wobei offenbar, wie auch nach der Eroberung der obengenannten

---

[8] Kap. 78. Vgl. dazu Kap. 39, wo Cieza de León zwei Überlieferungen über das Verhalten Pachacutis gegenüber den Bewohnern einer von ihm erfolgreich belagerten Festung mitteilt. Unser Autor stellt zunächst fest, daß Pachacuti nach erfolgter Kapitulation der Festung den Bewohnern Gnade gewährte und „versprach, ihnen kein Leid zu tun, sondern sie im Gegenteil, mit Verpflegung und allem nötigen versehen, in ihre Heimat zurückzuschicken". Er fährt dann fort: „Andere allerdings wollen wissen, daß er alle, ohne Ausnahme, töten ließ". Cieza de León schließt mit einer für ihn sehr charakteristischen Sentenz, die seine innere Verwandtschaft mit Herodot besonders schön hervortreten läßt: „Persönlich glaube ich das nicht; allerdings weiß ich in beiden Fällen nur, was die Indianer erzählen". Vgl. dazu Kap. 118 mit von Cieza de León mitgeteilten verschiedenen Versionen über das Vorgehen des Topa Inca gegen einen bis dahin unabhängigen Stamm.

Städte, die Frauen und Kinder ebensowenig wie die Männer geschont wurden. Wiederum von Huayna Capac berichtet unser Historiker (Kap. 100), daß er einen Aufstandsversuch der Bewohner der Insel Puná — nach Hinrichtung der Rädelsführer durch Pfählen und Ertränken — mit einem blutigen Massaker vergalt. Im übrigen ist Cieza de León auch hier Historiker genug, seinen Lesern nicht zu verschweigen, daß der von ihm ansonsten besonders günstig beurteilte Topa Inca unter den Huarcos, die ihm mehrere Jahre lang erfolgreich widerstanden hatten, unter Bruch einer mit ihnen abgeschlossenen Vereinbarung ein Gemetzel anrichtete, wovon noch zu seiner, Cieza de Leóns, eigener Zeit hohe Knochenpyramiden — sie haben ihr bekanntes Gegenstück in den Schädelpyramiden des Timur Lenk! — kündeten (Kap. 118).

Eine große Anzahl von weiteren Stellen beinhaltet die Folgen, die die Unterwerfung unter die Herrschaft der Inkas auch für diejenigen Stämme hatte, die es nicht auf einen Krieg ankommen ließen. Regelmäßig wurde, nach diesen Stellen[9], ein beträchtlicher Teil der alteingesessenen Bevölkerung zwangsweise in eine andere Provinz des Reiches umgesiedelt, wo dann die Betreffenden etwa Länder, die bis dahin brach lagen, urbar machen mußten oder, militärisch organisiert und dem Oberbefehl des Statthalters direkt unterstellt, die Aufgabe hatten, die ansässigen Landesbewohner zu überwachen und von Aufständen abzuhalten, wozu da und dort noch die Verpflichtung kam, die von den letzteren zu entrichtenden Tribute einzutreiben. Die durch die Aussiedlungen frei werdenden Gebiete wurden wiederum von Zwangsverschleppten (für die es einen eigenen *terminus technicus* gab) aus anderen Provinzen neu bevölkert, denen hier die gleichen Aufgaben zufielen.

Außer Kriegsdienst und Frondienst, wobei es sich vor allem um den Bau von Festungen, Palästen in den Reichs- und Provinzhauptstädten und Straßen handelte, waren es in erster Linie die Tributzahlungen, die nach den zitierten u. a. Stellen das Verhältnis zwischen Inka und Untertanen bestimmten. Einer von Cieza de León (Kap. 49) eingeflochtenen persönlichen Bemerkung zufolge wären sie „manchmal" höher gewesen als die hernach an die Spanier zu entrichtenden Abgaben. Soweit sie an den Herrscher direkt abzuführen waren, bestanden sie — nach a.O. (vgl. dazu Kap. 47) — aus Gold und, wo solches nicht vorhanden war, aus „weniger wertvollen Gütern", gelegentlich auch aus Frauen und Kindern, von denen Cieza de León, nun wieder im Bereich jener anderen Überlieferung sich bewegend, im Ernst glaubt, daß sie ihre Heimatdörfer „ohne Bedauern" verlassen hätten. Auch der Unterhalt der auf die alten oder neu erbauten Festungen verteilten Besatzungstruppen und der offenbar sehr zahlreichen königlichen Beamten, die den Statthaltern und sonstigen königlichen „Bevollmächtigten", neben welchen die nicht abgesetzten Landesfürsten offenbar nur

---

[9] Siehe etwa Kap. 15f., 19, 25, 31, 34, 39, 46 und passim.

noch ein Schattendasein führten, zur Seite standen, war — nach Kap. 47 — zur Gänze von den Provinzen selbst bzw. den in ihnen lebenden großköniglichen Untertanen aufzubringen. Nach anderweitiger Überlieferung, mit der sich u. a. H. Nachtigall beschäftigt[10], kam als sozusagen besondere Erschwernis der Lage der Provinzialen noch hinzu, daß der Inka bei Inbesitznahme eines Territoriums den dritten Teil desselben für sich persönlich und ein weiteres Drittel für den Sonnengott als den Hauptgott der Inkas in Anspruch nahm.

Cieza de León scheint es tatsächlich selbst nicht erkannt zu haben, daß er aufgrund der von ihm auf seinen Fahrten durch die Inkaländer gesammelten sehr disparaten mündlichen Tradition nun nicht etwa, wie es natürlich sein Ziel war, zu einem in sich geschlossenen, einheitlichen Bild vom Inkareich und der Politik der Inkas kam, sondern sozusagen zu zwei ganz verschiedenen und sich klar gegenseitig ausschließenden Bildern: Hier, wir stellen es noch einmal heraus, das Bild von Herrschern, welche unter rücksichtslosem Einsatz aller ihnen zur Verfügung stehenden Mittel ein Großreich gründen und dessen Bewohner mit brutalsten Methoden, wenn auch keineswegs immer mit Erfolg — Cieza de León berichtet von blutigen Aufständen[11]! — niederhalten und aussaugen; dort das Bild von geradezu heiligen Königen, die nur den einen Fehler hatten, keine Christen gewesen zu sein, von Königen mit Nimbus, welche — selbst tugendhaft und gerecht und ihrer Sendung bewußt — vom Wunsche beseelt waren, anderen Menschen Gutes zu tun und ihnen vor allem zu helfen, auch ihrerseits den Pfad der Tugend zu wandeln. Die hier nun dem rückblickenden Historiker sich aufdrängende Frage, welches von diesen beiden Bildern der geschichtlichen Wirklichkeit mehr entspricht, zu beantworten, kann nicht schwer sein: Einem verklärten Idealbild von einer guten alten Zeit und entsprechenden Herrschern, das sich schon in den Köpfen der Indios selbst in den Zeiten nach dem Unter-

---

[10] H. Nachtigall, Der Ständestaat der peruanischen Inkas, in: Saeculum 15 (1964), 18 ff., siehe bes. 22 ff. Es sei hier vermerkt, daß das Problem der Ayllus in unserem Rahmen natürlich nicht behandelt werden kann. (Daß mir die Meinung derjenigen Neueren abwegig erscheint, die im Inkareich einen Sozialstaat, wie er kaum irgendwo sonst verwirklicht wurde, sehen wollen, versteht sich nach dem Dargelegten und noch Darzulegenden von selbst. Vgl. dazu die Literaturhinweise unten Anm. 15.)

[11] Siehe bes. Kap. 79: In mehreren Provinzen, angefangen bei der Provinz Colla, kam es zu Beginn der Regierungszeit von Topa Inca zu Verschwörungen und Erhebungen gegen die Herrschaft der Inkas. Cieza de León beeilt sich, bei dieser Gelegenheit einmal mehr herauszustellen, daß diese rebellischen Untertanen, wie natürlich auch alle anderen, weder unterdrückt noch ausgebeutet oder irgendwie sonst tyrannisch behandelt worden seien. Hier wie sonst ist übrigens schwer zu entscheiden, ob auch solche Beteuerungen auf Angaben befragter Indios fußen oder von Cieza de León — nach Art der taciteischen Sentenzen — selbst eingefügt wurden.

gang des Inkareiches — verständlicherweise! — gebildet hatte[12], und dem dann Cieza de León aus seiner feindlichen Einstellung gegenüber den eigenen Landsleuten offenbar noch gewisse zusätzliche Akzente aufsetzte — diesem Bild steht ein anderes, sozusagen nüchtern-reales gegenüber, dem nicht nur die innere Wahrscheinlichkeit eignet, sondern das sich auch überprüfen und von anderen Materialien her weitgehend verifizieren läßt, davon abgesehen, daß es von vornherein unmöglich erscheint, daß sich die Gewährsmänner des Cieza de León oder gar er selbst die zahlreichen konkreten Angaben, die dem dahinterstehenden Idealbild so gar nicht entsprachen, aus den Fingern sogen. Wir erwähnen nur, daß die Mitteilungen über die systematischen Zwangsumsiedlungen großer Bevölkerungsteile der unterworfenen Länder durch entsprechende Angaben in anderen, von Cieza de León unabhängigen Chroniken wie auch durch die heutigen sprachlichen Verhältnisse (etwa im Gebiete von Quito) ihre Bestätigung finden, daß ferner die Angaben im Kap. 47 des Geschichtswerkes des Cieza de León (der auch hier keineswegs allein steht!) über die aus den Tributen in Edelmetall herrührenden Reichtümer der Inkas durch Bodenfunde und auch etwa durch die Berichte von der Gefangennahme des Atahualpa und dessen Versuch, sich mit einer riesigen, einen ganzen großen Raum bis an die Decke füllenden Menge Goldes freizukaufen, sowie durch die Berichte von den Goldschätzen, die die Spanier in Pachacamac erbeuteten, bestätigt werden, daß sodann die noch erhaltenen Festungsbauten und Paläste aus der Inkazeit das erhärten, was Cieza de León über die Zwingburgen der Inkas und die Fronarbeit, der sie — ebenso wie etwa die mykenischen Anlagen — ihre Existenz verdanken, schreibt usf. Am Rande sei noch erwähnt, daß umgekehrt jene in den Bereich der Verklärungstendenzen gehörende Vorstellung, die Inkakönige hätten die Indios Südamerikas aus primitiver Wildheit in die Welt hoher Kultur und Gesittung geführt, durch das archäologische Material aus der Vor-Inkazeit längst zur Gänze widerlegt ist.[13] Heute weiß man, daß die Anfänge der Hochkultur in den

---

[12] Vgl. dazu Kap. 58: Er selbst, Cieza de León, habe gesehen, wie ein alter Indio beim Anblick von Cuzco in Tränen ausbrach, indem er die Gegenwart mit der alten Zeit verglich, „in der Jahrhunderte lang ihre eigenen Herrscher regiert hatten, die, ganz anders als die Spanier, die Freundschaft und Dienstwilligkeit ihres Volkes zu gewinnen wußten". Die Szene hat Cieza de León sicher nicht selbst erfunden, wie wir ihm auch sonst kein bewußtes Abweichen von der historischen Wahrheit zutrauen können (auch darin eine Parallele zu Herodot, nicht eine solche zu gewissen späten Annalisten und etwa zu Caesar).
[13] Vgl. dazu H. Nachtigall a.O. 19 mit Hinweisen auf ältere Literatur. Die Formulierung von Nachtigall: „Nach Garcilaso de la Vega ... gab es vor der Incaherrschaft nur rohe, nackte und des Ackerbaus unkundige Völker ..." ist irreführend: Schon bei Cieza de León, also ein halbes Jahrhundert vor dem Erscheinen des Werkes des Garcilaso de la Vega, ist besagte Vorstellung voll ausgebildet. — Ein ganz anderes, verklärtes Bild von den Verhältnissen in der Vor-Inkazeit bietet P. Sarmiento de Gamboa in seiner ›Historia

Andenländern bis ins 3. Jahrtausend v. Chr. zurückreichen, während das Inkareich, eingerechnet die lange Zeit enger örtlicher Begrenzung, zur Zeit seiner Vernichtung durch die Spanier kaum älter als 300 Jahre war.

Wir haben also hier den klaren Fall, daß in einer relativ kurzen Zeitspanne ein gänzlich unrichtiges, verklärtes Bild von der Politik und Struktur eines Staates bzw. der diesen beherrschenden Fürsten entstand, ohne daß es der dabei wirksamen Tendenz zur Beschönigung der guten alten Zeit gelungen wäre, die geschichtlichen Realitäten auszulöschen. Die gleiche Situation bietet die Überlieferung zur Geschichte der römischen Republik der Vor-Verfallszeit. Die verklärenden Tendenzen, die tatsächlich in der Annalistik und bei zahlreichen anderen Schriftstellern und Dichtern einen ganzen, und zwar den beherrschenden Überlieferungsstrang bilden[14], konnten die Erinnerung an Fakten nicht zur Gänze unterdrücken, die ein völlig anderes Bild ergeben, nämlich das Bild einer politischen Verhaltensweise, wie sie eben von einem Volk dieser Kulturstufe zu erwarten ist mit all den bekannten Erscheinungen wie Vernichtung eroberter Plätze, Versklavung gefangener Gegner, Annexion eroberter Gebiete usw. Vergleichen wir die bewußte Überlieferung zur römischen Geschichte der republikanischen Zeit mit der vor allem bei Cieza de León gebotenen über die Geschichte der Inkas, so sind die Parallelen hinsichtlich der Idealisierung der vergangenen Zeiten besonders frappierend — sie reichen bis zum 'Sendungsbewußtsein' und zum *parcere subiectis et debellare superbos*. Die Wirkung freilich, welche von diesem beschönigenden Überlieferungszweig auf die neuere Historiographie ausgeht, ist hier und dort nicht ganz gleich groß: Viele Amerikanisten konnten

General Llamada Indica‹ (Kap. 4 ff. ed. R. Pietschmann), dem es — dem Wunsch seines Auftraggebers, des spanischen Vizekönigs F. de Toledo, entsprechend — ganz im Gegensatz zu Cieza de León darauf ankam, die Inkas als Usurpatoren abzuwerten und die Spanier als diejenigen hinzustellen, die einen alten gottgewollten Zustand wiederherstellten.

[14] Vgl. dazu meine eingangs zitierten Abhandlungen und den Aufsatz über die römische Politik oben S. 48 ff. Hier macht übrigens auch Polybios keine Ausnahme — jedenfalls insofern nicht, als er ab und zu seine nüchtern-kritische Einschätzung der römischen Politik (vgl. das Zitat oben S. 67) völlig vergißt und dann Gedanken zu Papier bringt, die etwa dahin gehen, daß die Römer mit allen Unglücklichen Mitleid fühlen und sich den bei ihnen Zuflucht Suchenden auch dann freundlich erweisen wollen, wenn ihre rechtlichen Verpflichtungen, an die sie sich natürlich an und für sich gebunden fühlen, dem entgenstehen (XXIV 10, 11 f.). Diese Überlegungen könnten auch von Cieza de León (oder Prokop, s. unten S. 143 ff.!) stammen. Die Parallelen reichen hinein bis in die Formulierungen. Erstaunlich weitgehend auch die Parallelen zwischen den Angaben des Cieza de León über die Barbaren der Zeiten vor dem Erscheinen der Inkas und den rohen und ungesitteten Aboriginern im frühen Italien in der Überlieferung zur römischen Geschichte. Siehe etwa Sallust, Bell. Cat. 6. Weitere Stellen bei A. Schwegler, Römische Geschichte I²1 (1867), 199 ff.

sich von dem Banne, den Cieza de León und früher vor allem Garcilaso de la Vega ausübten, mehr oder weniger befreien und zu einer aufs Ganze gesehen nüchternen, den Tatsachen Rechnung tragenden Einschätzung der Verhältnisse gelangen, wenn allerdings eine gewisse Neigung, beim Idealbild der Chronisten diese oder jene Anleihe zu machen, gelegentlich noch spürbar ist, und zwar auch hier bei sehr namhaften Gelehrten.[15]

Ein wichtiger neuer Aspekt ergibt sich für uns, wenn wir die Frage nach etwa vorhandenen Unterschieden zwischen dem von Cieza de León entworfenen Bild von der peruanischen Vergangenheit und dem der Tradition von den Verhältnissen im Rom der älteren Zeit und der nachfolgenden Jahrhunderte aufwerfen:

[15] Beispiele (mit Beschränkung auf neuere darstellende Werke führender Amerikanisten): J. A. Mason, Das alte Peru. Eine indianische Hochkultur, deutsch von H. W. A. Schoeller (1965), 291 („Der Staat der Inka war ein Wohlfahrtsstaat *par excellence...*"), 299 („Wohlbefinden und Frieden seines Volkes waren seine [scil. des Inka] ständige Sorge".) und passim. H. D. Disselhoff, Geschichte der altamerikanischen Kulturen (^{2}1967), 335 f. („Erst nach der Hinrichtung Atauhualpas, der übrigens auch in der Gefangenschaft seine den weißen Barbaren überlegene Kultur durch eine wahrhaft königliche Haltung bewies..." — bekanntlich hatte der Usurpator Atahualpa kurz zuvor die Familie seines Bruders Huascar, des rechtmäßigen Inka, mitsamt den Frauen und Kindern ausrotten lassen und noch in der Gefangenschaft die Ermordung von Huascar selbst veranlaßt!), vgl. ders., Das Imperium der Inka (1972), 211 ff. F. Katz, Vorkolumbische Kulturen (1969), 548 („Züge eines orientalischen Despoten" erst bei Huayna Capac, dem 1525 verstorbenen Vater Atahualpas, vgl. etwa 587 f. („...die barbarischen Verhältnisse in der vorinkaischen Zeit besonders krass geschildert und überbetont..." — nein, nicht überbetont, sondern erfunden!). — Natürlich darf man hier wie sonst nicht verallgemeinern: Es gibt auch einschlägige Werke, die sich von jeder Idealisierung frei halten. Ein schönes Beispiel hierfür bieten die einschlägigen Schriften des Ethnologen H. Cunow: Die soziale Verfassung des Inkareichs. Eine Untersuchung des altperuanischen Agrarkommunismus (1896) und das postum erschienene Werk ›Geschichte und Kultur des Inkareiches. Ein Beitrag zur Kulturgeschichte Altamerikas‹ mit einem Geleitwort von S. R. Steinmetz (1937). Vgl. auch die sorgfältige Untersuchung von A. Müller-Dango, Sozialpolitik im Inka-Staat (1968). — Beispiele für sehr weitgehende Idealisierung der Inkas und ihres Reiches im Anschluß besonders an Cieza de León und Garcilaso de la Vega (in Verbindung mit Verteufelung der Spanier): L. E. Valcárcel, Historia de la cultura antigüa del Perú (1949) und J. von Wedemeyer, Sonnengott und Sonnenmenschen (1970). Eine Behandlung der Entstehung und Geschichte der „schwarzen Legende", die uns noch heute glauben machen will, daß die Spanier den größten Teil der Bevölkerung der von ihnen eroberten amerikanischen Länder ausrotteten (sie ist *in nuce* schon bei Cieza de León und B. Las Casas vorhanden!), würde zu weit vom Thema abführen. Hier nur noch eine Bemerkung von gewisser Aktualität: Vor allem in Mexiko hat die Tendenz, in der präkolumbischen Zeit ein goldenes Zeitalter und in den Spaniern die verruchten Verderber der Indios zu sehen, neuerdings ein enges Bündnis mit kraß linker Ideologie geschlossen. Auch reinblütige 'Kreolen' zögern nicht, diesen Weg zu gehen.

Was bei Cieza de León (ebenso dann auch bei Garcilaso de la Vega) im Gegensatz zu der römischen Tradition — von Ansätzen, die hier außer Betracht bleiben können, abgesehen — fehlt, ist der Gedanke des Sittenverfalls im Bereich der Völker des Inkareiches; er wird ersetzt durch den Gedanken der Ablösung der guten Inkas durch die schlechten Spanier, denen dementsprechend ganz die Züge eignen, welche die späteren römischen Autoren ihren verdorbenen Zeitgenossen zuwiesen. Wie die letzteren sind sie vor allem habgierig und grausam und, obschon dem wahren Glauben anhängend, überhaupt außerstande, den von ihnen vom Thron gestoßenen Inkas und ihren Untertanen auf gleicher moralischer Ebene zu begegnen. —

Wir bleiben noch für einen Augenblick in der Neuen Welt: In der spanischen Kolonialzeit sind bekanntlich im Bereich der Mayas von Yukatan in spanischer Schrift, jedoch in der Mayasprache von einheimischen Autoren die ›Chilam Balam‹ genannten Bücher verfaßt worden, von denen eines, das ›Chilam Balam von Chumayel‹, so interessante Aussagen einerseits über eine Welt von Menschen, denen Laster noch ganz und gar unbekannt sind, und andererseits über eine oder mehrere spätere der Sünde und Schlechtigkeit verfallene Zeiten enthält, daß wir in unserem Zusammenhang daran nicht vorbeigehen dürfen.[16]

Der unbekannte Verfasser identifiziert die Welt der Tugend und Weisheit mit den Zeiten vor der Eroberung Yukatans durch die mexikanischen Itzá im 10. (?) Jh. n. Chr. Was die Mayas bis dahin vor allem auszeichnete, war ihre Ausrichtung auf die Gebote der Vernunft, ihre Sündlosigkeit und ihr heiliger Glaube (p. 19 C und 20 C). Damals, also in den Jahrhunderten vor der besagten Invasion, gab es daher auch noch keine Krankheiten (die im folgenden der Reihe nach aufgezählt werden), und „der Weg der Menschheit" war noch gesittet. Aber mit den Fremden kam die „fleischliche Sünde" (der Verfasser war getaufter Christ!) und damit auch die Krankheit ins Land, die Scham ging verloren, und es gab keine gute Rechtsprechung mehr, ebensowenig auch noch große „Lehrer" und „Sprecher", und selbst die höchsten Priester wurden liederlich. Also ein Sittenverfall, den zwar jene fremden Eroberer ins Land brachten, der dann aber, wie wir im Hinblick auf die letzten Ausführungen über Cieza de León hinzufügen müssen, nach der Meinung des Verfassers des genannten Buches offenbar auch die alteingesessenen Mayas erfaßte.

[16] Grundlegende Ausgabe des Chilam Balam von Chumayel (mit Urtext, Übersetzung, Einleitung und Kommentar): R. L. Roys, The Book of Chilam Balam of Chumayel (Carnegie Institution of Washington, Publication Nr. 438, 1933). Die Zitate im Text nach Roys. Von der neueren einschlägigen Literatur ist vor allem wichtig: J. E. S. Thompson, Die Maya. Aufstieg und Niedergang einer Indianerkultur, deutsch von L. Voelker unter Mitarbeit von G. Kutscher (1968), 250ff., vgl. 200f. Vgl. auch W. Krickeberg, Altmexikanische Kulturen (1975), 314ff. Das Buch von A. B. Vazquez, El libro de los libros de Chilam Balam (1948) ist mir leider nicht zugänglich.

Besonders bemerkenswert ist nun noch dies, daß der Umbruch vom Guten zum Schlechten im gleichen Buch und also wohl vom gleichen Autor noch einmal erzählt wird, nur daß es jetzt nicht mehr die Itzá sind, die ihn herbeiführten, sondern — wer wohl sonst? — die Spanier: Vor deren Ankunft „gab es keinen Raub durch Gewalt, gab es keine Habgier und blutiges Niederschlagen des Mitmenschen...". Auch Tribute sollen erst von den Spaniern eingeführt worden sein, und neu wäre auch gewesen, daß Menschen durch falsche Zeugnisse in Schulden gerieten und sich gegenseitig bekämpften (Hauptstelle: p. 14 C, 15 C). Offenbar übersah unser Maya-Chronist, daß mit dieser seiner Schilderung des Sittenverfalls und dessen Verursachung durch die Spanier das halbe Jahrtausend, das zwischen dem Einbruch der Itzá und der spanischen Besitzergreifung des Landes lag, einen völlig neuen Stellenwert erhielt. Eben noch eine durch die Itzá heraufgeführte Periode sittlicher Verderbnis, wurde es nun, besagtes halbes Jahrtausend, unversehens zu einer letzten Periode jenes sittenreinen und gewaltlosen Zeitalters, in der es — nach wie vor — noch keine Habgier und überhaupt noch keine Schlechtigkeit gegeben hätte. Man fühlt sich daran erinnert, daß römische Autoren wie etwa Tacitus und Ammianus Marcellinus (s. unten!) gewisse Zeiten, die von anderen, in den betreffenden Jahrhunderten selbst lebenden Schriftstellern als gänzlich verdorben geschildert wurden, rückblickend als Blütezeiten einer noch intakten Welt betrachteten. Hier, im Falle der Mayas von Yukatan, scheint es freilich ein und derselbe Autor gewesen zu sein, der in der herausgestellten Weise die Grenzmarke zwischen der goldenen Vor-Verfallszeit und der verkommenen Verfallszeit gleich um ein gutes halbes Jahrtausend verrückte. Daß er trotz dieses inneren Widerspruchs und trotz der Tatsache, daß er sich — insbesondere in der Schilderung der durch die Spanier herbeigeführten Wendung zum Schlechten — teilweiser ganz stereotyper Wendungen bediente (vgl. *Roys* a.O. 79 Anm. 3), die neuere Forschung zu beeinflussen in der Lage war, kann nur im ersten Augenblick schockieren. Sittenverfallsvorstellungen in Verbindung mit Rückblicken auf goldene Frühzeiten üben nun einmal eine mehr oder weniger nachhaltige Wirkung aus bis hin zu den Großen der modernen Wissenschaft. Selbst *J. E. S. Thompson* (a.O. 177f., vgl. 200), einer der führenden Amerikanisten unserer Zeit, zieht die Stellen des erwähnten ›Chilam Balam‹, wo von der Fleischeslust die Rede ist, die (erst) durch die Itzá von den Mayas von Yukatan gebracht worden sein soll, zur Stützung seiner Auffassung, daß der Phalluskult bei den Mayas später mexikanischer Import war, heran und bezeichnet es als „Tatsache", daß besagter Kult „dem Denken... der Maya widersprach", obschon er, besagter Kult, in Mayastädten von Yukatan angefangen bei Uxmal vielfach nachzuweisen ist, ja Thompson geht sodann noch einen entscheidenden Schritt weiter, indem er „die Übernahme solcher Vorstellungen" als „symptomatisch für eine kranke Kultur" bezeichnet — das nunmehr quasi phallisch verseuchte Land soll „reif für eine Veränderung" gewesen sein: Also eine Sittenverfallsvorstellung im Anschluß an die ›Chilam Balam-Chronik von Chumayel‹ mit Bezug auf einen Kult, der bekanntlich als Fruchtbarkeitsmagie gerade bei frühen Völkern — auch frühen amerikanischen, vgl. etwa die La Tolita-Kultur! —, nicht erst in angeblich kranken und zum Abtreten reifen Kulturen allenthalben vorkommt. An weiteren Stellen macht Thompson dem Leser wohl klar, daß er nicht bereit ist, die von ihm zitierten Angaben unseres Gewährsmannes über die verderbliche Rolle der Spanier kritiklos hinzunehmen, läßt ihn aber andererseits nicht im Zweifel darüber, daß er einen den besagten Angaben eignenden richtigen Kern nicht leugnen möchte. Sicher, so meint der genannte Gelehrte, gab es schon vor dem Erscheinen der Spanier Abgaben, „doch sie waren nicht drückend gewesen" (woher weiß er das?). Brutale Gewalt, räumt Thompson (tatsächlich!) ein, war auch in den vorspanischen Zeiten „nicht unbekannt", doch würden dadurch die Anklagen des Verfassers der genannten Schrift nicht an Gewicht verlieren — Anklagen, die der moderne Gelehrte, seinen Gewährsmann gleichsam noch übertrumpfend, nun pauschal gegen die „abendländische Kultur" richtet, nicht nur gegen die in den neugewonnenen Gebieten tätigen Spanier, die sich dabei — das soll hier noch vermerkt werden, um keine Mißverständnisse aufkommen zu lassen — ganz gewiß nicht immer so verhielten, wie es schon damals, und zwar auch in Spanien rechtlich denkende Männer vom Bischof Las Casas bis hin zum König im Eskorial von ihnen erwarteten. —

Ein anderes halbes Jahrtausend soll uns auf den folgenden Seiten beschäftigen, ich meine die Jahrhunderte vor der Zeitenwende, in denen im ostasiatischen Raum eine sehr große Zahl von bedeutenden Denkern hervortrat, von Denkern, die sich mit verschiedenen philosophischen Problemen und dabei auch immer wieder mit Fragen der Staatsethik und Staatstheorie befaßten. Sie taten dies auf eine uns nun schon sehr vertraute Weise, indem sie ihre eigenen Vorstellungen vom idealen Herrscher und Idealstaat in eine Frühzeit zurückprojizierten, in der alles, was jetzt, in ihrer eigenen Zeit, nur als utopische Vorstellung und Postulat existierte, von "heiligen Königen" tatsächlich praktiziert worden wäre, ehe tyrannische und entartete Herrscher ihre hohen Pflichten vernachlässigten und einen Sittenverfall einleiteten, der schließlich zu eben den Zuständen führte, deren Verbesserung im Sinne einer Rückkehr zu den paradiesischen Anfängen den Denkern besagter Zeit so sehr am Herzen lag.

Die beiden ansonsten sich heftig befehdenden Schulen des Kung-tse und des Mo Ti gehen in diesem Punkt durchaus konform, doch ließen sich Beispiele für besagten Sachverhalt auch aus dem Taoismus und anderen geistigen Strömungen der genannten Zeit bringen.[17] Bleiben wir bei den beiden erstgenannten

---

[17] Vgl. dazu bes. das inhaltsreiche Werk von W. Bauer, China und die Hoffnung auf Glück. Paradiese, Utopien, Idealvorstellungen in der Geistesgeschichte Chinas (1971, als

Schulen, und beschränken wir uns auch hier auf wenige Hinweise exemplarischen Charakters!

In den ›Gesprächen‹ des Kung-tse, die sicher nicht vom Meister selbst stammen, sondern erst von dessen Enkelschülern konzipiert wurden[18], sind es vor allem die „heiligen Könige" Yao, Shun und Yü, die nicht nur — neben anderen — als typische Kulturheroen in Erscheinung treten; in ihrem herrscherlichen Wirken sollen tatsächlich auch schon die Forderungen verwirklicht worden sein, welche die Konfuzianer und andere geistig führende Männer der Zeiten nach 500 v. Chr. an die damaligen Fürsten und ihre Berater stellten, angefangen bei der Forderung, unter Verzicht auf jeden persönlichen Aufwand sich ganz auf die Prosperität des Volkes auszurichten, über das Gebot, alle Mitmenschen von ihrem Leid zu befreien (was freilich auch den „heiligen Königen", sie waren sich dessen „mit Schmerzen" bewußt, nicht ganz gelang!), bis zu dem bekanntlich auch in der griechisch-römischen Staatsethik eine große Rolle spielenden Postulat, nicht den eigenen Sohn, sondern den jeweils Besten und Geeignetsten zum Nachfolger zu machen. Die Frage, ob nicht vielleicht wirklich solche vollkommene Herrscher, die alle spätere Staatstheorie schon Jahrtausende zuvor praktisch handhaben, in der Frühzeit Chinas an der Spitze des Reiches standen (und die späteren chinesischen Gelehrten also auch damit durchaus recht hatten, daß sie versuchten, die Regierungszeit der Betreffenden genau festzulegen), erscheint von vornherein gegenstandslos angesichts dessen, daß wir es hier offensichtlich mit 'gesunkenen Göttern' zu tun haben.[19] Die Vorstellung des Kung-tse bzw. seiner Schüler, daß alle späteren Herrscher, von Ausnahmen wie insbesondere

---

dtv-Taschenbuch 1974). Siehe etwa 91 ff. der Zweitausgabe (zu Hsün-tsu, welcher sich von den ständigen Rückgriffen auf die „heiligen Könige" der frühesten Zeit distanziert, aber auch seinerseits von der Vorstellung als solcher, daß in der Vergangenheit „heilige Könige" wirkten, nicht loskommt) und 119 ff. (zu Tung Chung-shu mit aufschlußreichem Text 121 f.).

[18] Kung Futze, Gespräche (Lun Yü). Aus dem Chinesischen verdeutscht und erläutert von R. Wilhelm (1921). Die Stellen des Lun Yü, auf die in den folgenden Ausführungen Bezug genommen wird, finden sich a.O. 83 ff. und 215 ff. (vgl. auch 60). Eine Neuausgabe des Werkes wurde 1972 in der Reihe ›Die Philosophie Chinas‹ von H. Nette herausgebracht. Die weiteren Zitate nach der Erstausgabe.

[19] Siehe etwa A. F. P. Hulsewé, Neue Propyläen Weltgeschichte, hrsg. von G. Mann und A. Heuß, Bd. 2 (1962), 491. W. Eichhorn, Die Religionen Chinas (1973), 104 f. und jetzt bes. W. Münke, Die klassische chinesische Mythologie (1976), 288 ff., 338 ff., 357 ff. Vgl. auch schon R. Wilhelm a.O. p. IV mit Hinweis auf die Tatsache, daß die fraglichen Herrscher den Titel 'Gott' tragen, was allerdings noch nicht beweisend wäre; der Titel ließe sich auch aus seinem Vergottungsprozeß historischer Persönlichkeiten herleiten. Daß sich solche Vergottungsprozesse in China ebenso wie etwa im alten Ägypten (Imhotep!), in Indien (Buddha!) usw. mehrfach nachweisen lassen, ist bekannt. Musterbeispiel: Kung tse, der für seine Anhänger bald in den Rang einer Gottheit aufstieg.

dem König Wen abgesehen, mit ihren egoistischen Zielsetzungen und ihrem allenthalben anzutreffenden Wunsch, einen eigenen Sohn zum Nachfolger zu machen, ein im Zuge eines allgemeinen Sittenverfalls entartetes Königtum repräsentierten — diese Vorstellung ist dann natürlich auch hinfällig.[20]

Wie schon erwähnt, standen der Philosoph Mo Ti und seine Schüler, die 'Mohisten', in schärfstem Gegensatz zu Kung-tse und dessen Schule, waren sich jedoch hinsichtlich ihrer Einschätzung einerseits der (guten alten) Vorzeit und andererseits der (verdorbenen und in jeder Hinsicht schlecht gewordenen) eigenen Zeit mit den Konfuzianern völlig einig. Zur Illustration dieses gerade im Hinblick auf die sonstigen Gegensätze zwischen den beiden Schulen höchst bemerkenswerten Sachverhaltes muß es uns hier genügen, drei Stellen aus dem ›Motze‹, dem um 400 v. Chr. entstandenen Gesamtwerk des Mo Ti und seiner ersten Schüler, in wörtlicher Übersetzung wiederzugeben.[21]

[20] Erstaunlicherweise fehlt es auch hier nicht an Gelehrten 'vom Fach', und zwar hervorragenden, die der Versuchung, im Sinne der erwähnten antiken Denker aus einer Staatsutopie eine sehr frühe historische Realität zu machen, nicht ganz widerstehen konnten, angefangen bei R. Wilhelm, dem führenden deutschen Sinologen der ersten Jahrzehnte unseres Jh. Siehe bes. die Einleitung zu dem oben zitierten Werk. Die in dieser Einleitung greifbare Situation erinnert lebhaft an die Verhältnisse auf dem Gebiet der neueren Amerikanistik (siehe die Zitate oben Anm. 15): Nicht daß Wilhelm das im konfuzianischen Schrifttum von der Frühzeit entworfene Bild einfach übernommen hätte; aber die Idealisierung der Frühzeit schlägt doch da und dort durch, und die Vorstellung, daß alle von den Philosophen der späteren Zeit angeprangerten Laster der Regierenden und Regierten tatsächlich auf das Konto eines Sittenverfallsprozesses zurückzuführen seien, ist bei ihm letztlich noch ebenso lebendig wie bei seinen alten Gewährsmännern, siehe etwa a.O. p. XI: „Die Grundsätze von der Macht der Moral als Staatspolitik waren in Vergessenheit geraten", und eine „frivole Preisgabe aller Ideale zugunsten des bloßen Auslebens der animalischen Natur" soll sich (in der Zeit der Philosophen) geltend gemacht haben. Stärker hat sich über die vermeintliche Verdorbenheit der eigenen Zeit in der Tat keiner der zeitgenössischen Denker entrüstet! Wo sich Wilhelm nicht von seinen Gefühlen überwältigen und fortreißen ließ, in solcher Weise die alten chinesischen Sittenverfall-Künder noch zu übertrumpfen, sah er allerdings die Dinge recht klar, vgl. besonders die folgenden Sätze aus seiner Einleitung zu ›Li Gi. Das Buch der Sitte des älteren und jüngeren Dai‹ (aus dem Chinesischen verdeutscht und erläutert von R. Wilhelm. Diederichs Taschenausgaben 16, o. J.) 13: „Auch hier ist das Alte, der Weg der Heiligen und Kulturschöpfer, das Ehrfurchtgebietende. Darum hat der Konfuzianismus seine Lehren, auch soweit sie durchaus den Forderungen der eigenen Zeit entsprangen, mit der Autorität der alten Heiligen gedeckt. Er behauptete zu überliefern und nicht neu zu schaffen." (Aus Platzgründen werden wir auf das ›Li Gi‹, das natürlich auch einschlägiges Material in Fülle bietet, nicht zurückkommen.)

[21] Die Stellen werden im folgenden nach der Verdeutschung des chinesischen Textes zitiert, die H. Schmidt-Glintzer in Diederichs ›Gelbe Reihe‹ herausbrachte: Bd. 1 (1975): Solidarität und allgemeine Menschenliebe; Bd. 2 (1975): Gegen den Krieg. Die abge-

Seinem Volke war er (scil. König Wen, der Vater des Begründers der Chou-Dynastie) in allumfassender Liebe zugetan und durch gegenseitige Hilfe verbunden, und was im Überfluß da war, wurde geteilt. So lebten die, die nahe bei ihm wohnten, friedlich unter seiner Herrschaft, und die entfernt wohnenden wurden durch seine Tugend gewonnen. Alle, die von ihm hörten, machten sich auf und zogen zu ihm, und die Schwachen und Verkrüppelten, deren Glieder nicht die Kraft hatten, blieben, wo sie waren, und klagten: „Wenn doch das Reich des Königs Wen auch unser Gebiet umfaßte und wir auch den Nutzen davon hätten! Warum können wir es nicht auch so haben wie die Untertanen des Königs Wen?"

Während es an dieser Stelle ganz und gar darum geht, einen König der Frühzeit, der übrigens später als der letzte der „heiligen Könige" galt und hinter dem sich — anders als hinter Yao und seinen beiden oben genannten Nachfolgern — allem Anschein nach eine historische Persönlichkeit verbirgt, als schlechthin idealen Herrscher und seine Regierung als entsprechend ideale Regierung hinzustellen, liegt der Ton im nachfolgend zitierten Passus auf der Klage über den Sittenverfall, der sich also auch nach der Überzeugung des Mo Ti und seiner Schüler in den Zeiten nach dem Abtreten der „heiligen Könige" vollzog und schrittweise dazu führte, daß die Fürsten und mit ihnen auch alle anderen Menschen zunehmend schlechter wurden, wofür übrigens Mo Ti das Schwinden des Glaubens an überirdische Wesen, vor deren Strafe nach übler Tat man sich früher fürchtete, verantwortlich machen möchte — ein Gedanke übrigens, der wie ein Gegenstück zu der bekannten griechischen und dann auch römischen Auffassung anmutet, daß die Staatsführer die Götter und ihre Kulte einst erfanden bzw. einrichteten, um die Mitbürger in Furcht und damit bei guten Sitten zu halten:

Meister Mo Ti sagte: Seit es die heiligen Könige der drei Dynastien des Altertums nicht mehr gibt und die Welt ihre Prinzipien aufgegeben hat, halten die Lehnsfürsten Gewalt für richtig. Zwischen Fürsten und Untertanen, zwischen Oberen und Untergebenen herrscht kein Wohlwollen und keine Loyalität mehr, zwischen Vater und Sohn, zwischen jüngerem und älterem Bruder gibt es keine Güte und keine Pietät, keine Brüderlichkeit, keinen Respekt, keine Tugendhaftigkeit und keine Friedfertigkeit mehr. Die Führer des Staates strengen sich bei der Regierung nicht an und die einfachen Menschen bemühen sich nicht, ihren Pflichten nachzukommen. Das Volk ist schlecht, gewalttätig, räuberisch und aufständisch, Diebe und Räuber fallen mit Waffen, Gift, Wasser und Feuer auf Wegen und Nebenwegen über unschuldige Menschen her und bemächtigen sich ihrer Wagen, Pferde, Kleider und Pelze, um sich zu bereichern.

Das dritte Zitat — ein Passus im Traktat gegen die Musik — führt uns in das Kernstück der Staatsethik dieses chinesischen Panaitios, führt uns zur Ablehnung des Angriffskrieges durch Mo Ti und seine Schüler:

druckten wörtlichen Zitate, die sich beliebig vermehren ließen, sind dem 2. Bd. entnommen (9, 94f. und 113f.).

Heutzutage greifen große Staaten kleinere an, große Familien vernichten kleinere. Die Starken unterdrücken die Schwachen, die Mehrheit tyrannisiert die Minderheit, die Schlauen überlisten die Dummen, die Edlen verachten die Einfachen, und Rebellen und Aufständische, Diebe und Räuber treten überall zugleich auf und sind nicht aufzuhalten.

Also Angriffskriege — gleich allem sonstigen aufgezählten ethisch verwerflichen Verhalten — nichts anderes als späte Verfallserscheinungen? Es ist klar, daß es hier ebensowenig wie sonst einer Berufung auf anderweitige Überlieferung bzw. die durch sie bezeugten geschichtlichen Vorgänge bedarf, um einsichtig zu machen, daß solche Kriege zumal von Stärkeren gegen Schwächere nicht erst in relativ späten Zeiten aufkamen, daß vielmehr die Großreiche der Shang- und der Choukönige ihre Existenz bzw. Ausdehnung ebenso wie andere Großreiche in erster Linie Angriffskriegen und nicht Verteidigungskriegen als den einzig gerechten Kriegen, wie es die Mohisten ebenso wie die Stoiker sahen, verdankten. Das Verhältnis zwischen historischer Wirklichkeit und staatsethischer Theorie, die sich auf reale Vorgänge einer goldenen Frühzeit glaubte berufen zu können, ist hier in der Tat praktisch dasselbe wie in der Kulturwelt des späten Hellenismus und des spätrepublikanischen Rom, so wenig natürlich auch an eine nach der einen oder anderen Richtung wirksamen Abhängigkeit gedacht werden kann.

Ganz und gar in die Welt der Philosophen, Historiker und Dichter, die in den Jahrhunderten um Christi Geburt den Sittenverfall in der griechisch-römischen Welt beklagen und den vergangenen guten Zeiten nachweinen, fühlt man sich versetzt, wenn man das Werk ›Frühling und Herbst des Lü Bu We‹ durchstudiert, in welchem ein chinesischer Denker der Mitte des 3.Jh. v. Chr. versucht, die früheren Strömungen des ostasiatischen Geisteslebens in einer Art Synthese der Mit- und Nachwelt nahezubringen.[22] Die ständig wiederkehrenden Hinweise auf die weisen Könige vergangener Zeiten, die mit ihren noch ganz und gar unverdorbenen Untertanen in großer Harmonie lebten, und die Klagen über die sittlich völlig aus den Fugen geratene eigene Zeit sind hier um so bemerkenswerter, als die in dem Werk ansonsten vorgelegten Gedanken — dem eklektizistischen Charakter des Ganzen entsprechend — stark divergieren. Einige wenige konkrete Hinweise, die wir gleich folgen lassen, müssen genügen, den gegebenen Sachverhalt zu illustrieren.

Im 3. Kapitel des 7. Buches wird geklagt, daß die „allgemeine Verwirrung" aufs höchste gestiegen sei, also die gleiche Klage, der wir auch etwa bei Sallust (Cat. 5), Pausanias (VIII 2, 5), Iuvenal (Sat. II 147 ff.) und in späterer Zeit bei keinem Geringeren als Erasmus von Rotterdam (vgl. unten Anm. 25) finden: „Die (guten) Weltherrscher haben aufgehört", Weise gibt es zwar noch, aber sie

---

[22] ›Frühling und Herbst des Lü Bu We‹, aus dem Chinesischen übersetzt und erläutert von R. Wilhelm. Mit einem neuen einleitenden Essay von W. Bauer, Neuausgabe (1971).

„halten sich verborgen", und die „Herren der Welt wandeln nach ihren Lüsten und sind dem Volk entfremdet", ja „Fürst und Diener" sind, so wird schon vorher konstatiert (6. Buch, 5. Kapitel), „gegenseitige Feinde", und, nicht genug damit, „Alter und Jugend töten einander, Vater und Sohn sind kaltherzig zueinander, Brüder verklagen einander, die intimsten Freunde arbeiten einander entgegen, Mann und Frau betrügen einander" und allgemein lösen sich „die Bande der Gesellschaft" auf, „die Gesinnung wird tierisch, das Laster und die Gewinnsucht wächst, Pflicht und Vernunft werden vergessen". Die Welt, so lesen wir wieder an anderer Stelle (13. Buch, 4. Kapitel), verkommt immer mehr, und „der Pfad der heiligen Könige gerät in Vergessenheit", es werden — anders als früher! — Angriffskriege geführt, „um Land an sich zu reißen" (wir erinnern einmal mehr an die angeblich fehlenden Angriffskriege bei den noch unverdorbenen Römern!) und unschuldige Untertanen getötet, „um Gewinn zu erzielen". Aber der Wunsch nach Gewinn hat nicht nur die Fürsten erfaßt, sondern ist zu einem allgemeinen Übel geworden, wie dies nach 16, 1 auch von den Begierden gilt, welche — man denkt an Cicero (de off. I 104ff.)! — recht eigentlich als tierisch gelten müssen: „Männer und Weiber sitzen beieinander und liebkosen sich unaufhörlich. Alles ist voll Unzucht...". Unser besonderes Interesse verdient schließlich eine Stelle im 20. Buch (2. Kapitel), wo der Beginn des Sittenverfalls schon in die Zeit des dritten der drei oben genannten heiligen Könige der Konfuzianer, also in die Zeit des Königs Yü, gesetzt und diesem gegenüber von einem Untertanen das goldene Zeitalter seines Vorvorgängers Yau gepriesen wird: Einer der Lehensfürsten des Yü, dem schon der beginnende Sittenverfall unerträglich wird und der sich deshalb entschließt, seine fürstliche Stellung aufzugeben und — ein chinesischer Cincinnatus! — hinter dem Pflug den Acker zu bearbeiten, wird bei dieser Tätigkeit vom königlichen Oberherrn angetroffen und zur Rede gestellt und rechtfertigt sein Verhalten nun mit der Kontrastierung der Verhältnisse von damals und jetzt: „Zur Zeit Yaus bedurfte es nicht der Belohnungen, und die Leute gaben sich Mühe, es bedurfte nicht der Strafen...". Die Menschen waren noch „einfältig wie die Kindlein. Jetzt sind Belohnungen und Strafen zahlreich, und die Leute streiten um Vorteil... Das ist der Anfang zum Verfall der Tugend und dem Aufkommen der Gewinnsucht" — lauter Klagen, die ihre Parallelen im griechischen und römischen Schrifttum und überall sonst auf der Welt haben und uns allein schon, sollte man meinen, davor bewahren müßten, in Auslassungen dieser Art mehr zu sehen als Rückprojektionen von Wunschträumen in eine goldene Frühzeit, an deren Historizität jedoch tatsächlich noch heute viele glauben, und zwar, wir sagten es schon, nicht nur historische Laien, sondern auch zünftige Historiker...

Schon bald nach der Niederschrift des ›Frühling und Herbst des Lü Bu We‹, 213 v. Chr., kam es in China zu jener auf Befehl des Kaisers Shi huang-ti durchgeführten Bücherverbrennung, welche auf die damals im 'Reich der Mitte' offenbar allenthalben im philosophischen und sonstigen Schrifttum hervortretende Neigung, die Frühzeit mit ihren Fürsten auf Kosten der Gegenwart zu verherrlichen, ein besonders grelles Licht wirft. Sie hatte ja den erklärten Zweck, besagter Tendenz, die den genannten reformfreudigen Kaiser jeden Tag von neuem brüskieren mußte, auf die Weise ein radikales Ende zu bereiten, daß alle einschlägigen Bücher vernichtet und damit auch die Erinnerung an die vermeintlich goldenen Zeiten und ihre Könige ausgelöscht wurden.[23] Das Ausmaß dieser sicher schon von vielen Zeitgenossen als barbarisch betrachteten Aktion ist bekanntlich nicht genau einzuschätzen, und gleiches gilt dann auch von ihrer unmittelbaren Wirkung. Natürlich konnte sie aber nicht verhindern, daß man in China wie sonst fortfuhr, die verklärten alten Zeiten zum Ideal und zur Norm zu machen und die Taten der zeitgenössischen Fürsten an dem zu messen, was frühere gute Herrscher angeblich getan hatten. Musterbeispiele hierfür sind Reformvorschläge und Ermahnungen, die zwei konfuzianisch ausgerichtete Denker der Sungzeit, Wang An-shih (gest. 1086) und Chu Hsi (gest. um 1200), für ihre kaiserlichen Herren zu Papier brachten. Die Grenzlinie hat sich freilich gegenüber derjenigen in den oben behandelten vorchristlichen Schriften sehr verschoben, ja selbst Fürsten der T'angdynastie, von der Regierungszeit der „heiligen Könige", wie sie die chinesischen Historiker errechneten, durch über 2500 Jahre getrennt, erschienen jetzt mit ihren Aussprüchen und Taten ebenso als vorbildlich, wie es unter den Sung-Malern viele gab, für welche die Kunst der T'angzeit mit normsetzendem altem Kunstschaffen geradezu identisch war. Daß sich in ähnlicher Weise die Dauer der guten alten Zeit und damit natürlich auch der Zeitpunkt des Beginns der moralischen Abwärtsbewegung in den Köpfen von griechischen und römischen Geschichtsschreibern und anderen literarisch tätigen Männern verschob, wurde schon mehrmals erwähnt (vgl. bes. oben S. 25f.). Hier noch ein Beispiel, das zu den obigen Hinweisen auf die Vorstellungen von Denkern der Sungzeit besonders gut paßt: In seinem Rückblick auf barbarische Invasionen, von denen das Reich schon vor seiner Zeit heimgesucht wurde, nennt Ammianus Marcellinus (XXXI 5, 10ff.) auch die der Völker an der mittleren und unteren Donau in der Zeit Marc Aurels und setzt die Tatsache, daß es dem genannten Kaiser schließlich gelang, der Gefahr Herr zu werden und die Ordnung wieder herzustellen, unversehens auf Konto der guten alten

---

[23] Siehe darüber den Bericht des großen chinesischen Historikers der Han-Zeit, Se-Ma Ts'ien, Les Mémoires historiques, übersetzt und kommentiert von Éd. Chavannes, Bd. 2 (1897), 171f., dazu W. Grube, Geschichte der chinesischen Literatur (1909), 28f., 199ff. O. Franke, Geschichte des chinesischen Reiches I (1930), 248ff., vgl. auch oben I, 295f. Es wäre übrigens nicht schwer, zu zeigen, daß auch Sse-Ma Ts'ien (dies die übliche Schreibweise) der Überzeugung war, in einer Zeit der „Verrücktheit und Verdorbenheit", wie er sich in einem erhaltenen Brief ausdrückte, zu leben, die eine von „Weisen" regierte Zeit abgelöst hatte.

Zeit, indem er dem Leser vor Augen stellt, daß damals, also in den Zeiten Marc Aurels, die Menschen noch nicht verweichlicht waren und noch nicht ausgerichtet auf luxuriöse Tafelfreuden und schändlichen Gewinn. Etwa 350 Jahre lagen zwischen dieser für den spätantiken Autor noch intakten, unverdorbenen Zeit des Philosophenkaisers und jenen Zeiten, da nach Meinung des älteren Cato römische Soldaten in kleinasiatischen Garnisonen die erwähnten Laster angenommen und nach Italien gebracht und damit den Prozeß des Sittenverfalls in Rom eingeleitet hatten!

Die letzten Hinweise führten uns zurück in die europäische Geschichte und hier zunächst in die Zeit der sog. Spätantike, der ja Ammianus Marcellinus angehörte, und der Völkerwanderung, die bekanntlich ein Schrifttum hervorbrachte, in welchem die Vorstellung vom Sittenverfall bzw. einer in den Ländern der griechisch-römischen Welt herrschenden totalen moralischen Verkommenheit in Verbindung mit der Vorstellung von dem in den damaligen Barbaren und insbesondere Germanen verkörperten 'edlen Wilden' und 'reinen Toren' eine geradezu brennende politische Aktualität erhielt. Hier sind wir in der angenehmen Lage, an eine Monographie anknüpfen zu können, in welcher die einschlägige Überlieferung unter entsprechenden Gesichtspunkten bereits verarbeitet wurde, es ist die Schrift von *H. Helbling,* ›Goten und Wandalen. Wandlungen der politischen Realität‹ (1954). Dem genannten Gelehrten geht es allerdings nicht nur um eine Verarbeitung der aus der damaligen Zeit zu uns gekommenen Tradition, er betrachtet unter den gleichen Gesichtspunkten auch die neueren Geschichtswerke über die Völkerwanderung. Auf beiden Gebieten liegen die Ergebnisse in etwa auf der Linie dessen, was wir nach allem bisher Dargelegten erwarten können.

Es ist nicht zuletzt Salvians Schrift ›De gubernatione Dei‹, welcher Helbling im ersten, ›Goten und Wandalen im geschichtlichen Bild der Spätantike‹ überschriebenen Teil der zitierten Untersuchung (a.O. 20 ff.) sein besonderes Augenmerk zuwendet, weil in ihr ein freilich in Ansätzen in eine viel frühere Zeit zurückzuverfolgender Gedanke seine volle Ausformung erhält: Die römische Welt ist nur noch ein Sündenpfuhl, nirgends mehr findet man ein Schamgefühl, überall triumphiert das Laster, und weil es dazu gekommen ist, mußten die Römer den Barbaren unterliegen, welch letztere zwar auch Fehler haben (sie neigen etwa zur Feigheit oder Grausamkeit; die einzelnen Stämme werden in solcher Hinsicht verschieden beurteilt), die aber doch in moralischer Beziehung noch rein und unverdorben sind und eben deshalb die Römer überwinden und in der Herrschaft über die Welt ablösen konnten. Rein und unverdorben: Es kann nicht verwundern, daß der Bischof von Massilia dabei in erster Linie, wenn auch keineswegs ausschließlich, an den Bereich des Geschlechtlichen dachte. Beispielhaft tritt dies hervor im Abschnitt VII 85 ff. über Geiserich und seine Wandalen (vgl. aber auch etwa a.O. 64 über die seinem Bischofssitz in Südfrankreich benachbarten Westgoten!).

Geiserich und sein Volk kamen, so sieht es Salvian, nach Afrika und damit in ein Land, in welchem Milch und Honig floß, dessen Bewohner aber ganz verweichlicht und verkommen und dabei insbesondere allen geschlechtlichen Lastern verfallen waren. Aber die Barbaren ließen sich davon nicht anstecken und hielten sich sogar von den Dirnen fern, die sie zwangen, sich zu verehelichen und damit ihren bisherigen lasterhaften Lebenswandel aufzugeben.

Man darf — nach allem, was wir sonst über ihn wissen — wohl annehmen, daß Geiserich an der Erhaltung der Manneszucht in seinem Heerbann, auf dessen Kampfkraft sein afrikanisches Reich beruhte, viel gelegen war und er es deshalb ungern sah, wenn sich seine Soldaten in Bordells vergnügten, die es im christlichen wie im vorchristlichen Karthago offenbar in größerer Zahl gab, und die ebenfalls reichlich gebotenen Theateraufführungen verschiedenster Art besuchten. Salvian und die sonstigen Sittenverfalls-Prediger der damaligen Zeit meinten es aber natürlich anders: Vom kleinen germanischen Waffenträger bis hin zum König — sie alle erschauderten als noch sittenstrenge Menschen, die jegliche geschlechtliche Beziehung außerhalb des ehelichen Bereiches als unmoralisch betrachteten, beim Gedanken an die Verkommenheit, die sie allenthalben in den römischen Städten und nicht zuletzt in Karthago antrafen. Daß diese Auffassung ebenso falsch ist wie die Vorstellung von einer den damaligen Germanen noch fremden „schnöden Habgier" (vgl. unten), kann im Ernst nicht bezweifelt werden, obwohl die Stellen, die das für die Germanen der Völkerwanderungszeit bezeugen — verständlicherweise nach dem oben Dargelegten! — nicht gerade dicht gesät sind.[24]

[24] Vgl. etwa Prokop, Bell. Got. III 20, 29, eine Stelle, die bezeugt, daß die gotischen Soldaten Totilas nach der ersten Besitznahme von Rom durch den genannten König darauf aus waren, Frauen, deren sie in der Stadt habhaft werden konnten, zu vergewaltigen. Wenn nach einer anderen Angabe in Prokops Gotenkrieg (II 29, 33) der uns aus der Antike wohlbekannte Brauch, nach Eroberung einer feindlichen Stadt die Männer zu töten und die weiblichen Überlebenden zu versklaven, auch den Ostgoten nicht unbekannt war, so wäre es — nach der eingangs zitierten Prokopstelle — naiv anzunehmen, daß die damaligen Germanen mit den noch im Jugendalter stehenden versklavten Frauen nicht ebenso verfuhren, wie es sonst allgemein üblich war. Wieder an einer anderen Stelle des zitierten Werkes (II 14, 38) sagt Prokop von den Herulern, daß sie Homosexualität und Sodomie betreiben. Daß Ehebruch schon zu Tacitus' Zeiten bei den Germanen keine unbekannte Erscheinung war, erhellt aus einer oft zitierten Stelle in der Germania (Kap. 19) und wird indirekt durch Moorleichen von jungen Frauen mit abgeschnittenen Haaren erhärtet. Auch einige Stellen aus späterer nordischer Überlieferung dürfen hier — unbeschadet der vorhandenen zeitlichen Differenz — genannt werden, so das berühmte Streitgespräch, das Loki in der Edda mit den Göttern und Göttinnen führt, die er der Reihe nach an irgendwelche pikante erotische Erlebnisse erinnert (Die Edda, übertr. von F. Genzmer, 1933, 67 ff.) und ein sehr bemerkenswerter Bericht in der Gisli-Saga (Kap. 9), aus dem wir entnehmen müssen, daß in der Welt der Entstehung dieser Geschichten die

Da uns diese Dinge hier nur am Rande interessieren, wollen wir nicht weiter bei ihnen verweilen und nur noch vermerken, daß die Verquickung von Moral und Sexualität und damit auch die Vorstellung, daß — mehr oder weniger große — sexuelle Freizügigkeit ein Symptom für Sittenverfall sei, entgegen einer verbreiteten populären Meinung nicht spezifisch christlich ist (man denke nur an die Klagen über die sexuell unersättlich gewordenen Römerinnen beim Sittenverfalls-Künder Iuvenal!), wohl aber in der christlichen Literatur ihre besondere Ausprägung erfuhr, und zwar nicht nur bei Salvian und anderen frühchristlichen Autoren, sondern auch bei führenden christlichen Denkern späterer Jahrhunderte, den großen Erasmus von Rotterdam, der auch zu denen zählt, die sich in eine Zeit eines bis dahin noch nie dagewesenen Tiefstandes sittlicher Verworfenheit hineingeboren fühlten, nicht ausgenommen.[25] Was — zum letztenmal — Salvian betrifft, so hinderte ihn die Position, von der aus er die Dinge betrachtete, nicht, schon im ersten Abschnitt seiner zitierten Schrift eine Parallele

Mädchen eine gewisse sexuelle Feizügigkeit für sich beanspruchten und eine Frau selbst nach (eingestandenem!) Ehebruch die Möglichkeit hatte, sich von ihrem betrogenen Ehemann vor Zeugen scheiden zu lassen und dabei sogar das Recht in Anspruch nehmen konnte, ihre Mitgift von ihrem Vater heimholen zu lassen (Thule, Altnordische Dichtung und Prosa Bd. 8, 1922, 72 ff.; natürlich sagt dieser Bericht nichts über die Lage aus, in der sich Ehebrecherinnen befanden, die von den Ehemännern *in flagranti* ertappt wurden). Sagengestalten wie die irisch-keltische Königin Medb und deren Tochter Findabair, für die es einfach dazugehört, Männer, die ihnen gefallen, ins Bett zu nehmen, oder die ebenfalls irische Königin Mugain, die den nicht gerade für züchtige Zurückhaltung sprechenden, dabei offenbar keineswegs abschätzig gemeinten Beinamen „die mit Schamhaaren so lang wie Ginstern" führte (siehe zu diesen Dingen H. Zimmer, Der kulturgeschichtliche Hintergrund in den Erzählungen der alten irischen Heldensage, in: Sitzungsber. Preuss. Akad. Wiss. 1911, 1. Halbbd., 174 ff. und J. Weisweiler, Zeitschr. für kelt. Philol. 21, 1939, 205 ff.), haben zwar in der deutschen Heldensage nichts direkt Vergleichbares, doch berichten frühmittelalterliche Geschichtsschreiber wie Gregor von Tours und Paulus Diaconus von historischen Königinnen im Bereich germanischer Völker, die offenbar nicht sehr anders hielten (siehe die Beispiele bei J. Bühler, Die Kultur des Mittelalters, [2]1934, 93 Anm. 2).

[25] Wichtigste Stelle bei Erasmus: Enchiridion VI Sp. 40 D und F im 5. Band von Erasmus' Opera Omnia (Nachdr. 1962). Erasmus fordert hier seine Leser zunächst auf, in den *veterum annales* nachzuschlagen und die Sitten von einst und jetzt zu vergleichen. Er will damit dem Leser klarmachen, daß die Zeiten noch nie so schlecht waren wie jetzt. Die dann von ihm zitierten Sittenverfalls-Klagen der Horaz (Ep. I 6, 36. Serm. II 5, 8. Ep. I 1, 53) passen nach seiner Meinung auf seine eigene Zeit bestens. Aber Horaz hatte natürlich die Zeit im Auge, in welcher *er* lebte, und Erasmus merkte nicht, daß sich diese Klagen des Römers und seine eigenen dann sozusagen gegenseitig aufhoben. Es folgen bei Erasmus Beispiele griechischer und römischer Tugendhelden, unter denen, wie nicht anders zu erwarten, auch Fabricius, Camillus und Brutus ihren Platz haben.

zwischen den Germanen seiner Zeit und den noch unverdorbenen frühen Römern zu ziehen, wobei er allerdings nicht die noch intakte Sexualität, sondern das einfache Leben in Armut und die Bereitschaft des Einzelnen, sein Dasein ganz auf das Gedeihen des Staates auszurichten, als die Tugenden, denen der frührömische Staat seine Blüte verdankte, herausstellte.[26]

Ein rundes Jahrhundert nach Salvian schrieb Prokop von Caesarea seine berümten Werke über die Kriege Iustinians gegen die Wandalen und Goten, und hier ist nun einmal mehr jenes oben zunächst bei Cieza de León aufgezeigte Phänomen des doppelten Überlieferungsstranges zu beobachten mit dem Unterschied allerdings, daß dort, wo im Werke des Prokop die Tendenz zur Idealisierung von Personen und Beschönigung von Ereignissen hervortritt, wohl in erster Linie an eigenes Geistesgut des genannten Autors und weniger an solches, das er von irgendwelchen Gewährsmännern übernahm, zu denken ist. Eine dahingehende Annahme liegt vor allem hinsichtlich der Reden nahe, die in den Werken Prokops einzelne führende Männer halten. Dabei sind in unserem Zusammenhang die Reden, die Prokop den Gotenkönig Totila halten läßt, besonders aufschlußreich. Ihnen wollen wir, nach wie vor exemplarisch vorgehend, unter den herausgestellten Gesichtspunkten im folgenden eine kurze Betrachtung widmen.

Da stoßen wir in Ansprachen, die Totila bei bestimmten Gelegenheiten an seine Soldaten gerichtet haben soll[27], auf die Frage, warum die Goten in den Zeiten vor der Thronerhebung des Totila trotz ihrer Überzahl schwere Rückschläge erlitten. Die Antwort, die Prokop dem Totila in den Mund legt: Durch frevelhaftes Leben und Mißachtung des Rechtes im Verkehr untereinander und mit den Untertanen und im besonderen auch dadurch, daß König Theodahat weniger gerecht als vielmehr habsüchtig war (III 8, 21: ...ἀνδρὶ [scil. Θεωδάτῳ] τὸ δίκαιον περὶ ἐλάσσονος τῆς ἐς τὸ πλουτεῖν ἐπιθυμίας πεποιημένῳ), zogen sich die Goten den Zorn Gottes zu, der ihnen dafür die verdiente Strafe schickte, indem er ihren Feinden den Sieg gab. Also die Vorstellung eines Sittenverfalls, den Gott an den Goten rächte — sowenig auch, könnte man hier einfügen, König Witiges, den Hauptleidtragenden des Unglücks, eine persönliche Schuld traf. Und dieser von Gott bewirkten Entwicklung wurde, wie wiederum in einer dem Totila in den Mund gelegten Rede (III 25, 17) festgehalten wird, durch nichts anderes als durch die eigene ἀρετή des genannten

---

[26] De gub. Dei I 2, 10. Vgl. dazu H.-J. Diesner, Wissensch. Zeitschr. Greifswald IV (1954/55), Ges.- und Sprachw. 6, 413, (Nachdr. in: Kirche und Staat im spätrömischen Reich, 1963, 153). Vgl. allgemein zu Salvian auch die von Diesner im Nachdr. 149 Anm. 1 angeführte Literatur.

[27] Bell. Got. III 8, 15 ff., 21, 1 ff.; vgl. dazu etwa III 9, 7 ff. (Brief des Totila an den Senat von Rom) und III 16, 26 (Ende einer von Totila vor Papst Pelagius gehaltenen Rede).

Königs Einhalt geboten, der dank seiner Tugend und der dadurch wiedergewonnenen göttlichen Huld einen neuen Aufschwung zugunsten der Goten herbeiführen konnte.

So alt damals die Vorstellung schon war, daß sich Gott der Barbaren als 'Gottesgeißeln' bediente, um die Römer für ihre Verworfenheit zu züchtigen, so neu scheint mir hier die umgekehrte Vorstellung zu sein, daß Germanen ihrerseits von den Römern (Byzantinern) einer zunehmenden sittlichen Verwilderung wegen so lange heimgesucht wurden, bis ein tugendhafter tapferer Fürst an ihre Spitze trat und die Dinge wieder ins rechte Lot brachte. Wir erinnern an dieser Stelle an die bekannte Tatsache, daß der Gedanke, daß Gott auch sein auserwähltes Volk für Sittenverderbnis bestrafte, schon in der vorchristlich-jüdischen Literatur verbreitet ist und im Sintflutbericht der Genesis die Ausprägung erfuhr, daß es Gott „reute", die lasterhaft gewordenen Menschen (Volk Gottes und Menschheit erscheinen hier als identisch) geschaffen zu haben, und er sich deshalb entschloß, sie insgesamt, von dem einen gerecht gebliebenen Noah und seiner Familie abgesehen, zu vernichten.[28]

Wenn also Prokop den König Totila zum Sprachrohr seiner eigenen Gedanken über Moral und Sittenverfall und ihre Konsequenzen machte (die Möglichkeit, daß er hier nicht eigenes Gedankengut bietet, sondern einem Gewährsmann folgt, soll mit dieser Feststellung allerdings nicht ganz ausgeschlossen werden), so kann es nicht verwundern, daß er ihn auch entsprechende Taten vollbringen ließ bzw. Taten, die Totila wirklich vollbrachte, in ein verklärtes Licht setzte. Nicht zu bezweifeln ist wohl die Historizität von Angaben wie denen, daß Totila — gleichsam im Rückgriff auf Caesars „Milde von Corfinium" — die in Cumae in seine Hände gefallenen Frauen römischer Senatoren ungekränkt

---

[28] Gen. VI 2 ff. Wir wollen den bemerkenswerten Umstand nicht unerwähnt lassen, daß in den vorisraelitischen altorientalischen Sintflutberichten, von denen der in der Genesis direkt oder indirekt abhängig ist, das Motiv der Bestrafung für Sittenverderbnis offenbar noch fehlt. (Wie es sich diesbezüglich mit den sonstigen über die ganze Welt verbreiteten Flutsagen verhält, kann hier nicht weiter verfolgt werden.) Ein echtes Sagenmotiv ist die Rückführung einer die Menschheit hinwegraffenden Katastrophe auf göttlichen, durch Sittenverderbnis erregten Zorn sicher nicht. In den Genesisbericht scheint der Gedanke durch den Jahvisten hineingenommen worden zu sein. Wir erinnern hier auch noch an die oben behandelte Vorstellung des Mo Ti und seiner Schüler, daß der schwindende Glaube an (strafende) Geister zum Sittenverfall führte und an die auch in der griechisch-römischen Welt anzutreffende Idee, daß frühe Staatsführer die Götterkulte einführten, um die Mitbürger bei guten Sitten zu halten. Aus dieser 'Götterfurcht' wurde bei Sallust bekanntlich die Angst vor mächtigen Nachbarn: Als nach der Vernichtung Karthagos diese Angst endgültig gegenstandslos war, ließen die Römer allen lasterhaften Neigungen freien Lauf (Bell. Cat. 10, 1). So kam Sallust dazu, den Beginn des Sittenverfalls in Rom ins Jahr 146 v. Chr. zu setzen.

entließ (III 6, 3), daß er die Einwohner der Stadt Neapel nach deren Kapitulation in gleicher Weise schonte (a.O. 8, 1 ff.), daß er gefangenen gegnerischen Soldaten oft anbot, ins eigene Heer, das eine solche Ergänzung dringend benötigte, überzutreten.[29] Die in solche Berichte eingeflochtenen zusätzlichen Angaben bzw. Reflexionen unseres Geschichtsschreibers, die es recht eigentlich bewirken, daß Totila schließlich mit dem Nimbus eines Königs umgeben war, der an Menschlichkeit und Tugendhaftigkeit kaum seinesgleichen hatte, sind freilich schon für sich betrachtet fragwürdig, und der dahin gehende Eindruck bestätigt sich, stellt man sie in einen größeren historischen Zusammenhang.

Es soll, was etwa die Schonung der Einwohner von Neapel betrifft, Totila angeordnet und auch überwacht haben, daß den betreffenden Männern, Frauen und Kindern zunächst nur ganz kleine und erst allmählich gesteigerte Essensportionen verabreicht wurden, damit sich die ausgehungerten Menschen nicht im Essen übernahmen und daran zugrunde gingen. Kurz danach wäre es nach Prokop (III 8, 12 ff.) zu einem ebenso ergreifenden wie erschütternden und die kompromißlose Sittenstrenge des Gotenkönigs in ein ganz helles Licht setzenden Ereignis gekommen: Ein aus Calabrien stammender Römer machte Totila Mitteilung davon, daß einer der königlichen „Lanzenträger" seiner noch jungfräulichen Tochter Gewalt antat. Einen Versuch der angesehensten Goten, den hochverdienten tapferen Mann zu retten, wies Totila, nachdem er die Fürsprecher des Übeltäters freundlich angehört hatte, in einer (schon oben angezogenen) Rede über die Verwerflichkeit solcher Taten, mit denen die Goten vordem den göttlichen Zorn auf sich gezogen hätten, würdevoll zurück. Das von ihm über den Trabanten verhängte Todesurteil, gegen das nun auch die vordem um Gnade bittenden gotischen Herren nichts mehr einzuwenden hatten, wurde vollstreckt, die Habe des Hingerichteten dem seiner jungfräulichen Ehre beraubten Mädchen zur Gänze überwiesen. Allein schon die — gerade bei Prokop auffällige — durchgehende Anonymität der hier auftretenden Personen (ein Römer, eine geschändete Jungfrau, ein Lanzenträger, adlige Männer als Fürsprecher des letzteren) läßt die Geschichte als eine *ad maiorem gloriam* des ganz von Tugend und Gottesfurcht erfüllten Königs Totila von Prokop oder einem seiner Gewährsmänner erfundene Anekdote erscheinen, für die sich übrigens unschwer Parallelen aus dem Anekdotenschatz anderer Völker beibringen ließen: Der Herrscher, der sich ohne Rücksicht auf seine und seiner Freunde Gefühle zu unerbittlicher Strenge durchringt, wenn Sittlichkeit und Gottes Gebot und das

---

[29] Beispiel für die zuletzt genannte Verhaltensweise: III 9, 15. Eine solche Gepflogenheit läßt sich auch sonst — bis in die Zeit der Schlesischen Kriege — oft nachweisen. Schon die Geschichte des Alten Orients (einschließlich derjenigen Assyriens!) bietet Beispiele hierfür. Ein weiteres aus der römischen Geschichte: Die Truppen des Pompeius, die bei Ilerda vor Caesar kapitulierten, werden von diesem in das eigene Heer eingereiht.

Wohl des Volkes es fordern. Direkt an Angaben des Cieza de León über das Verhalten der Inkas gegenüber Kriegsgefangenen fühlt man sich erinnert, wenn man an der auch schon oben zitierten Stelle III 5, 19 liest, daß Totila den Gefangenen mit Freundlichkeit begegnete und die letzteren nun ganz aus freien Stücken die weiteren Feldzüge an seiner Seite mitmachten. Daß Totila die Stadt Rom bald, nachdem er sie (zum erstenmal) durch Verrat in Besitz genommen hatte, wieder räumte, ist als Ereignis sicher wiederum historisch, daß er dies aber aufgrund eines von Belisar an ihn gerichteten und ihm sehr zu Herzen gehenden Appells an seine Menschlichkeit und sein Kulturbewußtsein tat, kann uns Prokop (III 22) nicht glauben machen.

Wie von Cieza de León, so gilt nun in gleicher Weise auch von Prokop, daß er zu sehr Historiker war, als daß er seinem Idealbild zuliebe auf die Mitteilung von sozusagen harten, mit dem Idealbild schwer verträglichen Tatsachen verzichtet hätte. Wir erwähnen im folgenden einige davon, und zwar wieder mit Beschränkung auf Totila.

III 2: Noch als Kommandant der gotischen Besatzung von Tarvisium schließt Totila ein Abkommen mit dem byzantinischen Befehlshaber in Ravenna, bricht dieses aber wenig später und beteiligt sich, die ihm selbst winkende Königswürde vor Augen, an einem Mordkomplott gegen den regierenden Gotenkönig Erarich, als dessen Nachfolger er sodann zum König der Goten proklamiert wird. — III 10, 19 ff.: Einige Einwohner von Tibur öffnen den Goten die Tore der von Totila belagerten und von einer Besatzung von Isauriern verteidigten Stadt. Während es den Isauriern gelingt, sich noch in Sicherheit zu bringen, läßt derselbe Totila, der die Bevölkerung von Neapel schonte, alle Bewohner von Tibur, Frauen und Kinder nicht ausgenommen, töten, und zwar auf eine besonders grausame Weise, die Prokop wegen des schlimmen Beispiels für die Nachwelt nicht nennen will, wie er übrigens auch keine Begründung für das furchtbare und jedenfalls gegen die Frauen und Kinder auch nach damaligen in der römischen Welt geltenden Maßstäben keinesfalls gerechtfertigte Vorgehen Totilas angibt. — III 12, 18 ff. (vgl. 23, 6 und IV 33, 10): Totila besticht während der Belagerung von Perusia Ulpius, einen Leibwächter des die Stadt verteidigenden byzantinischen Generals Cyprianus, seinen Herrn zu ermorden, und hat Erfolg damit, ohne allerdings auf diese Weise Perusia in seinen Besitz zu bringen, wie er es gehofft hatte. — III 15, 9 ff.: Totila überfällt eine in Portus einfahrende, aus Sizilien kommende Getreideflotte, läßt die Bemannungen der Schiffe töten und dem auf einem der Schiffe befindlichen Bischof Valentinus nach einem Verhör wegen angeblicher lügnerischer Behauptungen beide Hände abhacken. — III 20, 22 ff.: Die in Rom eindringenden Goten richten unter der Bevölkerung und den restlichen Verteidigern ein Blutbad an[30], das Totila erst auf Bitten

---

[30] Prokop nennt hier (a.O. 20, 23) genaue, und zwar sehr niedrige Zahlen: 26 Soldaten

des Papstes Pelagius einstellt bzw. — nach einer bekanntlich schon von den Römern geübten, von Polybios beschriebenen Gepflogenheit — in eine umfassende und offenbar mit äußerster Gründlichkeit durchgeführte Plünderei übergehen läßt, bei der er sich selbst das Wertvollste ausdrücklich vorbehält (auch die greise Witwe des auf Befehl des Theoderich hingerichteten Philosophen Boethius verlor bei dieser Gelegenheit nach Prokop a.O. alle ihre Habe und beschloß ihr Leben als Bettlerin). — III 30, 19 f.: Nach der Kapitulation der Festung Ruscianum verfährt Totila mit der Besatzung in der oben bei Behandlung der Übergabe von Cumae erwähnten Weise, läßt aber dem gefangenen Kommandanten Chalazar die Hände und Genitalien abschneiden, weil er, wie sich Prokop vage ausdrückt, die getroffenen Vereinbarungen gebrochen habe. — III 40, 18 ff: Totila plündert alle sizilischen Städte, ohne sie, von wenigen Plätzen abgesehen, dann durch Besatzungen sichern zu können, vollständig aus, um sodann zurück auf das Festland zu gehen.

Man darf mit Sicherheit annehmen, daß (einmal mehr!) Prokop selbst des Dilemmas nicht inne wurde, in das er sich brachte, indem er einerseits von Taten des Totila berichtet, die diesen als einen oft grausamen und habgierigen und auch vor Wortbruch, Meuchelmord und Bestechung nicht zurückscheuenden Herrscher ausweisen und ihn andererseits so reden oder handeln läßt, daß man sich fast gedrängt fühlt, ihn an die Seite der „heiligen Könige", wie sie uns in der Tradition über die Inkas und die frühen chinesischen Herrscher begegneten, zu stellen. Also ein Sachverhalt, der sich im Prinzip von dem bei Cieza de León gegebenen nicht unterscheidet und natürlich auch nicht von den auf gleicher Ebene liegenden Diskrepanzen zu trennen ist, die wir in den Geschichtswerken des Polybios (vgl. oben Anm. 14) und der römischen Annalisten antreffen. Und auch hier, bei Prokop, ist die ebenso beunruhigende wie nachdenklich stimmende Beobachtung zu machen, daß der besagte innere Zwiespalt, der sich übrigens nicht nur in den Abschnitten über Totila nachweisen läßt, dem einschlägigen modernen Schrifttum wenig Aufmerksamkeit abforderte und die neueren Gelehrten sich ebenso wie die oben unter solchem Aspekt behandelten Amerikanisten und Sinologen — auch von den berühmt-berüchtigten teutonischen Romantikern des letzten Jahrhunderts abgesehen — nicht immer leicht taten, dem Zauber der verklärenden Tendenzen zu entgehen. Ja selbst H. Helbling, der es sich nicht zuletzt zum Ziel setzte, den Realitäten ihr volles Recht zukommen zu lassen, der sodann im zweiten Teil seines Buches in glänzender Weise zeigte, wie im letzten Jahrhundert vor allem in der deutschen Geschichtsschreibung und natürlich auch in der deutschen Dichtung („keines Römers schnöde Habsucht

und 60 Menschen aus dem Volk sollen getötet worden sein. Man erinnert sich an den Tenor der Überlieferung über die Einnahme Roms durch Alarich: Es war alles halb so schlimm!

soll dir je das Grab versehren!") jener beschönigende Überlieferungsstrang noch zusätzliche romantische und zugleich kraß nationalistische Akzente erhielt; auch dieser verdiente Gelehrte entrichtete einer entsprechenden Einstellung gegenüber der Überlieferung unbewußt seinen Zoll, und sei es auch nur auf die Weise, daß er diese oder jene, dem realistischen Überlieferungsstrang angehörende Bemerkung Prokops in der Formulierung milderte und andere der Gegenseite zuzuweisende Angaben in der Verdeutschung noch besonders akzentuierte[31] — so sehr er sich auch von *Felix Dahn* und den anderen, die damals und später die Geschichte der Völkerwanderungszeit vom romantischen und völkischen Standpunkt aus schlicht verfälschten, durch eine tiefe Kluft getrennt weiß.[32]

[31] Siehe bes. S. 14 zu Prokop II 29, 33, wo wir erfahren, daß die Goten (unter König Witiges) nach der Übergabe von Mailand zwar die byzantinische Besatzung schonten, dagegen alle männlichen Bewohner der Stadt — nach Prokops wohl übertriebener Angabe sollen es nicht weniger als 300 000 Menschen gewesen sein! — töteten und die Frauen für geleistete Waffenhilfe den Burgundern als Sklavinnen schenkten. Helbling formuliert das so: „Ausdrücklich wird aber (scil. von Prokop) anläßlich der Einnahme Mailands von der Schonung berichtet, die man, bei aller Härte gegen die Einheimischen, den Truppen habe widerfahren lassen." Der Akzent wird also auf die Schonung der Besatzung gelegt und die Tötung von vielen Tausenden von unschuldigen Zivilisten in eine Paraphrase verwiesen. Wiederum mit Bezug auf Prokop sagt Helbling gleich im folgenden: „Eine allgemeine Ehrfurcht vor dem Heiligen wird den Goten zugebilligt..." Die betreffende Stelle — II 4, 9f. — besagt tatsächlich nicht mehr, als daß die Goten eine Scheu davor hatten, Heiligtümer der Apostelfürsten, auch wenn sie ihrem Zugriff offen ausgesetzt waren, anzutasten, weil sie, wie wir hinzufügen dürfen, die Rache der Heiligen fürchteten. Bekanntlich verhielten sich die Soldaten Alarichs bei der Einnahme Roms schon ebenso, doch war es beispielsweise auch etwa bei den Griechen allgemein üblich, in Kriegen die Tempel im Feindesland nicht anzutasten (siehe Thuk. IV 97).

[32] Siehe bes. a.O. 79ff. Mit Recht zieht Helbling (a.O. 84) eine Linie von der Germanenromantik des 19.Jh. zur damaligen Indianerromantik, die ihren eindrucksvollsten literarischen Niederschlag in N. Lenaus Gedicht ›Die drei Indianer‹ erhielt. Dieses Gedicht und das von Platen über ›Das Grab im Busento‹ wurden aus einer faktisch identischen Gefühlshaltung heraus — nach G. Seumes Leitspruch „Die Wilden sind doch bessere Menschen" — geschrieben, beide handeln sie vom edlen noch sittenstrengen Naturmenschen, neben dem die heruntergekommenen Vertreter einer verdorbenen Zivilisation nichts mehr verloren haben. Das literarische Werk von F. Dahn ist übrigens ein besonders schlagender Beweis für die Richtigkeit der Erkenntnis, daß selbst in der Wissenschaft Emotionen oft stärker sind als Einsichten, wo sie mit den letzteren in Konflikt geraten. Dahn war Prof. für Geschichte an der Univ. Königsberg und beschäftigte sich als solcher vor allem mit der Geschichte der Germanen in der Völkerwanderungszeit. Er mußte es also eigentlich wissen, daß die Darstellung der damaligen Vorgänge und Verhältnisse, die er in seinen wissenschaftlichen Werken und Romanen einem sehr großen, gleich ihm selbst romantisch und nationalistisch eingestellten Leserkreis vermittelte, der historischen Wirklichkeit schlechterdings nicht entsprach! Höchst unbefriedigend übrigens auch, vom lite-

In seinem skizzenhaften Überblick über die germanophile Literatur der Völkerwanderungszeit konnte Helbling eine kurz vor seiner eigenen zitierten Schrift erschienene einschlägige Abhandlung von W. *Seston* offenbar nicht mehr berücksichtigen[33] — ein Grund mehr für uns, sie hier noch zu nennen als einen Versuch, die alte These von der moralischen Verkommenheit der späten Römer als Ursache für deren Versagen gegenüber den Germanen auf sozusagen höherer Ebene zu erneuern. Seston geht es allgemein um die Frage nach den Ursachen des Untergangs der Alten Welt. Er ist sich klar darüber, daß wir es hier mit einem sehr komplexen Problem zu tun haben, aber eine der Hauptursachen glaubt er doch in eben der „geistig-moralischen Aushöhlung" der damaligen römischen Welt erkennen zu dürfen, die den Barbaren die Eroberung dieser Welt jedenfalls erleichtert hätte: Eine Verbindung also der Auffassung des Salvianus mit der Theorie von der Ermordung der griechisch-römischen Kultur durch die Germanen, wie sie von *A. Piganiol* und anderen vornehmlich französischen Althistorikern vertreten wird. —

In der Abhandlung ›Römische Politik in republikanischer Zeit und das Problem des 'Sittenverfalls'‹ war es mir bereits ein wesentliches Anliegen, darzutun, daß zwei berühmte griechische Autoren der spätklassischen Zeit, Isokrates und Demosthenes, in ihren Schriften — gleichsam unter dem Motto: was waren doch unsere Ahnen für Menschen verglichen mit uns verkommenen Nachfahren! — ein Bild vom noch ganz unverdorbenen frühen Griechentum entwarfen, das bis in die Einzelheiten der Vorstellung entsprach, die sich die späteren Römer von ihren tugendhaften Vorfahren machten, und dies, obschon den genannten Autoren genug Überlieferung aus älterer Zeit, angefangen bei den homerischen Epen, zur Verfügung stand, um selbst zu erkennen, daß ihr verklärtes Bild von der Vergangenheit, in der es noch keine Habsucht und überhaupt noch keinen Egoismus, sondern nur Nächstenliebe und Menschlichkeit gab, der histo-

rarischen wie auch vom historischen Standpunkt aus betrachtet, die Gestalt des Cethegus im großen Roman ›Ein Kampf um Rom‹, die F. Dahn zwar nicht frei erfand, wie man immer wieder lesen kann (zuletzt in ›Kindlers Literatur Lexikon‹ Bd. 12, Sp. 5143), die er aber wohl als den mit allen schlechten Eigenschaften behafteten bösen Gegenspieler der Goten nach seiner freien Phantasie agieren läßt, um schließlich auch noch ihn zu verklären und sozusagen zum allerletzten Römer zu machen, dessen vergebliches und tragisches Wirken im Dienst der Idee der *Roma aeterna* stand. Die Geschichte des 'letzten Römers', angefangen bei Cato Maior über Sulla, Cato Minor, Cassius, Tiberius usf. bis hin zu Boethius und dem Romanhelden Cethegus oder gar bis zu Cola di Rienzo zu schreiben, wäre eine reizvolle, gleichwohl kaum lohnende Aufgabe.

[33] W. Seston, Sur la Fin du Monde antique, in: Grundlagen und Grundfragen europäischer Geschichte (1950), 19 ff., wieder abgedruckt in: Der Untergang des römischen Reiches (Wege der Forschung 269), hrsg. von K. Christ (1970), 292 ff.

rischen Wirklichkeit schlechterdings nicht entsprach.[34] Nach dem in dieser Abhandlung Dargelegten sehen wir noch weniger Grund als seinerzeit, uns darüber zu wundern, daß sich die genannten Autoren und andere literarisch tätige Griechen der klassischen und der späteren Zeit, die in dieselbe Richtung gingen, der evidenten Diskrepanz zwischen Vorstellung und Realität nicht bewußt wurden. Weniger leicht zu verstehen ist ein Sachverhalt, der in der zitierten Untersuchung außer Betracht blieb, jedoch hier noch zur Sprache kommen muß: Auch der größte griechische Historiker, Thukydides, verfiel in einem bekannten Abschnitt des dritten Buches seines Werkes über den Peloponnesischen Krieg der Idee von den tugendhaften alten Zeiten und der daraus resultierenden Sittenverfalls-Vorstellung und dies, obschon er damit seiner eigenen Grundauffassung von der Geschichte und der Natur der Menschen untreu wurde. Es geht um die Betrachtungen, mit denen Thukydides seinen Bericht über die blutigen Wirren, die im Sommer 427 v. Chr. in Korkyra ausbrachen, abschließt.[35]

Bedenkt man die lakonisch kurze Art, in der uns Thukydides an anderen Stellen seines Werkes über das schreckliche Ende der Platäer, der Melier und der gefangenen Athener in Syrakus ins Bild setzt, mag die offensichtlich große, ja leidenschaftliche innere Anteilnahme überraschen, die unser Geschichtsschreiber in

---

[34] Siehe jetzt oben S. 26 ff. Die Tatsache, daß die Klagen der genannten Griechen praktisch mit denen der späteren Autoren über den Sittenverfall in Rom identisch sind und daß auch sonst überall im gleichen Tenor geklagt wird, muß uns eine Warnung sein, die Sittenverfalls-Vorstellungen in der spätrepublikanischen Überlieferung auf eine Ursache zurückzuführen, die nur für Rom, nicht auch für Griechenland usw. Gültigkeit haben könnte. Diese Warnung bezieht sich besonders auf die Abhandlung von K. Bringmann, Weltherrschaft und innere Krise Roms im Spiegel der Geschichtsschreibung des 2. und 1. Jahrhunderts v. Chr., in: Antike und Abendland 23 (1977), 28 ff., siehe bes. 29: „Letztlich wurzelt die Dekadenzvorstellung der republikanischen Historiographie in dem kollektiven Trauma, das die vornehme Gesellschaft Roms in der ersten Hälfte des 2. Jahrhunderts erlitten hatte" — ein Trauma, das nach Bringmann a.O. in der Überzeugung bestand, „daß die Erringung der 'Weltherrschaft' den Beginn des inneren Verfalls bedeutete". Der Aufsatz macht es besonders deutlich, daß es nicht möglich ist, ein historisches Problem wie das der römischen Sittenverfalls-Vorstellungen isoliert zu behandeln.
[35] Thuk. III 82 und 83. Auch Kapitel 84 gehört, von seinem Inhalt her gesehen, in diesen Zusammenhang, soll aber in den weiteren Ausführungen angesichts dessen, daß die Mehrzahl der neueren Forscher es für einen späteren Einschub von fremder Hand halten, außerhalb unserer Betrachtung bleiben. Vgl. zu dieser Echtheitsfrage vor allem A. W. Gomme, A Historical Commentary on Thucydides II (1956), 382 f. und zuletzt K.-W. Welwei in dem unten Anm. 38 zitierten, von G. Alföldy herausgegebenen Sammelwerk, 23 Anm. 2. Die eigene Meinung darf ich etwa so formulieren: Stammt das Kapitel nicht von Thukydides selbst, so jedenfalls von einem Mann, der die vorhergehenden Kapitel 82 f. sehr genau gelesen und gut verstanden hat.

seinem Rückblick auf die besagten, von ihm a.O. 70ff. geschilderten Vorgänge in Korkyra mit aller Deutlichkeit spüren läßt. Ganz seiner auch sonst oftmals zum Ausdruck gebrachten Grundauffassung entsprechend, stellt er zwar auch hier (III 82, 8) kühl und nüchtern die πλεονεξία und φιλοτιμία als die treibenden Kräfte heraus, d. h. — in der Sicht des Thukydides — die in der menschlichen Natur angelegten Triebe, die zu solchen Auseinandersetzungen führten und führen werden ἕως ἂν ἡ αὐτὴ φύσις ἀνθρώπων ᾖ (a.O. 82, 2). Aber diese Überlegungen sind hier, im Korkyra-Exkurs, anders als etwa in der fingierten Rede der Athener in Sparta (I 76f.) und im Melierdialog nicht das eigentliche Anliegen des Thukydides — nein, hier bricht bei ihm eine Haltung durch, die ausgesprochen in großer moralischer Entrüstung über die Menschen, die sich *neuerdings* aus durchaus egoistischen Gründen bekämpfen, wurzelt und zugleich gipfelt und darauf hinausläuft, daß sich Thukydides in bezug auf seine das ganze Werk wie ein roter Faden durchziehende Grundeinstellung zur Geschichte selbst untreu wird. Hat es Vorgänge, wie sie sich im Sommer 427 in Korkyra abspielten, schon früher unter Hellenen gegeben? Im Sinne seiner Grundkonzeption konnte die Antwort des Thukydides auf diese Frage — auch abgesehen von den dafür vorhandenen, auch uns noch teilweise erhaltenen Zeugnissen der älteren Überlieferung — nur lauten: Ja, denn die Menschen sind nun einmal darauf angelegt, daß sie ohne Rücksicht auf die anderen das ihnen Nützliche tun und ihren Besitz und ihre Macht, wo sie das Recht des Stärkeren geltend machen können, mehren; tatsächlich lautet die Antwort, sehen wir nur von jener Paraphrase III 82, 2 ab, anders, nämlich: Nein, denn früher waren die Menschen noch besser als in unserer verkommenen Zeit. Früher herrschte ἀνδραγαθία[36], und der hellenische Charakter war noch geprägt durch τὸ εὔηθες, οὗ τὸ γενναῖον πλεῖστον μετέχει, aber das wurde jetzt lächerlich[37], und so kam es eben zum moralischen Niedergang, ja Zusammenbruch, indem nun, und zwar zuerst in Korkyra, dann aber auch in der sonstigen griechischen Welt, jeder nur noch an sich selbst dachte (mochte er das auch mit schönen Phrasen bemänteln!) und, ohne weiterhin auf die einst herrschenden Gebote der Moral und der Rechtlichkeit Rücksicht zu nehmen, seine eigene Macht und seinen eigenen Besitz auf Kosten der anderen vergrößerte und dabei selbst vor schlimmsten Verbrechen nicht zurückscheute. Ausdrücklich konstatiert es Thukydides zu Beginn seiner Betrachtung (III 82, 1): Die von ihm in den vorhergehenden Kapiteln beschriebenen Vorgänge in Korkyra waren die ersten ihrer Art

---

[36] In diese Richtung geht auch schon eine Stelle III 57, 1, wo Thukydides durch den Mund der Platäer die Lakedämonier als Repräsentanten der ἀνδραγαθία in älterer Zeit bezeichnet, vgl. dazu auch a.O. 67, 6.
[37] III 83, 1, vgl. die Kommentare von Classen-Steup und A. W. Gomme zu der Stelle. Der letztere bietet a.O. 383ff. eine Übersetzung des ganzen Exkurses ins Englische.

und als solche, wie er im weiteren festhält, ein Ausfluß der Verschlechterung des hellenischen Charakters.

Es läßt sich in der Tat nicht übersehen, daß Thukydides in den behandelten Reflexionen in einen Widerspruch zu seiner Grundauffassung von Geschichte und menschlicher Natur geriet, ohne sich dessen bewußt zu werden. Einmal (wenn auch nur sozusagen vorübergehend) in den Sog der Sittenverfalls-Vorstellung geraten, konnte er dann ebensowenig wie später Isokrates und Demosthenes auf den Gedanken kommen, die Berechtigung seines Verdikts über die eigene Zeit an Aussagen früherer Autoren zu überprüfen, d. h. an Aussagen, die geeignet waren (oder gewesen wären), ihm vor Augen zu führen, daß es blutigen, mit allen Mitteln ausgetragenen Bürgerzwist schon in den griechischen Poleis des 7. und 6.Jh. allenthalben gab. Auch der frühe Kronzeuge für die Herrschaft von Unrecht und Gewalt im Leben der Menschen, der Mann, in welchem wir zugleich einen Kronzeugen dafür sehen dürfen, daß in Griechenland wie sonst die Sittenverfalls-Vorstellung ebenso alt war wie die Idee, daß die ethischen Postulate die zwischenmenschlichen Beziehungen bestimmen sollten — wir meinen Hesiod —, konnte sich hier nicht zur Geltung bringen. Dessen berühmte Klage in den ›Werken und Tagen‹ (174ff.) über das verdorbene „eiserne" Geschlecht nahm tatsächlich das, was Thukydides im Korkyra-Exkurs aussprach, um einige Jahrhunderte vorweg — sie klingt bekanntlich aus in dem Gleichnis vom Habicht und der Nachtigall, in welchem schon er, Hesiod, die Geltung des Rechts des Stärkeren, das er am eigenen Leibe erfahren hatte, dichterisch in großartiger Weise formulierte.[38]

---

[38] A.O. 202ff. — Zu dem oben behandelten Thukydides-Abschnitt äußert sich K. von Fritz, Die griechische Geschichtsschreibung I (1967), 805f., wie folgt: „Der 'Realismus' ... im Sinne des äußersten Pessimismus hinsichtlich der Korruptibilität der menschlichen Natur ist nirgends offenkundiger als hier. Nicht minder deutlich ist jedoch, daß des Thukydides eigenes moralisches Urteil völlig intakt ist." Mit dem zweiten der zitierten Sätze, dem sich O. Luschnat, RE Suppl. 12, 1251 anschließt, will von Fritz offensichtlich zum Ausdruck bringen: Im Gegensatz zur Moral seiner korrupt gewordenen Zeitgenossen war die Moral des Thukydides *noch* die der guten alten Zeit. Zum ersten Satz: Von einem „äußersten Pessimismus" hinsichtlich der „Korruptibilität" der menschlichen Natur kann man nach dem oben Dargelegten gerade bei Thukydides nicht sprechen; es sei denn, man leitet ihn aus eben der behandelten Stelle ab. Wenn der Grundtenor des Werkes des Thukydides, um es noch einmal zu sagen, der ist, daß die Menschen — mit allen Konsequenzen, die sich daraus ergeben — von Natur selbstsüchtig sind, kann man solche Haltung nicht als Ergebnis eines Sittenverfalls betrachten. Die Behandlung des Korkyra-Passus durch M. Grant (Klassiker der antiken Geschichtsschreibung, deutsch von L. Stylow, 1973, 94f.) krankt daran, daß der genannte Gelehrte gerade den springenden Punkt in Thukydides' Darlegungen übersieht: jetzt zum ersten Mal soll es zu solchen Vorgängen gekommen sein. Grant gibt den Gedankengang des Thukydides wie folgt wieder: „Machtstreben liegt in der menschlichen Natur ..., aber in Kriegszeiten ... geriet der

Schon oft ist Thukydides mit Machiavelli verglichen worden. Die obigen Ausführungen geben uns Veranlassung, diesem sicher berechtigten Vergleich einen weiteren Akzent aufzusetzen: Gleich Thukydides kommt auch Machiavelli einmal unversehens von seinem Weg ab, nämlich im 8. Kapitel des › Principe ‹, wo er über den Erwerb von Herrschaft durch Verbrechen handelt und wo ihn dann plötzlich, bei der Erörterung des Aufstieges des Agathokles zur Alleinherrschaft in Syrakus, eine heftige moralische Entrüstung überkommt. Einige Absätze lang verleugnet er dann völlig seine ureigenste Überzeugung, daß Politik und Moral sowenig zusammengehören, daß den Fürsten, der sein Wort bricht oder potentielle spätere Gegner rechtzeitig beseitigt, kein Vorwurf von der Moral her treffen kann.[39] Daß Agathokles seine Mitbürger töten ließ, daß er kein Erbarmen hatte und ohne religiösen Glauben war, kreidet ihm derselbe Denker an, der einige Kapitel zuvor just Cesare Borgia als den Mann hinstellt, der die in der Politik allezeit gültigen (und von Machiavelli bejahten!) Prinzipien wie kein zweiter beherrschte und souverän und sozusagen beispielhaft handhabe, und am Ende des gleichen Abschnittes spricht Machiavelli dem genannten Tyrannen von Syrakus gerade mit der Begründung, daß er sehr grausam gewesen sei und sich zahlreicher Verbrechen schuldig gemacht hätte, das Recht ab, zu den großen Männern der Weltgeschichte gezählt zu werden. Nicht zu übersehen ist freilich ein Unterschied zwischen diesem ganz unmachiavellistischen Exkurs des Machiavelli über Agathokles und dem ebenso unthukydideischen Exkurs des Thukydides

ganze Prozeß außer Kontrolle." Vgl. jetzt auch den Aufsatz von K.-W. Welwei, Die Darstellung politischer Krisen im Geschichtswerk des Thukydides, in: G. Alföldy (Hrsg.), Krisen in der Antike. Bewußtsein und Bewältigung (1975), 9 ff. — Wir vermerken an dieser Stelle noch, daß man mit dem besprochenen Korkyra-Exkurs die Betrachtungen des Thukydides über die quasi moralischen Folgen der Pest in Athen (II 53) nicht in einen Topf werfen kann. Hier geht es darum, daß sich die von der Seuche bedrohten Menschen durch keinerlei äußere Zwänge — Furcht vor den Göttern und den Gesetzen — mehr hindern ließen, die kurze Lebensspanne, die ihnen aller Voraussicht nach nur noch blieb, voll zu genießen. Eher kommt man in die Nähe des Korkyra-Exkurses mit dem positiven 'Nachruf', den Thukydides (VII 86, 5) dem Nikias widmet, wenn er herausstellt, daß dieser Mann angesichts seiner tugendhaften Lebensweise (διὰ τὴν πᾶσαν ἐς ἀρετὴν νενομισμένην ἐπιτήδευσιν) das ihm zuteil gewordene Schicksal am wenigsten verdiente. Von Sittenverfall steht hier zwar nichts, doch bestätigt die Stelle immerhin, daß dem Thukydides nicht anders als später Machiavelli, Goethe und anderen Neueren (vgl. die weiteren Ausführungen im Text und Anm. 40) unbeschadet aller anders lautenden 'Grundsatzerklärungen' Politiker, die es mit der Moral hielten, sympathischer waren als die — gewiß viel zahlreicheren — anderen, die nach ihrer Natur lebten und sich folglich über alle ethischen Postulate hinwegsetzten.

[39] Auf die sehr zahlreichen neueren Versuche, Machiavelli von solchem 'Machiavellismus' freizusprechen, kann hier natürlich nicht eingegangen werden. Sie gehören m.E. *auch* in den Bereich der 'beschönigenden Historie'.

über die Unruhen in Korkyra. Dem Anreiz, die zitierten moralischen Ausfälle mit der Sittenverfalls-Vorstellung zu verquicken, gab nur Thukydides nach. Bei Machiavelli fehlt, soweit wir sehen, besagte Vorstellung auch sonst völlig; ein bemerkenswerter Sachverhalt, wenn man bedenkt, daß ihr der Genannte bei der Lektüre der antiken lateinischen Autoren, die er bekanntlich eifrig studierte, auf Schritt und Tritt begegnete.[40] —

Wenn wir unsere Blicke noch einmal zurück auf die ersten Abschnitte dieser Abhandlung wenden, so drängt sich uns an dieser Stelle eine Frage auf, die m. W. bisher noch nie in dieser Weise gestellt wurde und deren Berechtigung die folgenden Darlegungen erweisen sollen: Ist die Vorstellung vom „heiligen König" als dem Repräsentanten einer noch unverdorbenen Frühzeit, mit der wir in jenen Abschnitten vertraut wurden, nicht auch bei den Griechen und Römern nachweisbar?

Tatsächlich läßt sich besagte Vorstellung bei beiden Völkern aufzeigen, wenn es sich allerdings auch nur um wenige geschichtliche bzw. mythische Persönlich-

---

[40] Es liegt zwar ganz am Rande unserer Darlegungen, ist aber gleichwohl von großem Interesse, daß die für Thukydides und Machiavelli aufgezeigte zwiespältige Haltung hinsichtlich des Verhältnisses zwischen Politik und Moral auch bei Goethe nicht fehlt. Nicht einmal in dem Falle, den er vorzüglich im Auge hat, wenn er seiner Meinung wiederholt Ausdruck gibt, daß sich „außerordentliche Menschen" nicht an die Forderungen der Moral halten können, sondern gezwungen sind, „aus der Moralität" herauszutreten, nämlich im Falle Napoleons, der an der zitierten Stelle (in einem Brief an F. W. Riemer vom 3. Februar 1807) denn auch ausdrücklich genannt ist, kann Goethe an solcher Trennung von Politik und Moral konsequent festhalten: Seine auf Napoleons Tod in der Verbannung sich beziehende Bemerkung zu Eckermann (vom 10. Februar 1830), „daß ein solches Ende einen Mann betraf, der das Leben und Glück von Millionen mit Füßen getreten hatte" und man angesichts dessen noch von einem sehr milden Schicksal sprechen könne, läuft — bei Licht besehen — ja doch auf ein Verdammungsurteil hinaus, das Goethe hier über Napoleon vom Standpunkt der Moral fällte. Ganz zwiespältig ist auch die Auffassung, die J. Burckhardt in seinem berühmten Traktat über die „historische Größe" vertritt (›Weltgeschichtliche Betrachtungen‹ mit einem Nachwort von R. Marx, Kröner-Ausgabe, o.J., 207ff.). Einerseits sieht Burckhardt (a.O. 242ff.) in der „Dispensation von dem gewöhnlichen Sittengesetz" geradezu ein Kriterium für historische Größe, andererseits stellt er (a.O. 235) die „Seelengröße" heraus, die „im Verzichtenkönnen auf Vorteile zugunsten des Sittlichen" liegt, und wenige Sätze nach der erstzitierten Feststellung (a.O. 244) läßt er sich durch den Kopf gehen, ob nicht „eine sekundäre Rechtfertigung der Verbrechen (sic!) der großen Individuen ... darin zu liegen (scheint), daß durch dieselben den Verbrechen zahlloser anderer ein Ende gemacht wird", und er gibt anschließend zu bedenken, daß durch die „Herrschaft eines Gesamtverbrechers ... die Sekurität des Ganzen in hohem Grade gedeihen kann". Wir müssen es uns ersparen, die Linie über Burckhardt hinaus in die Jetztzeit weiter zu verfolgen. Eine Beschäftigung mit A. Vierkandt und M. Weber wäre unter den herausgestellten Gesichtspunkten besonders lohnend.

keiten handelt, die in einer bestimmten Überlieferung als eine Art heiliger Könige in Erscheinung treten. Was den griechischen Bereich betrifft, so ist vor allem der Achaimenidenkönig Kyros zu nennen, wie ihn Xenophon in seiner ›Kyrupädie‹ darstellt. Die verschiedenen Eigenschaften und Verhaltensweisen, die ihm Xenophon zuschreibt, rücken ihn sehr in die Nähe der Idealherrscher, als welche die „heiligen Könige" im konfuzianischen und mohistischen Schrifttum Altchinas und die Inkas vornehmlich in der Chronik des Cieza de León gezeichnet werden. Die einschlägigen Stellen bietet *M. Treu* in seinem grundlegenden RE-Artikel s.v. Xenophon (RE 2. Reihe, 9, Sp. 1718ff.), und Treu verdanken wir auch verschiedene in diesem Zusammenhang nicht unwichtige zusätzliche Beobachtungen wie etwa die (a.O. Sp. 1709f.), daß in Xenophons ›Kyrupädie‹ (I 5, 4f.) oder, anders ausgedrückt, in dem von ihm entworfenen Bild eines idealen Herrschers der Eroberungskrieg des Kyros gegen Medien keinen Platz finden konnte und aus besagtem Krieg nun unter der Hand des Xenophon eine Aktion wurde, die Kyros nur auf einen Hilferuf der Meder hin unternahm.[41]

Einen sehr interessanten Sachverhalt bietet, von der oben gestellten Frage her betrachtet, die Überlieferung zur frühen römischen Geschichte. Der naheliegende Gedanke, daß vor allem der mythische Stadtgründer Romulus die Züge eines heiligen Königs trägt, erweist sich schon bei flüchtiger Überprüfung als verfehlt. Um so eindringlicher treten nun freilich solche Züge bei Romulus' Nachfolger Numa Pompilius hervor, ja dieser Herrscher kann geradezu als heiliger König κατ' ἐξοχήν der griechisch-römischen Welt bezeichnet werden!

Man weiß, daß Numa in der annalistischen Überlieferung und bei Plutarch in erster Linie als der fromme Kulturheros, dem sein Volk die religiösen und kultischen Einrichtungen verdankte, aufscheint. Er fungiert aber darüber hinaus geradezu als zweiter Stadtgründer, der an die Stelle der „durch Gewalt und Waffen" geschaffenen ersten Stadt eine neue setzte, die auf Recht, Gesetzen und Sitten aufgebaut und durchaus auf Erhaltung des Friedens ausgerichtet war (Liv. I 19 und 21). Das Beispiel der Gerechtigkeit, Weisheit und Menschlichkeit, das Numa selbst als zweiter Stadtgründer Roms gab, übte nicht nur auf die Römer, sondern auch auf die anderen italischen Völker einen tiefgreifenden Einfluß aus, und Plutarch (Numa 20, 3ff.) kann sich nicht genug tun in der Schilderung eines geradezu goldenen Zeitalters, das Numa für die Römer wie auch für deren bisherige Feinde heraufführte.

[41] Einen Anhaltspunkt dafür, daß Kyros bei den Persern selbst den Idealkönig repräsentierte, gibt es m.W. nicht, wohl aber kannten die Iranier der Sasanidenzeit und wahrscheinlich auch schon der vorhergehenden Zeiten so etwas wie heilige, als Kulturheroen fungierende Könige in einer frühen paradiesischen Welt, Haosyangha und Yima mit Namen. Hierbei länger zu verweilen, ist leider nicht möglich. Es hätte natürlich keine Schwierigkeiten, auch bei Völkern, die hier ganz außer Betracht blieben, „heilige Könige" aufzuspüren.

Der Ianustempel, den — nach Livius' Darstellung — Numa quasi aus erzieherischen Gründen als eine Art Anzeiger oder Mahnmal für Krieg und Frieden hatte errichten lassen, konnte während der ganzen 43jährigen Regierungszeit des Königs geschlossen bleiben (bekanntlich war er nur in Kriegszeiten geöffnet), weil ständig Frieden herrschte. So sehr war das römische Volk in dieser Zeit zahm und milde geworden, und auch die Nachbarn wurden von dieser Bewegung erfaßt, und so richtete sich auch deren Bestreben in Numas Zeit ganz auf Eunomia und Frieden, auf die Bestellung des Bodens, auf Zeugung und Erziehung von Kindern in Ruhe und auf die Verehrung der Götter. Überall in Italien feierte man Feste und Gastmähler und besuchte sich gegenseitig und war — im Banne der von Numas Weisheit kommenden Güte und Gerechtigkeit — freundlich zueinander. Und wie es keine Kriege mit anderen gab, so auch keinen inneren Zwist und keinerlei gegen den König selbst gerichtete Aktivitäten. Bei solcher Vorstellung von Numa und den damaligen Verhältnissen auf der Apenninenhalbinsel fühlt sich dann Plutarch geradezu gedrängt, in dem genannten König so etwas wie eine historische Vorwegnahme des idealen Herrschers, wie ihn sich Platon dachte, zu sehen. Also genau die Situation, wie wir sie etwa schon von China her kennen, wo Philosophen und Staatstheoretiker überzeugt davon waren, daß in grauer Vorzeit Könige, wie sie sein sollten, wirklich das Zepter führten.

Man kann sich in diesem Zusammenhang die Frage vorlegen, ob nicht die Gestalt des Romulus sekundär in dem Sinne ist, daß sie als Heros Eponymos den König Numa als eigentlichen Gründer von Rom vom ersten auf den zweiten Platz verdrängte. Das wäre dann eine mythische Parallele zu jener Entwicklung, die sich im frühen Athen tatsächlich vollzog: Der König sank ab zum ἄρχων βασιλεύς und mußte sich dann gar als athenischer Oberbeamter mit dem zweiten Platz hinter dem ἄρχων ἐπώνυμος zufriedengeben. Vorsicht erscheint hier freilich angebracht: Auch die Vorstellung, daß heilige Könige, indem sie ein goldenes Zeitalter begründen, eine Zeit beenden, in der die Menschen noch unzivilisiert, roh und kriegerisch waren und von entsprechenden tyrannischen Herrschern regiert wurden, kann ursprünglich sein, wie allein schon das Bild wahrscheinlich macht, das in der Chronik des Cieza de León von den Vorstellungen in den präkolumbischen Andenländern entworfen wird, konkret gesagt das Bild von einer noch ganz unzivilisierten Frühzeit, der dann die Inkakönige ein Ende setzen.

Mit den letzten Bemerkungen zu Numa Pompilius als dem heiligen König der römischen Überlieferung schließt sich sozusagen der Kreis, wir sind in die Welt des alten Rom zurückgekehrt. Es soll erlaubt sein, an dieser Stelle noch ein Wort sozusagen in eigener Sache anzufügen, d. h. ein Wort zu der Reaktion der Forschung auf die eingangs zitierten Aufsätze, in denen die oben unter universalhistorischen Aspekten erörterten Probleme mit besonderem Bezug auf Rom behandelt wurden.

Die Beachtung, die die Aufsätze in den Jahren nach ihrem ersten Erscheinen in der HZ fanden, war nicht ganz gering.[42] Freilich handelte es sich zumeist nur um kurze Hinweise, und m. W. kam es an keiner Stelle im neueren Schrifttum dazu, daß ein Vertreter der 'Gegenseite' versucht hätte, die Ausführungen a.O. mit diesen oder jenen Argumenten als falsch oder doch teilweise korrekturbedürftig zu erweisen.[43] Wo in knappen Zitaten Ablehnung in mitunter gereizten Wendungen anklang oder auch offen bekundet wurde, traten die emotionellen Wurzeln solcher Haltung mehr oder weniger deutlich hervor, aber die — aus dem Wunsch, sich eine sorgfältig gehütete Vorstellungswelt keinesfalls 'vermiesen' zu lassen, resultierenden — Emotionen waren es nicht allein. Da und dort zeigte sich, daß die Ursachen der Schwierigkeiten, zu einer Verständigung zu gelangen, doch tiefer liegen: Wer aus einer 'statischen' und damit im Grunde unhistorischen Einstellung heraus glaubt, im Sinne der spätrepublikanischen und kaiserzeitlichen Geschichtsschreiber und literarisch tätigen Autoren von Eigenschaften und speziell Tugenden sprechen zu können, die 'den' Römer, ob er nun um 600 oder 200 v. Chr. lebte, geprägt haben sollen, ehe er auf die schiefe Bahn geriet, kann gar nicht anders, als auch das Bild zu akzeptieren, das die betreffenden Männer rückblickend von den Verhältnissen in der — noch heilen — römischen Welt entwarfen und muß dann allerdings seinen Gewährsmännern auch in Sachen Sittenverfall Gefolgschaft leisten, es sei denn, er könnte zeigen, daß entgegen dem, was die Schriften der bewußten Autoren beinhalten, alle jene berühmten Tugenden und 'Werte' (nach wie vor) die Beziehungen zwischen den Römern wie auch zwischen den letzteren und den Nichtrömern bestimmten. Mit solch 'statischer' Vorstellung vom Römer, der keine Veränderung von

---

[42] Vgl. dazu bes. R. Klein, in: Das Staatsdenken der Römer, hrsg. von R. Klein (Wege der Forschung 46, 1966), 1 ff.

[43] Eine gewisse Ausnahme stellt der Aufsatz von P. Frei über ›Späte Zeugnisse für frühen römischen Imperialismus?‹ dar, erschienen in: Museum Helveticum 32 (1975), 73 ff. Frei versucht hier zu zeigen, daß bestimmte Stellen der römischen Überlieferung, die ich — in summarischer Form — dafür vorbrachte, daß den Römern der republikanischen Zeit die Mehrung des Reiches ein besonderes Anliegen war, nichts nach dieser Richtung ausgeben können. Siehe dazu den Exkurs I zu der Abhandlung ›Das Problem des Aufstiegs Roms zur Weltmacht. Bilanz 1977 unter methodisch-kritischen Aspekten‹ oben S. 80 ff. — Unter den führenden Althistorikern der letzten Generation, die sich für die Vorstellung vom Sittenverfall im spätrepublikanischen Rom innerlich ganz stark und sozusagen unabdingbar bis zuletzt engagierten, muß an erster Stelle M. Gelzer genannt werden, siehe dazu jetzt H. Strasburger, in: J. Bleicken — Ch. Meier — H. Strasburger, Matthias Gelzer und die römische Geschichte (Frankfurter Althistorische Studien 9, 1977), 92 ff., vgl. auch etwa 73 Anm. 105. — Ich erinnere mich, daß Gelzer, mit dem ich seit meinem Studium in Frankfurt in lockerem persönlichem Kontakt stand, auf die Zusendung eines Sonderdrucks der Abhandlung ›Römische Politik in republikanischer Zeit und das Problem des 'Sittenverfalls'‹ ganz kurz und abweisend reagierte.

innen her durchgemacht hätte, sondern nur durch äußere Faktoren wie Wegfall ebenbürtiger Feinde oder schlechte Einflüsse von seiten der *Graeculi* verdorben worden sein soll, hängt es zusammen, daß oft der entscheidende Punkt übersehen wird, der darin liegt, daß sich in Rom *wie sonst* eine im Prinzip positiv zu beurteilende Entwicklung vollzog, die im Zuge des Hineinwachsens in die ältere griechische Kultur neue ethische Postulate zeitigte, welch letztere dann — einer, wie wir jetzt wissen, auf der ganzen Welt verbreiteten Tendenz entsprechend — als vermeintliche geschichtliche Wirklichkeit in die älteren Zeiten zurückversetzt wurden.[44]

Vergleichende universalhistorische Betrachtung (um solche ging es letztlich in dieser Studie) hat immer zwei Aspekte. Da handelt es sich zunächst darum, einen speziellen Sachverhalt auf die Weise zu klären oder evident zu machen, daß man ihn in einen möglichst großen Zusammenhang stellt und damit die bei isolierter Erörterung besonderer Probleme und Sachverhalte immer vorhandene Gefahr, zu falschen Ergebnissen zu kommen, im Rahmen des Möglichen ausschaltet. Man soll es aber auch sozusagen umgekehrt sehen: Die einzelnen Sachverhalte sind ihrerseits Ansatzpunkte und Bausteine zur Klärung der großen Fragen nach Tendenzen und Kräften, die allgemein in der Weltgeschichte wirksam sind und an denen wir auch als Vertreter von Teilfächern der Geschichte nicht vorbeigehen dürfen.

[44] Als Beispiel für die in den letzten Hinweisen umschriebene Richtung sei hier nur genannt O. Seel, Römertum und Latinität (1964), 304 ff., dessen geistreiche Ausführungen aufs Ganze gesehen einmal mehr auf das oben skizzierte Bild hinauslaufen und dabei zwar nicht primär, aber doch auch gegen meine Aufstellungen gerichtet sind. Schon die Frage, von der Seel den Ausgang nimmt (a.O. 304), stimmt sehr nachdenklich: „Ist nicht vielleicht doch nur die Nachwelt auf beschönigende Redensarten hereingefallen, welche eine arge Realität mit einer verlogenen Draperie verbargen?" Hält man sich als Historiker an den Grundsatz, die Dinge nur aus ihrer Zeit heraus zu beurteilen, kann man weder die Realität der älteren römischen Welt als „arg" bezeichnen, noch den späteren römischen (und sonstigen) Autoren in ihrer ehrlichen Überzeugung, die Dinge nur so darzustellen, wie sie wirklich waren (auch Kung-tse und die Mohisten waren dieses Glaubens!), Verlogenheit vorwerfen. Seel selbst tut das ja auch nicht, er will mit der zitierten Frage nur die Fronten abstecken und den Gegner kennzeichnen, den er damit freilich schlimm mißversteht (vgl. dazu sein Zitat a.O. 307). Er wie andere Neuere übersehen dabei auch ganz, daß es hier selbstredend nicht darauf ankommen kann, die Römer (und die sonstigen frühen Völker) schlecht zu machen, wozu wir nach dem eben Gesagten gar kein Recht hätten, sondern zu zeigen, daß die negativen Werturteile, die auf der Basis der Sittenverfalls-Vorstellungen der Alten über die späteren Römer wie auch etwa über die *Graeculi* gefällt werden, zu korrigieren sind. Dieses Anliegen läuft sozusagen auf das Gegenteil dessen hinaus, was man mir vorwirft. — Ich bedaure, seinerzeit eine Stelle übersehen zu haben, an welcher ein Gelehrter des 19. Jh., dessen Tragik es übrigens war, immer im Schatten von Th. Mommsen stehen zu müssen, zur Frage des Sittenverfalls in Rom ein Urteil abgab, das meiner eigenen Auffassung schon sehr nahe kam: W. Ihne, Römische Geschichte IV (1876), 180 f.

REZENSION VON:
GEROLD WALSER, CAESAR UND DIE GERMANEN.
STUDIEN ZUR POLITISCHEN TENDENZ
RÖMISCHER FELDZUGSBERICHTE*

Das Buch wird von *Walser* selbst in einer 'Vorbemerkung' als Versuch bezeichnet, „die geschichtlichen Verhältnisse zu Mitte des ersten vorchristlichen Jahrhunderts am Rhein festzustellen". Daß dieser Versuch mehr oder weniger auf eine kritische Auseinandersetzung mit den einschlägigen Partien in Caesars ›Commentarien‹ über den Gallischen Krieg hinausläuft, bringt schon der Titel zum Ausdruck, doch stellt Walser (a.O.) mit Nachdruck heraus, daß die Schrift in erster Linie nicht als Beitrag zur Kritik Caesars, sondern als ein solcher zur antiken Ethnographie und Völkerkunde gedacht ist. Die weitere etwas überraschende Versicherung Walsers, daß ihm „bei aller Kritik an der Darstellung der Tatsachen" nichts ferner liege, als „anachronistische Forderungen moderner Geschichtsbetrachtung an die antike Historiographie zu stellen und mit Caesar und Tacitus über ihre Geschichtsauffassung zu rechten", resultiert deutlich aus dem Wunsche, sich gegen den Vorwurf ungerechter oder gar unziemlicher Behandlung Caesars, wie er wohl von mancher Seite erhoben werden könnte (vgl. unten S. 168), von vornherein zu decken.

Die größte Schwierigkeit (um es schon hier zu sagen) bestand für Walser in der Tatsache, daß die vorhandene Parallelüberlieferung keine wirklich ausreichende Grundlage dafür bietet, Caesars Darstellung des Krieges in Gallien im allgemeinen und der Vorgänge und Zustände in den gallisch-germanischen Grenzgebieten im besonderen in zwingender und evidenter Weise zu korrigieren und so zu einem Bild von den Verhältnissen zu kommen, das einer kritischen Prüfung besser standhält als das Bild, das die ›Commentarien‹ über den Gallischen Krieg ihrerseits bieten. Für Walser lagen die Dinge insofern noch besonders schwierig, als er sich im ganzen streng an die durch das Thema festgelegten Grenzen hielt und also darauf verzichtete, die Frage der Glaubwürdigkeit der einschlägigen Berichte Caesars mit dem Problem allgemein der Glaubwürdigkeit der caesarischen Schriften zu koppeln.

In dieser Besprechung soll es in erster Linie darum gehen, eine Antwort auf

---

* In: Gnomon 29 (1957), 278—285. Bibliographische Angaben zum besprochenen Titel: Gerold Walser, Caesar und die Germanen. Studien zur politischen Tendenz römischer Feldzugsberichte. Wiesbaden: Steiner 1955. XI, 104 S. (Historia Einzelschriften, 1).

die Frage zu gewinnen, ob und inwieweit die sehr kritische Haltung Walsers gegenüber den besagten Berichten in Caesars ›Commentarien‹ über den Gallischen Krieg grundsätzlich geteilt werden kann, und da scheint es uns allerdings nötig, den Rahmen der Untersuchung viel weiter zu spannen, als Walser selbst es tat: Wir müssen zunächst sehen, ob sich irgendwo im ›B. G.‹ oder ›B. C.‹ (an der methodischen Berechtigung, hier beide Schriften Caesars in einem zu nehmen, wird niemand zweifeln) ein einigermaßen fester Ansatzpunkt finden läßt, von dem aus es dann möglich ist, ein Urteil über Walsers Vorgehen und die Ergebnisse seines Buches abzugeben.

Schon *Ed. Meyer* hat in seinem Werk ›Caesars Monarchie und das Prinzipat des Pompeius‹ (³1922)[1] auf Grund einer hier relativ sehr umfangreichen, von Caesar unabhängigen Parallelüberlieferung erkannt, daß Caesar in der Darstellung der Vorgänge vor und nach dem Ausbruch des Bürgerkrieges in einer Reihe von Fällen den wahren Hergang der Ereignisse zu seinen Gunsten korrigierte, und *K. Barwick* ist diesen Dingen in einer eingehenden Untersuchung weiter nachgegangen.[2] Worum es sich konkret handelt, können wir hier nur an einem Beispiel dartun.

Eine reiche Tradition (siehe die Stellen bei K. Barwick a.O. 36ff.) läßt keinen Zweifel daran zu, daß Caesar sich bei seinem ersten Aufenthalt in Rom nach dem Beginn des Bürgerkrieges mit Gewalt der Schätze des *aerarium sanctius* bemächtigte, indem er die verschlossenen Türen, deren Schlüssel der Konsul Lentulus mit zu Pompeius genommen hatte, aufbrechen ließ und dabei den dazwischentretenden Volkstribunen L. Metellus mit dem Tode bedrohte — er, der Mann, der diesen Krieg nicht zuletzt unter der Parole der Wahrung der Rechte der Volkstribunen begonnen hatte. Daß Caesar in seinen ›Commentarien‹ von diesem für ihn somit ganz besonders peinlichen Vorfall nichts erwähnt, ist wohl verständlich, aber er ließ es dabei nicht bewenden: in dem (offenbar mit Absicht etwas vage gehaltenen) Bericht über die Räumung Roms durch seine Gegner B. C. I 14 stellt er die Sache bekanntlich so dar, als ob der kopflos fliehende Konsul Lentulus besagtes Aerar offen ließ, womit er, wie man die Dinge auch betrachten mag, den wirklichen Sachverhalt effektiv verfälschte. Soweit ich sehe, wird dieser völlig klare Tatbestand von keinem der neueren Caesarhistoriker bestritten.[3]

Auch in unserem Zusammenhang ist die Sache wichtig genug, daß wir hier einen Augenblick bei *F. Loßmanns* zitierter Kritik der betreffenden Abschnitte des Buches von K. Barwick verweilen. Loßmann läßt sich auf eine nähere Erörterung der von Barwick behan-

---

[1] Vgl. aber auch schon H. Glöde, Über die Quellen des pompeianischen Bürgerkriegs I: Caesars historische Glaubwürdigkeit in den Commentarien vom Bürgerkrieg, Diss. Rostock (1871). H. Nissen, HZ 46 (1881), 49ff. u. a.

[2] K. Barwick, Caesars Bellum Civile (Tendenz, Abfassungszeit und Stil). Ber. Verh. Leipzig, phil.-hist. Kl. (1951), 99,1. Zu der Rezension dieses Buches durch F. Loßmann (Gnomon 28, 1956, 355ff.) siehe die weiteren Ausführungen im Text.

[3] Vgl. schon W. Drumann — P. Groebe, Geschichte Roms in seinem Übergang von der republikanischen zur monarchischen Verfassung III (1906), 398f; ferner etwa Ed. Meyer a.O. 302, Anm. 1, vgl. 351; M. Gelzer, Caesar (1941), 227f; M. Rambaud, L'Art de la Déformation historique dans les Commentaires de César (1953), 271.

delten Fälle von Verfälschung der historischen Wahrheit durch Caesar nicht ein und übergeht zumal diejenigen ganz, wo die Dinge im Sinne Barwicks klar liegen; er versucht sodann, seinen eigenen Standpunkt gegen den Barwicks in allgemeinen Betrachtungen abzugrenzen: „Wenn Caesar sein Handeln nach seinem Vorteil hin ausrichtete, so nennen wir das bei einem Politiker kaum tendenziös; und wie ist es, wenn Caesar eben dieses Handeln beschreibt?" (a.O. 358). Loßmann sieht also nicht, daß der Kernpunkt des Ganzen ja gerade der ist, daß Caesar sein Handeln *nicht* so beschreibt, wie es wirklich war, sondern davon bewußt abweicht. Auch die Schlußbetrachtungen (a.O. 362) gehen an der Sache vorbei: „...und die Bewertung (scil. der Beobachtungen Barwicks?) ändert sich, wenn man sich nicht darauf beschränkt, eine Unstimmigkeit beim Vergleich verschiedener Quellen festzustellen und der einen Seite als Unwahrheit anzukreiden, sondern nach Absichten und Zielen des Autors fragt" — als ob es nicht das besondere Anliegen der Gegenseite wäre, die Absichten herauszustellen, die Caesar dazu führten, von der Wahrheit abzugehen! Auch ist wohl klar, daß wir bei Divergenzen der Quellen nach wie vor die Frage, welche Version die richtige ist, stellen können und müssen und daß es uns nicht erlaubt ist, in dieser Hinsicht mit Caesar eine Ausnahme zu machen, mögen die Gefühle der Verehrung, die wir für den großen Staatsmann und Schriftsteller hegen, noch so stark sein. Übrigens ist die Tendenz, Caesar als Quellenautor gegen kritische Beurteiler mit allen Mitteln zu verteidigen, keineswegs eine neue Erscheinung in unserer Wissenschaft. Wir erinnern an *E. Kalinkas* Forschungsbericht in Burs. Jahresber. Suppl. 224 (1929), wo im deutlichen Bestreben, die 'anstößigen' Dinge im ›B. C.‹ zu bagatellisieren, von „einzelnen Unrichtigkeiten" gesprochen wird, die mit der Annahme zu erklären (und zu entschuldigen) wären, daß sich in Caesars Erinnerung manches verschoben hätte (a.O. 145 f.)! *H. Oppermanns* Versuch (Caesar, Der Schriftsteller und sein Werk, 1933, Neue Wege zur Antike 2,2), die Abweichungen Caesars von der geschichtlichen Wahrheit aus Stilgesetzen heraus zu rechtfertigen, gehört auch hierher[4], desgleichen derjenige *J. H. Collins'* (Gnomon 26, 1954, 532), Caesar vor allem mit dem Hinweis zu entlasten, daß es eine 'voraussetzungslose Wissenschaft' auch sonst nicht gebe. Das ist wohl richtig, aber es macht denn doch noch einen Unterschied aus, ob ein Historiker aus bestimmten Bindungen seiner Zeit oder seiner Person heraus, ohne es zu wollen und oft auch ohne sich dessen

---

[4] Zu dem behandelten Fall siehe H. Oppermann a.O. 27 Anm. 2 auf S. 28: „die Gesetze seiner Schilderung erheischen die Erzählung dieser nur anekdotenhaft interessanten Episode keinesfalls." Weiter oben in der gleichen Anm. lesen wir: „Daß Caesar das nicht erwähnt (scil. den Versuch des Tribunen Metellus, das Aufbrechen des heiligen Aerars zu verhindern), gilt als ein Hauptbeweis für die einseitige Tendenz seiner Darstellungen." Auch hier wird, wie bei Loßmann, gerade der springende Punkt übersehen: Nicht das ist entscheidend, daß Caesar von der gewaltsamen Öffnung jener Schatzkammer schweigt, sondern daß er durch seine Angabe, der Konsul Lentulus habe bei seiner Flucht das Aerar offen zurückgelassen, den wirklichen Sachverhalt effektiv verdreht und damit bewußt beim Leser den falschen Eindruck erweckt, daß die Sache mit dem Einbruch ins verschlossene Aerar eine bloße Verleumdung sei. Von jener Angabe sagt Oppermann an anderer Stelle (a.O. 22 Anm. 3), sie sei „beim Fehlen aller Parallelüberlieferung schwer zu beurteilen". — Mit Oppermanns Meinung über die Schriften Caesars stimmt im wesentlichen überein U. Knoche, Gymnasium 58 (1951), 139 ff.

bewußt zu sein, dazu kommt, ein anderes als das von ihm ehrlich angestrebte 'objektive' Bild von den Dingen zu entwerfen, oder ob ein Caesar in seinen Schriften ganz bewußt und mit der bestimmten Absicht, sich selbst und seine Handlungen in ein günstiges Licht zu setzen, die historische Wirklichkeit verfälscht.[5]

Die frühere Caesarkritik brachte sich dadurch in einen gewissen Mißkredit, daß sie ohne festen Anhaltspunkt dazu neigte, ganz allgemein die Zuverlässigkeit der Berichte Caesars in Zweifel zu ziehen. Demgegenüber lassen die im B. C. sich findenden sicheren Fälle, in denen Caesar von der geschichtlichen Wahrheit bewußt abwich, wohl den Schluß zu, daß Caesar diesen Weg in der Hauptsache nur dort beschritt, wo es ihm darum ging, die eigenen *politischen* Entschlüsse und Handlungen vor der römischen Öffentlichkeit zu rechtfertigen und dabei etwa entstandene Flecken auf dem Schild seiner Ehre zu tilgen. Daß er in der Darstellung der rein militärischen Ereignisse gleich jedem anderen seine eigenen Feldzüge beschreibenden General da und dort dazu neigte, die Dinge zu seinen Gunsten zu färben und die Fehler der Gegner mehr als die eigenen herauszustellen (vgl. K. Barwick a.O. 79ff.), steht auf einem anderen Blatt und kann den Eindruck nicht verwischen, daß er auf diesem Gebiete und überhaupt überall dort, wo nicht das Politische mit Bezug auf seine eigene Person hereinspielte, im allgemeinen zuverlässig und genau und mit deutlichem Streben nach Objektivität arbeitete, wenn wir nur absehen von den Angaben über die Stärke der gegnerischen Heere — hier erkannte wiederum der Politiker Caesar eine Chance, sein Handeln als von der Sicherheit Roms her betrachtet unbedingt gefordert und gerechtfertigt hinzustellen.[6]

Mit diesen Hinweisen haben wir einen einigermaßen festen methodischen Standpunkt und zugleich Ausgangspunkt für die Beurteilung des Vorgehens des Verf. in dem hier zu besprechenden Buch gewonnen. Nach wie vor dürfen wir uns Caesar auf den weiten Strecken anvertrauen, wo er von den strategischen und taktischen Operationen berichtet, die er selbst und seine Legaten durch-

---

[5] Die Dinge liegen hier im Prinzip nicht anders als heute: Wenn sich etwa R. Poincaré, G. Buchanan und Fürst Bülow an einzelnen Stellen in ihren Memoiren nachweislich bewußte Abweichungen von der geschichtlichen Wahrheit erlaubten, so wird kein moderner Historiker dies mit der Erklärung, daß 'voraussetzungslose Wissenschaft' an sich unmöglich sei, entschuldigen wollen. Soweit ich sehe, hat auch noch niemand versucht, solche Fälschungen in neueren Memoirenwerken auf stilistische oder andere äußere Gründe zurückzuführen. — Es ist nicht unnötig, bei dieser Gelegenheit darauf hinzuweisen, daß die Einsicht, daß wahre *Geschichtsschreibung* mit bedingungslosem Wahrheitsstreben steht und fällt, schon der Antike voll und ganz eigen war. Hauptstelle: Timaios bei Polyb. XII 11, 8ff., siehe dazu etwa Hekataios Fr. 1 (Jac.). Herod. I 95,1. Thuk. I 22. Polyb. I 14, 6. Sallust, B. C. IV 3. Liv., Prooemium V usw.

[6] In der Einschätzung der Stellen, an denen Caesar die Tapferkeit der Gegner besonders herausstellt, möchte ich mich F. Beckmann (Geographie und Ethnographie in Caesars Bellum Gallicum, 1930, 180) anschließen: „Es wäre zu gering von ihm (scil. von Caesar) gedacht, wollte man annehmen, er habe ... nur zeigen wollen, mit wie gefährlichen Gegnern er es zu tun habe, um dadurch seine eigenen Taten in helleres Licht zu setzen".

führten, von neuen Truppenaushebungen, vom Bau von Zernierungsanlagen, vom Zuzug germanischer Reiter und deren Rolle in den Schlachten usw.; aber die nachweisbaren bewußten Abweichungen von der historischen Wahrheit in der Darstellung der Ereignisse vor und nach dem Ausbruch des Bürgerkrieges machen es uns unmöglich, die Angaben Caesars auch dort ohne weiteres für glaubwürdig zu halten (und also grundsätzlich bis zum Beweis des Gegenteils zu akzeptieren), wo er als Politiker in eigener Sache zu seiner Mitwelt und zu uns spricht. Es ist ja gut möglich, daß sich, um einen konkreten, auch in Walsers Buch (21 ff.) eingehend behandelten Fall zu nehmen, Ariovist gegenüber Caesar wirklich etwa so verhielt, wie dieser es darstellt, daß er Gesandte Caesars in Fesseln legte usw., und es ist auch nicht unmöglich, daß die Britannier wirklich in 'fast allen' gallischen Feldzügen Caesars den Galliern Hilfe angedeihen ließen und so den Angriff Caesars auf ihre Insel selbst provozierten (B. G. IV 29), doch besitzen Angaben dieser Art für uns im Hinblick auf den Befund des ›B. C.‹ keine strikte Verbindlichkeit, und schon rein methodisch gesehen wäre es bedenklich, sie in bezug auf Glaubwürdigkeit auf eine Linie etwa mit dem Bericht über den Verlauf der Schlacht bei Bibrakte oder dem über die Belagerung von Alesia zu stellen.

Nunmehr ist klar, daß wir die kritische Grundhaltung Walsers gegenüber den Berichten Caesars dort (freilich auch nur dort), wo solche Haltung durch die bewußten Abschnitte im ›B. C.‹ sozusagen gedeckt ist, im Prinzip bejahen. Das betrifft einen guten Teil der ersten drei Kapitel des Buches und hier speziell die Partien über das Verhältnis der Gallier zu Ariovist und die Vorgeschichte des Feldzuges Caesars gegen den genannten Suebenfürsten. Von einer gewissen Unsicherheit insbesondere in der Beurteilung der Diviciacusrede B. G. I 31 abgesehen (ist sie nach Walser authentisch oder stammt sie von Caesar? — man kann aus den verschiedenen auf sie Bezug nehmenden Stellen bei Walser [3, 8, 11, 22 ff.] beides herauslesen), sind diese Kapitel im Sinne des Grundanliegens des Verf. wohl die am besten gelungenen des ganzen Buches, wenn auch hier wie sonst manches hypothetisch und anfechtbar bleibt — ich nenne da etwa die Annahme (13), daß Caesar in der ersten Zeit seines gallischen Aufenthaltes „mit der angeblichen Verteidigung römischer Bundesgenossen römische Händlerinteressen (vertrat)" und den Versuch (17), durch eine ganze Kette von Vermutungen und Erwägungen den Umfang des Gebietes, das sich Ariovist von den Sequanern abtreten ließ, zu erfassen und Caesars einschlägige Angaben zu widerlegen. An positiv zu bewertenden Einzelheiten seien erwähnt die Erörterungen 25 ff. über die höchst fragliche Historizität der Botschaft Ariovists an Caesar B. G. I 36 und die anschließenden Darlegungen über Caesars Rede in Vesontio, von der ich mit Walser annehmen möchte, daß sie nicht so gehalten wurde, wie wir sie B. G. I 39 lesen können.

In den weiteren Abschnitten zeigte sich nun freilich Walser der Gefahr, in der

Kritik an Caesar unter dem Titel 'tendenziöse Verfälschung' über das Ziel hinauszuschießen — einer Gefahr, der vorher schon etwa P. *Huber* und M. *Rambaud* nicht zu entrinnen vermochten —, nicht ganz gewachsen. Wir stellen im folgenden die wichtigsten Punkte kurz heraus.

In Kap. 4 'Die Germanen und die Rheingrenze' (37 ff.) wirft Walser die Frage auf, warum Caesar die Funktion des Rheins als Grenze und Völkerscheide zwischen den Germanen und Galliern besonders herausstreicht, obwohl er doch an anderen Stellen nicht verkennt, daß das den wirklichen Verhältnissen wenigstens seiner Zeit keineswegs entspricht. Er habe, meint Walser, dieses Bild vom Rhein als Grenze von Poseidonios übernommen. Aber warum tat er das, wo er doch sah, daß die Sache nicht stimmte? Walsers Antwort (teilweise im Anschluß an E. *Norden,* siehe Walser 44f.): Caesar hatte hierfür politische Gründe. Während Crassus den Euphrat als Eroberer überschritt, dienten ihm die Rheinübergänge nur der Erkundung. „Mit der Besetzung Galliens ist für ihn die Eroberung abgeschlossen. Jenseits der Provinzgrenze aber beginnt ein neues Volkstum, welches nichts mit den unterworfenen Galliern zu tun hat und deshalb nicht in die kriegerischen Pläne des Proconsuls miteinbezogen wird".

Es fällt schwer, dieser Argumentation zu folgen. Schon ihr Ausgangspunkt ist unsicher, konkret gesagt: Für die Feststellung, Caesar habe behauptet, „der Rhein sei eine grundlegende Volksgrenze" (76), lassen sich einwandfreie Belege aus dem › B. G. ‹ kaum beibringen.

Eine Stelle etwa wie B. G. V 24,2 (Walser 37 Anm. 5), wo von den Eburonen die Rede ist, *quorum pars maxima est inter Mosam ac Rhenum,* gibt allein schon deshalb in diesem Zusammenhang nichts aus, weil Caesar selbst die Eburonen ja zu den Germanen rechnet (vgl. Walser 39), und mit den anderen von Walser als Beweispunkte zitierten Stellen (siehe etwa B. G. I 1,3: *Belgae ... proximique sunt Germanis qui trans Rhenum incolunt ..;* a.O. III 11,1: *... Treveros qui proximi flumini Rheno sunt;* usw.) steht es kaum besser. Natürlich soll nicht bestritten werden, daß Caesar den Rhein ganz im groben als die Grenze zwischen dem gallischen und dem germanischen Bereich betrachtete, wie das ja auch noch wir modernen Althistoriker tun, aber daß dahinter eine politische Tendenz stand, nämlich die, den Römern zu zeigen, daß der Rhein zugleich auch die Grenze der Machterweiterung Roms sein sollte, läßt sich nicht beweisen und ist schon deshalb an sich sehr wenig wahrscheinlich, weil Caesar doch keinesfalls erwarten konnte, daß die betreffenden Stellen von den römischen Lesern der › Commentarien ‹ in diesem Sinne verstanden wurden. Dies letztere war um so weniger möglich, als Caesar ja selbst an mehreren Stellen seiner Schrift den Leser darüber ins Bild setzt, daß der Rhein als geographische Grenze mit der Völkergrenze insofern gar nicht übereinstimmte, als verschiedene linksrheinische Stämme nicht keltisch waren, sondern germanisch (vgl. Walser 38f.). Ein entscheidender Punkt gegen besagte Hypothese ist schließlich der, daß nach B. G. IV 16, 3f. die von Caesar an die rechtsrheinischen Sugambrer gerichtete Aufforderung, die zu ihnen geflüchteten Usipeter und Tenkterer an ihn auszuliefern, seitens jenes Stammes, wie Caesar es jedenfalls selbst darstellt, mit der Begründung zurückgewiesen wurde, *populi Romani* *imperium Rhenum finire*, und folglich habe Caesar an sie keine Forderungen zu stellen. In dieser ablehnenden Antwort der Sugambrer würde, hätte Walser recht, genau das zum Ausdruck kommen, was Caesar selbst mit der (angeblichen) besonderen Betonung des Rheins als Grenze sagen wollte, und wir kämen also um die Annahme nicht herum, daß Caesar seine eigene politische Konzeption gegenüber den Germanen in höchst merkwürdiger Weise in eine (von ihm zudem dann gar nicht befolgte!) Belehrung gekleidet hätte, die ihm ein feindlich gesinnter germanischer Stamm vor seinem ersten Rheinübergang erteilte. Im übrigen zeigt sich nicht nur in diesem Kapitel der ›Commentarien‹ Caesars über den Gallischen Krieg, sondern auch sonst an manchen Stellen (siehe etwa II 35), daß Caesar weit davon entfernt war, im Sinne der Hypothese Walsers den germanischen Völkern jenseits des Rheins grundsätzlich anders gegenüberzutreten als den gallischen und germanischen Stämmen diesseits des genannten Stromes.

Die Stellungnahme Walsers zu Caesars bekannten Germanenexkursen (B. G. IV 1ff.; VI 11ff.) im folgenden Abschnitt (52ff.) steht mit der behandelten Hypothese in engem Zusammenhang. Speziell gilt dies von der Interpretation des Schlußkapitels des großen Exkurses im 6. Buch (Kap. 24), wo Caesar darauf hinweist, daß die Gallier den Germanen einst überlegen waren und in die Gebiete rechts des Rheins gar Kolonien schickten. Walser (76) hebt mit Recht hervor, daß die Völkerbewegung in Wirklichkeit gerade umgekehrt verlief, und fragt sich dann, wie Caesar zu seiner falschen Meinung kam. Aus der ethnographischen Literatur könne er sie nicht genommen haben, sie müsse also von ihm selbst stammen. Dahinter soll wiederum eine Tendenz stehen, d. h. Caesar will nach Walser zeigen, „daß diese Grenzlinie zwischen dem neuen Untertanenvolk und dem Gegner, dessen Abwehr eigentlich der ganze Gallische Krieg galt, schon immer bestanden hat". Hier und in den übrigen Partien des Abschnittes, wo es dem Verf. vor allem um den Nachweis geht, daß Caesar über Religion, Staat, Sitten usw. der Sueben und allgemein der Germanen wissentlich Falsches berichtete, weil die tatsächlichen Verhältnisse der erwähnten Tendenz nicht entsprachen, und daß Caesar aus besagter Tendenz heraus auch bestrebt war, die Unterschiede zwischen Galliern und Germanen unter wissentlicher Mißachtung des wahren Sachverhaltes herauszustreichen — hier überall geht Walser in der Kritik an Caesar wiederum viel zu weit, als daß wir ihm (bei allem guten Willen) noch folgen könnten. Der eigentliche Fehler in diesen Abschnitten scheint mir darin zu liegen, daß Walser die an sich in der Schrift über den Gallischen Krieg ebenso wie in den ›Commentarien‹ über den Bürgerkrieg sicher da und dort wirksame Tendenz auch an Stellen annimmt bzw. voraussetzt, wo es sachlich nicht gerechtfertigt erscheint.

Wir wollen an diesem Ort noch einmal festhalten, daß die in weiten Partien des ›B. C.‹ durch umfangreiche Parallelüberlieferung ermöglichte Kontrolle der Berichterstattung Caesars wohl erkennen läßt, daß Caesar dort, wo es ihm zur Rechtfertigung als Politiker und Mensch nötig schien, keine Skrupel hatte, von der historischen Wirklichkeit abzuweichen, daß andererseits aber besagter

Befund keine ausreichende Grundlage dafür bietet, Caesar nun einigermaßen in allem, was er berichtet, eine entsprechende verfälschende Tendenz zu unterstellen. Was die Schilderungen der Germanen und auch die der Kelten durch Caesar betrifft, so werden wir bis zum Beweis des Gegenteils wohl daran festhalten müssen, daß sie von wissentlichen, aus einer politischen Tendenz resultierenden Fälschungen frei sind, was freilich nicht heißen soll, daß sie auch durchwegs den wirklichen Verhältnissen entsprechen. Man wird im übrigen bei einem Mann wie Caesar ein rein sachliches Interesse an den Zuständen und Verhältnissen bei jenen bis dahin fast unbekannten Völkern wohl voraussetzen dürfen und ebenso natürlich auch das Bedürfnis, die gesammelten Nachrichten in die ›Commentarien‹ über den Gallischen Krieg aufzunehmen und die Leser solcherart über die Sitten und Gebräuche besagter Völker ins Bild zu setzen. Auch das berühmte Eingangskapitel des ›B. G.‹ hat wohl keinen anderen Zweck als den, die Leser über die geographischen und ethnischen Verhältnisse im gallischen Raum aufzuklären, und jedenfalls dürfte man auch hier eine die Dinge verfälschende politische Tendenz nicht voraussetzen, sondern müßte sie nachweisen.

Ein Wort noch zu dem Schlußabschnitt 86 ff. Hier geht es Walser in erster Linie darum, „über kritische Einwände (scil. gegen Caesar) hinaus ein positives Bild der historischen Verhältnisse auf der östlichen Rheinseite" zu zeichnen (90). Dieses Anliegen führt ihn u. a. dazu, die alte seinerzeit von der Forschung einhellig abgelehnte These S. Feists, daß die rechtsrheinischen Germanen in Wirklichkeit Kelten gewesen seien, unter bestimmten neuen Gesichtspunkten neu zur Diskussion zu stellen. Das Buch schließt mit einem Gedanken, der nur vom Vorhergehenden her verständlich und nur für den akzeptabel ist, der sich die Ergebnisse dieser Kapitel zu eigen machte: „Was Caesar in seiner ethnographischen Konstruktion des Germanenbildes als politisches Tendenzbild entworfen hat, ist später durch seine eigene Grenzziehung wirklich entstanden. Der caesarische Germanenbegriff erweist sich also als eine äußerst eigenartige Vorwegnahme des geschichtlichen Germanentums."

An Tacitus hatte Walser das Schwert erprobt, mit dem er in dem vorliegenden Buch zum Angriff auf Caesar schritt. Wenn wir auch nicht in der Lage sind, diesen Angriff als ein durchaus geglücktes Unternehmen aufzufassen, so müssen wir andererseits doch konstatieren, daß das Buch viel Wertvolles enthält und die Erörterungen Walsers auch dort, wo ihnen eine wirkliche Beweiskraft abgeht, zur Klärung der in Frage stehenden, jeden Althistoriker und jeden Philologen angehenden Probleme manches beitragen. Ob es möglich ist, durch weitere Diskussion dieses Fragenkomplexes über den heutigen Stand der Forschung noch sehr hinauszukommen, muß die Zukunft lehren, wahrscheinlich ist es nicht.

'DENKWÜRDIGKEITEN' UND 'TATENBERICHTE' AUS DER
ALTEN WELT ALS HISTORISCHE DOKUMENTE.
EIN BEITRAG
ZUR GLAUBWÜRDIGKEIT VON SELBSTDARSTELLUNGEN
GESCHICHTLICHER PERSÖNLICHKEITEN*

Vorbemerkung: Die folgende Studie war zunächst nur als Nachtrag zu der oben S. 159 ff. neu abgedruckten ›Gnomon‹-Rezension des Buches von G. *Walser* über ›Caesar und die Germanen‹ gedacht und sollte sich auf eine Behandlung der wichtigeren seither erschienenen Literatur zu Caesars ›Commentarien‹, mit denen sich die genannte Rezension vornehmlich beschäftigte, beschränken, wobei in erster Linie an eine etwas eingehendere Auseinandersetzung mit *M. Gelzers* 1963 erschienenem Aufsatz ›Caesar als Historiker‹ gedacht war. Es stellte sich dann aber bald heraus, daß schon dieses spezielle Vorhaben den Rahmen eines Nachtrags sprengte. Die Notwendigkeit, an die Stelle eines solchen eine eigene Abhandlung treten zu lassen, ergab sich dann vollends aus der Erkenntnis, daß hier wie sonst heute in unserer Wissenschaft die Aufgabe als dringlich erscheint, zur Diskussion stehende Probleme aus der Isolierung, in der sie sich — in einer Welt zunehmender Spezialisierung — in der Regel befinden, herauszulösen und sie mit anderen gleich oder ähnlich gelagerten Problemen zu konfrontieren. In einen großen Zusammenhang gebracht, erscheinen auch die Einzelfragen, ob sie nun Caesars ›Commentarien‹ oder was sonst immer betreffen, in einem neuen Licht. So kam es, im gegebenen Fall, fast zwangsläufig dazu, daß auch andere mit den ›Commentarien‹ Caesars — vom Standpunkt des Historikers aus gesehen — auf eine Linie zu stellende Überlieferung in die Betrachtung einbezogen und damit das Thema so ausgeweitet wurde, wie es nun in der Überschrift der hier vorgelegten Abhandlung zum Ausdruck kommt. Wo es sich dabei als nützlich erwies, einen Blick über die — ohnehin nur willkürlich zu ziehenden — Grenzen der Alten Welt hinauszutun, wurde auch davon nicht Abstand genommen. Vergleichende Betrachtung, zu der sich der Verfasser an dieser Stelle erneut bekennen darf, verträgt in der Theorie weder räumliche noch zeitliche Einschränkung, sowenig man andererseits auch darauf verzichten kann, sich gewisse Schwerpunkte zu setzen und 'zuständigkeitshalber' gewisse einschlägige Fragen eingehender als andere, die an und für sich ebenso einschlägig sind, zu behandeln. Es darf schließlich noch bemerkt werden, daß die Ausführungen unten S. 187 ff. über den Tatenbericht von Behistūn auf einen im September 1975 vor einem kleineren Kreis in Kermanschah gehaltenen Vortrag zurückgehen und die Grundgedanken des Abschnittes S. 202 ff. über das ›Monumentum Ancyranum‹ schon in der vor bald vierzig Jahren an der Universität Leipzig gehaltenen Probevorlesung vorgetragen, in den seither vergangenen Zeiten aber natürlich immer erneut durchdacht und gelegentlich auch in Seminaren (erstmals 1946 in Mainz) behandelt wurden, ohne daß sich freilich die Notwendigkeit ergab, sie in wirklich wesentlichen Punkten zu korrigieren.

* Originalbeitrag 1978.

Die in den folgenden Darlegungen an erster Stelle vorgenommene Auseinandersetzung mit den Gedanken, die M. Gelzer in dem oben erwähnten Aufsatz entwickelte[1], soll den Anschluß an die Besprechung des Buches von G. Walser (oben S. 159 ff.) herstellen und bietet überdies eine geeignete Basis zur Einführung in die Thematik der ganzen hier vorgelegten Untersuchung. Ihr muß eine Art Grundsatzerklärung vorausgeschickt werden.

Von einer zunächst nur als Manuskript eines Vortrages, den Gelzer vor Altphilologen und Althistorikern hielt, ausgearbeiteten, daher auch nicht besonders umfangreichen Abhandlung darf natürlich nichts Unbilliges in bezug auf Berücksichtigung anderer Ansichten und Hypothesen über Caesar und seine ›Commentarien‹ erwartet werden. Aber die Schrift Gelzers bietet nicht nur Gedanken, die ein etwa im großen bereits feststehendes Bild von ›Caesar als Historiker‹ in Einzelheiten ergänzen oder korrigieren, sondern geht sozusagen aufs Ganze und weicht in wesentlichen Punkten von dem ab, was andere Forscher über das gleiche Thema zu Papier brachten, und da erhebt sich allerdings die Frage, ob nicht auch in einem Aufsatz von mäßigem Umfang die Notwendigkeit einer wenn auch nur kurzen Auseinandersetzung mit gegnerischen Meinungen gegeben war. Da und dort erteilte Zensuren („Manie, Caesar als einen der schlimmsten Geschichtsfälscher zu entlarven" — „schulmeisterliche Kritiker" — „respektlos" in der Kritik an Caesar!) können eine sachliche Auseinandersetzung, die evident macht, daß der andere die Dinge falsch sieht, kaum ersetzen oder könnten es, genauer gesagt, nur dann, wenn sie ihrerseits in sachlichen Darlegungen begründet würden. Im übrigen war schon an anderer Stelle — im Rahmen einer allgemein mit „Information und Kommunikation" sich beschäftigenden Betrachtung (siehe oben Bd. 1, 33 ff., bes. 35 f.) — darauf hinzuweisen, daß ein Vorgehen von der Art des oben skizzierten als eine sehr allgemeine Erscheinung in der Wissenschaft gelten kann; sicher einer der Gründe dafür, daß die Forschung in vielen Fragen oft durch lange Jahrzehnte hindurch mehr oder weniger auf dem Fleck tritt und eine Annäherung verschiedener Standpunkte, von Einigung ganz zu schweigen, entgegen allem, was man eigentlich erwarten sollte, *de facto* ausbleibt.

---

[1] M. Gelzer, Caesar als Historiker, in: Kleine Schriften, hrsg. von H. Strasburger und Ch. Meier, Bd. 2 (1963), 306 ff., Nachdr. in: D. Rasmussen (Hrsg.), Caesar (Wege der Forschung 43, 1967), 438 ff. Die Zitate in den weiteren Ausführungen beziehen sich auf den Erstdruck. Für die Beurteilung nicht Caesars, sondern Gelzers als eines der führenden Althistoriker der vergangenen Jahrzehnte ist jetzt von besonderem Wert die gemeinsam von J. Bleicken, Ch. Meier und H. Strasburger als Heft 9 der ›Frankfurter Althistorischen Studien‹ herausgebrachte Schrift ›Matthias Gelzer und die römische Geschichte‹ (1977). Angesichts des essayartigen Charakters der drei hier zusammengefaßten Studien versteht es sich von selbst, daß die genannten Gelehrten den im folgenden zu behandelnden Caesaraufsatz Gelzers nicht besonders berücksichtigen konnten. Gleichwohl enthält das Buch auch für uns hier zahlreiche interessante Hinweise.

Im ersten Teil seines Aufsatzes ist es M. Gelzer ein wichtiges Anliegen, zu zeigen, daß Werke der Art, wie sie Caesar verfaßte, zwar von uns heute nicht als Geschichtswerke, sondern nur als Memoirenwerke, die als solche den Geschichtsforschern als Quellen dienen, betrachtet werden, daß dies aber in der Antike prinzipiell anders war. Gelzer zitiert dafür (a.O. 308 ff.) einige Stellen, an denen Cicero im Zusammenhang mit Hinweisen auf die Memoirenwerke Sullas und Caesars das Wort *historia* gebraucht (vgl. das wörtliche Zitat unten Anm. 2). Die Stellen bestätigen, was von vornherein anzunehmen naheliegt: daß sich die einigermaßen scharfe Trennungslinie, die wir heute in unserem Sprachgebrauch zwischen Geschichtswerken und — von den Verfassern solcher Werke verarbeiteten — Memoirenwerken ziehen, in der antiken Überlieferung, sagen wir einmal, noch nicht so ohne weiteres ziehen läßt. Es fragt sich aber, ob dieser Unterschied ein wirklich so wesentlicher ist, daß man die Situation hier und dort prinzipiell anders zu beurteilen hat und zugleich (darauf will ja Gelzer hinaus, vgl. die weiteren Ausführungen) von hier aus eine Basis dafür gewinnt, Caesars ›Commentarien‹ als Geschichtswerke und Caesar selbst als Historiker im Sinne der Antike zu beurteilen. Das von Gelzer (a.O. 312, vgl. 333) selbst angezogene Beispiel des Asinius Pollio ist eines unter mehreren Beispielen dafür, daß man den hier bestehenden Unterschied nicht überspitzen darf. Asinius Pollio schrieb, nachdem er am Bürgerkrieg auf Caesars Seite teilgenommen hatte, bekanntlich ein uns verlorenes Geschichtswerk über die politischen und militärischen Geschehnisse seiner Zeit, in welchem er Caesars Schriften als Quellenwerk benutzte und übrigens in einzelnen Punkten korrigierte, um dann, fügen wir hinzu, seinerseits von kaiserzeitlichen Geschichtsschreibern als Quelle benutzt zu werden. Ähnlich liegen die Dinge hinsichtlich der von Sulla hinterlassenen Memoiren, um nur noch ein weiteres Beispiel zu nennen. Quellenwerke und Geschichtswerke sind also in den damaligen Zeiten wohl noch weniger scharf zu trennen als heute, aber damit ist natürlich noch nicht gesagt, daß Memoiren, die damals wie heute von Historikern ausgeschöpft wurden bzw. werden, ihrerseits auch schon als Geschichtswerke gelten können. Ob dem so ist oder nicht, läßt sich von den von Gelzer zitierten Cicero-Stellen her nicht schon entscheiden[2], sondern hängt davon ab, ob es nicht auch bereits in der antiken Historiographie bestimmte, wenigstens in der Theorie unbedingt gültige Grundsätze gab, die für die Memoirenliteratur keine oder nur eine sehr eingeschränkte Geltung hatten. Die weitere Auseinandersetzung mit dem Aufsatz, von dem wir den Ausgang nahmen, soll darüber Klarheit schaffen.

---

[2] An der Stelle in Ciceros ›Brutus‹ (Kap. 262), mit der Gelzer seine Meinung, daß die ›Commentarien‹ Caesars nach antiker Auffassung zur Historiographie zählten, untermauern möchte, tritt deutlich zutage, daß schon Cicero selbst die Dinge im Grunde so sah, wie sie oben dargelegt wurden: *nudi enim sunt* (scil. Caesars ›Commentarien‹), *recti et venusti,*

Gelzer rührt selbst an den eigentlichen wunden Punkt seiner Auffassung, wenn er a.O. 311 die Feststellung trifft:

Lassen wir gelten, daß Caesar nach antikem Maßstab ein Historiker war, so wird sich der moderne Quellenkritiker natürlich darüber klar sein, daß ein Staatsmann und Feldherr, der zur Feder greift, einseitig seinen Standpunkt vertritt, und es kann nicht anders sein, als daß die beiden Werke (scil. die ›Commentarien‹ über den Gallischen Krieg und den Bürgerkrieg) im Dienst der Politik stehen.

Also doch *auch* in der (damaligen) Antike eine Sonderstellung der Memoirenliteratur, die nun tatsächlich nicht anders als heute darin besteht, daß die Memoirenschreiber nicht nur, wie selbstverständlich, ihre eigene Person in den Mittelpunkt der Betrachtung stellen, sondern auch bestrebt sind, die Dinge in einem für sie und ihre politischen Intentionen günstigen Licht erscheinen zu

omni ornatu orationis tamquam veste detracta. sed dum voluit alios habere parata, unde sumerent, qui vellent scribere historiam, ineptis gratum fortasse fecit, qui volent illa calamistris inurere; sanos quidem homines a scribendo deterruit: nihil est enim in historia pura et illustri brevitate dulcius. Vgl. dazu H. A. Gärtner, Beobachtungen zu Bauelementen in der antiken Historiographie besonders bei Livius und Caesar (Historia Einzelschriften 25, 1975), 134 (vgl. auch 66 Anm. 10): „Versuche, die Eigenart von Caesars Schriften eindeutig zu bestimmen, enden unbefriedigend; die Aussagen müssen in der Schwebe bleiben, wie schon Cicero (Brutus 262) beweist". Über Gärtner hinausgehend, möchten wir sagen, daß, nach den zitierten Sätzen zu schließen, Cicero tatsächlich schon seinerseits den Commentarienschreiber von dem ihn benützenden Historiker im Prinzip unterscheidet und damit letztlich aus einem Zeugen für die von Gelzer entwickelte Meinung zu einem Gegenzeugen wird. Daß Cicero hinsichtlich seines Sprachgebrauches nicht ganz konsequent im Sinne der besagten Grundeinstellung ist, dürfen wir um so weniger überbewerten, als es auch im neueren Schrifttum dafür Parallelen gibt. So enthält das Werk von F. Thimme (Hrsg.), Front wider Bülow. Staatsmänner, Diplomaten und Forscher zu seinen Denkwürdigkeiten (1931) einen Beitrag über ›Fürst Bülow als Geschichtsschreiber‹. Seinem Verfasser, General Graf M. von Montgelas, lag nichts ferner als dies, damit den genannten Reichskanzler als wirklichen Historiker einzustufen. Vgl. etwa auch M. Knapp, Wissenschaftl. Literaturanz. 5 (1977), 152: „Die Memoiren Dayans sind zweifellos ein Stück authentischer Geschichtsschreibung des Staates Israel." Auf anderer Ebene liegt die Tatsache, daß es zu allen Zeiten Werke gab und noch gibt, die sozusagen im Grenzbereich von Geschichtsschreibung und Memoirenliteratur anzusiedeln sind. Beispiele aus dem Altertum: die ›Anabasis‹ Xenophons und die Werke von Ptolemaios und Aristobul über den Alexanderzug. Beispiel von heute: das Sammelwerk von H. A. Jacobsen und R. Rohwer (Hrsg.), Entscheidungsschlachten des Zweiten Weltkriegs. Einige Mitarbeiter an diesem Werk waren selbst in führenden Positionen an den geschilderten Begebenheiten beteiligt und berücksichtigten bei der Ausarbeitung ihrer Beiträge selbstverständlich ihre persönlichen Erfahrungen und Erlebnisse. Gleichwohl hat das Werk den Rang eines Geschichtswerkes, kann also nicht nur als Quelle für Historiker eingestuft werden.

lassen! Damit löst sich nun freilich Gelzer selbst von seiner Grundposition, daß Caesar nach antikem Maßstab ein Historiker war. Oder will Gelzer etwa sagen, daß es in der antiken anders als in der modernen Historiographie als legitim, ja selbstverständlich galt, daß ein Geschichtsschreiber sein Werk zielstrebig in den Dienst bestimmter persönlicher Intentionen politischen Inhaltes stellte, anstatt Unparteilichkeit und Objektivität zumindest anzustreben? Da waren allerdings, wie jeder weiß, die antiken Geschichtsschreiber selbst, und zwar nicht nur ein Thukydides und ein Polybios, anderer Ansicht, und wir müssen, auch wenn wir erkennen, daß sie selbst in der Praxis nicht immer damit durchhielten, ihren Standpunkt, daß es Aufgabe des Historikers ist, *sine ira et studio* nach der Wahrheit zu streben, zur Kenntnis nehmen[3]. Hier tritt nun hervor, daß Gelzer unversehens in ein Dilemma geriet: Beurteilt man, und das ist ja sein besonderes Anliegen, Caesar als Historiker, dann muß man ihm — nach antiken wie auch nach modernen Maßstäben — seine auch von Gelzer nicht geleugnete, sondern sogar besonders betonte, an vielen Stellen hervortretende subjektive Einstellung und das davon nicht zu trennende Fehlen auch nur des Willens zur Objektivität in der Darstellung seiner Angelegenheiten als schwere Fehler und Verstöße gegen eine Grundforderung jeder Historiographie ankreiden, muß ihn bewerten als einen Geschichtsschreiber, der neben keinem der anderen antiken Historiker, abgesehen vielleicht von Valerius Antias und Claudius Quadrigarius, bestehen kann. Oder aber, man gibt die Ausgangsposition Gelzers auf (wie es dieser selbst ja tatsächlich tat, vgl. oben!) und sieht also in Caesar den Memoirenschreiber, dem man geradezu Unrecht täte, wollte man ihn mit den an einen (antiken und neueren) Historiker anzulegenden Maßstäben messen und von ihm eine Haltung erwarten, wie sie Thukydides in besonders bewundernswerter Weise an den Tag legte.

---

[3] Vgl. die oben S. 162 Anm. 5 zitierten Quellenstellen, die sich durch weitere Stellen bis hin zu solchen bei Ammianus Marcellinus und Prokop beliebig vermehren ließen. Die Bekenntnisse der antiken Geschichtsschreiber zur unbedingten Verpflichtung, die Dinge wahrheitsgetreu darzustellen, finden sich übrigens nicht nur in den Prooemien, wie Gelzer (vgl. die weiteren Ausführungen im Text) versehentlich schreibt, sondern auch an vielen anderen Stellen, wo sich die betreffenden Autoren eben gerade gedrängt fühlten, sie zu deponieren. Daß es sich dabei nicht nur um rhetorische Floskeln handelte, sondern — wenigstens in der Mehrzahl der Fälle — um echte, in der Überzeugung, daß Wahrheitsliebe das A und O des Historikers sei, wurzelnde Bekenntnisse, darf nicht bezweifelt werden, solange wir den Betreffenden nicht ein bewußtes Abweichen von einer ihnen bekannten historischen Wirklichkeit nachweisen können. Wir betonen hier noch, daß die Tatsache, daß schon der antiken Geschichtsschreibung die Forderung geläufig ist, die Dinge so darzustellen, wie sie sich wirklich zutrugen, natürlich nicht dahingehend mißverstanden werden darf, daß die antiken und modernen Historiker in jeder Hinsicht auf eine Ebene zu setzen und wir etwa berechtigt sind, Herodot mit den gleichen Maßstäben zu messen wie Ranke. Vgl. zu diesem Problem (mit besonderem Bezug auf Herodot) unten S. 223 ff.

Nun wird die Sache aber noch heikler! Niemand kann bestreiten, daß nicht nur Historiker, sondern auch Memoirenschreiber, ob sie heute schreiben oder schon vor 2000 Jahren, dem Gebot unterworfen sind, nicht wissentlich unrichtige Angaben zu machen und damit die Geschichte nicht nur politisch in bestimmtem, den eigenen Intentionen entsprechendem Sinne einzufärben, sondern effektiv zu verfälschen. Dessen ist sich natürlich auch Gelzer bewußt, und er ist deshalb bemüht, den evident unrichtigen Angaben Caesars das Gewicht zu nehmen, das ihnen in diesem Zusammenhang zukommt, sie also sozusagen zu entschärfen. Zu den von Caesar (B. G. I 29) mitgeteilten Zahlen hinsichtlich der Stärke der Helvetier meint er (a.O. 321), daß die Römer „an solche Zahlen in den Siegesberichten" (sind „Siegesberichte" auch Geschichtswerke?) gewöhnt gewesen seien und fügt hinzu, daß er „persönlich gern bereit" sei, „die Zahl der Auswanderer mit Frauen und Kindern (scil. von 368 000) auf 150 000 zu senken", als könnte er damit schon bewirken, daß die Kritiker Caesars wenigstens hier ins Leere stoßen. Er gibt (a.O. 327) zu, daß Caesar sich nicht schon in Ravenna der Zustimmung der ihm damals zur Verfügung stehenden Soldaten für den Zug gegen Rom versicherte, wie er es selbst in den ›Commentarien‹ über den Bürgerkrieg (B. C. I 7) darstellt, sondern erst im nachhinein, d.h. nach Überschreitung des Rubicon, möchte aber offenbar diese wichtige caesarische Korrektur als einen *lapsus memoriae*, und dies ausgerechnet bei Caesar, bagatellisieren:

Er hat es also in diesem Punkt mit der Wahrheit nicht genau genommen. Aber bei der Annahme, er habe das ganze erst 47 diktiert, braucht man es ihm wohl nicht so streng anzukreiden, wie es manche moderne Kritiker tun.[4]

Bei solcher Einstellung wird es für Gelzer (a.O. 328f.) natürlich besonders schwer, mit der oben S. 160ff. bereits behandelten Aerarium-Angelegenheit anläßlich des ersten Aufenthaltes Caesars in Rom nach dem Beginn des Bürgerkrieges, die schon andere Verteidiger des 'Historikers' Caesar zu Verzweiflungsakten schreiten ließ, zurecht zu kommen. Ganz im Sinne der obigen Zitate leitet er den diese Dinge behandelnden Absatz mit der Feststellung ein, daß sich gelegentlich zeige, „daß Caesar die Ereignisse zu seinen Gunsten vereinfacht". Wirklich nur vereinfacht? Gelzer kommt auch seinerseits in den weiteren Ausführungen nicht darum herum, Caesar zu bescheinigen, er habe die „peinliche Tatsache verwischt, daß er sich unter gewaltsamer Vertreibung des intercedierenden Volks-

---

[4] Vgl. gegenüber dem zitierten Gedankengang bei Gelzer die Überlegungen, die 82 Jahre zuvor H. Nissen niederschrieb: „Cäsar verlegt gegen alle übrigen Quellen das Pronunciamento nach Ravenna, um seine Gewaltthat zu verschleiern. Der Versuch, beide Versionen mit einander zu kombinieren, verstößt gegen Raum und Zeit, sowie auch gegen den gesunden Menschenverstand" (HZ NF 10, 1881, 97 Anm. 1).

tribuns L. Metellus der im *aerarium sanctius* im Saturntempel aufbewahrten Gelder bemächtigte", und Caesar des weiteren zu bescheinigen, daß er dem Consul Lentulus Crus in der bewußten Affäre eine Rolle zuwies, die dieser gar nicht spielte und gar nicht spielen konnte, die ihm vielmehr von Caesar — „wahrheitswidrig" — nur angedichtet wurde. Aber im weiteren findet Gelzer auch hier einen Weg, die Verfälschung des wirklichen Herganges nicht nur zu kaschieren, sondern aus ihr sogar noch so etwas wie ein Kompliment für Caesar zu gewinnen (a.O. 329): Das rechtswidrige Vorgehen gegen den sakrosankten Volkstribunen mit dem anschließenden Einbruch in das Aerar wäre ein Akt gewesen, zu dem sich Caesar — zugegebenermaßen — fortreißen ließ; die Art, wie er dann den wahren Hergang der Dinge durch eine zu seinen Gunsten erfundene Geschichte ersetzte, bezeichnet Gelzer als — „ingeniös".[5]

Gegen Ende des Aufsatzes (a.O. 335) kommt Gelzer noch einmal auf seine Ausgangsthese zurück, daß Caesar „nach antiker Auffassung unter die Historiker einzureihen" sei, nicht ohne dabei den Männern, die wirklich einen Anspruch darauf haben, nach damaligen Maßstäben als Geschichtsschreiber zu gelten, einen kleinen Seitenhieb zu erteilen und ihnen gegenüber Caesar als Historiker besonderer Art zu erhöhen: „Im Gegensatz zu vielen antiken Geschichtsschreibern, die sich in ihren Prooemien über die Pflicht zu Wahrhaftigkeit und Unparteilichkeit ausließen, schuf er (scil. Caesar) sich mit genialem Griff seinen Commentarienstil, der durch den *Anschein* (von mir kursiv gesetzt) schlichten objektiven Tatsachenberichts schlechthin den Anspruch auf Richtigkeit erhob", und erst der modernen Quellenkritik sei es gelungen, „die darin überall waltende Tendenz herauszulösen", sowie — das bleibt freilich bei Gelzer ungesagt — nachzuweisen, daß Caesar guten Grund hatte, auf jenes Bekenntnis zur geschichtlichen Wahrheit seinerseits zu verzichten, weil es bei ihm eben nicht nur um eine „überall waltende Tendenz" (die einem wirklichen Geschichtswerk natürlich auch schlecht ansteht!) ging, sondern auch darum, daß er nicht darauf verzichtete, seine Leser an Stellen, an denen es ihm angebracht erschien, bewußt unrichtig zu informieren. Das ist eine nüchterne Feststellung, der auch Gelzer und die anderen denselben Weg gehenden Forscher nicht widersprechen können (oder könnten, vgl. die letzte Anm.!) und die nichts zu tun hat mit einer

---

[5] Über sonstige ältere Versuche von Caesar-Apologeten, mit der Aerarium-Geschichte und anderen, auf gleicher Linie liegenden Schwierigkeiten fertig zu werden, ohne daß der blanke Schild des Historikers Caesar einen Flecken bekommt, vgl. oben S. 160f. Die *ultima ratio* einiger (nicht aller!) Gelehrter, es sei Caesar gelegentlich aus Stilgründen von der historischen Wahrheit abgewichen, findet manchmal auch auf andere Autoren Anwendung, z.B. auf Tacitus, vgl. dazu unten S. 284. Im Prinzip auf gleicher Linie liegt der Versuch, etwa Polybios als Gegenzeugen auf die Weise zu eliminieren, daß man gewisse von ihm gemachte Aussagen als durch Stilgesetze bedingt abtut (ein Beispiel oben S. 60).

von Gelzer angeprangerten „Manie, Caesar als einen der schlimmsten Geschichtsfälscher zu entlarven". Wir konstatieren bei dieser Gelegenheit erneut (vgl. schon oben S. 162 ff.), daß Caesar in weiten Partien der Darstellung zumal seiner militärischen Operationen keine Veranlassung hatte, von der historischen Wirklichkeit abzugehen und dies sicher auch nicht tat. Daraus den methodischen Schluß abzuleiten (Gelzer tendiert an mehreren Stellen seiner behandelten Schrift in diese Richtung), daß wir Caesar überall dort als glaubwürdig zu betrachten haben, wo uns die Möglichkeit fehlt, ihn von anderer Überlieferung oder sozusagen von der Sache her klar zu widerlegen, ist allerdings fragwürdig. Die Vorwürfe, die Caesar (B. C. III 31 ff., vgl. Gelzer a.O. 331 f.) gegen Metellus Scipio erhebt und die in der Feststellung gipfeln, daß der Genannte nur durch die an ihn ergangene Weisung des Pompeius, mit seinen Truppen sogleich nach Makedonien überzusetzen, daran gehindert wurde, den Artemistempel von Ephesos auszuplündern — diese Vorwürfe *können* zwar richtig sein, doch zwingen uns die kritischen Vorbehalte, die wir nach allem Dargelegten gegen den Memoirenschreiber Caesar allgemein erheben müssen, solche Ausfälle gegen — wohlgemerkt! — seinen Todfeind sozusagen von vornherein mit einem Fragezeichen zu versehen und sie nicht mit irgendwelchen Angaben über die Verschiebung dieser oder jener Legion im Zuge der Operationen in Gallien auf eine Linie zu setzen. Die Angabe B. G. II 1, daß sich unter den belgischen Völkerschaften eine *coniuratio* gegen Rom bildete, die Caesar zwang, den Krieg in Gallien fortzusetzen, kann an und für sich ebenfalls stimmen, doch tut man gut daran, auch hier ein Fragezeichen zu setzen, wenn man Caesars Gallischen Krieg und seine damaligen politischen Zielsetzungen im ganzen betrachtet und dazu ins Kalkül nimmt, wie häufig auch sonst von Herrschern und 'Meistern der Politik' mit vagen Hinweisen auf Verschwörungen operiert wurde, wenn es sich darum handelte, dem Kind einen Namen zu geben, konkret gesagt, einen Angriffskrieg, den man mit bestimmten Ambitionen unternehmen wollte, auf eine nicht nachprüfbare Weise zu motivieren oder innere Feinde zu vernichten — man denke, was den letzteren Punkt betrifft, nur etwa an die von Robespierre und Saint Just gegen die Hébertisten erhobene Anklage.[6] Diese Dinge müßten sich eigentlich für jeden mit den caesarischen ›Commentarien‹ Umgehenden von selbst verstehen, der nicht von vornherein entschlossen ist, für Caesar als großen, ja (bei Gelzer läuft es im Grunde darauf hinaus, siehe bes. seine oben S. 173 zitierte Feststellung!) eigentlich größten, weil genialsten Historiker der Antike auf die Barrikade zu steigen und jeden Versuch, die Dinge anders zu sehen, fast als einen persönlichen Affront zu betrachten. —

---

[6] Vgl. dazu auch die Ausführungen oben S. 163 (mit weiteren Beispielen für solche fraglichen Passagen in Caesars ›Commentarien‹).

Wir wollen die Gelegenheit nicht vorübergehen lassen, noch einmal auf die vielbehandelten Zahlenangaben Caesars über die Helvetier und ihre Verbündeten, B. G. I 29, zurückzukommen und dabei einen neuen Gesichtspunkt in die Diskussion zu bringen.

Wenn die von Caesar angeführten Zahlen, wie ja auch Gelzer zugibt, nicht authentisch sind, sondern von Caesar wohl aus dem Grunde erfunden wurden, um die Gefahr von seiten eines volkreichen Barbarenstammes, der Rom nur durch sein schnelles Eingreifen Herr werden konnte, als riesengroß hinzustellen, dann ist es schwer, der Annahme auszukommen, daß auch die helvetischen Stammrollen, von denen Caesar behauptet, sie seien nach der Schlacht bei Bibracte im Lager der Helvetier gefunden worden, und auf die er sich bekanntlich mit seinen Zahlenangaben ausdrücklich bezieht, mehr sind als eine Erfindung Caesars; und die präzisen Angaben über die Art der Aufzeichnungen (*tabulae ... litteris Graecis confectae ... quibus in tabulis nominatim ratio confecta erat, qui numerus domo exisset eorum qui arma ferre possent* etc.) können dann nur den Zweck gehabt haben, die Berufung auf urkundliches Material glaubwürdiger zu machen und auf diesem Weg oder Umweg die mitgeteilten genauen Zahlen gegenüber allen Zweifeln abzusichern: Wenn wirklich in ganz bestimmter Art verfaßte Stammrollen der Helvetier gefunden wurden, wer sollte dann noch in Frage stellen, daß Caesars Angaben über die Größe des helvetischen Volkes (und die von letzteren drohende Gefahr!) zutrafen?

Diese Überlegungen könnten nun leicht wie eine bloße gedankliche Konstruktion wirken, gäbe es nicht auch sonst in der antiken Überlieferung zahlreiche Beispiele dafür, daß versucht wurde, an und für sich wenig glaubwürdige Berichte durch Berufung auf — erfundene! — Inschriften oder andere Phantasie-Dokumente in ihrer Glaubwürdigkeit zu erhärten.

Da haben wir etwa die bekannte Angabe Platons (Tim. 23e), daß die von ihm erzählten Geschichten über die Frühzeit Athens und die Insel Atlantis (mit bezeichnenderweise ganz ins Detail gehenden Angaben etwa über das Aussehen der Hauptstadt der Atlanter!) in einer heiligen Schrift überliefert waren, die sich in Ägypten aus sehr alter Zeit erhalten haben soll und über deren Inhalt ägyptische Priester Solon anläßlich eines Aufenthaltes desselben in Ägypten unterrichtet hätten mit dem Ergebnis, daß die Kunde davon auf ganz bestimmtem Wege bis zu ihm selbst, Platon, gelangte. Die Berufung auf ägyptische Priester, der wir schon bei Herodot als einem Mittel begegnen, sich Glauben zu verschaffen (vgl. unten S. 230f.), erhält also hier einen zusätzlichen Akzent: Die ägyptischen Priester, so sehr sie an und für sich schon Glauben verdienten, konnten sich ihrerseits auf ein vieltausendjähriges Dokument berufen, das jeden Zweifel an der Wahrheit ihrer Erzählung und damit der Erzählung Platons ausschloß. Auf der gleichen Linie liegt die Geschichte von der angeblichen ἱερὰ ἀναγραφή, die Euhemeros von Messene auf der fernen Insel Panchaia im dortigen Tempel des triphylischen Zeus — eingegraben auf einer goldenen Stele und geschrieben in ägyptischen (oder „panchaischen") Buchstaben! — gefunden und entziffert haben will und auf welcher staunenswerte Dinge über die Götter und ihr einstiges Wirken zu lesen gewesen seien.[7] Ein dritter Fall scheint zunächst anders zu liegen, doch zeigt sich bei näherem Zusehen, daß auch er hier seinen Platz hat. Es ist die in mehreren, in Einzelheiten voneinander abweichenden Versionen überlieferte Geschichte von den zwei Steinsärgen, die am Fuß des Ianiculumhügels gefunden worden sein sollen mit lateinischen und griechischen Inschriften, die angeblich besagten, daß in dem einen der Särge der König Numa Pompilius begraben lag, während sich im anderen seine Schriften befanden — teils in lateinischer, teils in griechischer Sprache verfaßt und in einer ganz bestimmten, detailliert beschriebenen Weise verschnürt.[8] An anderer Stelle wollen wir zeigen, daß hier eine annalistische Erfindung vorliegt, deren Glaubwürdigkeit wiederum durch Berufung auf inschriftliche Zeugnisse garantiert und zusätzlich durch die Mitteilung zahlreicher Details untermauert und schließlich gegen etwaige Skeptiker, die die Schriften selbst sehen wollten, durch die Mitteilung, sie seien auf Befehl des Senates verbrannt worden (Schriften des Numa Pompilius!), abgesichert werden sollte.

Auch für die Zeit nach Caesar lassen sich Beispiele für solches geschichtsfälschende Verfahren beibringen. Das bekannteste bietet wohl die Angelegenheit mit der Inschrift, die auf dem Linnenpanzer des — nach der annalistischen Tradition — von dem Kriegstribunen A. Cornelius Cossus im Kampf getöteten Vejenterkönig Lars Tolumnius gestanden haben soll. Der Fall wurde schon zu Beginn dieses Jahrhunderts von H. *Dessau* zum Gegenstand einer eigenen Untersuchung gemacht (Hermes XLI, 1906, 142ff.), später hat ihm dann, natürlich nicht als einziger, A. *Rosenberg* in seiner ›Einleitung und Quellenkunde zur römischen Geschichte‹ (1921) besondere Aufmerksamkeit gewidmet (a.O. 145ff.). Hier in wenigen Sätzen der Sachverhalt: Augustus verweigerte 27 v. Chr. dem Proconsul M. Licinius Crassus die Weihung der erbeuteten Rüstung des von Crassus in einer Schlacht erschlagenen Bastarnerfürsten Deldo als *spolia opima* an Jupiter Feretrius, und zwar mit der Begründung, daß er unter seinen, des Augustus Auspicien gekämpft hätte und nur dem obersten Feldherrn, also ihm selbst als dem Princeps, eine solche Weihung zustehe. Aber da gab es, mit

---

[7] Siehe Diod. V 46, 7. VI 1, 7, dazu F. Jacoby, RE 11, 952ff., bes. 963. — Die verbreitete Bezeichnung der Schrift des Euhemeros als 'Roman' ist — auch mit damaligen Maßstäben gemessen — angesichts dessen irreführend, daß der Genannte, wie allein schon die obigen Hinweise zeigen, nachdrücklich den Anspruch erhob, eine 'wahre Geschichte' zu erzählen.

[8] Siehe Liv. XL 29. Plinius, n. h. XIII 84ff. (= Cassius Hemina frg. 30 Peter). Plut. Numa 11, weitere Stellen etwa bei K. Latte, Römische Religionsgeschichte (1960), 269 Anm. 2.

Rosenberg zu sprechen, jenen „berühmten alten Präcedenz-Fall" des Cornelius Cossus, der nach der darin übereinstimmenden älteren Überlieferung als einfacher Tribun die Rüstung des genannten Veijenterkönigs dem Jupiter Feretrius weihte und übrigens erst 9 Jahre später Consul wurde. Dieser Überlieferung folgt auch Livius (IV 19), korrigiert sich aber im nächsten, offenbar erst nachträglich von ihm eingeschobenen Kapitel mit Berufung auf eine Mitteilung, die er aus dem eigenen Munde des Princeps erhalten hatte: Er selbst, Augustus, habe im Tempel des Jupiter Feretrius auf dem Panzer des Veijenterkönigs eine Inschrift gelesen, die beinhaltete, daß Cossus als Consul den Feind erschlagen und die Weihung der *spolia opima* vorgenommen habe. Auch im Hinblick auf die Ausführungen unten S. 202 ff. über das › Mon. Anc. ‹ ist die Feststellung von Wichtigkeit: Wenn wir nicht annehmen wollen, daß sich Livius alles im Kapitel IV 20 Mitgeteilte aus den Fingern sog und — ohne erkennbares Motiv — dem noch lebenden Princeps eine Mitteilung unterstellte, die dieser gar nicht gemacht hatte, kommen wir um die Annahme nicht herum, daß sich der Princeps, bei dem ein handfestes Motiv *nicht* fehlte, seinerseits auf eine Inschrift berief, die es tatsächlich gar nicht gab, um auf diese Weise die unbequemen Gegenzeugnisse der älteren Tradition mit einem Schlag auszuschalten und sein Verhalten gegenüber Crassus zu rechtfertigen.

Auf eine fingierte, wiederum zur Bekräftigung einer bestimmten Aussage erfundene Inschrift hat bekanntlich auch Kap. 3 der › Germania ‹ des Tacitus Bezug, wo von der angeblichen (Tacitus selbst will sich dafür nicht verbürgen) Gründung von Asciburgium am Niederrhein durch Ulixes = Odysseus gesprochen wird und davon, daß nach der Angabe der ungenannten Gewährsmänner an besagtem Ort ein von (oder für?) Ulixes als Stadtgründer errichteter Altar stand mit einer Inschrift, auf welcher ausdrücklich auch der Vater des Ulixes, Laertes, verzeichnet gewesen sei.[9] Hierzu paßt bestens der Hinweis des Solinus[10]

---

[9] Vgl. dazu R. Much, Die Germania des Tacitus, 2. Aufl. durchgesehen von R. Kienast (1959), 62 f. Nicht überzeugend ist der Erklärungsversuch von E. Norden, Die germanische Urgeschichte in Tacitus Germania (1920), 188 f.: „Wenn nun ein Aufgeklärter, ein Skeptiker dem gläubigen Periegeten mit der unbequemen Frage kam, was denn die Altaraufschrift eines Ulixes für den Homerischen Heros Odysseus beweise, so bekam er flugs den Bescheid, es habe auch der Vatername Laertes dabei gestanden, so daß an der Identität nicht zu zweifeln sei". Es gibt keinerlei Anhaltspunkt in der Überlieferung dafür, daß aufgeklärte oder auch nicht aufgeklärte Menschen der damaligen oder auch der früheren oder späteren römischen Welt in Ulixes einen anderen sahen und sehen konnten als den griechischen Odysseus. Daß den modernen Linguisten die sprachliche Beziehung zwischen den beiden Namen Schwierigkeiten bereitet (worauf Norden in diesem Zusammenhang hinweist), steht auf einem anderen Blatt.
[10] P. 100, 3 Mommsen, vgl. dazu R. Much a.O. 57 ff. — Vgl. ferner Plut., Marc. 20: Im Heiligtum der 'Mütter' in Engyon auf Sizilien soll es Weihegeschenke mit Inschriften des Meriones und Ulixes gegeben haben.

auf einen an der nordenglischen Küste gefundenen, mit griechischen Buchstaben beschriebenen Altar, der durch die Inschrift bezeugt haben soll, daß Ulixes einst bis in diese entlegene Gegend verschlagen wurde.

Beispiele dafür, daß Menschen bestrebt sind, ihre an und für sich wenig glaubhaften Aussagen in einer ihnen besonders wichtigen Angelegenheit durch Berufung auf Inschriften oder sonstige Dokumente, die angeblich existieren oder existiert haben, glaubwürdig zu machen, lassen sich natürlich nicht nur aus dem Altertum beibringen. Wir wollen das berühmteste Beispiel hierfür aus der neueren Zeit nicht übergehen: die goldenen Tafeln, die J. Smith, der Gründer der Sekte der Mormonen, auf Weisung des göttlichen Boten Moroni gesucht und gefunden haben will und auf denen in einer ganz bestimmten Schrift, die er als „reformed Egyptian" bezeichnet (man fühlt sich unmittelbar an Euhemeros' Bericht über die „heilige Urkunde" erinnert, der Smith höchstwahrscheinlich nicht bekannt war!), ein heiliger Text aufgeschrieben gewesen sein soll, den er, von Gott inspiriert, dann ins Englische übersetzte und der seither für die Mormonen als heilige Schrift (neben der Bibel und zwei weiteren Schriften) Geltung hat. Nach dem Original des heiligen Textes, also nach den goldenen Tafeln, durfte freilich niemand fragen; der Engel Moroni hätte sie, nach der Lehre der Mormonen, wieder an sich genommen.[11]

Der Weg führt von hier noch einmal zurück in den Bereich der Alten Geschichte, und zwar zum Buch ›Exodus‹ des Alten Testaments, wo uns von den Gesetzestafeln berichtet wird, die Moses von Gott auf dem Berg Sinai erhielt und von denen es heißt, daß Jahwe selbst sie zuvor „auf beiden Seiten" in seiner eigenen Schrift beschrieben hätte, die aber auch nicht erhalten blieben, weil sie Moses im Zorn zerschlug, als er gewahr wurde, daß sein Volk das „goldene Kalb" anbetete ... (Exod. 24, 12ff. und 32, 15ff.).

Nach diesen Hinweisen scheint es mir heute viel sicherer zu sein als in der vor vielen Jahren diesem Problem gewidmeten Erörterung[12], daß Caesar nicht nur die über die Stärke der Helvetier und ihre Verluste mitgeteilten Zahlen erfand, sondern ebenso auch die helvetischen Stammrollen als angebliche Garanten für die Richtigkeit bzw. den urkundlichen Charakter der Zahlen. Schon a.O. war auf die Schwierigkeiten hinzuweisen, mit denen man zwangsläufig konfrontiert wird, wenn man die Zahlenangaben zur Gänze verwirft oder doch nur teilweise gelten läßt und zugleich die Stammrollen als historische Realität betrachtet, indem man Caesars Berufung auf sie — anders als die Zahlen selbst — ernst nimmt. Ein Versuch wie etwa der von *Ernst Meyer*[13], ihrer durch die Annahme

---

[11] Vgl. zu den obigen Ausführungen Ed. Meyer, Ursprung und Geschichte der Mormonen (1912), bes. 19ff. (mit teilweise irreführenden Formulierungen, siehe etwa 21 oben). Weitere Literatur bei G. Baruch, in: Kindlers Literatur Lexikon II (1971), 1588.

[12] AnzAW 3 (1950), 33ff.

[13] Siehe zuletzt: E. Howald — E. Meyer, Die römische Schweiz (1940), 355f.

Herr zu werden, Caesar hätte zwar die Zahl der waffenfähigen Helvetier aus den Stammrollen entnommen, aber die Zahl der Kinder, Greise und Frauen selbst erfunden, scheitert ja sofort daran, daß Caesar ausdrücklich auch die Zahlen der letzteren Bevölkerungsgruppen als aus den helvetischen Verzeichnissen entnommen bezeichnet. Für den gelegentlich auch eingeschlagenen sozusagen umgekehrten Weg: Caesar fand in den Rollen nur die Zahlen der Kinder, Greise und Frauen und fügte selbst die Zahl der wehrfähigen Männer hinzu, verhält es sich nicht besser; Caesar beruft sich für die letzte Zahl ja auch auf die Urkunden.[14]

Um keine Mißverständnisse aufkommen zu lassen: Die Möglichkeit als solche, daß die Häuptlinge der Helvetier vor ihrem Auszug Verzeichnisse aller Stammesangehörigen in griechischer Schrift anfertigen ließen, die bei der Plünderung des Lagers durch die Römer gefunden wurden, ist ebensowenig auszuschließen wie etwa die Möglichkeit, daß es im germanisch-rätischen Grenzgebiet Gräber gab mit entsprechenden Inschriften (vgl. Tacitus, Germ. 3). Aber die Verbindung zwischen sicher unrichtigen Zahlen und Berufung auf Tafeln, aus denen sie angeblich entnommen sind, zwingen uns m. E., die Angabe Caesars auf eine Linie mit den oben behandelten Stellen aus der sonstigen griechisch-römischen Tradition, an denen gewisse an sich unglaubwürdige Angaben sozusagen urkundlich unterbaut und solcherart glaubwürdig gemacht werden sollen, zu setzen, somit die helvetischen Stammrollen als eine Erfindung Caesars zu betrachten — dies um so mehr, als offenbar auch hier, wie in allen oben erörterten Fällen, niemandem (außer angeblich dem, der darüber berichtete) das *corpus delicti* greifbar war, wenn wir das aus dem völligen Fehlen entsprechender Hinweise in der

---

[14] Unverständlich ist mir die Überlegung von H. Gesche, Caesar (Erträge der Forschung 51, 1976), 90. Gesche nennt zunächst verschiedene Forscher, die an den Helvetierzahlen bei Caesar a.O. bereits Kritik übten, um dann fortzufahren: „Immerhin beruft sich jedoch Caesar auf von den Helvetiern selbst angefertigte Listen, und man sollte vielleicht auch anmerken, daß die an eben dieser Stelle (1, 29, 1) von Caesar überlieferte Nachricht, diese Aufzeichnungen seien in griechischen Buchstaben geschrieben gewesen, durch einen von R. Wyss ... publizierten archäologisch epigraphischen Fund (scil. eine Inschrift in griechischen Buchstaben aus dem gallischen Bereich) bestätigt wurde." Bestätigt wurde nur, einmal mehr, die Tatsache, daß — von Massilia ausgehend — das griechische Alphabet im südlichen Gallien einschließlich des Gebietes der Helvetier bekannt war und gelegentlich auch in freilich nur bescheidener Weise zur Kennzeichnung von Münzen und Herstellung von kurzen Inschriften Verwendung fand, ehe es dann durch das lateinische Alphabet verdrängt wurde. Natürlich war Caesar darüber im Bilde (vgl. B. G. VI 14, dazu auch Strabo IV 1, 5 p. 181), und auch die Altertumsforschung hat schon vor etwa hundert Jahren diesem Sachverhalt ihr Augenmerk zugewandt und bald damit begonnen, die fraglichen Inschriften und Münzen, die sich durch Neufunde laufend vermehrten, zu publizieren. Was die zitierten Bemerkungen von H. Gesche betrifft, so liegen sie genau auf der Linie dessen, was Caesar, wenn die obigen Überlegungen zutreffen, mit seinem Hinweis bezweckte, wenn er dabei natürlich auch weniger an Althistoriker einer fernen Zukunft als

damaligen reichen Briefliteratur und sonstigen römischen Überlieferung der Zeit erschließen dürfen.[15]

Es kann allein schon aus Raumgründen nicht unsere Aufgabe sein, das oben in Auseinandersetzung mit Gelzer Ausgeführte noch weiter auszuspinnen und etwa M. *Rambaud*, den besonders aktiven französischen Vertreter einer kritischen Richtung, gegen seine Kritiker zu verteidigen oder auch in diesem oder jenem Punkt zu dämpfen, wie dies in der oben neu abgedruckten ›Gnomon‹-Rezension schon hinsichtlich G. *Walsers* Auffassung von Caesar als Literaten nötig schien. Daß sich in den letzten Jahrzehnten die verschiedenen Standpunkte in bezug auf die Beurteilung der ›Commentarien‹ keineswegs einander annäherten, war angesichts der in der Diskussion mitspielenden Emotionen, die bis in die oben Anm. 14 zitierte, als Forschungsbericht aufgezogene Schrift von H. *Gesche* hinein spürbar sind[16], mit einiger Sicherheit zu erwarten.

vielmehr an seine Zeitgenossen dachte. Unbeschadet ihres Hinweises auf die Caesar-Tafeln scheint sich allerdings auch Gesche hinsichtlich der Authentizität der von Caesar angeführten Zahlen keineswegs sicher zu sein. — Vgl. zu den Helvetierzahlen jetzt auch W. Richter, Caesar als Darsteller seiner Taten. Eine Einführung (1977), 114 mit Anm. 39. Richter hält Caesars Angaben auch für „völlig unmöglich", geht jedoch auf die oben behandelte Frage der Stammrollen nicht ein.

[15] Um diesbezüglichen Mißverständnissen vorzubeugen, sei hier noch unterm Strich vermerkt, daß es natürlich verfehlt wäre, im oben erörterten Zusammenhang auch Herodot mit seinen (da und dort) fingierten Gewährsmännern einen Platz zuzuweisen (vgl. zur Sache unten S. 229 ff.). Im Gegensatz zu Caesar und den anderen behandelten Autoren, die sich zur Erhärtung bestimmter Aussagen auf heilige oder sonstige Urkunden berufen, geht es Herodot, wenn er etwa für eine von ihm gebotene rationalistische Version einer ihm lächerlich erscheinenden griechischen Sage orientalische Gewährsmänner nennt, darum, seinen Zuhörern bzw. Lesern den wahren Hergang der Dinge, wie er es eben sieht, eindringlich nahezubringen. Vom Anliegen her gesehen, haben wir es also hier mit einem gänzlich anderen Sachverhalt zu tun.

[16] Vgl. außer Gesche etwa noch die in dem oben Anm. 1 zitierten, von D. Rasmussen herausgegebenen Sammelwerk über ›Caesar‹ als Originalbeitrag vorgelegte Abhandlung von H. Oppermann, deren Titel ›Probleme und heutiger Stand der Caesarforschung‹ auch den falschen Schluß nahelegt, daß hier die Situation, wie sie etwa in den sechziger Jahren auf dem Gebiet der Caesarforschung gegeben war, nüchtern umrissen wird. Tatsächlich hat sich Oppermanns einstiges schon sehr starkes Engagement als Verteidiger des Memoirenschreibers Caesar noch weiter verstärkt, und die kritischen, speziell mit der Aerarium-Affäre sich beschäftigenden Überlegungen anderer werden nunmehr geradezu dafür verwendet, an einem scheinbar besonders krassen Beispiel das schlimme Treiben der Gegenseite zu illustrieren: „Wie schnell man dabei (scil. bei der „schonungslosen Kritik", die „alle" Abweichungen „der Darstellung Caesars vom tatsächlichen Verlauf der Dinge ... als bewußte tendenziöse Fälschungen erweisen soll") mit der Annahme bewußter Fälschung zur Hand ist, sei an einem Beispiel gezeigt, auf das sich die Verfechter der Tendenzhypothese besonders gern berufen." Während er früher die Diskrepanz zwischen

Wir bleiben für einige Augenblicke bei Caesars ›Commentarien‹ und erörtern noch kurz ein Problem, welches, soweit ich sehe, bislang als solches noch nicht behandelt wurde und das wir im folgenden am besten in den Griff bekommen, wenn wir es auf dem Umweg über ein berühmtes Memoirenwerk der Neuzeit, die Denkwürdigkeiten Napoleons, angehen.

Bekanntlich benutzte Napoleon die erzwungene Muße auf St. Helena u. a. dazu, seine Memoiren zu diktieren, in denen er rückblickend die von ihm geführten Feldzüge einschließlich auch des letzten vom Sommer 1815 mit der Ent-

Darstellung durch Caesar und historischer Wirklichkeit nicht in Abrede stellte, sondern sie nur mit Hinweisen auf Stilgesetze entschuldigte (siehe oben S. 161), nimmt Oppermann jetzt, in der auf das obige Zitat folgenden Ausführungen, eine Korrektur des caesarischen Textes vor (Einfügung von *non* vor *aperto*!) und sieht dann überhaupt keinen Grund mehr, an den bewußten Passagen in den ›Commentarien‹ über den Bürgerkrieg Anstoß zu nehmen. Scheinbar zurückhaltend, tatsächlich aber auch ganz auf der Linie der Caesar-Apologeten liegend: K. Raaflaub, Dignitatis contentio. Studien zur Motivation und politischen Taktik im Bürgerkrieg zwischen Caesar und Pompeius (Vestigia, Beiträge zur Alten Geschichte, Bd. 20, 1974), siehe bes. 8 Anm. 17 mit lebhafter Zustimmung zu einer — in mehrfacher Hinsicht einen falschen Eindruck erweckenden — Bemerkung von A. N. Sherwin-White (JRS 48, 1958, 189): "It never seems to occur to the modern school that Caesar wanted to write, not as a pamphleteer, but as a historian, creating his own style of history and challenging comparison with the greatest names of the past. Instead, they write as if the commentaries were going to be read out in a court before a Catonian jury ..." Also die gleiche Auffassung, wie sie M. Gelzer in dem von Raaflaub übrigens weder a.O. noch auch im Literaturverzeichnis berücksichtigten Aufsatz, mit dem wir uns oben auseinandersetzten, entwickelt. Nicht unerwähnt darf des weiteren an dieser Stelle bleiben, daß auch die Verfasserin des einschlägigen Artikels in ›Kindlers Literatur Lexikon‹ (3, 1971, 2103 ff.), B. Mannsperger, einem starken in die gleiche Richtung gehenden emotionellen Engagement nicht widerstehen konnte, so wenig auch — wiederum — der Platz hierfür in einem auf Information angelegten Nachschlagewerk passend war. Die mit Bezug auf die ›Commentarien‹ über den Bürgerkrieg getroffene Feststellung, daß von Caesar „die Fakten bisweilen recht eigenwillig interpretiert werden", markiert die äußerste Grenze für kritische Überlegungen, welche Mannsperger anzustellen wagt (2104 f., vgl. dazu noch die — sehr zeitgemäße! — Erklärung a.O. 2105, daß „die Frage, ob Caesar historische Fakten ... absichtlich zu seinen Gunsten verunklart habe", nur durch eine „präzise Stilanalyse" beantwortet werden könne. Die dann folgende von ihr selbst gebotene Analyse dient, so möchte es fast scheinen, ihrerseits dazu, die Dinge zu verunklaren). — Einen beispielhaften Forschungsbericht über die neuere wissenschaftliche Caesar-Literatur in Italien (mit kritischen Bemerkungen gegen Versuche, die Dinge von der marxistischen Ideologie oder einem 'Strukturalismus' her zu verfremden), bietet E. Paratore, Das Caesarbild des zwanzigsten Jahrhunderts in Italien, als Originalbeitrag erschienen in dem schon mehrfach genannten von D. Rasmussen herausgebrachten Sammelwerk (474 ff.). Neuester, sehr summarischer Überblick über den Streit um die Glaubwürdigkeit Caesars: W. Richter, Caesar als Darsteller seiner Taten, 96 Anm. 3.

scheidungsschlacht bei Waterloo zur Darstellung brachte. Im Rahmen unseres Themas genügt es, wenn wir uns im folgenden darauf beschränken, der Schilderung der genannten Schlacht und der Ereignisse danach bzw. der rückblickenden Beurteilung dieser für ihn so schicksalsschweren Vorgänge durch Napoleon eine kurze Betrachtung zu widmen.[17]

Die Lektüre erweckt zunächst den — durch die Verwendung der dritten Person, die Napoleon vielleicht von Caesar übernahm, noch verstärkten — Eindruck, als ob hier ein Außenstehender nüchtern und mehr oder weniger objektiv über Dinge berichtet, die ihn zwar interessieren, aber kaum persönlich betreffen, geschweige denn, daß er selbst die Hauptperson dabei war. Daß dieser Eindruck trügt, kommt einem natürlich schnell zu Bewußtsein — ganz besonders an den Stellen, an denen Napoleon dazu übergeht, über jene Vorgänge des Sommers 1815 zu reflektieren und Urteile über die Männer abzugeben, die als seine Untergebenen oder Gegner neben ihm auf der politischen und militärischen Bühne in Erscheinung traten. Da haben wir den Herzog von Wellington, dem zweifellos das Hauptverdienst am Sieg von Waterloo zukommt, der aber in dem von Napoleon nach der Schilderung der Schlacht gezogenen Facit als ein Feldherr, der Fehler über Fehler machte, so schlecht wegkommt, daß man sich erstaunt fragt, wieso die Schlacht nicht längst vor dem Eintreffen der Preußen mit einer totalen Niederlage des britischen Heerführers endete. Natürlich kann aber auch Napoleon nicht leugnen, daß die Engländer und ihre Verbündeten viele Stunden den französischen Angriffen standhielten und das dezimierte französische Heer nach dem Eingreifen Blüchers sich alsbald völlig auflöste. Aber er stellt mit Nachdruck heraus, daß die gegnerischen Verluste die eigenen übertrafen, welch letztere, soweit es sich um das verlorengegangene Kriegsmaterial handelte, nach seiner Meinung sofort wieder aus den reich gefüllten Arsenalen ersetzt werden konnten oder vielmehr ersetzt werden hätten können. Sein Schluß aus diesen Überlegungen: Die militärische Lage nach Waterloo war für ihn keineswegs ungünstig. Daß er den Krieg gleichwohl nicht fortsetzte, sondern vielmehr abdankte, erklärt er rückblickend aus der Haltung der Deputiertenkammern in Paris, die ihn bestimmten, diesen Schritt zu tun, statt daß er mit den zahlreichen Verrätern, die ihn in Paris umgaben, kurzen Prozeß machte. Auf Konto verräterischer Politiker und Generale setzt es Napoleon in seinen Denkwürdigkeiten in erster Linie, daß mit Waterloo auch der ganze Krieg und das Kaiserreich dazu verloren war; aber auch die französische Nation als solche entgeht nicht seinem Schuldspruch, sie war nach Waterloo „nur noch eine entehrte, erbärmliche Nation"! Napoleon fügt hinzu: „Sie hat ihren verdienten Lohn empfangen; statt fest zu mir zu stehen, hat sie mich

---

[17] Die Zitate im Text beziehen sich auf die von H. Conrad besorgte deutsche Ausgabe: Napoleons Leben, von ihm selbst, Bd. 10: Meine letzte Niederlage (3. Aufl., o.J.).

verlassen." Ganz frei von Schuld am Unglück von 1815 war nur einer: er selbst, Napoleon.

Wer diese Passagen in des Kaisers Memoiren liest (siehe bes. a.O. 279 ff., 297 ff.), wird zunächst wohl kaum an irgendwelche Abschnitte in Caesars ›Commentarien‹ denken, sondern weit eher an Aussprüche, die uns von Hitler aus der letzten Zeit seines Lebens überliefert sind und in denen die Schuld am ganzen Debakel den verräterischen Generalen und auch dem deutschen Volk angelastet wird, das sich seiner unwürdig erwiesen habe. Für uns nun wesentlich: Weder bei Hitler noch auch bei Napoleon hat man den Eindruck, daß sie hier einfach logen, d. h. die Dinge bewußt anders darstellten, als sie ihnen, wenn sie zurückblickten und Bilanz zogen, erschienen. Freudianer würden von seelischen, der Hysterie zuzurechnenden Verhaltensweisen sprechen, denen ins Unbewußte verdrängte sexuelle Wunschträume zugrunde liegen. Von solchen Phantasien wissen wir uns frei, doch darf wohl angenommen werden, daß in den erwähnten Fällen eine historische Wirklichkeit, die niemandem besser als ihnen, den Hauptakteuren, bekannt sein mußte, von einer Vorstellung verdrängt wurde, in welcher sie selbst und ihre Intentionen und Handlungen — auf Kosten anderer — in einem günstigen Licht erschienen und das Wunschbild in ihren Köpfen dann unversehens zur 'historischen Wirklichkeit' wurde.

Caesar kam nicht in die Lage, sich im Rückblick über eine von ihm herbeigeführte Katastrophe auslassen zu müssen. Aber er stand in seinen ›Commentarien‹ über den Bürgerkrieg immerhin vor der Notwendigkeit, sich darüber zu äußern, wer das nationale Unglück, als welches ja jeder Bürgerkrieg zu betrachten war, verursacht hatte und welche Absichten und Pläne ihn selbst in der Zeit des Überganges über den Rubicon und danach leiteten, und da dürfte es, nach den obigen Darlegungen, zumindest nicht ausgeschlossen sein, daß Aussagen wie die, daß er zur Verteidigung der Rechte der Volkstribunen und zur Wiedergewinnung seiner und des — durch die *factio paucorum* unterdrückten — römischen Volkes Freiheit zum Schwert griff (B. C. I 22,5), daß er die *res publica* nur übernahm, weil sich der Senat dieser Aufgabe entzog und ihm die *quies Italiae*, die *pax provinciarum* und die *salus imperii* als 'Zielvorstellungen' in seinem Kampf mit Pompeius besonders am Herzen lag, ernst gemeint waren, sowenig auch der Historiker ihm darin folgen kann. Dieser Zusatz ist um so nötiger, als gerade der zuletzt zitierte, die Ruhe in Italien, den Frieden in den Provinzen und die Wohlfahrt im ganzen Reich betreffende Ausspruch (a.O. III 57, 3f.) von Vertretern einer beschönigenden Historie immer wieder zur Charakterisierung der Ideen, die Caesar damals wirklich in seinen Entschlüssen und Handlungen, wenn nicht ausschließlich, so doch vornehmlich geleitet haben sollen, in den Vordergrund gestellt wird, obwohl allein schon die Tatsache, daß Caesar nach Erringung der Alleinherrschaft alsbald wieder gewaltige, auf Eroberung riesiger, noch außerhalb des Reiches liegender Ländermassen hinzielende neue

Kriegspläne schmiedete, ohne dazu von äußeren Feinden gezwungen worden zu sein, das Gegenteil beweist. Halten wir also fest, daß in einem Teil der Fälle, in denen Caesar in seinen ›Commentarien‹ die Dinge der Wirklichkeit nicht oder nicht ganz entsprechend darstellt, noch etwas anderes vorliegen *kann* als (von Gedächtnisfehlern einmal abgesehen) Tendenz und bewußte Verfälschung der historischen Fakten, nämlich ein mehr unbewußtes als bewußtes Streben danach, an die Stelle der historischen Wahrheit ein Bild zu setzen, das ihn nicht nur vor Mit- und Nachwelt, sondern auch vor sich selbst rechtfertigte und quasi schuldlos erscheinen ließ. Mit nochmaligem Seitenblick auf jene moderne Forschung könnte man sagen, daß die 'Caesar-Legende' ebenso in Caesars eigenen Denkwürdigkeiten wurzelt wie die 'Napoleon-Legende' in dessen Memoiren, zu denen übrigens noch Aussprüche kamen, welche die Männer seiner Umgebung auf St. Helena für die Nachwelt festhielten und die etwa beinhalteten, daß er, Napoleon, immer das Wohl der französischen Nation im Auge hatte und mit allen seinen Kriegen letztlich nichts anderes als den europäischen Frieden anstrebte — Aussprüche, die man ebensowenig wie jene rückblickenden Betrachtungen über die Ereignisse von 1815 ohne weiteres als 'Geschichtslügen' abstempeln kann, unbeschadet dessen, daß auch sie für den Historiker nicht akzeptabel sind. Nur am Rande sei noch erwähnt, daß auch die 'Dolchstoßlegende' der Zeit nach dem Ersten Weltkrieg hier ihren Platz hat. Den Satz, daß das deutsche Heer 1918 von hinten erdolcht wurde, hat zwar — kurioserweise — ein Schweizer Journalist bald nach dem Kriegsende geprägt, doch wurzelt die an ihn anknüpfende Legende letztlich auch in einer Memoirenliteratur, nämlich in Denkwürdigkeiten ehemaliger deutscher Heerführer und Politiker, von denen man übrigens wiederum annehmen darf, daß sie bei der Abfassung ihrer Bücher zwar absurderweise, aber doch ehrlich die Überzeugung hegten, daß nur die verräterischen Umtriebe in der Heimat das deutsche Heer am Endsieg hinderten.

Es wäre reizvoll, den Vergleich zwischen den ›Commentarien‹ Caesars und den Memoiren Napoleons noch fortzusetzen und Denkwürdigkeiten von bestimmten bedeutenden Männern der neueren Geschichte, angefangen bei den vielleicht interessantesten und beeindruckendsten Memoiren überhaupt, denen des ersten Großmoguls Babur, über die Memoiren des Marschall Turenne bis hin zu denen von Churchill und Montgomery, in die Betrachtung mit einzubeziehen. Neue Gesichtspunkte würden sich für unser Thema daraus allerdings nicht ergeben, sondern es würde sich nur immer wieder bestätigen, daß die Schriften Caesars mit ihren herausgestellten Schwächen (oder wie man es bezeichnen will) unter den Schriften des gleichen Genos keineswegs eine Sonderstellung einnehmen, wenn ihnen auch auf der anderen Seite als Zeugnissen der schriftstellerischen Tätigkeit eines großen Geistes und souveränen Stilisten ein ganz eigener Platz (neben den erwähnten Denkwürdigkeiten Baburs!) zukommt.

Die letzten Bemerkungen führen uns zu einer kurzen Zwischenbilanz: Niemand wird bestreiten wollen, daß Caesar alle Voraussetzungen erfüllte, ein großer Historiker zu werden. Aber er zog es nun einmal vor, Politiker zu werden, als die Taten anderer Männer historiographisch zu behandeln und trat literarisch vornehmlich in eigenen Denkwürdigkeiten hervor, welche, um es noch einmal zu sagen, auch mit damaligen Maßstäben gemessen nicht als Geschichtswerke gelten können. Daß die ›Commentarien‹ eine Tendenz aufweisen, kann man ihnen kaum anlasten, und wenn es zutrifft, daß sich bei Caesar wie bei Napoleon gelegentlich Wunschbilder unbewußt in vermeintliche geschichtliche Realitäten oder Ideen verwandelten, so muß man das als moderner Historiker zwar ins Kalkül nehmen, doch wird man auch darin keinen Grund sehen, Caesars ›Commentarien‹ in besonderer Weise negativ zu apostrophieren. Nicht ganz so einfach liegen die Dinge freilich hinsichtlich der bewußten Abweichungen von der historischen Wahrheit, die sich auch nach den letzten Ausführungen nicht wegdisputieren lassen und die in Denkwürdigkeiten zwar nicht den gleichen 'Stellenwert' wie in Geschichtswerken, aber eben doch auch keinen guten Platz haben und dort, wo sie sich nachweisen lassen, den Wert der betreffenden Werke notwendig mindern. Daß die Menschen der Zeit Caesars auf diesem Gebiet vielleicht noch weniger sensibel waren als wir heute (man denke nur an die Entrüstung, die die Aufdeckung der Geschichtsfälschungen in den Denkwürdigkeiten des Fürsten Bülow auslöste!), ändert nichts am Grundsätzlichen.

Vergleiche zwischen Caesars ›Commentarien‹ und den anderen in der Alten Welt entstandenen Schriften der gleichen Literaturgattung sind nicht möglich, weil sie bekanntlich, von Fragmenten abgesehen, verlorengingen, was der Althistoriker in manchen Fällen wie etwa in dem der ›Hypomnemata‹ des Arat immer als besonders schmerzlich empfinden wird.[18] Wir besitzen aber freilich aus dem Altertum eine reiche Überlieferung, die man in methodischer und sachlicher Beziehung von Caesars Berichten nicht trennen kann, ich meine die inschriftlich aufgezeichneten und daher durchwegs wesentlich weniger umfangreichen 'Tatenberichte', die gerade deshalb, weil sie inschriftlich festgehalten wurden, in relativ großer Zahl die Jahrtausende überdauerten. Es liegt auf der Hand, daß man, vom Inhalt her gesehen, als Tatenberichte im großen und ganzen auch Memoiren von der Art der ›Commentarien‹ Caesars betrachten kann und die Einschränkung der Verwendung des genannten Ausdrucks auf inschriftlich erhaltene Selbstdarstellungen von Leben und Taten von Herrschern oder

---

[18] Vgl. hierzu die umfassende, freilich in mancher Hinsicht problematische Monographie von G. Misch, Geschichte der Autobiographie I (³1948, ¹1907), bes. 118 ff. Natürlich beschäftigte sich mit diesen Dingen auch schon C. Wachsmuth in seinem 1895 erschienenen Werk ›Einleitung in das Studium der alten Geschichte‹, das immer noch sehr lesenswert ist. Zu G. Misch vgl. unten S. 204 Anm. 41.

anderen in führender Stellung befindlichen Persönlichkeiten nur eine Sache der Konvention zwischen dem Verfasser einer mit diesem Thema sich beschäftigenden Arbeit und deren Lesern sein kann, die allerdings einem herrschenden Sprachgebrauch entspricht. Es erübrigt sich, zu betonen, daß es im folgenden nicht um eine umfassende Bearbeitung des Themas 'Tatenberichte in der Alten Welt' gehen kann, sondern nur um eine exemplarische Beschäftigung mit bestimmten Berichten der genannten Art unter den bestimmten Gesichtspunkten, die in den obigen Teilen der Arbeit bereits zum Tragen kamen. Die Frage, ob bzw. in welchem Umfang man auch hier mit mehr oder weniger weitgehenden Abweichungen von der geschichtlichen Wahrheit rechnen muß, mag es sich nun um Geschichtslügen im eigentlichen Sinne handeln oder um den Niederschlag einer mehr unbewußten seelischen Einstellung von der Art der oben S. 181 ff. behandelten — diese Frage soll immer im Vordergrund stehen, sie hat schließlich für den Historiker, der sich mit den betreffenden Inschriften beschäftigt, stets eine besondere Relevanz.

Nachdem Könige in Ägypten und im vorderasiatischen Raum schon sehr früh auf den Gedanken kamen, über bestimmte Taten und insbesondere von ihnen siegreich durchgeführte Feldzüge oder auch, wie der syrische König Idrimi, mit dem wir schon in die Mitte des 2. Jahrtausends v. Chr. herabkommen, über ihr Leben allgemein eigene Berichte für Mit- und Nachwelt herauszubringen, wurde die Aufstellung von mehr oder weniger ausführlichen Tatenberichten in den Zeiten der Könige des assyrischen Großreiches geradezu die Regel. Natürlich gilt für alle diese Aufzeichnungen, daß ihnen die Tendenz innewohnt, die Person des königlichen Verfassers oder Auftraggebers und seine Taten besonders herauszustreichen, was dann oft mit einer Herabsetzung der Gegner oder auch, wie in den Annalen Thutmosis' III. und in den Siegesberichten Ramses' II., der eigenen Offiziere und Soldaten verbunden ist. Gradunterschiede, die in erster Linie aus dem nicht immer gleich großen Geltungsbedürfnis der betreffenden Herrscher resultieren, sind freilich vorhanden. Von den assyrischen Königen entfernte sich von nüchterner Berichterstattung besonders weit Asarhaddon[19], bei welchem es auch am deutlichsten hervortritt, wie nahe Tendenz und Geschichtslüge — verbunden vielleicht noch mit einem unbewußten Streben, sich selbst eine einmalige Stellung, und zwar auch im Vergleich mit den eigenen Vorgängern (siehe Borger a.O. 57), zuzuweisen — beieinander sind. Wir erwähnen nur die Stellen (bei Borger a.O. 86 ff.), wo der König dem Leser vorspiegelt, daß er

---

[19] Vgl. R. Borger, Die Inschriften Asarhaddons, Königs von Assyrien (Archiv für Orientforschung, Beiheft 9, 1956). Hier wie sonst muß natürlich offenbleiben, ob der Wortlaut der Inschriften vom König selbst stammt oder nicht vielmehr von einem seiner Schreiber oder Sekretäre, der sich aber ggf. sicher an königliche Direktiven zu halten hatte.

in Afrika bis Kusch siegreich vordrang und sich zum König dieses von ihm tatsächlich nie betretenen, geschweige denn unterworfenen Landes machte und im Westen die Länder über Jawan (Griechenland) hinaus bis Tarsis in Spanien unterwarf und zur Zahlung von Tributen zwang. Solche Angaben, die Asarhaddon doch wohl nur wider besseres Wissen machen oder machen lassen konnte, glaubte sich der Genannte offenbar als 'Herr des Universums' schuldig zu sein. Nach diesen Feststellungen ist klar, daß nun auch hier, und hier besonders, ein schon oben bei der Behandlung der ›Commentarien‹ Caesars herausgestellter methodischer Gesichtspunkt zum Tragen kommt: Wenn Asarhaddon in anderen Abschnitten seiner Tafeln etwa darüber berichtet, wie er durch den Willen des Vaters und ein Gottesurteil (vgl. dazu eine Parallele im Tatenbericht Thutmosis' III.!) auf den Thron kam, den ihm seine verruchten älteren Brüder streitig machen wollten (Borger a.O. 40ff.), so sind solche Angaben in ihrem Aussagegehalt für uns sozusagen grundsätzlich fragwürdig, obwohl wir keine Möglichkeit haben, sie von anderer Überlieferung her direkt zu widerlegen: Es kann sich so zugetragen haben, wie es der König schildert, aber es kann auch anders gewesen sein, und der Aussagewert solcher Passagen liegt lediglich darin, daß sie uns zeigen, wie man nach dem Willen des Königs die Dinge sehen sollte.

Wir wollen es uns an dieser Stelle nicht entgehen lassen, noch auf eine Angabe in einem Feldzugsbericht von Asarhaddons Großvater Sargon II. hinzuweisen, an welcher der siegreiche König die eigenen, in dem großen Krieg erlittenen Verluste auf einen Wagenkämpfer, zwei Reiter und drei Pioniere beziffert.[20] Hier drängt sich wohl jedem ein Vergleich mit Sulla und Caesar auf, von denen der erstere in seinen Denkwürdigkeiten (bei Plut., Sulla 19) bekanntlich behauptete, in der Schlacht bei Chaironeia gegen ein (in sonstiger Überlieferung auf 120 000 Mann beziffertes) Heer des Mithridates nur 14 Vermißte, von denen sich zwei am Abend wieder im Lager einfanden, eingebüßt zu haben, während Caesar (B. G. IV 15) seine Leser glauben machen will, die eigenen Verluste beim Angriff auf das Lager der angeblich 430 000 Köpfe starken Usipeter und Tenkterer, der mit der Vernichtung der letzteren geendet haben soll, hätten nur einige wenige Verwundete, keinen Toten, betragen.

Ein Satz, den vor einigen Jahrzehnten ein führender Althistoriker seiner Zeit, *A. von Premerstein*, mit Bezug auf das — unten noch zu behandelnde — ›Monumentum Ancyranum‹ zu Papier brachte: „An den Worten des Augustus ist selbstverständlich nicht zu rütteln"[21], dieser Satz könnte als Motto nicht nur

---

[20] Vgl. dazu W. von Soden, Herrscher im Alten Orient (1954), 97, mit der hübschen Beobachtung, daß sich die gleiche Verlustangabe auch in einer Siegesmeldung Asarhaddons findet.
[21] A. von Premerstein, Vom Werden und Wesen des Prinzipats. Aus dem Nachlaß hrsg. von H. Volkmann (Abh. Bayer. Akad. Wiss., phil.-hist. Abt. NF 15, 1937), 152.

einem Großteil der neueren Literatur über den Tatenbericht des ersten Princeps vorangestellt werden, sondern hätte in der gleichen Eigenschaft auch einen guten Platz im Bereich des Schrifttums über die „große Inschrift" von Behistūn, die einer der bedeutendsten unter den altorientalischen Großkönigen, Dareios I., bei dem genannten Ort, oberhalb der Heerstraße von Medien nach dem Westen, in drei Sprachen — Altpersisch, Babylonisch und Elamitisch — anbringen ließ und für deren Verbreitung im ganzen Reich er durch die Anfertigung zahlreicher Abschriften Sorge trug. Mit diesem Dokument, das keinen die gesamte Regierungszeit umfassenden Tatenbericht, sondern nur einen über den siegreichen Aufstieg des Dareios zum Alleinherrscher im Großreich der Achaimeniden in den Jahren nach dem Tode des Königs Kambyses enthält, wollen wir uns auf den folgenden Seiten unter den herausgestellten Gesichtspunkten beschäftigen.[22]

Da gilt es nun, als erstes festzuhalten: Die Tatsache, daß Dareios — im Gegensatz zu den meisten anderen Tatenbericht-Verfassern — seine Darstellung der Vorgänge in der genannten Zeit mehrere Male und fast beschwörend als wahr bezeichnet und alle seine Gegner unaufhörlich (nach der von *M. A. Dandamaev* in seinem Anm. 22 zitierten Werk vorgenommenen Zählung nicht weniger als 34 mal!) Lügner nennt, kann natürlich für uns nicht schon ein Grund sein, dem Bericht von Behistūn in bezug auf Wahrheitsgehalt eine Sonderstellung zuzuweisen. Alle Tatenberichte und Denkwürdigkeiten erheben Anspruch auf Glaubwürdigkeit, auch wenn sie ihn nicht penetrant unterstreichen. Wo dies ausnahmsweise geschieht, wie im Falle der Inschrift von Behistūn und auch schon etwa im Falle der Annalen Thutmosis' III.[23], ist das zwar für uns ein Fingerzeig, daß ihren Verfassern besonders viel daran liegt, Glauben zu finden (und sie vielleicht Anlaß haben, an der Bereitschaft der Leser, das Dargelegte zu glauben, zu zweifeln, vgl. dazu Beh. IV 40ff.!), aber natürlich noch kein Beweis dafür, daß die Glaubwürdigkeit wirklich gegeben ist.

---

[22] Neueste eingehende Behandlung der Inschrift (mit Übersetzung und Erörterung aller einschlägiger Fragen einschließlich der Datierungsfrage) bei M. A. Dandamaev, Persien unter den ersten Achämeniden (6. Jahrhundert v. Chr.), aus dem Russ. übers. (und mit einer zusätzlichen Bibliographie versehen) von H.-D. Pohl, Bd. 8 (1976) der von G. Redard hrsg. ›Beiträge zur Iranistik‹ (siehe bes. 1ff., 53ff., 76ff., 108ff., 243ff.). Im folgenden wird das Werk ohne Titel zitiert. Weitere Literaturangaben im Text und in den folgenden Anmerkungen.

[23] Siehe J. H. Breasted, Ancient Records of Egypt II (1906), 226, vgl. auch H. Greßmann, Altorientalische Texte zum Alten Testament (²1926), 99 (zu Thutmosis' Bericht über seine Erwählung zum König: „... es ist keine Unwahrheit"). — Auf die Tatsache, daß Dareios nicht nur in seinem Tatenbericht von Behistūn, sondern auch in der Grabschrift, die er sich für sein Grab in Naqš-i Rustam setzen ließ, die Lüge anprangert und sich selbst als Künder der reinen Wahrheit hinstellt, ist es vielleicht zurückzuführen, daß nach einer Überlieferung, die uns Herodot (I 138) erhalten hat, die Lüge bei den Persern

Die Einstellung derjenigen Neueren, die jede Infragestellung der Glaubwürdigkeit der Inschrift von Behistūn für verpönt halten, wäre nach allem Dargelegten auch dann methodisch anfechtbar, wenn es nicht gute Gründe gäbe, am Wahrheitsgehalt wesentlicher Teile des Berichtes zu zweifeln. Diese Gründe wurden teilweise schon im ausgehenden letzten Jahrhundert von einzelnen einschlägig Forschenden vorgetragen[24] und betreffen, was hier besonders wichtig ist, nicht nur diese oder jene Details, sondern in der Tat auch Punkte, von denen die Beurteilung des Dareios und seiner ihm die Krone über Asien einbringenden Aktivitäten ganz entscheidend abhängt.

Die Erzählung, die Dareios von den zu seiner Thronerhebung führenden Ereignissen im Tatenbericht von Behistūn bietet, ist bekannt: König Kambyses läßt vor Beginn des Feldzuges gegen Ägypten seinen eigenen Bruder Bardiya (griechisch Smerdis), „von der gleichen Mutter und vom gleichen Vater stammend"[25], ermorden. Bald danach kam es zu einem Aufruhr in weiten Teilen des Reiches (auch in Persien und Medien!) gegen Kambyses, und ein Magier namens Gaumāta trat auf und log, Bardiya zu sein. Daß es diesem falschen Bardiya offenbar binnen kurzem gelang, in den verschiedenen Reichsteilen einschließlich Persiens und Mediens als König anerkannt zu werden, erklärt Dareios damit, daß das Volk von der Ermordung des echten Bardiya nichts erfuhr und Angst hatte, „daß er viele Menschen mit dem Tode bestrafen könnte, die vorher Bardiya gekannt haben. Er könnte Leute hinrichten, damit niemand erführe, daß 'ich (Gaumāta) nicht Bardiya, Sohn des Kyros, bin' "[26]. So wurde der Lügner nicht nur als Herrscher anerkannt, er konnte dann auch sieben Monate lang unangefochten regieren, ehe er einem von Dareios zusammen mit sechs anderen persi-

als das schlimmste Verbrechen galt (vgl. freilich III 72, 4, wo Herodot just den Dareios sagen läßt, daß man dort lügen soll, wo es nötig erscheint, dazu jetzt K. Bringmann, Die Verfassungsdebatte bei Herodot 3, 80 — 82 und Dareios' Aufstieg zur Königsherrschaft, in: Hermes 104 (1976), 277f. Ed. Meyer (Geschichte des Altertums IV, ⁵1954, 35 Anm. 1) möchte jene Angabe Herodots über die Lüge als Laster Nr. 1 gegen solche verteidigen, die meinen, daß die alten Perser ebenso verlogen waren wie die modernen. Wenn es irgendwer wirklich so formulierte (Ed. Meyer nennt keine Namen), ist es natürlich abzulehnen, aber daraus läßt sich nicht schon ableiten, daß bei den Persern im Altertum die Lüge wirklich einen anderen Platz als Laster hatte als etwa bei den Ägyptern (vgl. die Geschichte von „Wahrheit und Lüge"!), den Israeliten und den Griechen. Herodot faßte es offensichtlich so auf.
[24] P. Rost, Untersuchungen zur altorientalischen Geschichte (1897), 107ff. H. Winckler, OLZ 1 (1898), 38ff. Weitere Literaturhinweise bei Dandamaev, 120 Anm. 502.
[25] Beh. I 29f. Wie schon Rawlinson erkannte, begegnen wir der gleichen Formulierung auch bei Herodot (III 30, vgl. Dandamaev 124f.), was natürlich kein Zufall sein kann. Wir kommen darauf an anderer Stelle (unten S. 253) zurück.
[26] Beh. I 50ff., Übersetzung nach Dandamaev 244. Vgl. dazu wie auch zu weiteren Zitaten das Werk von R. G. Kent, Old Persian. Grammar, Texts, Lexicon (²1953).

schen Großen geschmiedeten und durchgeführten Komplott zum Opfer fiel. Die nach der Ermordung des (falschen) Bardiya erfolgte Thronbesteigung des Dareios führte sodann zu einer neuen, wiederum einen Großteil des Reiches erfassenden Erhebung, an der abermals auch die Perser und Meder beteiligt waren und die der neue Herrscher, gegen welchen sie sich nach seiner eigenen Darstellung richtete, in einer Reihe von Feldzügen einzeln mit einer kleinen Streitmacht niederschlug, und zwar innerhalb eines Jahres, wie Dareios mehrere Male betont, nicht ohne die gegnerischen Anführer, von denen sich einige, gleich dem Magier Gaumāta, lügnerisch falsche Namen zugelegt hatten, auf grausame Weise zu töten. So erhielt Dareios, mit Hilfe Ahura Mazdas, die ihm zustehende Herrschaft über das von Kyros gegründete Großreich.

Es kann nicht wundernehmen, daß dieser Bericht schon früh Anlaß zu Erörterungen gab, wobei sich die Beteiligten alsbald in zwei Lager schieden. Da haben wir auf der einen Seite die Männer, die an der Darstellung des Dareios um so weniger rütteln lassen mochten, als er selbst, wie dargelegt, die Glaubwürdigkeit seines Berichtes immer wieder beteuert, und die in ihrer Verteidigung des Dareios dann teilweise so weit gingen, daß sie — gegen ihr eigenes Grundprinzip, sich an der königlichen Berichterstattung nicht zu vergreifen — den Tatenbericht von Behistūn dort stillschweigend oder auch ausdrücklich korrigierten, wo ihnen eine solche Korrektur zugunsten des Großkönigs angezeigt schien: Nicht hätte sich der zweite allgemeine Aufstand, wie es der Tatenbericht selbst darstellt, gegen Dareios gerichtet, sondern — primär — gegen den von Dareios gestürzten Lügenkönig Gaumāta.[27] Andererseits traten, wie schon erwähnt, bereits im ausgehenden 19. Jh. Gelehrte auf den Plan, welche an die Inschrift von Behistūn eine kritische Sonde legten und sich fragten, ob wir es hier wirklich mit einer auch nur einigermaßen wahrheitsgetreuen Darstellung der zur Machtergreifung durch Dareios führenden Vorgänge zu tun haben und nicht etwa mit einem Versuch, eine sozusagen offizielle Darstellung der Dinge für Mit- und Nachwelt zu geben, die in entscheidenden Punkten von der geschichtlichen Wahrheit abweicht: War der von Dareios Gaumāta genannte Lügner, der von sich behauptete, Bardiya und damit Sohn des Kyros zu sein, nicht vielleicht wirklich Bardiya und die Geschichte von des letzteren Ermordung durch Kambyses nur eine Erfindung des Dareios, die dieser auf die Weise glaubwürdig zu machen versuchte, daß er die Mordtat für eine streng geheime Aktion erklärte, die nicht ins Volk drang, von dem er dann aber im gleichen Atemzug sagt, daß es aus Angst vor dem Lügenkönig den wahren Sachverhalt verschwiegen habe? Findet der Um-

---

[27] Siehe Näheres darüber bei Dandamaev 128 (mit Literaturhinweisen in Anm. 536). Vgl. auch a.O. 554, wo sich Dandamaev mit für ihn ungewöhnlicher Schärfe gegen E. Herzfeld wendet, der entgegen der mehrfachen Angabe der Behistūn-Inschrift den Aufstand des Bardiya-Gaumāta nicht in Persien, sondern in Medien beginnen läßt.

stand, daß der „falsche" Bardiya nach Dareios' eigener Darstellung ohne jede Schwierigkeit allgemeine Anerkennung im Reich fand und unangefochten herrschen konnte, ehe er der Verschwörung des Dareios und seiner Genossen zum Opfer fiel, während dann der letztere schon gleich nach der Tat und anschließenden Thronerhebung mit zahlreichen 'Abtrünnigen' in fast allen Reichsteilen, angefangen bei den Kernländern Persis und Medien, zu kämpfen hatte, nicht u. a. darin seine Erklärung, daß er, Dareios, gegen den echten Bardiya und damit Sohn des Reichsgründers Kyros als Usurpator auftrat? Erklärt sich nicht etwa von hier aus die Tatsache, daß Dareios schon kurze Zeit nach der Machtergreifung (vgl. zur chronologischen Frage jetzt vor allem Dandamaev 53 ff.) den Tatenbericht an einem Felsen neben der wichtigsten Verkehrsstraße des Reiches anbringen ließ und den Lesern des Berichtes auftrug, seinen Inhalt unter dem Volk zu verbreiten unter gleichzeitiger Androhung göttlicher Strafe gegen diejenigen, die das unterlassen sollten (Beh. IV 52 ff.)? Kann man wirklich annehmen, daß die Niederwerfung der zahlreichen Abtrünnigen und Lügenkönige in den verschiedenen Ländern des Großreiches innerhalb eines Jahres erfolgte, wie Dareios an vier Stellen des Tatenberichtes behauptet, um damit, wie Beh. IV 50 ff. zeigt, sich selbst — nach dem Beispiel assyrischer Könige — gegenüber allen seinen Vorgängern in ein besonderes Licht zu rücken? Und hätte nicht, unter dem Aspekt der eigenen Darstellung des Dareios gesehen, anstatt seiner der Vater Hystaspes den Thron der Achaimeniden nach dem Sturz des (vermeintlichen) Gaumāta für sich beanspruchen können, und gab es überhaupt so etwas wie ein Thronfolgerecht im damaligen Perserreich, das Dareios berechtigte, sich an mehreren unten noch zu zitierenden Stellen der Inschrift als den Mann hinzustellen, dem die Krone des Kyros-Reiches von Rechts wegen zukam?

Forscher, die sich solche oder ähnliche Überlegungen durch den Kopf gehen ließen, konnten, wenn sie mit Sorgfalt und Akribie an die Sache herangingen, ihre Skepsis gegen den Wahrheitsgehalt des Tatenberichtes von Behistūn noch mit gewichtigen Argumenten unterbauen, die der griechischen Überlieferung zu entnehmen waren, d. h. einer Überlieferung, die man — nach allem Dargelegten — nicht mit der Erklärung ausklammern kann, daß ihr die Selbstdarstellung des Dareios überall dort, wo sie mit ihr kollidiert, sozusagen aus Prinzip vorzuziehen sei. Da haben wir, um nur das Wichtigste herauszustellen, einmal den eingehenden Bericht im 3. Buch des Herodot, der zwar hinsichtlich der Einschätzung des Vorgängers des Dareios als eines Mannes, der nur behauptete, der Bruder des Kambyses zu sein, in Wirklichkeit jedoch ein Lügner namens Gaumāta war, der Darstellung des Tatenberichtes von Behistūn folgt, aber in zahlreichen sonstigen, teilweise sehr wichtigen Punkten von dem Inhalt der Inschrift abweicht und da und dort den kritischen Beobachter aufhorchen läßt. Das gilt vor allem von der Erzählung a.O. 65 ff., wo es heißt, daß *die Perser selbst* die ihnen von Kambyses vor seinem Tode gemachte Eröffnung, er habe seinen Bruder Smerdis (= Bardiya) umbringen lassen, als eine der Wahrheit nicht entsprechende Täuschung mit dem Zweck, damit einen allgemeinen Aufstand gegen den Bruder in Gang zu bringen, betrachteten und — weiterhin — überzeugt davon waren, daß der Mann, der sich Smerdis nannte, auch wirklich Smerdis war. Dazu bestens passend der darin verwobene, offensichtlich auch auf persische Gewährsmänner zurückgehende Bericht Herodots über einen Perser namens Prexaspes, den Kambyses als den von ihm bestellten Mörder des Smerdis bezeichnet haben soll (a.O. 65, 3), der dann aber gegenüber den Persern immer wieder hartnäckig bestritt, die Tat begangen zu haben (a.O. 67, 1) und anstatt dessen, im Einklang mit der Meinung der übrigen Perser, fest behauptete, daß der Kyrossohn und Bruder des Kambyses — als ihr Herrscher — noch am Leben sei (a.O. 74, 4). Diesen Bericht schließt nun Herodot[28] mit einer Anekdote ab, welche sehr klar zeigt, was hier wirklich vorlag: Ging die offizielle Version seit der Thronbesteigung des Dareios dahin, daß sein Vorgänger ein Lügner war und daß den echten Smerdis-Bardiya dessen eigener Bruder ermorden ließ, so mußte es auch einen Mörder geben, den es zu beseitigen galt, wenn er die Tat beharrlich leugnete, und den man dann gar noch zum Kronzeugen des angelasteten Mordes und damit zum Kronzeugen gegen den 'falschen' Smerdis umfunktionierte, indem man ihn — in besagter Anekdote — in folgender Weise enden ließ: Von den Magiern, also den angeblichen Genossen des 'falschen' Smerdis Gaumāta, aufgefordert, für eine hohe Belohnung auf einen Turm des Königspalastes zu steigen und vor den versammelten Persern zu verkünden, daß wirklich der Bruder des Kambyses Smerdis über sie herrsche, stieg Prexaspes tatsächlich hinauf, bekannte sich nun aber in aller Öffentlichkeit zur Wahrheit, d. h. zum Mord an Smerdis, und stürzte sich dann kopfüber in die Tiefe, nicht ohne vorher noch (ein sehr bezeichnender weiterer Zug der Erzählung!) Verwünschungen gegen die Perser auszustoßen, falls sie nicht die Herrschaft zurückgewinnen und sich an den Magiern, also vornehmlich am 'falschen' Smerdis, rächen würden. Man sieht, welche Anstrengungen die auf Dareios' eigenen Tatenbericht zurückgehende persische Tradition machte, um der Darstellung der Dinge in der Inschrift von Behistūn gerecht zu werden und die Zweifler endgültig zum Schweigen zu bringen. An den Großkönig selbst anknüpfend und auf dessen Selbstdarstellung aufbauend legte sie so den Grund zur 'Dareios-Legende', die heute noch im weit überwiegenden Teil des einschlägigen modernen Schrifttums (vgl. unten) fortwirkt.

Eine weitere von Herodot (III 68f.) mitgeteilte Geschichte ist nicht minder interessant, weil sie zeigt, daß die oben herausgestellte, auch in der Inschrift von Behistūn festgelegte Tatsache, daß der 'falsche' Smerdis-Bardiya vor seiner

---

[28] A.O. 74f. Vgl. hierzu (und zu der bei Ktesias vorliegenden Überlieferung, die hier außer Betracht bleiben kann) Dandamaev 118f.

Ermordung über ein halbes Jahr lang herrschen konnte, ohne daß jemand seine Identität mit dem wirklichen Kyrossohn bezweifelte, noch lange die Menschen im Orient beschäftigte. Wohl folgte man — zumal es gefährlich gewesen wäre, daran zu rütteln! — der offiziellen Version, aber man wollte wissen, wie es der Usurpator fertig brachte, seine Untertanen so lange zu täuschen, und man ließ dabei auch der sagenbildenden Phantasie freien Lauf. Dem persischen Großen Otanes, so lautet nun die Geschichte Herod. a.O., soll im 8. Monat der Herrschaft des Magiers Gaumāta ein erster Verdacht an der Identität des Genannten mit dem Kyrossohn Smerdis-Bardiya gekommen sein, wobei ihm vor allem auffiel, daß der König seinen Palast nie verließ und nie einem Perser von Adel gestattete, vor sein Angesicht zu treten. Otanes glaubte nun, die Wahrheit über den König von seiner Tochter Phaidyme erfahren zu können, der Witwe des Kambyses, die Gaumāta nach dessen Ableben zur Frau genommen hatte. Aber er mußte von ihr erfahren, daß sie ihren Gatten noch nie von Angesicht gesehen hatte, weil er (was freilich nicht ausdrücklich gesagt wird, sich jedoch aus dem weiteren Verlauf der Geschichte zwingend ergibt) immer nur im Finstern zu ihr kam, und daß auch Atossa, eine der anderen Frauen des Königs oder Usurpators, ihr in diesem Punkte nicht helfen konnte, weil die königlichen Frauen voneinander getrennt worden waren. Es folgt jetzt die Episode, daß Otanes die Tochter beauftragte, beim nächsten Zusammensein mit ihrem Gemahl nach dessen Ohren zu tasten. Dem Magier Smerdis habe nämlich Kambyses die Ohren eines schweren Vergehens wegen abschneiden lassen, und so könne sie daran erkennen, ob sie es mit dem Kyrossohn, als der er sich ausgab, oder mit dem 'falschen' Smerdis-Bardiya zu tun habe. Der Plan glückte. Phaidyme tastete vergeblich nach den Ohren des neben ihr liegenden Gatten, der damit als Usurpator entlarvt wurde, was dann Otanes veranlaßte, die bewußte Verschwörung (zu der Dareios nach der herodoteischen Überlieferung erst als letzter stieß!) in die Wege zu leiten.

Der 'Witz' der Geschichte, der darin liegt, daß eine sicher mündliche Überlieferung versucht, den in der Erinnerung des Volkes immer noch lebendigen Hergang der Ereignisse mit der offiziellen Version, daß der ermordete König ein anderer war als der, für den er sich selbst ausgab und für den er auch allgemein gehalten wurde, in Einklang zu bringen und die offizielle Darstellung vom Odium der Unwahrscheinlichkeit zu befreien, kann dem modernen Vertreter der Meinung, daß die besagte Darstellung der historischen Wahrheit entspricht, gar nicht aufgehen. Für uns repräsentiert sich die Geschichte als reizvolles Produkt der Volksphantasie, welch letztere auf ihre Weise mit dem bewußten Problem fertig zu werden versucht und dabei vor allem mit verschiedenen Sagenmotiven arbeitet. Da haben wir einmal das Motiv vom König, der sich ganz von der Außenwelt abschließt — es kommt bei Herodot noch einmal vor (I 99,1) und begegnet uns auch etwa im Mittelalter im Gebiet nördlich von Qazvin (der 'Alte vom Berge') und im mexikanischen Hochland (der Priesterkönig von Mitla und Quetzalcouatl als König der Tolteken). Dazu kommt das Sagenmotiv des Gatten, der sich seiner Frau nur im Finstern nähert und von ihr nicht gesehen werden darf (Amor und Psyche-Motiv, König Purūravas usf.). Populär wirkt auch die Geschichte von der Identifizierung einer unsichtbaren Person an einer körperlichen Eigenart.[29] Wem diese sozusagen echt-volkstümliche Überlieferung nicht überzeugend genug war (und solche Skeptiker mag es unter den Lesern Herodots, aber auch schon in Persien selbst viele gegeben haben), für den hatte Herodot noch eine andere, schon vorher (III 61) von ihm erzählte, wohl auch irgendwo im Osten aufgeschnappte Version zur Hand, die zwar auch ein Sagenmotiv enthält (die 'zwei Brüder'), ansonsten aber wie eine an den Haaren herbeigezogene Konstruktion wirkt, der die innere Wahrscheinlichkeit dort völlig gleichgültig war, wo es sich darum handelte, die lange unangefochtene Herrschaft eines angeblichen Schwindlers zu erklären: Es lebte in Susa als von Kambyses eingesetzter Palastverwalter der Magier Patizeithes, der nach Kambyses' Abgang nach Ägypten König werden wollte. Dieser hatte einen Bruder, der zufällig dem ermordeten Smerdis sehr ähnlich sah und — ebenso rein zufällig — noch dazu den gleichen Namen hatte, also nicht etwa Gaumāta hieß, sondern auch Smerdis. Den letzteren ließ nun Patizeithes als scheinbar echten Smerdis zum König ausrufen, und zwar mit vollem Erfolg. Der Bruder, Patizeithes, der ja eigentlich, nach dem Zeugnis Herodots (a.O.), das Königtum für sich anstrebte, verschwindet nun gleichsam in der Versenkung und tritt erst wieder auf, als er bei der Ausführung des Komplotts des Dareios bzw. des Intaphrenes und seiner Genossen (vgl. unten!) zusammen mit dem Bruder, dem falschen König, ebenfalls ums Leben kommt. Eine merkwürdige und wirklich wenig überzeugende Geschichte, die aber für uns auch von Wert ist, weil sie zeigt, daß sich das

---

[29] Die Meinung von A. Demandt (Iranica antiqua IX, 1972, 94ff.), daß sich die Geschichte von der Identifizierung des Smerdis an den fehlenden Ohren aus dem Umstand erklärt, daß auf griechischen Darstellungen des persischen Großkönigs dessen Ohren durch die Kopfbedeckung verhüllt sind, erinnert ein wenig an die Sagenrationalisierung durch die aufgeklärten Griechen beginnend mit Hekataios. Demandt will mit seinen Beobachtungen darauf hinaus, daß die Geschichte nicht persischen, sondern griechischen Ursprungs sei, wogegen jüngst F. Gschnitzer, Die sieben Perser und das Königtum des Dareios, in: Sitzungsber. Heidelb. Akad. Wiss., philos.-hist. Kl. (1977) 3. Abh., 15 Bedenken äußert. Daß Herodot in den oben behandelten Abschnitten persische Volksüberlieferung zumindest mitverarbeitete, wird allein schon durch die von ihm oder einem seiner Gewährsmänner rationalisierte Sage von der Hündin bzw. der Frau namens „Hündin" bewiesen, die den Kyrosknaben gesäugt haben soll: Der von Herodot hier (I 110, vgl. 122, 3) gebrauchte, von ihm als medisch bezeichnete Ausdruck entspricht tatsächlich dem medischen Wort für Hündin. Näheres dazu in Anm. 53 des Aufsatzes über Herodot unten S. 251ff.

Volk oder, wenn man so will, die öffentliche Meinung so schnell nicht davon überzeugen ließ, daß der Nachfolger des Kambyses sich den Namen des ermordeten Kyrossohnes bloß zugelegt hatte und in Wirklichkeit ganz anders, nämlich Gaumāta hieß; nein, er war zwar nicht der Kyrossohn, das mußte man Dareios und seiner offiziellen Historiographie wohl glauben, aber Smerdis hieß er, wie Herodot noch an einigen weiteren Stellen in seinem Bericht (III 63, 4. 67, 2) bezeugt, tatsächlich auch, und er war, das traf sich ausgezeichnet, seinem königlichen Namensvetter noch dazu zum Verwechseln ähnlich.

Noch eine dritte von Herodot überlieferte Geschichte[30] verdient unsere Aufmerksamkeit, die von Intaphrenes und seiner Hinrichtung durch Dareios. Der Genannte war einer der sieben Beteiligten an der Verschwörung gegen Smerdis und wollte, nach Herod. a.O., bald nach dem genannten Ereignis von dem Privileg Gebrauch machen, das die Mitverschworenen gegenüber dem aus ihrer Mitte genommenen König festgelegt hatten: unangemeldet zu ihm gehen zu können, wenn er nicht gerade bei seiner Frau liege. Von der Wache mit der Begründung, daß eben dies der Fall sei, zurückgewiesen, verschaffte sich Intaphrenes mit Gewalt Einlaß und verstümmelte den Wächter eigenhändig mit seinem Schwert an Ohren und Nase, worauf ihn der König zusammen mit seiner ganzen Familie verhaften ließ. Es folgt dann auch hier ein verbreitetes Sagenmotiv (wenn man es als solches bezeichnen kann): Die Gattin des Intaphrenes erbittet sich, eine ihr von Dareios gewährte Gunst ausnutzend, das Leben nicht ihres Mannes, sondern ihres Bruders, da sie zwar wieder einen Mann bekommen könne, nicht aber mehr einen Bruder, nachdem ihre Eltern bereits tot seien (vgl. weitere Beispiele für dieses Motiv bei F. Gschnitzer a.O. 30). Der historische Kern dieser Geschichte dürfte der sein, daß Intaphrenes tatsächlich mitsamt dem Großteil seiner Familie einem Blutbefehl des Dareios bald nach der Thronerhebung des letzteren zum Opfer fiel. Den Grund für solches Vorgehen des neuen Königs können wir nur aus dem Zusammenhang, wie er sich uns nun immer mehr abzeichnet, in Verbindung mit einer sogleich noch zu behandelnden Aischylosstelle, wo Intaphrenes als der Mann erscheint, der Smerdis beseitigte, erschließen: War es eine Verschwörung, an der sich Dareios, entgegen seiner eigenen Darstellung (in der allerdings Intaphrenes unter den Mitverschworenen an erster Stelle erscheint!), nur eben beteiligte, ohne einen besseren Anspruch auf den Thron zu haben wie einer der anderen, dann mußte ihm Intaphrenes mit jedem machtvollen Auftreten gefährlich erscheinen, und das mochte ihn bestimmt haben, sich seiner bei einer gerade gegebenen günstigen Gelegenheit (daß sich die Sache so abspielte, wie es bei Herodot geschildert wird, ist natürlich kaum anzunehmen) zu entledigen. Gewiß läßt sich nicht strikt beweisen, daß es so zur

---

[30] III 118f. Vgl. dazu jetzt vor allem F. Gschnitzer, Die sieben Perser und das Königtum des Dareios, 26ff.

Katastrophe des Intaphrenes kam, doch fällt es schwer, eine plausiblere Erklärung dafür zu finden, daß der Mann, dem Dareios seine Thronerhebung offenbar nicht zuletzt zu verdanken hatte (vgl. sogleich), schon bald nach der Inthronisation des letzteren mitsamt seiner Familie das erwähnte schreckliche Ende nahm.[31]

Intaphrenes begegnen wir, wie schon angedeutet, neuerlich, wenn wir uns jetzt dem Zeugnis unseres ältesten griechischen Gewährsmannes Aischylos zuwenden, dessen Bedeutung für die Klärung der hier zur Diskussion stehenden Frage, ob der 'falsche' Smerdis-Bardiya nicht vielleicht wirklich der Kyrossohn dieses Namens war, schon öfters (zuletzt von Dandamaev 119ff.) unterstrichen wurde. In seinen 472v.Chr. aufgeführten ›Persern‹ (774ff.) bietet Aischylos eine Liste der legitimen persisch-medischen Könige, in welcher als Nachfolger des Kambyses und Vorgänger des Dareios und damit als fünfter in der Reihe ein König Mardos erscheint, mit dem, wie allgemein anerkannt, niemand anderer als Bardiya-Smerdis gemeint sein kann. Die Stelle erhält ihre besondere Note noch dadurch, daß Aischylos die Königsliste just dem Schatten des Dareios in den Mund legt, dem er es natürlich schuldig war, daß er den Mardos als eine Schande für Reich und Thron bezeichnete. Das ändert aber nichts daran, daß Dareios

---

[31] Vgl. zu den obigen Ausführungen — in die gleiche Richtung gehend — schon F. W. König, Der falsche Bardija (1938), 277, und jetzt vor allem F. Gschnitzer, Die sieben Perser und das Königtum des Dareios, 28ff. Auf die von Gschnitzer in diesem Zusammenhang angeschnittene Frage, wie man bei der gegebenen Sachlage erklären kann, daß der Name des Intaphrenes auf der Inschrift von Behistūn intakt am Anfang der Namensliste der Mitverschworenen des Dareios erscheint, braucht hier nicht eingegangen zu werden. Sicher scheint mir nur dies zu sein, daß die Anbringung der Liste nicht erst in der Zeit nach dem Ende des Intaphrenes erfolgte, sondern schon vorher. Daß dann, nach der Katastrophe, der Name nicht auf Befehl des Dareios getilgt wurde, erscheint nicht unverständlich: „Eine Korrektur an der inschriftlichen Liste der Sechs wäre auf jeden Fall mißlich gewesen" (Gschnitzer a.O. 29 Anm. 32) — dies, fügen wir hinzu, um so mehr, als ja zahlreiche Abschriften der Inschrift existierten. Die von Dandamaev 75 ausgesprochene Meinung, daß die betreffende Stelle am Felsen von Behistūn nicht mehr zugänglich war und deshalb der Name des Gestürzten stehen blieb, überzeugt nicht. Zur Anbringung der Inschrift und des Reliefs war ein Gerüst nötig, das bei der später erfolgten Ergänzung der Inschrift neu angebracht wurde und das natürlich jederzeit wieder aufgerichtet werden konnte, um etwa einen Namen zu tilgen. Ein echtes Problem ist dies: Im Gegensatz zu den Felsen- und Säulenedikten des Kaisers Ashoka, zu den Annalen Thutmosis' III. in Karnak und dem Tatenbericht des Augustus vor dem Mausoleum in Rom war die Inschrift von Behistūn, so scheint es jedenfalls, praktisch kaum lesbar. Von der Heerstraße auf dem Talgrund, der damals noch tiefer als heute lag, ist selbst für scharfe Augen der Abstand zu groß, steigt man aber bis zum unteren Rand des Monuments hinauf (was bis vor einigen Jahren nicht ganz einfach war), ergeben sich durch den schiefen Winkel der Blickrichtung Schwierigkeiten für die Lesung. Wie hier einst Abhilfe geschaffen wurde, muß wohl offenbleiben.

selbst bei Aischylos den Mardos als seinen regulären Vorgänger aufführt mit der zusätzlichen Bemerkung, ihn habe „mit List" Artaphrenes im Palast ermordet — jener persische Große, der uns bei Herodot unter dem Namen Intaphrenes bereits begegnete und der auf der Inschrift von Behistūn mit ähnlichem Namen unter den Mitverschworenen des Dareios bei der Ermordung des Magiers Gaumāta an erster Stelle genannt wird.[32] Es ist klar, daß sich Aischylos diese Angaben nicht aus den Fingern gesogen haben kann, daß er hier vielmehr, soweit es sich jedenfalls um Mardos handelt, genau auf der Tradition fußt, die auszurotten sich Dareios und die persischen Hofhistoriographen bemühten, die aber in der Zeit der Perserkriege — ganz dem oben zu Herodot Gesagten entsprechend — offenbar noch so lebendig war, daß sie, wahrscheinlich über Kriegsgefangene aus der Schlacht bei Salamis, Eingang in die bewußte Tragödie des Aischylos fand. Wenn wir uns erst einmal von der Vorstellung gelöst haben, daß es an sich illegitim ist, die Selbstdarstellung eines Großen der Geschichte von anderer späterer Überlieferung her zu korrigieren (wir werden ihr bei der Behandlung des ›Monumentum Ancyranum‹ erneut begegnen!), dann können wir uns über das Gewicht, das in unserem Zusammenhang der zitierten Aischylosstelle in Verbindung mit dem zuvor Ausgeführten als Zeugnis gegen den Tatenbericht von Behistūn zukommt, keine falschen Vorstellungen mehr machen.

Und noch ein letzter Punkt in diesem Zusammenhang: Aischylos und Herodot bieten verschiedene voneinander evidenterweise unabhängige Überlieferungen, sind sich aber darin einig, daß es nicht Dareios war, der den Stein gegen Smerdis-Bardiya ins Rollen brachte, ja nach Herod. III 70 wäre, wie schon erwähnt, Dareios als letzter zu den Verschwörern gestoßen[33] und hätte erst durch ein — von ihm freilich manipuliertes — Pferdeordal, das kaum als eine Erfindung des Halikarnassiers oder eines griechischen Gewährsmannes desselben angesprochen werden kann[34], ein Anrecht auf den Thron gegenüber seinen bis

---

[32] Vgl. dazu zuletzt F. Gschnitzer, Die sieben Perser und das Königtum des Dareios, 26f. Hier auch Hinweis auf Hellanikos (FGrHist 4 F 181), der als Attentäter Daphernes nennt und damit offensichtlich Intaphrenes = Artaphrenes meint, wie schon der Scholiast zu Aischylos a.O. erkannte.

[33] K. Reinhardt, Herodots Persergeschichte, (als Nachdr.) in: W. Marg (Hrsg.), Herodot. Eine Auswahl aus der neueren Forschung (1962), 355 ff. möchte hier ein Märchenmotiv sehen: „Daß Dareios ... als letzter, siebenter zu den Verschwörern hinzukommt, hat im Märchen seine Parallelen, wenn der Held als letzter, jüngster seiner Brüder auszieht usw.". Ich sehe hier, bei aller (oben bewiesenen) Bereitschaft, 'Märchenmotive' in Herodots Logoi als solche anzuerkennen, keine Parallelen. Auch die Siebenzahl besagt hier nichts. Wir wissen schon, daß es wirklich sieben Verschwörer waren.

[34] Herod. III 85ff., dazu jetzt Dandamaev 165ff. Vgl. auch schon etwa K. Reinhardt a.O. 357, der diese und die weiteren oben behandelten Geschichten auch aus Persien in das Geschichtswerk Herodots kommen läßt, wobei er die Wurzel in „der Anschauung des

dahin gleichberechtigten Mitverschworenen gewonnen. Wer bei dieser Sachlage noch an der — angesichts dessen, daß Dareios' Vater Hystaspes noch lebte, ohnehin dubiosen — Auffassung festhält, daß Dareios in seinem Tatenbericht den mehrfach ausdrücklich herausgestellten Anspruch auf die Thronfolge zu Recht erhob und es sich letztlich nur darum handelte, daß er, Dareios, mit Hilfe einiger Getreuer diesen Anspruch einem Usurpator und einigen anderen Lügenkönigen gegenüber mit dem Schwert durchsetzte; wer also an dieser Auffassung festhält, kann dies nur von dem Standpunkt aus, daß das Selbstzeugnis eines Großkönigs jeder sonstigen Tradition gegenüber unbedingten Vorrang hat. Anerkennt man diesen Standpunkt nicht, dann liegen die Konsequenzen klar zutage: Auch in diesem Punkt weicht Dareios im Interesse seines Rufes und seiner Herrscherposition von der Wahrheit eindeutig und ganz massiv ab.[35]

Fehlt es auch, wie wir sahen, nicht an Forschern, die Dareios' Tatenbericht gegenüber kritisch eingestellt sind, so blieben sie bislang doch in der Minderzahl. Vor allem im weiten Bereich der darstellenden Werke zur Geschichte der Achaimeniden und der Griechen der archaischen und klassischen Zeit, in denen die Anfänge des persischen Großreiches mit behandelt werden, beherrscht die Gegenseite fast unumschränkt das Feld, und da muß es nun doch sehr nachdenklich stimmen, daß viele Forscher sich in der Darstellung der Machtergreifung des Dareios mit der größten Selbstverständlichkeit an den Tatenbericht von Behistūn halten und kein Wort über die Argumente der Kritiker verlieren, als würde das Problem überhaupt nicht existieren oder als würden diejenigen, die hier ein Problem sehen, es nicht verdienen, auch nur im Vorbeigehen beachtet

---

Hofadels" in Susa sucht, was — auch abgesehen von den vielen volkstümlichen Zügen der Erzählungen (vgl. das Weitere) — wenig für sich hat: Der Adel am Hof in Susa konnte schwerlich Geschichten verbreiten, in denen Dareios nicht als erbberechtigter legitimer Nachfolger des Kambyses in Erscheinung tritt, sondern als einer, der durch ein Pferdeordal, bei dem es noch dazu nicht ganz mit rechten Dingen zuging, das Zepter erhielt.

[35] Das Bemühen des Dareios, sich als legitimen Nachfolger des Kambyses und Haupt der Verschwörung gegen den „falschen" Bardiya herauszustellen, tritt schon im ersten Abschnitt des Tatenberichtes von Behistūn (I 6 ff.) deutlich hervor und ist auch in den weiteren Partien der Inschrift allenthalben zu verfolgen. Vgl. dazu (und zu der in diesem Zusammenhang nicht ganz irrelevanten Tatsache, daß die Namen der anderen Angehörigen des Komplotts erst in einem Nachtrag auf die Inschrift kamen!) jetzt K. Bringmann, Die Verfassungsdebatte bei Herodot 3, 80—82, in: Hermes 104 (1976), 278 f., sowie F. Gschnitzer, Die sieben Perser und das Königtum des Dareios, 7 und passim. Die genannten Gelehrten legen den Finger nur auf das Faktum der Diskrepanz als solcher, ohne die — uns hier besonders interessierende — Frage zu beantworten, wer nun recht hat, Dareios oder Herodot.

zu werden.³⁶ Anders zwei neuere Gelehrte, R. *Frye* und G. *Widengren*, die freilich mit ihren Versuchen, die Darstellung des Dareios von den Vorgängen, die zur Ermordung des Magiers Gaumāta führten, zu verteidigen, sehr gegen ihre Absicht gerade die Schwäche der herrschenden Meinung drastisch demonstrieren. Wie wäre nach Frye (a.O. 180ff.) das zuletzt behandelte Zeugnis des Aischylos zu entkräften? „Eigentlich nützt", so die entwaffnende Antwort des genannten Gelehrten, „diese Stelle recht wenig, da sie von einer geringen Kenntnis der tatsächlichen Verhältnisse zeugt". Gegen ähnliche frühere Versuche, Aischylos durch eine entsprechende, letztlich auf einen Zirkelschluß hinauslau-

---

³⁶ Beispiele: A. Moret, Histoire de l'Orient II (1938), 757 ff. P. J. Junge, Dareios I. König der Perser (1944), 164. G. Misch, Geschichte der Autobiographie I (³1948), 31 f. (¹1907). F. Taeger, Das Altertum. Geschichte und Gestalt der Mittelmeerwelt (⁵1953), 247. G. B. Gray und M. Cary, The Reign of Darius, in: CAH IV (1953), 173 ff. Ed. Meyer, Gesch. d. Altert. III, hrsg. von H.-E. Stier (³1954), 192 ff. U. Wilcken, Griechische Geschichte im Rahmen der Altertumsgeschichte (⁹1962), 86. F. Altheim, Propyläen Weltgeschichte, hrsg. von G. Mann und A. Heuß, Bd. 2 (1962), 163 f. W. Hinz, Darius und die Perser. Eine Kulturgeschichte der Perser (1976), 122 ff. H. Bengtson, Griechische Geschichte (⁵1977), 131 f. Vgl. auch etwa U. Kahrstedt, RE 3 A, 711, wo die Meinung der Gegenseite emotionsgeladen mit zwei Wörtern („bare Willkür") abgetan wird. Versuche einer Widerlegung der gegnerischen Auffassung bieten R. Frye, Persien, deutsch von P. Baudisch (Kindlers Kulturgeschichte, 1962), 180 ff. und G. Widengren, Über einige Probleme in der altpersischen Geschichte, in: Festschrift für L. Brandt (1968), 517 ff. (vgl. die weiteren Ausführungen im Text). Die Frage bleibt offen bei H. S. Nyberg, Das Reich der Achämeniden, in: Historia Mundi III (1954), 74 f. H. H. von der Osten, Die Welt der Perser (1956), 66 ff. und neuerdings auch bei A. Demandt, Iranica antiqua IX (1972), 95 Anm. 3. Kritisch (von den schon zitierten Forschern, welche das Problem als erste aufstechen, und M. A. Dandamaev abgesehen): K. J. Beloch, Griech. Gesch. II1 (²1914), 4 Anm. 1. A. T. Olmstead, History of the Persian Empire (1948), 92 f., 107 ff. A. R. Burn, Persia and the Greeks. The Defence of the West, c. 546 — 478 B. C. (1962), 91 ff. — Auffallend ist, daß F. W. König in seiner sehr eingehenden Untersuchung ›Der falsche Bardija‹ (Klotho 4, 1938) bei sonst keineswegs ganz unkritischer Haltung gegenüber dem Tatenbericht des Dareios (siehe 13 ff., 207 und passim) an dem oben behandelten Problem vorbeigeht. Der Grund hierfür liegt offenbar darin, daß sich der genannte Gelehrte durch die „besondere Betonung der Wahrheitsliebe" seitens des Dareios zwar nicht davon abhalten läßt, Korrekturen und Ergänzungen am Bericht von Behistūn anzubringen, andererseits aber in ihr doch praktisch einen Beweis für „subjektive Wahrhaftigkeit" der Erzählung des Dareios sieht und sich damit die Möglichkeit verbaut, die Frage, ob der 'falsche' Bardiya nicht vielleicht wirklich Bardiya war, auch nur anzuschneiden. Hier wäre ja in der Tat mit einer Unterscheidung zwischen subjektiver und objektiver Wahrheit nicht mehr weiterzukommen. — Für die Richtigkeit der traditionellen auf dem Tatenbericht von Behistūn fußenden Meinung entscheiden sich in jüngster Zeit, freilich ohne neuerliche Erörterung der Frage, K. Bringmann und F. Gschnitzer in ihren oben schon mehrfach zitierten Abhandlungen.

fende Überlegung abzuqualifizieren, wendet sich schon Dandamaev (a.O. 119f., vgl. auch Olmstead a.O. 109), indem er darauf hinweist, daß der Dichter, selbst bekanntlich Mitkämpfer bei Salamis, von der Möglichkeit, sich im Zuge der Vorarbeiten zu seiner Perser-Tragödie Informationen aus erster Hand durch Gespräche mit persischen Gefangenen zu verschaffen, sicher Gebrauch machte. Überhaupt nahm es Aischylos, wie man längst erkannt hat, in seiner frühen 'zeitgeschichtlichen' Tragödie im Rahmen einer freien dichterischen Gestaltung des Stoffes mit der historischen Wahrheit sehr ernst — man ist versucht, hinzuzufügen: jedenfalls ernster als seine Kritiker. Andere Argumente gegen die Glaubwürdigkeit des Tatenberichtes von Behistūn werden von Frye nur aufgezählt, nicht erörtert, doch muß eingeräumt werden, daß die betreffenden Argumente teilweise tatsächlich wenig Gewicht haben wie etwa dies, daß Kambyses als jedenfalls nach Herodot kinderloser Herrscher doch schwerlich seinen eigenen Bruder, den Erhalter der Dynastie, ermordet haben könne. Der Feststellung, daß Dareios mit seiner wiederholten Erklärung, alle seine Gegner innerhalb eines Jahres überwunden zu haben, die Unwahrheit sagt, hält Frye entgegen, daß sich die besagte Erklärung nur auf einen Teil der Feldzüge beziehe, was dem Text der Inschrift klar widerspricht (vgl. Dandamaev 56ff.). Wie steht es schließlich mit der Überlegung, die Frye seinerseits als ein in seinen Augen besonders starkes Argument zugunsten der herkömmlichen Auffassung ins Feld führt? Es geht um die Nachricht bei Herodot (III 88), daß Dareios außer zwei Töchtern des Kyros auch die Tochter des Smerdis-Bardiya und Enkelin des Kyros namens Parmys heiratete — nach Frye „eine recht unwahrscheinliche Handlungsweise, falls Gaumāta wirklich der echte Bardiya gewesen sein sollte". Wirklich so unwahrscheinlich? Natürlich dürfen wir uns diese Eheschließung nicht nach Art normaler ehelicher Verbindungen in unserer eigenen Kulturwelt vorstellen: Ein orientalischer Großkönig steckt eine Frau, die er auf diese Weise vielleicht gegenüber der Außenwelt isolieren und mundtot machen will, in seinen Harem, wenn auch — mit Rücksicht auf ihre königliche Abstammung und damit sozusagen auch zur eigenen Aufwertung — im Range einer legitimen Gemahlin neben anderen Frauen des gleichen Ranges. Im übrigen wäre es nicht schwer, Parallelen dafür, daß Frauen und Mädchen Männer, die ihre Ehegatten oder Väter getötet hatten, heiraten mußten, aus der sonstigen Geschichte — etwa der Zeit der frühen griechischen Kolonisation oder der Völkerwanderung — beizubringen. Bekanntestes Beispiel: Rosamunde als Gattin des Langobardenkönigs Alboin.

Außer Frye versuchte, wir wissen es bereits, neuerdings auch noch *G. Widengren*, die Kritik am Tatenbericht von Behistūn als verfehlt zu erweisen, wobei er sich, bezeichnend genug, ganz anderer, darum aber nicht besserer Argumente zur Verteidigung speziell der Aussagen des Dareios über den falschen Bardiya bediente.[37]

---

[37] G. Widengren, Festschrift für L. Brandt, 517ff., siehe bes. 520f.

Über eine ganze Kette von Vermutungen und Deutungen zu Beh. I 66 f. — eine Stelle, die bekanntlich in ihrem Sinn umstritten ist (vgl. dazu zuletzt Dandamaev 142 ff.) — sowie Herod. III 67 kommt Widengren zu dem Schluß, daß „der Magier", wäre er „der echte Bardiya gewesen ...", anders hätte handeln müssen, als er tatsächlich handelte. Die weitere Frage Widengrens, warum sich der „echte Bardiya", wenn er Perser und Achaimenide war, in eine Burg nach Medien zurückgezogen haben soll, wo seine Ermordung nach Dareios' Darstellung stattfand, um von dort aus zu residieren, kann leicht beantwortet werden: Auch die späteren Achaimenidenkönige pflegten, wie Widengren selbst weiß, die in Susa sehr heißen Zeiten des Sommers und Frühherbstes (das Attentat fand gegen Ende September 522 v. Chr. statt) im verhältnismäßig kühlen, weil hoch gelegenen Medien zu verbringen, ohne deshalb die Residenz in Susa aufzugeben.[38]

Mit diesen kritischen Bemerkungen zu Frye und Widengren, auf die wir nicht verzichten konnten, wenn wir uns nicht demselben Vorwurf aussetzen wollten, den wir den einschlägig Forschenden nicht ersparen können, die an den Argumenten der Kritiker des Berichtes von Behistūn einfach vorbeigehen, soll der Abschnitt über den Tatenbericht des Dareios seinen Abschluß finden. Kann das in ihm entworfene Bild, das ja nicht neu, aber eben doch vom Großteil der Forschung noch nicht anerkannt ist, als richtig gelten, dann heißt das nichts anderes, als daß wir hinsichtlich der Einschätzung des Tatenberichtes von Behistūn und der Wahrheitsliebe seines königlichen Schöpfers *radikal* umdenken müssen. Mit einer Unterscheidung zwischen objektivem und subjektivem Wahrheitsgehalt, wie sie etwa F. W. *König* durchführt, oder der Überlegung, daß sich im Gedächtnis des Dareios einiges verschoben hätte, ist — allein schon im Hinblick auf die kurze Zeitspanne zwischen den fraglichen Ereignissen und der Aufstellung des Berichtes — nicht durchzukommen, und die Schlußfolgerung erscheint unabweisbar, daß es hier ein Herrscher unternahm, über seinen Aufstieg zum Königsthron in wesentlichen Punkten bewußt anders zu berichten, als sich der Aufstieg tatsächlich vollzog, und damit (auch dies sicher geplant) die künftige Geschichtsschreibung in eine bestimmte Bahn zu lenken. Wir sahen, daß ihm das, aufs Ganze gesehen, gelungen ist, daß sich aber die Spuren des wahren Hergangs nicht ganz verwischen ließen.

---

[38] Vgl. dazu Herod. III 70 und Ktesias, Pers. 29 — zwei Stellen, die zeigen, daß die reguläre Residenz des Bardiya Susa war. Das sah schon Dandamaev 137. — Ein drittes Argument Widengrens ist mir unverständlich: „Zeigt nicht dieser Sachverhalt (scil. daß sich nach Beh. III 54 f. ein Perser namens Vahyazdāta auch als Bardiya ausgab), daß der Tod des echten Bardiya in weiten Kreisen unbekannt geblieben ist? ... Der Umstand, daß es noch einen zweiten, falschen Bardiya gab, zeigt doch, daß es möglich war, ohne Rechtsansprüche sich für den legitimen Sohn des Cyrus auszugeben".

In die Welt, von der wir den Ausgang nahmen, kehren wir zurück, wenn wir uns jetzt noch kurz, dem oben Angekündigten gemäß, mit Augustus' Tatenbericht, dem ›Monumentum Ancyranum‹, der übrigens schon von *Th. Mommsen* mit den Inschriften des Dareios verglichen wurde, beschäftigen.[39] Für das Weitere wäre es nicht unwichtig, über die Genesis des genannten Berichtes Sicheres zu wissen, also eine sichere Entscheidung darüber fällen zu können, ob ihn Augustus in einem Zug in seinem 76. Lebensjahr niederschrieb, wie es nach dem das Ganze abschließenden Satz in Kap. 35 ([...*cum scri*]*psi haec, annum agebam septuagensu*[*mum sextum*], vgl. dazu Kap. 4) anzunehmen sehr nahe liegt, oder ob diejenigen Neueren recht haben, die aufgrund von teilweise freilich sehr vagen Beobachtungen eine sukzessive Entstehung der Grabschrift für wahrscheinlich halten. Gleich der erste Satz des ersten Kapitels erscheint je nach der Entscheidung, die man hinsichtlich der Abfassungszeit trifft, in verschiedenem

---

[39] Die ja keineswegs neue Bezeichnung des ›Monumentum Ancyranum‹ als 'Tatenbericht' soll natürlich nicht so verstanden werden, daß wir uns damit in den alten Streit um die richtige Benennung dieser 'Königin der lateinischen Inschriften' einschalten. Soll man von 'Grabschrift' sprechen, wie es schon vor sehr langer Zeit H. Nissen und E. Bormann vorschlugen, oder mit O. Hirschfeld und anderen von 'Rechenschaftsbericht', oder wäre etwa der Ausdruck 'politisches Testament' vorzuziehen? Wie wäre es mit 'Leistungsbericht' (E. Hohl) oder mit 'Rechtfertigung der Apotheose' (U. von Wilamowitz)? Stellt man auch hier die Dinge in einen großen Zusammenhang, so wird man es am wahrscheinlichsten halten, daß Augustus bei seinem Entschluß, die Schrift zu verfassen und auf zwei Bronzepfeilern vor seinem Mausoleum der Öffentlichkeit zu präsentieren, vor allem von dem Bedürfnis geleitet wurde, sich selbst und seine Taten in das Licht zu setzen, in welchem er in aller Folgezeit erscheinen wollte. Bedenken gegen den erwähnten Streit melden sich zu Wort, wenn man etwa schon bei Th. Mommsen (HZ NF 21, 1887, 385 ff. = Histor. Schriften I, 1906, 247 ff.) auf eine Argumentation der folgenden Art stößt: Das ›Monumentum Ancyranum‹ entspricht in keiner Weise dem Schema der Inschriften im Scipionengrab und der sonstigen Inschriften auf römischen Grabdenkmälern, also ist die Schrift „eine Grabschrift nicht ...": Man kann 'Grabschrift' nicht allgemeinverbindlich definieren. Wer also darauf beharrt, daß Augustus seinen Tatenbericht als eine 'Grabschrift' anbringen ließ, die zugegebenermaßen anders als etwa die Scipionengrabinschriften, aber eben doch eine 'Grabschrift' war, weil sie schließlich am Eingang eines Grabes stand, wo ihr schon dessen Inhaber selbst einen festen Platz zuwies, kann nicht widerlegt werden. Mehr als ein Streit um Worte ist freilich die Frage nach der Berechtigung der Bezeichnung 'Rechenschaftsbericht': Wer für diese Bezeichnung plädiert, müßte zeigen können, daß sich Augustus bei der Abfassung der Schrift ganz bewußt primär von dem Wunsch leiten ließ, über das, was er in seinem Leben tat, vor der römischen Nachwelt Rechenschaft abzulegen. Daß dies tatsächlich das entscheidende Anliegen des Kaisers war, läßt sich m. E. nicht beweisen oder auch nur wahrscheinlich machen. — Einen schönen Überblick über den Stand der Titel-Diskussion in der Zeit des Beginns des Zweiten Weltkrieges gibt E. Hohl, Der Leistungsbericht des Augustus, in: Neue Jahrbücher für Antike und deutsche Bildung (1940), 136 ff.

Licht, konkret gesagt: Einem im Greisenalter stehenden Augustus wird man eher zubilligen, daß er rückblickend den Anfang seiner Laufbahn wirklich so sah, wie er es a.O. darstellt, als einem Mann, der schon in jüngeren Jahren mit der Abfassung des Tatenberichtes begann und dabei natürlich Kap. 1 als erstes niederschrieb. Einen Sachverhalt, wie wir ihn oben S. 181 ff. mit Bezug auf manche Passagen der Memoiren Napoleons und der ›Commentarien‹ Caesars glaubten wahrscheinlich machen zu können, wollen wir indessen — als Möglichkeit — in keinem Falle ganz ausschließen. Sicherheit haben wir allerdings in dem folgenden die Sache selbst betreffenden Punkt: Augustus' Angabe a.O.: *Annos undeviginti natus exercitum privato consilio et privata impensa comparavi, per quem rem publicam a dominatione factionis oppressam in libertatem vindicavi* — diese Angabe entspricht ebensowenig wie der oben S. 183 angezogene, fast gleichlautende Satz in Caesars ›Commentarien‹ über den Bürgerkrieg den wirklichen Vorgängen in Rom nach Caesars Ermordung: Dem späteren Kaiser Augustus ging es nach dem Tode des Adoptivvaters ebensowenig wie dem letzteren darum, den von der Herrschaft einer *factio* unterdrückten Staat in die Freiheit zurückzuführen, als vielmehr um die Erringung der herrschenden Stellung in Staat und Reich.

Unabhängig von der Beantwortung der Frage, wie man an der zitierten und anderen mehr oder weniger auf der gleichen Linie liegenden Stellen die persönliche Haltung des Princeps einschätzt, erscheint es evident, daß das ›Monumentum Ancyranum‹ in dem Sinne tendenziös ist, daß sein Verfasser der Versuchung nicht widerstand, sich selbst als einen Staatsmann erscheinen zu lassen, der seinesgleichen in Rom nicht hatte — weder in bezug auf Ehrungen, die ihm zuteil wurden, noch auch in bezug auf Aufwendungen, die er für das Volk aus eigener Tasche machte, noch auch hinsichtlich der von ihm errungenen politischen und militärischen Erfolge.[40] Was diese letzteren und hier insbesondere die politischen Erfolge betrifft, so wird vor allem in den Kapiteln 26 ff. klar, daß

---

[40] Die Feststellung von V. Gardthausen, Augustus und seine Zeit I 3 (1904, Nachdr. 1964), 1285: „Alles rein Persönliche tritt in dieser Staatsschrift vollständig zurück" (vgl. 1284: „Alles wird in schlichter, einfacher Weise vorgetragen, ohne Superlative ...") schlägt ganz einfach den Tatsachen ins Gesicht und kann nur mit einer Annahme erklärt werden, deren Richtigkeit sich an anderen Stellen von Gardthausens eingehender Behandlung des ›Monumentum Ancyranum‹ (a.O. 1279 ff., vgl. dazu die weiteren Anmerkungen!) bestätigt: Bei aller Nüchternheit, die Gardthausen in seinem monumentalen Werk ansonsten (beispielsweise in der Schilderung der von Octavian nach Philippi zwecks Ansiedlung der Veteranen vorgenommenen äußerst brutalen Enteignung eines Großteils der italischen Grundbesitzer) an den Tag legt, ist er zu den Forschern zu zählen, die am Selbstzeugnis des Augustus nicht rühren lassen und blind werden, wenn es gilt, den Tatenbericht des Princeps gegen eine von ihnen als schmählich empfundene Kritik zu verteidigen. Vgl. dazu auch die Ausführungen unten S. 204 mit Anm. 41.

Augustus bestrebt war, bei den Lesern den — unrichtigen — Eindruck zu erwecken, daß es ihm endlich gelungen war, den römischen Weltherrschaftsanspruch zu realisieren und die bislang noch außerhalb des Imperium Romanum stehenden Völkerschaften in den fernen Randgebieten der Ökumene, die auch noch einem Pompeius und einem Caesar unerreichbar waren, dahin zu bringen, daß sie die Freundschaft mit Rom suchten und sich damit in die große Völkerfamilie des Reiches eingliederten und ihn selbst, Augustus, als ihren Herrn, Protektor und Wohltäter anerkannten. Es kann nicht verwundern, daß Ereignisse, die in diesem Bild keinen Platz hatten, angefangen bei der Katastrophe im Teutoburger Wald mit ihren für Rom verheerenden Folgen, keine Erwähnung fanden, daß ferner Augustus nicht zögerte, einzelne militärische Erfolge, die tatsächlich nicht er, sondern andere errungen hatten, sich selbst zuzuschreiben.[41]

Ist bei der Lektüre solcher Abschnitte des ›Monumentum Ancyranum‹ der Eindruck bereits unabweislich, daß Augustus der Grenze ganz nahe kam, wo tendenziöse Darstellung zur Verfälschung der geschichtlichen Vorgänge wird[42],

---

[41] Vgl. dazu bes. die Feststellung Kap. 2, daß er die Caesarmörder *bis acie* (bei Philippi) besiegte. Daß Augustus den Marcus Antonius weder hier noch sonst irgendwo nennt, kann man verstehen und nachvollziehen, aber doch nur dann, wenn man das ›Monumentum Ancyranum‹ als das betrachtet, was es ist: eine Tendenzschrift, in der es quasi legitim erscheint, Fakten bzw. Vorgänge zu verschweigen, die in objektiven historischen Berichten natürlich nicht fehlen durften. Vgl. demgegenüber V. Gardthausen a.O. 1286: „... was er von diesen Kämpfen (scil. den Kämpfen um die Macht) berichtet, ist richtig". Dazu, abschwächend, im nächsten Absatz: „Er sagt dabei die Wahrheit, wenn auch nicht die ganze Wahrheit." Das Verschweigen der Namen seiner Gegner in den Bürgerkriegen erklärt Gardthausen etwas weiter oben geradezu theatralisch so: „Wie der olympische Zeus den Blick wegwendet von den Titanen, die vor den Stufen seines goldenen Thrones von seinen Blitzen getroffen wurden, so erinnert sich auch der Kaiser nur ungern noch der Feinde seiner Jugend, die sich seiner Herrschaft oder Alleinherrschaft widersetzten." Einen anderen Versuch, den zuletzt erwähnten Sachverhalt zu klären, bietet G. Misch, der hinsichtlich apologetischer Neigungen gegenüber dem ›Mon. Anc.‹ von keinem seiner Vorgänger und Nachfolger übertroffen wird, siehe sein Werk ›Geschichte der Autobiographie‹ (I, 162): Augustus spricht von den anderen damals politisch tätigen Römern, zumal seinen Feinden, immer nur — ohne Nennung von Namen — „in allgemein gehaltenen, aber entschiedenen Wendungen, die von den jeweiligen politischen Situationen das allein sichtbar machen, was für die endgiltige Gestaltung der Dinge wesentlich ist, so daß die Sache des Vaterlandes immer vor Augen steht".

[42] Vgl. schon Th. Mommsen, Histor. Schriften a.O. 257: „Verschweigen eines Mißerfolges ist begreiflich, Ableugnung desselben nicht." Mommsen bezieht sich damit auf die Tatsache, daß Augustus einerseits nichts von der Katastrophe im Teutoburger Wald schreibt, andererseits aber ausdrücklich sagt (Kap. 26): ... *Germaniam ... ad ostium Albis flumin[is, pacavi ...]* (Ergänzung hier durch den griechischen Paralleltext gesichert). Doch dann stellt Mommsen die Frage: „Ist es aber so sicher, daß die varianische Katastro-

so läßt sich nicht leugnen, daß an anderen Stellen diese Grenze eindeutig überschritten wurde. Zwei Angaben in den Kapiteln 3 und 6 sowie — last not least — die viel behandelte Aussage des Augustus über die von ihm seit Mitte Januar 27 v. Chr. bekleidete Stellung im Kapitel 34 sollen unter diesem Gesichtspunkt im folgenden behandelt werden.

An der ersten der genannten Stellen geht es um die Feststellung des Princeps, daß er in den von ihm geführten Kriegen allen römischen Bürgern, die um Gnade baten, Schonung zuteil werden ließ: *[B]ella terra et mari c[ivilia ex]ternaque toto in orbe terrarum s[aepe gessi] victorque omnibus v[eniam petentib]us civibus peperci.* Wenn es auch, soweit ich sehe, nirgends unter den in dieser Abhandlung zum Tragen kommenden Gesichtspunkten ausdrücklich herausgestellt wird, so bestreitet es auf der anderen Seite doch auch niemand, daß die zitierte Aussage des Princeps der historischen Wirklichkeit schlechterdings nicht entspricht. Wir wissen es aus einer reichen historiographischen Tradition, die hier nicht erneut aufgeführt werden muß, daß Octavian zwar den römischen Bürgern, die im letzten Bürgerkrieg auf der Seite des Antonius standen, Schonung widerfahren ließ (von Ausnahmen freilich abgesehen!), sich aber bei früheren Gelegenheiten ganz anders verhielt und insbesondere nach der Schlacht bei Philippi, nach der Kapitulation von Perusia und nach dem Seesieg von Naulochos gegen Mitbürger, die in seine Gewalt gerieten, mit schonungsloser Härte vorging, wenn ihn nicht, wie im Falle des L. Antonius, realpolitische Erwägungen daran hinderten. Die Feststellung von *V. Gardthausen*, daß Mitteilungen wie die, Augustus habe allen besiegten Feinden verziehen, „fables convenues" seien, „an die beide Teile sich längst gewöhnt hatten"[43], kann die hier vorliegende klare Diskrepanz zwischen Tatenbericht und dem, was sich wirklich zutrug, weder abschwächen noch gar beseitigen.

phe bereits eingetreten war, als Augustus diese Worte schrieb?" Er gab damit den Auftakt zu einer langen Diskussion, in der wiederholt gerade die zitierte Stelle als ein Argument für die sukzessive Entstehung des › Monumentum Ancyranum ‹ (allerdings auch als Gegenargument!) herangezogen wurde. Nun ist klar, daß diese Diskussion, soweit sie jedenfalls die angezogene Stelle betrifft, auf der Voraussetzung basiert, daß Augustus im › Monumentum Ancyranum ‹ nicht nur immer die Wahrheit sagte, sondern es sogar sorgfältig vermied, beim Leser auch nur den Anschein zu erwecken, irgend etwas vertuscht oder so dargestellt zu haben, daß es auf Beschönigung der tatsächlichen Vorgänge hinauslief.

[43] Augustus und seine Zeit I 3, 1287, vgl. dazu die oben S. 172 zitierte Bemerkung von M. Gelzer, „an solche Zahlen in Siegesberichten" (es geht um die Helvetierzahlen!) seien die Römer gewöhnt gewesen. Im Hinblick auf die (seit Wieland!) unausrottbare, rein schon vom psychologischen Standpunkt aus gesehen absurde Vorstellung, der einst grausame Octavian hätte im Laufe der Jahre charakterlich eine totale Wandlung durchgemacht, ist es nicht unwichtig, hier festzuhalten, daß Akte äußerster Grausamkeit, denen sogar sein eigener Urenkel von der jüngeren Iulia, kaum geboren, zum Opfer fiel, noch für die letzte

Die zweite hier zu betrachtende Stelle, Mon. Anc. 6, handelt von der *cura legum et morum* des Princeps. Es ist bekannt, daß es *Mommsen* in seiner Ausgabe von 1883 mit Hilfe eines Fragments aus Apollonia gelang, den griechischen Text der in der lateinischen Fassung sehr schlecht erhaltenen Stelle so weit zu rekonstruieren, daß an ihrem Inhalt kein Zweifel bestehen kann. Der Princeps teilt uns hier mit, daß ihm dreimal (19v.Chr., 18v.Chr. und 11v.Chr.) das Amt eines alleinigen *curator legum et morum summa potestate* ([με]γίστηι [ἐξ]ουσ[ίαι]) vom Senat und Volk angeboten worden sei, er jedoch kein gegen den *mos maiorum* verstoßendes Amt angenommen habe, sondern das, was der Senat in diesem Zusammenhang von ihm erwartete, kraft seiner *tribunicia potestas* durchgeführt habe. Diesem Bericht des Princeps widersprechen — auch hier muß ich Bekanntes wiederholen — Angaben des Sueton (Aug. 27, 5) und des Cassius Dio (LIV 10, 5, vgl. 30, 1), nach denen Augustus besagtes Angebot nicht ausschlug, sondern annahm. Es war *A. von Premerstein*, der in seinem oben Anm. 21 zitierten Werk ›Vom Werden und Wesen des Prinzipats‹ aus dem Gefühl heraus, daß es zu einfach sei, die hier gegebene Crux mit dem Großteil der sonstigen Forschung auf die Weise zu lösen, daß man die Zeugnisse der genannten Historiker (die sich nach Lage der Dinge nicht auf eines reduzieren lassen) als falsch und Augustus' eigene Aussage als richtig bezeichnet, den Versuch machte, die Diskrepanz als nur scheinbar bestehend zu erweisen (a.O. 149ff.): Augustus behaupte gar nicht, „daß er die *cura legum et morum* als solche ablehnte, sondern nur, daß er die gegen den *mos maiorum* verstoßende neuartige Magistratur ... eines *curator legum et morum maxima potestate* ... *ohne Kollegen* zurückgewiesen habe" (Sperrungen von Premerstein). Aber entgegen dem, was Premerstein nun erwarten müßte, sagt Augustus nicht, daß er die *cura legum et morum* zwar als außerordentliches Amt *sine collega* abgelehnt, als reguläres Amt mit einem gleichberechtigten Kollegen jedoch angenommen habe, er stellt vielmehr ausdrücklich fest, die Dinge, die er im Rahmen der — von ihm abgelehnten — *cura* durchführen sollte, kraft seiner *tribunicia potestas* durchgeführt zu haben.

Wenn also Premersteins Versuch, die hier vorliegende Schwierigkeit als tatsächlich gar nicht existierend, als ein Scheinproblem zu erweisen, nicht überzeu-

Lebenszeit des Princeps bezeugt sind. Nicht Augustus und sein Charakter haben sich gewandelt, sondern die Verhältnisse! — Gegenstandslos ist im gegebenen wie in allen weiteren Fällen die Frage, ob sich Augustus an die historische Wahrheit hielt, für G. Misch, der in seiner — W. Dilthey gewidmeten — ›Geschichte der Autobiographie‹ (I, 162) dem ›Monumentum Ancyranum‹ eine „Wahrheit" zuspricht, die „nicht historisch in dem Sinne (ist), daß die Dinge so wie sie gewesen und geworden sind wiedergegeben werden...". Aber die Frage, ob die Angaben im Kap. 34, auf die wir noch zu sprechen kommen, den tatsächlichen Vorgängen im Januar 27v.Chr. entsprechen oder nicht, ist ihm dann doch keineswegs gleichgültig (a.O. 169 Anm. 1)!

gen kann, so erhebt sich gleich die Frage, ob das *eo ipso* eine Rückkehr zu der von Premerstein abgelehnten Auffassung bedeutet, daß die Angabe Mon. Anc. a.O. zutreffend und die gegenteilige Aussage der genannten Historiker falsch ist. Was läßt sich für sie ins Feld führen außer jener uns schon bekannten Überlegung, die kein Argument ist, sondern ein Bekenntnis, daß nämlich an Augustus' eigenen Aussagen nicht gerührt werden darf? Etwa dies, daß es sich der Princeps nicht hätte leisten können, in solcher Weise in aller Öffentlichkeit von der Wahrheit abzuweichen?[44] Wir wissen schon, daß Verfasser von Denkwürdigkeiten und Tatenberichten auf diesem Gebiet nie kleinlich waren[45], und was Augustus selbst betrifft, so war das Risiko, wegen der oben behandelten, die angebliche Schonung der um Gnade bittenden Mitbürger betreffenden Angabe oder auch wegen jener schon in anderem Zusammenhang (S. 176 ff.) behandelten unrichtigen Mitteilung, daß sich Cornelius Cossus auf einer Weihinschrift als Consul bezeichnete, der Unwahrheit geziehen zu werden, auf jeden Fall größer als das Risiko, das er nun hier einging. An die Hinrichtungen und Morde in den Zeiten der Bürgerkriege konnten sich um 14 n. Chr. sicher noch viele, von den noch lebenden Söhnen und Enkeln der Opfer ganz abgesehen, erinnern; wer aber fand sich damals außer einigen alten Senatoren und sonstigen Rechtskundigen noch im Dickicht der Ämter und Würden zurecht, die der Princeps zu seinen Lebzeiten irgendwann erhalten oder auch nur angeboten bekommen, jedoch nicht angenommen hatte? Über die Opfer des Naziregimes weiß man noch heute Bescheid; über die rechtlichen Grundlagen der Stellung Hitlers und dessen diverse Funktionen Richtiges auszusagen, wäre wohl schon 1945, ja bereits zu Lebzeiten Hitlers, den meisten Deutschen einigermaßen schwergefallen. Die Überlegung, daß es sich Augustus nicht leisten konnte, in seiner Grabschrift von der Wahrheit abzuweichen, hat also keine Durchschlagskraft und hätte eine solche auch dann nicht, wenn wir nicht schon wüßten, daß sich Augustus ein solches Verhalten effektiv leistete.[46]

[44] In diese Richtung gehend W. Weber, Prinzeps. Studien zur Geschichte des Augustus I (1936), 164 des Anmerkungsteiles: „Andererseits wird man Augustus, der für die Öffentlichkeit schrieb, nicht verdächtigen wollen, er habe gelogen."

[45] Das gilt, unter dem Strich bemerkt, auch noch von den Memoirenschreibern der Gegenwart. Beispiel: einige von Feldmarschall Montgomery in seinem Werk ›Forward to Victory‹ (1948, vgl. auch ›Memoirs‹, 1958) gemachte Feststellungen wie etwa die, daß seine 10. Panzerdivision vor der Schlacht bei El Alamein Anfang November 1942 einen Vorstoß in das deutsche Abwehrsystem unternommen habe, der erfolgreich gewesen sein soll. Auch die von Montgomery genannten Zahlen hinsichtlich der Verluste der Deutschen und Italiener in der nachfolgenden Schlacht bei El Alamein dürften einer kritischen Überprüfung kaum standhalten.

[46] Das moderne Beispiel Hitler ist natürlich nur eines unter vielen. Die 'Säuberungen', die Stalin 1937/38 in der sowjetischen Armee vornehmen ließ, sind wahrscheinlich noch

Den Ausschlag zugunsten der hier nun vertretenen These, daß in Sachen der *cura legum et morum* die historische Wahrheit vielleicht doch nicht bei Augustus, sondern bei Sueton und Cassius Dio liegt, gibt m. E. der Umstand, daß man weder bei Sueton, der übrigens das ›Monumentum Ancyranum‹ genau kannte und als Quelle benutzte und im gegebenen Fall offensichtlich stillschweigend korrigierte, noch auch bei Cassius Dio einen Grund dafür erkennen kann, daß sie hier übereinstimmend unrichtig berichteten, daß aber andererseits ein Motiv für Abweichung von der historischen Wahrheit bei Augustus sehr wohl zu finden ist. Es liegt darin, daß dem Princeps sehr, ja entscheidend daran gelegen war, als Erneuerer der alten *res publica* in Erscheinung zu treten, der — als idealer Staatsführer im Sinne von Cicero und der hellenistischen Staatstheorie[47] — nur kraft seines persönlichen Ansehens alle anderen überragte und nicht aufgrund von Ämtern und Vollmachten, die den Rahmen der wiederhergestellten alten *res publica* sprengten und ihm auch im Rechtssinne so etwas wie eine monarchische Stellung verliehen. Zu einer Sicherheit wird man in diesem Punkt wohl kaum gelangen können, aber es geht eben doch nicht an, von den zur Erklärung der behandelten Diskrepanz der Überlieferung gegebenen Möglichkeiten die hier angepeilte einfach außer Betracht zu lassen, anstatt sie in ernsthafte Erwägung zu ziehen.

Die Ausführungen zu Mon. Anc. Kap. 6 führen uns von selbst zu dem dritten der drei oben genannten Abschnitte des ›Monumentum Ancyranum‹, die in diesem Zusammenhang zu besprechen sind, zu Kap. 34, 3 — ein Passus des Tatenberichtes des Augustus, der wie kein anderer des ganzen Berichtes die Aufmerksamkeit der modernen Forschung seit vielen Jahrzehnten auf sich zieht,

heute vielen Sowjetbürgern in Erinnerung; dagegen hätten sich die letzteren in der Beantwortung der Frage nach den von Stalin bekleideten oder auch nicht bekleideten Ämtern und Würden schon um 1950, zwei Jahre vor Stalins Tod, um so schwerer getan, als Stalin den Titel, der mit seinem wichtigsten Amt verbunden war, schon 16 Jahre zuvor stillschweigend abgelegt hatte, ohne das Amt selbst damit aufzugeben (vgl. unten Anm. 55), womit er offenbar bewußt Unsicherheit hinsichtlich der rechtlichen Grundlagen seiner Machtposition schuf. Was Augustus betrifft, so ist eine von Cassius Dio (LIV 3) beschriebene Szene während des Prozesses gegen M. Ant. Primus 23 v. Chr. sehr instruktiv: Auf die Frage des Verteidigers des Angeklagten, Terentius Varro Murena, wer ihn eingeladen habe, in die Verhandlung zu kommen (und sich in diese offensichtlich aktiv einzuschalten), führte Augustus nicht eine aus seiner Stellung abzuleitende amtliche Legitimation ins Feld, sondern — „das Staatswohl" (τὸ δημόσιον).

[47] Zu der Frage, inwieweit die Vorstellungen Ciceros vom Idealstaat und idealen Staatsführer auf Augustus und die Gestaltung des Prinzipates einen Einfluß hatten, vgl. jetzt J. Béranger, Cicéron Précurseur politique, in: Principatus. Études de Notions et d'Histoire politiques dans l'Antiquité gréco-romaine (Université de Lausanne, Publications de la Faculté des Lettres 20, 1975), 117ff.

und zwar nicht zuletzt deshalb, weil man glaubt, von ihm ausgehen zu müssen, wenn es sich darum handelt, die Frage nach den rechtlichen Grundlagen der Herrscherstellung des Augustus und des Prinzipates überhaupt zu klären oder aber, weil man im Banne der Vorstellung steht, daß kein Ergebnis auf diesem Gebiet ein Recht auf Anerkennung hat, das nicht jedenfalls mit der Stelle Mon. Anc. a.O. in Einklang steht. Die Frage hier *in extenso* zu erörtern, kann unmöglich unsere Aufgabe sein, wollten wir nicht ein neues Buch darüber schreiben, vielmehr müssen wir uns in der Hauptsache darauf beschränken, das Problem unter den in dieser Arbeit gewonnenen Gesichtspunkten zu umreißen, nicht ohne damit freilich die Absicht zu verbinden, im Zuge unserer Überlegungen zu einer Auffassung vom Prinzipat und seinen rechtlichen Grundlagen zu kommen, die den tatsächlichen Verhältnissen näher steht als die Theorien und Hypothesen, die bisher im neueren Schrifttum in großer Zahl und in den verschiedensten Varianten in dieser Sache vertreten wurden.

Auf jene Senatssitzung, die am 13. Januar 27 v. Chr. stattfand, sich beziehend, tut Augustus seinen Lesern kund: ... *rem publicam ex mea potestate in senat[us populique Rom]ani [a]rbitrium transtuli* und schließt nach Aufzählung der Ehren, die ihm dafür durch Senatsbeschluß zuteil wurden, mit den bekannten Worten: *Post id tem[pus a]uctoritate [omnibus praestiti, potest]atis au[tem n]ihilo ampliu[s habu]i quam cet[eri, qui m]ihi quoque in ma[gis]tra[t]u conlegae f[uerunt]*. Der Sinn der zitierten Sätze ist, aufs Ganze gesehen, klar: Augustus will sagen, daß er die Herrschaft im Staate, die er bis dahin, d. h. bis zum 13. Januar 27 v. Chr., mit unumschränkter Machtvollkommenheit in seinen Händen hatte, nun dem Senat und Volk zurückgab und in der Folgezeit zwar noch reguläre Ämter bekleidete, jedoch in bezug auf *potestas* denen, die neben ihm als Magistrate fungierten, gleichgestellt war und lediglich an *auctoritas* alle überragte.[48]

---

[48] Seit der Entdeckung, daß an die Stelle der Mommsenschen Ergänzung *dignitate* ein *auctoritate* zu setzen ist, sind bekanntlich zahlreiche Untersuchungen darüber, was hier unter *auctoritas* zu verstehen sei, herausgekommen, angefangen bei einem berühmten Aufsatz von R. Heinze, in welchem der weiteren Diskussion auch schon die Richtung gewiesen wurde: Hier lag ein typisch römischer oder gar, wie es gelegentlich auch formuliert wurde, 'urrömischer' Begriff vor, dessen genauen Inhalt es von dieser Grunderkenntnis aus zu eruieren galt. Dabei läßt die Stelle Mon. Anc. a.O. doch deutlich genug erkennen, daß *auctoritas* hier im Grunde wirklich nicht viel anderes beinhaltet als die bei uns gebräuchlichen Wörter 'Autorität' und 'Ansehen': Weil er bei allen Mitbürgern eine besondere Autorität genoß, lag die Regierung praktisch in seinen Händen, unbeschadet dessen, daß seine rechtlichen Befugnisse nicht größer waren als die der Amtskollegen. Neueste Behandlung des Problems der *auctoritas* im › Mon. Anc. ‹: W. Hoben, Caesar-Nachfolge und Caesar-Abkehr in den Res gestae divi Augusti, in: Gymnasium 85 (1978), 1 ff., siehe bes. 7 ff.

An diesem Passus des ›Monumentum Ancyranum‹ wäre kein Anstoß zu nehmen, gäbe es nicht eine Überlieferung, die zwar bestätigt, daß Octavian an dem genannten Tag seinen Entschluß, zu 'demissionieren', bekannt gab, die jedoch in ihren weiteren Angaben mit Mon. Anc. a.O. nicht zu vereinbaren ist: Stellt es Augustus so dar, als ob der Senat die Demission annahm und er nun zwar nicht ins Privatleben zurückkehrte, sich aber künftig mit der Stellung eines gewöhnlichen Magistrates nach guten republikanischen Vorbildern zufriedengab, so lesen wir in der historiographischen Tradition, daß die Senatoren von dem Entschluß des Princeps nichts wissen wollten (jedenfalls so taten, als ob sie davon nichts wissen wollten) und Octavian schließlich bestimmten, die Alleinherrschaft weiter auszuüben. Vor allem ist es bekanntlich Cassius Dio, der uns im 53. Buch seines Geschichtswerkes einen ausführlichen, in diese Richtung gehenden Bericht über die besagten Vorgänge bietet.

Der Bericht beginnt (LIII 2, 6) mit der Feststellung, daß es — in der fraglichen Zeit, also etwa um die Wende von 28 auf 27 v. Chr. — ein besonderes Anliegen Octavians gewesen sei, die μοναρχία durch die freiwillige Zustimmung der Menschen zu festigen und auch den bloßen Schein zu vermeiden, daß er sie, die Römer, wider ihren Willen unter seine Herrschaft gebracht hätte. Aus solchen Überlegungen heraus entschloß sich Octavian, in der Sitzung des Senates vom 13. Januar 27 v. Chr. in längerer Rede seinen Entschluß, die Herrschaft niederzulegen, bekanntzugeben, mit einem Effekt, der nach Cassius Dio von dem Genannten eingeplant und erhofft war: Die Senatoren bestürmten ihn, weiterhin μοναρχεῖσθαι, und Octavian stimmte zu (a.O. 11, 4f.), und so wurde die ἡγεμονία des Octavian (und nunmehrigen Augustus) vom Senat und auch vom Volk förmlich bestätigt (a.O. 12, 1). Cassius Dio sagt es im nächsten Satz ausdrücklich, daß der Princeps, wenn auch erst, wie selbstverständlich, nach einigem Zögern und Sträuben, τὴν μὲν φροντίδα τήν τε προστασίαν τῶν κοινῶν πᾶσαν ὡς καὶ ἐπιμελείας τινὸς δεομένων ὑπεδέξατο. Von den Provinzen wollte er freilich nur einen Teil behalten, während er die übrigen dem Senat „zurückgab" (a.O. 12, 2). Um jeden Verdacht, daß sein Sinn ganz auf Alleinherrschaft ausgerichtet war, zu vermeiden, kündigte er an, die betreffenden Provinzen nur für zehn Jahre behalten und sie noch früher abgeben zu wollen, falls es ihm gelänge, die Verhältnisse in kürzerer Zeit zu regeln (a.O. 13, 1). Er bestellte dann sogleich die neuen Provinzialstatthalter, freilich nicht nur, wie man nun vielleicht meinen könnte, für die „kaiserlichen", sondern auch für die „senatorischen" Provinzen (a.O. 13, 2) — ein Vorgehen, das er offensichtlich aus der ἡγεμονία und αὐτοκράτωρ προστασία ableitete, die ihm weiterhin oder, was praktisch auf dasselbe hinauslief, erneut eignete (und die übrigens allein schon die Fragwürdigkeit der alten Mommsenschen Hypothese von einer „Dyarchie" Princeps-Senat erkennen läßt).

Ein Problem, das uns freilich nur am Rande interessieren kann, ergibt sich aus der angezogenen Stelle Dio a.O. 13, 1. Ihr Wortlaut legt die Annahme nahe, daß die Befristung der *potestas* vom Januar 27 v. Chr. nur auf die Verwaltung der kaiserlichen Provinzen, nicht allgemein auf die — mit Mommsen wohl doch am besten mit „Principat" wiederzugebende — αὐτοκράτωρ ἡγεμονία Bezug hat. Der Umstand, daß Dio selbst an der Stelle, wo er von der ersten und zweiten Verlängerung der Zehnjahresfrist spricht (LIV 12, 13 ff.), nur allgemein die προστασία und αὐτοκράτωρ ἡγεμονία erwähnt, führte A. von Premerstein (Vom Werden und Wesen des Prinzipats, 121 f.) zu der Annahme, daß tatsächlich die ganze Gewalt zeitlich begrenzt und dann Gegenstand der Prolongierungen war, wogegen freilich schon *H. Siber* in seiner als eigene umfangreiche Abhandlung erschienenen Auseinandersetzung mit von Premerstein Stellung nahm.[49] Den Ausschlag zugunsten von Siber gibt m.E. eine Angabe bei Strabon (XVII p. 840 C), die für uns als Zeugnis eines zeitgenössischen Historikers und Geographen neben der Darstellung des Cassius Dio im ganzen hier gegebenen Zusammenhang von Gewicht ist, und, das sei hier schon vermerkt, die Annahme, daß an Dios behandeltem Bericht zwar die Sache mit der Teilung der Provinzen zutrifft, die Angaben über Hegemonie und Prostasie jedoch als spätere Erfindungen gelten müssen,[50] von vornherein ausschließt: ἐπειδὴ γὰρ (der Bericht Strabons bezieht sich auf die Vorgänge im Januar 27 v. Chr.) ἡ πατρὶς ἐπέτρεψεν αὐτῷ (scil. Octavian) τὴν προστασίαν τῆς ἡγεμονίας καὶ πολέμου καὶ εἰρήνης κατέστη κύριος διὰ βίου, δίχα διεῖλε πᾶσαν τὴν χώραν καὶ τὴν μὲν ἐπέδειξεν ἑαυτῷ, τὴν δὲ τῷ δήμῳ... .[51] Wenn

[49] H. Siber, Das Führeramt des Augustus (Abh. Sächs. Akad. Wiss., phil.-hist. Kl. 44, 1940), 23 f.

[50] In diese Richtung gehen die Forscher, welche, ohne jede stichhaltige Begründung, Cassius Dio unterstellen, er habe die Verhältnisse der eigenen severischen Zeit auf die des frühen Prinzipats zurückprojiziert und die letzteren damit verfälscht. Ein Beispiel: J. P. V. D. Balsdon, Gnomon 33 (1961), 394.

[51] Vgl. zu der Stelle jetzt bes. auch P. Sattler, Augustus und der Senat. Untersuchungen zur römischen Innenpolitik zwischen 30 und 17 v. Chr. (1960), 46. Die von Sattler im Anschluß an W. Kolbe gegen Th. Mommsen verfochtene These, das dem Princeps zuerkannte Verfügungsrecht über Krieg und Frieden habe nur für die kaiserlichen Provinzen gegolten, hat den Wortlaut Strabons gegen sich und führt zu unhaltbaren Konsequenzen: Es soll, was Sattler natürlich nicht bestreitet, vorgesehen gewesen sein, daß auch diese Provinzen nach einer Zehnjahresfrist vom Princeps dem Senat übergeben werden, und gleichzeitig sollte Octavian das Verfügungsrecht über Krieg und Frieden für eben die genannten Provinzen auf Lebenszeit zuerkannt worden sein? Diese Bedenken und das Zeugnis Strabons (nebst Cassius Dio LIV 3, vgl. unten) können durch Sattlers Hinweis auf eine Sueton-Stelle (Aug. 29, 2) nicht aufgewogen werden, die uns darüber informiert, daß Augustus nach der Fertigstellung des Marstempels (25 Jahre nach den uns hier interessierenden Ereignissen) festlegte, *ut de bellis triumphisque hic consuleretur.* Indem Sattler diese Stelle gegen Strabon a.O. ins Feld führt, korrigiert er sie gleichzeitig stillschweigend. Sueton

man danach die besagte Kontroverse also wohl im Sinne der Annahme entscheiden muß, daß die Zehnjahresfrist nur auf die Verwaltung der kaiserlichen Provinzen Bezug hatte und der Prinzipat bzw. dessen Verlängerung 27 v. Chr. von Senat und Volk auf Lebenszeit ausgesprochen wurde, so kann man auf der anderen Seite nicht übersehen, daß diesem Problem, unter rein politischen Gesichtspunkten betrachtet, keine wirkliche Bedeutung zukommt. Das wird einem spätestens klar bei der Stelle Dio LIV 12, 3 ff., welche uns darüber ins Bild setzt, daß Augustus als Princeps nicht davor zurückscheute, die bewußten Prolongierungen der Zehnjahresfrist aus eigener Machtvollkommenheit selbst vorzunehmen, ohne Senat und Volk damit auch nur der Form halber erneut zu befassen. Daß man dieses Verhalten übrigens auch besser verstehen kann bei der Annahme, daß die Befristung bzw. Prolongierung nicht den Prinzipat allgemein, sondern nur die Verwaltung der kaiserlichen Provinzen betraf, liegt auf der Hand. Es wäre andernfalls auf eine juristische Absurdität hinausgelaufen.

Mit den obigen Ausführungen im Anschluß an die Berichte des Cassius Dio und des Strabon über die Grundlegung des Prinzipats im Januar 27 v. Chr. ist indirekt auch schon die Frage beantwortet, worum es sich bei der in der genannten Zeit von Senat und Volk dem Octavian und nunmehrigen Augustus zuerkannten αὐτοκράτωρ ἡγεμονία konkret handelte. Es war keine — vom Senat damals neu erdachte — *cura et tutela rei publicae*, wie es von Premerstein sehen möchte[52], sondern ganz einfach die Gewalt, die er am 13. Januar 27 v. Chr. nie-

spricht ja nicht von Kriegen, die nur die senatorischen Provinzen betreffen, wie es Sattler und die anderen in diese Richtung gehenden Gelehrten annehmen müßten. Die Stelle besagt wohl nur, daß Augustus Fragen wie die, ob ein Krieg geführt werden solle oder nicht, im Senat erörtern ließ, ehe er selbst die Entscheidung fällte bzw. ein vorher gefaßtes Senatusconsultum als Princeps sanktionierte. Schwer zu verstehen ist, wie Sattler (a.O.) auf den Gedanken kommen konnte, den Fall des M. Ant. Primus, der 23 v. Chr. als Statthalter der senatorischen Provinz Macedonia offenbar ohne ausdrücklichen Befehl des Augustus einen Krieg gegen die Odrysen führte und eben dafür vor einem Gericht zur Rechenschaft gezogen wurde (Cassius Dio LIV 3), zugunsten seiner Ansicht ins Feld zu führen. Hier bestätigt sich im Gegenteil, daß Augustus den Standpunkt vertrat, daß auch die Statthalter senatorischer Provinzen nur mit seiner ausdrücklichen Genehmigung berechtigt waren, Kriege zu führen. Weil sich M. Ant. Primus auf keinen kaiserlichen Befehl berufen konnte, wurde er angeklagt und verurteilt (vgl. dazu oben Anm. 46).

[52] A. von Premerstein, Vom Werden und Wesen des Prinzipats, 120 ff. Soweit ich sehe, wurde diese These von Premersteins in den zahlreichen Rezensionen, die sich mit dem Werk beschäftigen, allgemein zugunsten der Meinung, daß es sich um ein proconsularisches Imperium (in Verbindung mit dem Konsulat) handelte, abgelehnt, während allerdings die zweite Hauptthese von Premersteins, daß die soziologische Grundlage des Prinzipats im Gefolgschaftseid, den sich Octavian 32 v. Chr. von der Bevölkerung des von ihm beherrschten Reichsteiles schwören ließ, zu suchen sei, viel Anklang fand. Vgl. hierzu

derlegte, um sie — mit der Einschränkung, daß er von sich aus einen Teil der Provinzen aus seiner direkten Verwaltung in die des Senates überleitete — gleich wieder zu übernehmen, wie das zweifellos von ihm von vornherein beabsichtigt und mit Männern seines Vertrauens auch schon abgesprochen war. Diesen letzteren Sachverhalt, für den sich aus der politischen Geschichte bis herauf in unsere Zeit (Stalin, Nasser u. a.) viele Parallelbeispiele bringen ließen, erkannte übrigens auch schon Cassius Dio ganz klar, wobei er — mit der ironischen Bemerkung: „So wollte er in Wahrheit die Alleinherrschaft niederlegen" (LIII 11, 5) — den Finger auf die in der Tat höchst bezeichnende Tatsache legte, daß sich der in seiner Stellung als Monarch bestätigte Machthaber als erstes nach diesem Rechtsakt den Sold für die Soldaten seiner Leibgarde auf das Doppelte des Soldes der gewöhnlichen Legionäre erhöhen ließ, indem er für einen Augenblick sein Visier lüftete und ohne falsche Scham zu verstehen gab, daß ihm für die Fortsetzung der Alleinherrschaft die Bajonette von Gardetruppen, die sich ihm auf solider materieller Basis verbunden fühlten, mindestens ebenso wichtig erschien wie die scheinbar ganz spontane Bestätigung der Monarchie durch einen Senat und ein Volk, von dem man nie wußte, ob es nicht heute „hosianna" und morgen „kreuziget ihn" schrie.[53]

Die letzten Darlegungen führen von selbst zu der Frage nach der rechtlichen Struktur der Gewalt, die der Princeps vor dem 13. Januar 27 v. Chr. innehatte. Diese Frage hat m. E. schon Th. Mommsen an einer unten Anm. 55 im Wortlaut zitierten Stelle richtig beantwortet: Es war die *potestas rei publicae constituendae*, die sich Octavian im Herbst 43 v. Chr. zusammen mit Antonius und Lepidus durch die *lex Titia* zunächst für fünf Jahre hatte zuerkennen lassen und die — nicht anders als die *dictatura rei publicae constituendae* Sullas und Caesars[54] — faktisch die absolute Gewalt im Staat beinhaltete, die allerdings so lange beschränkt war, als Octavian zwei gleichberechtigte Kollegen neben sich dulden mußte. Nach dem Ausscheiden des Lepidus und der späteren Trennung von

---

unten Anm. 55 und — zu dem Versuch von Premersteins, seine *cura et tutela*-These mit Mon. Anc. 34,3 in Einklang zu bringen — unten Anm. 57.

[53] Vgl. dazu J. Béranger, Recherches sur l'Aspect idéologique du Principat (1953), 137 ff. und P. Sattler, Augustus und der Senat, 36 f., wo mit Recht der zitierten Dio-Bemerkung schon besondere Beachtung geschenkt wird — freilich mit einer Feststellung, deren apologetischer Charakter zugunsten des Augustus deutlich spürbar ist: „Die Erhöhung des Soldes für die Prätorianer wird von Caesars Freunden betrieben worden sein" (a.O. 37).

[54] Daß die Gewalt der Triumvirn auf der Linie der Gewalt der *dictatura* r.p.c. liegt und nicht einfach dem Imperium des Konsuls entspricht, wie einzelne Neuere es sehen möchten (siehe zuletzt F. Millar, Triumvirate and Principate, in: JRS 63, 1973, 50 ff., bes. 59), scheint mir evident zu sein. Diese Frage hier weiter zu behandeln, ist freilich nicht möglich. Nur so viel: App., B.C. IV 2 kann keinesfalls so aufgefaßt werden.

Antonius, der bekanntlich im Osten weiterhin offiziell als Triumvir r.p.c. auftrat, entschloß sich Octavian seinerseits, den genannten Titel nicht länger zu führen; die *potestas* jedoch behielt er, als nunmehr in seinem Falle namenlose Amtsgewalt, weiterhin bei,[55] und sie war es dann, die 27 v. Chr. auf Lebenszeit des Prin-

---

[55] Siehe dazu Th. Mommsen (Römisches Staatsrecht II 1, ³1887, 719): „Es bleibt ... die Wahl zwischen den Annahmen, daß Caesar in den entscheidenden Jahren 722—727 (scil. 33—27 v. Chr.) das Recht den Staat umzugestalten ohne jedwede formale Legalisierung in Anspruch genommen oder daß er den Triumvirat bis zum J. 727 festgehalten und erst später durch nachträgliche Fiction des Rücktritts zur vorbestimmten Zeit, das Sachverhältnis verdunkelt hat. Bedenklich wie beide Annahmen sind, möchte doch die zweite ... mehr Wahrscheinlichkeit für sich haben", wofür dann Mommsen mit Recht noch geltend macht, daß sich, wie oben schon erwähnt, Antonius im Osten auch noch nach dem Ablauf der Verlängerung des Triumvirats um ein weiteres Quinquennium offiziell Triumvir nannte. Zum gleichen Ergebnis kommt — unter anderen — E. Staedler in einer Abhandlung in der ›Zeitschrift der Savigny Stiftung‹ Röm. Abt. 61 (1941), 77 ff., indem er, sehr zutreffend, die Stellung Octavians in den Zeiten ab dem Zerwürfnis mit Antonius als die eines — in der eigenen Sicht Octavians — Triumvirn *sine collega* bezeichnet. Gegen Staedler wendet sich F. E. Adcock, The Interpretation of Res Gestae Divi Augusti 34, 1, in: Class. Quarterly 45 (1951), 130 ff., Nachdr. in: W. Schmitthenner (Hrsg.), Augustus, 230 ff. Nach Adcock kommt der Stelle Mon. Anc. 7 ein besonderes Gewicht zu, wo Augustus erklärt, zehn Jahre lang ohne Unterbrechung Mitglied des Kollegiums der Triumvirn gewesen zu sein und, so fügt Adcock hinzu, nicht länger; eine Stelle, die natürlich — nach allem Dargelegten — nichts im Sinne Adcocks beweisen kann und nur zeigt, daß Augustus von der Nachwelt erwartete, daß sie sein Walten als Triumvir zu dem Zeitpunkt zu Ende gehen ließ, da er den Titel niederlegte. Ebensowenig überzeugt das weitere Argument Adcocks: Es wäre politisch „nicht sehr klug gewesen, sich an ein Amt zu klammern, das er einst mit Antonius geteilt hatte, und das durch verschiedene *acta*, die er bereits Anfang 28 v. Chr. für illegal erklärte, in Mißkredit geraten war" (234 des Nachdr.). Ob Augustus wirklich so zimperlich war, wenn es um Machtfragen ging, läßt sich wohl kaum noch entscheiden; wahrscheinlich ist es nicht, und eine dahingehende Annahme ist jedenfalls keine Basis zur Widerlegung besagter Auffassung. Bleibt noch die Feststellung: Der Gefolgschaftseid, den sich Octavian vor Beginn des Feldzuges gegen Antonius 32 v. Chr. von den Bewohnern der von ihm beherrschten Reichsteile schwören ließ und den von Premerstein in den Mittelpunkt seiner Betrachtungen stellte, kann keinesfalls eine — von Octavian dann im Januar 27 niedergelegte — *potestas* (als 'Notstandskommando', wie man es gelegentlich formuliert hat) begründet haben (vgl. A. von Premerstein selbst a.O. 36 ff., dazu jetzt vor allem V. Fadinger, Die Begründung des Prinzipats. Quellenkritische und staatsrechtliche Untersuchungen zu Cassius Dio und der Parallelüberlieferung, 1969, 286 ff., sowie — zur Stellung Octavians als Inhaber der Gewalt r.p.c. bis 27 v. Chr. — 143 ff.). Man sollte übrigens die Bedeutung dieses Gefolgschaftseides nicht überschätzen, wie dies nicht nur von Premerstein tut, sondern auch die meisten seiner Rezensenten und andere Forscher wie K. Hönn, R. Syme, A. Momigliano, D. Earl und V. Fadinger: Wenn praktisch *alle* Reichsbewohner der westlichen Reichshälfte (siehe dazu H.

ceps sanktioniert wurde und die übrigens auch, wie die *lex Vespasiani* zeigt (CIL VI 930) und Stellen der literarischen Tradition (bei Velleius Paterculus, Tacitus und Cassius Dio) bestätigen, die Rechtsbasis für die Herrscherstellung der Nachfolger des Augustus darstellte. Daß sich der letztere bei dieser Sachlage immer wieder ordentliche und außerordentliche Ämter aus dem republikanischen Herkommen zuerkennen ließ, kann nur den irritieren, der nicht jenes schon herausgestellte besondere Anliegen des Princeps erkennt: als derjenige in die Geschichte einzugehen, der nichts anderes tat als die alte *res publica* zu befreien bzw. wiederherzustellen. Deshalb erklärt er im Kap. 34 des ›Monumentum Ancyranum‹ wahrheitswidrig, die *res publica* nur bis zum 13. Januar 27. v. Chr. in seiner Gewalt gehabt zu haben, und berichtet eingehend über all die (mehr oder weniger) gut republikanischen Ämter, die er in der Folgezeit übernahm. Ob er mit dieser Art, im eigenen Tatenbericht den wirklichen Sachverhalt zu verdunkeln und die eigene Vergangenheit so darzustellen, wie er sie gesehen wissen wollte und nicht, wie sie wirklich war, die einstigen Leser der Bronzetafeln vor seinem Mausoleum verunsicherte, können wir natürlich nicht wissen; im neueren wissenschaftlichen Schrifttum damit Verwirrung zu stiften, ist ihm allerdings gelungen.

Was diesen letzteren Punkt betrifft: Allenthalben tritt in der neueren Fachliteratur das Bemühen hervor, das aus der behandelten historiographischen Überlieferung sich ergebende Bild vom Princeps, der auch nach jenen Tagen im Januar 27 v. Chr. die Rechtsstellung eines praktisch mit unumschränkten Vollmachten ausgestatteten Staatsführers besitzt[56] und damit — nach wie vor —

Berve, Hermes 71, 1936, 241 ff. und E. Schönbauer, Die Res gestae Divi Augusti in rechtsgeschichtlicher Beleuchtung, in: Sitzungsberichte Wien, phil.-hist. Kl. 224, Abh. 2, 1946, 17 ff.) einen solchen Eid gezwungenermaßen leisteten (für Augustus' provozierende Formulierung *sua sponte* könnten wiederum Parallelen — auch einige berühmte aus der Geschichte des Großdeutschen Reiches — beigebracht werden!), dann bedeutet das *de facto* kaum mehr, als wenn ihn niemand leistete. Zum Vergleich nehme man etwa den Treueid, den sich Cola di Rienzo 1347 von allen römischen Adeligen schwören ließ. Niemand betrachtete ihn als verbindlich, und Cola di Rienzo selbst scheint das auch gar nicht erwartet zu haben. — Eine moderne Parallele zu der oben umrissenen rechtlichen Situation in den Jahren vor dem Januar 27 v. Chr.: Stalin war 1922—1952 Generalsekretär der KPdSU und baute seine Macht vor allem auf diesem (1922 neu geschaffenen) Amt auf. Den Titel führte er freilich nur bis 1934! Interessant, nebenbei bemerkt, auch der folgende Sachverhalt: Als schon kranker Mann legte Stalin im Oktober 1952 auch das seit 1934 also sozusagen namenlose Amt nieder, blieb aber weiterhin im Besitz der Macht.

[56] Eine Parallele hierfür aus dem mittelalterlichen Rom: Die absoluten Vollmachten (einschließlich des Rechtes, Kriege zu erklären und Frieden zu schließen), die das Volk von Rom im Juni 1347 Cola di Rienzo zuerkannte und die — allerdings erst einige Tage später — im Titel eines Tribunen ihre äußere Kennzeichnung fanden.

Inhaber einer der Amtsgewalt aller übrigen Magistrate überlegenen *potestas* ist, mit der besprochenen Stelle Mon. Anc. 34, 3 in Einklang zu bringen. Dieses Bemühen führte in einzelnen Fällen zu geradezu kuriosen Ergebnissen, wie etwa zu der vor allem von A. von Premerstein vertretenen These, daß mit *auctoritas* im Selbstzeugnis des Augustus tatsächlich eine unumschränkte *Amts*gewalt gemeint sei, als wäre es nicht gerade der springende Punkt, daß Augustus (a.O.) der *potestas* die *auctoritas* gegenüberstellt![57] Auch die sonstigen Gelehrten, welche, gleich von Premerstein, aufgrund der behandelten Dio-Stellen für die Zeit ab Januar 27 v. Chr. mit einem umfassenden, über die bloße Verwaltung der kaiserlichen Provinzen (und den Oberbefehl über die dort stehenden Streitkräfte) hinausgehenden — namenlosen — Imperium rechnen und damit eine Auffassung vertreten, der die oben entwickelte (in diesem Punkt) weitgehend entspricht, scheuen hinsichtlich der Stelle Mon. Anc. 34, 3 vor Konsequenzen zurück und betreiben dann teilweise eine Art Exegese des Textes, die darauf hinausläuft, daß man den zitierten Worten des Augustus einen Sinn gibt, den sie tatsächlich nicht haben und den ihnen dementsprechend niemand zuschreiben kann, der sie unvoreingenommen liest und nicht von vornherein willens ist, sie so aufzufassen, daß keinesfalls ein Widerspruch zu Cassius Dio und Strabon herauskommt.[58] Ebenso problematisch und methodisch bedenklich muß es erscheinen, wenn man — vor allem in darstellenden Werken zur römischen Geschichte und römischen Staatskunde, aber auch in Spezialarbeiten — die behandelten Berichte der antiken Geschichtsschreiber über die Vorgänge vom Januar 27 v. Chr. zwar auch akzeptiert, aber doch nur insoweit, als man es dem Selbstzeugnis des Augustus gegenüber glaubt verantworten zu können und die Anga-

---

[57] A. von Premerstein, Vom Werden und Wesen des Prinzipats, 187: Augustus sagt, nach von Premerstein, mit seinem Hinweis auf die *auctoritas* nichts anderes als Cassius Dio, wenn dieser — LIV 1, 5 — feststellt, daß der Princeps an ἐξουσία, d. h. an „*amtlicher* Befugnis" (Hervorhebung schon bei von Premerstein) mehr als ein Dictator innegehabt habe. In die gleiche Richtung gehend E. Kirsten in einer Besprechung des Werkes von Premersteins in: Die Antike 17 (1941), 264, vgl. auch 266. Kritik an von Premersteins Gleichstellung von *auctoritas* und Amtsbefugnis üben schon P. L. Strack, Die Alten Sprachen Jg. 1939, 197 und H. Siber, Das Führeramt des Augustus, 75f. Vgl. auch etwa R. Syme, Roman Revolution (²1951), 313 und P. Sattler, Augustus und der Senat, 49 mit Anm. 121 (hier weitere Literaturhinweise).

[58] Beispiele aus dem Schrifttum der letzten Jahrzehnte: H. Siber, Das Führeramt des Augustus, 20. E. Schönbauer, Die Res gestae Divi Augusti in rechtsgeschichtlicher Beleuchtung, 24 ff. U. von Lübtow, Das römische Volk. Sein Staat und sein Recht (1955), 375 f. P. Grenade, Essai sur les Origines du Principat (1961), 363 (mit höchst bezeichnendem Ausfall gegen Forscher, die gegenüber Mon.Anc. 34, 3 nicht ganz so unkritisch sind wie er!). Vgl. auch etwa P. Sattler, Augustus und der Senat, 49 f. mit dem Ergebnis: Augustus könne unter *magistratus* Mon. Anc. a.O. „nur den Konsulat gemeint haben..." (ebenso P. Grenade a.O. und passim).

ben, die sozusagen außerhalb dieser heiligen Bannmeile liegen, stillschweigend ausklammert. So entsteht dann das Bild des Princeps, der an jenem 13. Januar tatsächlich seine Gewalt als Staatsführer dem Senat und Volk zurückgibt und sich hernach lediglich bereit findet, die Verwaltung eines Teiles der Provinzen, und auch das nur auf Zeit, zu übernehmen. Der Hauptpunkt in den Berichten der antiken Autoren, daß nämlich der Princeps die ihm vorher eignende Staatsgewalt zwar zur Verfügung stellte, dann aber aufgrund eines Senats- und Volksbeschlusses wieder übernahm, bleibt dabei einfach außer Betracht.[59] Auch die so

---

[59] Beispiele aus dem Schrifttum der letzten Jahrzehnte: F. Altheim, Römische Geschichte III (1958), 47: Octavian „kündigte am 13. Januar des Jahres an, daß er die Macht niederlegen werde", ließ sich dann aber „durch den stürmischen Widerspruch seiner Anhänger" bestimmen, „jene prokonsularische Befehlsgewalt (scil. die Verwaltung der kaiserlichen Provinzen, siehe a.a.O. 40f.) zu übernehmen... Der Form nach war der bisherige Triumvir zum Beauftragten des Senates geworden (!). A. H. M. Jones, The Imperium of Augustus, in: Studies in Roman Government and Law (1960), 4f. = W. Schmitthenner (Hrsg.), Augustus, 292f.: „Über das, was dann (scil. nachdem Octavian „mit einem gewaltigen Trompetenstoß" die Republik wiederhergestellt hatte) geschah, haben wir nur Dios Bericht (!), und nach Dio wurde dem Augustus eine Anzahl von Provinzen für 10 Jahre zugesprochen." Höchst fragwürdig auch die vorhergehenden Ausführungen von Jones, der bezeichnenderweise ein ganzes Kapitel seines 1970 erschienenen Buches ›Augustus‹ mit der Überschrift ›The Restauration of the Republic‹ versieht (a.O. 44ff.). Siehe ferner Ernst Meyer, Römischer Staat und Staatsgedanke (³1964), 355: Octavian erklärte, „die Absicht zu haben, seine Ausnahmegewalten niederzulegen...". Der Senat beschwört ihn, „von seinem Vorhaben abzusehen... Infolge des Widerspruches des Herrschers einigte man sich schließlich auf eine Teilung der Verantwortung. Octavian erklärte sich bereit, die Verwaltung und Verantwortung derjenigen Provinzen zu übernehmen, die noch nicht als voll befriedet gelten konnten... Damit war die für die ganze Kaiserzeit grundlegende Teilung des Reiches in kaiserliche und senatorische Provinzen vollzogen". W. Kunkel, Über das Wesen des augusteischen Prinzipats, in: Gymnasium 68 (1961), 353ff., Nachdr. in: W. Schmitthenner (Hrsg.), Augustus, 311ff., siehe bes. 322: „Alle Versuche, den Prinzipat als ein in die republikanische Ordnung eingebautes Amt zu deuten, sind deshalb (scil. weil es Augustus in Kap. 34 des Mon. Anc. anders darstellt!) von vornherein verfehlt." H. Bengtson, Grundriß der römischen Geschichte I (1963), 253: Augustus erhielt (27 v. Chr.) ein (zehnjähriges) „proconsularisches Imperium" (scil. über die „kaiserlichen" Provinzen) aus der Hand des Senates zurück. P. Grimal, Der Aufbau des römischen Reiches (Fischer Weltgeschichte Bd. 7, 1966), 232f.: „Am 13. Januar 27 verkündete Octavius vor dem Senat, daß er auf seine Vorrangstellung verzichten und den Staat wieder der Sorge von 'Senat und Volk' von Rom anheimstellen wolle. Die Senatoren beschworen Octavius, nichts dergleichen zu tun, aber er blieb unbeirrbar (!) und erklärte sich lediglich damit einverstanden, einen auf eine Zeit von 10 Jahren beschränkten Regierungsauftrag zu übernehmen", der die Stellung eines „prokonsularischen Statthalters" einer Reihe von Provinzen beinhaltete. Vgl. auch L. Wickert, RE 22, 2270, V. Fadinger, Die Begründung des Prinzipats, 139, und H. Volkmann, Der Kleine Pauly IV, 1136. Schließ-

vorgehenden Forscher können allerdings nicht umhin, für das Jahr 23 v. Chr. und die Folgezeit von einem proconsularischen *imperium maius*, das auch in der Stadt Rom Geltung hatte, und einer erweiterten, d. h. nicht durch das Pomerium eingeengten *tribunicia potestas* zu sprechen, womit sie dann doch noch in den Konflikt mit Augustus' Selbstzeugnis, dem sie für das Jahr 27 auf verschiedenen Wegen auszukommen versuchen, geraten. Das letztere, das Selbstzeugnis des Princeps, bleibt gleichwohl unangefochten, von vereinzelten verstreuten Bemerkungen abgesehen, die etwa dahin gehen, daß Augustus zwar — selbstverständlich — die Wahrheit sagte, nur nicht unbedingt die 'ganze' Wahrheit.[60]

Wenn man sich erst einmal davon gelöst hat, im ›Monumentum Ancyranum‹, mit *W. Weber* zu sprechen, einen ἱερὸς λόγος zu sehen und erkannt hat, daß Augustus gleich anderen Memoiren- und Tatenberichtschreibern vor und nach ihm nicht nur tendenziös berichtet, sondern auch vor offenkundigen Abweichungen von der historischen Wahrheit dort, wo es ihm aus bestimmten Erwägungen heraus angezeigt erscheint, nicht zurückscheut, dann

---

lich noch ein Hinweis auf E. Weber, welcher in der von ihm herausgebrachten neuen Heimeran-Ausgabe der ›Res Gestae Divi Augusti‹ (1970), 93, schreibt: „Was seine (scil. des Augustus) Stellung in der Folgezeit ausmacht, ist nicht mehr die Alleinherrschaft, sondern sind die normalen, auf seine Person übertragenen Befugnisse eines römischen Beamten ..." Bezeichnenderweise sieht Weber davon ab, unter den zahlreichen von ihm (95 ff.) gebotenen 'Belegstellen' aus den Werken der antiken Historiker die behandelten Stellen aus Cassius Dio und Strabon mit aufzuführen. Siehe jetzt auch R. Werner, Wesen und Voraussetzungen des augusteischen Prinzipats, in: Geschichte in Wissenschaft und Unterricht Jg. 1978, 277 ff., bes. 286.

[60] Beispiele für solche kritischen Ansätze gegenüber Mon. Anc. 34, 3: B. Kübler in einer Besprechung des Werkes A. von Premersteins, in: Krit. Vierteljahrsschr. für Gesetzgebung und Rechtswissensch. NF 30 (1939), 30: „Wenn er der Wahrheit nicht völlig (!) entsprach, so erklärt sich das aus der Natur des Eigenberichtes." E. Hohl bei W. Schmitthenner (Hrsg.), Augustus, 197: „Die erste Hälfte des berühmten Satzes *(auctoritate omnibus praestiti)* ist buchstäblich wahr ... Die zweite Satzhälfte ... ist *cum grano salis* zu nehmen." Kühner geworden fügt Hohl hinzu: „Dieses Sophisma enthält keineswegs die ganze Wahrheit, aber auch keine dreiste Lüge." F. Vittinghoff, Kaiser Augustus (1959), 52: „Diese sachlich unantastbare Aussage (scil. die behandelte Stelle Mon. Anc. 34) verschleiert durch ihre Verharmlosung die wirkliche Macht des Kaisers." In der Sicht von W. K. Lacey (Octavian in the Senate, January 27 B. C., in: JRS 64, 1974, 176 ff.) erscheint die Frage, ob Augustus' Aussage a.O. der historischen Wahrheit entspricht oder nicht, gegenstandslos: Ein wesentliches Anliegen des genannten Gelehrten geht dahin, das Folgende zu zeigen: „Res gestae 34—5 is not a political or constitutional statement at all, but the capstone of Augustus' achievement. It is a statement of his two most conspicuous honours, the *cognomen* Augustus conferred by the Senate in return for his transferring the management of the *res publica* to the Senate and People, and the title *Pater Patriae*, conferred by Senate, *equites* and the entire Roman People for reasons unstated" (a.O. 184).

erkennt man ohne Mühe die hier gegebene Situation: Aus dem uns schon bekannten, im ganzen Tatenbericht zu spürenden Wunsch heraus, als *restitutor* der alten *res publica* in Erscheinung zu treten, weicht Augustus an der behandelten Stelle Kap. 34 ebenso wie in Kap. 6 ganz klar und in dezidierter Form, also offenbar bewußt, von der historischen Wahrheit ab und bietet ein Bild, das wir, stünde es für sich allein, um so eher zu akzeptieren bereit wären, als sich andere Feststellungen des Princeps wie etwa die, daß er die ihm angebotene Dictatur nicht annehmen mochte (Kap. 5), dazu gut fügen — das wir also wohl bereit wären zu akzeptieren, wenn uns nicht eben die behandelte historiographische Überlieferung zeigen würde, daß es falsch ist. —

Die berühmte Stelle im platonischen Dialog ›Gorgias‹: „Du sagst ja immerfort dasselbe! — Mehr noch! Es geht auch immer um dasselbe" — diese Stelle hat in gewissem Sinn auch hier ihren Platz. Wie ein roter Faden zieht sich durch die obige Abhandlung die Auseinandersetzung mit Forschern, die dem Bedürfnis nicht widerstehen können, es sozusagen den Männern des Glaubens gleichzutun und gewisse, von 'Großen' der Geschichte stammende Dokumente und Schriften gegenüber nüchternen Mitforschern für tabu zu erklären. Quellenkritik, so etwa sehen es die betreffenden Wissenschaftler, muß sein, aber sie hat gewisse Grenzen zu respektieren und verliert ihr Recht auf Anerkennung (und Beachtung!), wenn sie ehrwürdige Dokumente wie die behandelten Selbstzeugnisse auf ihren Wahrheitsgehalt hin unter die Lupe nimmt. Solches Vorgehen empfinden sie als respektlos, ungehörig und — verletzend. Wir meinen demgegenüber, daß Quellenkritik einschließlich der letztlich hinter jeder Quellenkritik stehenden Frage nach Zuverlässigkeit und Wahrheitsgehalt gegenüber Selbstzeugnissen von 'Männern, die Geschichte machen', ob es sich nun um orientalische Großkönige oder römische Staatsführer oder Persönlichkeiten auf der politischen Bühne des 20. Jh. handelt, ebenso legitim ist wie solche gegenüber Geschichtswerken aus der Feder eines Herodot, eines Livius und eines Saxo Grammaticus. Fast ist man versucht, hinzuzufügen: Herrscher und sonstige Machthaber sind auch nur Menschen, und wenn sie nichts Schlimmeres täten, als einer — an sie sicher weit mehr als an Historiker herantretenden — Versuchung nachzugeben und die Ereignisse und Vorgänge, an denen sie selbst mitwirkten, als Schreiber von Denkwürdigkeiten und Tatenberichten zu ihren Gunsten zu beschönigen und tendenziös zu verzeichnen und mitunter auch zu verfälschen, könnte man zufrieden sein ...[61]

---

[61] Ein Musterbeispiel dafür, daß Selbstdarstellungen von Politikern und Militärs allein schon durch Verschweigen von Tatsachen zu einem ganz unrichtigen Bild von historischen Vorgängen führen können, bieten neuestens die Memoiren des ägyptischen Staatspräsidenten Sadat, die ich allerdings nur von ihrem Abdruck im Jahrgang 1978 des Wochenmagazins ›Der Spiegel‹ her kenne. In der Darstellung des Jom-Kippur-Krieges im Okto-

In der obigen Abhandlung ging es nun freilich nicht nur darum, diesen Sachverhalt in einem sozusagen exemplarischen Verfahren zu klären, sondern auch darum, die Möglichkeiten aufzuzeigen, die sich dem Historiker ergeben, wenn er erst einmal das Gefühl für die Unantastbarkeit der fraglichen, ganz und gar unheiligen Texte überwunden und die Mauer der Ehrfurcht, die für ihn prinzipiell nicht existieren darf, durchbrochen hat. Vor allem der mit dem ›Monumentum Ancyranum‹ sich beschäftigende letzte Teil des Aufsatzes möchte von hier aus verstanden sein.

ber 1973 tritt dieser Sachverhalt besonders kraß hervor: Bekanntlich scheiterten die ersten Gegenoperationen der — vom ägyptischen Angriff über den Suezkanal zunächst überraschten — Israelis vor allem an dem höchst wirkungsvollen Einsatz sowjetischer Boden-Luft-Raketen und Luft-Boden-Raketen verschiedenen, teilweise den Israelis noch unbekannten Typs (SAM 6), doch konnten die Israelis das Gesetz des Handelns bald wieder an sich reißen und dem Krieg nach dem Übergang auf afrikanisches Gebiet eine für die Ägypter so fatale Wendung geben, daß sich die USA entschlossen, diplomatisch einzugreifen und den Siegeslauf der Israelis am Stadtrand von Suez und im Gebiet südöstlich von Kairo zu stoppen. Von diesem Hergang der Ereignisse kann der Leser der Sadat-Memoiren (a.O. Nr. 18, 150ff.; Nr. 19, 201ff.) kaum etwas ahnen, ja Sadat bemüht sich sogar, bei den Lesern den Eindruck zu erwecken, daß ihn die Sowjets mit versprochenen Waffenlieferungen völlig im Stich ließen und er es *trotzdem* fertigbrachte, die Israelis zu schlagen, daß ferner das Eingreifen der USA nicht Ägypten, sondern Israel vor dem Zusammenbruch rettete. Natürlich verlieren bei dieser Sachlage auch die erregten Auseinandersetzungen, zu denen es vor Ausbruch des Krieges zwischen Sadat und den sowjetischen Staatsführrern in dieser Angelegenheit gekommen sein soll, und die Sadat im Wortlaut (und direkter Rede) mitteilt, jeden Anspruch auf Authentizität. Auch für sich allein betrachtet könnten freilich diese Gespräche, in denen Breschnew und Kossygin in der Rolle von Schulbuben, die sich vom ständig zornbebenden Ägypter abkanzeln lassen, in Erscheinung treten, nicht als authentisch gelten. Der ganze Fall ist von großem Interesse für uns nicht zuletzt auch deshalb, weil er zeigt, daß noch heute, d. h. in einer Zeit, in der die Informationsmöglichkeiten für jeden Interessierten größer sind als je zuvor, ein Memoirenschreiber dann wenig Bedenken trägt, von der Wahrheit abzugehen, wenn ihn der Wunsch dazu drängt, seinem 'Image' vor Mit-und Nachwelt zu dienen. [Korr.-Zusatz: Die obigen Darlegungen entsprechen völlig dem Inhalt des Interviews, das der ägyptische Generalstabschef während des Jom-Kippur-Krieges, General Schasli, jetzt über Sadat und dessen Memoiren gab (Der Spiegel Jahrg. 1978, Nr. 48, 186ff.)].

HERODOT

Ein kritischer Forschungsbericht
nach methodischen Gesichtspunkten*

Vor einigen Jahren benutzte der Nestor der deutschen Althistoriker, *Friedrich Oertel*, die Gelegenheit, in einer Untersuchung, die sich vornehmlich mit der Richtigkeit bestimmter geographischer und sonstiger sachlicher Angaben in Herodots ägyptischem Logos beschäftigt[1], seine Ansicht über Herodot allgemein und dessen Werk zu Papier zu bringen. Er tat es nicht ohne die zusätzliche einschränkende Bemerkung, daß sein Urteil „natürlich ein subjektiver Eindruck" sei und dieser „immer persönliche Geschmackssache".

Man kennt das Sprichwort: *de gustibus non est disputandum*. Ganz so kann es Oertel, der schließlich die wissenschaftliche Herodotliteratur mit einem neuen Beitrag bereichern wollte, freilich kaum gemeint haben. Wenn er beispielsweise (3) von Herodot sagt, daß er „kein wirklich kritisch Begabter, sondern eher ein halbgebildeter Amateur und liebenswürdiger Erzähler" gewesen sei, so will er damit — aufgrund zahlreicher nach seiner Meinung in eben diese Richtung gehender Beobachtungen — natürlich ein Urteil abgeben, das auch für andere gültig ist und der Wahrheit zumindest näher kommt als ein solches, das inhaltlich auf das Gegenteil hinausläuft oder doch jedenfalls von der eigenen Meinung mehr oder weniger stark abweicht.

Überblickt man die bisherige Herodotforschung, soweit dies überhaupt noch möglich ist[2], so könnte man allerdings den Eindruck gewinnen, daß Oertel mit seiner zusätzlichen Bemerkung über die Subjektivität aller den Historiker Herodot und, so wäre sinngemäß hinzuzufügen, auch die sonstigen historischen Persönlichkeiten und ihre Werke betreffenden Aussagen so unrecht nicht hatte.

* Um einen 'Zusatz 1977' erweiterter, sonst unveränderter Nachdruck. Zuerst in: Grazer Beiträge 4, 1975, 97—136.

[1] F. Oertel, Herodots ägyptischer Logos und die Glaubwürdigkeit Herodots. Mit einem metrologischen Beitrag und Anhang (Antiquitas, Reihe 1: Abhandlungen zur Alten Geschichte, hrsg. von A. Alföldi, Bd. 18, 1970), 4.

[2] Vgl. etwa das umfassende Verzeichnis der Herodotliteratur, verfaßt von W. Marg und W. Nicolai, in: Herodot. Eine Auswahl aus der neueren Forschung, hrsg. von W. Marg (²1965), 759 ff. Für die Zeit bis 1936 beschränkt sich das Verzeichnis im Hinblick auf die einschlägigen Abschnitte in Bursians Jahresberichten freilich auf eine knappe Auswahl. Das zitierte Sammelwerk wird in den weiteren Ausführungen nur noch mit dem Namen

Nur verhältnismäßig wenig von dem, was in den langen Zeitläuften seit dem Erscheinen von F. *Creuzers* Werk über die historische Kunst der Griechen — Napoleon war damals noch Erster Consul! — über Herodot gesagt und geschrieben wurde, konnte sich wirklich und für die Dauer behaupten. Sehr viele der über diese oder jene Einzelheit oder auch über Herodot bzw. das herodoteische Geschichtswerk als Ganzes im Laufe der Zeit geäußerten Ansichten und Hypothesen kamen und gingen, um freilich nicht selten nach kürzerer oder längerer Zeit wiederzukommen und dann abermals — über kurz oder lang — von anderen Meinungen verdrängt zu werden, die sich oft genug auch ihrerseits nur über eine gewisse Zeit behaupten konnten usw. Alles in allem also ein Sachverhalt, der fast den Anschein erweckt, als würde sich die Herodotforschung im Kreis bewegen und daher den Zielen, die ihr von der Sache her gesteckt sind, immer gleich fernbleiben.

Natürlich lassen sich ähnliche Beobachtungen auch sonst in unserer Wissenschaft machen[3], und in allen solchen Fällen darf der Satz Geltung beanspruchen: Wo es eine entsprechende Überlieferung an und für sich zuläßt, zu fundierten, wohlbegründeten Aussagen zu kommen, muß es, und zwar nicht nur theoretisch, auch möglich sein, einen allgemeinen Konsensus unter denen, die aufgrund ihrer Vorbildung und Vertrautheit mit der Materie für ein Urteil kompetent sind, zu erreichen. Oder andersherum: Wo trotz breiter quellenmäßiger Grundlage ein Konsensus nicht erreicht wird und jene Kreis- oder Pendelbewegung kein Ende nehmen will, muß die Schuld daran doch wohl letztlich bei den Männern liegen, die hier forschend tätig sind oder, genauer gesagt, bei Fehlern vornehmlich methodischer Art, die den betreffenden Männern, ihnen selbst natürlich unbewußt, unterlaufen. Daß es daneben auch Probleme gibt, die einfach deshalb durch alle Jahrzehnte hindurch ungelöst bleiben, weil das Material nichts Sicheres nach der einen oder anderen Richtung hergibt, versteht sich am Rande. In diesen Fällen ist es freilich unverständlich, daß die wissenschaftliche Diskussion kein Ende nimmt, als könnte man früher oder später doch noch ein allseits akzeptables Ergebnis gewinnen. Man übersieht also hier die Grenzen, die der wissenschaftlichen Erkenntnis von der Überlieferung her, wo diese jedenfalls keine Bereicherung durch Neufunde mehr erfährt, nun einmal gezogen sind.

Mit den obigen Hinweisen haben wir den Ausgangspunkt für eine Art kritischen Berichts über die Herodotforschung vornehmlich der neueren und neue-

---

des Herausgebers Marg, ohne Titel, zitiert. — Weitere Herodot-Bibliographien und Literaturberichte aus den sechziger Jahren zitiert J. Cobet, Herodots Exkurse und die Frage der Einheit seines Werkes (Historia, Einzelschriften Heft 17, 1971), 199 Anm. 782. Vgl. dazu das von Cobet selbst vorgelegte Literaturverzeichnis (199 ff.).

[3] Vgl. dazu meine Bemerkungen in dem Aufsatz ›Zur Geschichte des ersten und zweiten Punischen Krieges‹, in: Aufstieg und Niedergang der römischen Welt, hrsg. von H. Temporini, Bd. I 1 (1972), bes. 413 f.

sten Zeit gewonnen. Es liegt auf der Hand, diesen Bericht, welcher — im Gegensatz zu den sozusagen regulären Forschungsberichten — weit davon entfernt ist, sich auf Vollständigkeit auszurichten, nach gewissen methodischen Gesichtspunkten zu gliedern. Daß er auf weite Strecken Züge aufweist, die man — mit einem Ausdruck, dem in der Umgangssprache ein unangenehmer Beigeschmack kaum abzusprechen ist — als 'polemisch' bezeichnet, schien unvermeidbar, sosehr der Verf. andererseits bemüht war, immer streng sachlich zu bleiben und niemandem Unrecht zu tun und damit gegen ein moralisches Postulat zu verstoßen, das in der Wissenschaft wie überall seinen festen Platz beanspruchen kann.

I

a) Da können wir zunächst als einen die neuere Herodotforschung verunsichernden Faktor die hier stärker, dort weniger stark hervortretende Neigung beobachten, Herodot und sein Werk mit den Maßstäben der modernen Geschichtsschreibung und -forschung zu messen und ihn von solcher Tendenz her falsch einzuordnen bzw. ungerecht zu beurteilen. Im Gegensatz vor allem zu *A. W. Gomme*, der sich *expressis verbis* zu diesem Vorgehen bekennt, indem er glaubt, daß es einen anderen Weg als den der Beurteilung Herodots (und dann natürlich auch aller übrigen Gestalten der Vergangenheit) „nach unseren Maßstäben" nicht gibt[4], im Gegensatz also hierzu erkennen zahlreiche Neuere die methodische Unzulässigkeit eines solchen Verfahrens und damit die Notwendigkeit, Herodot wie jede andere geschichtliche Persönlichkeit aus ihrer eigenen Zeit heraus zu verstehen[5], gehen aber in der Praxis oft einen Weg, der dann

[4] A. W. Gomme, The Greek Attitude to Poetry and History (Sather Classical Lectures 27, 1954), 101 (= Marg, 234). Vgl. aber auch etwa schon F. Jacoby, RE Suppl. 2 (1913), 485.
[5] Vgl. außer Oertel etwa D. Fehling, Die Quellenangaben bei Herodot, Studien zur Erzählkunst Herodots (Untersuchungen zur antiken Literatur und Geschichte, hrsg. von H. Dörrie und P. Moreaux, Bd. 9, 1971), 114 f. Unverständlich ist dann allerdings der Ausfall Fehlings gegen diejenigen Historiker, die vor ihm schon —wenigstens theoretisch — diesen Weg beschritten: „Kein Gemeinplatz wird in unserer Wissenschaft häufiger wiederholt als die Mahnung, nicht naiv moderne Verhältnisse in antike hineinzutragen. Sie ist auch von jenen, die Herodot in den letzten Jahrzehnten wieder als großen Historiker proklamiert haben, insofern aufs Panier geschrieben worden, als sie warnten, ihn an der entwickelten Wissenschaftlichkeit des Thukydides zu messen." — In der älteren Literatur ist es vor allem O. Regenbogen, der in seinem 1930 in der Zeitschrift ›Die Antike‹ (6, 202 ff.) erschienenen Aufsatz über ›Herodot und sein Werk‹ in der Neigung der Forschung, Herodot mit modernen Maßstäben zu messen, die eigentliche Wurzel der zahlreichen Fehlurteile über den 'Vater der Geschichte' sah (siehe die Stelle bei Marg, 57 f.). Welchen faktischen Erfolg sein Appell an die Mitforscher hatte, zeigen die weiteren Ausführungen oben im Text.

doch weit mehr dem methodischen Standpunkt Gommes zu entsprechen scheint. Dieser Punkt ist wichtig genug, daß wir uns mit ihm verhältnismäßig eingehend beschäftigen. Es hat keinen besonderen Grund, wenn wir dabei als ersten wieder *F. Oertel* zu Wort kommen lassen.

Über die Abwegigkeit eines jeden Versuches, Herodot nach unseren Maßstäben zu beurteilen, ist sich der genannte Gelehrte durchaus im klaren. Was soll es dann aber heißen, daß Herodot, wie es Oertel an der oben schon zitierten Stelle ausdrückt, „eher ein halbgebildeter Amateur" war und „kein wirklich kritisch Begabter"? Gab es in der damaligen Zeit bereits Historiker, die mehr waren als Amateure, die über eine Bildung bzw. Ausbildung verfügten, der gegenüber die des Herodot im Sinne Oertels als bloße Halbbildung eines historischen Laien erschien? Gab es in der damaligen Generation der Griechen Männer, denen die Lektüre der kritischen Passagen in Herodots Werk das gleiche milde Lächeln abgewinnen konnte, das sie Oertel abgewann? Gewiß wäre es verfehlt, hier Thukydides zu nennen: Abgesehen davon, daß die einzige Stelle, wo dieser in seine Werkstatt als kritischer Historiker schauen läßt (es handelt sich um den — offenbar gegen Herodot gerichteten — Peisistratidenexkurs), keinen Anlaß gibt, Thukydides unter solchem Aspekt allzu hoch über Herodot zu stellen; er gehört bereits der nächsten Generation an, und dies in einer Zeit, in der sich eine rasche Entwicklung auf geistigem Gebiet vollzog.

An vielen Beispielen ließe sich aufzeigen, daß das Vorgehen von Oertel keinen Einzelfall darstellt. Man lese unter diesem Gesichtspunkt etwa das Urteil, welches *E. Howald* in den ersten Sätzen seines Hermes-Aufsatzes von 1923 über Herodot und dessen „moralische Maßstäbe", die er „oft äußerst befremdend, ja geradezu empörend" findet, fällen zu müssen glaubt[6]. Im Prinzip nicht anders verfährt *D. Fehling* — unbeschadet dessen, daß er die Unzulässigkeit solchen Vorgehens selbst klar erkennt (vgl. Anm. 5) und auch sieht, daß wir mit negativen Urteilen, die wir von unserem Standpunkt aus über Herodot fällen, mehr oder minder auch die späteren antiken Geschichtsschreiber treffen können. Dennoch ist auch er geneigt, Herodot die Einstufung als Historiker zu versagen, weil er sich in das Bild des Historikers von heute nicht einfügen will.[7] Natürlich ist, vom rein wissenschaftstheoretischen Standpunkt aus gesehen, nicht zu leugnen, daß sich ein Gelehrter, der mit der Gleichung Historiker = moderner

[6] E. Howald, Ionische Geschichtsschreibung, in: Hermes 58 (1923), 113 ff., vgl. dazu Howalds Buch ›Vom Geist antiker Geschichtsschreibung‹ (1944), 11 ff. Mit gleicher Schärfe wie Howald gegen Herodot wendet sich gegen Howald: M. Pohlenz, Herodot. Der erste Geschichtsschreiber des Abendlandes (Neue Wege zur Antike, 2. Reihe, Heft 7/8, 1937, Nachdr. 1961), 91.
[7] D. Fehling, Die Quellenangaben bei Herodot, 10. 115 ff. 128 ff. Vgl. auch etwa C. W. Fornara, Herodotus. An interpretative Essay (1971), bes. 65 ("Herodotus' method is artistic, not historical").

Historiker operiert und unter diesem Blickwinkel Herodot einen Platz innerhalb der Historie abspricht, nicht eigentlich widerlegen läßt; niemand kann ja das Wort 'Historiker' allgemeinverbindlich definieren. Ebenso klar (und hier entscheidend) aber ist, daß wir, um es noch einmal zu sagen, als geschichtlich denkende Menschen des 20. Jh. verpflichtet sind, einen Mann wie Herodot aus seinem eigenen Werk bzw. seiner eigenen Zeit heraus zu erfassen und die Maßstäbe für seine Beurteilung aus der Welt, der er angehört, zu gewinnen. Von diesem Standpunkt aus gäbe es wohl nur eine Möglichkeit, dem Halikarnassier seinen Platz innerhalb der Geschichtsschreibung gleichsam legal streitig zu machen. Es müßte sich dartun lassen, daß es Herodot mit dem Bestreben, zu zeigen, 'wie es eigentlich gewesen', also die Vorgänge und Ereignisse, die er in seinem Werk für die Mit- und Nachwelt schildert, gewissenhaft zu eruieren, nicht Ernst war, daß er somit hier und dort bewußt von dem abwich, was er für geschichtliche Wahrheit hielt.

b) Gleichsam das Gegenstück zu den Stellen, an denen moderne Autoren nach Kriterien, die Herodot nicht gemäß sind, über den genannten Autor negativ urteilen, bilden Partien im neueren einschlägigen Schrifttum, wo Herodot Ideen und Vorstellungen zugesprochen werden, die in Wirklichkeit die betreffenden Wissenschafter des 20. Jh. bewegen oder doch jedenfalls Herodot und seiner Zeit noch ferne lagen. In dieser Hinsicht ist es besonders kennzeichnend, daß aus der Auseinandersetzung zwischen Hellenen und Barbaren, deren Darstellung sich Herodot in der Einleitung zu seinem Werk zum Ziel setzte, bei manchen Neueren unversehens ein Konflikt zwischen Okzident und Orient wurde[8]: Die Vorstellung eines Ost-West-Gegensatzes als eines Gegensatzes zweier ganz verschiedener geistiger Welten, die im 19. Jh. aufkam und noch heute in der europäischen Geschichtswissenschaft eine große Rolle spielt, wird hier auf Herodot zurückprojiziert, womit letztlich das ganze herodoteische Geschichtswerk einen ihm nicht gemäßen Akzent erhält. Vielleicht gehört in den

---

[8] Siehe schon F. Wipprecht, Zur Entwicklung der rationalen Mythendeutung bei den Griechen I (Beilage zum Programm des Gr. Progymnasiums in Donaueschingen für das Schuljahr 1901/02, 1902), 28. Ferner etwa F. Jacoby, RE Suppl. 2, 484. O. Regenbogen, Herodot und sein Werk, in: Die Antike 6 (1930), 83f. (= Marg, 88f.). M. Pohlenz, Herodot. Der erste Geschichtsschreiber des Abendlandes, 244. M. Gigante, Herodot. Der erste Historiker des Abendlandes, bei Marg, 259ff., siehe bes. 272 und 276. K. von Fritz, Die griechische Geschichtsschreibung I, Text (1967), 166. 184. 215. 467. II, Anmerkungen (1967), 121. 215. A. Heuß, Motive von Herodots lydischem Logos, in: Hermes 101 (1973), 385ff., siehe bes. 417. — Es braucht wohl nicht besonders betont zu werden, daß die häufige Nennung von Europa und Asien im herodoteischen Werk in unserem Zusammenhang nichts ausgibt. Konkret gesagt: Für Herodot sind, wie die betreffenden Stellen klar zeigen, Europa und Asien rein geographische Bezeichnungen, die mit Okzident und Orient im Sinne neuerer Geschichtskonzeptionen nichts zu tun haben.

gleichen Zusammenhang die da und dort spürbare Neigung, in Herodot den ersten Vertreter der — allerdings nicht erst im 19. Jh. auftretenden, sondern in ihren Wurzeln bis in die nachklassisch-hellenistische Historiographie zurückzuverfolgenden — Idee der Universalgeschichte zu sehen und nicht zuletzt von hier aus seine Stellung in der Geschichtsschreibung festzulegen.[9] Diese Vorstellung kann sich nur scheinbar darauf stützen, daß Herodot über Sitten und Gebräuche, kultische Einrichtungen usw., wie sie bei vielen östlichen und sonstigen Völkern, auf die er gerade zu sprechen kommt, herrschten, mehr oder weniger eingehend berichtet. Es liegt ihm völlig fern, etwa die Geschichte der Völker und Reiche des mesopotamischen und des syrischen Raumes ebenso zu behandeln, wie er über die Perserkriege und ihren Verlauf berichtet, ja auch die — unmittelbar an Herodots zeitweilige Heimat Thurioi grenzenden — italischen Länder und Völker, von denen Westeuropas ganz abgesehen, bleiben bekanntlich völlig außer Betracht. Hierzu fügt sich gut, daß keinerlei programmatische, eine prinzipiell universalhistorische Ausrichtung bezeugende Erklärungen aus Herodots Feder vorliegen — man müßte denn den Satz, mit welchem Herodot sein Werk einleitet, entsprechend interpretieren können, wie es Schmid und Stählin an der Anm. 9 zitierten Stelle tatsächlich tun.[10]

In den modernen Geisteswissenschaften der Zeit nach dem Zweiten Weltkrieg begegnen uns bekanntlich Strömungen, die gewissen modernen philosophischen Systemen verpflichtet sind und mit 'hermeneutischen' Deutungen, das Sein betreffenden Reflexionen und 'Strukturanalyse' neue Erkenntnisse vermitteln wollen, nicht ohne sich dabei über gesicherte Erkenntnisse der älteren Wis-

[9] Vgl. schon W. von Christ — W. Schmid, Geschichte der griechischen Literatur I (⁶1912), 470. W. Schmid — O. Stählin, Geschichte der griechischen Literatur II (1934), 588. E. Howald, Vom Geist antiker Geschichtsschreibung (1944), 18 („Der Inhalt des Herodoteischen Buches ist aber auf jeden Fall die gesamte Weltgeschichte ..."). T. S. Brown, Herodotus and his Profession, in: American Historical Review 69 (1954), 829 ff., siehe bes. 841 ff. (= Marg, 286 ff.). M. Gigante, Herodot, Der erste Historiker des Abendlandes, bei Marg, 259 („Herodot erfaßt *die gesamte Menschheit* seiner Zeit in einer einheitlichen Schau"; Kursivsetzung von mir). — Auf anderer Ebene liegt natürlich der schöne Gedanke, daß Herodots geistige Welt umfassend auf alles Menschliche ausgerichtet war. Wir finden ihn vor allem in einer Abhandlung des Gelehrten, dem diese Festschrift gewidmet ist: F. Stoessl, Herodots Humanität, in: Gymnasium 66 (1959), 477 ff. Vgl. auch W. Schadewaldt, Das Religiös-Humane als Grundlage der geschichtlichen Objektivität bei Herodot, in: Geschichte und Gegenwartsbewußtsein. Festschrift für H. Rothfels (1963), 217 ff. (= Marg, 185 ff.). Es verdient unser Interesse, daß schon F. Creuzer in diese Richtung vorstieß, indem er auf die „höhere(n) Freiheit des Geistes" hinwies, womit Herodot „alles Menschliche" umfaßt habe (Die historische Kunst der Griechen in ihrer Entstehung und Fortbildung, ²1845, 127).

[10] Vgl. demgegenüber die Übersetzung und Interpretation der Stelle bei F. Stoessl, Gymnasium 66 (1959), 487 f.

senschaft wie insbesondere die, daß sich in der Geschichte eine Entwicklung vollzieht, hinwegzusetzen. Wo es um die Erfassung historischer Persönlichkeiten geht, läuft es dann fast mit Notwendigkeit darauf hinaus, daß diese letzteren nicht der — nach streng methodischen Gesichtspunkten verarbeiteten und ausgewerteten — Überlieferung gemäß dargestellt werden, sondern so, wie sie der moderne Deuter oder Strukturanalytiker sehen möchte, der dann vielleicht gar sich selbst mit seinen modernen Ideen und Phantasien in dieser oder jener Gestalt der Vergangenheit wiederfindet. Der amerikanische Herodotforscher *Immerwahr,* dem man einen Platz in diesem Bereich zuweisen darf, kann in unserem Zusammenhang um so weniger übergangen werden, als seine Schriften im Kreise der Fachkollegen ein außerordentlich starkes, und zwar fast durchwegs positives Echo fanden.[11] Daß es sich dabei freilich nur darum handeln kann, einige für den genannten Forscher und die von ihm vertretene Richtung besonders typische Gedanken zu berühren, versteht sich von selbst.

Immerwahr erscheint es als „ohne weiteres" einleuchtend und einsichtig, „daß bei Herodot einzelne charakteristische Bestandteile leicht aus ihrem unmittelbaren Handlungszusammenhang herausgelöst und mit anderen sinnhaltigen (sic!) Ereignissen zusammengestellt werden können, *so daß sie auf eine bestimmte Wahrheit hinweisen"*[12]. Irgendwelche 'Wahrheiten' durch Deutung oder, was auf dasselbe hinausläuft, durch allegorische oder symbolische Auslegung zu gewinnen, liegt für den genannten Gelehrten wie für alle Vertreter dieser Richtung von vornherein nahe. So soll — ein beliebiges Beispiel — einerseits die Mitteilung des Herodot (VI 27), daß auf Chios ein Schulgebäude einstürzte und 119 Kinder unter seinen Trümmern begrub, und andererseits die Nachricht des Thukydides (VII 29), daß die in Mykalessos eingedrungenen Thraker außer vielen anderen Ortsbewohnern auch die in der Schule versammelten Kinder niedermachten, bei beiden Autoren über das hinaus, was sie schlicht beinhalten, etwas Bestimmtes bedeuten, „nämlich die Zerstörung der Zukunft der Stadt" (497 f.). An anderer Stelle (518) glaubt Immerwahr, bei Herodot eine besondere „Betonung der menschlichen Existenz als Grundlage des Geschichtsprozesses" (und — als „notwendigen Begleitumstand" — eine bestimmte „metaphysische Unklarheit") feststellen zu können, und im letzten Satz der zitierten Abhandlung (540) erscheint Herodot sogar als typisch für „das Denken der Jahrhundertmitte", welches „genau (!) in der Mitte zwischen der Theologie des Aischylos

---

[11] H. R. Immerwahr, Form and Thought in Herodotus (1966), dazu Historical Action in Herodotus, in: Transactions of the American Philological Association 85 (1954), 16 ff. = ›Tat und Geschichte bei Herodot‹ bei Marg, 497 ff. Hinsichtlich der Aufnahme des erstgenannten Werkes in Fachkreisen vgl. unten Anm. 14.
[12] H. R. Immerwahr bei Marg, 499. Kursivsetzung von mir. Die deutsche Fassung des Textes stammt von Immerwahr selbst.

und dem Humanismus des Thukydides ... die totale Lage des Menschen" zu beschreiben versucht haben soll. In den gleichen Rahmen gehören etwa die Überlegungen, die Immerwahr im Schlußkapitel seines Buches ›Form and Thought in Herodotus‹ vorträgt (306 ff.), und zwar unter dem Titel ›History and the Order of Nature‹, wo u. a. behauptet wird, daß das tragische Schicksal der Staaten und Individuen für Herodot so etwas wie "a mechanism for the perpetuation of world order", daß ferner "the pattern of such order ... neither theological nor moral, but existential" gewesen sei. Weitere Zitate, angefangen etwa bei einer Stelle (167), an welcher der Autor Herodots Bericht über das Ende des Kyros symbolisch deutet[13], bis zu einem Passus (304), wo Immerwahr mit Bezug auf die militärischen Aktionen der Athener bei Herodot zwischen der "pragmatic action" und der — nach seiner Meinung unvergleichlich wichtigeren — "symbolic action" scharf unterscheidet; weitere Zitate also könnten nur bestätigen, was ohnehin schon klar zutage liegt: Immerwahr zielt darauf ab, Herodot einen Ort in einem Bereich zuzuweisen, dessen freilich ganz vage Grenzen man vielleicht mit den Namen *Gadamer, Sartre, Collingwood, Lévi-Strauss* und *Stefan George* abstecken könnte, d. h. mit Namen von Denkern, denen nicht etwa Herodot nahesteht, sondern, und das ist ein Unterschied, Immerwahr selbst. Der große Beifall, den dieser mit seinem Herodotwerk erntete[14], ist bei der her-

---

[13] Auf diesem Weg hat Immerwahr einen Vorgänger in der Person K. Reinhardts, dem er sich auch sonst sehr nahe fühlt. So gibt Reinhardt dem von Herodot Xerxes in den Mund gelegten Satz: „Haben wir die Griechen unterworfen, so ist es erreicht, daß das persische Reich bis an den Äther des Zeus grenzt." folgende Deutung: „... Kosmos und Reich werden eins sein; durch die Hybris der Identitätsformel blickt der Gedanke des kosmischen Königtums durch" (K. Reinhardt, Vermächtnis der Antike. Gesammelte Essays zur Philosophie und Geschichtsschreibung, hrsg. von C. Becker, 1960, 173 = Marg, 368). Auf Deutung und Suche nach einem tieferen Sinn läuft es auch hinaus, wenn die Erbse-Schülerin J. Kirchberg ihre Schrift über ›Die Funktion der Orakel im Werke Herodots‹ (Hypomnemata 11, 1965) mit dem Satz abschließt: „Ihr (scil. der Orakel) letzter Sinn bei Herodot ist der, das Miteinander von göttlicher Weltordnung und menschlicher Entscheidung zu verdeutlichen, das erst Geschichte ausmacht, wie Herodot sie zu erfassen begann." Nein, für Herodot sind die Orakel Sprüche, durch welche die Götter auf Fragen der Menschen, welche die Zukunft betreffen, antworten, und nicht Spiegelungen einer dahinterstehenden philosophischen oder theosophischen Idee. — Überlegungen, die in die bezeichnete Richtung gehen, finden sich auch bei A. Momigliano. Siehe etwa den Satz: „Thukydides kam es darauf an, den Tatbestand, nicht aber bedeutungsvolle Erzählungen (scil. wie Herodot) zu vermitteln" (Gnomon 44, 1972, 206). Hätte wohl Herodot selbst mit solcher Beurteilung seines Anliegens (und solcher Abgrenzung gegenüber Historikern, die 'den Tatbestand' vermitteln wollen) etwas anfangen können? Hätte er überhaupt verstehen können, worauf der Historiker des 20. Jh. hinauswill?

[14] Siehe etwa H. Erbse, Gnomon 41 (1969), 121 ff. (mit Betonung der 'fundamentalen Bedeutung' der Untersuchungen Immerwahrs) und J. Cobet, Herodots Exkurse und die

ausgestellten Sachlage wohl nur verständlich, wenn man berücksichtigt, daß die zitierten Denker repräsentativ für geistige Strömungen sind, die heute eine gar nicht zu überschätzende Wirkung in weiten wissenschaftlich interessierten Kreisen ausüben und auch viele innerhalb der Wissenschaft stehende Männer direkt oder indirekt erfaßt haben.

c) In den großen Zusammenhang des ersten Abschnitts dieser Arbeit, in welchem es uns darum geht, die aus Vernachlässigung des historischen Abstandes zu Herodot resultierende Verunsicherung eines Teiles der modernen Herodotliteratur herauszustellen, gehört nun noch ein dritter und letzter Punkt. Es handelt sich um die bekannten Passagen im herodoteischen Geschichtswerk, in denen sich Herodot auf außergriechische Gewährsmänner, die er immer nur pauschal ohne Namensnennung auftreten läßt, beruft, bzw. um die Beurteilung dieser Passagen im neueren Schrifttum.

Jeder kennt die Eingangskapitel des ersten Buches, wo Herodot — unter anderem — auf die Geschicke der Io zu sprechen kommt. Kein Wort über das, was die Griechen selbst von der argivischen Königstochter und ihrem Schicksal zu erzählen wußten, kein Wort also über die Verwandlung in eine Kuh und ihren Leidensweg durch die Länder des Ostens bis zur endlichen Erlösung in Ägypten. Herodot berichtet vielmehr eine — von allem Unglaubwürdigen und Wunderbaren entkleidete — Geschichte über den Raub der Genannten durch phönikische Händler, wie sie „die Gelehrten der Perser" (Περσέων...οἱ λόγιοι, vgl. 2,1 Πέρσαι) erzählt haben sollen, und mit dieser Geschichte hätte eine solche, welche „die Phöniker" (Φοίνικες: 5,2) erzählten, übereingestimmt, nur daß hier Io nicht geraubt wurde, sondern, nach einer Liebschaft mit dem

Frage der Einheit seines Werkes, 194ff. („das wohl wichtigste Herodotbuch" unter den Neuerscheinungen). In die gleiche Richtung gehen die Rezensionen von M.E. White, Phoenix 23 (1969), 314ff. und S. Mazzarino, J.H.St. 90 (1970), 206f., vgl. auch W. Boer, Mnemosyne Serie IV, Bd. 21 (1968), 301ff. Eine gewisse kritische Distanz wahren D. Korzeniewski, Gymnasium 76 (1969), 539ff. („In manchem jedoch scheint hier die Deutung überanstrengt"; Korzeniewski will in Wirklichkeit sagen: die Deutungen geben keine Gedanken Herodots wieder, sondern solche Immerwahrs) und vor allem H. Drexler, Herodot-Studien (1972), 216ff. — Zur eingangs zitierten Besprechung Erbses: Dieser Gelehrte erkennt selbst (siehe besonders 124), daß die positive Beurteilung des Werkes Immerwahrs letztlich mit der Anerkennung bestimmter 'Voraussetzungen' steht und fällt, so vor allem mit der Anerkennung der Voraussetzung, daß jedenfalls die herodoteischen Schlachtenschilderungen „einen doppelten Aspekt" aufweisen und der „symbolische Aspekt" wichtiger ist als der „pragmatische". Es ist auffallend, daß sich Erbse durch diese richtige Erkenntnis nicht abhalten ließ, Immerwahrs Buch außerordentlich positiv einzuschätzen, als hätte der fundamentale Methodensatz, daß mit fragwürdigen Voraussetzungen wissenschaftlicher Aussagen alles Weitere fällt, in der klassischen Philologie nichts verloren. So sieht es Erbse doch gewiß nicht.

Schiffskapitän, die nicht ohne Folgen blieb, aus freien Stücken die Eltern und die Heimat verließ. Herodot bietet die Dinge so, als hätten die Phöniker in diesem letzteren Punkt gleichsam eine Gegendarstellung zu derjenigen der Perser gegeben, um sich auf diese Weise von dem seitens der letzteren scheinbar *expressis verbis* erhobenen Vorwurf, an dem Zwist zwischen Hellenen und Barbaren schuld zu sein, reinzuwaschen. Ausdrücklich fügt er noch hinzu, eine eigene Entscheidung für die eine oder andere Version, die persische oder phönikische, nicht treffen zu können. Der Leser (oder Zuhörer) mochte sich hier selbst entscheiden oder es, wie dem Anschein nach Herodot selbst, bei einem vorsichtig-zurückhaltenden *non liquet* bewenden lassen. In einem zweiten Fall liegen die Verhältnisse im Prinzip gleich, nur daß Herodot hier eine Entscheidung für eine von zwei sehr divergierenden Versionen schon selbst zu treffen scheint, um sodann, an die letztere Version anknüpfend, die Dinge noch weiter zu konkretisieren. Es handelt sich um den Passus II 54f., in welchem Herodot über die Gründung des Orakelheiligtums des Zeus von Dodona berichtet.

Von den beiden divergierenden Meinungen, die es darüber, wie Herodot es darstellt, gegeben hätte, will er eine ihm akzeptabler erscheinende von den ägyptischen „Priestern in Theben" erfahren haben, während er die zweite auf die Priesterinnen in Dodona zurückführt. Die Leser, die sich etwa darüber wunderten, daß die Amonpriester in Oberägypten über die Gründung eines Heiligtums in Epirus gleichsam auf Anhieb in allen Einzelheiten Bescheid wußten, als läge es in der Gegend von Edfu oder Dendera, werden beruhigt: Er selbst, Herodot, wunderte sich und erhielt auf die Frage, woher sie denn so genau im Bilde seien, von den Priestern die Antwort, daß sie über den Verbleib der beiden thebanischen Priesterinnen, welche — so lautet bekanntlich die erste Version — aus Theben geraubt worden sein sollen und von denen die eine dann die Orakelstätte in Dodona eingerichtet hätte, eifrige Nachforschungen anstellten, wobei sie allerdings die Gesuchten nicht ausfindig machen, aber doch das, was sie Herodot berichteten, in Erfahrung bringen konnten.

Wir halten kurz fest: Nach den zitierten Stellen soll es eine Meinungsverschiedenheit zwischen Persern und Phönikern gegeben haben, ob Io — eine Gestalt der frühen griechischen Sage, die niemand von uns für historisch halten kann — gezwungenermaßen oder freiwillig einem phönikischen Schiffer nach dem Osten folgte, und in der Hauptstadt Oberägyptens hätten Amonpriester nur darauf gewartet, einem wissensdurstigen griechischen Reisenden genaue Informationen über die Gründung eines Heiligtums des Zeus im hintersten Balkan zu geben. Der Schluß scheint unabweislich: Hier und übrigens nicht nur hier, sondern auch an anderen Stellen[15] beruft sich Herodot auf Gewährsmänner, die es in

---

[15] Vgl. noch bes. Herod. VI 54 mit Hinweis auf „den Logos bei den Persern", nach welchem — im Gegensatz zu der Meinung der Hellenen — Perseus ein Assyrer gewesen wäre.

Wirklichkeit nicht gab, die vielmehr von ihm fingiert wurden. Tatsächlich traten im Laufe der Jahrzehnte seit dem Beginn der Erforschung des herodoteischen Geschichtswerkes immer wieder — an anderer Stelle (vgl. unten S. 242) noch aufzuzählende — Männer bis herauf zu D. Fehling auf den Plan, die eine solche Auffassung mit Nachdruck vertraten. Aber sie blieben vereinzelt. Die große Mehrheit der Forscher sah zu solcher Skepsis keinen Anlaß, sondern hielt, ohne sich in eine Diskussion darüber einzulassen, an den Aussagen Herodots als quasi authentischen Aussagen fest und zog höchstens, was die fraglichen Stellen im ägyptischen Logos betrifft, in Erwägung, daß Herodot keine direkten ägyptischen Gewährsmänner hatte, sondern seine diesbezüglichen Informationen über Hekataios als Mittelsmann bezog.[16] Diese Haltung der überwiegenden Mehrheit der neueren Forscher heischt angesichts der dargelegten Situation eine besondere Erklärung. Sie ist wohl darin zu finden, daß die Betreffenden, bewußt oder unbewußt, vor Konsequenzen zurückscheuten, denen sie kaum entgehen konnten, wenn sie Herodot in der gewohnten Weise nach den Kriterien beurteilten, nach denen man moderne Historiker zu beurteilen hat. Wie es kurz und bündig F. Jacoby formulierte: Wer die betreffenden Quellenangaben nicht als solche akzeptiert, stempelt Herodot zu einem „frechen Lügner"[17].

Lösen wir uns auch hier von der Vorstellung, daß Herodot als Historiker im Prinzip mit Mommsen, Ed. Meyer, Beloch usw. auf einer Stufe steht, und versu-

---

der dann zum Griechen wurde. Über diese Stelle und überhaupt über das ganze hier angeschnittene Problem siehe jetzt vor allem D. Fehling, Die Quellenangaben bei Herodot, bes. 38 ff. und 82. Die Erörterung besagten Problems steht im Mittelpunkt von Fehlings Buch und macht mit ihren Ergebnissen nicht zuletzt den hohen Wert des Buches aus. Vgl. dazu auch unten S. 259 ff.

[16] Für eine solche Auffassung trat bekanntlich schon vor fast neunzig Jahren H. Diels ein, und zwar in einem Aufsatz über ›Herodot und Hekataios‹, in: Hermes 22 (1887), 411 ff. In die gleiche Richtung gehend: W. A. Heidel, Hecataeus and the Egyptian Priests in Herodotus, Book 2, in: Memoirs of the American Academy of Art and Sciences 18, 2 (1935), 113 ff. Eingehende Behandlung der Frage der Abhängigkeit des Herodot von Hekataios bei F. Jacoby, RE 7 (1912), 2675 ff. Vgl. im übrigen die Literaturhinweise in den Anm. 37, 38 und 39.

[17] F. Jacoby, RE Suppl. 2, 395. Jacoby hat hier allerdings nur bestimmte Hinweise Herodots auf ägyptische Gewährsmänner (und eigene Erfahrungen in Ägypten) vor Augen, und sein zitiertes Verdikt richtet sich speziell gegen Mitforscher, die annehmen, Herodot hätte die Informationen, die er angeblich selbst in Ägypten einholte, tatsächlich aus Büchern abgeschrieben. Sinngemäß muß jedoch — im Rahmen einer Geschichtsbetrachtung, die den antiken und modernen Historiker in einen Topf wirft — besagte Feststellung auch für einen Herodot gelten, der sich auf Gewährsmänner beruft, wo er in Wirklichkeit eigene Gedanken zu Papier bringt. Um einem möglichen Mißverständnis vorzubeugen: Natürlich wäre es völlig verfehlt, verallgemeinernd an allen Stellen, an denen Herodot ägyptische oder sonstige Gewährsmänner nennt, Fiktion anzunehmen.

chen wir darüber hinaus zu klären, was Herodot etwa dazu geführt haben mag, sich auf Gewährsmänner zu berufen, die es so, wie sie uns vorgeführt werden, in der Tat schwerlich gegeben haben kann[18], so ergeben sich wiederum neue Aspekte. Was den letzteren Punkt, d. h. die Frage nach Herodots etwaigen Beweggründen für ein solches Vorgehen, betrifft, so kann es natürlich nicht befriedigen, die Berufung auf fingierte Gewährsmänner einfach als „Stileigenart" zu erklären, wie es E. *Howald,* der zu den wenigen zählt, die den Tatbestand als solchen schon richtig erkennen, tut.[19] Wir haben vielmehr zu berücksichtigen, daß der Prozeß der 'Aufklärung' auch Herodot erfaßt hatte und er als ein der geistigen Oberschicht der perikleischen Zeit angehörender Mensch noch weniger als etliche Jahrzehnte vor ihm Hekataios bereit sein konnte, die alten Sagen mit ihren Wundern, Verwandlungen und menschlich-allzu-menschlichen Abenteuern der Götter ohne weiteres gläubig zu akzeptieren. Die Art, wie er sie nun korrigierte, ist im Prinzip die gleiche wie die des Hekataios mit einem Unterschied: Während Hekataios kühn und selbstbewußt nicht nur seine eigenen Versionen gegen die Tradition stellte, sondern sich darüber hinaus zu diesem seinem Vorgehen — mit provozierender Apostrophierung der traditionellen Überlieferung — lautstark bekannte, berief sich Herodot auf ägyptische und sonstige orientalische Autoritäten, schlug also denselben Weg ein wie später etwa Platon mit einer angeblichen ägyptischen Atlantis-Überlieferung, wie Euhemeros mit einer angeblichen Inschrift im Zeustempel auf der Insel Panchaia, denselben Weg auch wie in späterer hellenistischer Zeit zahlreiche Ärzte, die allerdings Ägypten und den Orient aus dem Spiel ließen, sich dafür aber hinter Hippokrates verschanzten, um ihren eigenen medizinischen Aufstellungen den Erfolg zu verschaffen, den sie sich sonst kaum erhoffen konnten. Dabei überging Herodot im Fall der Io und etwa der Europa die alte griechische Überlieferung mit völligem Stillschweigen, als würde sie nicht existieren, und führte hinsichtlich der Io-Geschichte seinen Lesern jene zwei angeblichen Versionen über den Ablauf der tatsächlichen Ereignisse vor Augen. Mochten sie sich für die eine oder andere entscheiden oder ihm in seiner scheinbaren Zurückhaltung folgen — es lief für ihn auf dasselbe hinaus, wenn er nur die Leser dahin brachte, die alberne Geschichte von der Liebschaft des Zeus mit der argivischen Königstochter und deren Verwandlung in eine Kuh über Bord zu werfen und die Möglichkeiten zu erkennen, wie sich die Dinge in Wirklichkeit abgespielt haben konnten. Für die

---

[18] Unverständlich ist mir die von K. von Fritz, Die griechische Geschichtsschreibung I (Text), 167 angestellte Überlegung: „Aber gerade die Tatsache, daß Herodot diese Geschichten und Argumentationen (scil. insbesondere die von Io) ... an dieser Stelle (scil. I 5,3) mit einer Handbewegung beiseiteschiebt, um sich ernsthafteren Dingen zuzuwenden, beweist, daß er sie sich sicher nicht aus den Fingern gesogen hat."
[19] Vom Geist antiker Geschichtsschreibung, 36 f.

Beurteilung Herodots als Geschichtsschreiber ist es dabei von entscheidender Bedeutung, daß wir annehmen dürfen, daß die Meinungen, die er mit Berufung auf fremde anonyme Gewährsmänner zu Papier brachte, in der Tat seine eigene ehrliche Überzeugung darüber, wie sich die Sache mit Io, mit der Gründung des Orakels von Dodona, mit Helena und Menelaos in Ägypten usw. tatsächlich etwa zutrug, wiedergeben — ganz so, wie schon Hekataios wirklich überzeugt war, daß seine Version der Sage von Herakles und Kerberos den tatsächlichen seinerzeitigen Vorgängen in etwa entsprach.[20] Natürlich könnte ein moderner Historiker so nicht vorgehen, aber Herodot war eben kein moderner Historiker, und wenn wir nach dem oben Dargelegten unsere Meinung pointiert dahingehend formulieren, daß Herodot gerade deshalb sich auf ägyptische Priester, persische Gelehrte und mit der Vergangenheit vertraute Phöniker berief, weil er solcherart der geschichtlichen Wahrheit (oder was er dafür hielt) zum Durchbruch verhelfen wollte, so wird man erkennen, daß es verfehlt ist, die Alternative zu stellen: Entweder haben Herodots östliche Gewährsmänner wirklich existiert, oder Herodot war ein frecher Lügner, zumindest kein Historiker. Ganz so stand auch hinter dem 'Mißbrauch' des Namens des Hippokrates, den sich zweifellos viele hellenistische Ärzte zuschulden kommen ließen, ein tiefes und durchaus positiv einzuschätzendes Anliegen, nämlich eben dies, eigene Ansichten, von deren Richtigkeit die Betreffenden fest überzeugt waren, um den Preis des Verzichtes auf eigenen wissenschaftlichen Ruhm zur Anerkennung zu bringen. Wer Herodot aber, nach wie vor, nicht zutrauen möchte, daß er an den behandelten (und anderen) Stellen mit fingierten Gewährsmännern operiert, müßte auch die Reden für authentisch halten, die er, Herodot, in einem viel beachteten Passus (III 80 ff.) von drei persischen Großen über die Vorzüge und Nachteile der einzelnen Staatsformen halten läßt. Hier gab es offenbar schon unter seinen Zuhörern, die in Olympia oder wo immer sonst seinen Vorlesungen folgten, Zweifler, denen gegenüber er ausdrücklich an besagter Authentizität festhielt.[21] Wir wissen nicht, ob es Herodot damit gelang, die betreffenden Zeitgenossen zu über-

---

[20] K. Latte kommt den Dingen mit Bezug auf Herodot sehr nahe, wenn er schreibt: „Vielleicht darf man sagen, daß ihm selber die Grenzen zwischen Wirklichkeit und eigener Erfindung gelegentlich verschwimmen" (Die Anfänge der griechischen Geschichtsschreibung, in: Histoire et Historiens dans l'Antiquité [Entretiens sur l'Antiquité classique IV, 1956], 11). Hier liegt gewiß auch der Schlüssel zum Verständnis des Phänomens, daß Herodot, wie vor allem F. Stoessl in seinem oben Anm. 9 zitierten Aufsatz gezeigt hat, ältere Geschichten, die er in sein Werk aufnimmt, mit moralischen Akzenten versieht, die ihnen vorher noch fremd waren, sie also aus seiner eigenen geistigen und seelischen Haltung heraus verändert, ohne sie damit, so wäre im Sinne Herodots hinzuzufügen, in ihrem historischen Gehalt zu verfälschen.
[21] III 80, 1, vgl. VI 43,3. Natürlich können auch diese Zweifler fingiert sein, um potentiellen Skeptikern von vornherein die Lust zu einem Angriff gegen ihn zu nehmen.

zeugen. Unter den Neueren gibt es aber wohl niemanden, der glaubt, daß die Dinge wirklich so liegen, wie es Herodot darstellt, daß also wirklich drei persische Große am Hof Dareios I. eine Debatte über die verschiedenen Verfassungen, wie sie sich in der Sicht griechischer Denker der Zeit Herodots darstellten, führten.[22]

In unserem Zusammenhang erscheint es von großer Wichtigkeit, nicht unvermerkt zu lassen, daß offenbar auch Thukydides das Mittel, mit fingierten Gewährsmännern zu arbeiten, nicht verschmähte. So liegt der Gedanke nahe (er wurde im neueren Schrifttum denn auch des öfteren geäußert), daß die athenische Gesandtschaft, die nach Thuk. I 72,1 „aus anderen Gründen", also zufällig, vor dem Ausbruch des Peloponnesischen Krieges in Sparta gewesen sein soll und die nun dort in längerer im Wortlaut mitgeteilter Rede die athenische Politik gegen die Angriffe der Korinther verteidigt hätte, eine Fiktion des Thukydides ist, durch die sich der letztere — in seinen Augen durchaus legitim — die Möglichkeit verschaffte, die eigenen Gedanken über die Grundzüge der damaligen athenischen Politik zu Papier zu bringen. Es ist bezeichnend, daß Thukydides in dem erwähnten Fall wie auch in anderen auf der gleichen Ebene liegenden Fällen davon absieht, die Redner namentlich zu nennen, sondern ebenso nur „die Athener", „die Melier" usw. auftreten läßt, wie es bei Herodot „die Phöniker", „die thebanischen Priester" usw. sind, die dieses oder jenes gesagt haben sollen.

Mit der verbreiteten Neigung, in Herodot einen Geschichtsschreiber zu sehen, der es, je nach persönlicher Einstellung, verdient bzw. sich gefallen lassen muß, nach den gleichen Kriterien wie moderne Geschichtsschreiber beurteilt zu werden, hängt es wohl zusammen, daß eine für die richtige Einschätzung des herodoteischen Werkes m. E. fundamentale Tatsache noch nie gehörig beachtet

---

[22] Vgl. darüber schon Ed. Meyer, Forschungen zur alten Geschichte I (1892), 201 f. W. Aly, Volksmärchen, Sage und Novelle bei Herodot und seinen Zeitgenossen (1921), 105 ff. L. Weber, Perikles' Samische Leichenrede, in: Hermes 57 (1922), 391 ff. W. Schmid — O. Stählin, Geschichte der griechischen Literatur II, 573 Anm. 2. K. Latte, Die Anfänge der griechischen Geschichtsschreibung, in: Histoire et Historiens dans l'Antiquité, 11 f. Nach dem Vorgang anderer Forscher (vgl. schon F. Creuzer, Die historische Kunst der Griechen, 85 f.) vertreten W. Schmid und O. Stählin an der angegebenen Stelle die Meinung, daß Herodot irgendeinen griechischen Gewährsmann hatte, der besagte ›Verfassungsdebatte‹ konzipiert haben soll. Die dafür gegebene Begründung überzeugt freilich nicht: „Für diese Debatte konnte Herodot nicht so entschieden, wie er tut, Geschichtlichkeit ansprechen, wenn sie (scil. die Debatte) ihm nicht irgendwie literarisch formuliert vorlag ...". Warum nicht? — Zu vermerken bleibt noch, daß auch K. von Fritz (Die griechische Geschichtsschreibung I, Text, 310), der ansonsten von fingierten Gewährsmännern Herodots nichts wissen will (vgl. oben Anm. 18), die Berufung Herodots auf persische Gewährsmänner hier nicht ernst nimmt. Vgl. auch noch E. Howald, Vom Geist antiker Geschichtsschreibung, 39 f.

wurde. Die Herodotforschung hat zwar immer schon ein besonderes Augenmerk darauf gerichtet, daß vor allem die ersten Bücher von Herodots Werk voll sind von Geschichten, die man in unserem Sprachgebrauch ihrer Form und Gestaltung nach etwa als Novellen ansprechen möchte, wie es ja tatsächlich im neueren Schrifttum gemeinhin geschieht. Auch dies wird allenthalben herausgestellt oder doch stillschweigend anerkannt, daß die besagten Geschichten im Gegensatz etwa zu den Berichten über die militärischen Vorgänge in den Jahren 480 und 479 v. Chr. keine wirkliche Glaubwürdigkeit für sich beanspruchen können, da in ihnen vor allem sagen- und märchenhaftes Erzählgut verarbeitet wurde, ob es sich nun um die Geschichte des Gyges handelt oder um die der Prinzessin Rhodopis oder etwa um die ausführliche Erzählung von der Geburt und Kindheit des Kyros. Was jedoch offensichtlich immer wieder übersehen wird, ist das Faktum, daß *Herodot selbst* den besagten Unterschied noch nicht machte, daß er vielmehr (darin von modernen 'Novellen'-Schreibern grundsätzlich nicht anders als von modernen Historikern zu trennen) die Kindheitsgeschichte des Kyros ganz ebenso wie die Darstellung der Schlacht bei Salamis als Bericht über Dinge, die sich tatsächlich zutrugen, den Lesern anbietet — nicht ohne freilich da und dort hinsichtlich der Glaubwürdigkeit von überlieferten Einzelheiten Zweifel zu äußern oder auch stillschweigende rationalistische Korrekturen vorzunehmen, die gerade bestätigen, daß es sich für ihn von selbst verstand, die Geschichten im ganzen für historisch zu halten.[23]

---

[23] Vgl. hierzu etwa II 121 ε 1. Hier wird an der Glaubwürdigkeit einer einzelnen Angabe innerhalb der ägyptischen Geschichte vom Meisterdieb gezweifelt: Der König Rhampsinitos schickte — ἐμοὶ μὲν οὐ πιστά — seine Tochter in ein Freudenhaus, um dem Dieb auf die Spur zu kommen. II 2,5 hält Herodot einige Zusätze, welche, wie er es darstellt, die Griechen zu der Geschichte von dem Versuch des Königs Psammetich, mit Hilfe von zwei Kindern die Frage nach dem ältesten Volk der Welt zu klären, hinzufügen, für töricht und bekräftigt damit, daß er die Geschichte selbst, die er von Priestern in Memphis erfahren haben will, als wahr betrachtet. — Eine hübsche und für Herodot in diesem Zusammenhang bezeichnende Einzelheit: Von den drei von ihm, Herodot, mitgeteilten Geschichten über die Ursprünge des Skythenvolkes führt er die eine, in welcher als Ahnherr des genannten Volkes Herakles erscheint, auf die pontischen Griechen zurück (IV 8 ff.). Herodot hält diese Geschichte nicht für die wahrscheinlichste (vgl. IV 11,1), und doch hat er an einer Stelle (IV 10,1) das spontane Bedürfnis, eine in ihr auftretende Unwahrscheinlichkeit zu eliminieren: Herakles soll der Schlangenfrau, die von ihm drei Söhne empfing, zum Abschied seinen Bogen für den stärksten der verheißenen Söhne übergeben haben? Und er selbst wäre dann am Ende etwa ohne Bogen gewesen? Herodot sieht einen Weg, aus dieser Schwierigkeit herauszukommen: „bis dahin trug Herakles nämlich zwei (scil. Bögen)". — Herodots grundsätzliche Einstellung gegenüber den von ihm mitgeteilten Gründungsgeschichten des skythischen Volkes ist für uns auch sehr aufschlußreich. Er sieht es so: Drei Geschichten, die ganz Verschiedenes über dieselbe Sache berichten, können natürlich nicht in gleicher Weise historisch sein, vielmehr kann nur eine von ihnen

Wie stiefmütterlich dieser Sachverhalt im neueren Schrifttum behandelt wird, zeigt sich etwa an den immer wieder unternommenen Versuchen darzutun, daß man den Grad der Glaubwürdigkeit des ägyptischen Logos sehr hoch veranschlagen müsse, ganz besonders aber in einer von führenden Gelehrten aufgestellten und verfochtenen Meinung, die dahin geht, daß Herodot als erster Historiker der Weltgeschichte zwischen mythischer und historischer Überlieferung grundsätzlich unterschieden habe.

Bleiben wir gleich bei diesem zweiten Punkt! Vor allem ist es *W. Schadewaldt,* der in einem richtungweisenden, 1934 erstmals erschienenen Aufsatz die Auffassung vertritt, daß Herodot als erster „das fruchtlose Bemühen um die mythische Tradition als solche" bewußt aufgab und mit dem „Verzicht auf ein Hereinziehen der Welt des Mythos in den Bereich der 'historischen' Menschengeschichte dem Mythos sein eigenes Recht" beließ.[24] Ganz auf die Eingangskapitel des herodoteischen Werkes konzentriert, räumt der genannte Gelehrte ein, daß Herodot „zwar von einer ganzen Kette gegenseitiger Frauenraube in mythischer Zeit" berichtet, gibt aber zugleich zu bedenken, daß unser Historiker „auf diese mythischen Dinge nur eben im Fluge" einging, „um sie aus dem Bereich seiner Geschichtsschreibung auszuscheiden". Nein, das tat Herodot eben nicht, wie ihm auch, wir wissen es bereits, in allen weiteren Abschnitten seines Werkes, ob es sich nun um die Geschichte der Ägypter oder Babylonier oder etwa um die Anfänge der Skythen oder die Geburt und Kindheit des Kyros handelt, ganz ferne lag, zwischen Sage und Geschichte grundsätzlich zu unterscheiden. Es leidet in der Tat keinen Zweifel, daß für Herodot Io, Herakles, Perseus und Danae ebenso historische Persönlichkeiten waren wie Kroisos, Miltiades und Themistokles[25], nur daß man über jene Gestalten der Frühzeit weit weniger wußte als

---

Glaubwürdigkeit beanspruchen. Seine diesbezügliche Entscheidung fällt er zugunsten der Geschichte, die vom nüchtern-rationalen Standpunkt aus am ehesten akzeptabel erscheint. Daß vielleicht keiner der drei Versionen ein Platz innerhalb des historisch Glaubwürdigen zukommt, liegt noch völlig außerhalb seiner Überlegungen.

[24] W. Schadewaldt, Die Anfänge der Geschichtsschreibung bei den Griechen, in: Die Antike 10 (1934), 144 ff. (= Hellas und Hesperien. Gesammelte Schriften zur Antike und zur neueren Literatur, hrsg. von R. Thurow und E. Zinn, Bd. 1, ²1970), 559 ff., siehe hier bes. 574 (= Marg, 113 f.). Schon vor bzw. gleichzeitig mit Schadewaldt in diese Richtung vorstoßend: Ed. Meyer, Forschungen zur Alten Geschichte I, 185 f. W. Schmid — O. Stählin, Geschichte der griechischen Literatur II, 626, wo freilich die Feststellung, daß Herodot „im Stofflichen" Sage und Geschichte trennte, im folgenden sogleich abgeschwächt, ja praktisch widerrufen wird. Über weiteres einschlägiges Schrifttum aus der Zeit nach dem Erscheinen von Schadewaldts Aufsatz vgl. unten Anm. 26.

[25] Siehe für Perseus und Danae die sehr bezeichnende Stelle VI 53, wo Herodot die spartanischen Könige nach einer nichtlakedaimonischen griechischen Überlieferung, die er ausdrücklich als zuverlässig anerkennt, auf die genannten Sagengestalten zurückführt und

über Leben und Taten der genannten einer nicht allzu weit zurückliegenden Zeit angehörenden Männer und dieses Wenige zudem verschiedener Korrekturen bedurfte, wollte man klären, wie sich die Dinge einst wirklich zutrugen.[26] Was die oben S. 221 als erste angeschnittene Frage nach der Glaubwürdigkeit von Herodots ägyptischem Logos betrifft, so fehlte es zwar nie an kritischen Stim-

---

noch zusätzlich bekräftigt, daß diese bereits Hellenen waren. Was Herakles betrifft, so unterscheidet Herodot bekanntlich zwischen einem Gott dieses Namens und einem sozusagen historischen Herakles, den er — in stillschweigender Korrektur der Sage — als Sohn des Amphitryon bezeichnet (II 43 ff.). Wie indirekt diese Stelle, so zeigt auch die Überlegung II 146 über Dionysos und Pan deutlich, daß der herausgestellte Glauben Herodots an die Historizität der Gestalten der Heldensage einen „Euhemerismus" nicht einbeschloß. — Um noch einmal zu Schadewaldt zurückzukommen: Man darf in diesem Zusammenhang nicht übersehen, daß auch für den Kroisoslogos selbst, wo nach Schadewaldt die Geschichte im Gegensatz zum Mythos beginnen soll, eben diese Unterscheidung problematisch erscheint. Herodot zögert ja nicht, im nachhinein auf die ältere lydische Geschichte einzugehen und noch ausführlich, und zwar *auch* mit Anspruch auf Glaubwürdigkeit, über Gyges und Kandaules zu berichten, wenn allerdings wiederum mit einer stillschweigenden rationalistischen Korrektur: Das sicher der alten sagenhaften Überlieferung zuzurechnende Motiv von dem Ring des Gyges, der seinen Träger unsichtbar macht, bleibt bei Herodot bekanntlich außer Betracht. Vgl. hierzu sowie zu weiteren, in den Bereich des Moralischen gehenden Veränderungen der Geschichte durch Herodot F. Stoessl, Gymnasium 66 (1959), 481 ff. — Völlig zutreffend ist die Feststellung von R. W. Macan, C. A. H. V (1953), 405:"... a Heracles, a Theseus, a Minos are historical figures for him (scil. für Herodot), as for Thucydides."

[26] Daß Herodot auch über Kroisos, Kyros, Polykrates usw. viel berichtet, was der rückblickende Althistoriker nicht als geschichtlich betrachten kann, soll dabei nicht unberücksichtigt bleiben. — Betreffend die neuere Tendenz, Herodot zwischen Sage und Geschichte grundsätzlich unterscheiden zu lassen, vgl. außer Schadewaldt und den anderen schon Anm. 24 genannten älteren Autoren etwa K. Reinhardt bei Marg, 322. M. Gigante bei Marg, 280. H.-F. Bornitz, Herodot-Studien. Beiträge zum Verständnis der Einheit des Geschichtswerkes (1968), 174 und neuerdings bes. A. Heuß, Motive von Herodots lydischem Logos, in: Hermes 101 (1973), 385 ff., siehe vor allem 387 f. und 417. Gleich Schadewaldt versteht Heuß Herodot unrichtig, wenn er die Stelle I 5,3 mit den folgenden eigenen Worten wiedergibt (387): „Die Feindschaft Asiens gegen die Griechen fängt nicht mit Troja an. Ich kenne den wirklichen Einsatz." Man braucht nicht die bekannten Erörterungen über Helena und Troja im ägyptischen Logos (II 115 ff.) mit heranzuziehen, um zu erkennen, daß Herodot an der Historizität des Krieges der Achäer gegen die Trojaner keinen Augenblick zweifelte, wie es Heuß anzunehmen scheint, wenn er Herodot offensichtlich die Meinung zuschreibt, daß es in den Zeiten vor Kroisos keine Feindseligkeiten zwischen den Hellenen und Barbaren gegeben habe. Vgl. außer Schadewaldt und Heuß auch etwa die Feststellung von A. Lesky, daß Herodot „im Eingange seines Werkes der epischen Welt gegenüber einen kräftigen Grenzstrich" ziehe (Geschichte der griechischen Literatur, ³1971, 364 f.).

men, doch konnte die Gegenseite die Position, die sie vor allem durch das energische Eintreten des Ägyptologen *W. Spiegelberg* für die Glaubwürdigkeit des genannten Logos errang[27], aufs Ganze gesehen bis in die neueste Zeit behaupten, wie u. a. die eingangs behandelte Schrift *F. Oertels* erkennen läßt[28].

Nun ist sicher richtig, daß einige Kritiker mit ihrer Vermutung, Herodot sei überhaupt nicht in Ägypten, jedenfalls nicht in Oberägypten, gewesen, über das Ziel hinausschossen, und richtig ist des weiteren, daß die Angaben Herodots über die Sitten und Bräuche der Ägypter ebenso auf großenteils zutreffende Beobachtungen bzw. Erkundigungen zurückgehen wie die diesbezüglichen die Libyer, die Skythen, die Thraker usw. betreffenden Angaben.[29] Aber das ändert nichts an der in diesem Zusammenhang sehr schwer wiegenden Tatsache, daß sich in den Partien des ägyptischen Logos, in denen, in der Sicht Herodots, von eigentlich geschichtlichen Ereignissen die Rede ist, die 'Novellen' mit sagen- und märchenhaften Inhalten häufen. Spiegelberg und seine Nachfolger erkennen das sehr wohl. Was sie jedoch übersehen, ist zunächst dies, daß auch außerhalb der novellistischen und anekdotenartigen Abschnitte Herodot praktisch nichts bietet, was als zuverlässiges Material zur Rekonstruktion der historischen Geschehnisse, soweit es sich jedenfalls nicht um solche der Spätzeit handelt, verwendbar wäre. Und sie übersehen vor allem: Gleich den übrigen in Novellenform gebrachten mythischen Erzählungen im herodoteischen Werk erheben auch die des ägyptischen Logos den Anspruch, von wirklichen geschichtlichen Ereignissen zu handeln, also einen Anspruch, der ihnen tatsächlich evidenterweise nicht zukommt. Die Formel, auf welche einer der Nachfolger Spiegelbergs, *E. Lüddeckens*[30], seine Auffassung bringen möchte, wirft auf die Schwäche der Position dieser Forscher ein helles Licht: Herodot biete — im ägyptischen Logos — nicht „Geschichte", sondern „Geschichten". Kann Lüddeckens hinzu-

---

[27] W. Spiegelberg, Die Glaubwürdigkeit von Herodots Bericht über Ägypten im Lichte der ägyptischen Denkmäler (Orient und Antike, hrsg. von G. Bergsträsser und O. Regenbogen, Heft 3, 1926).

[28] Vgl. oben S. 221 ff. — Einen bis in den Anfang der fünfziger Jahre reichenden kurzen Forschungsbericht (mit eigener positiver Stellungnahme zu der Frage der Glaubwürdigkeit) bietet E. Lüddeckens, Herodot und Ägypten, in: Zeitschrift der deutschen morgenländischen Gesellschaft 104, NF 29 (1954), 330 ff. (= Marg, 434 ff.). Ergänzend zu nennen vor allem M. Kaiser, Herodots Begegnung mit Ägypten, in: Sitzungsber. Sächs. Akad. Wiss., phil.-hist. Kl. Bd. 113, Heft 5 (1968), 205 ff. (mit sehr positiver Stellungnahme zu Spiegelberg: 208 Anm. 2). — Ein treffliches Beispiel für kritische Einstellung gegenüber den Angaben in Herodots 2. Buch (mit besonderer Berücksichtigung der Ausführungen Herodots über die Äthiopier): T. Säve-Söderbergh, Zu den äthiopischen Episoden des Herodot, in: Eranos 44 (1946), 68 ff.

[29] Vgl. darüber Näheres unten S. 246 ff.

[30] Herodot und Ägypten, 345 (= Marg, 452).

fügen, daß in diesen Geschichten Herodot letzten Endes dann doch Geschichte bietet? Und was soll es heißen, wenn gelegentlich schon in der älteren Forschung, allgemein mit Bezug auf Herodot, von den „vielen kleinen Geschichten, die er mit leichter Hand um die Pfeiler seines historischen Baus schlingt", die Rede ist, womit doch gewiß — im Falle des ägyptischen Logos wie sonst — die Existenz eines historischen Baues außerhalb des Bereiches der „Geschichten" vorausgesetzt wird?[31]

Was den ägyptischen Logos und seinen historischen Gehalt betrifft, so liegt es natürlich nahe, die hier gegebenen Probleme nicht isoliert zu behandeln, sondern sie in einen größeren Zusammenhang zu stellen, sie also insbesondere mit der Frage nach dem historischen Gehalt der Angaben Herodots über die Verhältnisse im zweiten altorientalischen Kulturbereich, dem mesopotamischen, zu koppeln. Dazu hier nur so viel: Gleich den Abschnitten über Ägypten enthalten auch die über das Zweistromland richtige, wenn freilich im einzelnen mancher Korrekturen bedürftige Informationen, soweit es sich um den Bereich der Sitten, der kultischen Gebräuche usw. handelt, während allerdings die Erzählungen Herodots über (wirkliche oder angebliche) historische Persönlichkeiten und ihre Taten im Zweistromland, angefangen bei Semiramis und Nitokris bis Dareios I., keine Möglichkeit zur Rekonstruktion der Geschichte des Zweistromlandes in den betreffenden Zeitabschnitten ergeben. Man lese unter diesem Gesichtspunkt etwa die Erzählung III 151 ff. über die Belagerung von Babylon durch den genannten Perserkönig. Nur die Tatsache als solche, daß Dareios Babylon belagerte, kann vor dem kritischen Blick des Historikers bestehen, alles sonstige gehört in den Bereich von Sage bzw. Novelle, ohne daß jedoch der Anspruch auf geschichtliche Realität aufgegeben wäre. Daß nach dem Befund der Ausgrabungen auch die Angaben Herodots über die Größe Babylons, über die Maße der dortigen Zikkurat und andere in dieselbe Richtung gehende

---

[31] W. Schmid — O. Stählin, Geschichte der griechischen Literatur, 604 (vgl. allerdings 605, wo — viel richtiger — vom „historischen Rahmen" gesprochen wird, der „zumal in den beiden ersten Büchern oft fast ganz von solchem Beiwerk ausgefüllt" werde, „wo dem Historiker die in vollem Sinne historischen Tatsachen fehlen".) — J. Cobet, Herodots Exkurse und die Frage der Einheit seines Werkes, 155 stellt dem oben im Text zitierten Satz von Schmid — Stählin den sozusagen umgekehrten Satz W. Schadewaldts (aus einer Tübinger Herodot-Vorlesung) an die Seite: Die Novellen bei Herodot tragen „wie Pfeiler den Überbau des historischen Geschehens". Wir fügen, im Bild bleibend, hinzu: Nur haben eben die Pfeiler oft genug nichts zu tragen. Übrigens zeigt sich hier wie sonst, daß es in gewisser Hinsicht irreführend ist und zu falschen Schlüssen verleitet, wenn wir uns angewöhnt haben, die herodoteischen Geschichten als 'Novellen' zu bezeichnen. Während besagte Geschichten, wie wir wissen, im Prinzip Anspruch auf Glaubwürdigkeit erheben, gilt für eine Erzählung, die heute unter dem Namen 'Novelle' läuft, diese Feststellung nicht.

Angaben einer Überprüfung durch die Archäologen nicht standhielten, ist in unserem Zusammenhang von geringerer Wichtigkeit, sollte aber doch nicht übergangen werden.[32]

Das Ergebnis, zu dem uns die Auseinandersetzung mit Forschern, die Herodot mehr oder weniger als ihresgleichen betrachten, hinsichtlich der Glaubwürdigkeit des herodoteischen Werkes, von den Partien über das zeitnahe Geschehen der Perserkriege, welche natürlich — nach wie vor — den Kern und Hauptteil des ganzen Werkes ausmachen, abgesehen, führte, kann übrigens um so weniger schockieren (und die Grundlage für ein negatives Werturteil über Herodot abgeben!), als es in anderen Bereichen der Weltgeschichte an Männern nicht fehlt, die sich, auf etwa der gleichen Stufe kultureller Entwicklung stehend, in ganz entsprechender Weise mit der Vergangenheit beschäftigten, also ebenso wie Herodot Geschichtliches und Sagenhaftes, letzteres auch oft in novellistischer Form, vermengten, ohne jedoch hinsichtlich des Anspruchs auf Glaubwürdigkeit einen Unterschied zu machen. Man studiere unter diesem Gesichtspunkt nur die Bücher ›Samuel‹, die sicher auf ein — nach den für diese Welt gültigen Maßstäben gemessen — bedeutendes Geschichtswerk zurückgehen[33], oder die Werke, die am Anfang der bekanntlich außerordentlich umfangreichen chinesischen Historiographie stehen. Selbst ein Werk wie die — den Zeitraum von 585 bis 470 v. Chr. behandelnde — ›Chronologische Geschichte der Staaten Wu und Yüeh‹, das sich schon im Titel als nüchterne Darstellung von geschichtlichen Vorgängen auszuweisen scheint, ist in Wirklichkeit völlig durchsetzt von sagenhaften Erzählungen, ja ein großer Abschnitt des Werkes bietet nichts anderes als eine Art Brüdergeschichte, die so viele Brüdermärchen-Motive aufweist, daß sogar die bloße Historizität der beiden Hauptpersonen dieses

---

[32] Siehe darüber vor allem H. Schmökel, Kulturgeschichte des Alten Orients (1961), 3 ff. Zweifellos würde eine umfassende Ausgrabung im Bereich von Ekbatana auch ein völlig anderes Bild ergeben, als Herodot (I 98) es von dieser Stadt und ihrer Anlage in sieben (!) konzentrischen Mauerringen entwirft. Momigliano berücksichtigt diese Dinge (und das, was sich über den geringen Wahrheitsgehalt der Angaben von vermeintlich geschichtlichen Vorgängen in der orientalischen Welt sagen läßt, vgl. die Ausführungen im Text) zu wenig, wenn er über Herodot als „Historiker des Ostens" schreibt: „Im letzten Jahrhundert haben Orientalisten Herodot mit Hilfe der Archäologie und der Kenntnis von Sprachen überprüft, die er nicht verstehen konnte. Sie haben klargelegt, daß er getreu beschrieben hat, was er sah, und ehrlich berichtet, was er hörte "(A. Momigliano, The Place of Herodotus in the History of Historiography, in: Studies in Historiography, 1966, 128 f. = Marg, 139). Richtig an diesen Feststellungen ist gewiß der Hinweis auf die Ehrlichkeit von Herodots Berichterstattung.

[33] Vgl. dazu Ed. Meyer, Die Israeliten und ihre Nachbarstämme (1906), 484 ff. Ders., Geschichte des Altertums II 2 (³1953), 284 ff. M. Noth, Geschichte Israels (1954), 202 ff. und besonders B. Luther bei Ed. Meyer, Die Israeliten, 181 ff.

Abschnitts fragwürdig erscheint.³⁴ Kaum anders liegen die Dinge hinsichtlich des berühmtesten Werkes der älteren chinesischen Historiographie, des Geschichtswerkes ›Schi-ki‹ des Sse-ma Ts'ien.

II

Wir kommen nunmehr zu einem zweiten Teil dieser Untersuchung. Die eingangs aufgeworfene Frage, wie es möglich ist, daß die Diskrepanzen in bezug auf die Beurteilung Herodots und seines Werkes heute — nach vielen Jahrzehnten intensiver Forschung — noch immer groß sind, ist mit den obigen Ausführungen noch keineswegs vollständig beantwortet. Es erscheint angezeigt, unter diesem Blickwinkel noch insbesondere die folgenden weiteren Punkte herauszustellen.

a) Der Grundsatz, daß jeder, der sich mit Herodot beschäftigt, die Ergebnisse der älteren einschlägigen Forschung berücksichtigt, indem er sie entweder in seine eigene Arbeit einbaut oder aber ihre Unhaltbarkeit nachweist, dieser Grundsatz wird nicht selten vernachlässigt. Freilich handelt es sich hierbei nicht um eine Erscheinung, die speziell für die Herodotforschung typisch wäre. Wir begegnen ihr vielmehr, mehr oder weniger häufig, auch sonst in den wissenschaftlichen Bereichen.

b) Es werden einzelne Beobachtungen bzw. Feststellungen verallgemeinert, und zwar auch dann, wenn andere Beobachtungen und Überlegungen die Fragwürdigkeit solchen Vorgehens und damit die Hinfälligkeit der durch die Generalisierungen gewonnenen Ergebnisse klar erweisen. Natürlich gilt auch diese Feststellung nicht nur für die Herodotforschung.

c) Man arbeitet mit Klischeevorstellungen, die bei näherem Zusehen nichts weiter für sich haben, als daß sie auf ein mehr oder weniger ehrwürdiges Alter zurückblicken können, die somit unverbindlich sind und dennoch immer wieder einen nicht geringen Teil der einschlägig Forschenden in ihren Bann ziehen. Unnötig zu betonen, daß wir es wiederum nicht mit einem Spezifikum der Herodotforschung zu tun haben.

Was den ersten dieser Punkte, also II a, betrifft, so wäre es nicht schwer, an Hand von mehreren Beispielen zu zeigen, daß sich selbst Große der Wissen-

---

³⁴ Eine deutsche Übersetzung des genannten Werkes wurde vor wenigen Jahren von dem Sinologen W. Eichhorn unter einem etwas irreführenden Titel herausgebracht: Heldensagen aus dem unteren Yangtse-Tal (Wu-Yüeh Ch'un-Ch'iu), Abhandlungen für die Kunde des Morgenlandes XXXVI 2 (1969). Der Übersetzer weist in seiner Einführung mit Recht darauf hin, daß das Werk „eigentlich Anspruch darauf erhebt, historisch ernst genommen zu werden" und daß es demgemäß in den „chinesischen Bibliographien" auch als Geschichtswerk rangiert, tatsächlich aber „eine Kompilation von Legenden, Episoden, Anekdoten usw." darstellt.

schaft wie sonst, so auch hier nicht immer darum bemühten, neue Thesen von Mitforschern auf ihre Richtigkeit hin zu überprüfen, und sie anstatt dessen unbeachtet ließen oder mit einem kurzen und inhaltlich leeren Verdikt belegten, womit sie zweifellos dazu beitrugen, daß sich manche wertvolle Beobachtung oder Erkenntnis nicht durchzusetzen vermochte oder früher oder später wieder vergessen wurde. Wir wollen diesen Dingen hier jedoch keinen breiten Platz einräumen[35] und uns darauf beschränken, eine in diesen Zusammenhang gehörende Beobachtung, die D. Fehling machte[36] und die vom wissenschaftsgeschichtlichen Standpunkt aus betrachtet vielleicht besonders bemerkenswert erscheint, im folgenden kurz zu behandeln.

Im Zuge ausführlicher Erörterungen, in denen Fehling überzeugend darlegt, daß Herodot mit fingierten Gewährsmännern arbeitet (vgl. oben S. 229ff.), verfehlt der genannte Gelehrte nicht, darauf hinzuweisen, daß diese seine Einsicht keineswegs neu ist, sondern sich vielmehr bis in die Frühzeit der Herodotforschung zurückverfolgen läßt. In einer 1885 erschienenen Dissertation › Quaestionum de historiae Herodoteae fontibus pars prima‹ wird sie schon von *H. Panofsky* vertreten. Siebzehn Jahre später erscheint sie zum zweiten Mal in *F. Wipprechts* bereits mehrmals zitierter Schrift › Zur Entwicklung der rationalistischen Mythendeutung bei den Griechen‹ (siehe besonders 29f.). Knappe zwanzig Jahre danach macht sich *E. Howald* zu ihrem Sprecher[37], und nach einem weiteren Dezennium begegnet sie uns erneut bei *F. Dornseiff*[38], um dann schließlich wieder bei *D. Fehling*, 1971, aufzutauchen, welch letzterem nun auch nicht verborgen blieb, daß keiner der aufgezählten Vorgänger seinerseits seine Vorgänger erwähnt[39]. Fehling hätte hinzufügen können: Von den sonstigen Männern, die

---

[35] Nur anmerkungsweise zwei Beispiele dafür, wie einzelne Thesen von führenden Männern der Herodotforschung nicht widerlegt, sondern ohne Begründungen zurückgewiesen werden: Ed. Meyer, Forschungen zur Alten Geschichte I, 201 f. (gegen E. Maass). F. Jacoby, RE Suppl. 2, 364 (gegen A. Kirchhoff). 395 ff. (gegen namentlich nicht genannte Autoren). 403 (gegen H. Panofsky, vgl. die weiteren Ausführungen im Text).

[36] D. Fehling. Die Quellenangaben bei Herodot, 39 mit Anm. 1 und passim.

[37] Ionische Geschichtsschreibung, in: Hermes 58 (1923), 113 ff., siehe bes. 143. Dazu: Vom Geist antiker Geschichtsschreibung, 35 ff.

[38] Die archaische Mythenerzählung. Folgerungen aus dem homerischen Apollonhymnos (1933), 87. Allerdings scheint Dornseiff die Fiktion nicht auf das eigene Konto Herodots zu setzen, sondern auf das von irgendwelchen griechischen Vorgängern. Zugleich verkennt er, daß wir es mit einem ernst gemeinten Versuch zu tun haben, die alten Sagen zu korrigieren und solcherart den wirklichen Hergang der Ereignisse zu rekonstruieren („Das sind doch alles griechische witzige Erfindungen").

[39] Fehling übersah allerdings, daß auch W. Schmid — O. Stählin in ihrer ›Geschichte der griechischen Literatur‹ (II 627 Anm. 3, vgl. 648) mit fingierten Gewährsmännern bei Herodot rechnen und in diesem Zusammenhang immerhin die Schrift von F. Wipprecht zitieren.

sich mit einschlägigen Problemen in den seit dem Erscheinen von Panofskys Dissertation vergangenen Zeiten beschäftigten, sah sich keiner veranlaßt, die schließlich nicht ganz belanglose Frage, ob Panofsky und seine Nachfolger etwa recht haben, wirklich zu erörtern, wenn man von einzelnen ganz summarischen Bemerkungen, die im Zusammenhang nichts ausgeben, absieht.[40] Der Fall bietet wohl ein besonders krasses Beispiel, aber eben doch ein Beispiel dafür, daß sich der 'Fortschritt der Wissenschaft' nicht immer so vollzieht, wie man es erwarten möchte und wohl vielerorts auch wirklich erwartet.

Hinsichtlich der unter II b getroffenen Feststellung, daß (auch) die Herodotforschung hin und wieder mit unzulässigen Verallgemeinerungen arbeitet, muß es genügen, die hier gegebene Situation an einer Auffassung zu exemplifizieren, die jedem Herodotforscher wohlbekannt ist und sicher von vielen, die heute dieses Feld beackern, geteilt wird: Kein Geringerer als *W. Schadewaldt* sah in seinem schon zitierten Aufsatz ein ganz besonderes Charakteristikum Herodots darin, daß sich dieser verpflichtet fühlte, alles das, was er in Erfahrung bringen konnte, seinen Hörern und Lesern mitzuteilen, und zwar auch dann, wenn er sich selbst der Glaubwürdigkeit der Berichte nicht sicher war.[41]

Es soll nun nicht bestritten werden, daß es Herodot an der hier gleichsam als Kronzeuge fungierenden, in der letzten Anmerkung zitierten Stelle ganz ehrlich meinte und dementsprechend das übrigens auch sonst innerhalb und außerhalb der Wissenschaft nicht ungewöhnliche Bedürfnis häufig verspürte, sein ganzes Wissen zu Papier zu bringen, auch wenn er von der Zuverlässigkeit der eingeholten Informationen nicht hundertprozentig überzeugt war. Aber die Meinung, daß wir hier einen wichtigen Ansatzpunkt zur Erfassung einer für den Historiker Herodot besonders charakteristischen Haltung haben, läßt sich von anderen Beobachtungen her als unhaltbar, d.h. als Ergebnis einer unzulässigen Verall-

---

[40] Ein Beispiel (außer den bereits oben Anm. 35 genannten) bietet die gegen E. Howald gerichtete Feststellung von H. Patzer, Gnomon 25 (1953), 213: „Daß Herodot Quellenautoren für die λεγόμενα schlankweg erfinde, ist als dem Grundsatz der ἱστορίη strikt widersprechend ganz unwahrscheinlich". Man muß den Satz umkehren: Wenn der Gedanke, daß Herodot mit fingierten Gewährsmännern arbeitet, unabweisbar erscheint, sind wir genötigt, unsere Vorstellung von den Grundsätzen Herodots, die wir ja nur aus dem Werk selbst gewinnen können, zu korrigieren.

[41] W. Schadewaldt, Hellas und Hesperien I² 574f. (= Marg, 114) mit besonderer Berufung auf Herod. VII 152 (ἐγὼ δὲ ὀφείλω λέγειν τὰ λεγόμενα, πείθεσθαί γε μὲν οὐ παντάπασιν ὀφείλω καί μοι τοῦτο τὸ ἔπος ἐχέτω ἐς πάντα λόγον). Vgl. aber auch schon etwa F. Jacoby, RE Suppl. 2, 472f., wo der erwähnten Stelle bereits eine ähnliche Rolle zugewiesen wird wie bei Schadewaldt. Die gleiche Situation bei W. Kranz, Geschichte der griechischen Literatur (⁴1960), 125, sowie bei W. M. von Leyden, Spatium Historicum, in: Durham University Journal NS 11 (1949/50), 93f. (= Marg, 174). Vgl. auch A. Lesky, Geschichte der griechischen Literatur (³1971), 364.

gemeinerung, die hier allerdings durch Herodots eigene Formulierung (vgl. Anm. 41) nahegelegt wird, erweisen. Schon *Jacoby* (RE Suppl. 2, 473 f.) stellte, ohne offenbar dabei an seiner hohen Einschätzung des λέγειν τὰ λεγόμενα irre zu werden (vgl. Anm. 41), fest, daß Herodot „nicht alles (gibt), was ihm überliefert ist, sondern vielleicht nur das, was er davon glaubt" und seine Kritik sich — entgegen dem VII 152 aufgestellten Grundsatz — nicht zuletzt „im Verschweigen und Unterdrücken der verworfenen Traditionen äußert". Die Richtigkeit dieser Feststellung läßt sich schon an Hand der einleitenden Kapitel des ersten Buches dartun. Oder darf man wirklich behaupten, daß Herodot etwa die Geschichte von Io, wie sie in Griechenland erzählt und von Aischylos dichterisch gestaltet wurde und wie wir sie heute in jedem Handbuch der griechischen Mythologie nachlesen können, nicht bekannt war? Das Werk Herodots enthält, wie des weiteren zu konstatieren ist, zahlreiche Stellen, an denen unser Autor *expressis verbis* erklärt, daß er die Namen bestimmter Personen, die in seinem Bericht eine Rolle spielen, zwar kennt, aber nicht nennen will, oder an denen er es ausdrücklich ablehnt, ihm bekannte Geschichten, angefangen bei bestimmten ἱεροὶ λόγοι bis zu solchen, von denen er konstatiert, daß sie andere vor ihm bereits erzählt haben, mitzuteilen.[42]

Die oben unter II c erwähnten Klischeevorstellungen, die eine weitere Verunsicherung der neueren Herodotforschung mit sich bringen, betreffen vor allem die häufig sich findenden problematischen Typisierungen der Völker und ihrer geistigen Haltung und die Schlüsse, die die betreffenden Forscher daraus für Herodot bzw. einzelne Partien seines Werkes ziehen. Natürlich ist die Meinung richtig, daß die ›Verfassungsdebatte‹ III 80ff., entgegen einer ausdrücklichen Erklärung Herodots (III, 80, 1, vgl. dazu VI 43,3), nicht authentische Reden von Persern wiedergibt, sondern nur von einem Griechen des 5. Jh., wahrscheinlich doch wohl von Herodot selbst, konzipiert sein kann.[43] Aber ein Versuch, wie ihn etwa *Reinhardt* in seiner vielzitierten Abhandlung über Herodots Persergeschichten unternahm[44], Griechisches und Persisches bei Herodot mit Hinweis auf für die einen und anderen typische Verhaltensweisen und Einstellungen auseinanderzubringen, arbeitet mit Klischeevorstellungen, über deren Richtigkeit man verschiedener Meinung sein kann, die also keine Grundlage für die Gewinnung von neuen, auch für andere verbindlichen Ergebnissen bieten. Nach Rein-

---

[42] Siehe bes. II 3. 47f. 51. 65. IV 43. VI 55 (Herodot will uns erzählen, was andere noch nicht berichtet haben). Vgl. auch eine Stelle wie V 72: Herodot könnte über die Taten des Timesitheos aus Delphi vieles erzählen (scil. wenn er wollte, aber er will nicht, warum nicht, bleibt offen). VII 96 und 99 übergeht Herodot die Namen der meisten persischen Flottenkommandanten, weil er ihre Aufzählung für unnötig hält.

[43] Vgl. dazu oben Anm. 22.

[44] K. Reinhardt, Vermächtnis der Antike. Gesammelte Essays zur Philosophie und Geschichtsschreibung, hrsg. von C. Becker (1960), 133ff. (= Marg, 320ff.).

hardt (bei Marg, 330) wäre etwa als „zutiefst" ungriechisch, daher Produkt „persischer Erzählkunst", in der Gygesgeschichte (I 8 ff.) zu betrachten: „Menschentorheit zeigt sich in ironischen Situationen, doch es fehlt ihr der Bezug zu einer göttlich waltenden Macht über ihr." In den Reden des Rates der persischen Großen, in denen es um die Frage des von Xerxes geplanten Feldzuges gegen die Griechen geht (VII 8 ff.), hätte als griechisch zu gelten u. a. „ihre (scil. besagter Reden) Gnomik" und die „auf sich selbst deutende Hybris der enthüllenden Gebärde...", als persisch dagegen „und nur aus persischem Vasallenwesen zu begreifen" die abschließende Partie in der Rede des Artabanos (VII 10), „Mardonios möge ziehen, doch ohne Xerxes; er selbst und Mardonios sollen ihre Kinder und sich selbst als Pfand dem Könige übergeben; wenn Mardonios siegt, so soll Artabanos mit seinen Kindern sterben, unterliegt er, so Mardonios mit den seinen". Wenn Reinhardt damit sagen will, daß dieser Gedanke — im Gegensatz zu anderen in den gleichen Reden geäußerten Gedanken — nicht von einem Griechen, etwa Herodot selbst, konzipiert worden sein könne, so bewegen wir uns damit in einem Bereich, wo Zustimmung oder Ablehnung im Grunde wirklich nur Geschmackssache ist. Zu einer nicht bloß gefühlsmäßigen Ablehnung muß man freilich gelangen, wenn Fehling die Angabe IV 180,5, wonach die libyschen Machlyer von ihrer Göttin Athene behaupten, daß sie eine Tochter des Poseidon und des Tritonisees sei, als eine „ganz typische griechische Konstruktion" bezeichnet[45]. Natürlich sind die Namen griechisch — Herodot selbst weiß offensichtlich, daß die Göttin bei ihrem Volk einen anderen Namen hatte! —, doch entspricht der Bericht in sachlicher Hinsicht durchaus der Mentalität eines Volkes, in welchem Vorstellungen lebendig waren, die bei den Griechen des 5. Jh. allenfalls noch als 'survivals' in Erscheinung treten, wie die, daß Seen und

---

[45] D. Fehling, Die Quellenangaben bei Herodot, 39, vgl. 34 Anm. 2. Auch an einer anderen Stelle spürt man die — übrigens ähnlich in J. Vogts Aufsatz über ›Herodot in Ägypten‹ (Marg, 412 ff., siehe bes. 419 ff.) sich bemerkbar machende — Neigung, gewisse Vorgangsweisen Herodots als typisch griechisch zu betrachten, obwohl es sich tatsächlich um Dinge handelt, die man auf bestimmten Kulturstufen allenthalben antrifft: S. 83 sieht Fehling in der herodoteischen Tendenz, Sagen zu rationalisieren, etwas typisch Griechisches. Man kann demgegenüber sagen, daß das Bedürfnis, eine Sage entweder zu rationalisieren oder aber zu allegorisieren, überall dort auftritt, wo man nicht mehr imstande ist, die betreffenden Sagen so, wie sie überliefert sind, als 'wahre Geschichten' zu akzeptieren, man aber andererseits ihr Wesen eben als Sage noch nicht erfaßt hat. Dieses Bedürfnis läßt sich in Ansätzen bis zu den Ägyptern des Neuen Reiches zurückverfolgen. Die Überlieferung des Alten Testaments und des Korans konnte ihm ebensowenig entgehen wie die alte griechische Sagentradition, und noch im neuzeitlichen Japan versuchte man, sich durch entsprechendes Vorgehen, konkret gesagt durch Rationalisierung oder allegorische Deutung der alten Mythen mit Hilfe des Gedankengutes des Konfuzianismus, die positive Einstellung zu besagten Mythen, die man längst nicht mehr 'glauben' konnte, zu erhalten.

etwa Flüsse, Quellen, Berge, Bäume usw. mit weiblichen oder auch männlichen Gottheiten identisch seien.

III

Der letzte Hinweis führt uns zu einem dritten, abschließenden Kapitel, das allerdings insofern außerhalb unseres engeren Themas liegt, als es in ihm primär nicht um das neuere Schrifttum über Herodot geht, sondern um Herodot selbst.

In den obigen Ausführungen war mehrere Male davon die Rede, daß zwar jeder Versuch zum Scheitern verurteilt ist, aus den einschlägigen Partien des herodoteischen Werkes einen Einblick in die wirklichen geschichtlichen Vorgänge bei fremden Völkern zu gewinnen, daß aber andererseits den Angaben Herodots über Kultbräuche, Begräbnissitten, tägliche Gewohnheiten usf. ein hoher Grad von Zuverlässigkeit bzw. Wahrscheinlichkeit zukommt.[46] Das ergibt sich, soweit die betreffenden Völker nicht über eigene zur Kontrolle geeignete schriftliche Überlieferung verfügen, klar aus einem Vergleich besagter Angaben mit Aussagen von Bodenfunden, wie sie etwa für den skythisch-südrussischen Bereich heute in großem Umfang vorliegen. Es kommt aber noch hinzu ein reiches ethnologisches Vergleichsmaterial, über dessen Aussagewert in solchem Zusammenhang heute weniger denn je ein Zweifel sein kann. Dieses Material hat eine besondere Funktion dort, wo Herodot über Dinge berichtet, die ihm selbst im Grunde nicht verständlich waren oder die er falsch verstand, und die auch wir nicht verstehen könnten oder mißverstehen müßten, wenn wir nicht in der Lage wären, Parallelen aus Bereichen rezenter Primitiv- oder halbzivilisierter Völker aufzuzeigen und von hier aus zu einem richtigen Verständnis der Dinge zu gelangen.

Worum es konkret geht, läßt sich etwa an dem oben schon zitierten Bericht Herodots (IV 180) über die Machlyer und ihr 'Athena'-Fest dartun. Der Bericht setzt uns zunächst darüber ins Bild, daß alljährlich bei dem Fest einer Göttin, die Herodot und offenbar schon die Machlyer selbst mit Athene identifizierten, die Mädchen des genannten Stammes (und eines Nachbarstammes) aufeinander losgingen, wobei es unter Umständen Tote gab, die dann von den Machlyern als falsche Jungfrauen bezeichnet wurden. Herodot erfuhr über diesen Kampf, wie er es selbst darstellt, nichts weiter, als daß es ein alter Brauch gewesen sei. Hier ist klar: Besagte Angaben kann sich weder Herodot noch ein anderer Grieche aus den Fingern gesogen haben. Er bezieht sich auf einen — von Herodot nicht verstandenen — Brauch, der uns mit einer den Ethnologen in verschiedenen Formen bekannten Verhaltensweise konfrontiert: Es traten, in unserem Fall, Mädchen gegeneinander an, von denen erwartet wird, daß sie noch unberührt sind; dieser

---

[46] In diese Richtung gehende Betrachtungen finden wir bereits bei E. Howald, Ionische Geschichtsschreibung, in: Hermes 58 (1923), 139f.

Unberührtheit versichert man sich durch ein Gottesurteil, das im Prinzip den Ordalen zuzurechnen ist, die wir in verschiedenen Formen und mit verschiedenen Inhalten noch in der heutigen Zeit bei sogenannten Altvölkern antreffen und die bekanntlich auch den frühen Hochkulturen und der griechisch-römischen Antike nicht fremd waren, wenn sie uns hier, bei den Griechen und Römern, auch nur noch als 'survivals' begegnen. Einen Platz ganz in der Nähe von jenem die libyschen Jungfrauen betreffenden Gottesurteil könnte vielleicht der bei Properz (IV 8,2 ff.) und Aelian (nat. an. XI 16) überlieferte Brauch haben, für bestimmte kultische Handlungen zu Ehren der Iuno Sospita in Lanuvium Mädchen einzusetzen, die von Schlangen tödlich gebissen wurden, falls sie — offenbar entgegen den Vorschriften — nicht mehr jungfräulich waren.

Gleich der behandelten Angabe kann auch der weitere Bericht Herodots, stellt man ihn in einen großen historisch-ethnologischen Zusammenhang, volle Glaubwürdigkeit beanspruchen: Von den Mädchen, die aus jenem Kampf heil hervorgingen, wird die Schönste ausgewählt, in eine griechische Rüstung mit korinthischem Helm gesteckt und in feierlichem Zug auf einem Wagen um den Tritonissee herumgefahren. Also ein Ritus, den sich wiederum weder Herodot noch irgendein etwaiger griechischer Gewährsmann des letzteren ausgedacht haben kann und der seinen Platz hat im weiten Bereich der kultischen Umzüge und Umfahrten, wobei die betreffenden Gottheiten entweder mit der herumgetragenen oder -gefahrenen Kultstatue — man denke etwa an Nerthus bei den Germanen und an Min und Amon bei den Ägyptern! — oder aber mit einem Menschen, der für die Festzeit oder für die Dauer als Inkarnation der fraglichen Gottheit gilt, identifiziert werden.[47]

Die an das im Mittelpunkt des besagten Umzuges stehende libysche Mädchen gerichtete Forderung der Jungfräulichkeit kann verschiedene Gründe gehabt haben, so etwa den, daß der beschriebene Ritus eine 'heilige Hochzeit', von der freilich Herodot nichts berichtet, miteinschloß oder auch einfach den, daß sich hier die Forderung nach kultischer Reinheit mit der Forderung nach Unberührtheit verband. Auf jeden Fall ist die Forderung nach Jungfräulichkeit und kultischer Keuschheit wiederum eine weltweit verbreitete Erscheinung, die natürlich nichts mit den in diese Richtung gehenden späteren christlichen Idealen zu tun hat und oft Beziehungen zum Fruchtbarkeitskult aufweist, die man, von unserem Standpunkt aus gesehen, kaum erwarten möchte. Daß auch Athene, also die griechische Göttin, mit der die Machlyer ihre weibliche Hauptgottheit identifizierten, in früher Zeit mit Fruchtbarkeitskult zu tun hatte, ist eine wohlfundierte Meinung, die schon des öfteren im neueren Schrifttum geäußert wurde.

---

[47] Einen knappen Überblick über die Verbreitung und Bedeutung kultischer Umzüge allgemein bietet J. Leipoldt, Von Epidauros bis Lourdes. Bilder aus der Geschichte volkstümlicher Frömmigkeit (1957), 173 ff.

Interessanter sind für uns die gemeinsamen Komponenten, die sich zeigen, wenn wir das Fest bei den Machlyern mit fernöstlichen auf Fruchtbarkeit sich beziehenden Kultfeiern vergleichen, so etwa mit dem Reispflanzfest, das in bestimmten Gegenden heute noch in Japan gefeiert wird und über welches uns ein eingehender Bericht von berufener Seite[48] informiert.

Das Fest beginnt mit einer Prozession, an der auch sechs Reispflanzer und sechs Reispflanzerinnen teilnehmen. Die letzteren — etwa fünfzehn bis sechzehn Jahre alt — müssen noch jungfräulich sein und dürfen nicht gerade ihre Menstruation haben. Der weitere Bericht (siehe bes. S. 426ff. der Anm. 48 zitierten Schrift) deutet darauf hin, daß eines der genannten Mädchen, das beim Festmahl einen besonderen Platz erhielt (und vielleicht die Schönste war?), früher mit der Reisgöttin selbst identifiziert wurde. Entsprechendes ließe sich für ein Reisfest auf Bali wahrscheinlich machen. Also 'lebende Göttinnen', wie es eine solche bekanntlich heute noch in Kathmandu in Nepal gibt: ein Mädchen, das allerdings vor der ersten Menstruation seinen Platz einer Nachfolgerin räumen muß (was heute darauf zurückgeführt wird, daß sie kein Blut sehen darf!) und übrigens einmal im Jahr in feierlichem Umzug durch Stadt und Land gefahren wird.

Vom Methodischen her kann man sagen, daß gerade die Tatsache, daß Herodot in dem Machlyer-Kapitel einen Bericht bietet, dem er selbst im Grunde keinen Sinn abgewinnen konnte, während wir vom ethnologischen Vergleichsmaterial her sehr wohl einen Sinn finden können, dafür spricht, daß uns an der behandelten Stelle mehr gegeben wird als bloße griechische Konstruktion, nämlich zuverlässige Information über Vorgänge, wie sie sich wirklich alljährlich im Rahmen einer großen kultischen Feier bei den Machlyern abspielten.

Hier noch einige weitere Angaben Herodots, mit denen wir ohne ethnologisches Vergleichsmaterial, wie im Grunde schon Herodot selbst, nichts anfangen könnten, die wir jedoch, dank besagtem Material, unsererseits verstehen können und damit auch als zuverlässig betrachten dürfen.

Offensichtlich in den Komplex der 'Sündenbock'-Zeremonien gehört die Angabe II 39, wo uns Herodot ohne Kommentar erzählt, daß bei den Ägyptern (seiner Zeit) der Kopf eines geopferten Rindes unter zahlreichen Verwünschungen, welche besagten, daß dem Lande drohendes Unheil auf den betreffenden Kopf fallen möge, an griechische Kaufleute verkauft oder im Nil versenkt wurde. Auch die Geschichte VII 39 von dem Jüngling, den Xerxes töten und dessen Leichnam er in zwei Hälften teilen ließ, zwischen denen das persische Heer durchzog, kann nicht einfach als makabrer Einfall von Herodot oder dessen

---

[48] K. Numazawa, Das Reispflanzfest in Japan, in: Festschr. für Ad. E. Jensen, hrsg. von E. Haberland, M. Schuster und H. Straube, Bd. 2 (1964), 413 ff., siehe bes. 417.

Gewährsmann betrachtet werden. Sicher hat die Geschichte als Bericht über einen Vorgang, der sich tatsächlich ereignet haben soll, keinen Anspruch auf Glaubwürdigkeit, doch fehlt es nicht an Material über magische Praktiken und insbesondere Lustrationsriten, die auf im Prinzip gleiche Weise vollzogen wurden: Bestimmte Gruppen von Menschen, insbesondere Heere, gehen feierlich einen Weg, der links und rechts von je einer Hälfte eines solcherart zerteilten Kalbes oder anderen Tieres flankiert wird.[49]

Mit einem Bericht im 4. Buch Herodots, der verschiedene Mißverständnisse und Unklarheiten aufweist, der jedoch mit Hilfe von ethnologischem Material wiederum bis in die Einzelheiten korrigiert und ergänzt und zugleich in seinem Wahrheitsgehalt bestätigt werden kann, beschäftigt sich — nach dem Vorgang anderer — *K. Meuli* in seinem ›Scythica‹ überschriebenen Aufsatz in: Hermes 70 (1935), 121ff.[50], der seinerseits einiger Ergänzungen und Korrekturen bedarf, die wir im folgenden vermerken wollen.

Es handelt sich um das skythische Schamanentum und die Ἐνάρεες, die Herodot (IV 67, vgl. I 105) als androgyne Wahrsager der Skythen neben sozusagen gewöhnlichen Wahrsagern erwähnt. Die von Meuli vorgelegten Berichte über schamanistische Riten bei den ostsibirischen Tschuktschen machen es zunächst sehr wahrscheinlich, daß die Angaben IV 73ff. über das Schwitzbad bei den Skythen tatsächlich auf einen Ritus von Schamanen Bezug haben, wozu sich ausgezeichnet fügt, daß im gleichen ostsibirischen Gebiet, aber auch an vielen anderen Stellen der Welt (vgl. unten), Priester und speziell Schamanen existieren, die sich als Frauen fühlen und entsprechend kleiden, unbeschadet dessen, daß sie (nach wie vor) zeugungsfähige Männer sind. Meuli (468) unterstreicht, daß „die Übereinstimmung dieser Schamanen mit den Ἐνάρεες... so schlagend (ist), daß sich eine Nebeneinanderstellung der Vergleichspunkte wohl erübrigt". Von den Verhältnissen in anderen Ländern, die man hier als Parallelen noch heranziehen kann und die Meuli nur flüchtig erwähnt, sind in der seit dem Erscheinen von Meulis zitiertem Aufsatz verflossenen Zeit vor allem diejenigen

---

[49] Vgl. dazu W. W. How — J. Wells, A. Commentary on Herodotus II (1912, Nachdr. 1968), 145 zu der Stelle mit Hinweis auf Jer. 34, 18f. (vgl. Gen. 15, 10, 17). Die beiden Autoren lassen außer Betracht, daß Vergleichsmaterial auch aus der griechisch-römischen Welt vorliegt, siehe darüber zuletzt G. Lorenz, Die Einstellung der Griechen zum Tier. Ungedruckte Innsbrucker Dissertation (1972), XIf. mit Quellen und älterer Literatur. Die Verwendung von Tieren anstatt von Menschen bei diesem Ritus könnte sekundär sein. Trifft dies zu, so spiegelt die Geschichte bei Herodot besonders altertümliche Verhältnisse wider.

[50] Die ersten, hier allein interessierenden Abschnitte des Aufsatzes wurden bei Marg, 455 wieder abgedruckt. Von der älteren Literatur geht in die gleiche Richtung die Abhandlung von W. R. Halliday, A Note on the θήλεα νοῦσος of the Scythians, in: BSA XVII (1910/11), 95ff.

bei verschiedenen indonesischen Altvölkern näher erforscht worden.[51] Die Ergebnisse dieser Forschung entsprechen ganz den Erwartungen. In Verbindung mit dem sonstigen, zumal ostsibirischen Material lassen sie erkennen: Es handelt sich hier — entgegen dem, was in dem Aition bei Herod. I 105,4 mitgeteilt wird — nicht um eine Krankheit oder etwa um eine zwitterhafte Mißbildung, wie es der von Herodot an anderer Stelle (IV 67,2) gebrauchte Ausdruck ἀνδρόγυνοι nahelegen könnte, und auch die Meinung des Verfassers der hippokratischen Schrift Περὶ ἀέρων ὑδάτων τόπων (Kap. 22), daß die betreffenden Skythen infolge einer Operation, welche durch das Reiten entstandene Hüftbeschwerden beseitigen sollte, steril wurden, muß angesichts dessen, daß die Ἐνάρεες bei Herodot ebenso wie die mit ihnen vergleichbaren Schamanen und Priester in den erwähnten und anderen etwa noch zu erwähnenden Bereichen heutiger Altvölker Frauen und Nachkommen haben, abgelehnt werden. Im Sinne von Meuli (466) von „verwandeltem Geschlecht" zu sprechen, ist freilich, und zwar gerade im Hinblick auf den oben herausgestellten Tatbestand, auch kaum möglich. Alles scheint dafür zu sprechen, daß wir es mit einer bestimmten Erscheinung zu tun haben, die erst in der jüngsten Zeit zum Gegenstand ernsthafter und nüchterner Forschungen gemacht wurde: Ein Mann, der als solcher keinerlei körperliche Abnormitäten oder Mängel aufweist, fühlt sich unwiderstehlich als Frau, verhält sich, wo er keine gesellschaftliche Diskriminierung befürchten muß, auch entsprechend und hat schließlich das Bedürfnis, in eine Frau umgewandelt zu werden, was bekanntlich heute auf operativem Weg, in Verbindung mit vorheriger hormonaler Behandlung, tatsächlich in gewissen Grenzen zu realisieren ist. Man kann verstehen, daß solche 'Transsexuelle', welche, nebenbei bemerkt, in geringerer Zahl auch unter Frauen vorzukommen scheinen, bei primitiven und halbzivilisierten Völkern nicht nur Ablehnung und Verachtung, sondern auch Scheu und Erstaunen erregen, und daß man ihnen Fähigkeiten zuschreibt, die man bei sozusagen normalen Männern nicht oder nur in Ausnahmefällen erwartet, indem man in ihnen das Männliche und Weibliche vereinigt sieht und von hier aus besondere Beziehungen zu den Göttern, jedenfalls einzelnen bestimmten Gottheiten herstellt.

Der letzte Abschnitt, der sich mit ethnologischen Exkursen des auf diesen Gebieten trotz mangelnder Sprachkenntnisse nicht immer, aber doch in der Regel erstaunlich gut informierten Herodot beschäftigte, liegt, wir deuten es eingangs schon an, nicht ganz auf der Linie der beiden ersten Teile dieser Abhandlung. Sollte er so etwas wie eine Ehrenrettung Herodots bieten? Niemand hat eine solche Ehrenrettung weniger nötig als Herodot, wenn ihm nur das Recht zuteil wird, auf das jeder Historiker und überhaupt jeder Mensch der Vergan-

---

[51] Siehe W. Stöhr in: W. Stöhr — P. Zoetmulder, Die Religionen in Indonesien (1965), 168 ff. mit weiterer Literatur.

genheit Anspruch hat: sich nicht Forderungen unterwerfen zu müssen, die in historischer Sicht als ihm und seiner Welt nicht gemäß zu betrachten sind. Diese Dinge waren Gegenstand speziell des ersten Kapitels, wobei in unseren Betrachtungen auch die Neigung mancher neuerer Forscher berücksichtigt wurde, in Herodot einen Mann zu sehen, der bereits Ideen und Vorstellungen hatte, die tatsächlich erst in der Geschichtsschreibung des 19. und 20. Jh., jedenfalls aber noch nicht in herodoteischer Zeit, da und dort hervortraten. Die dann im zweiten Teil zu Papier gebrachten Überlegungen sollten zeigen oder, besser gesagt, erhärten, daß die Neueren der Gefahr nicht immer entgingen, wie sonst nicht selten, so auch bei der Behandlung Herodots und seines Werkes, nach methodisch anfechtbaren Prinzipien vorzugehen. Die eingangs hinsichtlich des 'Fortschritts' der Forschung umrissene unbefriedigende Situation hat hier ihre Wurzeln. Sie gab recht eigentlich den Anlaß zu diesem Aufsatz, der sich, wie ja schon im Untertitel festgehalten wurde, als kritischer Forschungsbericht aufgefaßt wissen möchte, und zwar als ein Forschungsbericht mit strikter Beschränkung auf das im Zusammenhang Wesentliche. Dabei war es unvermeidbar, daß verschiedene wertvolle Ergebnisse, welche die Erforschung von diesen und jenen das herodoteische Werk betreffenden Spezialproblemen zeitigte, im Hintergrund oder auch ganz außer Betracht blieben.[52]

Zusatz 1977

Eines unter mehreren Anliegen in diesem Aufsatz war zu zeigen, daß Herodot entgegen einer verbreiteten Meinung keineswegs schon grundsätzlich zwischen Sage und Geschichte unterschied (siehe oben S. 236ff.). Wir sind ihm dafür Dank schuldig. Eine lange Reihe von höchst reizvollen und für den Historiker interessanten Geschichten hätte ansonsten wohl kaum Eingang in seine Logoi gefunden oder allenfalls arg verstümmelt und 'entmythologisiert'. Nur da und dort fühlte er sich, vielleicht angeregt durch Hekataios oder auch direkt im Anschluß an diesen, veranlaßt, die ihm vorliegende Volksüberlieferung zu rationalisieren, indem er beispielsweise in der ausführlichen Erzählung von der Geburt und Kindheit des Königs Kyros aus der Hündin, die den ausgesetzten Kyrosknaben in der Wildnis säugte, eine Frau mit dem Namen 'Hündin' machte.[53]

---

[52] Für wertvolle Anregungen und kritische Einwände verdient I. Weiler meinen aufrichtigen Dank.
[53] Herod. I 110, dazu I 122, 3, wo Herodot erkennen läßt, daß ihm die — gewiß ältere, aber von ihm abgelehnte — Sage, daß Kyros von einer wirklichen Hündin gesäugt wurde, bekannt war (vgl. dazu Iustin I 7, wo beide Versionen miteinander verquickt sind). Da das von Herodot genannte Wort Σπακώ für griechisch Κυνώ dem medischen Wort für

Diese Bemerkungen gelten generell für alle Logoi im Werke Herodots, doch ist, wie in dem Aufsatz auch schon herausgestellt wurde, das Verhältnis zwischen (sagenhaften) Geschichten und Geschichte hier und dort verschieden — je nachdem, welche Möglichkeiten, sich gut oder weniger gut zu informieren, Herodot zur Verfügung standen. Sie, diese Möglichkeiten, waren natürlich, was die Verhältnisse im Alten Orient betrifft, dort besonders schlecht, wo Herodot vor der Aufgabe stand, längst vergangene Zeiten wie etwa die der Pyramidenbauer in Ägypten aufzuhellen, sie waren relativ gut hinsichtlich der nur wenig zurückliegenden Zeiten, doch nimmt auch in den die letzteren behandelnden Abschnitten des herodoteischen Werkes Sagenhaftes einen breiten Platz ein, ohne daß sich, wie nach dem Dargelegten klar ist, unser Autor selbst dessen bewußt war.

Die knappen Hinweise, die diesem Thema in dem hier neu vorgelegten Aufsatz vom Grundsätzlichen her gewidmet wurden, beziehen sich in erster Linie auf die Verhältnisse in Ägypten, während der ausführliche Perserlogos nur in einzelnen Bemerkungen berührt werden konnte. Nun machte freilich die Behandlung des Tatenberichtes des Dareios in Behistūn oben S. 188 ff. eine Berücksichtigung der einschlägigen Passagen im 3. Buch des Werkes Herodots notwendig. Dies in Verbindung mit der Tatsache, daß in jüngster Zeit mehrere wissenschaftliche Arbeiten erschienen, die sich, allerdings teilweise unter anderen Gesichtspunkten, gerade auch mit den betreffenden Abschnitten des 3. Buches Herodots einschließlich der in dem Aufsatz nur beiläufig erwähnten ›Verfassungsdebatte‹ III 80 ff. beschäftigen, gibt Veranlassung zu den im ersten Teil dieses Nachtrages zu Papier gebrachten Überlegungen.[54]

Hündin wirklich entspricht (siehe schon A. Fick, Vergleichendes Wörterbuch der indogerman. Sprachen I, [4]1890, 213. Liddell/Scott, Greek-English Lexicon, s. v. κύων, W. W. How/J. Wells, A Commentary on Herodotus z. St., J. Pokorny, Indogermanisches etymologisches Wörterbuch I, 1959, 632, M. Mayrhofer, Die Rekonstruktion des Medischen, 1968, 4f.), kann an der Richtigkeit der Annahme, daß hier iranische Volksüberlieferung vorliegt, wohl kein Zweifel bestehen. Man müßte anderenfalls annehmen, daß Herodot (oder sein Gewährsmann) Sprachstudien betrieb, um die Leser irrezuführen. Vgl. dazu schon die einschlägigen Partien der glänzenden Untersuchung von A. Bauer, Die Kyros-Sage und Verwandtes, in: Sitzungsber. Wien, hist.-philol. Kl. Bd. 100 (1882), 495 ff. Wenn freilich Bauer (a.O. 511) strikte die Möglichkeit in Abrede stellt, daß erst Herodot selbst aus der Hündin eine Frau namens Spako machte, so muß ihm wohl widersprochen werden. Von den Späteren, die sich mit der Sache beschäftigten, seien hier nur noch erwähnt: W. Aly, Volksmärchen, Sage und Novelle bei Herodot und seinen Zeitgenossen (1921), 48 ff. und G. Binder, Die Aussetzung des Königskindes. Kyros und Romulus (Beiträge zur klassischen Philologie 10, 1964), 17 ff.

[54] Vgl. zu den weiteren Ausführungen oben S. 191 ff. und die folgenden wichtigen Neuerscheinungen: M. A. Dandamaev, Persien unter den ersten Achämeniden (genaues Zitat

Da ist zunächst (erneut) herauszustellen, daß es Herodot nicht nur verstand, reiches Material aus der Volksüberlieferung des iranischen Bereiches zusammenzubringen (worauf noch zurückzukommen sein wird), sondern auch, sich eine gewisse Einsicht in die sozusagen offizielle Tradition zu verschaffen. Beweisend hierfür ist, wie bereits *W. Aly* erkannte, allein schon die Tatsache, daß die von Herodot (III 70) vorgelegte Liste der sieben Verschwörer gegen den 'falschen' Smerdis, von dem letzten Namen nur abgesehen, mit der Liste übereinstimmt, die Dareios selbst der Inschrift von Behistūn beigab.[55] Auch die Übereinstimmung der Bezeichnung des 'echten' Smerdis als „vom gleichen Vater und der gleichen Mutter (scil. wie Kambyses) stammend" bei Herod. III 30 und in der Inschrift von Behistūn (I 29f., hier allerdings in umgekehrter Reihenfolge der Elternteile) kann schwerlich ein Zufall sein. Wir müssen also annehmen, daß Herodot eine wenn auch wohl nur indirekte Kenntnis wenigstens einzelner Teile des Tatenberichtes von Behistūn hatte, von dem gewiß auch griechische Abschriften existierten. Zugleich war er aber — nach allem schon oben S. 191 ff. Dargelegten[56] — sehr vertraut mit einer offenbar mündlich im Achaimenidenreich tradierten Überlieferung, die zwar teilweise ihrerseits auch auf der offiziellen königlichen Version vom Hergang der zur Thronerhebung des Dareios führenden Ereignisse fußt, teilweise aber von der letzteren abweicht. Was diesen Punkt betrifft, so erinnern wir vor allem daran, daß Dareios nach der herodoteischen Darstellung nicht das Haupt der Verschwörung war, die ihn an die Macht brachte, sondern im Gegenteil erst als Letzter Mitglied des Komplottes wurde und — das liegt auf der gleichen Linie — auch keineswegs bessere Ansprüche auf den Thron hatte als irgendeiner der anderen Verschwörer.[57] Wir erinnern ferner daran, daß die von Herodot verarbeitete Überlieferung die offensichtlich in der Volkstradition kursierenden Versuche widerspiegelt, die inneren Unwahrscheinlichkeiten der offiziellen Version vom Hergang der Ereignisse zu

---

oben S. 188 Anm. 22). K. Bringmann, Die Verfassungsdebatte bei Herodot 3, 80—82 und Dareios' Aufstieg zur Königsherrschaft, in: Hermes 104 (1976), 266ff. F. Gschnitzer, Die sieben Perser und das Königtum des Dareios. Ein Beitrag zur Achaimenidengeschichte und zur Herodotanalyse (genaues Zitat oben S. 194 Anm. 29). Vgl. zu Dandamaevs Werk und auch zu den Studien von Bringmann und Gschnitzer bereits die zahlreichen Hinweise in der Behandlung der Inschrift von Behistūn oben S. 188 ff.

[55] Beh. IV 80ff., vgl. W. Aly a.O. 101 und jetzt M. A. Dandamaev a.O. 124f. sowie F. Gschnitzer a.O. 12.

[56] Vgl. dazu M. A. Dandamaev a.O. 122ff. und neuerdings insbesondere auch die oben Anm. 54 zitierte Studie von F. Gschnitzer.

[57] Außer den Ausführungen oben S. 195f. und der dort angegebenen Literatur vgl. hierzu jetzt F. Gschnitzer a.O. 22. Gschnitzer betont mit Recht, daß „die bei Herodot überlieferten Erzählungen von der Thronbesteigung des Dareios im ganzen (von Gschnitzer gesperrt) von der Vorstellung beherrscht sind, daß Dareios am Anfang nur einer von sieben war ...".

beseitigen, und zwar in erster Linie durch allerhand phantasievolle Zusatzgeschichten. Wir haben es also mit einer Tradition zu tun, die durchsetzt ist von Sagen und Sagenmotiven, an deren Geschichtlichkeit Herodot selbst, wie nach dem Dargelegten klar ist, allerdings im großen und ganzen nicht zweifelte. Die aus diesen Hinweisen resultierende Annahme, daß es Herodot in den fraglichen Abschnitten tatsächlich mit persischer Überlieferung zu tun hatte[58], schließt aber natürlich eine andere Annahme nicht aus, nämlich die, daß Herodot dort, wo es ihm angebracht erschien, keine Hemmungen hatte, auch eigenes Gedankengut oder solches von älteren Griechen in seine Erzählung einzuarbeiten.

Mit der letzten Feststellung kommen wir zu jener berühmten ›Verfassungsdebatte‹, die im folgenden einer kurzen (neuerlichen) Behandlung unterzogen werden soll angesichts dessen, daß gerade in der jüngsten Vergangenheit die Diskussion um sie neu in Gang kam.

Fünf Tage nach der Ermordung des 'falschen' Smerdis hielten, so stellt Herodot (a. O.) es dar, die Verschwörer Rat, was nun mit dem Reich geschehen sollte, und da ergab es sich, daß drei Reden über die Staatsform, die in Persien nach dem Umsturz eingerichtet werden sollte, gehalten wurden. Manchen, so betont Herodot eingangs (III 80, 1), erscheinen sie unglaubwürdig, sie wurden aber tatsächlich gehalten. Während sich zunächst Otanes für die Demokratie als beste Staatsform aussprach, pries Megabyzos die Oligarchie, zugleich die Demokratie kritisierend. Der schließlich das Wort ergreifende Dareios stellte die Schwäche beider zuvor gelobter Staatsformen heraus, um sich dann selbst für die Monarchie als beste Verfassung auszusprechen. Die darauf folgende Abstimmung der sieben Verschwörer ergab vier Stimmen für die Monarchie, ohne daß damit freilich schon Dareios gewählt worden wäre; dessen Thronerhebung erfolgte — nach Herodot — bekanntlich erst später aufgrund eines zu seinen Gunsten ausgehenden Pferdeordals.

Als H. Apffel vor zwanzig Jahren seine oft zitierte Monographie über die ›Verfassungsdebatte‹ schrieb[59], konnte er mit einem Forschungsbericht beginnen, der ihn weit zurückführte und dessen Wert allein schon als bequeme Informationsquelle über ein verstreutes Schrifttum heute noch groß ist. Apffel hatte es allerdings nicht leicht, als er sich bemühte, über den Rückblick hinaus eine plausible eigene Meinung hinsichtlich der Kernfrage abzugeben, ob hier wirklich authentische, von Persern gehaltene Reden vorliegen oder ob es nicht viel-

---

[58] Vgl. dazu F. Gschnitzer a.O. 14 (mit Hinweisen auf ältere Literatur Anm. 17). Der Versuch F. Altheims (Literatur und Gesellschaft im ausgehenden Altertum II, 1950, 159 ff.) zu zeigen, daß Herodot in den betreffenden Partien seines Werkes sehr stark „in achaimenidisch-legitimistischer Überlieferung" stand, scheint mir — nach allem Dargelegten — einer tragfähigen Grundlage durchaus zu entbehren.

[59] H. Apffel, Die Verfassungsdebatte bei Herodot (3, 80—82), Diss. Erlangen (1957).

mehr griechisches, vielleicht sogar 'original'-herodoteisches Gedankengut ist, das unser Geschichtsschreiber durch den Mund von drei Persern seinen Hörern und Lesern nahebrachte. Die Schwierigkeit für Apffel bestand, konkret gesprochen, darin, daß er einerseits der großen Mehrheit der älteren Forscher, die hier griechische Ideen aufzuspüren glaubten, nicht widersprechen mochte, andererseits aber von Herodots ausdrücklicher Versicherung (vgl. zu III 80, 1 auch VI 43, 3), daß die Reden tatsächlich gehalten wurden, nicht loskam mit dem Ergebnis, daß er gleichsam händeringend und fast verzweifelt nach einem akzeptablen Kompromiß suchte, ohne doch einen solchen finden zu können.

Die hier nicht zu umgehende klare Entscheidung zugunsten der einen oder der anderen Meinung, zu der sich Apffel nicht durchringen konnte, muß m. E. unbedingt im Sinne derjenigen fallen, die an rein griechisches Geistesgut denken.[60] Die aus dem großen geistesgeschichtlichen Zusammenhang hierfür zu gewinnenden Gründe lassen sich in wenigen Sätzen wie folgt umreißen.

Die ›Verfassungsdebatte‹ enthält, wie als erstes hier festzustellen ist, Gedanken, denen wir im altorientalischen Schrifttum einschließlich auch der ägyptischen Weisheitsliteratur und der damit in etwa auf eine Stufe zu stellenden neubabylonischen und israelitischen Literatur nicht oder, wenn man so will, noch nicht begegnen.[61] Darüber hinaus ist zu konstatieren, daß sich auch in der älteren griechischen Überlieferung die in der ›Verfassungsdebatte‹ niedergelegten Ideen, von Ansätzen abgesehen, nicht nachweisen lassen und man, von hier aus betrachtet, kaum darum herumkommt, mit Bezug auf diesen berühmten Passus des herodoteischen Werkes von Gedanken zu sprechen, welche — mit den Maß-

[60] So jetzt auch K. Bringmann, siehe seine oben Anm. 54 zitierte Studie und F. Gschnitzer a.O. 30 ff. Anders M. A. Dandamaev (a.O. 163 f.), der sich nach einigem Schwanken für die früher schon von seinem Landsmann W. W. Struwe (siehe das Zitat bei Apffel a.O. 19 Anm. 1) vertretene These entscheidet, daß tatsächlich authentische persische Reden vorliegen. Über die Forscher, die gleich Apffel einen Mittelweg versuchen („persisches Gedankengut" ist mit verarbeitet, die Form ist ganz griechisch, der Kern stammt aus wirklich von Persern gehaltenen Reden u. ä.) siehe F. Gschnitzer a.O. 31 Anm. 37. Gschnitzer selbst betont mehrfach das „durch und durch" griechische Gedankengut der Debatte, kann aber andererseits gewisse, von seiner Grundeinstellung zum Perserlogos herzuleitende Sympathien für den Gedanken, daß eine persische Komponente mit hereinkam, nicht völlig unterdrücken. Die von W. W. How und J. Wells, A Commentary of Herodotus (letzte Aufl. 1967) zu der Stelle geäußerte Ansicht ist unklar und läßt verschiedene Interpretationen zu. Offenbar meinen es aber die Autoren so, daß es persisches Gedankengut ist, welches Herodot hier vorlegt.

[61] F. Gschnitzer a.O. 36 nennt einige Stellen aus dem A. T., die nach seiner Meinung zeigen könnten, daß die Möglichkeit einer Debatte von der Art der von Herodot gebotenen im Alten Orient bereits gegeben war. Ich kann ihm darin nicht ganz folgen, doch scheint es mir in diesem Zusammenhang nicht nötig zu sein, die von Gschnitzer a.O. aufgeworfene Frage nach der Möglichkeit solcher Diskussionen zu erörtern.

stäben der damaligen Zeit gemessen — als durchaus 'fortschrittlich' gelten können. Das gilt schon von der in der ersten Rede (80, 4) zum Ausdruck kommenden Konzeption der 'Dämonie der Macht', welch letzterer der Alleinherrscher, auch wenn er als der Beste zur Regierung kommt, leicht erliegt. Es gilt ferner von den — geradezu zeitlos gültigen — Reflexionen über die Verhaltensweisen der Masse 81, 2 und 82, 4, sodann von der wie eine Vorwegnahme späterer Staatsutopien wirkenden Vorstellung, daß die vollkommene Monarchie als die Herrschaft des besten Mannes den anderen Staatsformen gegenüber bei allen Schwächen doch überlegen sei, schließlich von dem Gedanken, daß das praktische Versagen der Oligarchie und Demokratie Volksführer in monarchische Stellungen bringt — ein Gedanke, der uns, wie schon W. Nestle[62] erkannte, fast in die Nähe der Vorstellung des Polybios vom Kreislauf der Verfassungen führt. Bei dieser Sachlage kann die Frage m. E. gar nicht lauten, ob die Reden der ›Verfassungsdebatte‹ wirklich von Persern gehalten wurden oder griechische Konzeptionen sind, sondern nur so: Was veranlaßte Herodot, die Authentizität der tatsächlich von einem seiner griechischen Gewährsmänner oder von ihm selbst stammenden Reden eigens zu unterstreichen und darauf (mit besonderem Bezug auf die für die Demokratie plädierende Rede des Otanes) im 6. Buch seines Geschichtswerkes noch einmal zurückzukommen? Nun, es gab wohl wirklich Männer, die beim Anhören der angeblichen Perserreden ungläubig den Kopf schüttelten, und da war es sich Herodot dann wohl schuldig, den sozusagen *implicite* hier wie auch bei den sonstigen Reden und Zwiegesprächen, die sein Werk in großer Zahl aufweist, erhobenen Authentizitätsanspruch zu verteidigen. Etwas anderes kam aber vielleicht noch hinzu, das im folgenden kurz darzulegen ist.

Angesichts der zweimaligen sehr negativen Apostrophierung der Volksmasse (siehe bes. 81, 1: ὁμίλου γὰρ ἀχρηίου οὐδέν ἐστι ἀξυνετώτερον οὐδὲ ὑβριστότερον) muß die verbreitete Meinung, daß Herodot (oder seine Vorlage) in der ›Verfassungsdebatte‹ ein Bekenntnis zur Demokratie ablegen wollte, als sehr fragwürdig erscheinen, ja mehr noch: Die sicher auf die damaligen realen Verhältnisse in den griechischen Poleis sich beziehenden Bemerkungen gegen die Masse sowie die Feststellung, daß in der Praxis weder die Oligarchie noch die Demokratie funktionsfähig ist und daraus ein monarchisches Regiment zwangsläufig hervorgeht — diese Gedanken Herodots, die der historischen Wirklichkeit wiederum (mehr oder weniger!) zeitlos entsprechen[63], könnten in

---

[62] W. Nestle, Vom Mythos zum Logos (²1941), 294f.

[63] Bestimmte Vorgänge in der älteren Zeit mögen Herodot (oder seinem Gewährsmann) vor Augen gestanden sein, auch wenn es ihm gewiß ferne lag, die damals zur Macht gekommenen Männer schon eben deshalb, weil sie aufgrund des Versagens der Volks- bzw. Adelsregierung zur Macht gelangten, positiv zu beurteilen: Aus den Wirren in der nach-

Verbindung mit der Tatsache, daß das Plädoyer für die Monarchie an dritter und letzter Stelle steht, die Annahme nahelegen, daß hier der Verfasser tatsächlich eine eigene Entscheidung zugunsten der Monarchie fällte, wenn natürlich auch nicht für die Monarchie, wie sie etwa Xerxes in Asien handhabte, oder für die Tyrannis altgriechischer Prägung, wohl aber — den in der Otanesrede zunächst geäußerten Bedenken zum Trotz [64] — zugunsten der Monarchie als Alleinherrschaft des besten Mannes.[65] Wer jedoch im damaligen Griechenland und gar in

solonischen Demokratie geht die Tyrannis des Peisistratos hervor, ein entsprechender Prozeß spielt sich auch in oligarchisch regierten Gemeinden ab. Musterbeispiel aus dem Mittelalter: die Herrschaft des 'Volkstribunen' Cola di Rienzo in der Mitte des 14.Jh. in Rom. Alle modernen 'Volksdemokratien' und sonstigen 'Demokratien' der 'dritten Welt' von heute sind bekanntlich *de facto* Alleinherrschaften.

[64] Schon H. Stein hat in seinem Kommentar zu a.O. 82, 1 (3. Bd. ⁶1969, 93) erkannt, daß Herodot auf geradezu elegante Weise der Schwierigkeit begegnet, die darin liegt, daß Dareios in seiner Verteidigung der Monarchie auf die dem Otanes in den Mund gelegten Bedenken gegen die genannte Staatsform nicht eingeht: „Durch diese Annahme (scil. daß sie alle [in ihrer Art] die besten seien: τριῶν γὰρ προκειμένων καὶ πάντων τῷ λόγῳ ἀρίστων ἐόντων) ... läßt H(erodot) den Redner (scil. Dareios) die gegen die Monarchie gemachten Einwürfe ... umgehen, die sich vornehmlich auf die unausbleibliche Überhebung und Entsittlichung des Alleinherrschers bezogen." Auch dieser Sachverhalt fügt sich gut zu der oben vertretenen Auffassung, daß es Herodot im Grunde hier darum ging, der Monarchie den Vorzug vor den beiden anderen Verfassungen zu geben, was ihn aber natürlich nicht hindern konnte, im Plädoyer für die Demokratie die eigentliche Schwäche der Monarchie gehörig herauszustellen.

[65] Anders zuletzt K. Bringmann a.O. 276f., siehe bes. 276 unten: „Diese Entscheidung (scil. zugunsten der Monarchie) setzt er (scil. Dareios) mit Argumenten durch, die in durchsichtiger Weise in der Absicht zusammengestellt sind, die schwächere Sache zur stärkeren zu machen" (vgl. a.O. 278: „rabulistische Verteidigung des persönlichen Machtanspruchs"). Ich glaube nicht, daß ein Zuhörer oder Leser es so auffassen und aus der Debatte zugleich so etwas wie ein Lob der Demokratie herauslesen konnte. Es ist auch nicht richtig, wenn Bringmann (a.O. 276) als das „wichtigste Argument" für die Monarchie „die Behauptung ihrer Unvermeidlichkeit" bezeichnet. Das erste und wichtigste Argument ist zweifellos die Feststellung 82, 2, daß der beste Mann, und nur dieser kommt natürlich in einer Staatsutopie als Monarch in Frage, aus seiner Gesinnung heraus für das Wohl des Volkes sorgen wird, wie das auch spätere Staatstheoretiker sahen, welche die Herrschaft des Besten allen anderen Staatsformen vorzogen. Nach Bringmann (a.O. 278) wäre das Plädoyer für die Monarchie als eine Art vernichtender Kritik an Dareios (der sonst bei Herodot gar nicht so schlecht wegkommt!) aufzufassen. Nicht vielleicht doch eher als eine Anerkennung der faktischen Alleinherrschaft des Perikles? Daß dessen Position „an staatstheoretischen Begriffen gemessen, niemals den Rahmen der athenischen Demokratie sprengte", scheint mir nicht zwingend gegen diesen erstmals schon im letzten Jh. geäußerten Gedanken zu sprechen (gegen K. F. Stroheker, Zu den Anfängen der monarchischen Theorie in der Sophistik, in: Historia 2, 1953/54, 389f.). Die einzige Stelle (VI

der damaligen — ganz intoleranten — athenischen Demokratie eine solche Meinung vertrat und zugleich das Volk in der herausgestellten Weise aburteilte, mochte wohl von vornherein wenig Lust verspüren, dies als eigenes Bekenntnis herauszubringen. Von hier aus gesehen erscheint es dann doppelt verständlich, daß Herodot auf Zweifel über die Authentizität der ›Verfassungsdebatte‹ empfindlich reagierte.

Natürlich ist mit den obigen Ausführungen eine im neueren Schrifttum auch schon oft diskutierte weitere Frage noch nicht entschieden, nämlich die Frage, ob die drei Reden von Herodot selbst konzipiert oder von ihm aus einer uns unbekannten griechischen Vorlage übernommen wurden. Dazu hier nur einige wenige Feststellungen: Jenes fast trotzige Verhalten Herodots gegenüber den Skeptikern ist auf jeden Fall eher verständlich bei der Annahme, daß eigenes herodoteisches Gedankengut vorliegt, als wenn man sich vorstellt, daß Herodot auf eine Schrift etwa des Protagoras, an den man gelegentlich schon gedacht hat, zurückgriff, womit er seine Behauptung, authentisches persisches Material vorzulegen, von vornherein selbst diskreditiert hätte. Allerdings mag man sich fragen, ob Herodot so 'fortschrittliche', in die Zukunft weisende Gedanken wie die in den Perserreden niedergelegten zuzutrauen sind. Diese Frage zu verneinen hieße jedoch, ein Urteil über Herodot zu fällen, das sich mit nichts, auch nicht mit einem Hinweis auf die ja auch noch bei den großen späteren Geschichtsschreibern der Griechen im Prinzip vorhandene Sagengläubigkeit wirklich rechtfertigen ließe, das also im Grunde nichts anderes wäre als ein Vorurteil.

Die von dem behandelten Problem nicht ganz zu trennende Frage, ob und gegebenfalls in welchem Umfang Herodot in seinen Erzählungen den Kunstgriff

132), an welcher Herodot des Perikles Erwähnung tut, hat hier zweifellos ihren guten Platz, indem sie den Gedanken aufdrängt, daß Herodot der Auffassung des Thukydides, daß Athen dem Namen nach eine Demokratie, tatsächlich aber die Herrschaft des ersten Mannes war, zumindest nahestand: Agariste, die schwangere Frau des Xanthippos, hatte das Traumgesicht, sie werde einem Löwen das Leben schenken. Wenige Tage danach, so fügt Herodot in stilistisch höchst eindrucksvoller Weise ohne jede weitere Erklärung hinzu, gebar sie dem Xanthippos den Perikles. — Vgl. zu dem Problem auch die Ausführungen von H. Berve, die Tyrannis bei den Griechen I (1967), 197 f., wo die einmalige Erwähnung des Perikles durch Herodot ebenfalls zitiert wird. Wenn freilich Berve darin der vorherrschenden Meinung folgt, daß er in der ›Verfassungsdebatte‹ eine Verurteilung der Monarchie zugunsten der Demokratie sieht, so liegt der Fehler bereits in der Ausgangsposition: Herodot habe die Tyrannis im Auge gehabt, wenn er Dareios von der Monarchie sprechen ließ. Wir halten demgegenüber noch einmal fest, daß Herodot durch den Mund des Dareios ausdrücklich die Monarchie mit der Herrschaft des „besten Mannes" identifiziert. Und natürlich wollte auch Thukydides den Perikles nicht als Tyrannen bezeichnen, wenn er ihn als den Mann vorstellt, der tatsächlich die Herrschaft in Athen in seinen Händen hatte.

anwandte, sich auf fingierte Gewährsmänner — im obigen Fall auf drei persische Große — zu berufen, hat sozusagen eine neue Aktualität bzw. neue Aspekte durch die eingehende und sehr kritische Besprechung erhalten, die *J. Cobet* dem schon mehrfach oben zitierten Herodotbuch *D. Fehlings* mit besonderem Bezug auf eben die Frage der fingierten Gewährsmänner Herodots widmete.[66] Diese Studie Cobets macht mit Recht gegen Verallgemeinerungen Front, von denen sich Fehling nicht ganz freihalten konnte, weist aber selbst in methodischer und sachlicher Hinsicht Schwächen auf, die so sehr das Grundsätzliche betreffen, daß wir hier nicht an ihnen vorübergehen dürfen.

Da haben wir einmal zu konstatieren, daß Cobet sichtlich nicht unterscheidet zwischen fingierten Gewährsmännern, von denen Herodot selbstverständlich wußte, daß sie nichts weiter waren als eben fingiert, und den Geschichten, die er mit Berufung auf solche Gewährsmänner erzählt, um ihnen die allgemeine Anerkennung zu verschaffen, die sie — als in seinen eigenen Augen wahre Geschichten — verdienen. Ein wiederum auf Ausführungen an anderem Ort (oben S. 175 ff.) zurückgehender Vergleich mag die hier gegebene Situation verdeutlichen: Wenn Caesar seinen Helvetierzahlen mit Berufung auf angebliche Stammrollen des genannten Volkes den Anschein von Authentizität verlieh, so war ihm natürlich klar: *Weder* gab es die Stammrollen, *noch* auch stimmten die von ihm mitgeteilten Zahlen. Wenn hingegen Herodot mit Berufung auf das Zeugnis oberägyptischer Priester eine eigene Gründungsgeschichte des Heiligtums von Dodona nach seinen eigenen Vorstellungen erzählte, so war ihm natürlich auch bewußt, daß er den von ihm vorgelegten Bericht nicht tatsächlich Priestern im fernen Theben verdankte, von der Erzählung selbst aber, die er fingierten Gewährsmännern in den Mund legte, war er überzeugt, daß sie dem wirklichen Hergang der Dinge in etwa entsprach.[67]

Noch einmal zu Cobet: Energischer Widerspruch regt sich, wenn dieser Forscher (a. O. 746) seine kritische Betrachtung des Buches von D. Fehling in einer Art Methodensatz enden läßt, in welchem er seiner Meinung Ausdruck gibt, daß das behandelte Problem der fingierten Gewährsmänner und ihrer Geschichten

---

[66] J. Cobet, Gnomon 46 (1974), 737 ff.

[67] Eine gewisse Parallele zu dem oben behandelten Sachverhalt aus der jüngsten Vergangenheit bietet, nebenbei bemerkt, die sog. Vinlandkarte und ihre Beischrift, falls es richtig ist, daß der jugoslawische Theologieprofessor L. Jelic (gest. 1922) derjenige war, welcher — mit großer Sachkenntnis — die angeblich schon vor der Mitte des 15. Jh. entstandene Karte fälschte, um durch die Beischrift die wissenschaftliche Welt dazu zu bringen, auch das zu glauben, wovon er selbst fest überzeugt war: daß schon die Wikinger im frühen 12. Jh. den römischen Katholizismus nach Nordamerika gebracht hatten. Natürlich macht es aber, in den Augen des rückblickenden Historikers, einen großen Unterschied aus, ob sich Herodot im 5. Jh. v. Chr. auf fingierte Gewährsmänner berief oder ob ein Professor im 20. Jh. in der erwähnten Weise verfuhr.

wie darüber hinaus allgemein die Frage nach der Glaubwürdigkeit Herodots neuen Fragestellungen zu weichen hätte und nur noch als überholtes Traditionsgut des 19. Jh. zu betrachten wäre. „Die Frage der Glaubwürdigkeit", so möchte es Cobet sehen, „wird längst nicht mehr mit positivistisch-gläubigem Ja oder Nein beantwortet", wie es Forscher des 19. Jh., die sich mit diesen Dingen beschäftigten, nach Cobet taten, „sondern, so wie man im ganzen seine Eigenart im Rahmen seiner Bedingungen und Intentionen zu beschreiben versucht, versucht man auch die von ihm vermittelten Nachrichten genauer einzuordnen, seine Stilisierung von den Stilisierungen seiner Gewährsmänner scheiden zu lernen, die Faktoren erkennen zu lernen, unter denen die einzelnen Nachrichten entstanden und tradiert wurden". Nun, ob diese Forderungen wirklich alle so neu und anti-„positivistisch" sind, wie Cobet glaubt, ob sie im übrigen alle realisierbar sind (wie will Cobet etwa „lernen", die „Stilisierungen" Herodots von denen seiner — nicht erhaltenen — Gewährsmänner zu unterscheiden?) — uns hier beschäftigt das Problem, ob es von hier aus tatsächlich berechtigt ist, die Frage zum alten Eisen zu werfen, ob das, was Herodot berichtet, stimmt oder nicht stimmt oder vielleicht z. T. zutreffend ist, z. T. aber der historischen Kritik nicht standhält. Cobets a.O. 740 angezogenes Beispiel der Erzählung Herodots (IX 15f.) vom Gastmahl persischer und thebanischer Adeliger am Vorabend der Schlacht bei Plataä ist ein gutes Beispiel dafür, daß besagte Frage im Grunde für ihn noch ebenso Geltung hat wie für die Männer, die sie schon vor fünfzig Jahren und mehr diskutierten oder die sich (man denke etwa an die Kontroverse zwischen Delbrück und Kromayer) darüber stritten, ob man Herodots Angaben über die Perserschlachten akzeptieren kann oder aus inneren oder äußeren Gründen verwerfen muß. Sind etwa die von Herodot hinsichtlich der zahlenmäßigen Stärke des Heeres des Mardonios gemachten Angaben einigermaßen zutreffend, ja oder nein: Diese Alternative hat heute — selbstverständlich — noch ebenso ihre Berechtigung wie zu dem Zeitpunkt, da die ersten Verfasser von Griechischen Geschichten im vergangenen Jahrhundert sie aufwarfen und diskutierten. Und natürlich ist es (wir kommen damit zu unserem Ausgangspunkt und zum eigentlichen Ansatzpunkt der kritischen Erörterungen Cobets zurück) mit der Frage, ob es die persischen und phönikischen Gewährsmänner, auf die sich Herodot beruft, wenn er die Iosage in völlig rationalisierter Umgestaltung erzählt, wirklich gab oder ob sie von ihm fingiert sind, nicht anders. Ganz so wie im 19. Jh. (das schon vor Cobet oft genug als 'positivistisch' verschrieen wurde!) gibt es auch heute nur die Alternative: Die Gewährsmänner haben wirklich existiert oder aber sie haben nicht existiert. Auch die fortschrittlichsten Gelehrten des 20. Jh. kommen um dieses simple 'Entweder-oder' nicht herum[68], und auch

---

[68] Es müßte eigentlich heißen: *sollten* um dieses simple 'Entweder-oder' nicht herumkommen. Tatsächlich fehlt es heute nicht an jüngeren Gelehrten, für die es offenbar als

die weitere Frage, warum — gegebenenfalls — Herodot mit fingierten Gewährsmännern arbeitete, hat nach wie vor ihre Berechtigung.

Eine der Studie Cobets in mancher Hinsicht nahestehende Arbeit muß hier schließlich noch Beachtung finden: das 1976 erschienene Buch von H.-A. Weber über ›Herodots Verständnis von Historie. Untersuchungen zur Methodologie und Argumentationsweise Herodots‹.

Hier machte sich, das erkennt man sofort, ein junger Gelehrter ans Werk, der einen Horror davor hat, sich 'alltagssprachlich' auszudrücken, d. h. allgemeinverständliche Wörter und Wendungen zu gebrauchen, wie dies bislang auch viele Wissenschaftler taten und noch heute tun. Webers Terminologie ist freilich nicht neu. Sie stammt vornehmlich aus dem Sprachschatz moderner philosophischer, speziell wissenschaftstheoretischer Richtungen. Viele der von Weber immer wieder gebrauchten Ausdrücke („Erwartungshorizont", „Argumentationsstruktur", „Argumentationsmodell", „Argumentationsfunktion", „Argumentationseinheit", „Methodologien", „Paradigmen" usf.) sind vornehmlich hier beheimatet.

Über den wissenschaftlichen Gehalt von Webers Buch ist damit freilich noch nichts ausgesagt. Aber die Frage drängt sich dem nachdenklichen (und bei der Lektüre zunehmend nachdenklicher werdenden) Leser von selbst auf, ob mit den neuen Formulierungen auch wesentliche *sachliche* Fortschritte hinsichtlich der Beurteilung Herodots und seines Werkes verbunden sind, wie dies Weber natürlich annehmen muß. Die Berechtigung dieser Frage kommt einem an Stellen besonders zu Bewußtsein, an denen Weber einfache und im Grunde problemlose, daher für jeden mit der Materie vertrauten Mitforscher durchschaubare Sachverhalte zum Gegenstand seiner neuen Erörterungen macht. Einen solchen Sachverhalt bieten die Bücher I bis IV des herodoteischen Werkes insofern, als Herodot, ohne sich allzu viele Gedanken darüber zu machen, ob es im Rahmen seines Themas notwendig und angezeigt ist oder nicht, all die Geschichten erzählt, die er von den Dragomanen in Ägypten und anderen Leuten irgendwo sonst in Griechenland oder im Orient erfuhr — Geschichten, von denen er annahm, daß sie seine Zuhörer und Leser genauso interessierten wie ihn selbst, ob es sich nun um Berichte über die Tempelprostitution in Babylon handelte oder um solche über merkwürdige Tiere in Persien und Indien, um eine Erörterung der Nilschwelle und ihrer Ursachen oder um Erzählungen, in denen einzelne Männer wie Gyges, Amasis und Polykrates merkwürdige Erlebnisse hatten. Sicher ließen sich die antiken Leser und Hörer ebenso gerne wie die modernen von Herodot in diesen Partien seines Werkes vom Hundertsten ins Tausendste

---

schick gilt, wenigstens im Bereich der Geschichte den Satz vom Widerspruch nicht mehr gelten zu lassen. Beispiel: P. Heintel, Über den Umgang mit Geschichte, in: H. Wolfram — K. Brunner (Hrsg.), Vorschläge für ein Studium der Geschichte (1975), 33.

führen, gleichviel, welchen sinnvollen oder weniger sinnvollen Platz die immer interessanten, manchmal auch spannenden oder pikanten Geschichten im Rahmen des Gesamtthemas einnahmen. So einfach stellt sich für Weber (a.O. 112f.) die Sache freilich nicht dar. Er formuliert es so:

Aus der Methodologie (scil. Herodots) resultieren gewissermaßen keine theoretisch bedingten Frageverbote ... Historische und nichthistorische Argumentationsstrukturen können ... bei Herodot gleichberechtigt und nahezu beliebig kombinierbar auftreten. Schon vom grundlegenden Ansatz her schließt die eine Argumentationsform die andere nicht aus. Insofern als Herodot sein generelles Problem durch eine historische Argumentation zu lösen versucht, ergibt sich wiederum der Eindruck relativer Beliebigkeit: Die historische Argumentationsstruktur in Form von Geschichten gestattet eine nahezu beliebige Erweiterung und Vertiefung der Argumentation durch Nebengeschichten und nichthistorische Zusatzargumente. Diese Erweiterung der historischen Argumentation durch nichthistorische Erörterungen oder durch eine Vielzahl redundanter Nebengeschichten wird also begünstigt durch die Tatsache, daß es innerhalb des sozialen Kontexts der Betätigung Herodots noch keine Konventionen darüber geben konnte, was ein Historiker als Historiker zu tun hat. Daneben macht sich aber auch seine Methodologie innerhalb der Darstellung gelegentlich so sehr bemerkbar, daß ein Betrachter mit neuzeitlichem Erwartungshorizont den Eindruck gewinnen kann, als handle es sich eigentlich gar nicht um Historiographie...

Solches Verhalten wird von Weber (a.O. 181) damit in Zusammenhang gebracht, daß Herodot zwar „an einzelne Traditionen anknüpfen konnte", daß aber „deren Integration und Umformung zur Historie als einem neuen Paradigma intellektueller Tätigkeit" fehlte, woraus dann Weber schließt:

Daher halten wir den sozialen Kontext, in dem sich seine Bemühungen vollzogen und in den er sein neues Paradigma stellen konnte, für einen wichtigen Faktor bei der Herausbildung seines spezifischen Verständnisses von Historie.

Und im letzten Satz seiner Schrift spricht schließlich der Verf. von der von Herodot durchgeführten

ersten Konstituierung eines Konglomerats von Fragestellungen, Lösungswegen und Erkenntnisobjekten, das später als Beginn der Etablierung eines neuartigen Paradigmas zum Verständnis menschlicher Existenz angesehen werden konnte... (a.O. 189).

Es schien mir wichtig, einige Stellen, die sich auf Herodots eingangs erwähntes Vorgehen beziehen, wörtlich zu zitieren, um deutlich zu machen, wie Weber vorgeht und argumentiert. Es ist klar, daß wir Herodot nicht gegenübertreten können, als wären wir seinesgleichen, sosehr wir hier wie sonst darauf bedacht sein müssen, dem uralten historischen Postulat Genüge zu tun, das dahin geht, den Menschen mit allem, was er tut und schreibt, aus seinem eigenen Geist und seiner eigenen Welt heraus zu verstehen. Die Art jedoch, wie Weber über Herodot und seine Vorgangsweise reflektiert, ist doch wohl dem Historiker von Halikarnaß nicht adäquat und erscheint weit weniger geeignet, uns einen Einblick in die Mentalität und Prinzipien Herodots zu geben als einen solchen in die — völlig andere! — Welt, welcher der moderne Autor, Weber, seinerseits geistig angehört. Von den sonstigen neueren Herodotforschern kann man, nach den obigen Darlegungen, Ähnliches wohl von Immerwahr und Cobet sagen, die gewiß nicht zufällig von Weber neben seinen philosophischen Gewährsmännern relativ häufig zitiert werden, während sich manche andere Neuere (mehr oder weniger) mit einem Platz im Literaturverzeichnis begnügen mußten.

Herodot nicht adäquat ist aber auch m. E. die von Weber mehrfach vorgenommene Charakterisierung des Werkes des Halikarnassiers als eines Produktes des „naiven Empirismus". Herodot setzte sich im ersten Teil seiner Historien das Ziel, möglichst viel über die Geschichte, die Sitten und Gebräuche, die geographischen Verhältnisse usw. in den orientalischen Ländern herauszubekommen und beschritt hier wie auch im zweiten, die Feldzüge des Dareios und Xerxes behandelnden Teil den einzigen Weg, der ihm zur Erreichung seines Zieles eben offenstand: Er zog die wenigen älteren Schriften, die Aufschlüsse versprachen, heran und befragte vor allem die Menschen in den betreffenden, von ihm unermüdlich bereisten Gebieten, um so allmählich ein immer umfassenderes Bild zu gewinnen, wobei er, wo es ihm möglich war (und wichtig genug erschien), bei sich widersprechenden Berichten eine eigene Entscheidung zumindest anstrebte. Hier von naivem Empirismus zu sprechen, läuft, ob dies der moderne Autor beabsichtigte oder nicht, auf eine Deklassierung Herodots hinaus, die m. E. nicht berechtigt ist, auch wenn Herodots Bereitschaft, Geschichten, die etwa Fremdenführer am Fuß der Cheopspyramide zum besten gaben, zu glauben, sicher weiter ging als die unsere. Oder ist für Weber der Empirismus *als solcher* „naiv", so daß sein Vorwurf wie Herodot, so auch den heutigen Forscher, der induktiv-empirisch vorgeht, treffen würde? Daß er es tatsächlich so meint (wir sind nun mitten in der Exegese der Weberschen Schrift!), legt vor allem der Abschnitt nahe, in welchem der Genannte just bemüht ist, den Unterschied zwischen Herodot und dem heutigen Historiker herauszuarbeiten. Die abschätzige Apostrophierung des hier mit Herodot verglichenen, wie gesagt, auch empirisch verfahrenden modernen Forschers als eines „professionellen" Historikers und Vertreters einer „institutionalisierten Gelehrsamkeit" erinnert jedenfalls an den „gewöhnlichen" Historiker, den etwa Collingwood und Gadamer dem über empirische Quellenstudien erhabenen, philosophisch orientierten Historiker gegenüberstellen und lassen auch etwa daran denken, daß A. Rüstow die induktivempirische Methode des Historikers als „besonders stumpfsinnigen Aberglauben des 19. Jahrhunderts" bezeichnet, was freilich Weber angesichts dessen, daß sein naiver Empirist Herodot nicht im 19. Jh. n. Chr., sondern im 5. Jh. v. Chr. lebte, nicht akzeptieren könnte.

Wir müssen noch einmal auf die Frage zurückkommen, ob Herodot an den oben S. 229 ff. behandelten und anderen Stellen mit fingierten Gewährsmännern operierte. Die Frage mußte auch für Weber von Bedeutung sein: Erörterungen wie etwa die über den Dodona-Abschnitt bei Herodot (Weber a.O. 83 ff.) setzen einebestimmte Entscheidung des Autors in besagter Angelegenheit voraus, und zwar eine Entscheidung *gegen* die Annahme fingierter Gewährsmänner. Aber das Problem bleibt unerörtert, und eine gegen D. Fehling gerichtete Bemerkung (a.O. 77 f.) macht deutlich, daß Weber im Grunde nicht erkannte, worum es eigentlich geht. Nach ihm hätte Herodot — aus einem „naiven Wissensdrang" heraus — das Bedürfnis gehabt, „leere Zwischenräume" zwischen dem dürren Gerüst von Informationen, die er einholen konnte, auszufüllen, aber man werde, fügt Weber — mit Seitenblick auf Fehling — hinzu, Herodots in diese Richtung gehenden Versuchen

nicht gerecht, wenn man ... das Ausfüllen solcher Zwischenräume oder Informationslücken allein der freien Phantasie und einer recht willkürlichen Erfindung des Märchenerzählers oder Lügenbarons Herodot zuschreibt.

Wir wissen schon, daß es sich hier tatsächlich um etwas völlig anderes handelt: Herodot will nicht Lücken ausfüllen, sondern teilweise sehr umfangreiche und detaillierte Geschichten, die er zwar nicht erzählt, aber natürlich kennt, und die ihm unglaubwürdig erscheinen (Beispiel: die Io-Geschichte), durch glaubwürdige Geschichten, für die er sich auf ägyptische Priester, auf Perser und Phöniker als Gewährsmänner beruft, stillschweigend ersetzen. Eine genauere Beschäftigung mit der erwähnten Frage (und Auseinandersetzung mit der Gegenseite!) wäre hier wohl nicht zu umgehen gewesen.

In einem wichtigen Punkt muß man Weber (a.O. 184) zustimmen: in der Ablehnung der verbreiteten Meinung, es habe Herodot schon einen grundsätzlichen Unterschied zwischen Sage und Geschichte gemacht. So ist wohl die Feststellung Webers zu verstehen, daß Herodot „seine Informationsgewinnung forschungstechnisch definierten Beurteilungskriterien" unterwarf, ohne dabei „eine objektivistische Unterscheidung eines 'spatium historicum' von einem 'spatium mythicum' vorzunehmen" (nebenbei bemerkt ein besonders hübsches Beispiel dafür, daß man einen einfachen Sachverhalt auch kompliziert ausdrücken kann).

Was ist — nach Meinung Webers — für Herodot „Geschichte"? „Zunächst" nicht mehr „als eine bestimmte Merkmalsausprägung einer forschungstechnisch definierten Eigenschaftsdimension". Wer sich schwer tut, das zu verstehen, erhält in einem Zusatz Erklärungshilfe: „Geschichte" (schon bei Weber in Anführungsstrichen) ist „der Bereich relativ geringer empirischer Gesichertheit von Informationen über Sachverhalte". —

Die oben vorgelegte bzw. neu vorgelegte Herodotstudie hatte es im Grunde weniger mit Herodot zu tun als vielmehr mit dem Schrifttum über Herodot, das es unter bestimmten vornehmlich methodischen Gesichtspunkten zu überprüfen galt. Um so wichtiger erscheint es, hier abschließend noch eine Herodot selbst betreffende und übrigens sehr aktuelle Feststellung zu Papier zu bringen. Im Gegensatz zu vielen modernen Historikern, bei denen sich, wie in diesem Buch schon oft herausgestellt wurde, alle historischen Vorgänge in gesellschaftliche Prozesse und Strukturveränderungen auflösen, in denen der Mensch allenfalls noch als 'soziale Institution' ohne wirkliche Eigenständigkeit einen Platz für sich beanspruchen kann, im Gegensatz auch zu vielen früheren Historikern, *L. von Ranke* nicht ausgenommen, hat Herodot einen bewundernswert offenen und klaren Blick dafür, daß die Wurzeln von wichtigen politischen Entscheidungen immer wieder in den sozusagen niederen emotionellen Bereichen der einzelnen in der Politik tätigen Menschen zu finden sind. Man lese unter diesem Gesichtspunkt etwa den Abschnitt über die Beweggründe des Xerxes für seinen Zug gegen Hellas und die Beweggründe, aus denen heraus Mardonios, dem es ebensowenig wie seinem königlichen Herrn um so etwas wie die 'Lösung der griechischen Frage' ging, den letzteren im Entschluß, den Feldzug zu führen, bestärkte (VII 8ff., vgl. dazu besonders III 34!). Keiner der zahlreichen neueren Historiker, die sich seit hundert Jahren mit diesen Fragen beschäftigen, hat die Dinge klarer und richtiger gesehen (und eindringlicher und lebendiger dargestellt!) als der 'Vater der Geschichte'[69], und viele, die glaubten, mehr in die Tiefe gehen und Herodot also hier wie sonst korrigieren zu müssen, blieben eben deshalb hinsichtlich des Wahrheitsgehaltes ihrer Aussagen hinter Herodot zurück. Zahlreiche über das ganze Werk verstreute Bemerkungen bestätigen immer wieder, wie großartig es Herodot in der Tat verstand, sich in die Welt derjenigen zu versetzen, die ihre Stellung ganz 'oben' nicht davor bewahrte, sich nicht weniger menschlich-allzumenschlich zu verhalten wie irgendwer sonst, wie großartig er es immer auch verstand, hinter scheinbar nüchtern-rationalen Entscheidungen der Großen sehr persönliche Beweggründe aufzudecken.[70] Auch

---

[69] Bekanntlich war es Cicero (de leg. I 5), der Herodot diesen Namen gab. Vgl. dazu H. Strasburger, Die Wesensbestimmung der Geschichte durch die antike Geschichtsschreibung (1966), 53, dessen Überlegung, daß Herodot der Titel „in des Wortes prägnantester Bedeutung" zugekommen sei, weil er „die Geschichte als Idee geschaffen" habe, ich allerdings nicht nachvollziehen kann. Cicero selbst hat es so sicher nicht gemeint und noch weniger so, wie H.-A. Weber an verschiedenen Stellen seines Herodotwerkes den Titel auffassen möchte.

[70] Ein beliebig herausgegriffenes Beispiel muß hier genügen: VII 24 läßt sich Herodot mitten im Bericht über den von Xerxes befohlenen Bau des Kanals am Isthmos der Athoshalbinsel den Gedanken durch den Kopf gehen, daß es im Grunde ein übersteigertes Geltungsbedürfnis war, das Xerxes dazu brachte, den Kanal zu bauen, mit dem er, wie es nun Herodot sieht, seine Macht demonstrieren und sich ein Denkmal setzen wollte. Die Schiffe hätte man, gibt er zu bedenken, bequem auch über die Landenge ziehen können (wie es

wenn man als moderner Historiker darauf eingestellt ist, mit einem — wie Herodot, so auch der späteren Antike noch mehr oder weniger fremden — Entwicklungsgedanken zu operieren, auch wenn man längst gelernt hat, zwischen Sage und Geschichte zu unterscheiden und Wunderdinge, Orakel usw. nur noch als geschichtliche Gegebenheiten gelten zu lassen und nicht mehr als Dinge, an die man selbst glaubt (der einzige Punkt übrigens, in welchem sich schon Thukydides von Herodot wesensmäßig abhebt!), so kann man doch nicht verkennen, daß Herodot in den zuletzt berührten Bereichen zu Erkenntnissen und Urteilen gelangte, die weitgehend auch heute noch ihre Geltung haben. Sie allein schon nötigen uns, Herodot in der Historiographie der Völker einen besonderen Platz zuzuweisen und in ihm, der in den herausgestellten Dingen offenbar keine Vorgänger hatte, wirklich so etwas wie den 'Vater der Geschichte' zu sehen.

ja tatsächlich auf dem viel höheren Isthmos von Korinth geschah!), aber der Großkönig ließ aus den erwähnten Gründen den Kanal anlegen und gleich so breit, daß zwei Trieren nebeneinander fahren konnten. Es wäre nicht schwer, verschiedene entsprechende, teilweise schon realisierte Großbau-Projekte unserer Zeit zu nennen, die man mit praktischen, zumal wirtschaftlichen Bedürfnissen begründete, während es sich tatsächlich primär auch um Prestigebauten und Denkmäler für bestimmte Politiker (sowie Einnahmequellen für die mit ihrer Errichtung befaßten Männer) handelt.

BEITRÄGE ZUR BEURTEILUNG DES HISTORIKERS TACITUS[1]

In dem Kampf, der seit weit über hundert Jahren um Tacitus und seine Beurteilung als Historiker geführt wird, ist jeder Philologe und jeder Althistoriker aufgerufen, Stellung zu beziehen. Die Position, die im folgenden bezogen wird, ist wenig zeitgemäß. Denn es geht darum, durch eine Reihe von Beobachtungen, vornehmlich an Stellen der ›Germania‹ und der ›Annalen‹, die Auffassung zu erhärten, nach welcher Tacitus zwar als Stilkünstler unsere uneingeschränkte Bewunderung verdient, dagegen weder von unserem noch auch vom damaligen Standpunkt aus betrachtet die an einen Historiker zu stellenden Anforderungen voll erfüllt. Zweifellos geht die allgemeine Tendenz in unserer Zeit — zumal in der deutschen Wissenschaft — in eine andere Richtung, und wenn auch immer wieder in der Literatur von führenden Gelehrten Dinge herausgestellt werden, die in das Bild des großen Historikers Tacitus durchaus nicht passen wollen, so zögert man heute anders als in Mommsens Zeiten doch sehr, daraus entsprechende Folgerungen zu ziehen, neigt vielmehr dazu, an die Stelle solcher Konsequenzen ein 'Und doch' im Sinne derjenigen zu setzen, die Tacitus als einen der größten Geschichtsschreiber oder 'Geschichtsdenker' der Antike betrachten, unbeschadet alles dessen, was seit Mommsens diesbezüglichen Feststellungen dagegen ins Feld geführt wurde. Auf Wiederholung alter Argumente werden wir allein schon aus Platzgründen nach Möglichkeit verzichten und uns in der Hauptsache darauf beschränken, die eigenen, freilich ohne die wertvollen Erkenntnisse der Tacitusforschung von Mommsen und Leo bis Klingner, Vogt, Walser und Walker[2] nicht denkbaren Ergebnisse einer eingehenderen Beschäftigung mit Tacitus vorzulegen.

[1] Stark erweiterter Beitrag aus: Natalicium Carolo Iax septuagenario a. d. VII. Kal. Dec. MCMLV oblatum Pars I, ed. R. Muth, redigit I. Knobloch (= Innsbrucker Beiträge zur Kulturwissenschaft 3, 1955), 89—102.

[2] Das umfangreiche Werk von E. Paratore, Tacito (o.J.) bietet für die hier zur Behandlung kommenden Probleme relativ wenig. Unbefriedigend sind die Ausführungen 318ff. über die ›Germania‹ mit m.E. sehr problematischem Ansatzpunkt (Polemik gegen die deutsche Philologie, die in der ›Germania‹ noch immer ihre „Gründungskarta" begrüße, und gegen den „deutschen Chauvinismus", der nach Paratore in der ›Germania‹ ein Mittel sieht, seinen „Mythus von der Überlegenheit des homo Germanicus" zu nähren). — Das Buch von Ph. Fabia und P. Wuilleumin, Tacite, L'homme et l'Oeuvre (1949) ist mir nicht zugänglich. Zum einschlägigen, in den letzten Jahren erschienenen Schrifttum vgl. die Hinweise in den Anm. und vor allem im 'Zusatz 1977' unten S. 288ff.

I

Wir wollen den Ausgang von einer relativ späten Erkenntnis der Forschung nehmen, ich meine die Erkenntnis einer umfangreichen Verwendung ethnographischer und rhetorischer Topoi durch Tacitus. G. *Wissowa* kommt wohl das Verdienst zu, in einer Abhandlung in den GGA 178 (1916), 656ff. den vorliegenden Sachverhalt hinsichtlich der ›Germania‹ in großen Zügen erfaßt und auch schon die Konsequenzen erkannt zu haben, die sich daraus für die Zuverlässigkeit der taciteischen Berichterstattung ergeben. Es folgte die bekannte grundlegende Untersuchung von E. *Norden*, die — auf viel breiterer Basis durchgeführt — ganz entsprechende Ergebnisse zeitigte.[3] Aber dann kam es dazu, daß die Forschung in dem Bestreben, den Tacitus noch besser und tiefer als bisher zu erfassen, zu Aspekten gelangte, unter denen ihr wie manche andere Beobachtung der älteren Forschung, so auch die Ergebnisse der genannten Gelehrten nur noch von sekundärer Bedeutung zu sein schienen, womit dann diese Dinge notwendig in den Hintergrund traten, bis vor einiger Zeit G. *Walser* (Rom, das Reich und die fremden Völker in der Geschichtsschreibung der frühen Kaiserzeit, 1951) ihnen wieder eine erhöhte Aufmerksamkeit mit besonderer Berücksichtigung der eigentlich historischen Werke des Tacitus zukommen ließ.

Eine für die heutige Situation vielleicht besonders charakteristische Kritik von Walsers Buch aus der Feder von H. *Kleinknecht* (DLZ 73, 1952, 727ff.) bietet uns für die eigene Betrachtung des Problems einen willkommenen Ansatzpunkt.

Kleinknecht leugnet nicht eine umfangreiche Verwendung von literarischen Topoi durch Tacitus, mißt ihr aber für die Beurteilung des Tacitus als Historiker und Ethnographen keine Bedeutung zu, und er bedient sich dabei eines Arguments, das schon früher gelegentlich gegen die Ergebnisse Wissowas und Nordens geltend gemacht wurde: Es habe Tacitus die Topoi stets 'passend' verwendet. Wie es damit steht und ob wir es hier also mit einem wirklich zwingenden Einwand zu tun haben, das ist die Frage, die es im folgenden zu klären gilt.

Wir halten uns an die Topoi speziell ethnographischen Inhaltes und ihre Verwendung in der ›Germania‹. Daß bei Übertragung von Feststellungen und Formulierungen, die einstens irgendein griechischer Ethnograph etwa für die Skythen geprägt hatte, auf die Germanen die Gefahr einer Verfälschung der

---

[3] E. Norden, Die germanische Urgeschichte in Tacitus' Germania (1920), siehe bes. 56. Vgl. dazu H. Drexler, Burs. Jahrb. 224 Suppl. (1929), 312ff. und E. Bickel, Bonner Jahrb. 139 (1934), 1ff. — H. Hommel (AfRw. 37, 1941/42, 149 Anm. 5) und H. Kleinknecht (DLZ 73, 1952, 733 Anm. 4) haben Bickel hinsichtlich der Einschätzung der Topoi offensichtlich mißverstanden.

dortigen Verhältnisse an sich vorhanden war, kann nicht gut bestritten werden. Tacitus konnte dieser Gefahr nur begegnen, indem er im Bewußtsein der schwierigen Situation, in der er sich befand, sein besonderes Augenmerk darauf richtete, daß ältere Topoi *ausschließlich dann* von ihm auf die Germanen angewendet wurden, wenn es aufgrund der Angaben zuverlässiger Quellen über die dortigen Verhältnisse unbedingt gerechtfertigt schien. Daß Tacitus tatsächlich so verfuhr, wird man allein aus dem Umstand, daß einzelne Topoi dem Anschein nach wirklich zutreffen, um so weniger erschließen dürfen, als die Germanen mit den anderen in der älteren ethnographischen Literatur behandelten Völkerschaften, mit denen sie annähernd auf der gleichen Kulturstufe standen und teilweise auch rassisch verwandt waren, sicher manche äußeren und inneren Züge gemein hatten und also Übertragungen ethnographischer Motive auch ohne jede Sorgfalt 'passend' sein konnten. Aber es ist freilich nach der entgegengesetzten Richtung ein entscheidendes Argument gewonnen, wenn sich hier und dort positiv dartun läßt, daß Tacitus jene Sorgfalt vermissen ließ und Wandermotive zur Anwendung brachte, ohne sich zuvor die Frage nach ihrer Gültigkeit für die Germanen gestellt zu haben.

Sehen wir, wie es diesbezüglich mit dem bekannten Satz Germ. Kap. 4 steht, in welchem die Germanen als *tantum sui similis gens* charakterisiert werden. E. *Norden* (a.O. 54f., vgl. aber schon den Kommentar von *Schweizer-Sidler-Schwyzer* zur Stelle) hat diese Worte als ein altes Wandermotiv erwiesen. Ein Grieche hatte sie viele Jahrhunderte früher sehr treffend für die Ägypter geprägt. Auch für die Skythen mochten sie, angewandt von einem späteren Griechen mit noch eingeschränktem Gesichtskreis (Norden a.O.), Geltung haben. Aber bei Tacitus und seinen Germanen liegen die Dinge denn doch anders. Tacitus arbeitete mit dem Motiv, ohne sich des bösen Dilemmas bewußt zu werden, das ihm aus der Tatsache erwuchs, daß auf ein Volk, das 'nur sich selbst ähnlich' ist, nicht soundso viele andere ethnographische Wandermotive teils allgemeinen teils speziellen Inhaltes auch Anwendung finden können oder umgekehrt: Von einem Volk, das so viel mit anderen Völkern gemein hat, daß man seine Eigenschaften und Sitten weitgehend mit den Wendungen schildern kann, die für jene anderen Völker von früheren Ethnographen geprägt wurden, von einem solchen Volk kann man alles behaupten, nur dies nicht, daß es ausschließlich sich selbst ähnlich sei. Wie wenig sich Tacitus der hier liegenden Schwierigkeit bewußt war, erhellt mit besonderer Eindringlichkeit aus der Tatsache, daß gleich die nächsten Sätze über das Äußere der Germanen, ihre nur für den Angriff geschaffene Natur und ihr Unvermögen, Durst und Hitze zu ertragen, bekanntlich wiederum ethnographischer Topos sind.

Ebenso klar liegt der Fall Germ. Kap. 9, wo Tacitus den (jedenfalls nach seiner Meinung, s. u.) tempel- und bildlosen Kult der Germanen mit folgenden Worten charakterisiert: *ceterum nec cohibere parietibus deos neque in ullam humani oris speciem assimulare ex magnitudine caelestium arbitrantur.* In einem Aufsatz ›Das geschichtliche Verstehen in Tacitus Germania‹, den Kleinknecht (a.O.) rühmend herausstellt, kann sich *E. Wolff* der Erkenntnis nicht verschließen, daß diese Schilderung keine Züge aufweist, „die nicht typische Züge der Religiosität des philosophisch gebildeten antiken Menschen" sind und daß wir es hier mit einem „ 'Topos' griechischer philosophischer Ethnographen" zu tun haben.[4] Indessen sei Tacitus kein spekulativer Grieche, „dessen Auge auf dem Logos im Menschen ruht und den es mit Genugtuung erfüllt, wenn er dem Gottesbegriff seines eigenen Systems ... bei welchem Barbarenvolk auch immer wieder begegnet". Den bildlosen Kult konstatiere er Hist. II 78, 13 auch bei den Juden, aber ohne den Zusatz *ex magnitudine caelestium.* Es liege ihm dort „ganz offensichtlich" nichts daran, „sich diese fremden Züge verstehend nahezubringen", und also hätten wir „kein Recht, der Begründung in der Germania nur den Wert eines traditionell gebrauchten Topos zuzugestehen". Dieser gewagte Schluß aus dem Fehlen der zitierten Worte Hist. a.O. mag berechtigt sein oder nicht — er kann sowenig wie die nachfolgende Erklärung Wolffs, es habe Tacitus zweifellos die (angebliche) Bildlosigkeit der altrömischen Religion vor Augen gehabt, an der entscheidenden Tatsache etwas ändern, daß hier ein Topos unpassend verwendet ist. Es läßt sich ja nicht in Abrede stellen, daß die Gottesvorstellung und Religiosität der frühen Germanen eine andere war als die der Menschen der reifen griechisch-römischen Antike und daß es den wirklichen Verhältnissen ganz und gar nicht entspricht, wenn Tacitus durch die Benutzung des besagten literarischen Gemeinplatzes bei den Lesern den Eindruck erweckt, daß die damaligen Germanen wie viele philosophisch orientierte Griechen und Römer der Jahrhunderte um Christi Geburt die Verehrung von anthropomorph gebildeten Göttern in Tempeln als anstößig empfanden. Wir kommen also dazu, hier wie oben zu Kap. 3 eine durchaus unpassende und dem wirklichen Sachverhalt in keiner Weise entsprechende Verwendung eines Topos durch Tacitus zu konstatieren und dies, noch ehe wir die Frage aufwerfen, ob überhaupt die Feststellung als solche richtig ist, daß die Germanen dieser Zeit weder Tempel noch menschenähnliche Kultbilder kannten und ob also wenigstens in dieser rein sachlichen Hinsicht die Anwendung des besagten Topos auf die Germanen berechtigt erscheint. Nach dem Dargelegten ist es nicht unbedingt nötig, darauf noch einzugehen, und so wollen wir uns mit dem Hinweis begnügen, daß es schon *Wissowa* (GGA 178, 1916, 657) und *Bickel* (Bonner Jahrb. a.O. 4f.) gelungen ist, bislang unwiderlegte Argumente gegen die Annahme eines

---

[4] E. Wolff, Hermes 69 (1934), 121 ff., das Zitat im Text S. 135 (erneut in: H. Oppermann, Hrsg., Römertum. Ausgewählte Aufsätze und Arbeiten aus den Jahren 1921—1961, 1967, 299 ff.). Vgl. dazu auch E. Bickel, Bonner Jahrb. a.O. 3 ff.

tempel- und bildlosen Kultes bei den damaligen Germanen aus Tacitus selbst zu gewinnen.[5]
Im Hinblick auf Wolff a.O. und zahlreiche sonstige Literatur ist es nicht überflüssig, an dieser Stelle zu betonen, daß die — bekanntlich auf Varro zurückgehende — Vorstellung von der Bildlosigkeit der altrömischen Religion, an der

[5] Vgl. zu diesem Problem jetzt — 1977 — J. de Vries, Altgermanische Religionsgeschichte I (1970), 117 ff. (Hinweis auf menschengestaltige phallische Holzidole und Zeichnungen aus der Bronzezeit), 385 ff. und passim. Angesichts dessen, daß de Vries selbst viele archäologische Belege dafür bringt, daß die Germanen schon früh anthropomorphe Götteridole hatten, setzt es in Erstaunen, daß er (a.O. 385) die oben genannte Tacitusstelle als ein nach seiner Meinung offenbar nicht anzufechtendes Zeugnis für Bildlosigkeit anführt, allerdings mit dem Zusatz: „In dieser Hinsicht stimmen sie (scil. die Germanen) also mit den anderen indogermanischen Völkern überein, die ebenfalls in den frühesten Perioden ihrer Geschichte einen sehr wenig entwickelten Bilderkult hatten". Einen noch „sehr wenig entwickelten Bilderkult": dies eine bemerkenswerte Einschränkung, die angesichts dessen, daß die Herstellung auch von primitiven Kultbildern eine gewisse Kunstfertigkeit immer bedingt, auf eine *de facto*-Absage an Tacitus hinausläuft. De Vries ging es also nicht anders als Tacitus selbst, der nicht bemerkte, daß seine eigene Erzählung von Nerthus und der Waschung des Kultbildes nach vollzogener Umfahrt die Auffassung von der Bildlosigkeit (und ihrem angeblichen höheren Prinzip!) bereits widerlegt. — Ähnlich zwiespältig wie de Vries ist auch A. V. Ström, Germanische Religion, in: A. V. Ström und H. Biezais, Germanische und Baltische Religion (1975), 55 ff., 58 ff. und passim. Ström ist beherrscht von der Vorstellung von einem „anikonischen" Kult bei den Germanen und allgemein den frühen Indogermanen (mit Berufung auf Varro hinsichtlich der frühen Römer, vgl. die weiteren Ausführungen im Text!), übersieht aber andererseits nicht, daß ein deutlich schon menschengestaltiges „Götzenbild" (aus Stellmoor) bis ins Mesolithikum zurückführt (a.O. 60 f. mit Abb. 2 auf S. 61). Vgl. dazu auch die hölzernen Kultpfähle und die — im Museum von Schleswig aufgestellten — überlebensgroßen menschengestaltigen Figuren aus Holz in teilweise natürlicher Bildung bei E. Oxenstierna, Die Nordgermanen (1957), Taf. 35 f. Daß auch tempelartige Gebäude nicht von einer gewissen Kunstfertigkeit zu trennen sind, also gleich den 'entwickelten' Götterbildern — von primitiven Holzschuppen zur Aufbewahrung der Götteridole abgesehen (einen solchen werden wir z. B. für das Kultbild der Nerthus in Tacitus' Zeiten annehmen dürfen; Aufbewahrungsplätze für Kultbilder dieser Art gibt es noch heute etwa auf Bali) — erst allmählich aufkommen, gilt natürlich nicht nur für die Indogermanen, sondern schlechthin für alle Völker der Welt (gegen Ström a.O. 55). Auch hier tut übrigens universalhistorische Betrachtungsweise not. Mit wünschenswerter Deutlichkeit kommt uns von solcher Warte aus zu Bewußtsein, wie recht Xenophanes gegenüber Tacitus und denen, die ihn noch heute als Autorität betrachten, hatte, wenn er (Frgm. 14 ff.) allgemein den „Sterblichen" vorhält, daß sie die Gestalt, Tracht und Sprache, die sie selbst haben, auch den Göttern zuerkennen, und die Äthiopier sich dementsprechend die Götter anders als die Thraker vorstellen, nämlich dunkelhäutig und stumpfnasig. Die Ethnologie bestätigt diese Auffassung in allen ihren Bereichen.

sich Tacitus (oder sein Gewährsmann) offenbar orientierte, ebensowenig wie die behandelte, die Germanen betreffende Behauptung dem wirklich historischen Sachverhalt entspricht, wie dies angesichts dessen, daß es sich ja schon hier um ein (bekanntlich bis auf Herodot zurückzuverfolgendes) Wandermotiv handelt, gar nicht anders zu erwarten ist. Nur (wiederum!) mit mangelnder Einsicht in die ethnologischen Verhältnisse ist es erklärbar, wenn schon *Wissowa*[6] die Varronische Angabe in fetischistischen Vorstellungen, die sich bei den Römern nachweisen lassen, bestätigt fand. Als ob sich Fetischismus und anthropomorphe Gottesvorstellung, von der ein Bedürfnis, die Götter bildlich dazustellen, nirgends zu trennen ist, ausschließen würden! Man denke, was die Römer und die zweifellos bei ihnen, wie auch sonst, in die früheste Zeit zurückgehende anthropomorphe Gottesvorstellung betrifft, nur etwa an bestimmte, keinesfalls sekundäre kultische Vorschriften und Praktiken wie die Opferung von Tieren mit bestimmtem Geschlecht für Gottheiten mit entsprechendem Geschlecht und allgemein an die — gewiß auch alten — Speiseopfer, die man natürlich nicht irgendwelchen *numina* darbrachte, an die Anrufungen *pater* und *mater*, an den Phalluskult des Gottes Tutunus Mutunus, an den *castus Iovis* usw. — Vorschriften, Bräuche und Beinamen, die unverständlich wären, könnte man wirklich annehmen, daß die frühen Römer eine ganz unpersönliche Vorstellung von ihren Göttern hatten und erst durch die Berührung mit den Griechen dazu kamen, sich die Götter als ihresgleichen vorzustellen und nun auch bildlich zu verehren. Es ist klar, daß die ältesten Götterbilder hier wie sonst primitive Schnitzwerke aus Holz waren, die im Laufe der Zeit durch andere, vielleicht von griechischen Künstlern geschaffene Götterbilder ersetzt wurden.

II

Der oben erörterte Fall bietet nicht nur ein Beispiel für verfehlte Anwendung eines Topos, sondern auch ein solches für „geistigen Anachronismus" (Walser a.O. 160), der darin liegt, daß Tacitus primitive Völker durch „Verwendung unpassender politischer und moralischer Begriffe" erhöht. Der hiergegen von *Kleinknecht* (a.O. 733) erhobene Einwand scheint mir für eine in der Wissenschaft unserer Zeit hier stärker, dort weniger stark spürbaren Tendenz höchst bezeichnend zu sein: Es liege in Wahrheit „geschichtliche Antizipation" vor, deren Möglichkeit man „dem historischen Sinn genau so zugestehen sollte wie man sie dem poetischen zugesteht". Bleiben wir bei dem behandelten Fall, so kann das wohl nur heißen: Weil die philosophisch gebildeten Abkömmlinge der alten Germanen nach vielen Jahrhunderten zu einer dem Glauben der reifen

---

[6] G. Wissowa, Religion und Kultus der Römer ([2]1912), 32.

griechisch-römischen Antike in mancher Hinsicht nahestehenden (in anderer Hinsicht freilich ganz verschiedenen) religiösen Auffassung kamen, hatte Tacitus recht, als er die Gottesvorstellung der Germanen seiner Zeit eben der Anschauung der philosophisch gebildeten Angehörigen der griechisch-römischen Kultur gleichsetzte. Und weil, um ein anderes Beispiel zu bringen, in der Völkerwanderungszeit das Imperium Romanum auseinanderfiel, hatte Tacitus recht, als er dem Iulius Civilis entgegen der historischen Wirklichkeit (vgl. Walser a.O. 86ff.) die Absicht unterschob, ein selbständiges gallisches Reich zu gründen. Hier sind wir, möchte mir scheinen, an einem Punkt angelangt, wo eine Verständigung und Überbrückung der Gegensätze nicht mehr möglich ist, hier und ebenso auch dort, wo es um die Frage geht, ob die ständige Bezogenheit der Betrachtungen des Tacitus auf die römischen Verhältnisse der historischen Erkenntnis hemmend entgegensteht oder ob dies nicht der Fall ist, wie Kleinknecht (a.O. 734) meint, indem er von „konstitutiven Elementen" eines „Umsetzungsprozesses von 'Wirklichkeit' und 'Geschichte' " spricht, der „den historischen Charakter der taciteischen Darstellung" ausmache.

Wie die Dinge hier tatsächlich liegen, zeigen bzw. bestätigen einige im folgenden zu behandelnde Stellen mit wünschenswerter Deutlichkeit. Wir beginnen mit Tacitus' Bemerkung Kap. 19, daß sowohl den Männern als auch den Frauen bei den Germanen geheime Briefschaften unbekannt seien: *litterarum secreta viri pariter ac feminae ignorant*. Es leuchtet ein, daß diese Feststellung nur einen Sinn hätte, wenn bei den Germanen der Zeit des Tacitus wie bei den damaligen gebildeten Römern brieflicher Verkehr an sich im Schwange gewesen wäre. Da dies nicht der Fall war[7], ist besagte Feststellung ja doch eigentlich genauso sinnlos, als wenn ein moderner Ethnologe von den Urwaldpygmäen lobend konstatieren würde, daß ihnen häufiger Kino- und Kaffeehausbesuch fernliege, oder als wenn wir Historiker es den Menschen des Mittelalters als Pluspunkt anrechnen würden, daß sie sonntags zu Hause blieben, anstatt im Auto durch das Land zu rasen. Und wir müssen auch hier hinzufügen: Nicht nur sinnlos ist jene das Fehlen von *litterarum secreta* bei den Germanen betreffende Feststellung, sie verfälscht darüber hinaus den wirklichen Tatbestand, indem sie den Eindruck erweckt, daß bei den Germanen Briefverkehr an sich nicht anders als in Rom üblich war und man eben nur darauf verzichtete, ihn für geheime Brief-

---

[7] Siehe über das Fehlen der notwendigen Voraussetzung dazu, einer für Briefverkehr geeigneten Schrift, schon K. Müllenhoff, Deutsche Altertumskunde IV (1920), 226f. Daß einzelne Männer, die im römischen Heer in gehobener Stellung gedient hatten, in der Lage waren, lateinische Briefe zu schreiben, kann hier nicht ins Gewicht fallen. Vgl. außer Müllenhoff bes. auch die Bemerkungen im Germaniakommentar von J. G. C. Anderson (1938), 112 und zur Runenschrift H. Jensen, Die Schrift in Vergangenheit und Gegenwart (o.J.), 376ff., bes. 377.

schaften zu mißbrauchen, wie das die damaligen Römer offenbar ausgiebig taten.

Ganz entsprechende Fälle bieten zwei weitere Kapitel der ›Germania‹. Kap. 6 gibt uns Tacitus nach seiner Quelle eine nüchterne Beschreibung der höchst dürftigen Bewaffnung und Ausrüstung der germanischen Krieger und stellt dann fest: *nulla cultus iactatio,* d. h. anders als Tacitus' römische Zeitgenossen (vgl. Hist. II 88) kennen die Germanen kein Prunken mit Waffenrüstung. Nun ist wiederum klar, daß eine Feststellung dieser Art nur Sinn hat, wenn an sich die Möglichkeit zu solchem Verhalten unter den gegebenen Verhältnissen vorhanden war, im vorliegenden Falle, wenn die damaligen Germanen wirklich so ausgerüstet waren, daß sie mit ihren Waffen hätten prunken können, falls sie es gewollt hätten. Nach Tacitus' eigener Schilderung traf dies aber keineswegs zu, jedenfalls nicht für die Gemeinfreien, die Tacitus bzw. sein Gewährsmann in dem Kapitel vor allem im Auge hat. Jene Feststellung über die fehlende *cultus iactatio* ist also, bezogen auf die Masse der Gemeinfreien, ebenso sinnlos wie der oben behandelte Satz über die *litterarum secreta*. Ein anderes Bild ergibt sich natürlich, wenn wir sie versuchsweise auf die Fürsten und adligen Herren beziehen, dann ist sie allerdings nicht sinnlos, dafür schlechterdings falsch. Tacitus selbst bewahrt uns Kap. 15 eine Angabe über *magnifica arma* und sonstige erlesene Stücke kriegerischer Rüstung, mit denen die germanischen Gefolgsherren beschenkt wurden und an denen diese Herren gewiß ihr Wohlgefallen hatten; und was wir sonst aus Geschichte und Sage und aus den Bodenfunden entnehmen können (siehe die Stellen bei R. Much, Die Germania des Tacitus, ²1959, 91), bestätigt vollauf, daß die frühen germanischen Herren genauso wie etwa die griechischen Adligen der homerischen Zeit eine große Freude daran hatten, vor den Genossen mit schönen Waffen und Rüstungen zu glänzen.

Faenus agitare et in usuras extendere ignotum; ideoque magis servatur quam si vetitum esset, so heißt es am Anfang von Kap. 26, und schon wieder sehen wir uns einer Feststellung gegenüber, die angesichts dessen, daß die damaligen Germanen nach Tacitus' eigenen, durch die Bodenfunde bestätigten Zeugnissen noch gar nicht bis zur Geldwirtschaft gekommen waren, nur als sinnlos zu bezeichnen ist. Man wird mit der Annahme nicht fehlgehen, daß Tacitus von seinem Gewährsmann nichts anderes erfuhr als etwa dies: Die Germanen zumal der Grenzgebiete kennen wohl die römischen Münzen, die Geldwirtschaft aber gibt es bei ihnen noch nicht. Indem er sich durch sein Bestreben, die noch unverdorbenen Germanen mit den korrupten römischen Zeitgenossen bei jeder Gelegenheit in Kontrast zu setzen, dazu verleiten ließ, aus der nüchternsachlichen Angabe seiner Vorlage die zitierte Sentenz über fehlende Geld- und Wuchergeschäfte zu machen, rückte er das Ganze in ein den Dingen in keiner Weise angemessenes Licht und erweckte beim Leser wiederum ein falsches Bild von den Verhältnissen bei den Germanen. Daß dieser einfache Sachverhalt, soweit ich sehe, noch in keinem der so zahlreichen Kommentare zur › Germania ‹ herausgestellt wurde, zeigt vielleicht besser als alles andere, wie schwer es ist, sich aus dem Bann zu lösen, den Tacitus auf seine modernen Leser ausübt.

III

Die in den obigen Darlegungen behandelten › Germania ‹-Stellen lassen mit besonderer Eindringlichkeit die Berechtigung einer methodischen Forderung erkennen, die in der älteren Literatur wiederholt mit Nachdruck erhoben wurde, jedoch im einschlägigen Schrifttum der jüngsten Zeit nicht die Beachtung findet, die ihr zukommt. Nachdem schon *L. von Ranke*[8] von der Notwendigkeit gesprochen hatte, die bei Tacitus berichteten Tatsachen „von dem Urteil des Verfassers möglichst zu scheiden", war es insbesondere *E. Norden*[9], der „das Aussondern der Reflexionen vom Tatsächlichen" als „eine der wichtigsten Aufgaben bei der Interpretation" des Tacitus bezeichnete und damit ein Postulat aufstellte, das doch eigentlich das härteste Urteil über den Historiker Tacitus involviert, das sich denken läßt: Angaben sachlicher Art, die Tacitus aus älteren Quellen übernahm, können wir akzeptieren, was er an eigenem hinzutat, muß ausgeschieden werden. Wenn Norden entsprechend dem Thema seines Buches hier sicher von der › Germania ‹ ausging, so hatte er doch, gleich Ranke, den ganzen Tacitus vor Augen, und in der Tat ist das in unserem Zusammenhang besonders wichtige Faktum evident, daß Tacitus nicht nur in der › Germania ‹, sondern ebenso auch in den eigentlich historischen Schriften geneigt war, überliefertem Quellenmaterial eigene Reflexionen anzuhängen, die dem Sachverhalt nicht entsprechen und ihn häufig verfälschen. Diese Tendenz tritt nicht überall gleich stark hervor, am stärksten finden wir sie bezeichnenderweise dort, wo sich der Autor am weitesten von seiner eigenen Forderung nach einer Geschichtsschreibung *sine ira et studio* entfernte, in den ersten sechs Büchern der › Annalen ‹ mit ihrer Darstellung der Regierung und der Persönlichkeit des Kaisers Tiberius.

In der Wissenschaft herrscht längst Einigkeit darüber, daß das düstergrauenvolle Tiberiusbild, das Tacitus vor dem geistigen Auge des Lesers erstehen läßt, ein Zerrbild ist, das seine beste Widerlegung in dem findet, was Tacitus selbst über Maßnahmen des Kaisers, Erlässe, Reden usw. überliefert.[10] Auch ist

---

[8] L. von Ranke, Weltgeschichte III, 2 (1883) Analekten, 293 (zitiert bei M. Schanz/ C. Hosius, Geschichte der römischen Literatur II, [4]1935, 637).

[9] E. Norden, Urgeschichte, 127 Anm. 3, ähnlich G. Wissowa, N. Jahrb. (1921), 18 und H. Drexler, Burs. Jahrb. a.O. 312. Vgl. auch R. Much, Die Germania des Tacitus, Vorwort p. XI.

[10] Dies letztere hebt schon J. Vogt, Tacitus und die Unparteilichkeit des Historikers, in: Würzburger Studien z. Altertumsw. 9 (1936), 15; erneut in: Prinzipat und Freiheit, hrsg.

aufgrund eines Vergleiches der genannten Bücher der ›Annalen‹ mit der Parallelüberlieferung bei Sueton und Cassius Dio längst erkannt, daß besagtes Tiberiusbild in seinen Grundzügen nicht geistiges Eigentum des Tacitus ist, sondern direkt oder indirekt auf eine ältere Vorlage zurückgeht.[11] Was man aber bisher weniger beachtete, ist dies, daß der Historiker Tacitus sich nicht nur ein Tiberiusporträt blind oder scheinbar blind zu eigen machte, das mit dem von ihm selbst verarbeiteten Tatsachenmaterial in klarem Widerspruch stand, sondern daß er sich darüber hinaus veranlaßt sah, das überlieferte unhaltbare Bild des Kaisers weiter auszumalen und noch düsterer und gräßlicher zu machen, als es ohnehin schon war. Er verfuhr dabei auf seine Weise, indem er, ohne Rücksicht darauf, ob es gerechtfertigt und psychologisch glaubhaft erschien, die sachlichen Angaben in einem fort mit zusätzlichen Sentenzen versah, die alles, was der Kaiser tat und redete, in ein schlechtes Licht rückten. Nicht nur das Fehlen dieser Sentenzen in der Parallelüberlieferung[12], auch die Übereinstimmung der Technik des Vorgehens hier und in der ›Germania‹ und im sonstigen taciteischen Werk läßt erkennen, daß wir besagtes Verfahren auf das eigene Konto des Tacitus zu setzen haben.

Wie die Sache praktisch aussieht, sollen wieder einige wenige Beispiele verdeutlichen.

Ann. I 11: Tiberius äußert im Senat den Gedanken, es möchte die Regierungslast nicht einem allein übertragen, sondern unter mehreren verteilt werden. „In solcher Rede lag mehr Würde als Aufrichtigkeit."

Ann. I 81: Tiberius gibt bekannt, daß sich für die Konsulwahlen alle verdienten Persönlichkeiten melden konnten. „Sehr schön gesagt, aber in der Sache gehaltlos oder heimtückisch, und je mehr solche Worte sich den Schein der Freiheit gaben, um so mehr zielten sie auf drückende Knechtschaft hin."

Ann. II 5: Tiberius schickt den Germanicus nach dem Orient. Er wollte ihn auf diese Weise zugleich der „Hinterlist (*dolo*) und den Unfällen" preisgeben (dies eine besonders gehässige Sentenz, die dem Leser glauben machen will, daß Tiberius voraussah und herbeiwünschte, was Germanicus an bösen Dingen im Orient erwartete).

---

von R. Klein (Wege der Forschung Bd. 135, 1969), 383 ff. mit Nachdruck hervor. Vgl. zum folgenden bereits Ed. Meyer, Kleine Schriften I (1910), 446 Anm. 3, ferner F. A. Marx, Hum. Gymnasium 44 (1934), 73 ff. und ganz bes. J. Vogt a.O. Weitere Literatur zu dem Problem des taciteischen Tiberiusbildes hier und bei E. Paratore, Tacito, 749 Anm. 171.

[11] Siehe darüber etwa E. Paratore, Tacito, 773 ff. und B. Walker, The Annals of Tacitus. A Study in the Writing of History (1952), 139 Anm. 7.

[12] Besonders instruktiv ist diesbezüglich ein Vergleich von Tac., Ann. VI 6 mit Suet., Tib. 67. Man vergleiche etwa auch Ann. VI 45 mit Suet., Tib. 48. Zum Ganzen siehe G. A. Harrer, AJPh 41 (1920), 67.

Ann. II 88: Tiberius lehnt den Antrag eines Chattenfürsten, Arminius durch Gift zu beseitigen, ab. „Durch diesen Ruhm suchte er, sich den alten Feldherren (scil. des Pyrrhuskrieges) gleichzusetzen."

Ann. III 3: Tiberius und Livia vermeiden es nach dem Tode des Germanicus, vor der Öffentlichkeit zu erscheinen. „Sie hielten es unter ihrer kaiserlichen Würde, vor anderen zu klagen, oder aber sie fürchteten, daß sie in ihrer Verstellung erkannt würden, wenn alle Augen ihr Antlitz zu erforschen suchten."

Ann. III 65: Tiberius bezeichnet die Senatoren als Menschen zum Knechtdienst geschaffen. „Es versteht sich, daß solche niedrige Duldsamkeit von Sklaven selbst den, der von Freiheit im Staatswesen nichts wissen wollte, anekelte."

Ann. IV 1: Das Jahr der Konsuln Asinius und Antistius ist für Tiberius das neunte Jahr des wohlgeordneten Staatswesens und der Blüte seines Hauses. „Den Tod des Germanicus rechnete er nämlich zu den glücklichen Ereignissen."

Ann. IV 74: Durch einen Überfall der Friesen erleiden die Römer große Verluste, die Tiberius verheimlicht. Er tut dies, „um nicht jemanden mit der Führung des Krieges betrauen zu müssen".

Ann. VI 6: (Einleitungssätze eines Briefes des Tiberius an den Senat) *quid scribam vobis, ... aut quo modo scribam aut quid omnino non scribam hoc tempore, di me deaeque peius perdant, quam perire me cotidie sentio, si scio.* „So sehr wurden ihm schon seine eigenen Schandtaten und Niederträchtigkeiten zur Pein."

Ann. VI 45: Eine schwere Feuersbrunst sucht Rom heim. „Tiberius machte aus diesem Unglück Ruhm für sich, indem er den Wert der Häuser und Mietskasernen ersetzte."

Ann. VI 46: Germanicus' Sohn steht beim Volk in hoher Gunst. „Für Tiberius ein Grund, ihn zu hassen."

Ann. VI 50, 1: Tiberius zeigte noch in der letzten Zeit seines Lebens bisweilen ein freundliches Gesicht. „Schon verließen ihn seine Körperkräfte, noch nicht seine Verstellung."

Diese Beispiele, die sich beliebig vermehren ließen (siehe etwa noch I 7. II 36, 38, 42, 44, 84. III 41, 44, 65 usf., vgl. unten Anm. 21), mögen genügen, um Tacitus' Vorgehen zu charakterisieren. Es lag ihm ferne, den für ihn als Historiker einzig möglichen Weg zu gehen und in der Art des von ihm nur stilistisch nachgeahmten Thukydides zu versuchen, aus den überlieferten Maßnahmen und Äußerungen des Tiberius ein wirklichkeitsgetreues Bild dieses Kaisers zu gewinnen, er ging vielmehr den umgekehrten Weg, indem er, fußend auf einer kraß tendenziösen, von ihm gleichwohl akzeptierten älteren Darstellung der Regierung des Tiberius kurzerhand allem, was der Kaiser tat und redete, gemeine Motive unterstellte und in diesem Verfahren so weit ging, selbst so anerkennenswerte Entschlüsse und Maßnahmen wie die Hilfe für die Opfer einer Brandkatastrophe und die Ablehnung eines auf Ermordung des schlimmsten Feindes

Roms hinzielenden Angebotes gehässig zu apostrophieren und in ein für Tiberius ungünstiges Licht zu setzen. Er unternahm dabei auch gar nicht den Versuch, seine Unterstellungen innerlich glaubwürdig zu machen, im Gegenteil ist die Diskrepanz zwischen dem, was er selbst an Tatsächlichem berichtet, und dem Inhalt seiner eingestreuten eigenen Sentenzen so evident, daß die Altertumswissenschaft schon in der allerersten Zeit ihrer Beschäftigung mit dem Thema vor über hundert Jahren[13] den wahren Sachverhalt in vollem Umfange erkannte. Es gibt seither kaum noch einen Forscher, der die behandelten Zusätze historisch ernst nehmen, d. h. bei dem Entwurf eines eigenen Tiberiusbildes berücksichtigen würde. Aber das Urteil über den Historiker Tacitus wurde dadurch nur vorübergehend beeinflußt, was seinen Grund offenbar darin hat, daß man im neueren Schrifttum zu wenig bedachte, daß wir es hier mit einer wesentlichen Seite von Tacitus' historiographischer Arbeit überhaupt zu tun haben. Wenn wir wirklich im Sinne des zitierten Postulates *E. Nordens* das Aussondern der Reflexionen vom Tatsächlichen als eine der wichtigsten Aufgaben allgemein der Tacitusinterpretation betrachten müssen — und ich sehe nicht, wie man sich dem entziehen kann[14] —, so ergibt das allerdings einen Sachverhalt, der die Möglichkeit einer wirklich positiven Beurteilung des Tacitus als Historiker m. E. von vornherein ausschließt.

Mit dem über die Reflexionen des Tacitus Dargelegten hängt aufs engste eine weitere Besonderheit der taciteischen Geschichtsschreibung zusammen, die *B. Walker* im 6. Kapitel ihres Buches über die ›Annalen‹ herausarbeitete, nachdem freilich schon andere Gelehrte, an ihrer Spitze *F. Leo*, den Sachverhalt als solchen voll erkannt hatten. Es handelt sich um einen von Tacitus, so scheint es jedenfalls, bewußt angestrebten Effekt, der darin liegt, daß der Gesamteindruck eines Berichtes mit den in diesem mitgeteilten Tatsachen nicht übereinstimmt. Die mit Tiberius' Regierung sich beschäftigenden Bücher der ›Annalen‹ geben hier wiederum die besten Beispiele. Ein jeder, das betonte schon Leo[15], hat nach der Lektüre der einschlägigen Kapitel das Gefühl, gelesen zu haben, daß Germanicus auf Betreiben des Tiberius durch Piso ermordet wurde, obwohl das nirgends gesagt ist, ja die einzelnen Angaben dem direkt entgegenstehen. Jeder flüchtige Leser der ersten sechs Bücher der ›Annalen‹ gewinnt den Eindruck, daß im Rom der Zeit des Tiberius ein Terrorregiment sondergleichen waltete, unbeschadet dessen, daß die einzelnen sachlichen Angaben konkreter Art, für

---

[13] Siehe schon G. R. Sievers, Programm der Realschule Johannisburg 1850/51 = Studien zur Geschichte der römischen Kaiser (1870), 3 ff.

[14] Vgl. dazu die weiteren Ausführungen und unten S. 284 ff., wo an einigen Beispielen gezeigt wird, daß Tacitus mit Kaiser Claudius nach ganz dem gleichen Schema verfuhr wie mit Tiberius.

[15] F. Leo, Tacitus, Rede zur Feier des Geburtstages des Kaisers (1896), 13, dazu B. Walker a.O. 117. Vgl. auch E. Howald, Vom Geist antiker Geschichtsschreibung (1944), 224.

sich betrachtet, ein anderes Bild ergeben. Fragen wir uns, mit welchen Mitteln Tacitus diesen Effekt erreichte, so ist uns eines, und vielleicht das wichtigste, bereits bekannt: das Einstreuen gehässiger Sentenzen in einen scheinbar objektiven Bericht. Aber das ist es, wie sich im folgenden zeigen wird, nicht allein.
Es muß da zunächst eine bekannte Stelle zitiert werden (Ann. IV 32f.), an welcher Tacitus, nicht ohne spürbares Bedauern, ausführt, daß in der von ihm behandelten Zeit, anders als in den früheren, von großen Kriegen und inneren Umwälzungen erschütterten Zeiten, Friede herrschte und der Kaiser auf Ausdehnung des Reiches verzichtete, und daß er, Tacitus, somit nichts weiter tun konnte, als dem Leser Berichte über schreckliche Befehle, Anklagen, Prozesse usw. vorzusetzen. Der folgende, unten noch kurz zu behandelnde Hinweis auf die (sehr fragwürdige) Nützlichkeit solcher Berichte ist eine wenig überzeugende Rechtfertigung dafür, daß ein Historiker es hier über sich bringt, ein umfangreiches Geschichtswerk mit Prozeß- und Skandalgeschichten anzufüllen und alle geschichtlich wirklich wesentlichen Dinge — man denkt da etwa an die Verhältnisse in den Provinzen und die damals sich vollziehende Wandlung der Stellung der Provinzen zu Rom — völlig zu vernachlässigen.[16] Durch solches Verfahren aber wird beim Leser der Eindruck erweckt, daß die Regierungszeit der claudischen Kaiser und zumal die des Tiberius in der Tat nichts anderes war als eine ununterbrochene Kette von Skandalaffären und mehr oder minder skandalösen Gerichtsverhandlungen mit anschließenden nur allzu oft völlig ungerechtfertigten Todesurteilen und Hinrichtungen, und dieser Eindruck wird weiter sehr verstärkt durch die Art, wie Tacitus da und dort auf die in den Regierungsjahren des Tiberius vollzogenen Hinrichtungen Bezug nimmt. Wenn man Ann. VI 19 von *immensa strages* und Ann. VI 29 von *caedes continua* liest, wenn man dann Ann. VI 39 gar von Tiberius erfährt, daß er einmal, als er von Capri her sehr nahe an Rom herankam, gleichsam mit Augen „das durch die Häuser wogende Blut oder die Hände der Scharfrichter" sehen konnte, so möchte man nach nüchterner Überprüfung des von Tacitus selbst gebotenen Materials fast geneigt sein, von Vorspiegelung falscher Tatsachen zu sprechen.[17] Wer von den römi-

---

[16] Vgl. zu dem zitierten Passus J. Vogt a.O. 12f., wo der ansprechende Gedanke geäußert ist, daß Tacitus von seiner eigenen Darstellung angewidert war und daß ihm dies den Anlaß zu seiner Betrachtung gab. Im übrigen verdient es, der Vergessenheit entrissen zu werden, daß schon Napoleon mit Berufung auf die Urteile anderer gegen Tacitus den Vorwurf erhebt, daß seine ›Annalen‹ „nicht eine Geschichte des Kaiserreichs" sind, sondern „eine Geschichte der römischen Kriminalgerichte": „Nichts wie Anklagen und Angeklagte ... Er (scil. Tacitus) spricht ständig von Denunziationen und ist selber der größte Denunziant" (zitiert bei M. Schanz, Röm. Lit. II, 3. Aufl., 333, in der 4. Aufl. bezeichnenderweise weggelassen).

[17] Siehe dazu schon G. R. Sievers a.O. 93ff., Th. S. Jerome, ClPh 7 (1912), 266f. und neuerdings B. Walker a.O. 84ff., 102 und 105 mit weiteren Stellen. Vgl. auch M. Gelzer,

schen Lesern solche Wendungen für bare Münze nahm, wer dazu noch den durch die behandelte Stoffauswahl erweckten allgemeinen Eindruck auf sich wirken ließ und schließlich die eingestreuten Reflexionen über Tiberius' Taten und Worte als maßgebliche Aussagen eines Historikers von überlegener Einsicht sich zu eigen machte, vor dessen geistigem Auge mußte die Regierung des Tiberius wirklich als unerhörtes Terrorregiment eines teuflischen Tyrannen erscheinen und als eine äußerst blutige Schreckenszeit, in der es für hochgestellte Persönlichkeiten eine Seltenheit war, eines natürlichen Todes zu sterben — so steht es denn auch ausdrücklich Ann. VI 10! Aber Tacitus tat ein übriges, indem er, gleichsam als letzten Pinselstrich zu dem grauenvollen Gemälde, am Ende des sechsten Buches (Kap. 51) eine zusammenfassende Charakteristik des Tiberius gab, die für ihn und sein Vorgehen so bezeichnend ist, daß wir ihr noch kurz unser Augenmerk zuwenden wollen.

In fünf Perioden wird hier die Regierung des Tiberius eingeteilt. Die erste umfaßt die Zeit, in der er als Privatmann und Feldherr des Augustus in jeder Hinsicht — *vita famaque* — untadelig war. Es folgt eine Periode, da der Kaiser hinterhältig war und gerissen darin, sich den Schein von Tugenden zu geben. Sie reicht bis zum Tode des Germanicus und Drusus, dann schwankt des Kaisers Verhalten zwischen gut und böse, solange seine Mutter noch am Leben war. Durch Grausamkeiten ehrlos verbarg er freilich immer noch seine Lüste, solange er Seian liebte oder fürchtete. Schließlich gab er sich ungehemmt allen Verbrechen und Schamlosigkeiten hin, seitdem er, da Scham und Furcht beseitigt waren, nur noch seiner natürlichen Veranlagung gemäß lebte (*suo tantum ingenio utebatur*).

An Äußerungen, die so etwas wie eine psychologische Erklärung dafür gaben, daß Tiberius nach guten Anfängen angeblich als ein Scheusal in Menschengestalt endete, fehlte es schon in der Tradition nicht, aus der Tacitus schöpfte. Die Parallelüberlieferung bei Sueton und Cassius Dio läßt diesen Sachverhalt deutlich werden[18], zeigt uns aber zugleich, daß die Abschlußcharakteristik des Tiberius so, wie wir sie Ann. a.O. lesen, auf das eigene Konto des Tacitus zu setzen ist (gegen G.A. Harrer a.O. und E. Paratore, Tacito, 773). Die einschlägigen Angaben seines Gewährsmannes (oder seiner Gewährsmänner) boten ihm nur Anregungen, ein eigenes Bild von Tiberius und seinem inneren Werdegang zu entwerfen, welches, von seiner psychologischen Widersinnigkeit abgesehen[19],

RE 10, 515f. Gegen Walker versucht E. Koestermann, Gnomon 25 (1953), 516f., Tacitus in Schutz zu nehmen.

[18] Siehe dazu vor allem F. Klingner, Tacitus über Augustus und Tiberius, Sitzungsber. Bayer. Akad. Wiss., hist.-philol. Kl. (1953) Heft 7, 37ff., vgl. auch schon G. A. Harrer, AJPh a.O. 65f., M. Gelzer, RE 10, 535.

[19] Vgl. dazu die sehr treffenden Bemerkungen von C. Marchesi, Tacito ([2]1942), 212ff. (E. Paratore a.O. 774).

den schwersten Fehler hat, den die Charakteristik einer Persönlichkeit in einem Geschichtswerk überhaupt haben kann: Sie ist nicht sozusagen die Quintessenz dessen, was man in der Darstellung des Lebens und Wirkens des Tiberius in den vorhergehenden Büchern der ›Annalen‹ las, sondern sie steht zu dieser eigenen Darstellung des Tacitus in mehrfachem klaren Widerspruch und erweist sich eben damit als ein ohne begründeten Wahrheitsanspruch geschriebener bloßer stilistisch-schriftstellerischer Effekt. Man vergleiche die Erklärung a.O., es habe sich Tiberius auf seinem Wege vom Guten zum Schlechten noch zurückgehalten, solange er Seian liebte und fürchtete, mit den Angaben Ann. IV 1 und IV 6, wo *genau umgekehrt* Seian derjenige ist, der die Wendung zum Schlechten im Regiment des Tiberius herbeiführte. Der Mann, der nach den Worten der Schlußcharakteristik bis ins beste Mannesalter hinein nicht nur hinsichtlich seines Rufes, sondern auch in bezug auf seine Lebensführung keinen Tadel verdiente, wird Ann. I 4 und IV 57 als einer hingestellt, der schon in seiner Jugend (schon in der Zeit des Aufenthaltes auf Rhodos) ganz auf Verstellung und Geheimhaltung seiner Lüste aus war. Im gleichen Zusammenhang wird der Umstand, daß Tiberius auch nach dem Sturze Seians auf Capri blieb, darauf zurückgeführt, daß es dem Kaiser darum ging, in der Abgeschiedenheit der genannten Insel seine Grausamkeiten und Lüste geheimzuhalten, während er nach der Schlußcharakteristik seine Begierden nur eben bis zum Sturz des Gardepräfekten verheimlicht hätte. Wie will man schließlich besagte Charakteristik des Tiberius mit der tiefen Zäsur in Einklang bringen, die Tacitus in der Regierung des Kaisers an den zitierten Stellen Ann. IV 1 und IV 6f. macht, indem er dort die Herrschaft bis zum Jahr 23 gut und von da an schlecht sein läßt, indem er zugleich von Tiberius behauptet, er habe damals (nach der bisherigen guten Regierung) angefangen, zu wüten oder andere Wüteriche zu unterstützen?[20]

Diese Hinweise lassen wohl deutlich erkennen, wie Tacitus vorging, als er vor der Aufgabe stand, ein abschließendes Bild des Kaisers zu entwerfen. In schriftstellerisch blendender Weise, aber ohne Rücksicht auf seine eigenen früheren Darlegungen schildert er das Leben des Tiberius als eine schreckliche, etappen-

[20] Vgl. zu den letztzitierten Stellen F. Klingner a.O. 41ff. und bes. 43, wo richtig ein weiterer Widerspruch in den einschlägigen Partien der ›Annalen‹ erkannt ist: „Der Leser wird seinen Augen kaum trauen, wenn er das Lob (scil. Ann. IV 6 über die bisherige Regierung des Tiberius) liest. Denn was er bisher gelesen hat, hat gewiß nicht den Eindruck einer musterhaften Regierung hinterlassen. Tacitus hat sich in Widersprüche verwickelt" (denen Klingner allerdings noch einen guten Sinn abgewinnen möchte: 43f.). — Für die Beurteilung der behandelten Charakteristik des Tiberius als geistiges Eigentum des Tacitus ist wichtig noch dies, daß sich bei Cassius Dio zwar auch der Gedanke findet, daß Tiberius in den ersten Jahren seiner Regierung durch Germanicus, in welchem er eine ernste Gefahr sah, auf dem rechten Weg gehalten wurde (57, 13, 6 und 19, vgl. F. Klingner a.O. 38), daß aber die Gesamtcharakteristik hier eine andere ist (58, 28, vgl. 57, 1).

weise sich vollziehende Entwicklung zum Schlechten, um dann im letzten Satz als Schlußeffekt über den ganzen Menschen Tiberius und seinen Charakter den Stab zu brechen: Man glaube nicht, daß die Umwelt an der Verdorbenheit des Kaisers eine Schuld trug, im Gegenteil hemmten die Menschen der Umgebung lange Zeit die Entwicklung zur völligen Verkommenheit im Dasein eines Mannes, der von Natur durch und durch schlecht war und also nur zu sich selbst gelangte, als er im Alter ein hemmungsloser Lüstling und blutrünstiger Tyrann wurde. In seinen Steigerungen bis zum abschließenden völligen Verdammungsurteil ist das Ganze von unleugbarer schriftstellerischer Wirkung[21], und eben darauf kam es Tacitus offensichtlich an — die Frage, ob das Bild den wirklichen Verhältnissen entsprach, kann angesichts der Diskrepanz zwischen dieser Charakteristik und dem, was er selbst vorher schrieb, keine Bedeutung für ihn gehabt haben. Wir betonen dies ganz besonders in Hinblick auf die Polemik, in welcher sich *F. Klingner* (Ber. Sächs. Akad. Wiss. 92, 1940, Heft 1, 24 Anm. 17) gegen die Charakterisierung des von Tacitus in den Historien von Kaiser Otho entworfenen Bildes durch *Th. Mommsen* (Ges. Schr. VII, 224ff.) wendet. Es spreche Mommsen „immer nur von der Verteilung der Farben, dem tragischen Pathos, dem Reiz des psychologischen Kontrastes" usw. In all dem sei Wahrheit, nur das eine sei vernachlässigt, „daß es sich immer auch um Überzeugungen und Urteile des Tacitus handelt". In der Tat ist die Frage nicht ohne Belang, ob die von Tacitus entworfenen Charakterbilder, wenn sie schon nicht richtig sind, so doch wenigstens der Überzeugung des Autors entsprechen. Daß diese Frage für die behandelte Charakteristik des Tiberius unbedingt verneint werden muß, ist gewiß auch für die übrigen von Tacitus gebotenen Charakterbilder nicht ohne Belang, doch soll damit nicht gesagt sein, daß es nur in dem einen Fall möglich ist, einen Tatbestand dieser Art positiv aufzuzeigen.

Wie dem auch sei: Der behandelte Fall läßt vielleicht besser als alles andere erkennen, wie vorsichtig wir hinsichtlich der Glaubwürdigkeit des Tacitus ins-

---

[21] Vgl. den ganz entsprechenden Schlußeffekt der Charakteristik Galbas Hist. I 49: *maior privatus visus, dum privatus fuit et omnium consensu capax imperii, nisi imperasset.* Ganz wie bei Tiberius wird auch hier in den allerletzten Worten der Stab über die beurteilte Persönlichkeit gebrochen. Über der starken äußeren Wirkung des Satzes vergißt man fast, zu fragen, was er eigentlich für einen Sinn hat. Offenbar doch den, daß man Galba allgemein für einen guten Kaiser hielt, solange er *privatus* war (als ob damals schon jemand ahnen konnte, daß Galba einmal wirklich Kaiser wurde!), daß aber Galba diese Erwartungen aller schwer enttäuschte, als er dann wirklich herrschte. Vgl. dazu E. Koestermann, Navicula Chiloniensis (1956), 191ff. und die Einleitung zum 1. Bd. (1963) seiner Erläuterungen zu Tacitus' ›Annalen‹, S. 38: „Daß die taciteischen Charakterbilder, obwohl sie in einer faszinierenden Form dargeboten werden, nicht überall voll ausgewogen sind, läßt sich an der Charakteristik Kaiser Galbas Hist. I 49 erweisen..." Koestermann fügt hinzu: „Auch in seiner Darstellung des Tiberius fehlt es nicht an Rissen..."

besondere dort sein müssen, wo es sich um Stellen handelt, die als sein geistiges Eigentum zu betrachten sind und wie weit Tacitus davon entfernt war, eine Forderung zu erfüllen, die als Grundforderung nicht nur der Geschichtsschreibung des 19. und 20. Jh., sondern seit Hekataios der Geschichtsschreibung schlechthin gelten muß, und die er selbst theoretisch an mehreren Stellen seiner Werke, am nachdrücklichsten am Eingang zu den ›Historien‹, anerkannte: die Forderung, die Wahrheit zu suchen und die Dinge dann nach bestem Wissen und Gewissen der Wahrheit gemäß darzustellen, welches Bild auch immer sich dann ergibt. Dies ist letztlich der Kernpunkt unserer ganzen Beschäftigung mit dem Historiker Tacitus. Nicht um die historische Wahrheit ist es diesem in erster Linie zu tun, sondern um die schriftstellerische Wirkung und darum, dem Leser ein Bild von den handelnden Persönlichkeiten aufzuoktroyieren, das seiner eigenen geistigen und seelischen Veranlagung und seinen Absichten am besten entspricht.

Wie schwierig es übrigens heute ist, ein solches Urteil auszusprechen, dafür zeugt besonders eindrucksvoll die von *J. Vogt* in seiner Schrift über ›Tacitus und die Unparteilichkeit des Historikers‹ bezogene Stellung. Daß Tacitus „die Ermittlung des Tatbestandes gewissenhaft vornahm und die Wahrheit nicht bewußt verleugnete", sei auch „nach strenger Prüfung" zugestanden und sichere ihm „die Anerkennung als Historiker" (18). Aber Vogt gelingt es in der gleichen Schrift nicht nur, die Diskrepanz zwischen dem theoretischen *sine ira et studio*-Postulat und dem tatsächlichen Vorgehen des Tacitus in höchst eindrucksvoller Weise darzutun, sondern er bietet auch einen klaren Fall für ein Verhalten des Tacitus, das mindestens praktisch auf eine Verleugnung der ihm, Tacitus, bekannten historischen Wahrheit hinausläuft. Zwingend wird — nach dem Vorgange von *E. Fraenkel,* Neue Jahrb. f. Wiss. und Jugendbild 8 (1932), 226 — dargetan (7 f.), daß Tacitus über den Tod des Agricola von dessen Gattin, seiner eigenen Schwiegermutter, „hinreichend Sicheres" erfahren haben muß, um „das Gerücht der Vergiftung ... als haltlos zu erkennen". Aber das habe ihn nicht gehindert, beim Leser den falschen Verdacht zu erwecken, daß Agricola von Domitian vergiftet wurde (Agr. 43); ein klarer Verstoß also gegen das herausgestellte Grundgesetz der antiken wie modernen Historiographie, für den es, wie wir hinzufügen müssen, auch in Tacitus' späteren Schriften Beispiele gibt, so die Angabe Ann. VI 18 von der Frau, der man den Prozeß gemacht haben soll, weil ihr griechischer Urgroßvater mit Pompeius Magnus befreundet war.[22]

---

[22] Viel zitiert (auch von mir in der Erstausgabe dieser Studie) wird in diesem Zusammenhang auch die Angabe Ann. IV 34, wonach Cremutius Cordus deshalb vor ein Senatsgericht kam, weil er in seinem Geschichtswerk Brutus lobte und Cassius als letzten Römer bezeichnete (vgl. M. Gelzer, RE 10, 516f. E. Ciaceri, Tiberio, 1934, 64ff. E. Paratore, Tacito, 789 mit Anm. 239, dazu 69ff. mit Anm. 33. B. Walker, The Annals of Tacitus, 104

In diesem Zusammenhang sind aber auch die Ergebnisse von Wichtigkeit, zu denen *F. Klingner,* Ber. Sächs. Akad. Wiss. 92 (1940), Heft 1, kam, genauer gesagt, die von Klingner glänzend nachgewiesenen bewußten Abweichungen des Tacitus von der historischen Wirklichkeit in der zeitlichen Anordnung wichtiger Ereignisse des Vierkaiserjahres. Ist es wirklich möglich, dieses Verfahren mit der Erklärung zu rechtfertigen, daß Tacitus „eine andere, bis dahin vernachlässigte Sicht der Wahrheit" am Herzen lag?[23] Läßt sich dann wohl die Darstellung des Todes von Agricola auch auf solche Weise rechtfertigen? Gibt es überhaupt eine historische Wahrheit, zu der man nur durch Abweichungen vom wirklichen Verlauf der Dinge kommen kann? Und müßte dann nicht auch dem neueren Historiker ein solches Verfahren erlaubt sein? Ich sehe hier große Schwierigkeiten und glaube, daß E. Fraenkel in diesem Punkt doch besser urteilte, als er von „eigentümlichen Wirkungen" sprach, derentwegen Tacitus „auf Schritt und Tritt die Wahrhaftigkeit und Folgerichtigkeit seiner Darstellung aufopferte"[24].

Zur 'Folgerichtigkeit' hier noch ein weiteres Wort: Wie sehr Tacitus auf diesem Gebiet von seinem Weg als Historiker abkommen konnte, wenn es galt, eine bestimmte Tendenz zur Geltung zu bringen, zeigt vielleicht am eindringlichsten seine Schilderung des Prozesses und Endes des gewesenen Prokonsuls von Africa Statilius Taurus im 12. Buch der ›Annalen‹ (Kap. 59). Die von Tacitus mitgeteilten reinen Fakten bieten als solche keinen Anlaß zu kritischen Vorbehalten: Die Anklagepunkte gegen Statilius Taurus, mit denen sich der Senat auf die Anzeige von dessen eigenem ehemaligen Legaten Tarquitius Priscus hin zu beschäftigen hatte, betrafen Erpressungen von Provinzialen sowie *magicas superstitiones* (vgl. dazu E. Koestermann, Tacitus' Annalen III, 1967, 210). Statilius Taurus wartete einen Urteilsspruch nicht ab, sondern nahm sich vorher das

---

Anm. 1). Eine eingehende Stellungnahme zugunsten des Tacitus und seiner Notizen über den Prozeß gegen Cremutius Cordus bietet jetzt W. Steidle, Tacitusprobleme, in: Mus. Helv. 22 (1965), 105 ff. Unbeschadet berechtigter Korrekturen von Steidle an den Aufstellungen der Kritiker des Tacitus (auch an einer von mir zu Papier gebrachten) bleibt doch bestehen, daß Tacitus zumindest durch das Verschweigen der Vorgeschichte des Prozesses einen Eindruck bei seinen Lesern erweckte (und offensichtlich erwecken wollte!), der dem wirklichen Sachverhalt nicht entsprach.

[23] J. Vogt in: Große Geschichtsdenker, hrsg. von R. Stadelmann (1949), 48.

[24] E. Fraenkel in seinem im Text zitierten Aufsatz (227). Vgl. zu dem Problem auch E. Howald, Vom Geist antiker Geschichtsschreibung, 199 und 224 (hier mit weiterem Beispiel für „direkte Verfälschungen der Wahrheit" durch Tacitus). Auch auf das sehr harte Urteil, das Ed. Meyer an oben Anm. 10 zitierter Stelle über Tacitus als Historiker fällte, soll hier hingewiesen werden. Demgegenüber wirkt die ganz besondere Betonung des Wahrheitsstrebens des Tacitus durch R. Reitzenstein, Tacitus (Neue Wege zur Antike Bd. 4, ²1926), 26 fast schockierend.

Leben, der Ankläger Tarquitius Priscus aber wurde aus dem Senat gestoßen, *quod patres odio delatoris contra ambitum Agrippinae pervicere* — eine Feststellung, mit der Tacitus auf eine Bemerkung am Anfang des Kapitels zurückgreift, die jedem Leser die Gewißheit geben soll (wenn sie es — wiederum — auch nicht *expressis verbis* beinhaltet!), daß die Anklage auf Anstiften der Agrippina, die es nach den Gärten des Statilius Taurus gelüstet hätte, erhoben wurde. Was hier nun aber besonders ins Gewicht fällt: Davon abgesehen, daß man sich kaum vorstellen kann, daß der Senat die Ausstoßung des Anklägers ohne Zustimmung oder gar gegen den Willen des Kaisers Claudius vornahm, läßt der zitierte taciteische Bericht auf keinerlei Aktivitäten des Claudius selbst in der Angelegenheit schließen, was Tacitus jedoch nicht hinderte, seinen Bericht mit einer Sentenz der Art, wie wir sie aus den Abschnitten über die Herrschaft des Tiberius bereits kennen, nicht abzuschließen, wohl aber, was auf dasselbe hinausläuft, einzuleiten: *at Claudius saevissima quaeque promere adigebatur eiusdem Agrippinae artibus* ... Der Einfall, den Tacitus mit diesen Worten zu Papier brachte, ist zwar typisch 'taciteisch' und insofern nicht überraschend, schockiert aber doch in besonderer Weise angesichts dessen, daß er nicht nur in dem folgenden sachlichen Bericht über den Prozeßverlauf keine Stütze erhält, sondern angesichts des erwähnten Schicksals des Anklägers auch keinerlei innere Glaubwürdigkeit besitzt. Aber Tacitus mochte auf ihn um so weniger verzichten, als er ihm die Möglichkeit bot, einen doppelten Effekt bei seinen Lesern zu erzielen. Nicht nur als grausamer Wüterich trat nun hier Claudius in Erscheinung, sondern zugleich auch als willenloses Werkzeug seiner Gattin Agrippina! Ein Zitat aus dem schon oben herangezogenen Kommentar zu Tacitus' ›Annalen‹ von *E. Koestermann* (a.O. 209) zu der Stelle mag zeigen, wie schwer es noch heute vielen Gelehrten fällt, sich von der Wirkung solcher taciteischer Sentenzen freizuhalten: „Das ihm (scil. dem Kaiser Claudius von Agrippina) aufgezwungene Vorgehen ... gegen den Konsular ..." Was also Tacitus selbst nach seiner Art nicht einmal von Agrippina, geschweige denn vom Kaiser ausdrücklich sagt, sondern nur indirekt dem Leser suggeriert, erscheint — seiner Absicht genau entsprechend — im Kommentar eines neueren Gelehrten als eine feste Tatsache, an der sich nicht rütteln läßt: Claudius wollte zwar nicht, aber seine Gattin zwang ihn, des von ihr begehrten Parkes wegen gegen Statilius Taurus vorzugehen und diesen damit — in äußerst grausamer Weise — in den Tod zu treiben. Auch andere, Claudius diffamierende und im Prinzip auf der gleichen Linie liegende Angaben in den einschlägigen Abschnitten der ›Annalen‹ haben ihre Wirkung auf die Neueren nicht verfehlt, so etwa die Stelle (a.O. 42), an der Tacitus von den gegen Vitellius, den einstigen Statthalter von Syrien, erhobenen Anschuldigungen spricht und den Umstand, daß Claudius auf sie nicht einging, völlig unverbindlich, aber treffsicher mit der Sentenz versieht: Der Kaiser hätte den Beschuldigungen sein Ohr geliehen, wenn ihn nicht Agrippina, mehr durch

Drohungen als durch Bitten, dazu gebracht hätte, den Ankläger zu ächten.[25] Der das Ganze abschließende merkwürdige Satz: *hactenus Vitellius voluerat* soll vielleicht den Eindruck erwecken, daß sich Claudius hier nicht nur von Agrippina, sondern auch von dem angeklagten Vitellius selbst als Werkzeug mißbrauchen ließ. Ist dem so, dann kann es im Hinblick auf das vernichtende, freilich wiederum mit keinerlei konkreten Hinweisen begründete Urteil, das Tacitus an anderer Stelle (Ann. VI 32, 4) über den (alten) Vitellius ausspricht, eigentlich nur als eine zusätzliche besondere Perfidie aufgefaßt werden.

IV

Ist mit den oben gewonnenen Ergebnissen schon etwas ausgesagt über die eigentlichen Beweggründe, die Tacitus Historiker werden ließen? In der Tat möchte man nach allem Dargelegten fast geneigt sein, anzunehmen, daß es diesen Mann zunächst einfach reizte, seine überragende Darstellungskunst an Themen glänzen zu lassen, die seiner geistigen und seelischen Verfassung am meisten zusagten und ihm am ehesten Gelegenheit boten, das nicht zuletzt in seinem „Domitian-Erlebnis" (Klingner) und den daraus resultierenden Haß- und Rachegefühlen wurzelnde Bedürfnis zu befriedigen, die Welt und die Menschen der eigenen Zeit im Gegensatz zu den noch in *virtus* lebenden Ahnen in ein düsteres und schlechtes Licht zu setzen. Wenn hinsichtlich der ›Annalen‹ aufgrund bekannter Angaben (III 65. IV 32f.) gelegentlich an sittlich-erzieherische Motive gedacht wird[26], so weist demgegenüber manches darauf hin, daß wir es

---

[25] Vgl. dazu E. Koestermann a.O. 182: „Der Ton zwischen den Ehegatten verschärft sich, Agrippina konnte nur durch Drohungen ihr Ziel erreichen. Eine Demütigung ihres getreuen Paladins (scil. des Vitellius) hätte eine schwere Niederlage für sie bedeutet." Es liegt auf der Hand, daß solche Überlegungen eines modernen die Schriften des Tacitus kommentierenden Gelehrten sinnvoll und akzeptabel immer nur unter der Voraussetzung wären, daß die taciteischen Reflexionen, auf die sie sich beziehen, eine feste sachliche Basis hätten.

[26] Siehe etwa E. Kornemann, Tacitus (1946), 39ff. und J. Vogt in R. Stadelmanns ›Große Geschichtsdenker‹, 48. Vgl. auch H. Hommel, Die Bildniskunst des Tacitus (1936), 20ff., wo freilich auch schon die Schwäche dieser Richtung erkannt ist. Sie liegt darin, daß sich die betreffenden Forscher „schließlich immer wieder an die wenigen ausdrücklichen Zielangaben des Tacitus selber klammern" müssen. M.E. wäre mit diesen Angaben nur zu operieren, wenn sie im Inhalt der ›Annalen‹ ihre Bestätigung fänden. Der gleiche grundsätzliche Einwand muß gegen F. Pfister erhoben werden, der in einem Aufsatz über ›Tacitus als Historiker‹, Wochenschr. f. klass. Philol. 34 (1917), 833ff. ganz auf dem aufbaut, was Tacitus über seine Pflichten und Aufgaben als Historiker theoretisch äußert und die entscheidende Frage nicht stellt, ob Tacitus seine schönen Prinzipien auch selbst zur Anwendung brachte.

nur mit einer nachträglichen Rechtfertigung des Werkes und seines Inhaltes zu tun haben. Jedenfalls kann man schwer sagen, welchen erzieherischen Erfolg sich ein so verächtlich von der menschlichen Natur denkender Mensch wie Tacitus davon versprach, daß er seinen Lesern Prozeßberichte und Skandalgeschichten in endloser Folge darbot, wobei er in gewiß doch wenig erzieherischer Weise nicht anstand, für einen der Erpressung an den Provinzialen angeklagten und auch überführten Statthalter offensichtlich nur deshalb Stimmung zu machen, weil Tiberius es war, der ihm das Handwerk legte (Ann. III 67); welcher Grund ihn übrigens auch sonst gelegentlich dazu brachte, Verbrecher mit schlecht verhohlener Sympathie zu behandeln (vgl. B. Walker, The Annals of Tacitus, 98).

Konnte, müssen wir des weiteren fragen, Tacitus wirklich annehmen, daß es ihm gelingen würde, durch die Art seiner Darstellung des Tiberius und des Kaisers Claudius die Römer seiner Zeit zum Guten zu erziehen? Glaubte dieser Menschenverächter und Pessimist, glaubte dieser Mann, dem man viel, aber sicher nicht Naivität vorwerfen kann, im Ernst, daß sein Werk gemäß den Worten Ann. III 65 geeignet war, die Leser in solche Furcht vor der Schande der Nachwelt zu bringen, daß sie ehestens von bösen Reden und Taten absahen und sich künftig einer guten Lebensführung befleißigten, um solcherart der Gefahr zu entgehen, von späteren Historikern getadelt zu werden?

Wie immer man über 'Tacitus als Erzieher' denken mag, das Urteil über ihn als Historiker wird dadurch nicht berührt. Ist es in Hinblick auf Thema und Inhalt seiner Hauptschriften unsere Aufgabe, ihn in allererster Linie als solchen zu beurteilen, so dürfen wir auch nicht zögern, aus dem hier nur an einzelnen Punkten herausgearbeiteten Sachverhalt die notwendigen Folgerungen zu ziehen und festzustellen, daß dieser gewaltige Meister der Sprache allzusehr rein literarische Gesichtspunkte auf Kosten der Grundprinzipien jeder Geschichtsschreibung für sich bestimmend sein ließ, als daß wir ihm den hervorragenden Platz in der Geschichtsschreibung zuerkennen könnten, den ihm viele neuere Forscher zuweisen. Es darf an dieser Stelle beiläufig noch erwähnt werden, daß sich unter den großen Geistern der Vergangenheit, die Tacitus als Historiker schon in einer Zeit kritisch beurteilten, als es noch keine Latinistik und Alte Geschichte gab (vgl. schon oben Anm. 16), auch *Voltaire* befindet[27], der von Tacitus sagte, er habe die Sitten der Germanen in ungerechtfertigter Weise und ohne zu wissen, was er tat, gelobt, um damit Rom zu treffen, und in Tacitus mehr einen Kritiker als Geschichtsschreiber Roms sah, »qui eût mérité l'admiration du nôtre, s'il avait été impartial«.

In seiner Anm. 26 zitierten Schrift über die Bildniskunst des Tacitus äußert *H. Hommel* die Ansicht, es sei die bei Tacitus hervortretende „uns oft unfaßbare

---

[27] Voltaire, Essai sur les Moeurs et l'Esprit des Nations et sur les Principaux Faits de l'Histoire depuis Charlemagne jusqu'à Louis XIII, hrsg. von R. Pomeau, Bd. 1 (1963), 200f.

Spannung zwischen Darstellung und Wahrheit" mehr oder minder „ein Kennzeichen antiker Historiographie überhaupt" gewesen (a.O. 5). Wäre dem so, dann könnte das oben ausgesprochene Urteil natürlich nicht bestehen — bedarf es doch keiner näheren Erörterung, daß wir Tacitus nicht mit unseren, sondern mit den Maßstäben der griechisch-römischen Historiographie messen müssen. Indessen ist schwer zu erkennen, wie sich besagte Ansicht etwa mit Bezug auf Herodot, Thukydides, Xenophon und Polybios begründen ließe. In keinem dieser Fälle scheint es angängig, zu behaupten, daß aus Gründen der Darstellung in der Weise, wie wir es bei Tacitus sehen, vorgegangen wurde; bei keinem der genannten Historiker läßt sich ein Tatbestand aufzeigen, der etwa dem der Schilderung des Tiberius durch Tacitus auch nur von ferne entspricht. Daß es daneben auch andere gab, die als Rhetoren und Stilkünstler Geschichte schrieben und denen dabei die geschichtliche Wahrheit nicht mehr und in vielen Fällen sicher noch weniger als Tacitus bedeutete, soll damit nicht bestritten werden, aber dann finden wir den letzteren eben dort, wo er schon nach dem Urteil von Ranke, Mommsen, Ed. Meyer und den anderen in diesem Zusammenhang oben zitierten Historikern und Philologen seinen Platz hat. Uns Althistoriker darf dies freilich nicht hindern, anzuerkennen, daß angesichts des weitgehenden Fehlens zeitgenössischer Geschichtswerke die Schriften dieses Mannes, entkleidet von allen Reflexionen, stilistischen Effekten und Gemeinplätzen rhetorischer und ethnographischer Art, die wichtigste Quelle sind, die uns zur Geschichte der claudischen Dynastie und des Vierkaiserjahres zur Verfügung steht.

Zusatz 1977

Seit dem Erstdruck des obigen Aufsatzes ist eine sehr goße Zahl neuer Schriften über Tacitus, angefangen bei der respektablen zweibändigen Monographie von *R. Syme* (1958, ²1963) und einem sehr umfangreichen RE-Artikel von *S. Borzsák,* herausgekommen. Man darf sagen, daß in diesen Schriften, über die man sich anhand zusammenfassender Darstellungen und Forschungsberichte, die in den letzten Jahren geschrieben wurden, leicht orientieren kann (einige wenige wurden in zusätzlichen Anmerkungen oben bereits berücksichtigt), manche von klassischen Philologen und Althistorikern schon früher diskutierte Fragen geklärt oder doch einer Klärung nähergebracht wurden, und da und dort auch neue Gesichtspunkte auftauchten; von einer wirklich neuen Situation, die sich seit der Mitte der Fünfzigerjahre ergeben hätte, kann allerdings kaum gesprochen werden. Für den Verf. ist es eine Freude, feststellen zu können, daß angesehene Forscher, die das Thema in der jüngsten Zeit behandelten, besonders hinsichtlich der Beurteilung des taciteischen Tiberiusbildes zu den gleichen Ergebnissen gelangten mit dem Unterschied nur, daß sich die Betreffenden gedrängt fühlten, ihre Ausführungen mit einem „und doch ..." abzuschließen und dadurch ihre eigenen vorherigen Ausführungen in Frage zu stellen. Wir konkretisieren diese Aussage in den folgenden Ausführungen.

Wenn man, wie es *Donald R. Dudley* tut[28], die oben S. 280f. behandelte abschließende Charakteristik des Tiberius durch Tacitus „als den bösartigsten aller von Tacitus verfaßten Nachrufe" bezeichnet und auch sonst die Dinge ganz nüchtern so sieht, wie sie sind (und oben dargestellt wurden), dann überrascht es, im folgenden (88) zu erfahren, daß „gerade dadurch, daß der Tiberius des Tacitus über den Bereich bloßer (!) Geschichtsschreibung in den der Tragödie und Philosophie (einer allerdings bösartigen! — Zusatz des Verf.) hinaufragt", dieser Tiberius „eine seltsame Lebendigkeit" erhält, „die ihn der historischen Kritik entzieht". Wie doch? Natürlich geht es hier, in Dudleys eigener Sicht, nicht um Kritik an Tiberius, sondern um solche, und das ist ein Unterschied, am Tiberiusbild des Tacitus, das Dudley ja selbst in den vorhergehenden Ausführungen kritisiert! Auch die weiteren Darlegungen des genannten Gelehrten können nicht unwidersprochen bleiben: „Es ist gewiß nur recht und billig, ein historisches Fehlurteil (also doch! — Zusatz des Verf.) gutzumachen, darum behält der Tiberius des Tacitus aber doch seine Eigenschaft als Prüfstein, um die Gesinnungen und Taten moderner Tyrannen daran zu messen." Nein, für die Beurteilung Hitlers, Stalins oder Idi Amins trägt ein falsches Tiberiusbild des Tacitus schlechterdings nichts bei, und es wäre schlimm, wenn sich moderne Historiker bei dem Versuch, von den genannten Männern ein Bild zu entwerfen, das wissenschaftlich ernst genommen werden will, an Tacitus' Schilderung der Persönlichkeit des Tiberius orientieren und die herausgearbeiteten Prinzipien des taciteischen Verfahrens auch ihrerseits anwenden wollten. Daß es tatsächlich auch heute noch Geschichtsschreiber gibt, die sich der gleichen Mittel wie Tacitus bedienen, wenn es ihnen darauf ankommt, eine von ihnen behandelte historische Persönlichkeit in ein bestimmtes ungünstiges Licht zu setzen, steht auf einem anderen Blatt und soll an einem Beispiel weiter unten (S. 293 ff.) noch gezeigt werden.

Der zweite, neben Dudley hier noch zu nennende Historiker ist *M. Grant,* der in seinem Werk über ›Klassiker der antiken Geschichtsschreibung‹ auch Tacitus ein Kapitel widmet[29] und in diesem hinsichtlich der Behandlung des Tiberius durch Tacitus eine Ansicht entwickelt, die sich mit der von mir oben vorgetragenen in der Tat praktisch deckt, davon abgesehen, daß Grant noch einige zusätzliche, das Bild in trefflicher Weise ergänzende Beobachtungen anbringt.[30] Grant

---

[28] Tacitus und die Welt der Römer, deutsch von H. Eggert (1969), 87.
[29] M. Grant, Klassiker der antiken Geschichtsschreibung, deutsch von L. Stylow (1970), 228 ff., siehe zum folgenden vor allem 238 ff.
[30] Siehe bes. die Feststellung a.O. 242: „Die gleiche abträgliche Wirkung (scil. wie mit

verkennt auch nicht, daß die mit Tiberius und den anderen Kaisern sich beschäftigenden Partien im Geschichtswerk des Tacitus für dessen Beurteilung als Historiker von besonderer Bedeutung sind und beschäftigt sich daher relativ eingehend mit ihnen. Dennoch kommt auch er in seinen abschließenden Betrachtungen (a.O. 259) zu einer Art Rehabilitierung des Tacitus, wenn er ihn hier auch nicht als Historiker, sondern als — 'Humanisten' bezeichnet. Dabei liegt die Rehabilitierung durch Grant auf ganz der gleichen Linie wie die von Dudley vorgenommene, schockiert aber noch mehr als die letztere, weil sie just auf einer taciteischen Tiberius betreffenden Sentenz aufbaut, und zwar, das kommt noch hinzu, auf einer Sentenz, die nicht, wie viele andere, einer als solcher sachlich nicht zu beanstandenden Mitteilung angeschlossen ist, sondern einem Bericht, der schon für sich genommen zu Bedenken Anlaß gibt. Es geht um die Angaben Ann. IV 35 über den Prozeß des Cremutius Cordus, mit dem sich Tacitus schon oft genug in den Verdacht setzte, zumindest durch Verschweigen der Vorgeschichte ein falsches Bild bei seinen Lesern erweckt zu haben.[31] Mit einem wörtlichen Zitat der an diesen Bericht anknüpfenden Reflexionen des Tacitus über die Torheit derjenigen, die glauben, durch ihre augenblickliche Machtfülle die Erinnerung an einen Menschen wie Cremutius Cordus auslöschen zu können und die mit ihrer Grausamkeit doch nichts anderes erreichen, als daß sie selbst Schmach, jene aber Ruhm ernten — mit dem Zitat dieser taciteischen Sentenz läßt Grant seine kritische Betrachtung des Historikers Tacitus hintergründig ausklingen.

Außer Dudley und Grant ist es vor allem der Philologe *U. Knoche,* der sich in der Zeit seit dem erstmaligen Erscheinen des oben neu vorgelegten Tacitusaufsatzes zur Aufgabe stellte, das Verhältnis des Historikers Tacitus zu Tiberius zu klären, wobei auch er von der richtigen Annahme ausging, daß wir es hier mit einem zentralen Problem der Tacitusforschung überhaupt zu tun haben.[32] Wir

dem Verfahren, eine negative Sentenz als die Meinung „des Mannes auf der Straße" hinzustellen) erreicht Tacitus auch durch die scheinbar harmlose Methode, verschiedene Erklärungen für ein Ereignis zu zitieren und sich dann von der schlimmsten zu distanzieren". Auf ein Verdammungsurteil über Tacitus als Historiker läuft sodann vor allem die Antwort hinaus, die Grant a.O. 254 auf die Frage gibt, warum Tacitus seinen Plan, die Geschichte seiner eigenen Zeit zu schreiben, fallen ließ: „Einmal hätte das Werk aus Gründen der Wahrheitstreue und des Taktes viel Lob bringen müssen. Aber Tacitus fühlte sich eher in seinem Element, wenn er das Laster geißeln konnte, als wenn er die Tugend rühmen mußte." Seine eigene Linie fortsetzend hätte, was das Geißeln des Lasters betrifft, Grant freilich noch anfügen müssen: Tacitus fühlte sich nicht zuletzt dann in seinem Element, wenn er Laster geißeln konnte, die seine Gewährsmänner oder er selbst den Betreffenden, wieder angefangen bei Tiberius, nur unterschoben.

[31] Vgl. dazu oben Anm. 22 (mit Literaturhinweisen).
[32] U. Knoche, Zur Beurteilung des Kaisers Tiberius durch Tacitus, in: Gymnasium 70 (1963), 211 ff.

können es uns nicht versagen, die Gedanken Knoches, die sich in ganz anderem Rahmen als die Dudleys und Grants bewegen, mit Beschränkung auf das Wichtigste wiederzugeben und zu ihnen Stellung zu nehmen.

Auch Knoche verkennt nicht die „Gehässigkeit" des taciteischen Tiberiusbildes, „die der Eigenart und der historischen Bedeutung des Monarchen gewiß nicht gerecht wird", und möchte nun klären, wie sich „diese harte Einseitigkeit in der Beurteilung mit der Versicherung des Historikers wohl verträgt, er sei entschlossen, ... die Regierungszeit des Tiberius und seiner Nachfolger *sine ira et studio* zu beschreiben ...". Daß sich dieser Prinzipiensatz mit besagter Gehässigkeit (die noch im gleichen Satz zu einer — wenn auch harten — „Einseitigkeit" entschärft wird) einfach nicht verträgt, ist ein Gedanke, der für Knoche von vornherein ausscheidet, für ihn steht vielmehr fest, daß besagtes Bekenntnis zur Freiheit von Emotionen und Objektivität so zu interpretieren ist, daß die Gehässigkeit gegenüber Tiberius darin sozusagen einen legitimen Platz hat. Das kann dann nur darauf hinauslaufen, daß die letztere in der Darstellung Knoches aufhört, das zu sein, was sie ist und in diesem Verwandlungsprozeß positive Züge erhält: Wie der gerechte Richter, so sieht es Knoche a.O. 220 tatsächlich, einerseits nicht befangen sein darf, aber anderseits doch Stellung beziehen muß, so ist es auch beim Historiker, und ebensowenig wie jener darf sich der Historiker „in seinem Urteil ... durch persönliche *iniuria* oder persönliches *beneficium* beeinflussen lassen", doch werden „weder hier noch dort eine milde Leidenschaftslosigkeit gefordert, sondern, wie der Richter gegen einen notorischen Schurken, sei es ein Verres, Catilina oder Antonius, Haß und Abscheu empfinden soll, ... so soll der Historiker ganz frei sein von persönlich-bedingter Parteilichkeit; aber auch der Historiker soll scharfe, entschiedene Urteile fällen, *wenn sie objektiv berechtigt sind* ..." (von mir kursiv gesetzt). Es ist schwer verständlich, daß Knoche selbst nicht erkannte, daß ihn seine kompromißlosapologetische Haltung gegenüber Tacitus in den zitierten Sätzen vom eigenen Weg gänzlich abkommen ließ. Auch er sieht ja in Tiberius nicht den Schurken, den abzuurteilen sich Tacitus unbeschadet seines Bekenntnisses zu *sine ira et studio*, ja gerade weil er es mit diesem Bekenntnis ernst nahm, verpflichtet fühlen mußte! Um so besser kann man es freilich verstehen, daß Knoche im weiteren noch bemüht ist, für den „Haß" des Tacitus gegenüber Tiberius ein Motiv zu finden, das ihn als Historiker doch noch gegenüber moderner Kritik rechtfertigt. Er findet denn auch ein solches, und zwar darin, daß Tacitus — „mit dem Anspruch auf die Objektivität des Geschichts-Richters" und offenbar mit Knoches Zustimmung — „im Verderb des römischen Staatsgeistes" die „historische Schuld des Kaisers Tiberius" gesehen haben soll; eine These, die doch gewiß ebensowenig wie die obigen Gedanken einen Forscher, der nicht von vornherein am selben Strang wie Knoche zieht, davon überzeugen kann, daß überhaupt kein Grund besteht, an Tacitus' Tiberiusbild etwas auszusetzen und das oben skizzierte Verfahren, das Tacitus anwandte, um den Kaiser zu diffamieren, zu bekritteln, anstatt darin ein Vorgehen zu sehen, das Tacitus, so schwer es ihm auch fallen mochte, seinen hohen Idealen und Prinzipien als Historiker schuldig war.[33] —

Im neueren Tacitus-Schrifttum ist m.W. noch nie berücksichtigt worden, daß die Mittel, deren sich Tacitus bedient, die von ihm behandelten Persönlichkeiten in ein bestimmtes Licht zu setzen, noch heute häufig zur Anwendung kommen, und zwar vor allem im Bereich des Journalismus, aber auch in historischen Schriften mit wissenschaftlichen Ansprüchen.

Was den Journalismus betrifft, so könnte man beliebig viele Beispiele für solches Vorgehen aus sogenannten Nachrichtenmagazinen zusammenbringen.[34] Ein Musterbeispiel aus dem Bereich der modernen Historiographie bietet das auf

---

[33] Der Autorin einer 1971 erschienenen Zürcher Dissertation über ›Die Majestätsprozesse unter Tiberius in der Darstellung des Tacitus‹, C. Zäch, war es vorbehalten, nicht nur — im Sinne von U. Knoche und seinen Vorgängern — zu leugnen, daß Tiberius bei Tacitus unverdient schlecht wegkommt, sondern den Spieß nun sozusagen umzudrehen: Tacitus war im Gegenteil um eine wohlwollende Beurteilung des Kaisers bemüht, indem er dessen Grausamkeit nicht in ihrem ganzen Ausmaß hervortreten ließ. Nur so läßt sich wohl die — sprachlich wie sachlich gleich bemerkenswerte — Feststellung a.O. 68 verstehen, man könne „jedenfalls mit einiger Sicherheit sagen, daß er (scil. Tacitus), soweit es überprüfbar ist, kaum ein Ereignis übergeht, das Tiberius in ein günstigeres Licht setzen würde, aber andererseits doch nicht über alle Fälle berichtet, welche das düstere Bild des Tiberius noch verstärken würden...". Einige Sätze weiter unten meint Zäch, Tacitus habe die „anekdotische, äußerliche Schilderung (die Verf. denkt hier vor allem an Sueton!) ... meist durch feinste psychologische Betrachtungen ersetzt." Man könnte sich in der Tat feinere psychologische Betrachtungen denken als die, welche Tacitus in seiner Schlußcharakteristik des Tiberius zu Papier brachte oder jene andere, die er Galba widmet. Die Schrift von Zäch bietet, so möchte ich es sehen, ein Beispiel mehr für die an anderen Stellen (siehe bes. unten S. 319ff.) behandelte Erscheinung, daß sich Entwicklungen, die einmal in Gang gekommen sind (in diesem Fall die Entwicklung der „beschönigenden Historie" mit besonderem Bezug auf Tacitus), bis in den Bereich des Unsinnigen und Grotesken fortzusetzen vermögen.

[34] Vgl. etwa den Artikel von M.-L. Scherer über die Schauspielerin L. Palmer, in: Der Spiegel, 21. Jahrg. vom 15. August 1977, 140ff. Wir stoßen da etwa auf die — rein sachliche und sicher richtige — Feststellung, daß L. Palmer ihren Gatten C. Thompson in Gesprächen oft erwähnt. Dieser Feststellung folgt ein erklärender Zusatz, der auch von Tacitus stammen könnte: „... was sie sich beim turmhohen Unterschied ihrer beider Popularität wahrscheinlich zu einer ehelichen Pflicht gemacht hat..." Weitere Beispiele: Artikel über die Sängerin M. Werner, die das genannte Nachrichtenmagazin und sein österreichisches Gegenstück ›Profil‹ im Herbst 1977 veröffentlichten. Im Jahr zuvor brachte einer der ›Spiegel‹-Redakteure (H. Höhne) in mehreren Fortsetzungen einen später in Buchform abermals publizierten, scheinbar ganz objektiven Dokumentarbericht über den Admiral Canaris heraus, der in diesem Zusammenhang auch einen guten Platz hat.

umfassender Verarbeitung des einschlägigen Materials aufgebaute Werk des sowjetrussischen Historikers *A. S. Nowikow-Priboi* über die Seeschlacht bei Tsushima, genauer gesagt das Bild, das der Genannte über den in jener Schlacht ein Geschwader kommandierenden russischen Admiral Nebugatow entwirft.[35] Das von Nebugatow befehligte Geschwader setzte sich aus veralteten Schiffen zusammen, die gegenüber der japanischen Flotte, die sich nach der Vernichtung des russischen Hauptgeschwaders gegen sie konzentrierte, keinerlei Chance hatten, weshalb sich Nebugatow entschloß, mit allen ihm unterstehenden Einheiten und deren Besatzungen vor den Japanern zu kapitulieren.

Vor die Aufgabe gestellt, von Nebugatow und seiner aller Marinetradition widersprechenden Tat ein akzeptables und wenigstens scheinbar objektives Bild zu entwerfen, befand sich Nowikow-Priboi als sowjetrussischer Historiker von vornherein in einer schwierigen Lage. Der zaristische Admiral, der sich durch den Verlust seiner allein durch die Tradition bedingten Offiziersehre und die sichere Aussicht auf Kriegsgericht und Todesurteil (das später tatsächlich gefällt, wenn auch nicht vollstreckt wurde) nicht abhalten ließ, seine größtenteils dem Arbeiter- und Bauernstand angehörenden Schiffsbesatzungen vor der Katastrophe in einem imperialistischen Krieg zu bewahren, mußte ihm eigentlich sympathisch sein. Andererseits: Hier hatte es der sowjetrussische Geschichtsschreiber mit einem Mann zu tun, der immerhin das verhaßte zaristische Regime als Admiral repräsentierte und der sich, was immer für Männer damals in Rußland regierten, schwer gegen die vaterländische Sache, die in der Sowjetunion in den Jahren nach dem 'Großen Vaterländischen Krieg' bekanntlich ganz groß geschrieben wurde, vergangen hatte. Der Autor befreite sich aus diesem Dilemma sozusagen zuungunsten des unglücklichen Geschwaderführers, dessen Vorgehen er nun zwar, was das rein Tatsächliche betrifft, ganz korrekt und wirklichkeitsgetreu und scheinbar ohne jede Voreingenommenheit (er bescheinigt ihm einmal ausdrücklich Tapferkeit) darstellt, aber doch in einer — teilweise frappant an das Vorgehen des Tacitus gegenüber Tiberius erinnernden — Art und Weise, die bei jedem Leser den Eindruck erwecken mußte (und sollte!), es mit einem im Grunde nichtswürdigen Menschen zu tun zu haben. Mit Hinweis auf kör-

---

[35] A. S. Nowikow-Priboi, Tsushima, deutsch von M. von Busch (1954), siehe bes. 469 ff. Bekannter als dieses Buch ist bei uns die 1936 erschienene und dann in sechzehn Sprachen übersetzte Monographie ›Tsushima‹ von F. Thieß. Es wäre gerade in unserem Zusammenhang sehr reizvoll, die beiden Werke miteinander zu vergleichen. Es würde sich dann zeigen, daß das, was wir Nowikow-Priboi vorhalten müssen, auch schon für F. Thieß gilt. Aber dieser entzieht sich dem kritischen Zugriff durch den Untertitel (Kursivsetzung von mir): ›*Der Roman* eines Seekrieges‹, wenn er auch im Vorwort ausdrücklich erklärt: „Ich brauchte nichts hinzuzutun und habe nichts hinzugetan. Wenn ich Einzelheiten fortließ, so tat ich es nur dort, wo es sich um unwesentliche Dinge handelte und weder der Charakter der Menschen noch der Tatsachen dadurch verändert wurde."

perliche Mängel wird bereits eine Voreingenommenheit des Lesers gegen Nebugatow erweckt. So spricht der Autor (a.O. 457) von „gedunsenem", mit „überpuderten Flechten" bedecktem Gesicht des Admirals (man denkt unwillkürlich an das entstellte, häufig mit Pflastern beklebte Gesicht des alten Tiberius bei Tacitus [Ann. IV 57]!) und den „ein wenig hervorquellenden" und „farblosen" Augen, die in den folgenden Ausführungen gleich noch mehrere Male vorkommen. Nowikow-Priboi steht sodann, nun scheinbar wieder ganz nüchtern-objektiv berichtend, nicht an, die Rede Nebugatows vor der Besatzung seines Schiffes, in welcher er die Absicht bekundete, zur Rettung der jungen Mannschaften Schande und Tod auf sich zu nehmen, wörtlich wiederzugeben, wie ja auch Tacitus authentische Aussprüche des Tiberius, die den Kaiser in ein günstiges Licht setzen, keineswegs übergeht. Aber gleich Tacitus gibt auch Nowikow-Priboi seinem Bericht durch eigene Sentenzen über die Beweggründe des Admirals zu seinem Entschluß einen für den letzteren ganz negativen Anstrich: „... die Möglichkeit, durch Kapitulation dem Tode zu entgehen, drang wie Gift in Nebugatows Bewußtsein." Einerseits Angst vor Schande, vor Gefängnis, Kriegsgericht und vielleicht sogar Todesstrafe, andererseits die Aussicht, bei Fortsetzung der Schlacht „sinnlos in die Meerestiefe zu versinken oder in Fetzen gerissen zu werden", und der Schrecken dieser letzteren Vision hätte dann den Ausschlag gegeben. Wie es der Autor im letzten Satz dieses Abschnitts (468) einem russischen Maschinenmaat, also sozusagen einem Mann aus dem Volk, der zwar selbst durch Nebugatows Tat vor dem Tode gerettet wurde, aber darüber die historische Wahrheit und seine Schuldigkeit gegenüber der russischen Nation und der vaterländischen Ehre nicht vergaß, in den Mund legte: „Euer Admiral ist ein Feigling. Unter dem Vorwand, die Matrosen zu retten, rettet er sich selbst." Auch Tacitus liebte es, und zwar nicht nur im Falle des Tiberius, sondern auch etwa in dem des Kaisers Galba (siehe oben Anm. 21), über historische Persönlichkeiten, die er negativ beurteilte, im letzten Satz den Stab zu brechen, um des bleibenden Eindrucks, den er mit seinen Charakterbildern erwecken wollte, sicher zu sein.—

Auf die Darlegungen zur ›Germania‹ des Tacitus oben S. 268 ff. in diesem Nachtrag zurückzukommen, besteht kein zwingender Anlaß. Von den ›Germania‹-Kommentaren, die seit dem Erscheinen meines Aufsatzes in großer Zahl herauskamen, nähert sich, was die a.O. behandelten Stellen betrifft, dem eigenen Standpunkt am weitesten der Kommentar von *F. Galli*, in: I. Forni/F. Galli, Taciti De origine et situ Germanorum (1964).

REZENSION VON:
F. W. WALBANK, A HISTORICAL COMMENTARY ON POLYBIOS.
VOL. I: COMMENTARY ON BOOKS I—VI*

Einer der heute führenden englischen Althistoriker hat die ebenso mühsame und schwierige wie dankenswerte Aufgabe auf sich genommen, einen umfassenden historischen Kommentar zu Polybios zu schreiben. Das Werk wird zwei Bände umfassen, von denen bisher einer vorliegt. Außer dem Kommentar zu den Büchern I bis VI enthält dieser erste Band ein kurzes Vorwort, eine umfangreiche Bibliographie sowie eine einleitende Behandlung des Lebens und des Werkes des Polybios. Mehrere sorgfältig gearbeitete Indices erleichtern die Benutzung des Buches sehr.

Das Bild, das Walbank in der Einleitung von Polybios und seiner Eigenart als Historiker entwirft, deckt sich im großen und ganzen mit dem Bild, das etwa schon K. Zieglers Artikel in der RE (XXI 1440ff.) bietet, und entspricht den Ergebnissen, zu welchen die Polybiosforschung in den vergangenen Jahrzehnten gelangte. Kurz werden in einem ersten Abschnitt (1ff.) die wichtigsten Daten aus dem Leben des Polybios mitgeteilt und behandelt. Ein zweites Kapitel (6ff.) hat es mit den "Views on History" des Polybios zu tun. Die wesentlichen Grundsätze der polybianischen Geschichtsschreibung werden prägnant herausgestellt: die bewußte Beschränkung auf die politische (und militärische) Geschichte mit dem dahinter stehenden von Thukydides übernommenen Gedanken, ein Lehrbuch vor allem für die späteren Politiker zu schreiben, die

---

* In: AnzAW 13 (1960), 31—34. Bibliographische Angaben zum besprochenen Titel: F. W. Walbank, A Historical Commentary on Polybios. Vol. I: Commentary on Books I—VI. Oxford: Clarendon Press 1957. XXVII, 776 S. — Seit dem Erstdruck der im folgenden (mit geringfügigen Veränderungen) neu vorgelegten Besprechungen des Polybios-Kommentars von Walbank und zweier weiterer mit Polybios sich beschäftigender Werke sind — im Zuge der Polybios-Renaissance, die in der Zeit nach dem Zweiten Weltkrieg in Gang kam und immer noch andauert — nicht wenige weitere Arbeiten über den genannten Autor und sein Werk erschienen, vgl. darüber J. Deininger, Gnomon 48 (1976), 785ff. und die Hinweise unten S. 356 Anm. 33 auf die neuesten Untersuchungen von K. Meister und S. Mohm. Gleichwohl scheinen mir die genannten Besprechungen nicht veraltet und ihr Neudruck auch im Hinblick darauf gerechtfertigt zu sein, daß sie eine gewisse Ergänzung zu den Ausführungen in den Aufsätzen über Herodot und Tacitus und den — in verschiedenen Beiträgen verstreuten — Bemerkungen über Thukydides und Polybios selbst darstellen.

oft wiederholte Betonung der für jeden Historiker bestehenden unbedingten Verpflichtung zur wahrheitsgetreuen objektiven Berichterstattung, die ebenfalls oft wiederholte Ablehnung aller rhetorischen Aufmachung geschichtlicher Erzählungen und der damit in Zusammenhang stehenden Tendenz, einer historischen Darstellung tragische Züge zu geben, die skeptische Zurückhaltung gegenüber allen wunderbaren Berichten und anderes mehr. Weitere Ausführungen erhärten die Beobachtung früherer Forscher, daß es Polybios nicht immer gelang, seinen eigenen Grundsätzen treu zu bleiben. Das gilt vor allem mit Bezug auf seine notorische Voreingenommenheit in der Behandlung der innerhellenischen Verhältnisse. Auch das mit Nachdruck aufgestellte Postulat, daß die in ein Geschichtswerk aufgenommenen Reden authentisch sein müßten, hat, wie Walbank mit Recht betont (13f.), für das eigene Geschichtswerk jedenfalls dort kaum Gültigkeit, wo der Autor genötigt war, sich auf andere Gewährsmänner zu verlassen. Auch darin müssen wir Walbank zustimmen, daß es Polybios nicht immer möglich war, sich selbst in der Praxis der Geschichtsschreibung von rhetorischem Überschwang freizuhalten, doch dürfen wir wohl annehmen, daß die von ihm solcher Neigungen halber angegriffenen Autoren in ihren uns verlorenen Werken in dieser Hinsicht über Polybios noch mehr oder weniger weit hinausgingen.

Der umfangsreichste Abschnitt der Einleitung (16ff.) ist dem Problem der Tyche bei Polybios gewidmet, dem Walbank also schon rein äußerlich einen besonderen Platz innerhalb des Problemkreises der polybianischen Geschichtsschreibung zuweist. Tatsächlich spielt die Tyche in den über das ganze Werk verstreuten historischen Reflexionen eine große Rolle, und es ist sehr reizvoll, den Inhalt des Begriffes an den einzelnen Stellen zu untersuchen, wie dies Walbank nach dem Vorgang anderer tut, wobei er zu dem sicher richtigen Ergebnis kommt, daß der Begriff bei Polybios wie auch sonst in seinem Inhalt sehr variiert, ohne daß es freilich möglich wäre, so etwas wie einen in der Zeit der Niederschrift des Werkes sich vollziehenden Bedeutungswandel des Begriffes im Geschichtsdenken des Polybios aufzuzeigen. Überblickt man die Belegstellen im ganzen, so ist allerdings nicht zu verkennen, daß der Tyche als dem Zufall wie auch als dem unabänderlichen Schicksal, dem die Völker und Menschen unterworfen sind, in der Vorstellung des Polybios keine wirkliche Bedeutung zukommt und das Bild, das dieser Historiker von den geschichtlichen Vorgängen entwirft, von solchen, wie Walbank richtig betont, aus der damaligen populären Philosophie übernommenen Ideen kaum berührt wird. Insofern erscheint es als nicht sehr glücklich, wenn Walbank in diesen Dingen das "central problem" der polybianischen Geschichtsschreibung sehen möchte (1).

Die beiden letzten Abschnitte der Einleitung (26ff., 35ff.) bieten Erörterungen über die Quellen des Polybios und das Problem des Verfahrens unseres Autors auf dem Gebiet der Chronologie.

Leider hat Walbank, von einzelnen Hinweisen abgesehen, darauf verzichtet, Polybios und sein Werk in den großen historischen Zusammenhang der griechischen Geschichtsschreibung zu stellen, wie dies in der älteren Forschung vor allem W. Siegfried versuchte[1]. Auf den — freilich verständlichen — Umstand, daß sich Polybios noch immer irgendwie im Schatten des Thukydides befindet, mag es zurückzuführen sein, daß allgemein in der neueren Literatur einem wichtigen Sachverhalt nur geringe Beachtung geschenkt wird: Nicht Thukydides, sondern Polybios steht — unbeschadet seiner notorischen Schwächen — unter allen Historikern der Antike in bezug auf die allgemeinen Prinzipien der Historiographie und die Stellung des Historikers in grundsätzlich-methodischer Hinsicht der modernen Geschichtsschreibung und Geschichtsforschung am nächsten. Nicht minder bedeutsam aber ist die Tatsache, daß andererseits *auch* noch Polybios durch eine tiefe Kluft von der modernen abendländischen Geschichtswissenschaft getrennt ist. Manches, was wir diesem Mann von unserem Standpunkt aus als platten Rationalismus ankreiden möchten wie beispielsweise sein Urteil über die altrömischen Götterkulte, die nach Polybios' Meinung von den alten Gesetzgebern eingeführt wurden, um mit ihrer Hilfe die Menge zu zügeln (VI 56), findet seine eigentliche Erklärung darin, daß Polybios wie überhaupt der antiken Geschichtsschreibung der Begriff der Entwicklung als einer die Völker wie auch die einzelnen Menschen im Laufe der Zeiten unaufhörlich verwandelnden Kraft noch unbekannt war; er konnte folglich noch nicht wissen, daß es Zeiten gab, in denen (um bei dem oben erwähnten Fall zu bleiben) die Götter für alle Menschen eine ungeheure Realität waren und die Kulte dieser Götter demgemäß keineswegs nur ein Mittel zur Zügelung des niederen Volkes, wie es der Grieche des 2. Jh. v. Chr. sah, der seine eigene aufgeklärte Geisteshaltung wie selbstverständlich auch für die früheren römischen Staatsmänner voraussetzte. Hierher gehört auch die ganz 'rationalistische' Einstellung zu aller sagenhaften Überlieferung, die Polybios etwa dazu führte, den homerischen Halbgott Aiolos für einen Mann zu halten, der einst den Schiffern die Ausfahrt aus der durch Strudel und Wirbel gefährdeten Meerenge von Messina zeigte und dafür Gebieter der Winde und König genannt wurde (XXXIV 2, 4f.). Daß die ganze Antike über solche rationalistische und ebenso unhaltbare allegorische Erklärungsversuche der alten in einer anderen, noch kindlich-primitiven Geistigkeit wurzelnden Mythen und Sagen nicht hinauskam, ist nicht zu trennen von eben dem herausgestellten Umstand, daß der Entwicklungsbegriff noch fehlte und man demgemäß keine Vorstellung davon hatte, daß einst Menschen existierten, die mit kindlichem Gemüt Geschichten wie die von Aiolos und den Ungeheuern an der sizilischen Meeresstraße einfach glaubten, nachdem ihre eigene sagenbildende Phantasie sie produziert hatte. Wenn also Walbank, ohne die berührten Fragen

[1] W. Siegfried, Studien zur geschichtlichen Anschauung des Polybios (1928).

zu erörtern, zu Beginn der Einleitung den Polybios nach Abstrich der Tyche-Reflexionen als einen "somewhat crude and utilitarian rationalist" bezeichnet, so ist das von unserem modernen Standpunkt aus betrachtet wohl nicht falsch, bedeutet aber ein Fehlurteil, wenn wir Polybios mit den Maßstäben seiner eigenen Zeit messen. —

Der Kommentar zu dem Geschichtswerk des Polybios ist, wie schon der Titel des Buches zeigt, speziell historisch, läßt somit rein philologische Fragen unberücksichtigt. Walbank setzt es sich zur Aufgabe, alle einschlägigen Probleme wenn nicht durchwegs zu lösen, so doch im Rahmen des Möglichen gründlich zu erörtern und dabei auch das moderne Schrifttum, soweit es jedenfalls der Zeit bis 1954 angehört (was später erschien, konnte nur noch teilweise berücksichtigt werden), zu verarbeiten. Allein schon diese Verarbeitung der modernen Fachliteratur stellt eine gewaltige Leistung dar. Daß in der Fülle des Gebotenen die von Walbank vertretene Meinung nicht immer akzeptabel erscheint, kann natürlich nichts besagen, wenn es darum geht, das Werk im ganzen zu würdigen. Indessen ist es doch wohl als eine Schwäche des Werkes gerade in seiner Eigenschaft als wissenschaftlicher Kommentar zu betrachten, daß Walbank nicht ausnahmslos zutreffend über die Meinungen früherer Forscher referiert und gelegentlich dazu neigt, die angeschnittenen Probleme zu vereinfachen und dann Lösungen zuzuführen, die nicht wirklich als solche gelten können.

Diese Feststellungen gründen u. a. auf Beobachtungen, die Rez. bei genauerem Studium der Abschnitte über die von Polybios im 3. Buch, Kap. 22 ff. behandelten älteren römisch-karthagischen Verträge machen mußte. Die 338 ohne genauere Zitate vorgelegte Liste der Gelehrten, die für den ersten Vertrag die Spätdatierung in das Jahr 348 v. Chr. vertreten, enthält mehrere Namen von Forschern, die tatsächlich auf der Gegenseite stehen. Daß L. Wickert in seinem Aufsatz in Klio 1938, 349 ff. neue Argumente für die Frühdatierung besagten Vertrages beizubringen versucht, wie Walbank a.O. behauptet, trifft nicht zu, und die Auseinandersetzung mit der von Wickert (a.O.) vorgenommenen Lokalisierung des 'Schönen Vorgebirges' in Spanien läßt die entscheidenden Beweispunkte unberücksichtigt (342). 349 bleibt die in der Literatur schon öfters diskutierte Möglichkeit, daß Polybios an einer Stelle seines Kommentars zum zweiten römisch-karthagischen Vertrag (III 24, 16) auf eine Bestimmung Bezug nimmt, die tatsächlich in diesem Vertrag enthalten war, wenn sie auch im überlieferten Vertragstext fehlt, gänzlich außer Betracht. 354 (vgl. 59) werden der „Philinosvertrag" und der „Serviusvertrag" in schwer begreiflicher Weise von vornherein untereinander verquickt oder, besser gesagt, durcheinandergebracht und auf solche Art die Grundlagen für die Datierung des von Servius erwähnten Abkommens gewonnen. Die im gleichen Zusammenhang sich findende Argumentation mit einer Stelle aus einer Rede, die nach der bei Livius (XXI 10) vorliegenden spätannalistischen Tradition Hanno in Karthago hielt, basiert auf der evident unrichtigen Voraussetzung, daß die Rede authentisch sei, muß also wiederum methodische Bedenken erregen. Die Gerechtigkeit verlangt, festzustellen, daß viele andere Partien, die Rez. ebenfalls einer genaueren Überprüfung unterzog, weit günstiger abschnitten und kaum Anlaß zu ernsteren in die bezeichnete Richtung gehenden Ausstellungen gaben. Vielleicht ist es in einem Werk wie dem vorliegenden überhaupt unvermeidlich, daß nicht alle Teile mit gleicher Sorgfalt und methodischer Exaktheit gearbeitet sind. — Zu den besten Abschnitten dürften die über topographische Probleme und speziell auch über die Fragen der Lokalisierung und des Verlaufes der Schlachten der Punischen Kriege zählen. Daß sich Walbank dabei weitgehend an J. Kromayer anschloß, kam der Sache zweifellos zugute. Auch dies muß begrüßt werden, daß Walbank nicht die Mühe scheute, den Verlauf verschiedener Schlachten und sonstiger militärischer Operationen durch beigegebene gute Kartenskizzen zu verdeutlichen, nur ist unerfindlich, was ihn veranlaßte, dabei gerade die Schlacht bei Cannae zu übergehen.

Als Gesamteindruck bleibt, daß Walbank allein schon im vorliegenden ersten Band seines Polybioskommentars eine ungeheure Arbeitsleistung vollbrachte und so ein Werk schuf, das trotz vorhandener Schwächen in Zukunft für jeden, der sich als Historiker mit Polybios beschäftigt, ein äußerst wertvolles und unentbehrliches Hilfsmittel darstellt.

REZENSION VON:
F. W. WALBANK, A HISTORICAL COMMENTARY ON POLYBIOS.
VOL. II: COMMENTARY ON BOOKS
VII—XVIII*

Unter den zahlreichen Althistorikern und Altphilologen, die in der jüngsten Vergangenheit eine Art Polybios-Renaissance heraufführten[1], steht F. W. *Walbank* in vorderster Front. Vor über einem Jahrzehnt ließ er den ersten, die Bücher I bis VI behandelnden Band seines großen historischen Kommentars zu Polybios erscheinen, dem nunmehr ein zweiter Band folgte. Die ursprüngliche Absicht, in diesem alle restlichen Bücher des Polybianischen Werkes unterzubringen, konnte nicht verwirklicht werden; ein dritter Band bleibt den Büchern XX bis XXXIX vorbehalten [erschienen 1979].

Während es in der Einleitung zum ersten Band das Anliegen Walbanks war, die allgemein Polybios betreffenden Fragen zu umreißen und die eigene Ansicht über Polybios als Historiker darzutun, behandelt die Einleitung zum vorliegenden Band ein besonderes Problem, nämlich das der Einordnung der zahlreichen Fragmente der nur trümmerhaft erhaltenen Partien des Werkes unseres Historikers. Mit Recht warnt Walbank (p. V) vor der verbreiteten Tendenz, die seinerzeit von Büttner-Wobst vorgenommene Einordnung als unantastbar und zugleich als sichere Prämisse für historische Schlußfolgerungen zu betrachten. Inwieweit es ihm gelungen ist, in dieser schwierigen Frage über Büttner-Wobst hinauszukommen, kann im Rahmen dieser Besprechung nicht erörtert werden.

Der von Walbank hier vorgelegte Kommentar zu den Büchern VII bis XVIII entspricht ganz dem, was man als Benutzer des ersten Bandes erwarten konnte. Mit größter Gelehrsamkeit wird das einschlägige Material — die sonstige antike Überlieferung ebenso wie das betreffende moderne Schrifttum — mit Anspruch auf Vollständigkeit zusammengetragen und verarbeitet und solcherart ein Werk geschaffen bzw. weitergeführt, das für jeden, der sich mit Polybios und der von diesem behandelten Zeit beschäftigt, schlechthin unentbehrlich ist. Daß es bei der Fülle dessen, was Walbank auf jeder Seite bietet, an Stellen nicht fehlt, an

---

* In: AnzAW 21 (1968), 230—232. Bibliographische Angaben zum besprochenen Titel: F. W. Walbank, A Historical Commentary on Polybios. Vol. II: Commentary on Books VII—XVIII. Oxford: Clarendon Press 1967. XVI, 682 S.

[1] Siehe die Übersicht über die seit 1956 über Polybios erschienenen selbständigen Schriften bei W. Schmitthenner, Saeculum 19 (1968), 31 Anm. 2.

denen der kritische Benutzer des Werkes zögert, dem Verf. zu folgen, liegt auf der Hand. Der Rez. hat sich eine Reihe solcher Stellen notiert, kann sie jedoch in diesem Rahmen nicht zur Erörterung bringen. Nur auf einige hier und dort hervortretende Schwächen, die mehr auf dem Gebiete des Grundsätzlichen und Methodischen liegen, sei im folgenden hingewiesen, ohne daß damit der hohe Wert, der dem Werk im ganzen eignet, gemindert werden soll.

Wenn die Ausführlichkeit, mit welcher die einzelnen Kapitel und Sätze kommentiert werden, stark differiert, so könnte eine wirkliche Berechtigung hierfür eigentlich nur darin liegen, daß den betreffenden Stellen im Rahmen des Gesamtthemas des Polybianischen Werkes oder für die Beurteilung dieses letzteren und seines Autors eine unterschiedliche Bedeutung zukommt. Es fällt jedoch schwer, unter solchen Gesichtspunkten etwa die Tatsache sinnvoll einzuordnen, daß Walbank (364 ff.) die Polemik des Polybios gegen Kallisthenes' Bemerkungen über die Schlacht bei Issos zum Anlaß nimmt, die genannte Schlacht und die vorherigen Operationen Alexanders und Dareios' III. in aller Ausführlichkeit zu behandeln und diese Darlegungen überdies mit zwei Kartenskizzen (die Schlacht bei Zama blieb demgegenüber ohne Skizze!) zu illustrieren. Ein Beispiel nach der sozusagen entgegengesetzten Richtung bieten die Feststellungen und Hinweise zu dem Bericht des Polybios über die Vorgänge, die sich 203/2 v. Chr. in Afrika abspielten — zu einem Bericht also, der schon deshalb unser besonderes Interesse beanspruchen darf, weil wir bekanntlich seit einigen Jahrzehnten ein Fragment aus dem Werk eines unbekannten griechischen Historikers besitzen (Pap. Rylands III, 1938, hrsg. von C. Roberts, Nr. 491), wo von den betreffenden Ereignissen eine Schilderung gegeben wird, die sich mit der des Polybios in wesentlichen Punkten nicht verträgt. Walbank beschränkt sich darauf, die Überlegungen einzelner Forscher, die sich an den fraglichen Stellen für den Anonymos und gegen Polybios entscheiden, für "unconvincing" zu erklären, ohne dieses Urteil zu begründen. Mit solchem Vorgehen steht in einem gewissen Zusammenhang die da und dort hervortretende Tendenz, bei der Erörterung von Streitfragen auch dann eine feste Position zu beziehen, wenn tatsächlich infolge schlechter Quellenlage oder auch zu flüchtiger Beschäftigung mit der Materie Walbanks Haltung schwankend bleibt. Ein Beispiel hierfür geben die Darlegungen 451 f. über die Reden, die nach Polyb. XV 6, 4 ff. Hannibal und Scipio bei einer Zusammenkunft vor der Schlacht bei Zama gehalten haben sollen. Walbank wendet sich gegen die an dem Bericht des Polybios schon häufig geübte Kritik, wobei er die Frage nach der Historizität der Zusammenkunft und die der Authentizität der von Polybios mitgeteilten Reden in einen Topf wirft, und zweifelt sodann nicht mehr daran, daß jene Reden so, wie sie a.O. zu lesen sind, wirklich gehalten wurden, ohne daß er allerdings an dieser Auffassung konsequent festhält (vgl. vor allem den Kommentar zu XV 6, 6. 6, 8. 7, 8 mit der Notiz zu a.O. 7, 1). Dieser Abschnitt bedeutet m. E. in methodischer wie in sachlicher Hinsicht einen Rückschritt gegenüber Bd. 1, 14, wo Walbank seine damalige Skepsis betreffend die Authentizität der fraglichen Reden mit dem sehr richtigen Hinweis auf ihren Charakter als "a series of commonplaces" begründet hatte.

Noch einmal sei betont, daß die obigen Bemerkungen nicht darauf abzielen, ein Werk herabzusetzen, mit dem sich in bezug auf wissenschaftlichen Gehalt und Bedeutung für die weitere Forschung nur ganz wenige der sonstigen althistorischen Werke, die in jüngstvergangener Zeit erschienen, messen können.

REZENSION VON:
GUSTAV ADOLF LEHMANN, UNTERSUCHUNGEN
ZUR HISTORISCHEN GLAUBWÜRDIGKEIT DES POLYBIOS*

Man sieht es dem im folgenden zu besprechenden Werk nicht an, daß es eine als Dissertation approbierte Erstlingsarbeit bietet: ein Werk, das sich zumindest in bezug auf seinen Umfang mit allem messen kann, was an Untersuchungen über speziellere Probleme der Alten Geschichte sonst in den jüngstvergangenen Zeiten herauskam, das dementsprechend in eindringlicher Weise von der Arbeitskraft und dem Fleiß seines Autors zeugt und übrigens auch davon, daß man in der Bundesrepublik (nach wie vor) weiß, was man der Wissenschaft und ihren jungen Talenten schuldig ist. Ein solches, ein junges, zu großen Hoffnungen Anlaß gebendes Talent ist *Lehmann* zweifellos — umso eher wird man ihm, das wollen wir hier schon feststellen, die unbefangen-sichere Art nachsehen, mit der er etwa festlegt (357f.), welche Fragen der Polybiosforschung in Zukunft für uns noch 'legitim' sind und welche nicht, mit der er ferner die seiner eigenen Auffassung entgegenstehenden Meinungen früherer Gelehrter, die sich mit dem Problemkomplex beschäftigten, aus dem Weg räumt (siehe bes. 163f.).

Das eigene Anliegen Lehmanns ist nur von der gegenwärtigen Situation in der einschlägigen Forschung her zu verstehen. Seit langem ist man sich darin einig, daß Polybios zu den größten Historikern der Antike zählt, vielleicht allein von Thukydides übertroffen wird. Ebenso herrscht aber auch darin weitgehende Einigkeit, daß Polybios den Grundprinzipien der Historiographie, deren tatsächliche oder angebliche Verletzung durch seine Vorgänger er so oft anprangert, in der eigenen praktischen Tätigkeit als Historiker nur ungenügend entsprach und er insbesondere bei Behandlung der Vorgänge auf der Peloponnes und in Mittelgriechenland seine Gefühle der Zuneigung und Antipathie nicht immer unterdrücken konnte. Demgegenüber vertritt Lehmann die Meinung, „daß die moderne Forschung es noch nicht verstanden hat, Qualität und Wert dieser unserer wichtigsten Quelle für die Geschichte der hellenistischen Welt in der Zeit des Aufstiegs der Römer zur Weltmacht richtig einzuschätzen" (340). Zwar hält auch er die Frage für zulässig, ob Polybios hier und dort ältere Berichte, in

---

* Geringfügig ergänzte Besprechung. Erstmals in: AnzAW 21 (1968), 227—230. Bibliographische Angaben zum besprochenen Titel: Gustav Adolf Lehmann, Untersuchungen zur historischen Glaubwürdigkeit des Polybios. Münster: Aschendorff 1967. 408 S. (Fontes et Commentationes, 5.)

denen die Dinge einseitig oder verzerrt behandelt sind, ohne genügende kritische Überprüfung in sein Werk aufnahm, doch rügt er an der bisherigen einschlägigen Forschung, daß sie mit ihren Zweifeln an völlig objektiver Berichterstattung und — davon nicht zu trennen — mit ihren Bedenken hinsichtlich der Authentizität der im Wortlaut mitgeteilten Reden vor der, fast möchte man sagen, geheiligten Person des Polybios nicht halt machte.

Wenn Lehmann solchem Vorgehen gegenüber an mehreren Stellen (siehe etwa 85 Anm. 91a, 142 Anm. 15, 149) ins Feld führt, daß sich Polybios der Verpflichtung des Historikers, unparteiisch und wahrheitsgetreu zu berichten und auch der Verpflichtung, nur wirklich gehaltene Reden wiederzugeben, durchaus bewußt war, so entgeht er offensichtlich nicht ganz der Gefahr, das vorauszusetzen, was zu beweisen wäre, nämlich die — vom Großteil der Forschung ja eben bezweifelte — Übereinstimmung der theoretischen Forderungen des Polybios mit dessen eigenem praktischen Vorgehen. Lehmann übersieht auch anscheinend eine weitere methodische Schwierigkeit, die darin liegt, daß wir den erwähnten Prinzipien der Geschichtsschreibung nicht erst bei Polybios begegnen, sondern z. B. schon, und zwar mit großer Eindringlichkeit, bei Timaios, den Lehmann gleichwohl im Gefolge des Polybios negativ beurteilt und beurteilen muß, da ja sonst die von Polybios an Timaios geübte Kritik auf jenen zurückfallen würde. In diesem Fall ist also Lehmann selbst nicht gewillt, mit der Voraussetzung zu arbeiten, daß dem theoretischen Postulat die eigene Praxis des betreffenden Geschichtsschreibers in jedem Falle entspricht.

Der wichtigste Einwand gegen Lehmann liegt aber vielleicht in folgendem: EineThese wie die, daß Polybios, soweit er nicht im guten Glauben tendenziöse Berichte übernimmt, die Dinge stets objektiv und unvoreingenommen darstellt und auch seine bekannten Polemiken gegen frühere Geschichtsschreiber immer nur dem wahren Sachverhalt entsprechen, könnte allein auf die Weise verifiziert werden, daß man an sämtlichen Stellen, denen die Gegenseite in diesem Zusammenhang eine Bedeutung beimißt, die Abwegigkeit, zumindest Haltlosigkeit der besagten modernen Auffassung explizierte. Lehmann geht diesen Weg nicht. Die ungewöhnliche Ausführlichkeit, mit welcher er diese und jene Angaben des Polybios gegen den Vorwurf der Voreingenommenheit verteidigt, läßt den Mangel nur um so deutlicher in Erscheinung treten, der darin liegt, daß er zahlreiche andere auf der gleichen Linie liegende Fälle entweder ganz außer Betracht läßt, oder nur kurz berührt, indem er sich auf Urteile einzelner neuerer Forscher beruft, die ein erneutes Eingehen auf die betreffende Sache scheinbar überflüssig machen. So wird 354 auf den Versuch, die erwähnte Polemik gegen Timaios als auf der ganzen Linie berechtigt zu erweisen, von vornherein verzichtet und dafür das harte Urteil Ed. Meyers über Timaios zitiert, das seinerseits, wie schon erwähnt, auf Polybios basiert, nun aber für Lehmann gleichsam umgekehrt eine ausreichende Grundlage für die Meinung bildet, daß Polybios hier wie sonst ganz nüchtern-objektiv verfuhr. Oder aber Lehmann sieht sich (355 f., vgl. 163 mit Anm. 19) in Hinblick auf ein entsprechendes Urteil seines Lehrers Stier über Phylarch bzw. den — von Stier als vollkommen berechtigt betrachteten — scharfen Angriff, den Polybios (II 56 ff.) gegen jenen richtet, der Mühe enthoben, dieses Problem selbst zu erörtern und die Meinung der Forscher zu widerlegen, welche die Berechtigung des besagten Angriffs ganz oder teilweise in Abrede stellen.[1] Gerade dieser Fall läßt nun freilich die Fragwürdigkeit der Grundthese Lehmanns sehr deutlich in Erscheinung treten.

Bekanntlich wirft Polybios dem Phylarch in der Darstellung der Geschicke der Bürgerschaft von Mantineia zur Zeit Arats eine lügenhafte Berichterstattung vor (siehe bes. II 58, 12), ohne daß man freilich der langen Polemik entnehmen könnte, wo nun eigentlich Phylarch nicht nur rhetorisch übertreibend, sondern wissentlich falsch berichtet hätte. Allerdings ergibt ein Vergleich der Darstellung, die Polybios von besagten Vorgängen bietet, mit dem auf Phylarch zurückgehenden Parallelbericht des Plutarch (Arat, siehe bes. 36 und 45) gewisse Diskrepanzen, die jedoch auch kaum geeignet sind, das Urteil des Polybios zu rechtfertigen, sondern eher den Gedanken nahelegen, daß sich Polybios durch eine achäerfreundliche Einstellung dazu bringen ließ, die betreffenden Vorgänge in einer Weise zu schildern, die derjenigen des Phylarch in bezug auf Objektivität nichts voraus hat. Wie wir Plut. a.O. entnehmen können, berichtete Phylarch, daß nach der zweiten Einnahme von Mantineia durch die Achäer und Makedonen viele vornehme Bürger der Stadt, die man offenbar für die — nur von Polybios erzählte — Niedermetzelung der von Arat in die Stadt gelegten achäischen Besatzung verantwortlich machte, hingerichtet wurden, während man alle übrigen Männer gefesselt nach Makedonien schleppte und die Frauen und Kinder in die Sklaverei verkaufte. Polybios bestreitet die Hinrichtung eines Teiles der Bürger von Mantineia zwar nicht *expressis verbis*, wohl aber indirekt durch die — fast grotesk wirkende — Feststellung, es sei den Mantineiern trotz ihrer Untat nichts weiter passiert, als daß die Sieger ihre Stadt ausplünderten und die Freien in die Sklaverei verkauften. Wer hier Polybios vor Phylarch den Vorzug gibt und hier wie sonst jede Tendenz bei jenem in Abrede stellt, kann dies wohl nur, wenn er von vornherein entschlossen ist, Polybios gegen alles, was von dieser Seite gegen ihn vorgebracht wird, in Schutz zu nehmen.

Die oben berührten Abschnitte in der Aratvita des Plutarch sind nicht die einzigen Stellen der Überlieferung, aus denen erhellt, daß es Autoren gab, die über gewisse Vorgänge des 3. u. 2. Jh. v. Chr. stark abweichend von Polybios berichteten. Man denke an die Vorgeschichte des ersten illyrischen Krieges einerseits bei

---

[1] Vgl. hierzu K. W. Welwei, Könige und Königtum im Urteil des Polybios, Diss. Köln (1963), 36 und H. Strasburger, Die Wesensbestimmung der Geschichte durch die antike Geschichtsschreibung (1966), 82 f.

Polybios (II 2ff.) und andererseits bei Appian (III 7) oder an die Ereignisse vor der Schlacht bei Zama, die uns ein hellenistischer Anonymus auf einem Papyrusfragment (vgl. S. 301) völlig anders als Polybios erzählt, oder auch an das Verhalten des Perseus vor und während der Schlacht bei Pydna, wo sich wiederum zwei ganz verschiedene Versionen, nämlich die des Polybios und die eines zeitgenössischen Historikers Poseidonios (siehe Plut., Aem. 18f). gegenüberstehen. Von seinem oben herausgestellten Standpunkt aus kann es auch Lehmann nicht als illegitim betrachten, daß man in Fällen dieser Art die Frage stellt, welcher Überlieferung der Vorzug zu geben sei, wenn auch kaum zu bezweifeln ist, wie sein eigenes Urteil jeweils ausfallen würde (vgl. zum illyrischen Feldzug 357 Anm. 70).

Der Rez. muß bekennen, daß Lehmann mit seinem — als Arbeitsleistung bewundernswerten — Werk bei ihm eher das Gegenteil von dem erreichte, was sein eigentliches Anliegen war: Die erneute Beschäftigung mit Polybios hat ihm noch eindringlicher als frühere Lektüre zu Bewußtsein gebracht, wie sehr sich der genannte Geschichtsschreiber in seinen Urteilen von persönlichen Gefühlen bestimmen läßt und wie sehr er im übrigen bereit ist, ältere schriftliche und mündliche Tradition mit ungenügender Kritik zu akzeptieren, wo sie seinen eigenen Vorstellungen entgegenkommt und abzulehnen oder zu übergehen, wo sie sich in das eigene Bild nicht fügen will. In bezug auf diese Dinge ist ein großer Abstand zwischen ihm und Thukydides, aber auch Herodot kann unter solchem Aspekt sehr wohl neben Polybios bestehen.

REZENSION VON:
VINCENZO LA BUA, FILINO — POLIBIO. SILENO — DIODORO.
IL PROBLEMA DELLE FONTI DALLA MORTE DI AGATOCLE
ALLA GUERRA MERCENARIA IN AFRICA*

Wie schon der Titel des vorliegenden Werkes erkennen läßt, behandelt der Autor quellenkritische Probleme, die in den vergangenen Jahrzehnten immer wieder die Aufmerksamkeit der Historiker und Philologen erregten. Die Ergebnisse, welche die bisherige Diskussion über besagte Probleme zeitigte, werden dem Leser in einem glänzenden Forschungsbericht, der als Einleitung zu dem Buch einen guten Platz hat, vermittelt. Der Schwerpunkt der eigenen Untersuchungen des Verfassers liegt zunächst auf der Frage nach den Quellen des Polybios für die Darstellung des Ersten Punischen Krieges. Da bekanntlich Polybios selbst als Gewährsmänner für diesen Abschnitt Fabius Pictor und Philinos von Akragas nennt, ohne sich freilich über Art und Weise seines Vorgehens in der Auswertung der Vorlagen näher zu äußern, mußte es für *La Bua* wie für seine Vorgänger in erster Linie darum gehen, zu eruieren, wo Polybios auf Fabius fußt und wo auf Philinos. Unter ständiger Berücksichtigung der Parallelüberlieferung bei Diodor, unter Berücksichtigung ferner der Möglichkeit eigener Zusätze des Polybios bemüht sich der Verf., den bewußten Fragenkomplex so weit es geht zu klären. Wir übersehen nicht, daß es ihm in vielen Punkten gelingt, über die bisherige Forschung hinauszukommen, mag er auch hin und wieder die Grenze überschreiten, wo sachliche Erwägungen für oder wider eine bestimmte Meinung zu bloßen Vermutungen werden. Deutlicher als in früheren einschlägigen Arbeiten tritt in der Untersuchung La Buas die — für den Althistoriker etwas deprimierende — Tatsache hervor, daß Polybios ebensowenig wie die meisten anderen antiken Geschichtsschreiber in der Lage oder willens war, die Berichte seiner Gewährsmänner wirklich zu verarbeiten, daß er vielmehr häufig den Weg ging, hier dem einen, dort dem anderen zu folgen oder auch beiden zusammen, indem er über bestimmte Ereignisse zweimal, und zwar zunächst nach Fabius,

---

* In: AnzAW 21 (1968), 225—227. Bibliographische Angaben zum besprochenen Titel: Vincenzo La Bua, Filino — Polibio. Sileno — Diodoro. Il problema delle fonti dalla morte di Agatocle alla guerra mercenaria in Africa. Palermo: Flaccovio 1966. 279 S. (Sikelika, 3). — Eine wesentliche Ergänzung des Werkes von La Bua bietet die ein Jahr später erschienene, von Schenk Graf von Stauffenberg angeregte und unter S. Lauffer abgeschlossene Dissertation von K. Meister (1967), XXI.

dann nach Philinos oder umgekehrt berichtet (vgl. etwa I 39, 14f. mit I 41, 1f., dazu La Bua 113f.).

Die weiteren Erörterungen des Verf. stehen vor allem im Zeichen des Versuches, darzutun, daß Diodor in seiner leider nur sehr fragmentarisch erhaltenen Darstellung des Ersten Punischen Krieges auf die verlorene Sizilische Geschichte des Silenos zurückgeht und ihm das Werk des Philinos, das er gelegentlich zitiert, nur indirekt, nämlich über den genannten Silenos, bekannt war. La Bua geht dabei von der wohl richtigen Annahme aus, daß Silenos die kriegerischen Vorgänge auf Sizilien wie auch den späteren Hannibalischen Krieg, den er im Lager Hannibals mitmachte und bekanntlich in einem eigenen Werk beschrieb, von einem karthager- und speziell barkidenfreundlichen und romfeindlichen Standpunkt aus darstellte. Eine solche Tendenz läßt sich jedoch in den einschlägigen Partien Diodors (Buch 23 und 24) — entgegen einer bereits von *Ed. Schwartz* (RE V 688) vertretenen Meinung — kaum nachweisen.

Schon die Nachricht im 2. Kap. des 23. Buches über die Botschaft der Karthager an die Römer, sie wunderten sich über deren Absicht, die Meerenge von Messina zu überschreiten, wisse doch jeder, daß sie, ohne mit den meerbeherrschenden Karthagern Freundschaft zu halten, nicht einmal ihre Hände im Meer waschen könnten — schon diese Nachricht ist in Hinblick auf den Fortgang der Dinge gewiß nicht prokarthagisch, sondern verrät ebenso wie die Antwort, welche die Römer nach Diodor den Puniern über ihre bisherige mangelnde Erfahrung auf dem Gebiet des Seewesens geben, eher eine gegenüber den Karthagern kritische Einstellung der hier von Diodor benutzten Vorlage. In diese Richtung könnte auch die Feststellung XXIII 11 (vgl. XXIII 12) weisen, daß die Karthager — im Gegensatz zu den Römern, was allerdings nicht ausdrücklich gesagt wird — durch nichts mehr als durch eine Niederlage kleinmütig wurden. Gut fügt sich hierzu, daß Diod. XXIII 15, 5 der Sieg über den Konsul Regulus mit besonderem Nachdruck als das Verdienst des spartanischen Söldnerführers Xanthippos, dem die Punier ihre Rettung und den damaligen Umschwung im Kriege verdankt hätten, bezeichnet wird. Für eine prokarthagische und speziell probarkidische Haltung des Gewährsmannes Diodors kann auch die Charakterisierung des Hamilkar Barkas und seines Sohnes Hannibal als der besten Feldherren, über die Karthago je verfügt hätte (XXIII 22), nichts ausgeben: Die Römer selbst konnten über diese ihre Todfeinde nicht anders urteilen. Im übrigen läßt sich der Bericht Diod. XXIV 12 über die schlechte Behandlung karthagischer Gefangener durch die Witwe und die Söhne des Atilius Regulus kaum als Indiz für eine — der vermeintlich propunischen Haltung gleichsam entsprechende — antirömische Einstellung der Vorlage Diodors verwenden (vgl. La Bua 100). Ausdrücklich wird erwähnt, daß die Nachricht vom Treiben der Atilier eine große Empörung in Rom hervorrief und jene in einem Gerichtsverfahren nur knapp ihrer Verurteilung zum Tode entgingen. Nach dem Dargelegten können wir uns die These, daß Diodor für die bewußten Partien seiner Bibliotheke den übrigens von ihm nicht erwähnten Silenos als unmittelbaren Gewährsmann benutzte, nicht zu eigen machen. Dem Autor ist aber wohl darin zuzustimmen, daß es kaum angeht, die Darstellung des Ersten Punischen Krieges bei Diodor einfach auf Konto des Philinos zu setzen. Eine dahingehende Meinung wird im neueren Schrifttum häufig vertreten. Ihre Fragwürdigkeit aufgezeigt zu haben, ist eines der Verdienste, die La Bua als Verfasser des vorliegenden Buches für sich in Anspruch nehmen kann.

REZENSION VON:
KURT VON FRITZ, DIE GRIECHISCHE GESCHICHTSSCHREIBUNG, BAND I: VON DEN ANFÄNGEN BIS THUKYDIDES*

Der erste Eindruck ist der, daß wir es hier mit breit ausgearbeiteten Vorlesungen, die im Lauf der Jahre immer neue Zusätze und Einschübe erhielten, zu tun haben. Dieser Eindruck mag trügen. *Von Fritz* selbst spricht im Vorwort (p. VIII) von einem „seinem Wesen nach" für eine „weitere Leserschaft" bestimmten Buch und betrachtet es von hier aus selbst als problematisch, daß er die fortlaufende Darstellung mit — äußerst eingehenden — Erörterungen spezieller einschlägiger Probleme durchsetzte, die in der Tat die Frage aufdrängen, welche weitere Leserschaft sich da noch durchbeißen soll. Indessen sah von Fritz keinen besseren Weg: Die Anmerkungen hätten sonst „mindestens den vierfachen Umfang der Hauptdarstellung" eingenommen und zudem noch Unteranmerkungen erfordert! Im übrigen will von Fritz von der „modernen Tendenz, Neuheit und Originalität höher zu schätzen als Richtigkeit", nichts wissen, er zieht es vor, „die Kirche beim Dorf zu lassen". Die große Ausführlichkeit impliziert natürlich den Wunsch, das neuere Schrifttum möglichst vollständig zu erfassen, doch kann sich von Fritz für eine lückenlose Berücksichtigung der Literatur nicht verbürgen. Die Lücken seien allerdings nicht alle auf seine Unkenntnis zurückzuführen (p. IX). Zu den Schriften, auf welche dieses sehr offene Bekenntnis Bezug hat, scheinen u. a. die Arbeiten E. Howalds über die antike Geschichtsschreibung zu gehören; sie blieben jedenfalls außer Betracht.

Da dem Werk, wir wissen es schon, keine grundsätzlich neue Auffassung über die griechische Historiographie zugrunde liegt, mit der sich ansonsten jeder Rezensent zuvörderst auseinanderzusetzen hätte, kann es im folgenden nur darum gehen, bei einer Reihe von Stellen, an denen der Autor eigene Gedanken bietet, die für seinen methodischen und sachlichen Standpunkt besonders charakteristisch zu sein scheinen oder die im Rahmen des Gesamtthemas unsere besondere Aufmerksamkeit verdienen, wenigstens kurz zu verweilen.

24 ff. lenkt von Fritz das Interesse des Lesers auf eine Art Gedächtnislücke, welche die Griechen hinsichtlich ihrer Vergangenheit gehabt haben sollen: Die

---

* In: AnzAW 24 (1971), 183—187. Bibliographische Angaben zum besprochenen Titel: Kurt von Fritz, Die Griechische Geschichtsschreibung. Erster Band: Von den Anfängen bis Thukydides. 1 Textband, 1 Band Anmerkungen. Berlin: de Gruyter 1967. XII, 823 S.; IV, 421 S.

Erinnerung der Griechen der Zeit der beginnenden Geschichtsschreibung an ihre Vergangenheit werde, wie man das *a priori* erwarten würde, „immer dünner", bis überhaupt nichts mehr da sei. Aber „die Zeit jenseits dieser Lücke ... erstrahlt im hellsten Licht, nun aber einer dichterisch verklärenden Erinnerung". Die Stelle mag zeigen, zu welch kurioser Auffassung hinsichtlich des Erinnerungsvermögens der Griechen die verbreitete Meinung von dem "dark age" und die davon nicht zu trennende Gleichsetzung von Sage und Geschichte mit Bezug auf Homer und Mykene führt und führen muß. Von Fritz übersieht, daß seine Auffassung von der vorhandenen bzw. nicht vorhandenen geschichtlichen Erinnerung der Griechen der homerischen und nachhomerischen Zeit mit der Voraussetzung steht und fällt, daß es, bei aller Tendenz zu dichterischer Verklärung, letztlich doch Geschichte der Zeiten um 1200 v. Chr. ist, was uns die Epen bieten. Seine Stellung zu diesem Fragenkomplex ist übrigens schwankend. Für Thukydides seien, so lesen wir 582, Agamemnon, Pelops usw. „Verkörperungen einer geschichtlichen Situation" gewesen, was wohl nur heißen kann, daß der genannte Historiker in jenen Gestalten keine geschichtlichen Personen sah. Thuk. I 9 und andere Stellen beweisen jedoch klar das Gegenteil.

Es folgt ein eingehendes Kapitel über Hekataios (48ff.), den von Fritz einerseits gegen Angriffe Neuerer glaubt verteidigen zu müssen, den er aber andererseits selbst heftig kritisiert. Weder das eine, noch das andere kann voll befriedigen: Wie soll man dazu stehen, wenn von Fritz (72f.) den Bericht des Milesiers (frg. 15), eine Hündin habe einen Rebenzweig geworfen, den der König Orestheus vergraben ließ, worauf aus ihm ein Weinstock emporsproß, u. a. ernsthaft mit einem Hinweis auf die moderne Mutationslehre und speziell die Erkenntnis der Möglichkeit einer *generatio in utero heterogeneo* rechtfertigt? Ebensowenig scheint es aber angängig, Hekataios vorzuhalten (75f.), er habe, indem er die fünfzig sagenhaften Söhne des Aigyptos auf kaum zwanzig reduzierte, „die Universalität ... des Gewöhnlichen, des Alltäglichen, des Trivalen" als Kriterium genommen und „der Sage zugleich mit dem dichterischen Gehalt das Leben ausgetrieben", daher seine Zusammenstellung der Fakten auch dann, wenn sie „reine historische Fakten" wären, immer noch keine „Geschichte im eigentlichen Sinne" sein würde. Wenn von Fritz unter letzterer das versteht, was wir heute unter Geschichte verstehen, hat er natürlich recht (sowenig das auch mit Rationalisierung der Sage zu tun hat), doch scheint es uns nicht erlaubt, Hekataios und die späteren antiken Geschichtsschreiber mit modernen Maßstäben zu messen, wie es von Fritz hier und auch sonst gelegentlich tut. Die Apostrophierung des Hekataios, der doch nur aus seiner eigenen Zeit heraus richtig verstanden und beurteilt werden kann, als eines „would-be-Historikers" läßt diese Schwäche besonders kraß hervortreten.

Die „höchste Begabung" des Herodot sieht von Fritz (475) in etwas, was er „die durchleuchtende Darstellung des geistigen Fluidums einer Zeit" bezeichnet. Im gleichen Zusammenhang spricht er von der Fähigkeit Herodots, „das im eigentlichen historischen Sinne Interessante zu sehen und in der Darstellung durchsichtig zu machen". Was ist interessant im eigentlichen historischen Sinne? Solche Äußerungen werden auch dadurch kaum klar und überzeugender, daß von Fritz (a.O. und 470f.) geneigt ist, Herodot mit zwei Männern der späteren Historiographie in einen besonders engen Konnex zu bringen, die m.E. weder untereinander, noch auch mit jenem eine wirkliche innere Verwandtschaft aufweisen, nämlich mit Livius (als dem Verfasser einer Frühgeschichte Roms bis zum Galliereinfall) und — man höre und staune! — mit Jakob Burckhardt.

Von den zahlreichen Gedanken, die 523ff. in dem großen Kapitel über Thukydides vorgetragen werden, verdient einer das besondere Interesse des Altphilologen wie des Althistorikers. Er geht dahin, daß die bekanntlich in mehreren eingeschalteten Reden eine große Rolle spielende „Berufung auf die ἀνθρωπεία φύσις zur Rechtfertigung einer reinen Machtpolitik ..." nicht „der Auffassung der Dinge durch Thukydides selbst" gleichgesetzt werden kann (807). Von Fritz unterbaut die These mit Stellen, die zeigen, daß Thukydides vor sozusagen moralischen Werturteilen über Männer, die sich als Politiker an die Gebote der Gerechtigkeit und Anständigkeit hielten bzw. diese mißachteten, nicht zurückscheute. In der Tat kann man sich fragen, wie etwa das günstige Urteil, das VII 86 über die moralischen Qualitäten des Politikers Nikias gefällt wird, zu verstehen ist, wenn man glaubt, daß Thukydides davon überzeugt war, daß gemäß der menschlichen Natur in der Politik Recht und Moral keinen Platz haben.

Die von von Fritz angestellten Überlegungen scheinen somit schlüssig, und doch gibt es auch hier Schwierigkeiten, die sich etwa an dem Exkurs über die inneren Wirren in Korkyra 427v.Chr., Thuk. III 82f., aufzeigen lassen: Schuld an besagten Wirren trugen ganz und gar die πλεονεξία und die φιλοτιμία (82, 8), die Thukydides im gleichen Abschnitt (82, 2), auf eine bekannte Feststellung im 'Methodenkapitel' I 22 zurückgreifend, mit der sich stets gleichbleibenden menschlichen Natur in ursächlichen Zusammenhang bringt. Aber das hindert ihn nicht, seiner tiefen Empörung über die besagten Zustände und Greuel Ausdruck zu geben, und 83, 1 möchte er dann gar jene Vorkommnisse in Korkyra als Beginn eines allgemeinen Sittenverfalls in Hellas und somit als Novum im Dasein der Griechen betrachten. Man wird ihm freilich diesen nicht zu leugnenden inneren Widerspruch, der sich auch an anderen Stellen aufzeigen ließe, angesichts dessen nicht zu sehr anlasten, daß wir ähnlichen Unstimmigkeiten bei vielen neueren Denkern bis hin zu B. Russell beggnen, welche absolute moralische Werte theoretisch strikte leugnen und andererseits doch mit ihnen operieren, indem sie beispielsweise die Ausrottung der Juden durch Hitler als schlechthin verwerflich bezeichnen. Eine recht genaue Parallele zu Thukydides bietet Machiavelli, der im achten Kapitel des ›Principe‹ bei der Behandlung des Agathokles unversehens vom Wege abkommt und seiner Grundkonzeption soweit untreu wird, daß er sich über die Verbrechen moralisch entrüstet, durch die jener an die Macht kam.

Es ist nur konsequent, wenn von Fritz in diesen Erörterungen auch vom Melierdialog annimmt, daß ihn diejenigen falsch verstehen, die in ihm eine Betrachtung des Thukydides über die in der Politik wirkenden, ganz außerhalb der Sphäre des Moralischen liegenden Grundkräfte sehen möchten. Die Melier, die in dem Dialog an das κοινὸν ἀγαθόν „appellierten", sollen nach von Fritz (722) durch „ihre Haltung das dorische Prinzip der ἐλευθερία" verkörpern. Sie seien die einzigen, „in denen noch etwas vom Geist der Zeit der Perserkriege lebendig" sei. „Die beiden Großmächte dagegen verkörpern sozusagen den New Look in der Politik". Das Unbehagen, das die Lektüre dieser Partien des Werkes bereitet, wird dadurch noch verstärkt, daß man nie recht weiß, ob von Fritz die Reden im Werk des Thukydides einschließlich des Melierdialogs auf Konto des Historikers setzt oder für authentisch hält; manche seiner Überlegungen sind eigentlich nur bei letzterer Annahme sinnvoll. (Die Ausführungen 621 f., mit denen von Fritz beweisen will, daß Thukydides „sich nicht gescheut hat, wirklich gemachte Einzeläußerungen der Redner ... in die von ihm seinem Werk eingefügten Reden aufzunehmen ...", kann jedenfalls der Rez. kaum nachvollziehen.)

Das Werk enthält zahlreiche Erörterungen, die man in diesem Rahmen nicht erwarten würde. Beispielsweise geht es in dem zuletzt behandelten Abschnitt auf weiten Strecken nicht um Thukydides und sein Geschichtswerk, sondern vielmehr um Perikles und die athenische Politik in den damaligen Zeiten. Nicht selten begegnet man auch geschichtstheoretischen und methodologischen Reflexionen. So gibt von Fritz, angeregt durch die Kroisosgeschichte bei Herodot, 465 seiner Überzeugung Ausdruck, daß es „ein sehr reales und auch heute noch in seiner Wirksamkeit zu beobachtendes Gesetz" sei, „daß sich die Sünden der Väter an den Kindern zu rächen pflegen bis ins vierte und fünfte Glied". Nachdenklich geworden fährt er fort: „sehr häufig *erst* (von von Fritz kursiv gesetzt) im vierten und fünften Glied". 474 lesen wir, daß „Irrtümer und falsche oder einseitige Auffassungen von oder über historische Ereignisse ebenso wichtige historische Fakten sein können wie die Ereignisse selbst" — von Fritz beeilt sich freilich hinzuzufügen: „ganz abgesehen davon, daß der Irrtum ein nur scheinbarer oder partieller sein ... kann". Jeder Gegenwart ist (536) eine — durch das Studium der Geschichte wenigstens teilweise zu überwindende — „Beschränktheit und Blindheit" eigen, so auch unserer eigenen Zeit, „die in so besonderem Maße auf andere Zeiten herabsehen zu können glaubt". Aber von Fritz ist nur einer von unzähligen zeitgenössischen Autoren, welche die entgegengesetzte Richtung einschlagen: Man verurteilt die Gegenwart und deklassiert sie damit gegenüber der Vergangenheit.

Auch der zweite die Anmerkungen enthaltende Teilband bietet eine Fülle von ganz verschiedenen Betrachtungen, Beobachtungen und Reflexionen, wobei die kritische Beschäftigung mit dem modernen Schrifttum einen breiten Platz einnimmt. Mag man sich im einzelnen Fall für oder gegen von Fritz entscheiden — den großen Wert dieser Erörterungen als einer Art umfassenden, wenn auch (vgl. oben S. 310) keineswegs lückenlosen Forschungsberichtes kann niemand übersehen. Es erübrigt sich, die Arbeitsleistung, die in dem Werk als ganzem steckt, noch besonders herauszustellen. Sie verdient um so mehr unsere Bewunderung, als wir es hier ja nur mit dem ersten Teil eines Werkes zu tun haben, welches die gesamte griechische Geschichtsschreibung bis herab zu Poseidonios zum Gegenstand der Betrachtung hat und nach seiner Vollendung wohl das umfassendste Werk überhaupt ist, das wir über besagtes Thema besitzen.

REZENSION VON:
ANTONY ANDREWES, THE GREEKS*

Der Titel dieses Buches aus der Feder eines englischen Althistorikers könnte auf eine umfassende neue Behandlung der Griechen in ihrer geschichtlichen Stellung und Bedeutung schließen lassen. Was der Verf. tatsächlich vorlegen will und vorlegt, ist eine "analysis of Greek Society", also eine vorwiegend soziologisch orientierte Untersuchung über die Griechen, die mit eben dieser Orientierung dem allgemein in unserer Zeit hervortretenden Trend zu den 'Gesellschaftswissenschaften' und zur 'Gemeinschaftskunde' entspricht. *Andrewes* setzt sich für sein Thema zeitliche Grenzen: Die griechische Gesellschaft der vierhundert Jahre der 'Classical Period' von 750 bis 350 v. Chr. soll in ihren verschiedenen Erscheinungen erörtert werden. Andrewes mag selbst gespürt haben, wie problematisch es nicht zuletzt unter solchen Gesichtspunkten war, um die Mitte des 4. Jh. v. Chr. abzubrechen — dies um so mehr, als die Reihe einen weiteren Band für das Griechentum der Folgezeit offenbar nicht vorsieht. An Raum fehlte es nicht. Den das eigentliche Thema behandelnden Hauptabschnitten schickt Andrewes drei in der üblichen Weise gestaltete Kapitel über die geographischen und klimatischen Verhältnisse, das mykenische Zeitalter und (das durfte in einem Buch aus der Feder eines angelsächsischen Althistorikers nicht fehlen!) 'The dark age and Homer' voraus, dazu noch einen im gegebenen Rahmen ebenfalls durchaus entbehrlichen Abriß der politischen Geschichte des Griechentums in den genannten Jahrhunderten.

Andrewes verfügt über eine umfassende Kenntnis, wenn auch offenbar nicht der neueren Literatur, so doch der einschlägigen Quellen, er versteht es auch, dieses Material zu verarbeiten. Wir können jedoch nicht umhin zu konstatieren, daß er der für alle einseitig soziologisch orientierten Forscher vorhandenen Gefahr nicht widerstand, die historischen Aspekte, auf die es hier wie sonst in Schriften über Völker vergangener Zeiten in erster Linie ankommt, weitgehend zu vernachlässigen oder auch ganz außer Betracht zu lassen.

Ein Satz wie der: "If a Greek called a person 'good' without qualification, he usually meant that he was brave" (196), läßt die herausgestellte Schwäche des

---

* Geringfügig geänderte Besprechung. Erstmals in: Gnomon 40 (1968), 724—725. Bibliographische Angaben zum besprochenen Titel: Antony Andrewes, The Greeks. London: Hutchinson 1967. XXVI, 292 S., 32 Tafeln, 3 Karten (The History of Human Society).

Werkes ebenso hervortreten wie die Feststellung, daß "Greek religion" kein individuelles Fortleben nach dem Tode kannte, was aber nicht bedeute, daß die Griechen keine persönliche Religion gehabt hätten (239, vgl. 234) und daß "every Greek activity" — das kann wohl nur heißen: griechische Aktivität im späten 5.Jh. ganz ebenso wie in der homerischen Zeit — mit dem Kult eines Gottes in einer Weise verbunden gewesen sei, die unsere eigene Kultur ganz weltlich erscheinen lasse (230). In den daran anschließenden, die griechischen Orakel behandelnden Ausführungen wird über den "secure fixed point" gesprochen, den für die Griechen der Glaube an die Zuverlässigkeit der delphischen Sprüche bedeutet haben soll (244). Ein Fixpunkt also auch für Anaxagoras und Thukydides und die sonstigen Vertreter der griechischen 'Aufklärung'? Oder waren diese Männer keine Griechen? Den politischen Einfluß Delphis möchte Andrewes nicht allzu hoch veranschlagen. Wäre das nun für das 6.Jh. in genau der gleichen Weise gültig wie für die Zeiten des Perikles und Alkibiades? "A Greek of the classical period", lesen wir im Kapitel über Händler, Handwerker und Sklaven (134), der in Gefangenschaft geriet, sei Gefahr gelaufen, versklavt zu werden, doch sei es fair zu vermerken, daß auch gelegentlich Proteststimmen gegen diese Dinge laut wurden. Wiederum ist die historische Seite der Sache, d.h hier die Frage, ob jene Stimmen gleichmäßig über die Jahrhunderte verteilt sind oder etwa im Zuge einer bestimmten Entwicklung erst in den letzten Abschnitten der fraglichen Zeiten hervortreten, für Andrewes ohne Bedeutung.

Man muß sich den herausgestellten Sachverhalt vor Augen halten, um zu verstehen, daß in dem Kapitel über die geistigen Verhältnisse (247 ff.), welches in seiner eigenwilligen Überschrift 'Open Speculation' vielleicht nicht zufällig an Heidegger erinnert, Männer von der Bedeutung eines Xenophanes und Protagoras ganz einfach übergangen werden. Von Xenophanes vermerkt Andrewes in einem der vorhergehenden Abschnitte ernsthaft oder auch nur ironisch, auf jeden Fall aber abschätzig, er sei ein Puritaner gewesen, der seine eigene Weisheit für nützlicher als die sportlichen Wettkämpfe hielt (200). Der berühmte Angriff dieses Mannes auf die Göttervorstellung der Epen findet zwar Erwähnung, jedoch, bezeichnend genug, nur im Zusammenhang mit der Behandlung der homerischen Götter und nicht als ein höchst eindrucksvolles Zeugnis dafür, daß sich auf religiösem und geistigem Gebiet in den Jahrzehnten um 500 v.Chr. ein Umbruch vollzog, der die geistige Entwicklung der Folgezeit entscheidend bestimmte.

Man kann nicht übersehen, daß es an Partien in dem Werk nicht fehlt, in denen Feststellungen von historischer Warte aus getroffen werden (vgl. etwa 237 f. über die Ethisierung der Vorstellungen von Zeus). Aber nicht diese Stellen zählen hier, da an ihnen ja nur so verfahren wird, wie wir es von einem Historiker als selbstverständlich erwarten müssen, sondern jene anderen, die bei den außenstehenden Lesern ein nicht nur unvollständiges oder einseitiges Bild (das wäre noch hinzunehmen), sondern ein effektiv unrichtiges Bild vom Griechentum im Wandel der Zeiten entstehen lassen und an denen wesentliche Erscheinungen der Kulturgeschichte der Griechen einer unhistorischen Betrachtungsweise zum Opfer fallen.

Von den obigen kritischen Überlegungen wird die schon im älteren Schrifttum überall anzutreffende, nun auch von Andrewes (74f.) vertretene Ansicht nicht berührt, es hätten die Griechen, von Ansätzen zu einem Staatswesen mit repräsentativer Vertretung abgesehen, als Staat im eigentlichen Sinne nur den Gemeindestaat gekannt. Die Richtigkeit dieser Meinung steht außer Frage. Wenn jedoch Andrewes, auch darin in einer Tradition stehend, den Griechen in dieser Hinsicht einen besonderen Platz in der Geschichte zuweist, so ist demgegenüber zu betonen, daß uns der Gemeindestaat (mit oder ohne städtischen Mittelpunkt) als das Staatswesen schlechthin in allen frühen Bereichen begegnet, im alten Sumer ebenso wie in Griechenland, und bei den Latinern und Etruskern nicht anders als bei den Primitivvölkern der Vergangenheit und Gegenwart.

Es wäre reizvoll, das Werk Andrewes' mit einem viel beachteten und viel gelobten Buch zu vergleichen, das vor längerer Zeit, 1951, ein anderer englischer Altertumswissenschaftler, *H. D. F. Kitto*, unter dem gleichen Titel herausbrachte. Wir stellen hier nur fest, daß auch Kitto bei dem Versuch, die Griechen im ganzen zu erfassen, immer wieder unversehens dazu kam, Dinge bzw. Verhaltensweisen als typisch oder spezifisch griechisch zu bezeichnen, die allenfalls als typisch für bestimmte Zeiten der griechischen (und vielleicht auch außergriechischen) Geschichte, wenn nicht nur für geistig führende Männer der betreffenden Zeiten gelten können.

In einem glänzenden, als Einleitung zu Andrewes' Buch gegebenen Essay versucht J. H. Plumb als Herausgeber der eingangs genannten Reihe, die Griechen in einen universalhistorischen Zusammenhang zu stellen und ihre Bedeutung für die Geschichte des Abendlandes zu umreißen. Eine Auseinandersetzung mit diesen Darlegungen ließe sich nur auf breiter Basis durchführen, kann somit hier nicht gegeben werden.

RÜCKBLICK UND AUSBLICK

In diesem auf alle drei Bände von ›Geschichte als kritische Wissenschaft‹ sich beziehenden Rück- und Ausblick soll es dem Autor gestattet sein, 'laut denkend' in mehr oder weniger lockerer Folge Nachträge und Ergänzungen mit besonderer Berücksichtigung von neuerer Literatur oder auch in der Zwischenzeit besonders akut gewordenen Problemen zu geben, sodann Prinzipien, die ihm besonders wichtig erscheinen, abschließend noch eindringlicher herauszuarbeiten und dabei den immer wieder bezogenen kritischen Standpunkt noch einmal zu umreißen und zu rechtfertigen. Auch einige persönliche Erfahrungen, die mit dem Inhalt der Beiträge bzw. der ihnen zugrundeliegenden Einstellung in engem inneren Konnex stehen, sollen in diesem abschließenden Kapitel kurz zur Sprache kommen.

Wir beginnen mit einigen diesen dritten Band betreffenden Bemerkungen. Zusammen mit diversen Zusätzen nehmen hier die 'Originalbeiträge' den größten Teil des Platzes, der zur Verfügung stand, in Anspruch. Der *erste,* dem einige Exkurse beigefügt wurden, steht thematisch in Zusammenhang mit den beiden eingangs erneut vorgelegten, vor langen Jahren erstmals in der ›Historischen Zeitschrift‹ erschienenen Aufsätzen. Die Forschung nahm seit der ersten Publikation dieser Abhandlungen ihren Fortgang, und was an Neuem herauskam, erschien mir teilweise vom Grundsätzlichen her so bedeutsam, daß ich dem Verlangen nicht widerstehen konnte, diesen ursprünglich nicht vorgesehenen Beitrag hier vorzulegen. Der *zweite* neue Beitrag (auch er war ursprünglich für diesen Band nicht vorgesehen) hat gleichfalls auf jene HZ-Aufsätze Bezug, wenn er die Verhältnisse im römischen Bereich auch kaum berührt. Die Probleme, um die es seinerzeit ging, auf dem Weg des vergleichenden Vorgehens in einen großen universalhistorischen Rahmen zu stellen, war hier das tragende Anliegen, und der dabei eingeschlagene Weg führte schon auf den ersten Seiten über die Grenzen der Alten Geschichte im herkömmlichen Sinne, nicht freilich auch über die Grenzen allgemein der Geschichte als Wissenschaft hinaus. Der *dritte* neue Beitrag, der im Anschluß an die erneut vorgelegte Besprechung von G. Walsers Schrift ›Caesar und die Germanen‹ konzipiert wurde, hat seinen Schwerpunkt wieder ganz in der Alten Geschichte. Als Versuch zu zeigen, daß wir bei der Beurteilung der Tatenberichte von Herrschern und Politikern strengere Maßstäbe anlegen müssen, als sie vielerorts bisher angelegt wurden, mag er vielleicht einzelne Mitforscher, für die es (auch) in diesem Bereich Tabus gibt, überraschen oder gar schocken; entscheidend ist auch hier, ob sich die vorgetragene Meinung mit guten Gründen vertreten läßt oder ob dem nicht so ist — emotionelle Regungen für oder gegen eine Auffassung können so wenig wie sonst von irgendwelchem Gewicht sein. — Angesichts des relativ großen Umfangs der erwähnten drei 'Originalbeiträge' konnte leider der ursprüngliche Plan, der einen besonderen Akzent auf Beiträge aus dem Gebiete der antiken Geschichtsschreibung setzte, nicht verwirklicht werden. Es mußte mit dem Neudruck von (allerdings stark erweiterten) Beiträgen über Herodot und Tacitus und einigen Buchbesprechungen sein Bewenden haben. Ganz in Wegfall geriet — von weiteren Neudrucken abgesehen (vgl. unten S. 361) — aus Platzgründen auch eine Untersuchung, die es mit der Psychoanalyse und ihrer Bedeutung für die Erhellung historischer Phänomene und Tatbestände zu tun haben sollte; ihre Veröffentlichung an anderer Stelle ist geplant.

Der Blick zurück auf die beiden ersten, nunmehr schon vor drei Jahren erschienenen Bände führt uns die Notwendigkeit vor Augen, zunächst einige der jüngsten Vergangenheit angehörende wissenschaftstheoretisch orientierte Publikationen aus der Feder namhafter Gelehrter zu studieren — sie haben Bezug auf die ersten Beiträge von Bd. 1 und verdienen zudem als Zeitdokumente unser besonderes Interesse. Von hier ist es dann nur ein kleiner Schritt zu zeitkritischen Überlegungen, welche die Studie über das Problem des Kulturverfalls in wesentlichen Punkten ergänzen und sozusagen auf den neuesten Stand bringen sollen. Natürlich kann dabei auf Literaturnachträge, die aber nur in wenigen Fällen den Charakter von Auseinandersetzungen annehmen sollen, nicht verzichtet werden. Hinweise auf wichtige Neuerscheinungen können aber auch im letzten Abschnitt nicht ganz fehlen, in welchem es primär allerdings darum geht, die wichtigsten Einwände, die gegenüber dem einschlägigen Schrifttum immer wieder zu erheben waren, nach methodischen Gesichtspunkten geordnet noch einmal aufzuführen.

Jeder Historiker ist mit einem geradezu unheimlichen Phänomen vertraut (sollte es jedenfalls sein), das uns auf den Gebieten der politischen und Sozialgeschichte ebenso wie auf dem der Geistesgeschichte allenthalben begegnet: Eine bestimmte Entwicklung bahnt sich an, nimmt — gleichviel, ob man sie zunächst als positiv oder negativ einschätzen kann — ihren Fortgang, gerät früher oder später in einen automatischen Leerlauf, wird auf die Spitze getrieben, nimmt zunehmend groteske Formen an, kommt ins Schleudern und überschlägt sich dann auch ab und zu, um freilich zumeist wieder auf die Beine zu kommen, wenn ihr nicht irgendeine äußere Katastrophe oder innere totale Umwälzung endgültig Einhalt gebietet. Im Bereich des 'öffentlichen Lebens' kann das berühmt-berüchtigte sog. Parkinsonsche Gesetz als Beispiel für eine solche Entwicklung gelten. Jeder von uns ist vertraut mit der — letztlich, wie es schon C. N. Parkinson selbst erkannte, im Geltungs- und Machtbedürfnis des einzelnen wurzelnden — Erscheinung, daß die Zahl der Funktionäre, welche die Ämter bevölkern und mit immer größeren Umfang annehmenden Aktenbündeln durch die Gänge von immer größer werdenden Verwaltungsgebäuden hasten, unaufhaltsam zunimmt, wobei die Frage, ob diese Entwicklung notwendig oder sinnvoll ist, überhaupt keinen Stellenwert mehr besitzt. Es wäre übertrieben zu behaupten, daß Rom an einer entsprechenden Verbürokratisierung des öffentlichen Lebens zugrunde ging; daß dieser Faktor den Niedergang Roms wie etwa auch den des chinesischen Kaiserreiches beschleunigte, kann freilich kaum geleugnet werden. Ein weiteres Beispiel für jenes Phänomen, und zwar ein solches aus dem Bereich des Rechtslebens, bietet die Tatsache, daß sich aus der an und für sich natürlich richtigen Einsicht, es müßten bei der Beurteilung von Verbrechen die besonderen Umstände und Umweltbedingungen berücksichtigt werden, in unserer Zeit mehr und mehr die Vorstellung entwickelt, daß einen Verbrecher überhaupt keine Schuld trifft und allein die 'Gesellschaft' schuldig ist, daher auch, da man die letztere ja nicht einsperren kann, die Gefängnisse abzuschaffen wären, ja es fehlt nicht viel, daß sich heute im 'Theaterleben' die Stücke eines Autors, der wegen irgendwelcher wohlgemerkt nicht politischer Delikte hohe Freiheitsstrafen absaß, gerade deshalb für die Aufnahme in ein Programm qualifizieren; der einst von der 'Gesellschaft' Verfemte erhält nun endlich den ihm zukommenden *bevorzugten* Platz. Auch auf dem Gebiet der 'pädagogischen Anthropologie' vollzog sich wie zwangsläufig eine Entwicklung, die längst jeder vernünftigen Einsicht spottet und sich gleichsam schon mehrere Male überschlug, ohne deshalb im geringsten zu Schaden zu kommen. Als Illustration hierzu mag der Hinweis dienen, daß schon vor fast zwanzig Jahren ein namhafter Pädagoge, *W. Brezinka,* ausdrücklich feststellte, daß „selbst die organischen Bedürfnisse ... das (scil. menschliche) Verhalten nur insofern (determinieren), als sie dazu zwingen, überhaupt befriedigt zu werden". Auf welche Weise das aber geschähe, bleibe „gänzlich offen", d.h. wir könnten uns — nach solcher Lehre — ebenso von Holz (gleich den Holzwürmern) ernähren wie von den Dingen, die wir tatsächlich essen, weil wir es halt so und nicht anders gelernt haben.[1] Mit Beispielen für den oben herausgestellten Sachverhalt einer auf Absurdität hinzielenden, scheinbar unaufhaltsamen Entwicklung aus den

---

[1] Die zitierte Stelle aus W. Brezinkas Aufsatz ›Der erziehungsbedürftige Mensch und die Institutionen. Ein Beitrag zur pädagogischen Anthropologie‹, in: Weltweite Erziehung, Festschrift für F. Schneider (1961), 20, vgl. auch etwa M. Landmann, Der Mensch als Schöpfer und Geschöpf der Kultur (1961), 57. Für M. Mead, Mann und Weib. Das Verhältnis der Geschlechter in einer sich wandelnden Welt (1958), 178 wäre auch der Wunsch des Mannes nach Kindern Ergebnis von Lernprozessen, und heute hat E. Bornemann nicht übel Lust, die 'Rollenverteilung', aufgrund welcher heutzutage nicht die Männer, sondern die Frauen die Kinder kriegen, in ähnlicher Weise zu erklären und ganz ernsthaft in Erwägung zu ziehen, ob sich das in Zukunft, wenn einmal die Frau aus ihrer Stellung als Unterdrückte ganz herausgewachsen ist, nicht vielleicht ändern wird.

(sonstigen) Wissenschaftsbereichen bzw. der neueren Wissenschaftsgeschichte hatten wir uns vor allem in verschiedenen Abhandlungen des ersten Bandes zu beschäftigen, und da bot einen besonders typischen Fall von Sich-Überschlagen einer freilich von Anbeginn verfehlten Entwicklung die Tatsache, daß man es in der — seit langem in Gang befindlichen — Verteufelung jeglicher empirischer Forschung zunächst darauf absah, den Ergebnissen der verschiedenen empirisch-induktiv verfahrenden Disziplinen der neueren Wissenschaft die Denkergebnisse der Primitiven an Aussagegehalt und Aussagewert gleichzusetzen, um sodann das 'mythische' oder 'existentielle' Denken der Primitiven dem (bloß) 'logischen' Denken der wissenschaftlich orientierten Völker *notabene* überzuordnen. Daß Männer, die diesen Weg gehen und dabei — zwangsläufig — nicht davor zurückscheuen, an Zauber zu glauben und die 'Medizinmänner' den heutigen Ärzten (wenigstens in der Theorie!) vorzuziehen, alle Ergebnisse der modernen Wissenschaften, wenn sie sie nicht einfach unbesehen beiseite schieben oder mit irgendwelchen Leerformeln abtun, in ihrem Gehalt relativieren, ist ebenso verständlich wie dies, daß sie von einem Fortschritt der Wissenschaft, herbeigeführt durch Konzeptionen einzelner, die unrichtige ältere Aufstellungen überwinden, nichts wissen wollen. Damit hinwiederum steht in einem Zusammenhang die ohnehin dem 'Zeitgeist' entsprechende Tendenz, dem einzelnen den Platz, der ihm in der Entwicklung der Wissenschaften seit Thales von Milet zukommt, streitig zu machen und an seine Stelle als den bestimmenden Faktor das 'Kollektiv' und die 'Gruppe' (mit bestimmter 'Rollenverteilung') zu setzen und unter solchen Vorzeichen den bewußten wissenschaftsfeindlichen Tendenzen neuen Auftrieb und zugleich einen besonders zeitgemäßen Anstrich zu geben, wobei freilich auch in dieser Hinsicht die Wurzeln dessen, was sich heute auf dem 'Bildungssektor' tut, weit zurückreichen.

Die einschlägigen früheren Beiträge in diesem gerade heute außerordentlich aktuellen Punkt ergänzend, beschäftigen wir uns im folgenden kurz mit zwei amerikanischen Denkern, in denen man besonders repräsentative Vertreter der skizzierten Tendenzen sehen kann und die sich bezeichnenderweise heute großer Berühmtheit erfreuen, mit *Paul K. Feyerabend* und *Thomas S. Kuhn*. Allerdings verstehen sich diese Ausführungen nicht nur als Ergänzung jener früheren Beiträge, sondern zugleich auch als (sozusagen) Präludium zu einem Abschnitt unten S. 339 ff., in dem es — im Anschluß an die oben im 1. Bd. vorgelegte Studie über ›Das Problem des Kulturverfalls in universalhistorischer Sicht‹ — um die Frage geht, wie die Gefahren einzuschätzen sind, die der heutigen abendländischen Kultur, angefangen gerade bei der Philosophie und Wissenschaft über die Literatur und Musik bis hin zur bildenden Kunst, zweifellos drohen, wobei sich dann die weitere Frage erhebt, ob es unter den heute gegebenen Verhältnissen tatsächlich berechtigt ist, den optimistischen Standpunkt, der in besagter Studie hinsichtlich des Fortbestandes unserer Kultur aufs Ganze gesehen eingenommen wurde, weiterhin zu vertreten.

Zunächst — selbstredend mit Beschränkung auf das in unserem Zusammenhang Wesentliche — eine knappe Stellungnahme zu *Feyerabend*.² Ohne sich durch den Augenschein bzw. durch Tatsachen, die man seit langer Zeit in jedem Schulatlas und seit neuester Zeit auch in Büchern mit Fotos von unserer Erde in der Sicht von Weltraumfahrern erkennen kann, irritieren zu lassen, hält Feyerabend (a.O. 108) offensichtlich dafür, daß die bekannte 'Hohlkugeltheorie' und die seit Jahrtausenden von allen ernstzunehmenden Geographen und Astronomen vertretene Meinung von der Kugelgestalt der Erde im Prinzip gleich richtig und gleich falsch, d.h. gleichermaßen Glaubenssache sind³, und die letztere

² Siehe zum folgenden P. K. Feyerabend, Die Wissenschaften in einer freien Gesellschaft, in: Wissenschaftskrise und Wissenschaftskritik, hrsg. von W. Ch. Zimmerli (1974), 107 ff. Nur aus Platzgründen wird darauf verzichtet, frühere einschlägige Arbeiten dieses äußerst produktiven Philosophen in die Betrachtung mit einzubeziehen. Besonders würde sich hierfür anbieten die Studie ›Against Method‹, in: M. Radner/S. Winokur (Hrsg.), Minnesota Studies in the Philosophy of Science IV: Analyses of Theories and Methods of Physics and Psychology (1970), 17 ff. (mit Aufstellungen, die im Ernst darauf abzielen, die Unterschiede zwischen 'objektiv' und 'subjektiv', 'rational' und 'irrational' aufzuheben. Vgl. dazu W. Stegmüller, Theorie und Erfahrung, 2. Halbbd.: Theoriestrukturen und Theoriendynamik (1973), 301 f. Stegmüller übersieht hier übrigens nicht, daß Feyerabend, wie natürlich auch alle seine Vorgänger in diesem Bereich, mit seiner grundsätzlichen Einstellung nicht durchhält, und zeigt sich darüber leicht irritiert. Siehe a.O. Anm. 119 (Kursivsetzungen von Stegmüller): „Hier wie an allen anderen Stellen, wo von *Erfolg, Fortschritt* und *wissenschaftlicher Rationalität* die Rede ist, wird anscheinend doch vorausgesetzt, daß es *irgendwelche* Unterscheidungskriterien gibt, um z. B. zwischen Klarheit und Unklarheit, empirischem Erfolg und Mißerfolg zu differenzieren". Vgl. hierzu auch die Ausführungen in Anm. 3.
³ Zu älterer Literatur, in der eine entsprechende Auffassung vertreten wird, siehe oben Bd. 1, 28 Anm. 30. Männer, die diesem Kreis angehören, haben sich längst angewöhnt, diejenigen, die noch heute die Frage stellen, ob die Erde eine Hohlkugel oder eine Kugel oder vielleicht eine Scheibe ist, als verkalkte Hinterwäldler zu betrachten, an denen die Konzeptionen der wissenschaftstheoretisch orientierten Philosophen der letzten Jahrzehnte spurlos vorübergingen. Daß Vertreter dieser Richtung darüber diskutieren können, ob die Astrologie eher den Wissenschaften oder der Metaphysik zuzurechnen sei und ob Wissenschaft 'Vernunft' oder 'Religion' sei, ist nur verständlich, wenn man die Grundposition der Betreffenden in Rechnung stellt (vgl. etwa J. Watkins, Gegen die 'Normalwissenschaft', in: I. Lakatos/A. Musgrave (Hrsg.), Kritik und Erkenntnisfortschritt, deutsch von P. K. Feyerabend und A. Szabó, 1974, 32 f. und I. Lakatos, Falsifikation und die Methodologie wissenschaftlicher Forschungsprogramme, a.O. 90 ff.). Besonders kennzeichnend für besagte Richtung ist vielleicht der folgende Satz von I. Lakatos (a.O. 101, schon von Lakatos kursiv gesetzt): „*Wissenschaftliche Theorien sind alle nicht nur gleichermaßen unbeweisbar und unwahrscheinlich (!), sondern sie sind auch alle gleichermaßen unwiderlegbar*". Nein, die Hohlkugeltheorie und auch etwa die Theorie, daß die Erde als Scheibe auf einem Weltozean schwimmt, sind empirisch widerlegbar! Im Ernst bestreitet das

Auffassung nur dann den Vorzug vor jener anderen 'Theorie' (sinngemäß können wir hinzufügen: oder vor der Auffassung, daß die Erde eine Scheibe sei) beanspruchen könnte, wenn über sie — demokratisch abgestimmt worden wäre und eine demokratische Mehrheit sich für sie ausgesprochen hätte. Dies, das Placet der 'Gesellschaft' oder jedenfalls einer größeren Gruppe innerhalb derselben (vgl. sogleich), erscheint hier nun tatsächlich als das Kriterium dafür, ob eine wissenschaftliche Aussage einer anderen vorzuziehen ist oder nicht. Man könnte meinen, daß es ein Philosoph hier darauf abgesehen hat, die Demokratie (und die Wissenschaft dazu) lächerlich zu machen, aber Feyerabend meint es unbestreitbar ganz ernst, und er merkt — das kann uns besonders nachdenklich stimmen! — im übrigen nicht, daß sein im Namen der Demokratie gegen die freie Wissenschaft geworfener Bannstrahl letztlich darauf abzielt, daß unter neuen Vorzeichen die einstige Unfreiheit der Wissenschaft restauriert wird. Ein von Feyerabend an den Herausgeber Zimmerli gerichteter und in dem Anm. 2 zitierten Buch (136 f.) abgedruckter Brief spricht in dieser Hinsicht eine sehr deutliche Sprache: Als auf der Linie seiner Intentionen liegend betrachtet (und begrüßt!) hier Feyerabend den für uns alarmierenden Tatbestand, daß durch einen Mehrheitsbeschluß der Elternverbände in Kalifornien, also sozusagen durch das

natürlich auch Lakatos nicht. Inhaltlich mit Lakatos' zitiertem Satz identisch sind die Gedanken von W. W. Bartley, Flucht ins Engagement. Versuch einer Theorie des offenen Geistes, deutsch von K. H. Laier (1965), 95. Vgl. auch die weiteren Ausführungen zu Th. S. Kuhn. Hier noch ein Zusatz zu der erwähnten Diskussion über die Astrologie und ihren Standort, der auf ein sehr bemerkenswertes Ereignis der jüngsten Vergangenheit Bezug hat: Als der Heidelberger Biologe H. von Ditfurth im November 1977 im westdeutschen Fernsehen die Astrologie als Aberglauben und Humbug bezeichnete, löste er damit in Deutschland einen Sturm der Entrüstung aus, der sich in unzähligen brieflichen Beschimpfungen und gerichtlichen Klagen niederschlug (Der Spiegel 32, 1978, Nr. 8, 183). Ob Ditfurth sich von der bald danach durchgeführten Fernsehdiskussion mit Vertretern verschiedener astrologischer Vereinigungen (darunter einem Vertreter der 'Kosmobiologie') erwartete, einen auch nur kleinen Prozentsatz der deutschen Astrologie-Anhänger von ihrer Auffassung abzubringen, entzieht sich meiner Kenntnis. Wenn ja, gab er sich einer reinen Illusion hin. Was er tun konnte, war: den Menschen, die sich darüber noch keinerlei Gedanken gemacht hatten, die Augen zu öffnen und die kritischen Zuhörer in ihrer Meinung zu bestätigen. Es spricht Bände, daß Vertreter der oben behandelten modernen philosophischen Richtung der Astrologie einen Platz unter den Wissenschaften oder der Metaphysik zuweisen möchten. Daß auch sie in dieser Hinsicht zu den Unbelehrbaren gehören, versteht sich am Rande. Eine unten S. 352 ff. vom 'Topos' als einer bestimmten Erscheinung im wissenschaftlichen Schrifttum getroffene Feststellung gilt auch für die Astrologie: Auch sie ist *wesenhaft* gegen Vernunftgründe immun, und jeder wissenschaftliche Einwand kann notwendig keinen anderen Erfolg haben als den, daß er das Blut derjenigen, die sich betroffen fühlen, in Wallung bringt. Ditfurths Auftritt war in dieser Hinsicht in der Tat sehr aufschlußreich.

'gesunde Volksempfinden', erzwungen wurde, daß die — von Ch. Darwin aufgestellte und von anderen modifizierte und ausgebaute — Abstammungslehre in den dortigen Schulen nur noch als eine unter mehreren Hypothesen, zu denen Feyerabend ausdrücklich auch die Berichte in den ersten Kapiteln der Genesis zählt, behandelt werden darf. Es mag eine bloße Zeitfrage sein, bis die gleichen Elternverbände oder auch die Staatsbürger in Kalifornien oder wo immer sonst insgesamt unter dem Beifall von Feyerabend und seinen Freunden und Schülern durch neue Mehrheitsbeschlüsse oder Volksentscheide ein gänzliches Verbot der Abstammungslehre oder irgendwelcher anderer neuerer wissenschaftlicher Theorien als Gegenstände des Unterrichts in den Schulen (einschließlich der Universitäten) herbeiführen, womit dann, was die Evolutionstheorie betrifft, tatsächlich der Zustand der Unfreiheit wiederhergestellt wäre, wie er in einigen der westlichen und mittelwestlichen Bundesstaaten der USA bekanntlich bis ins 20. Jh. hinein bestand. Es überrascht nach den obigen Hinweisen nicht, daß Feyerabend zu jenen Vertretern einer modernen Geistigkeit zählt, bei denen sich die Tendenz, wissenschaftliche Aussagen zu relativieren und zugleich auf die genannte Art zu kollektivieren, mit einem Hang zu Mystik verbindet, der in einem offen ausgesprochenen Bekenntnis des genannten Philosophen zu dem von magischen und ekstatischen Riten bestimmten Vuudu-Kult der Negerbevölkerung von Haiti und in dem Hinweis auf die wohlgemerkt *„subjektiv und objektiv beglaubigte Fähigkeit (scil. von Menschen der „Steinzeit") ... sich in Tiere zu verwandeln"*, mit aller wünschenswerten Deutlichkeit hervortritt.[4]

[4] A.O. 115, Kursivsetzung schon von Feyerabend. Man beachte, daß just hier, wo Feyerabend ein Glaubensbekenntnis zu Papier bringt, seine Feststellung die Form einer für jeden Urteilsfähigen ganz verbindlichen wissenschaftlichen Aussage annimmt, die es nach seiner Theorie gar nicht geben darf (vgl. die Ausführungen oben im Text). Nicht übergangen sei auch der dem obigen Zitat unmittelbar vorangehende Hinweis auf damalige „einzelne Individuen", welche „sich unter großen seelischen Gefahren von Sphäre zu Sphäre (erhoben), bis sie Gott in seiner Herrlichkeit gegenüberstanden". Ist das die Philosophie des früheren 'Popperianers' Feyerabend, mit der sich seine Fachkollegen in Amerika, Deutschland usw. mit größter, sicher nicht gespielter Ernsthaftigkeit beschäftigen? Nach allem Festgestellten kann man die heftige Aversion Feyerabends gegen jede Wissenschaft, zu der er seine Philosophie offensichtlich nicht rechnet, sehr wohl verstehen. Sie drückt sich etwa im Zynismus der Feststellung aus (a.O. 116), jedes „Gewerbe" habe das Recht, von seinen Praktikanten eine gewisse Vorbildung und selbst eine gewisse Ideologie (!) zu verlangen, wobei er als Beispiele für solche Gewerbe aufzählt: die Physik, die Religion und die — Prostitution. Es wäre interessant, zu erfahren, wie sich z.B. W. Stegmüller (vgl. die Hinweise in Anm. 5) zu solchen Äußerungen und zu Feyerabends Zauberglauben und seinem Bekenntnis zu Mysteriensekten stellt. Kann man sagen, das alles tangiere den Philosophen Feyerabend in keiner Weise, sondern sei seine Privatsache? Er selbst, Feyerabend, müßte dagegen auch dann protestieren, wenn er diese Dinge nicht in seinen Publikationen zu Bausteinen von diesen und jenen weiteren Überlegungen machen würde.

An Berühmtheit hat der zweite oben genannte Gelehrte, *Thomas S. Kuhn*, Feyerabend in der jüngsten Zeit weit überflügelt, und zwar mit seinem Werk ›The Structure of Scientific Revolutions‹.[5] Wie bei Feyerabend, so erfolgt auch bei Kuhn (soweit es möglich ist, seine Meinung auf eine klare Formel zu bringen) eine gänzliche Relativierung wissenschaftlicher Aussagen, und wiederum ist es eine Gemeinschaft, die sich — im Zuge eines, wie Kuhn es ausdrückt, „Paradigmenwechsels" — „als besondere Gruppe neu formiert" (a.O. 202) und bestimmte neue Theorien wie etwa die des Kopernikus von der Stellung der Sonne im Mittelpunkt des Planetensystems durch ihre Annahme sanktioniert, wobei die Frage nach der Richtigkeit hier wie bei Feyerabend bedeutungslos ist und eigentlich gar nicht gestellt werden darf; halten einige ältere „Starrköpfe" an einer alten Anschauung fest, während alle übrigen Fachgelehrten — als neue Gruppe — besagten Wechsel mitmachten, so läßt sich doch nicht sagen, daß sie, die „Starrköpfe", „im Unrecht seien", und der Historiker wird „keinen Punkt finden, an welchem der Widerstand unlogisch oder unwissenschaftlich wird", höchstens mag er sich „versucht fühlen zu sagen, daß derjenige, der auch dann noch Widerstand leistet, wenn die ganze Fachwissenschaft (als sozusagen komplette Gruppe, Zusatz des Verf.) schon konvertiert ist, *ipso facto* (!) aufgehört habe, ein Wissenschaftler zu sein" (a.O. 209), und zwar, so wäre sinngemäß hinzuzufügen, nicht deshalb, weil er als einziger an einer alten überholten Mei-

---

[5] Deutsche Übersetzung des 1962 erstmals unter dem genannten Titel herausgekommenen Werkes, besorgt von K. Simon: Die Struktur wissenschaftlicher Revolutionen (1973, danach die weiteren Zitate), vgl. ders., Postscript-1969. Zur Analyse der Struktur wissenschaftlicher Revolutionen, in: P. Weingart (Hrsg.), Wissenschaftssoziologie I. Wissenschaftliche Entwicklung als soziologischer Prozeß (1972), 289 ff. Die Berühmtheit von Kuhn war in der angelsächsischen Welt schon wenige Jahre nach dem ersten Erscheinen des erstzitierten Werkes so groß, daß das genannte Buch auf einem in London 1965 abgehaltenen Kolloquium über die Philosophie der Wissenschaft geradezu den Diskussionspunkt Nr. 1 abgab, siehe darüber das oben Anm. 3 zitierte, von I. Lakatos und A. Musgrave herausgegebene Sammelwerk. Die Publikation enthält auch drei Beiträge von Kuhn selbst: a.O. 1 ff., 223 ff. (hier zu seinen Kritikern), schließlich 313 ff. (zu I. Lakatos). Weitere Diskussionsbeiträge: I. Scheffler, Science and Subjectivity (1967); ders., Vision and Revolution: A Postscript on Kuhn, in: Philosophy of Science 39 (1972), 366 ff.; ders., Wissenschaft: Wandel und Objektivität (Übersetzung des 4. Kap. des erstgenannten Werkes), in: Beiträge zur diachronischen Wissenschaftstheorie, hrsg. von W. Diederich (1974), 137 ff.; W. Stegmüller, Theorie und Erfahrung, 2. Halbbd.: Theoriestrukturen und Theoriendynamik (1973); ders., Hauptströmungen der Gegenwartsphilosophie II (1975), 483 ff. Das erstgenannte der beiden zitierten Werke Stegmüllers ist praktisch zur Gänze Kuhn gewidmet, aber Stegmüllers Ausführungen sind unübersehbar kritischer gegenüber den Kritikern Kuhns als gegenüber diesem selbst. Hier, bei Kuhn, läuft letztlich das, was Stegmüller macht, weitgehend auf eine Art Exegese hinaus — ein Sachverhalt, der aufhorchen läßt.

nung festhält (er ist mit ihr ja nach wie vor nicht im Unrecht!), sondern weil er — außerhalb einer Gruppe bleibt, die sich neu konstituierte und als solche eine andere (wenn auch nicht richtigere!) Meinung als er vertritt. Zahlreiche andere, vor allem in Kap. XII (›Die Lösung der Revolutionen‹) von Kuhns Hauptschrift zu findende Bemerkungen liegen auf der gleichen Linie, so etwa die folgende (a.O. 202): „Wir dürfen uns nicht so sehr (?!) mit den Argumenten befassen, durch welche das eine oder andere Individuum tatsächlich bekehrt wird [wie kann es das für Kuhn geben?], vielmehr mit *der Art der Gemeinschaft, die sich früher oder später als besondere Gruppe neu formiert*" (Kursivsetzung von mir) — man erinnert sich an die Elternverbände und sonstigen demokratischen Gruppen, die bei Feyerabend neuen wissenschaftlichen Thesen ihr Imprimatur geben oder auch verweigern.

„Starrköpfe" im Kuhnschen Sinne sind dann natürlich auch, nur sozusagen mit umgekehrten Vorzeichen, diejenigen einzelnen, die eine neue Hypothese oder Theorie aufstellen, ohne daß es ihnen gelingt, die Gruppe hinter sich zu bringen, die sich also mit einem Dasein außerhalb der für die betreffenden Dinge zuständigen Gesellschaft weiterhin zufriedengeben müssen, wenn sie es nicht vorziehen, ihre Meinung aufzugeben und in die Gruppe zurückzukehren. Nur von hier aus ist die sonst unverständliche Bemerkung Kuhns (a.O. 108) zu verstehen, daß es für die Griechen der hellenistischen Zeit keine „Gründe" (allerdings nur, sagt er einschränkend, keine „ersichtlichen"!) dafür gegeben habe, Aristarch, d.h. den Mann, der die kopernikanische Revolution um etwa 1800 Jahre vorwegnahm und seine Hypothese in einem eigenen, uns wohlgemerkt verlorenen Werk darlegte, „ernst zu nehmen". Wozu wir bemerken: Gewiß hat Aristarch mit seiner Auffassung keinen Durchbruch erzielen können, weil der Augenschein und auch religiös-philosophische Gefühle dem zu sehr entgegenstanden; daß ihn die hellenistischen Griechen generell nicht ernst nahmen (in der Konsequenz der Kuhnschen Auffassung durften sie das gar nicht), ist eine Aussage, die sich nicht einmal auf ein *argumentum ex silentio* stützen kann, ja die sich von der Überlieferung her eindeutig widerlegen läßt. Wir wissen durch Plutarch (Plat. quaest. VIII 1), daß Seleukos von Babylon im 2. Jh.v.Chr. die Hypothese Aristarchs aufgriff und zu einem System ausbaute. Wir wissen, daß Archimedes ihn kannte und sich mit ihm beschäftigte, ja Archimedes gibt uns sogar — im ersten Kapitel seiner ›Sandrechnung‹ (4ff.) — darüber Aufschluß, daß Aristarch das offenbar gegen ihn in Diskussionen oder Gegenschriften vorgebrachte Argument, daß sich, wäre seine Auffassung richtig, die Stellung der Fixsterne am Firmament im Laufe eines Jahres ständig verändern müßte, mit einem beim damaligen Weltbild nur als erstaunlich zu bezeichnenden Gegenargument parierte, das im Prinzip noch heute Gültigkeit hat und übrigens in jüngsten Diskussionen über die Natur und die Entfernung der Quasare eine gewisse neue Aktualität gewann: Der Durchmesser der Kreisbahn (elliptischen

Bahn) der Erde ist im Verhältnis zur Entfernung der Erde zu den Fixsternen so klein, daß sich die durch die Bewegung der Erde hervorgerufene scheinbare Veränderung der Sternpositionen (außer natürlich mit modernen Instrumenten) gar nicht beobachten läßt! Viel richtiger als Kuhn beurteilt also schon Vitruv die Situation, wenn er — weit über 200 Jahre nach Aristarchs Tod — in seinem Werk über die Architektur eine stolze Reihe von genialen hellenistischen Wissenschaftlern, in der Eratosthenes und Archimedes nicht fehlen, von Aristarch angeführt sein läßt.[6] Die Dinge liegen somit tatsächlich so: Nicht die hellenistischen Griechen und sonstigen damaligen Wissenschaftler haben Aristarch nicht ernst genommen, vielmehr tut dies Kuhn selbst, weil dem Aristarch in seinem, Kuhns, eigenem System allenfalls der Platz von einer Art verhindertem Paradigmenwechsler und damit wohl — in Kuhns Terminologie — eines 'gewöhnlichen Wissenschaftlers' zukommt. Im übrigen ist die Frage, warum das ganze Mittelalter hindurch bis weit über Kopernikus hinaus Aristoteles und Ptolemaios das Feld behaupteten und Aristarch in allen diesen Jahrhunderten nicht mehr ernsthaft diskutiert wurde, ganz einfach zu beantworten: Natürlich fügte sich die geozentrische Lehre viel besser in das christliche Weltbild ein als die Aristarchs. Höchst bezeichnend für Kuhn (und wiederum notwendiger Ausfluß seiner Grundauffassung!), daß er den endlichen Sieg der heliozentrischen Lehre nicht etwa auf die Beweise für ihre (aufs Ganze gesehen) Richtigkeit, die sich vor allem aus den von Galileo Galilei mit seinem Fernrohr durchgeführten Beobachtungen der Venusphasen und Jupitermonde und aus den Gesetzen, die Kepler nicht zuletzt aufgrund von Beobachtungen Tycho de Brahes errechnete, ableiten ließen[7], zurückführt, sondern auf das erwachte Gruppenbewußtsein einer — „Krise"!

Die oben (Bd. 1, 50 ff.) behandelte, so verhängnisvolle und jede fruchtbare einschlägige Diskussion von vornherein unmöglich machende Erscheinung, daß Wissenschaftler Ausdrücke wie 'Positivismus' und 'Historismus' in ganz verschiedenen Bedeutungen verwenden und zugleich mit der Fiktion arbeiten, als hätten sie es mit festen Begriffen zu tun, denen in der Wissenschaftstheorie ganz bestimmte Plätze zukommen, diese Erscheinung wiederholt sich jetzt mit Bezug auf verschiedene, von Kuhn zum Angelpunkt seiner Theorie gemachte Termini, angefangen bei dem höchst unglücklichen Ausdruck 'Paradigma' (un-

[6] Vitruv I 1, 18. Vitruv macht den bemerkenswerten Zusatz: *Cum ergo talia ingenia ab naturali sollertia non passim cunctis gentibus sed paucis viris habere concedatur ...*

[7] Wenigstens anmerkungsweise soll festgehalten werden, daß Kopernikus in erster Linie vom Studium antiker Autoren her zu seiner neuen Lehre kam. Daß er auch und sicher nicht zuletzt Aristarch studierte, ist bekannt, und man darf annehmen, daß er ihm einiges verdankte, obwohl (oder gerade weil?) er Aristarchs Namen nachträglich aus seinem Manuskript herausstrich. Mit dieser und der letzten Anm. korrigiere ich einige Bemerkungen zu Aristarch und Kopernikus oben Bd. 1, 155.

glücklich deshalb, weil er nie einfach mit 'Beispiel' gleichzusetzen ist), der schon bei ihm selbst und bei vielen anderen im Anschluß an Kuhn zu einem scheinbar festen Begriff wurde unbeschadet dessen, daß bereits wenige Jahre nach dem Erscheinen von Kuhns Hauptschrift Margret Masterman nachweisen konnte[8], daß hier „das Wort 'Paradigma' in nicht weniger als 21 verschiedenen Bedeutungen" verwendet wird, womit Kuhn, so beeilt sich die Verf. beschwichtigend hinzuzufügen, *„für den oberflächlichen Leser"* (Kursivsetzung von mir) das „Paradigma-Erklären ... wirklich schwer " machte. Nun, auch der nicht oberflächliche Leser kann 21 (oder wieviel immer es sein mögen) verschiedene Bedeutungen von 'Paradigma' ebensowenig wie ein Dutzend verschiedener Bedeutungen von 'Historismus' oder 'Imperialismus' auf eine klare, allgemein zu akzeptierende und in wissenschaftlichen Diskussionen brauchbare Formel bringen, aber er kann, und zwar trotz der Versuche vor allem von Stegmüller, hier tiefere Wahrheiten zu eruieren, unschwer erkennen, daß sich mit dem Scheinbegriff 'Paradigma' und seinem Gegenstück 'normale Wissenschaft' eine völlige Abwertung, Relativierung und (sozusagen) Irrationalisierung jeglicher wissenschaftlicher Erkenntnis verbindet. Abgesehen von schon zitierten Stellen beweisen dies deutlich genug zahlreiche andere, in der — bald eine ganze Bibliothek füllenden — Kuhnliteratur schon oft genug besprochene Stellen, an denen der Genannte etwa die paradoxe These von der Inkommensurabilität verschiedener 'Paradigmen' vertritt und die Meinung, daß ein 'Paradigmenwechsel' nie dadurch zustande kommt, daß eine bestimmte Auffassung wie etwa die vom geozentrischen Weltsystem als falsch und damit nicht länger vertretbar erwiesen wird, sondern, wie schon herausgestellt, nur dadurch, daß sich — aus notwendig irrationalen und eigentlich unerfindlichen Gründen — die Gesellschaft als Gruppe von einem älteren 'Paradigma' löst und durch ihr Bekenntnis zu einem neuen 'Paradigma' dieses letztere überhaupt erst in den Rang eines solchen erhebt; wie könnte es auch anders sein, wenn im Bereich eines wissenschaftlichen Relativismus die Differenzierung von guten und schlechten Argumenten gar keinen Platz hat? Was übrigens Kuhn unter 'normalen Wissenschaftlern' versteht, hat den zitierten Kritikern und Interpreten schon immer besondere Schwierigkeiten bereitet. Offenbar sind es einigermaßen dieselben, die Kuhn an schon besprochener Stelle als 'Starrköpfe' (die es aber bei ihm wiederum gar nicht geben dürfte!) bezeichnet und die K. Popper — in Kuhns Sicht — ironisch Leute nennt, „die einem leid tun müssen". Bei näherem Zusehen setzt also Kuhn mit seinen erwähnten 'Begriffen' nur die lange Reihe derer fort, die einer — sehr verständlichen — Aversion gegen jede Wissenschaft in verkappter Form und doch sehr deutlich Ausdruck geben; eine Reihe von Männern, die über

---

[8] M. Masterman, Die Natur eines Paradigmas, in: I. Lakatos/A. Musgrave (Hrsg.), Kritik und Erkenntnisfortschritt, 59 ff.

Feyerabend (siehe oben!) zurückführt zu jenen die induktiv-empirisch vorgehenden Disziplinen verächtlich machenden Denkern, von denen an verschiedenen Stellen im 1. Band (siehe bes. 88 ff. und passim) bereits zu sprechen war. Um nur einige Namen in Erinnerung zu bringen: *M. Schröter, W. Worringer, E.-W. Peuckert, F. Wagner, R. G. Collingwood, R. K. Goldschmit-Jentner, A. Baltzer, S. Graf von Pfeil, Th. W. Adorno, A. Rüstow, P. Sorokin, A. Stern, E. D. Myers* u. a. m.

Es scheint, daß noch niemand den Finger auf einen m. E. im Zusammenhang sehr wichtigen Punkt legte: Kuhns wissenschaftliche bzw. wissenschaftstheoretische Anschauungen müßten ihrem Wesen nach nicht nur für einen relativ sehr engen, sich auf einige naturwissenschaftliche Disziplinen — mit denen sich der Genannte (bekanntlich von Haus aus Physiker) ausschließlich beschäftigt und aus denen er seine gar nicht sehr zahlreichen Beispiele nimmt — beschränkenden Bereich Geltung haben, sondern auch für alle sonstigen wissenschaftlichen Bereiche, also auch für die Medizin, die Linguistik, die Geschichte usf. Und da wollen wir nicht darauf verzichten, neben den Fall Aristarch, den ja schon er selbst zur Sprache bringt, einige aus der neueren Geschichte anderer wissenschaftlicher Disziplinen, und zwar zunächst einen aus der Medizingeschichte zu stellen, der quasi das Gegenstück des Falles Aristarch darstellt und allein schon geeignet ist, den Kern der Kuhnschen Vorstellungen *ab absurdum* zu führen.

Am 24. März 1882 hielt R. Koch vor der Physiologischen Gesellschaft in Berlin einen die ganze Welt erschütternden Vortrag, in welchem er nachwies, daß die Tuberkulose von einem Bazillus erregt wird.[9] Alle früheren Theorien, auch die von R. Virchow, über die Ursachen nicht nur der Tuberkulose, sondern auch der sonstigen „ansteckenden" Krankheiten waren damit von einer Stunde zur anderen gleichermaßen in der Theorie wie in der Praxis überholt, und die anwesenden Mitglieder der genannten Gesellschaft und wer sonst in den darauffolgenden Tagen die von Koch zur Überprüfung seiner Theorie ausgestellten Präparate durch das Mikroskop studierte, konnten nicht umhin, sich die neuen Erkenntnisse zu eigen zu machen, von wenigen abgesehen, zu denen lange Jahre natürlich auch Virchow gehörte, für den hier ein ganzes von ihm selbst aufgebautes Lehrgebäude zusammenbrach. Wenn es bei Kuhn so etwas gibt wie einen durchgehenden Grundgedanken, dann müßte seine Vorstellung vom 'Paradigmenwechsel' hier doch wohl Geltung haben. 'Paradigmenwechsel' also — im Sinne Kuhns — herbeigeführt von einer irrational allenfalls aus einer Art Krisenbewußtsein heraus handelnden Gruppe, von der sich ebensowenig behaupten ließe, daß sie sich einem von Koch durchgeführten Beweisgang beugte,

[9] Siehe den Wortlaut der Rede bei B. Möllers, Robert Koch. Persönlichkeit und Lebenswerk 1843—1910 (1950), 539 ff.

wie man den damals zunächst abseits bleibenden Gelehrten — immer in der Sicht Kuhns — vorhalten könnte, daß sie im Unrecht waren? Allein schon die Tatsache, daß Kochs Entdeckungen eine totale Wendung in der Bekämpfung der betreffenden Krankheiten und deren Methoden zum Positiven herbeiführten und bald Tausende von Menschen alljährlich gerettet werden konnten, läßt die Unsinnigkeit von Kuhns Grundthese mit aller Klarheit hervortreten. Der Fall Semmelweis, in welchem Virchow übrigens auch eine unrühmliche Rolle spielte, liegt auf gleicher Ebene. Kuhn und seinen begeisterten Anhängern zum Trotz ist an der Feststellung, daß Semmelweis recht und seine Gegner unrecht hatten und die letzteren gut daran taten, nach freilich erst beschämend langem Widerstand den Tatsachen Rechnung zu tragen und Semmelweis' Entdeckungen anzuerkennen, nicht zu rütteln: Gleich Robert Koch war auch Ignaz Semmelweis auf dem richtigen Weg und seine Gegner, denen er — im Gegensatz zu Koch — lange Zeit als völlig Einsamer gegenüberstand, auf dem Holzweg. Natürlich kann auch Kuhn nicht seiner Theorie zuliebe bestreiten, daß die Entdeckungen des Genannten — wie selbstverständlich auch die (späteren) Entdeckungen von Koch — einen Fortschritt der Wissenschaft bedeuteten und daß ihm der Ehrentitel, den ihm die Mütter gaben, mit vollem Recht zukommt. Eine 'Krise' als Ursache des 'Paradigmenwechsels'? Jeder Versuch, nach dieser Richtung zu argumentieren (das Kindbettfieber wütete wohlgemerkt schon im Altertum, siehe etwa die hippokratischen Schriften ›Epidemien‹ I und III!), könnte nur darauf hinauslaufen, daß der ebenso einfache wie klare Tatbestand, den wir oben nur grob skizzierten, verdunkelt wird.[10]

Auch aus den Geisteswissenschaften ließen sich zahlreiche Beispiele dafür beibringen, daß neue Theorien deshalb in kürzerer oder längerer Zeit den Sieg davontrugen, weil sie sich als richtig erwiesen. B. G. Niebuhr hatte es nicht ganz so leicht wie Koch und auch schwerer als Semmelweis, die Mitforscher davon zu

---

[10] Es ist sehr verständlich, daß gerade die moderne Medizin bzw. ihre Wegbereiter bei Männern der von Kuhn und Feyerabend vertretenen Richtung angesichts dessen, daß man hier mit nüchternen Zahlen aufwarten kann, entweder ausgeklammert oder abgewertet werden. Feyerabend spürt in der oben Anm. 2 zitierten Schrift (111 f.) die hier vorhandenen Schwierigkeiten, behebt sie aber natürlich nicht, sondern weicht ihnen auf bezeichnende Art aus: Eine Frage wie die, ob nicht Seuchen erst mit dem Aufstieg der modernen Medizin verschwunden sind, würde „ihren polemischen Zweck" (den ihr Feyerabend nur unterstellt!) nur dann erreichen (die folgenden Kursivsetzungen von Feyerabend), „wenn man annimmt, daß die Resultate der Wissenschaft, *die jedermann gerne zugeben wird,* ohne Beimischung nicht-wissenschaftlicher Elemente *entstanden sind* und durch eine solche Beimischung auch *nicht verbessert werden können* ...". Aber diese und andere in dieselbe Richtung gehende Voraussetzungen, die den betreffenden Fragen „ihre polemische Kraft verleihen", halten nach Feyerabend „einer genaueren Untersuchung" in keinem Falle stand. Mit dieser Antwort werden sich auch unkritische Leser nicht zufriedengeben!

überzeugen, daß die annalistische Überlieferung zur älteren römischen Geschichte großenteils wertlos war, aber seiner neuen, von ihm selbst und seinen Schülern gut begründeten Auffassung war es möglich, sich gegenüber einer — mit Niebuhrs neuer Theorie selbstverständlich an und für sich vergleichbaren (Kuhns Gedanke von der Inkommensurabilität alter und neuer Theorien bleibt mir ein Rätsel) — hinsichtlich quellenmäßiger Begründung nun auf verlorenem Posten stehenden traditionsgläubigen Auffassung in verhältnismäßig auch kurzer Zeit durchzusetzen. Hatten ferner diejenigen nach wie vor „nicht unrecht", die sich den auf die 'Konstantinische Schenkung' Bezug habenden kritischen Überlegungen des Laurentius Valla verschlossen und dabei verharrten, daß das genannte Dokument als Urkunde echt war, und bestand (ich denke hier noch einmal an die Behandlung des Aristarch durch Kuhn) für die Gelehrten um 1000 n. Chr. wirklich kein Grund, die — uns leider ebensowenig wie im Fall Aristarch bekannten — Argumente ernst zu nehmen, mit denen schon damals ein Mann der nächsten Umgebung Ottos III., wenn nicht der Kaiser selbst, die Echtheit besagten Schriftstücks erstmals in Zweifel zog[11]? Zur Ehre Kuhns sei gesagt, daß es ihm, wie ja schon Stegmüller erkannte, ebensowenig wie etwa seinen in die gleiche Richtung gehenden früheren Fachkollegen A. S. Eddington und G. Eder (vgl. Bd. 1, 28 Anm. 30) gelingt, mit seiner relativistischen Anschauung selbst durchzuhalten. Offensichtlich ist sich Kuhn mit uns darin völlig einig, daß Herschel mit seiner zeitweiligen Annahme, daß der von ihm entdeckte Uranus ein Komet sei, im Unrecht war und Lexell mit seiner aufgrund genauer Bahnberechnungen aufgestellten These, es handle sich um einen Planeten, im Recht (a. O. 156f.). Und natürlich war Uranus auch für Kuhn wie für jeden anderen Urteilsfähigen schon in den Zeiten vor Herschel und Lexell weder ein Fixstern noch ein Komet, sondern eben ein Planet unseres Sonnensystems, nur daß man ihn — mangels technischer Hilfsmittel — noch nicht als solchen ausmachen konnte. *Notabene* zögerte auch Herschel nicht, Lexells Korrektur seiner Entdeckung sofort anzuerkennen, weil er ein *vernünftiger* Mann war. Besagte Anerkennung kann also ebensowenig wie etwa diejenige der Erkenntnisse Kochs seitens seiner Fachkollegen als ein „Akt mystischer Bekehrung" betrachtet werden, wie I. Lakatos in seiner Auseinandersetzung mit Kuhn dessen 'Paradigmenwechsel' nicht ganz zu Unrecht bezeichnet.[12]

Was von Kuhns Aufstellungen akzeptabel erscheint, sind zwei freilich nicht neue Tatbestände: 1. Kuhn hat recht, wenn er die heute in mehreren Spielarten

---

[11] Vgl. dazu D. Maffei, La donazione di Costatino nei giuristi medievali (1964), 17ff.; H. Fuhrmann, Das Constitutum Constantini (Fontes Iuris Germanici Antiqui X, 1968), 11.

[12] I. Lakatos, Falsifikation und Methodologie wissenschaftlicher Forschungsprogramme, in: I. Lakatos/A. Musgrave (Hrsg.), Kritik und Erkenntnisfortschritt, 91.

sehr verbreitete (vgl. oben Bd. 1, 95f. und 115f. zu A. Rüstow, B. Rensch u. a.) Auffassung vom wissenschaftlichen Fortschritt durch kontinuierliche „Wissensakkumulation" ablehnt (daß er daraus den Schluß zieht: also gibt es überhaupt keinen Fortschritt in der Wissenschaft, steht auf einem anderen Blatt). 2. Natürlich ist es richtig (vgl. oben Bd. 1, 35 ff.), daß 'Irrationales', wo es um die Zurückweisung oder auch Ignorierung neuer wissenschaftlicher Aufstellungen geht, eine nicht zu unterschätzende Rolle spielt und in den verschiedensten Varianten — als Traditionsgebundenheit, Borniertheit, weltanschauliche Voreingenommenheit (man denke an den Widerstand gegen Ch. Darwin und J. Wellhausen!), Überheblichkeit (Virchow!) oder auch einfach als Unlust, sich mit dem Neuen zu befassen — vor allem in den Fällen zum Tragen kommt, wo Schritte einzelner, die neue Wege einschlagen und neue Thesen vertreten, von den in den betreffenden Fachkreisen herrschenden Meinungen in wesentlichen Punkten weit abführen. Die Bedeutung des rein Emotionellen auch in den Wissenschaften läßt sich vor allem daran ermessen, daß es viele tatsächlich vorziehen, eine neue Hypothese oder Theorie mit Stillschweigen zu übergehen oder in bewußter Verzerrung der Lächerlichkeit preiszugeben, als daß sie aus der Unmöglichkeit, auf der Basis ernsthafter Argumente eine Gegenposition aufzubauen, die Konsequenzen ziehen und ihre eigene alte Auffassung zugunsten einer von einem anderen neu entwickelten Meinung aufgeben. Hier also steckt, von der Ablehnung der Vorstellung von der „Wissensakkumulation" abgesehen, der richtige Kern von Kuhns Bild von den wissenschaftlichen Revolutionen. Was der Genannte dann daraus macht, ist (wir lassen die durchgehende Verwechslung von Wort und Begriff hier beiseite) zu sehr bestimmt von den modernen, um nicht zu sagen modischen Vorstellungen von der bloß relativen Gültigkeit wissenschaftlicher Aussagen und der Gesellschaft oder Gruppe als letzter Instanz *auch* in wissenschaftlichen Fragen, als daß es Gegenstand wirklicher Diskussionen sein könnte. Wenn gleichwohl eine Diskussion von geradezu einmaligen Ausmaßen über Kuhns schmales Bändchen in Gang kam, so liegt die Hauptursache wohl einfach darin, daß Kuhns Überlegungen einem heutigen Trend entsprechen und daß viele von denen, die sich seit dem Erscheinen des Buches gedrängt fühlen, in Seminaren, Proseminaren, Dissertantenkolloquien, Privatissima, Diskussionszirkeln usw. über Kuhn zu reden, ihm innerlich selbst nahestehen, was ja schon von seinen engeren Diskussionspartnern und Kritikern — I. Lakatos, P. Feyerabend, K. Stegmüller, K. Popper und wer sonst hier zu nennen wäre — Geltung hat. Von befreundeter Seite wurde gesprächsweise eine weitere, wohl auch nicht ganz verfehlte Überlegung ins Spiel gebracht: Nicht wenige von den sehr zahlreichen Menschen, die im Zuge des heutigen Bildungsbetriebs im Bereich der Philosophie und der Wissenschaften tätig sind, mögen es vielleicht begrüßen, daß ihnen Richtungen wie die von Kuhn und etwa C. Lévi-Strauss vertretenen neue weite Betätigungsfelder, auf denen es für Diskutierfreudige schlechthin keine Grenzen gibt, erschließen.[13] Daß übrigens Kuhn genau auf der Linie derer liegt, die heute in aller Welt die 'Bildungspolitik' bestimmen, tritt nirgends deutlicher hervor als in dem Abschnitt des ›Postskript 1969‹ (vgl. oben Anm. 5), wo Kuhn versucht, die Merkmale von 'Wissen' im Sinne von Erkenntnis ("knowledge") zu umreißen (a. O. 305f., Kursivsatz im folgenden Zitat von mir): Es soll sich bei 'Wissen' zunächst um etwas handeln, was — es beginnt harmlos — „*durch Erziehung* vermittelt" wurde, sodann um etwas, was sich „durch Versuch als effektiver herausgestellt (hat) als seine historischen Konkurrenten *in der gegenwärtigen Umwelt einer Gruppe*", und schließlich ginge es um das, was „der Veränderung durch *weitere Erziehung und durch die Entdeckung von Unangepaßtheit an die Umwelt* unterworfen (ist)". Unschwer ist übrigens zu erkennen, daß Kuhn in Punkt 2 und 3 des zitierten Passus 'Wissen' und 'Paradigmenwechsel' praktisch identifiziert und damit auch 'Wissen' von 'normaler Wissenschaft' trennt.

Ein heute sehr bekannter ehemaliger Regimekritiker der DDR, Reiner Kunze,

---

[13] Der Tendenz, etwa strukturalistische Reflexionen zur Basis für Diskussionen zu machen, die sich ihrem Wesen nach beliebig ausdehnen lassen, unbedingt vorzuziehen ist ein Weg, den W. Stegmüller im 2. Bd. seiner ›Hauptströmungen der Gegenwartsphilosophie‹ einschlägt, wenngleich einem auch hier nicht ganz wohl sein kann: In einem langen Abschnitt (a.O. 255ff.) bietet Stegmüller eine Art populärwissenschaftlicher Einführung in den heutigen Stand der Astronomie, die gewiß als solche ausgezeichnet ist, aber in einem Werk über moderne Philosophie und ihre Hauptströmungen natürlich doch nur dann einen Platz für sich beanspruchen kann, wenn man die Astronomie ganz einfach zur Philosophie rechnet. Stegmüller spürt wohl selbst diese Schwäche seiner Position und gibt ihr a.O. 301 eine Begründung, die nur geeignet ist, den nachdenklich gewordenen Leser noch nachdenklicher zu stimmen: Bei Gelegenheit der Erörterung der Frage, wie sich die Spiralnebel bildeten, bringt Stegmüller folgende Gedanken zu Papier: „Vielleicht ist man heute noch bereit, dem Philosophen das Recht zuzugestehen, seine spekulative Philosophie etwas weiter schweifen zu lassen als die Fachleute dies für verantwortlich halten." Es folgt dann eine „Vermutung" über die Natur der Quasare, die sich als solche natürlich auch auf gewisse Beobachtungen und Überlegungen der Astronomen stützt (angefangen bei den Beobachtungen, die zur Entdeckung der Quasare führten, bis zur Beobachtung der bei ihnen auftretenden extrem starken Rotverschiebung) und von den letzteren ebenso wie von Stegmüller geäußert werden könnten. Auch die Astronomen haben das Recht, ja die Pflicht, sich die Möglichkeiten einer Erklärung gewisser Erscheinungen schon dann durch den Kopf gehen zu lassen, wenn sie noch nicht so weit sind, eine gut begründete Hypothese zugunsten der einen oder anderen an und für sich gegebenen Möglichkeit aufzustellen. Sicher wollte Stegmüller mit der zitierten Bemerkung nicht sagen, daß es den Philosophen im Gegensatz zum Wissenschaftler, in unserem Fall im Gegensatz zum Astronomen, ausmacht, daß er das Recht hat, ohne irgendeinen Anhaltspunkt, also auch ohne jeden Anspruch, damit ernst genommen zu werden, ins Blaue hinein zu spekulieren. Er selbst tut das ja auch nicht.

der schon deshalb unsere große Bewunderung und Hochachtung verdient, weil er es sich zum besonderen Anliegen macht, die Kollektivierung des einzelnen zu bekämpfen, zitiert in seinem 1976 erschienenen Bändchen ›Die wunderbaren Jahre‹ (53f.) ein „Flugblatt Nr. 1", in welchem K. Tucholsky einem gegen Hitlerdeutschland gerichteten Wunsch in Form einer Prophezeiung Ausdruck gab, der leider bis heute ein bloßer Wunsch geblieben ist:

> Und wenn alles vorbei ist — ; wenn sich das alles totgelaufen hat: ... die Wonne, in Massen aufzutreten ... und in Gruppen Fahnen zu schwenken ... Dann wird einer kommen, der wird eine geradezu donnernde Entdeckung machen: er wird den Einzelmenschen entdecken. Er wird sagen: es gibt einen Organismus, Mensch geheißen, auf den kommt es an. ... Gruppen sind etwas Sekundäres ...

Die Aktualität dieser Sätze kann wohl nicht bestritten werden, und auch nicht, daß es beinahe etwas Unheimliches an sich hat, daß Männer wie Feyerabend und Kuhn und viele andere, die vermutlich für Tucholsky mehr übrig haben als für das Dritte Reich, sich Tucholskys zitierte Worte in ihr Stammbuch schreiben lassen müssen ...[14]

Gemein mit vielen anderen Denkern haben übrigens die behandelten Autoren auch die Abneigung gegen das 'Vulgärvokabular', wie es Kuhn einmal nennt, womit seine Vorliebe dafür zusammenhängt, ältere Ausdrücke in neuer extravaganter Bedeutung zu verwenden, wofür hier — als ein weiteres Beispiel — noch die 'disziplinäre Matrix' genannt sei, worunter Kuhn im ›Postskript 1969‹ anscheinend wohl einigermaßen dasselbe wie unter 'Paradigma' versteht (welchen Ausdruck er bekanntlich von Wittgenstein übernahm wie den Ausdruck 'normaler Wissenschaftler' von K. Popper). Sein 'Paradigma' hat übrigens Schule gemacht, womit sich natürlich auch die Zahl der Bedeutungen, in denen der Ausdruck verwendet wird, weiter erhöhte.[15] Also ein uns wohlbekannter Sachverhalt! An einschlägige frühere Ausführungen (siehe bes. Bd. 1, 33ff.) anknüpfend, darf hier noch erwähnt werden, daß sich entsprechende Sachverhalte bzw. Tendenzen in der Geschichte weit zurückverfolgen lassen. Man lese nur etwa die diesbezüglichen Klagen des Seneca im 114. Brief an Lucilius (10ff.), die direkt auf Kuhn und seine Nachfolger Bezug haben könnten, und überdenke in unserem Zusammenhang die Worte Goethes in einem am

---

[14] Vgl. dazu auch das Zwiegespräch mit einem 16jährigen Mädchen, das R. Kunze a.O. 52 bietet und in welchem es um Herbert und Ludwig Marcuse geht. Als das Mädchen erfährt, daß es zwei Marcuse gibt und das vor ihr liegende Buch, das ihr Interesse erweckt, nicht von Herbert, sondern von Ludwig Marcuse stammt und nicht von Studentenrevolutionen handelt, sondern von „dem, was den Menschen zum Menschen macht", beendet sie das Gespräch enttäuscht mit der Bemerkung: „Ach so. Dann brauch ich's nicht."

[15] Vgl. etwa das oben behandelte Buch von H.-A. Weber, Herodots Verständnis von Historie. Untersuchungen zur Methodologie und Argumentationsweise Herodots (1976).

22. August 1806 an W. von Humboldt geschriebenen Brief, wo er von den „Formeln" spricht, die „alle durcheinander in die Masse der metaphysischen Sprache eingeknetet (werden)", wobei man, wie es Goethe sodann — vielleicht an Faust I 1994ff. zurückdenkend — eindringlich formuliert, „einen Schall an die Stelle der Sache setzt" und dann „diesen Schall wieder oft als Sache behandelt ...". Auch die „sehr üble(n) Folgen" sah Goethe schon für seine Zeit heraufkommen.[16] —

In Sachen 'Diffusionstheorie' ist seit dem Erscheinen der Abhandlung oben Bd. 1, 182ff. ein Werk publiziert worden, das wir hier nicht übergehen können. Sein Verfasser, N. *Davies,* wandte sich erst spät dem Studium der Amerikanistik in Mexiko City zu und wurde vor einigen Jahren mit einem Buch über die Azteken zu einem Bestseller-Autor. Auch seinem neuesten, uns hier interessierenden Buch ›Bevor Columbus kam. Ursprung, Wege und Entwicklung der altamerikanischen Kulturen‹, deutsch von S. Kull (1976), war ein großer Erfolg beschieden.

Als Schüler des kompromißlosen Diffusionisten P. Kirchhoff vollzog Davies nach Abschluß seines Studiums eine radikale Wendung und widmete nun einen großen Teil seines neuen Werkes dem Versuch zu zeigen, daß die von den Diffusionisten für eine Herkunft der präkolumbischen Kulturen aus anderen Kontinenten beigebrachten Argumente einer Überprüfung durchwegs nicht standhalten, wobei auch der verbreitete Topos zur Sprache kommt, daß die amerikanischen Kulturen plötzlich dagewesen seien (und folglich nicht in Amerika selbst entstanden sein könnten).[17] So sehr wir in diesen Partien mit Davies

---

[16] Goethe, Briefe, hrsg. von K. R. Mandelkow IV (1967), 487ff. Vgl. auch die unten zitierte Stelle aus dem auch an W. von Humboldt gerichteten letzten von Goethe geschriebenen Brief. — Zur heutigen Situation vgl. jetzt auch die kritischen Bemerkungen von A. Heuß gegen den modernen 'Soziologenjargon', mit dem man — hinsichtlich Diktion und Vokabular — die Sprache der Wissenschaftstheoretiker, die uns oben beschäftigten, allerdings nicht ohne weiteres vergleichen kann: A. Heuß, „Ideologiekritik" (1975), bes. 119f. Beachtung verdient hier — im nachhinein — auch die scharfe Kritik, die E. H. Gombrich (Die Geschichte der Kunst, 1959, 26) an Fachkollegen übt, die in einem „falschen Pathos" schreiben und sich in einem „anspruchsvollen Tiefsinn" ergehen, wo es sich, so wäre sinngemäß zu ergänzen, im Grunde nur um einen Mißbrauch der Sprache handelt. In Abwandlung eines Ausspruchs von K. Kraus könnte zu alldem, etwas überspitzt, gesagt werden: Keinen Gedanken haben und ihn ausdrücken können — das macht den Wissenschaftler (bei Kraus: den Journalisten, siehe ›Pro domo et mundo‹, 1912, 3. Teil, 7. Aphorismus). Ein anderer gescheiter Mensch unserer Zeit, R. Schneider, sagt es so: „Wörter machen Leute".

[17] Besagter Topos ist auch heute noch, und zwar nicht nur in den Schriften des ebenso wie E. von Däniken von einer sozusagen demokratischen Mehrheit bejubelten Seefahrers Thor Heyerdahl, sondern auch in Schriften zünftiger Amerikanisten anzutreffen. Beispiele: W. Krickeberg, Altmexikanische Kulturen (1975), 575; D. Eisleb, Altperuanische Kul-

konform gehen, so wenig können wir ihm nun freilich in den knappen Ausführungen (a. O. 374 ff. und 377 ff.) folgen, in denen er seine eigene Ansicht in der Frage, wie die Gemeinsamkeiten in den Kulturen diesseits und jenseits der Ozeane zu erklären sind, zu Papier bringt. Indem er alle verwandten Erscheinungen in der Entwicklung der Kulturen auf den beiden Hälften des Erdballes vom puren Zufall ableitet, um dann freilich noch einige Vorstellungen der Tiefenpsychologie und der — letzterer nahestehenden — Strukturanalyse in der Prägung von C. Lévi-Strauss einzuflechten (gemeinsames „Erbe der menschlichen Seele, das auf die Träume einer unergründlichen Vergangenheit zurückzuführen ist ..."; 380), läßt er in eindringlicher Weise erkennen, daß er den Schritt zur vergleichend ausgerichteten Historie, auf den hier nicht verzichtet werden kann, nicht tat und sich anstatt dessen in einen Mystizismus zurückzog, der von Wissenschaft, wie Davies sie selbst versteht, weit entfernt ist. Nicht überraschen kann bei dieser Sachlage, daß in manchen Partien gerade dieses besonders wichtigen letzten Abschnitts eine gewisse den Schlußfolgerungen natürlich abträgliche Beschränktheit im Bereich des reinen Faktenwissens, soweit es sich um Gebiete außerhalb der Amerikanistik handelt, schwer zu übersehen ist.[18]

turen, Veröffentlichungen des Museums für Völkerkunde Berlin, N. F. 31 (1975), 6; I. Bolz, Sammlung Ludwig. Altamerika (Ethnologica, N. F. 7, 1975), 22 und 228. Dabei ist heute klar, daß die Hochkulturen in Süd- und Mittelamerika Vorstufen haben, die weit zurückreichen, im Falle der Valdiviakultur im Küstengebiet von Ecuador nach den neuesten Forschungen wohl bis ins späte 4. vorchristliche Jahrtausend. Wenn I. Bolz (a.O. 22) mit Bezug auf die Kultur der Olmeken schreibt: „Es gibt hier keine Vorstufen und allzu oft wird dann die Ausrede gebraucht, man habe sicher vorher in Holz gearbeitet ...", so ist demgegenüber festzustellen: Daß die olmekische Architektur in Stein wie etwa auch die der Mayas an ältere Holzarchitektur anschließt, ist eine Tatsache. Siehe etwa das steinerne Blockhaus im Freilichtmuseum von Villahermosa (eine Abb. ist mir nicht bekannt) und etwa noch bestimmte — einer viel späteren Zeit angehörenden — Architekturteile der „Pyramide des Zauberers" in Uxmal, welche, ebenso wie beispielsweise die Steingatter im Tempelbezirk des Djoser in Sakkara und die Steinzäune von Barhut und Sanchi in Indien, die hölzernen Vorstufen der Steinarchitektur noch ganz deutlich erkennen lassen. — Vgl. zum Problem des Topos allgemein unten S. 352 ff.

[18] Siehe bes. a.O. 383 f. über die „heraldische Frau". Mangelnde Beziehung zu allgemeinen historischen Problemen und — davon nicht zu trennen — fehlende Vertrautheit mit den rein faktischen Gegebenheiten außerhalb der Amerikanistik treten auch in dem etwas früher erschienenen Buch über die Azteken stark hervor. So verlockt Davies (Die Azteken, deutsch von S. Skull, 1976) der Umstand, daß die Azteken Hungersnöte und sonstige Katastrophen auf den Zorn der Götter zurückführten, zu der Feststellung, daß in dem genannten Volk ein besonders starker „Aberglauben" herrschte, als wäre das nicht eine ganz allgemeine, im alten Rom ebenso anzutreffende Erscheinung, und die bekannte Novelle von der Frau des Königs Netzahualpilli, die sich jede Nacht einen neuen Liebhaber nahm, den sie hernach tötete und von dem sie dann eine Statue aufstellen ließ, wird von

Wer übrigens die Entwicklung verfolgte, welche die Amerikanistik in der jüngsten Zeit nahm, kann schwer übersehen, daß der Diffusionismus im Begriff steht, eines der letzten Rückzugsgebiete, das ihm die genannte Wissenschaft im präkolumbischen Amerika bisher gewährte, aufgeben zu müssen: Immer deutlicher zeigt sich, daß auch innerhalb des altamerikanischen Raumes die wesentlichen Schritte zunächst zum Ackerbau und zur Domestikation bestimmter Tiere, dann zur hohen Kultur nicht nur an einer, sondern an zwei Stellen, in Mesoamerika und in den pazifischen Gebieten von Peru und Ecuador, mehr oder weniger unabhängig voneinander getan wurden[19].

Der Aufsatz über den Diffusionismus nahm seinen Ausgang von einer Betrachtung Herodots, dem sich das Problem bei einem Vergleich gewisser kultischer Einrichtungen in Ägypten und in der griechischen Welt erstmals stellte. Eine neue große Aktualität erhielt das Problem in der frühen Neuzeit, wobei es freilich weniger die neu entdeckten präkolumbischen Kulturen Amerikas waren, die zu Überlegungen Anlaß gaben, die den einst von Herodot angestellten im

Davies (a.O. 228 ff.) mit größter Selbstverständlichkeit als historischer Bericht angesehen. Davor hätte ihn allein schon eine Beschäftigung mit Herodots ›Geschichten‹ und etwa mit den ›Märchen aus Tausendundeiner Nacht‹ und deren Rahmenerzählung bewahren können.

[19] Wie ich erst nach der Veröffentlichung des Diffusionsaufsatzes oben Bd. 2 a.O. sah, ließ ein namhafter Geograph, C. Troll, in Bd. 105 (1963) der Mitteilungen der Österreichischen Geographischen Gesellschaft (313 ff.) unter dem Titel ›Qanat-Bewässerung in der Alten und Neuen Welt‹ eine Abhandlung erscheinen, in welcher er — im Sinne der Diffusionstheorie — beweisen möchte, daß die im Gebiet etwa von Nazca in Peru und in der Gegend von Puebla im Hochland von Mexiko anzutreffenden unterirdischen Bewässerungskanäle, die in der Art ihrer Anlage — mit Einstiegsschächten in bestimmten Abständen — den Qanaten im Iran und arabischen Raum entsprechen, aus eben dieser Gegend über Nordafrika nach Amerika gelangt seien, und zwar in der Zeit nach der Eroberung des Landes durch die Spanier. Für Troll selbst ist das zunächst nur eine Möglichkeit, nicht mehr. Wie er dann schließlich (a.O. 327) — „als Hauptergebnis der Studie" — zu der „Überzeugung" kommen kann, „daß die Verbreitung der Qanatbewässerung auch in die Neue Welt einen eindeutigen Fall von Kulturübertragung darstellt", ist schwer nachvollziehbar. Das einzige von ihm für dieses sein Endergebnis vorgebrachte Argument, die „Verwendung spanischer Bezeichnungen" für besagte Kanäle (a.O. 325), hat kein Gewicht — gibt es doch etwa in Ägypten genug arabisch bezeichnete Bewässerungsanlagen, von denen wir genau wissen, daß sie in die vorarabische Zeit zurückgehen. Andererseits beweist eine Angabe in der Chronik des Cieza de León (Kap. 75, vgl. zu Ciezas Chronik oben S. 121 ff.), daß die Anlagen in Peru, auf die sie Bezug hat, von ihm, der es wissen mußte, als vorspanisch angesehen wurden. Vgl. dazu die umfassende und tiefdringende Untersuchung von H. Kinzl, Die altindianischen Bewässerungsanlagen in Perú nach der Chronik des Pedro de Cieza de León (1553), in: Mitteilungen der Österreichischen Geographischen Gesellschaft, Bd. 105 (1963), 331 ff.

Prinzip entsprachen, sondern vielmehr die Kultur Ostasiens, von der man Erstaunliches in zunehmendem Maße zu berichten bzw. in Erfahrung zu bringen wußte, angefangen bei Erfindungen, die in China allem Anschein nach viel früher als in Europa gemacht worden waren. Von diesen Dingen war in dem zitierten Aufsatz nicht die Rede, und auch hier können sie natürlich nicht weiter verfolgt werden. Wir wollen jedoch die Gelegenheit noch benützen, in einer nachträglichen Notiz auf den — heute fast vergessenen — florentinischen Kaufmann F. *Carletti* hinzuweisen, der im Anschluß an eine von ihm in den Jahren ab 1591 durchgeführten Weltreise seine Erinnerungen zu Papier brachte und in diesen auch die Frage des Verhältnisses der chinesischen zur abendländischen Kultur unter dem Aspekt eines möglichen Diffusionismus, und zwar im Anschluß an diesbezügliche bereits in Gang befindliche Diskussionen, anschnitt.[20] Carletti zweifelt nicht daran (a. O. 205), daß die Buchdruckkunst wie auch die Herstellung von Geschützen und von Schießpulver in China auf jahrtausendealte in diesem Land gemachte Erfindungen zurückgingen, und plädiert für die offenbar schon in seiner Zeit nicht neue Ansicht, „daß nicht nur diese Dinge, sondern auch jede andere Erfindung ... aus diesem Lande gekommen sein" müsse. Aber dann macht Carletti noch die einschränkende und übrigens von großer historischer Einsicht zeugende Bemerkung, daß man „jedenfalls" behaupten könne, „daß die Chinesen von sich aus große Kenntnisse besitzen. Sie haben sie weder von den Griechen, noch von anderen Nationen gelernt, von denen wir sie übernommen haben, sondern von schöpferischen Menschen im eigenen Lande ..."; eine tatsächlich sehr bemerkenswerte Feststellung, die uns hier deshalb besonders interessieren muß, weil sie eine aufkommende Unsicherheit hinsichtlich der vorausgehenden 'diffusionistischen' Auffassung, welche die griechisch-abendländische Kultur zu einem Ableger der chinesischen stempelt, deutlich spüren läßt: Schöpferische Menschen haben in China von sich aus die Erfindungen gemacht, auf denen die alte ostasiatische Kultur aufgebaut ist — sollte ein entsprechender Sachverhalt nicht vielleicht auch im griechisch-abendländischen Bereich gegeben sein? Bemerkenswert auch dies, daß die Zukunft nicht diesen von Carletti selbst nur zwischen den Zeilen zum Ausdruck gebrachten Gedanken gehörte, sondern jener anderen Auffassung, daß alle Kultur in Ostasien ihren Anfang und Ausgang nahm. Die Entdeckung der altmesopotamischen Kulturen machte zur gegebenen Zeit die *ex oriente lux*-Vorstellung in ihrer erwähnten ursprünglichen Form zwar gegenstandslos und verdrängte sie zugleich durch den „Panbabylonismus", lebt aber immer noch fort in der Idee eines

---

[20] Das nach der 1606 erfolgten Rückkehr des Verf. in seine Heimatstadt Florenz geschriebene Werk erschien 1958 als Neudruck unter dem Titel ›Ragionamenti del mio viaggio intorno al mondo‹, deutsche Übersetzung von E. Bluth: ›Reise um die Welt 1594, Erlebnisse eines Florentiner Kaufmanns‹ (1966). Das folgende Zitat nach dieser Ausgabe.

'Ost-West-Kulturgefälles', die sich von hier aus als Relikt jener Idee von China als der Wiege der menschlichen Kultur ausmachen läßt, wenn sie auch erst in einer Zeit aufkam (*V. Hehn* war einer ihrer ersten Künder in der 2. Hälfte des 19. Jh.), da die chinesische Kultur ihren Rang als vermeintlich älteste Kultur der Welt bereits eingebüßt hatte.

Es versteht sich, daß in einem Aufsatz über den Diffusionismus auch das Problem der Verbreitung von bestimmten Sagen und Sagenmotiven über weite Teile der Erde wenigstens flüchtig zur Sprache kommen mußte. In einem Essay über ›Vergleichende Sagenforschung‹, das in dem von I. Weiler und mir herausgegebenen Sammelband ›Vergleichende Geschichtswissenschaft‹ (Erträge der Forschung Bd. 88, 1978) einen Platz erhielt (a. O. 132 ff.), wird u. a. ein grober Überblick über die einschlägigen Forschungen bzw. Strömungen seit den Brüdern Grimm und Th. Benfey gegeben und in diesem Zusammenhang einmal mehr herausgestellt, daß es natürlich sehr viele Sagen und Sagenmotive gibt, die von einem Land in das andere wanderten, also voneinander, wenn sie da und dort auftreten, effektiv abhängig sind, daß aber in zahlreichen anderen Fällen diese 'diffusionistische' Erklärung des Vorhandenseins gleicher oder ähnlicher Sagen und Sagenmotive an verschiedenen Stellen der Welt einer näheren Überprüfung nicht standhält. Es zeigte bzw. bestätigte sich bei dieser Gelegenheit, daß manche Forscher so einseitig und kompromißlos auf die Diffusionstheorie fixiert sind, daß sich in ihrer Phantasie vage Ähnlichkeiten und Parallelen unversehens in völlige Übereinstimmungen der fraglichen Geschichten verwandeln — eines unter vielen Beispielen dafür, daß der Wunsch als Vater des Gedankens auch in der Wissenschaft eine große Macht ausübt. —

Die Abhandlung über ›Das Problem des Kulturverfalls in universalhistorischer Sicht‹ (Bd. 1, 252 ff.) erfordert einen längeren Rückblick unter zwei verschiedenen Aspekten.

Für den Althistoriker lag es besonders nahe, den Ausgang vom kulturellen Bereich zu nehmen, der für die Propheten des Kulturverfalls von Spengler bis Toynbee immer schon das klassische Feld war. Die Bemühungen zu zeigen, daß es hier so wenig wie irgendwo sonst zu einem Prozeß des Kulturverfalls kam, der sich aus inneren Gründen, also sozusagen gesetzmäßig vollzog und es — im speziellen, die griechisch-römische Welt betreffenden Fall — ganz verfehlt ist, die sog. nachklassische und hellenistische Zeit als fortschreitenden Niedergang abzuwerten, diese Bemühungen rechneten natürlich von vornherein nicht mit einem Erfolg oder auch nur einer Reaktion von seiten derjenigen, die selbst als — emotionell fixierte — Künder der Verfallsidee auftreten. Es war vielmehr mit Sicherheit zu erwarten, daß die Blüte der Verfallsideologie hier wie sonst fortdauerte. Ein ganz neues und besonders typisches Beispiel hierfür stammt aus der Feder des derzeitigen Direktors der Antikensammlung des Kunsthistorischen

Museums in Wien, *W. Oberleitner*.[21] Es bietet eine höchst willkommene Gelegenheit, einige Punkte, die in der oben zitierten Abhandlung entweder ganz unter den Tisch fielen oder doch jedenfalls nicht ihrer Bedeutung entsprechend behandelt wurden, hier noch zur Sprache zu bringen.

Da geht es einmal um das Problem der 'römischen Kopie'. Nach dem Vorgang vieler anderer sieht Oberleitner in dieser letzteren ein besonders sprechendes Zeugnis für die Sterilität auf künstlerischem Gebiet, die in den letzten vorchristlichen Jahrhunderten die griechische Kultur unaufhaltsam und in zunehmendem Maße ergriffen haben soll: Kunst, die beginnt, „das Vergangene — unter welchen Schlagworten auch immer — in die Gegenwart zu zerren, es zu wiederholen und zu imitieren", ist „vom Tode gezeichnet" (a. O. 226). „Jugenderinnerungen eines Greises" (man denkt an Symmachus, Cyprianus und andere spätantike Autoren!), zu denen dann Rom den „Totentanz" gespielt habe. „In Griechenland (Oberleitner meint offenbar die hellenistische Welt, Zusatz des Verf.) geht es mit dem Eigenschöpferischen zu Ende: Lauerwerden des Herzens, Kraftloserwerden des Pulsschlages …!"

Einmal mehr rächt sich in diesen Überlegungen der Verzicht auf universalhistorische Betrachtungsweise. Kopistentätigkeit ist auch außerhalb der griechisch-römischen Welt eine sehr verbreitete Erscheinung, und da ist es nun wesentlich, daß sie uns auch in Gebieten bzw. Zeiten begegnet, wo sich ihre Beurteilung als Ausdruck einer fortschreitenden Vergreisung und eines fortschreitenden Versiegens schöpferischer Kräfte von selbst verbietet. In der Sung-Zeit, um nur ein Beispiel zu bringen, laufen höchste schöpferische Produktion auf dem Gebiete etwa der Malerei und umfangreichste, vor allem an Werken der T'ang-Zeit und der vorhergehenden Jahrhunderte sich orientierende Kopistentätigkeit nebeneinander her, und die letztere hat ihren Grund offensichtlich in der — natürlich auch positiv und keinesfalls als Vergreisungserscheinung zu beurteilenden — Hochschätzung des Kunstschaffens (wie übrigens auch des literarischen Schaffens) einer früheren Zeit, zu dem man ein durchaus nicht selbstverständliches (vgl. die Haltung des Barock zur Gotik!) inneres Verhältnis hat, und dem daraus resultierenden Bedürfnis vieler Menschen, sich Nachbildungen älterer Kunstwerke zu beschaffen, die teilweise eine so starke Kraft der Einfühlung in den früheren Stil erkennen lassen, daß es in manchen Fällen kaum möglich ist, sie als 'bloße' Kopien auszumachen, wenn nicht besondere äußere Anhaltspunkte, die darüber Aufschluß geben, vorhanden sind.[22] Für die Annahme, daß auch die im

---

[21] W. Oberleitner, Religion und Mythos in der griechischen Kunst, in: E. Lessing, Die griechischen Sagen, mit Beiträgen von E. Bornemann, W. Oberleitner, E. Schmalzriedt (1977), 201 ff.

[22] Beispiel: Die berühmte Rolle ›Ermahnungen an die Hofdamen‹ im Britischen Museum in London, die man früher dem Maler K'ai-chih aus der 2. Hälfte des 3. Jh. n. Chr.

griechisch-römischen Raum für kunstbegeisterte Auftraggeber geschaffenen Nachschöpfungen älterer Werke nicht als Zeugen zunehmender Sterilität aufgerufen werden können, spricht allein schon zwingend der Umstand, daß es an Neuschöpfungen auf dem Gebiet der bildenden Künste wie auch sonst, die aus diesen angeblich sterilen Zeiten stammen, hier ebensowenig wie im China der Sung- und etwa der Ming-Zeit fehlt — man begegnet ihnen in vielen europäischen und amerikanischen Museen, nicht zu vergessen die von Oberleitner selbst betreute Wiener Sammlung. Der genannte Gelehrte möchte nun freilich nicht nur in den sog. römischen Kopien, sondern auch in den sonstigen Werken der bildenden Kunst ab etwa der Mitte des 4. Jh. v. Chr. Verfall sehen, wobei er sich von der bekannten, schon etwa bei J. Burckhardt greifbaren, Vorstellung leiten läßt, daß jede wirkliche Kunst wie allgemein jede wirkliche Kultur 'sakral' ist und mit dem Eintritt in den Bereich des 'Profanen' ihren Charakter als Kunst bzw. allgemein Kultur im Grunde schon preisgibt. Nur von hier aus sind die geradezu gehässigen Bemerkungen zu verstehen, mit denen er, bei aller Anerkennung ihrer rein technischen Qualität (man spürt den Einfluß Spenglers!), die hellenistischen Bildwerke, angefangen bei den, was Oberleitner besonders anstößig und alarmierend findet, halb nackten oder ganz nackten Aphroditestatuen aus der damaligen Zeit, abwertet. Nur von hier aus sind auch die Urteile über die ionischen Naturphilosophen, welche dazu übergehen, „Mythisches, Wunderbares physikalisch zu erklären" und die Aufklärung des 5.Jh., die den „sterbenden Göttern" das Grab schaufelte (a.O. 215), zu begreifen; freilich zögert Oberleitner, daraus die Konsequenz zu ziehen, daß der Verfall der griechischen Kultur schon im 6.Jh. v.Chr. seinen Anfang nahm und im 5.Jh. bereits im vollen Gang war. Entscheidend fällt gegen Oberleitner und die anderen, welche die Dinge ebenso sehen, ins Gewicht, daß jeder Versuch, von der Unterscheidung 'sakral — profan' her ein Kriterium für hier blühende, dort verblühende oder schon verblühte Kultur zu gewinnen, buchstäblich bereits in seinen Anfängen scheitern muß: Ist frühe Keramik etwa des chinesischen Neolithikums des 3. vorchristlichen Jahrtausends mit ihren außerordentlich feinen Ornamenten nur dann echte Kunst, wenn sie als 'sakral' angesprochen werden kann? Darf die schwarz- und rotfigurige Vasenmalerei der Griechen nur insoweit als

zuschrieb, während man sie heute fast allgemein für eine allerdings hervorragende Kopie, die Jahrhunderte später entstand, hält. Vgl. die Abbildungen etwa in: British Museum London (1969), 88 ff. (Verf.: ein italienisches Autorenkollektiv) oder bei J. Cahill, Chinesische Malerei, deutsch von K. G. Hemmerich (1960), 14. Siehe auch a.O. 27: Kopie eines Werkes des gleichen Meisters — ›Die Nymphe des Flusses Lo‹ — aus dem 12. oder 13.Jh. in der Freer Gallery of Art in Washington. Weitere der Sung-Zeit angehörende Kopien des Meisters Chang Hsüan (8.Jh.) a.O. 20f. Daß auch in den folgenden Jahrhunderten die Kopistentätigkeit neben dem schöpferischen eigenen Schaffen in der chinesischen und japanischen Kunst eine große Rolle spielte, kann hier nicht weiter verfolgt werden.

echte Kunst angesprochen werden, als sie auf Götter und allenfalls noch Heroen Bezug hat? Wie wollen wir es unter diesen Gesichtspunkten mit Archilochos und Tyrtaios halten? Die chinesische Landschaftsmalerei hat keinerlei 'sakrale' Bezüge und sollte trotzdem nicht verachtet werden, nur weil sie nicht in ein Klischee paßt, das vor langen Zeiten irgendein wohl mehr religiöser und gegen alles Weltliche und 'Unanständige' empfindlicher als mit geschichtlichen Fragen vertrauter Mensch aufbrachte und das dann — allen ihm entgegenstehenden Fakten zum Trotz — unzählige Male nachgesprochen wurde und seine Lebenskraft, wie nicht nur die hier kritisch behandelte Schrift von 1976 beweist, noch heute in keiner Weise verloren hat. —

Es war unser wichtigstes Anliegen in der Studie ›Das Problem des Kulturverfalls in universalhistorischer Sicht‹, darzutun, daß eine Verfallsideologie, wie sie jetzt in geradezu exemplarischer und zugleich komprimierter Weise von W. Oberleitner einem weiteren Leserpublikum vorgetragen wird, nüchterner Überprüfung nicht standhält. Ein davon nicht zu trennendes Problem kam, mit besonderem Bezug auf die heutige europäisch-westliche Kultur, nur kurz zur Sprache. So falsch es wäre, von einer mißverstandenen griechich-römischen Antike ausgehend den 'Untergang des Abendlandes' als ein unabänderliches Schicksal zu prophezeien, so falsch wäre es andererseits, die Augen davor zu verschließen, daß es in unserer heutigen Kultur (und natürlich nicht in ihr allein!) Faktoren gibt, die große Gefahren für ihren Fortgang, ja Fortbestand involvieren und sich sozusagen jeden Tag von neuem als Widerpart der nach wie vor allenthalben noch vorhandenen schöpferischen Kräfte erweisen. Dieser Sachverhalt ist heute noch viel evidenter als zu der Zeit, da die genannte Studie erstmals konzipiert wurde.

Die oben besprochenen, vor allem bei P. K. Feyerabend und Th. S. Kuhn greifbaren Tendenzen, die Wissenschaften in dem Sinne zu kollektivieren, daß die Existenzberechtigung ihrer Aufstellungen allein noch von der Zustimmung bestimmter Gruppen der Gesellschaft abhängig sein soll — diese Tendenzen, die *E. von Däniken* zum ungekrönten König aller Wissenschaften machen, haben ihr Pendant auch auf anderen Gebieten des heutigen Kulturlebens. Da stehen wir einmal vor der Situation, daß etwa, um ein signifikantes Beispiel zu bringen, die für das Kulturleben der Stadt Frankfurt Verantwortlichen dazu übergingen, die Frage, welche Theaterstücke auf den dortigen Bühnen zur Aufführung gelangen sollen, zur Aufweichung von „verkrusteten Strukturen der Präsentation", wie es der Kulturdezernent Hoffmann zeitgemäß ausdrückte, von Mehrheitsbeschlüssen der Belegschaften abhängig zu machen, und die weitere Frage, ob die Beschriftung von Kunstgegenständen im Historischen Museum marxistische Akzente haben soll oder nicht, in entsprechender Weise, also auch durch Mehrheitsbeschlüsse, zu entscheiden. Eine zweite moderne Erscheinung, die letztlich auf derselben Linie liegt, ist uns hier wichtiger: Unter

Kampfrufen wie „Wer will, der kann auch", „Jeder Mensch ist ein Künstler", „Malerei ist Lernen" (will heißen: *nur* Lernen!), „Musik ist Üben" (will heißen: *nur* Üben!) werden in immer größerer Zahl in den Bereichen der bildenden Kunst, der Musik, der Literatur usf. Aktionen gestartet, die in einem seichten Behaviorismus ihre gemeinsame Wurzel haben und das Ziel verfolgen, ein 'elitäres' Denken hier wie in der Wissenschaft auszurotten und jedem — unter dem falsch verstandenen Motto 'Chancengleichheit' — die Möglichkeit zu geben, das zu werden, was früher immer nur wenige dazu 'Berufene' werden konnten, letztlich also an die Stelle des einzelnen auch hier die Gruppe zu setzen. Ob einer Künstler oder Musiker oder Dichter wird oder Handwerker oder Arzt, soll allein davon abhängen, in welcher Umwelt und Gemeinschaft er aufwächst und welche Bildung ihm seitens der Gesellschaft zuteil wird. Von diesen Dingen war in der zitierten Abhandlung bereits kurz die Rede. Hier ist noch zu konstatieren, daß die offenkundige Diskrepanz zwischen der Theorie und dem, was dabei praktisch herauskommt, den auf diesem Gebiet Aktiven nicht etwa die Augen öffnet, daß sie mit falschen Voraussetzungen arbeiten und daher auf dem falschen Weg sind, sondern sie vielmehr veranlaßt, so etwas wie eine 'Umwertung aller Werte' vorzunehmen: Frei nach einem dem Reichsmarschall des Dritten Reiches, H. Göring, zugeschriebenen Wort („Wer Jude ist, bestimme ich") könnte man es so formulieren: Was Kunst, Musik usw. ist, bestimmt das Kollektiv der 'Kulturschaffenden' selbst (und die hinter ihnen stehenden Massenmedien!). Man kann es aber auch anders ausdrücken: Was wir, die 'Kulturschaffenden' als von der Gesellschaft oder ihren Repräsentanten dazu Erkorene hervorbringen, ist *ipso facto* Kultur, ob es sich nun, im Falle der bildenden Kunst, um ein Porträt handelt, das diesen Namen wirklich verdient, oder um eine gewöhnliche Pissoirmuschel, um eines der Objekte also, mit denen A. Duchamp schon vor über einem halben Jahrhundert seine 'Antikunst' demonstrierte, und die dann von den Späteren, nicht ohne daß sie dafür den beißenden Spott ihres großen Vorbildes ernteten, zusammen mit ihren eigenen 'Objekten' die Etikette 'Kunst' erhielten. Nur die Kehrseite dieser Umwertung aller Werte bzw. die Konsequenz daraus ist die Vorstellung, daß die Zahl der hier Aktiven — gleich der Zahl der zur Kunst erklärten, in einer Reihe aufgestellten Bierdosen und Colaflaschen — beliebig vermehrt werden kann und natürlich auch vermehrt werden soll, weil schließlich ein Kulturstaat nicht darauf verzichten darf, das kulturelle Leben auf jede nur mögliche Weise zu fördern. Die Folgen sind offenkundig: Ein Heer von Popkünstlern, Objektkünstlern, Bruitisten, Aktionisten, Konstruktivisten, Minimalisten, Psychodelisten, Verpackungskünstlern, Rockartisten, Neo-Dadaisten in Kunst und Literatur, Pornofilmemachern, Spurensicherern, Generalisten usw. bestimmt heute weitgehend die 'Kulturszene' in den westlichen Demokratien (nicht auch in den 'Volksdemokratien'!), ohne daß man behaupten könnte, daß die quantitative Explosion in einem ebenso grandiosen kulturellen Aufschwung unter dem Gesichtspunkt des inneren Gehaltes ihre erwartete Entsprechung gefunden hätte.

Nur von dem oben Ausgeführten her ist auch eine andere höchst bedenkliche, den früheren Kulturepochen noch fremde Erscheinung verständlich, ich meine die immer mehr sich verstärkende Animosität gegen das Wirken der Männer, die aufgrund ihrer schöpferischen Leistungen als Große in die Geschichte der Kunst, der Literatur und der Musik eingingen und in denen die besagten modernen 'Kulturschaffenden' — mit vollem Recht! — ihre Widersacher, ja Todfeinde sehen, weil sie ihnen jeden Tag von neuem die Grenzen ihrer eigenen Möglichkeiten vor Augen führen. Sie äußert sich bekanntlich darin, daß Porträtwerke von Leonardo da Vinci, Dürer, Tizian und Velazquez mit Kritzeleien versehen oder ins Monströse abgewandelt, Musikstücke etwa der Romantik als 'gehobene Unterhaltungsmusik', wenn nicht gar als 'kommerzielle Gebrauchsmusik' bespöttelt, Kompositionen wie Beethovens ›Hymnus an die Freude‹ in Schlager umfunktioniert, Musikweisen von Schubert zu 'Kennmelodien' irgendwelcher Rundfunksendungen und Wagneropern von Regisseuren, denen kein Verantwortlicher in den Arm fällt, zu symbolträchtigen Politstücken 'verfremdet' werden. Und natürlich wendet sich besagte offene oder versteckte Feindschaft auch gegen alle diejenigen, die nicht bereit sind, von der solcherart behandelten Kunst und Musik vergangener Zeiten zu lassen, denen also das ›Klavierkonzert in Es-Dur‹ von Beethoven immer noch mehr bedeutet als die Geräusche, die von Bruitisten mit Blechlöffeln auf Bratpfannen erzeugt werden, die sich ferner immer noch stärker zu Erwin von Steinbachs Straßburger Münster hingezogen fühlen als zu den modernen Gasometern und Fabrikgebäuden, die man im neuesten Band der ›Propyläen Kunstgeschichte‹ (hrsg. von dem Kunsthistoriker und derzeitigen Bürgermeister von Rom, G. C. Argan!) als Werke moderner Baukunst bewundern kann[23], denen die Nike von Samothrake nach

---

[23] Vgl. zu der genannten 1977 erschienenen Publikation die geistreiche (und vernichtende!) Kritik, die ihr der deutsche Kunsthistoriker W. Haftmann, der bekanntlich selbst ein Werk ›Malerei im 20. Jahrhundert‹ (²1962) verfaßte, in der Wochenzeitung ›Die Zeit‹ (Nr. 3 vom 13. Januar 1978, 33) unter dem sehr treffenden Titel „Gruppenbild ohne Genie", der zu den obigen Ausführungen, angefangen bei denen über Feyerabend und Kuhn, auch gar nicht so schlecht passen würde, widmete. Haftmann zählt in dieser Besprechung eine ganze Reihe von ernst zu nehmenden modernen Künstlern auf, die in dem von Argan herausgegebenen Werk entweder überhaupt keine Erwähnung finden (Beispiel: K. Hofer, der bezeichnenderweise auch im Dritten Reich zur Unperson erklärt wurde!) oder jedenfalls in ihren „selbständigen und prägenden Leistungen" nicht gewürdigt werden (Beispiele: van Gogh, Beckmann, Picasso!). Haftmann nimmt unter dem gleichen Gesichtspunkt auch die unter höchstem Ehrenschutz 1977 in Berlin veranstaltete Ausstellung ›Tendenzen der Zwanziger Jahre‹ (der umfangreiche Katalog jetzt in 3. Aufl.) aufs Korn und stellt u. a. heraus, daß P. Klee im „Gruppenstil des Konstruktivis-

wie vor wertvoller erscheint als die Blechkarikatur derselben, die im Rahmen einer groß und kostspielig aufgezogenen 'Kunst'-Veranstaltung über dem Hauptplatz einer österreichischen Großstadt aufgehängt (und just am Dach einer Kunsthochschule befestigt!) wurde, die schließlich immer noch lieber ihre Blicke auf Michelangelos Pietá in St. Peter richten als auf die widerliche Szene der Abschlachtung eines Tieres durch einen 'Aktionskünstler'. Alle diese *nicht die moderne Kunst generell, wohl aber die erwähnten modernen Richtungen* ablehnenden Menschen müssen es hinnehmen, in den Massenmedien, die natürlich auch hier wissen, was sie der Zeit und der Gesellschaft schuldig sind, als 'normale Kunstkonsumenten' (vgl. die 'normalen Wissenschaftler' bei Kuhn!) sowie als spießige 'Kleinstadtbürger' und, sofern sie zufällig in Kassel wohnhaft sind und mit der dortigen documenta-Ausstellung nicht zurecht kommen, als 'Kassels Ureinwohner', die eigentlich längst ausgestorben sein müßten, eingestuft zu werden. Es gibt der Sache ihren besonderen Reiz, daß die hier aktiven Kräfte unbestreitbar in der Minderheit sind, also die demokratische Mehrheit, die ja gerade in diesen Kreisen (wie bei Feyerabend!) ganz groß geschrieben wird, *nicht* auf ihrer Seite haben.[24]

---

mus" ertränkt und Chagall einfach weggelassen wurde, weil er sich nicht „ins 'Gruppenbild' unserer Kritiker fügen wollte ...". Man sieht: Die Gruppe feiert auch hier, ganz so wie bei Th. S. Kuhn, ihre Triumphe, aber man sieht zugleich, daß es an Männern nicht fehlt, die diese Dinge durchschauen. Vgl. dazu auch Anm. 24.

[24] Die kürzlich von J. Beuys, Kunstprofessor in Düsseldorf und einer der Repräsentanten der hier zur Behandlung stehenden Richtungen der modernen Kunst in der BRD, aufgestellte Behauptung, daß er mit seinen Werken beim Arbeiter Verständnis finde, wird niemand, der die Verhältnisse auch nur oberflächlich kennt, ernst nehmen. Sehr ernst zu nehmen ist freilich die Tatsache, daß ein ordentliches deutsches Gericht einer von Beuys eingebrachten Schadenersatzklage stattgab, die darauf Bezug hatte, daß einige Frauen eine von dem Genannten als Kunstwerk deklarierte gewöhnliche Badewanne mit Wasser anfüllten, um darin ihre Bierflaschen zu kühlen. Die ahnungslosen Frauen mußten ihr mangelndes Kunstverständnis mit Geldstrafen büßen, die zwar nicht so hoch waren, wie sie der geschädigte Künstler beantragt hatte, aber immer noch hoch genug! — Ein persönliches Erlebnis mag illustrieren, daß auch in Kreisen junger Akademiker eine Mehrheit für 'Kunst' der Art, wie sie hier zur Diskussion steht, wohl kaum zusammenzubringen wäre: Mit einer Gruppe von etwa 35 Studenten stieß ich vor einigen Jahren knapp westlich der Porta Pinciana in Rom auf ein mit schmutziggrauem Plastikmaterial verhangenes Stück der Aurelianischen Mauer. Niemand von uns sah darin etwas anderes als eine Maßnahme der römischen Bau- oder Altertümerverwaltung, die vielleicht den Zweck hatte, eine besonders schadhafte Stelle der Mauer bis zur Reparatur gegen Witterungseinflüsse abzudecken. Erst nachträglich klärte uns ein Photo in einer römischen Tageszeitung darüber auf, daß hier der 'Verpackungskünstler' Christo am Werk war. Auch die im Garten der Nationalgalerie für Moderne Kunst auf dem Pincio herumliegenden Schläuche laufen leicht Gefahr, anstatt für Kunstwerke für echte Schläuche, die Gärtner am Ort ihrer Tätig-

Die behandelten Zeiterscheinungen, die sich in der allerjüngsten Zeit noch sehr verstärkten, obwohl sie — gleich jenen oben S. 322 ff. behandelten wissenschaftstheoretischen-philosophischen Richtungen — längst schon in der reinen Absurdität endeten (was ihre Vitalität bezeichnenderweise durchaus nicht mindert[25]), hindern uns nicht, daran festzuhalten, daß es an wirklich schöpferischen Kräften in den Kulturen der heutigen Welt nach wie vor keineswegs fehlt und keine Rede davon sein kann, daß unsere oder irgendeine andere Kultur im Begriffe steht, eines natürlichen Todes zu sterben oder in immer mehr zunehmender Sterilität auszulaufen. Aber die von jener Seite kommende Gefahr darf nicht unterschätzt werden; sie liegt vor allem darin, daß die herausgestellten Faktoren eine negative Auslese (auch hier!) bewirken und es den wirklich schöpferischen Kräften sehr erschweren, sich daneben durchzusetzen. Sehr klar sah dies vor einigen Jahren schon A. Gehlen:

Nachdem nun heute die mit Hilfe der Absurdität umgetaufte Antikunst Kasse gemacht hat und sogar die Kunst-Wegwerf-Maschine von Höke ... schon erschien, muß man denjenigen Künstlern, die immer noch Gutes produzieren, eine vervielfachte Aufmerksamkeit widmen. *Es gibt sie.* Aber unter welcher Zumutung stehen sie! Am Rande der vitalen Interessen unserer Zeit, ... ausgesetzt denselben Presse-Kritikern, die alles gepriesen und vor nichts gewarnt haben, verlassen von der ohnehin verdächtigen Resonanz — so müssen sie die Nahrung des Geistes und Leibes ganz allein aus sich selbst herausziehen (Kursivsetzung von mir).[26] —

---

keit zurückließen, gehalten zu werden. Das Museum besitzt im übrigen zahlreiche Werke italienischer und außeritalienischer Meister, denen niemand einen anderen Platz als einen solchen in der hohen Kunst zuerkennen wird. Die Schätze dieser Galerie liefern damit einen sehr bemerkenswerten Beitrag zur Erhärtung der Auffassung, daß auch noch die abendländische Moderne über reiche schöpferische Kräfte verfügt.

[25] Das oben schon mehrfach gebrauchte Bild, daß eine scheinbar ganz zwangsläufig sich vollziehende Entwicklung irgendwann dazu gelangt, sich zu überschlagen, um dann vielleicht doch wieder auf die Beine zu kommen, hat auch hier seine Geltung. Noch aussagekräftiger als der Fall Beuys und sein Nachspiel ist hierfür wohl das Phänomen der heutigen 'Punk'-Bewegung als einer Bewegung von Jugendlichen, die ganz bewußt alles Häßliche, Abstoßende und in irgendeiner Hinsicht Widerliche zu ihrem Ideal und Lebensstil machen. Als geistiger Vater dieser Richtung muß vor allem A. Warhol mit seinen Horror-Porno-Filmen (Beispiel: ›Dracula‹, 1974) genannt werden, d. h. ein Mann, der sich mit aufgereihten Coca-Cola-Flaschen und anderen Produktionen längst einen festen Platz in den meisten westlichen Museen für moderne Kunst eroberte und bekanntlich zu den Männern zählt, die jeder individuellen Komponente in der Kunst programmatisch den Kampf ansagen. Vgl. dazu schon H. H. Arnason, Geschichte der Modernen Kunst. Malerei — Skulptur — Architektur (1970), 592: „Über Siebdruckverfahren erreichte er (scil. Warhol) die mechanische Wiederholung, die er erstrebte, um jede eigene künstlerische Handschrift auszuschalten ..."
[26] A. Gehlen, Kunst — weder blühend noch sterbend, in: Westermanns Monatshefte Jahrg. 1974, Heft 4, 28. Es soll nicht übergangen werden, daß die vorhergehenden, auf

Auf die am Anfang des 2. Bandes vorgelegte Studie ›'Mythos' — 'Sage' — 'Märchen'‹ hier noch einmal zurückzukommen, schien zunächst um so weniger nötig zu sein, als sich in jenem oben S. 339 erwähnten Essay bereits die Gelegenheit ergab, das Thema nach verschiedenen Seiten hin zu erweitern und dabei vor allem die vergleichenden Gesichtspunkte in den Vordergrund zu stellen; wenn wir es nun gleichwohl an dieser Stelle tun, so deshalb, weil das in besagter Studie (a.O. 39ff. und 42ff.) anhand von konkreten Beispielen kurz umrissene Problem der allegorischen oder symbolischen Mythendeutung gerade in der allerjüngsten Zeit durch den 'Fall Küng' und sein Gegenstück, den 'Fall Lefebvre', eine Aktualität gewann, deren Ausmaß erst wenige Tage vor der Niederschrift dieser Zeilen besonders deutlich wurde, als der Chef der österreichischen Bundesregierung offenbar persönlich eine Einladung an Prof. *Küng* ergehen ließ, in der Wiener Hofburg einen Vortrag zu halten.

Der nüchterne Historiker und Mythenforscher fühlt sich in einem (freilich *nur* in diesem einen) Punkt fast wie ein Bundesgenosse des genannten französischen Exprälaten, der nicht nur den 'progressistischen' Tübinger Theologen, sondern auch den Papst in Rom, der — aus welchen Gründen immer — zögert, die von Küng vertretene Richtung ausdrücklich zu verwerfen, als Häretiker und Verleugner der rechten Lehre des Katholizismus betrachtet. Konkret gesprochen: Der Mythenforscher muß zustimmen, wenn der (im Gegensatz zu Küng in Rom in Ungnade gefallene!) Erzbischof Lefebvre — einem im Grunde selbstverständlichen Prinzip folgend — die Berichte des Alten und Neuen Testaments so auffaßt, wie sie *die Berichterstatter selbst* auffaßten, das aber heißt: wörtlich, als 'geglaubte Tradition': Eva verleitete Adam wirklich dazu, von der verbotenen Frucht zu essen (aus diesem Grunde müssen die Frauen noch heute in Schmerzen gebären!), die Sonne blieb wirklich auf Geheiß Jahves am Himmel stehen,

die Geschichte der Kunst sich beziehenden Abschnitte des Essays von Gehlen Anlaß zu gewissen kritischen Ausstellungen geben. Vor allem: Auch Gehlen arbeitet mit jenem Topos, daß alle frühe Kunst 'religiöse Kunst' war und daß erst im Zuge einer Entwicklung, die schließlich zur heutigen Situation führte, eine 'profane Kunst' neben jene andere trat, um sie schließlich ganz zu verdrängen. Vgl. dazu die Bemerkungen oben S. 340ff. zu W. Oberleitner. Eine schöne Parallele zu den oben im Text zitierten Gedanken von Gehlen über moderne Kunst bieten die Überlegungen von G. Murray, Hellas und die Welt von heute, deutsch von K. Nicolai (Libelli Bd. 192, 1966), bes. 74ff., wobei freilich das Schwergewicht der Betrachtung auf der modernen Literatur liegt. Murray übersieht ebensowenig wie Gehlen „die zahlreichen wirklich schönen Leistungen der Gegenwart" (a.O. 77), möchte aber einer Dichtung (wie auch einer Kunst), die es nur darauf anlegt, Ekel oder etwa Langeweile zu erregen oder sich „bewußt unverständlich" auszudrücken, den Anspruch, als Dichtung (bzw. Kunst) zu gelten, rundweg absprechen, siehe etwa a.O. 76: „... es scheint mir nicht nur Revolte gegen einen bestimmten Stil zu sein, sondern Ablehnung der Dichtung selbst."

damit Josua seinen Sieg über die Amoriter vollenden konnte (eine Angabe, die bekanntlich noch im Prozeß Galilei — als 'geglaubte Tradition' — eine Rolle spielte!), Elias fuhr wirklich im feurigen Wagen in den Himmel und Jesus war wirklich der Sohn Gottes aus der Jungfrau Maria und nicht Josephs Sohn. Wer diesen ja eigentlich ganz einfachen Sachverhalt nicht erkennt und nicht sieht, daß es auf bare Willkür hinausläuft, einer Aussage, die als historischer Bericht aufgefaßt sein will, den Glauben zu versagen, *sie aber trotzdem zu akzeptieren,* indem man ihr, gleichsam um sie zu retten, irgendeinen 'verborgenen' tieferen Sinn unterschiebt, sollte sich doch jedenfalls klar darüber sein, daß er damit einen Weg geht, den schon vor fast 2500 Jahren Theagenes von Rhegion ging, wenn er sich von der Last seiner aufkeimenden Zweifel an der Historizität homerischer Berichte auf die Weise zu befreien versuchte, daß er die Meinung vertrat, in den nur scheinbar historischen Berichten habe der begnadete Dichter Homer in Wirklichkeit tiefere Wahrheiten zum Ausdruck bringen wollen. Wie bei Theagenes und den Stoikern, die in der allegorischen oder symbolischen Auslegung von Stellen des nunmehr schon fast kanonisch gewordenen Epos den geeigneten Weg für eine mythische Untermauerung ihrer philosophischen Thesen glaubten gefunden zu haben, handelt es sich auch bei R. Bultmann (vgl. zu diesem oben Bd. 1, 60 Anm. 33) und *H. Küng* letztlich nur um einen wissenschaftlich undiskutablen Versuch, einen Ausweg aus dem Dilemma zu finden, das darin besteht, daß sie einerseits bestimmte Berichte der Heiligen Schrift im allgemeinen und des N. T. im besonderen als historische Berichte nicht mehr akzeptieren können, andererseits aber aus Glaubensgründen (was nicht offen gesagt wird!) zögern, die betreffenden Erzählungen mit sagenhaften Berichten, die in der Überlieferung außerhalb der Heiligen Schrift zu uns gekommen sind, auf eine Linie zu setzen.

Die Schwierigkeiten, die für die Genannten daraus resultieren, daß sie nun auch versuchen, auf dem Wege der Deutung zu verborgenen Wahrheiten, zu denen kein unvoreingenommener Leser kommen könnte, vorzustoßen, treten heute wohl nirgends eindringlicher hervor als in H. Küngs 1974 erstmals publiziertem, seither in vielen Auflagen erschienenen und in zahlreiche fremde Sprachen übersetzten Werk ›Christ sein‹, und hier nicht zuletzt in den Partien, in denen der Autor bestrebt ist, gleich durch mehrere, untereinander bezeichnenderweise stark divergierende Deutungen der biblischen Stellen, die von Gottessohnschaft und 'Jungfrauengeburt' handeln, von einer, wie er es ausdrückt, „nicht primär (!) historische(n) Wahrheit" (an anderer Stelle: „biologisch-ontologischen Interpretation") zu einer „Heilswahrheit" und damit zu einer „funktionale(n) Christologie" zu gelangen.[27] Die Zustimmung, die Küng mit

---

[27] H. Küng a.O. 438ff., dazu 380 und 377, wo Küng nach historischen Bezügen sucht (vgl. auch 445): „ 'Gottes Sohn': So konnte im Alten Orient der König bezeichnet wer-

solchem Vorgehen heute in der katholischen (gebildeten) Welt in gleicher Weise erntet, wie sie Bultmann, im Prinzip völlig gleich verfahrend, in den Sechzigerjahren in der protestantischen Welt ernten konnte, läßt sich natürlich nicht allein mit mangelnder historischer Einsicht erklären, sondern hat tiefere Gründe: Die Männer der 'Entmythologisierung' (eine ganz irreführende, m.W. von Bultmann aufgebrachte Wortprägung) erscheinen vielen als Retter, die den Weg aufzeigen, wie man fortfahren kann, an die Bibel als geoffenbarte Schrift zu glauben, auch wenn man diesen Glauben verloren hat.[28] —

den. So nannte man im Hellenismus viele Heroen und Halbgötter". Ja, aber nur dann, wenn man die Betreffenden als Wesen betrachtete, die biologisch von göttlichen Vätern abstammten! — Sehr bezeichnend die Feststellung a.O. 441: „Offensichtlich geht es hier trotz einer nicht auszuschließenden Verwertung historischen Materials nicht um historische Berichte. *Es geht um mehr...*" (von mir kursiv gesetzt). Wenn Küng in diesen Darlegungen (a.O. 444f.) auch großen Wert auf die Feststellung legt, daß zwischen „Jungfräulichkeit *vor* der Geburt" (= „ohne männliche Zeugung") und „Jungfräulichkeit *in* der Geburt" (Kursivsetzungen von Küng) streng zu unterscheiden sei, so erkennt man nicht, was das in seinem Zusammenhang ausgeben soll (wo er doch offensichtlich in Joseph den physischen Vater von Jesus sieht, wenn dies auch nirgends *expressis verbis* zum Ausdruck gebracht wird) und bezeugt nur einmal mehr die Unsicherheit, die den Abschnitt und das ganze Buch wie ein roter Faden durchzieht.

[28] Nur unter dem Strich sei festgehalten, daß die inneren Beziehungen zwischen Bultmann und Küng fast mit Notwendigkeit dazu führten, daß der letztere auf Bultmann da und dort direkt zurückgreift, so etwa a.O. 447, wo die „Jungfrauengeburt" als „sinnträchtiges Symbol" dahingehend gedeutet wird, „daß mit Jesus ... von Gott her ein wahrhaft neuer Anfang gemacht worden ist, daß Ursprung und Bedeutung seiner Person und seines Geschlechts letztlich nicht aus dem innerweltlichen Geschichtsablauf ... zu verstehen sind". Vgl. dazu Bultmann in einem ›Spiegel‹-Gespräch vor 12 Jahren (Der Spiegel, Jg. 1966, Nr. 31, 43): Die Jungfrauengeburt ist „der legendarische Ausdruck für den Glaubenssatz, daß der Ursprung der Bedeutung der Person Jesu nicht in seiner natürlichen innerweltlichen Herkunft gesehen werden darf". Ausdrücklich auf Bultmann bezieht sich Küng an anderer, sehr zentraler Stelle, welche die ganze Problematik der modernen von den Genannten und vielen anderen vertretenen Richtung wie ein Brennglas auffängt (a.O. 340, Kursivsetzungen von Küng): „ ... *Leibliche Auferweckung* (scil. von Jesus)? Ja und Nein, wenn ich mich auf ein persönliches Gespräch mit Rudolf Bultmann beziehen darf. Nein, wenn 'Leib' naiv den physiologisch identischen Körper meint. Ja, wenn 'Leib' im Sinne des neutestamentlichen 'Soma' die identische personale Wirklichkeit, *dasselbe Ich* mit seiner ganzen Geschichte meint". Küng sah übrigens nicht, daß der Vorwurf der Naivität, den er gegen diejenigen erhebt, die hier 'Leib' in dem, von der Vernunft und dem (auch neutestamentlichen!) Wortgebrauch und nicht von der 'Verbalmagie' her gesehen, einzig möglichen Sinne auffassen, in vollem Umfang auch seine eigenen Gewährsmänner trifft, ich meine hier nicht Bultmann, sondern die Evangelisten, welche, wie allein schon das „Ärgernis" des „leeren Grabes" beweist, die Auferstehung (Küng spricht von „Auferweckung") selbstverständlich wörtlich, also „naiv" im Sinne Küngs verstan-

Im ersten Teil dieses ergänzenden Rückblicks auf die Studie über das Problem des Kulturverfalls ging es um eine Auseinandersetzung mit der Abhandlung eines Wiener Archäologen, in welcher die kulturelle Entwicklung der griechischen Welt erneut unter dem Gesichtspunkt eines fortschreitenden Verfalls behandelt wurde. Ein anderer Beitrag in der gleichen Publikation, verfaßt vom Tübinger Professor *E. Schmalzriedt,* beschäftigt sich — ebenfalls in sozusagen exemplarischer Weise — mit einem zentralen Problem der griechischen Mythologie, dessen Erörterung einen relativ breiten Platz in dem Aufsatz ›Die Ilias ist kein Geschichtsbuch‹, oben Bd. 2, 51 ff., einnahm.[29]

Auch und gerade in einer Schrift, die sich, gleich derjenigen von W. Oberleitner, die Information eines interessierten weiteren Leserkreises über ein bestimmtes Problem nach dem heutigen Stand des Wissens zur Aufgabe stellt, sollte nicht erneut mit dem alten fragwürdigen Gemeinplatz operiert werden, daß die Ausgrabungen *Schliemanns* dessen und seiner unzähligen Anhänger Glauben an die Geschichtlichkeit der homerischen Berichte bestätigt hätten[30]; und auch der weitere Topos, das häufige Vorkommen von mykenischen Plätzen bei Homer beweise die Richtigkeit der Auffassung, daß die betreffenden Sagen bereits in mykenischer Zeit entstanden, wäre besser nicht erneut vorgetragen worden. Hier wie bei Oberleitner rächt sich das völlige Fehlen einer Ausrichtung auf das Ganze der Geschichte: An zwei berühmten Ruinenstätten des präkolumbischen

den! Wie wenig auch die Kirchenoberen, denengegenüber Küng sein zitiertes Buch verteidigen mußte (darüber: W. Jens, Hrsg., Um nichts als die Wahrheit. Deutsche Bischofskonferenz contra Hans Küng, 1978), den Kern des Problems erfaßt haben, zeigt allein schon der eine von Kardinal Volk an Küng gerichtete Satz: „Ihr Buch ist mir zu plausibel." Übrigens ist bekannt, daß — im Anschluß an das Vorgehen Philons von Alexandrien — bereits im frühen Christentum die Auslegung vor allem des A. T. ein Mittel war, mit Schwierigkeiten, die notwendig auftraten, fertig zu werden, und daß dagegen schon um die Mitte des 2.Jh. Markion Front machte, siehe dazu bes. H. Lietzmann, Geschichte der Alten Kirche I (²1937), 265 ff.

[29] E. Schmalzriedt, Der historische Hintergrund der griechischen Mythen, in: E. Lessing, Die griechischen Sagen in Bildern erzählt (1977), 11 ff., siehe bes. 29 ff. zur griechischen Heldensage.

[30] In einer führenden deutschen Wochenzeitung, die sicher Wert darauf legt, auch in ihren Kulturteilen ernst genommen zu werden (und diesem Anspruch gelegentlich auch gerecht wird, vgl. oben Anm 23!), liest sich dieser schlicht auf Volksverdummung hinzielende Gemeinplatz neuestens so: „Die unerschütterliche Überzeugung, daß die in der ›Ilias‹ geschilderten Ereignisse und Gestalten keiner freien Erfindung entsprangen, sondern Abbilder historischer Tatsachen waren, hatte den Amateur-Archäologen Schliemann ans Ziel gebracht. Seitdem wissen wir mit Sicherheit: Der Troianische Krieg hat wirklich stattgefunden" (›Zeitmagazin‹ Nr. 43 vom 14. Oktober 1977, S. 83; aus Schmalzriedts Ausführungen herausgesponnen). Ähnliche Sätze könnte man in beliebiger Menge aus neuen und neuesten Schulbüchern zitieren.

Amerika, Teotihuacán und Tiahuanaco, hängen verschiedene Sagen, die nach Inhalt und Form erst in der Azteken- bzw. Inkazeit, also wohl erst Jahrhunderte nach der Zeit der Zerstörung bzw. Verödung der genannten Plätze, entstanden sind. Natürlich gibt es aber auch in näheren Bereichen viele sagenumwobene Orte, von denen anzunehmen ist, daß sie erst als Ruinenstätten die sagenbildende Phantasie der Menschen anregten. Es geht ferner kaum an, einem weiteren Leserkreis, der es mangels eigener Sachkenntnis hinnehmen muß, als sichere wissenschaftliche Erkenntnis vorzutragen, daß bildliche, auf mykenischen Siegeln oder wo immer sonst aus der damaligen Zeit zu uns gekommene Darstellungen etwa von Jagd- oder Kampfszenen auf bestimmte homerische Sagen Bezug haben — eine Meinung, die als haltlose Hypothese bekanntlich schon ebenso oft vorgetragen wie verworfen wurde. Das Argument schließlich, daß die indogermanische Struktur von homerischen Eigennamen wie Hektor und Andromache zwangsläufig zu der Annahme führe, daß diese Namen 'mykenisches Gut' darstellten (und damit die mykenische Herkunft der griechischen Sagen endgültig gesichert sei), kann wohl nur heißen, daß es Schmalzriedt (nach wie vor) als selbstverständlich betrachtet, daß die Mykenäer (wohlgemerkt nicht nur die Herren, die gegen Ende der mykenischen Zeit die Schrifttäfelchen in Linear B herstellen ließen) Indogermanen waren und daß er sich dieser Sache so sicher ist, daß er nicht zögert, die besagte Gleichung als Prämisse für weitere Überlegungen zu verwenden. Daß der Schluß auch dann, wenn die erwähnte Prämisse zutreffen würde, nichts anderes als ein Trugschluß wäre, steht auf einem anderen Blatt.

Die letzten Hinweise führen von selbst zu dem längsten der in den beiden ersten Bänden vereinigten Beiträge, zur Abhandlung über die Indogermanisierung Griechenlands und deren zeitliche Ansetzung und die Nationalität der Träger der mykenischen Kultur. Auf den Hauptgrund dafür, daß ein Großteil der Forschung an dieser Abhandlung und ihren Ergebnissen bislang vorbeiging, wird sogleich noch im Zusammenhang mit rückblickenden Erwägungen grundsätzlich-methodischer Art zurückzukommen sein. Indirekt war von diesen Dingen auch bereits im Rahmen der Beschäftigung mit Th. S. Kuhn, oben S. 325 ff., die Rede, und so mag es hier sein Bewenden damit haben, daß wir eine im Prinzip schon in dem Aufsatz ›Information und Kommunikation‹ getroffene Feststellung mit Nachdruck neu treffen: Es ist ein Irrtum, zu glauben, daß Wissenschaft und Moral nichts miteinander zu tun haben. Die Auffassung von Mitforschern, die man nicht zu akzeptieren bereit ist, ohne sie doch widerlegen zu können, einfach außer Betracht zu lassen, ist beides: sowohl unwissenschaftlich als auch unmoralisch. —

Der weitere hier zur Verfügung stehende Platz soll dazu verwendet werden, im Anschluß an das oben zu verschiedenen neueren Publikationen Gesagte in ganz knapper und gedrängter Weise herauszuarbeiten, wo in methodischer Hinsicht die Hauptansatzpunkte zu der Kritik lagen, die in den verschiedenen Beiträgen des mit diesem Rückblick zum Abschluß gebrachten Opus immer wieder an früheren einschlägigen Schriften geübt wurde, wobei es selbstredend nicht darum ging, den betreffenden Gelehrten der Vergangenheit und Gegenwart 'eins am Zeug zu flicken', sondern eben darum, eine eigene mehr oder weniger neue Meinung über diese oder jene Sache auf die Weise zu begründen, daß versucht wurde, die methodische und sachliche Anfechtbarkeit einer herrschenden Auffassung von der Überlieferung und Logik her zu erweisen und damit sowie mit neuen, sozusagen positiven Argumenten der eigenen Auffassung eine solide Basis zu geben.

Da haben wir einmal jenes — schon in der griechisch-römischen Antike vor allem in Gestalt der 'Wandermotive' auftretende — Phänomen des 'Topos', dessen methodische und damit natürlich auch sachliche Fragwürdigkeit darin besteht, daß bestimmte Meinungen von einer Mehrheit von Forschern vertreten und an Schüler und Enkelschüler fortgeerbt werden, obwohl ihnen eine tragfähige quellenmäßige Grundlage abgeht, mehr noch: obwohl sich im Regelfalle längst zeigte, daß die Voraussetzungen, die einstens etwa zu ihrer Aufstellung führten, nicht zutreffen und die Überlieferung, auf der wir aufbauen müssen, eindeutig in eine andere Richtung weist. Beispiel: jene jetzt auch von E. Schmalzriedt vertretene Vorstellung, daß es, wenn vielleicht auch nicht Atreus und Agamemnon, so gewiß griechische 'homerische' Könige waren, deren Gräber und Herrschersitze Schliemann und die Späteren aufdeckten, und daß ein 'dark age' — liebstes Kind mancher angelsächsischer Forscher — diese goldene Frühzeit des Hellenentums von den späteren Jahrhunderten trennte. Geradezu spannend ist es, zu verfolgen, wie in der Euphorie der Schliemann- und Nach-Schliemann-Zeit Scheinargumente für die Gleichung 'Mykenäer = Achäer', deren Richtigkeit mit der Aufdeckung der Ruinen von Hissarlik ohnehin schon über jeden Zweifel erhaben schien, gesucht und — einem bekannten Sprichwort gemäß — natürlich auch gefunden wurden, wie diese Argumente dann der Reihe nach wieder in der Versenkung verschwanden und wie die auf ihnen aufgebaute These — weiterhin das Feld behauptete! Wer das einschlägige Schrifttum der Zeiten seit dem ausgehenden 19.Jh. überblickt und sich die Art, wie hier konkret und ungeachtet des Widerspruches nicht weniger einsichtiger Forscher verfahren wurde, vergegenwärtigt (vgl. oben Bd. 2, 189ff.), erkennt an diesem Beispiel auch gut die Wahrheit des Satzes, daß Topoi letztlich emotionell bedingt, daher gegenüber Vernunftgründen wesensmäßig immun sind. Emotionell bedingt: warum, aus welchem Grund? Nun, eine andere Antwort als die, daß gewisse Vorstellungen die Gemüter (auch der Gelehrten) mehr befriedigen und als schöner oder faszinierender denn andere empfunden werden (womit wir wieder einmal bei der 'beschönigenden Historie' wären!), läßt sich schwer finden. Hinsichtlich des Gedankens, daß hoch oben auf dem Burgberg von Mykene nicht irgendwelche vorgriechische Despoten sultanhaft herrschten, sondern edle achäische Herren residierten, von deren Taten blinde Sänger noch viele Jahrhunderte später kündeten, ist das wohl nachvollziehbar, und Gleiches gilt von dem in der Tat erhebenden, sozusagen unter dem Motto «Voilà mon héros» stehenden Bild des jugendlichen Kulturheros Alexander, der auszieht, dem Orient griechische Kultur zu bringen und die Menschheit in Liebe und Brüderlichkeit zu einigen.[31] Auch Topoi wie der oben an verschiedenen Stellen berührte von den sakralen Wurzeln jeder 'echten' Kunst und überhaupt jeder Kultur, die diesen Namen verdient, haben hier ihren Platz, desgleichen, um nur noch ein weiteres Beispiel zu bringen, jener Gemeinplatz von den Großen der Geschichte, die in ihren Tatenberichten und Denkwürdigkeiten nur (oder fast nur) die Wahrheit sagen. Weniger einsichtig ist freilich, was viele Menschen einschließlich solcher, die es eigentlich besser wissen müßten, für die Vorstellung, daß alle Kultur von einem bestimmten Ort des Erdballs aus ihren Ausgang nahm oder doch jede Erfindung nur einmal irgendwo und irgendwann gemacht wurde, emotionell aufgeladen, ja zornbebend auf die Barrikade steigen läßt[32], worin

---

[31] Vgl. dazu oben Bd. 2, 202 ff. und bes. 218 ff. zur neuesten Alexanderliteratur, die in der Verherrlichung Alexanders immer noch weiter geht, so daß geradezu der Eindruck entsteht, als wären die betreffenden Forscher in einen Sog geraten, der sie, ob sie wollen oder nicht, einfach zwingt, sich gegenseitig im Preise des jungen Makedonen, demgegenüber Droysens Darlegungen noch fast nüchtern wirken, zu übertrumpfen — eine Situation also von der Art der oben S. 319 ff. zu Beginn der kritischen Auseinandersetzung mit Feyerabend und Kuhn behandelten. Die hierfür besonders bezeichnenden, Bd. 2, 228 zitierten Sätze aus F. Schachermeyrs neuer Alexandermonographie, wo der Genannte mit größtem innerem Engagement Alexander in die Welt des Übermenschlichen, ja Göttlichen erhebt, haben, das sei hier noch festgehalten, eine frappante Entsprechung in einem Satz, in welchem ein Mitarbeiter des offiziellen Parteiorgans des Dritten Reiches, des ›Völkischen Beobachters‹ vom 9. November 1935, seiner Verehrung für A. Hitler als einer nicht mehr der menschlichen, sondern schon ganz der überirdischen Sphäre angehörenden Erscheinung Ausdruck gibt: „Statuenhaft steht er, der über das Maß des Irdischen bereits hinausgewachsen" (zitiert nach J. C. Fest, Hitler, 1973, 697, wo der Ausspruch als Motto über einen Abschnitt des Buches gesetzt ist). Man kann kaum annehmen, daß Schachermeyr bei der Niederschrift seines Werkes die zitierte Feststellung bekannt war. Um so stärker spürt man die hier vorhandenen inneren Zusammenhänge. — Zu «Voilà mon héros» oben im Text: Der Ausspruch stammt bekanntlich von dem Maler J.-L. David, der die Worte an die anwesenden Freunde richtete, als ihn der junge General Bonaparte in seinem Atelier aufsuchte.

[32] Zeitungsberichten zufolge, die ich nicht nachprüfen konnte, fehlte nicht viel, daß eine Diskussion zwischen den 'Diffusionisten' und ihren Gegnern auf dem Amerikanistenkongreß, der vor mehreren Jahren in Mexico City stattfand, in eine regelrechte Schlägerei ausartete. Wie sehr der Diffusionismus für seine Anhänger ein Glaubenssatz ist, den man nicht aufgrund nüchterner Einsichten vertritt, sondern zu dem man sich bekennt, zeigen

sodann das Geheimnis der Faszination der Vorstellung liegt, daß die Verehrung eines unpersönlichen Numen durch die Sumerer, die Römer und die Germanen erst im Laufe der Zeit der Verehrung anthropomorpher Gottheiten mit Bilderkult weichen mußte, und was schließlich viele Archäologen veranlaßt, gleichsam auf Biegen und Brechen daran festzuhalten, daß bestimmte Werke der Architektur und bildenden Kunst der frühen Kaiserzeit vom Geist her gesehen, den sie ausstrahlen, als 'echt römisch' zu bezeichnen sind, auch wenn sich diese Auffassung mit nichts begründen läßt und die Annahme, daß hier römische Künstler am Werk waren, keinerlei Wahrscheinlichkeit für sich beanspruchen kann. Man hat in der Tat manchmal den Eindruck, daß jede wissenschaftliche Disziplin ihren Hausaltar besitzt, auf dem einige mit Nimbus versehene Götter- oder Heiligenstatuen stehen, die man hin und wieder neu bekränzt und an die man ebensowenig wie an die neben ihnen auf schönen Kissen liegenden Heiligen Schriften, angefangen beim ›Monumentum Ancyranum‹, ungestraft rühren läßt.

Eine kleine Begebenheit 'in eigener Sache' aus dem Jahre 1976 soll an dieser Stelle ihren Platz finden. In einem Gespräch über die beiden ersten Bände dieser Publikation, bei welchem auch meine Innsbrucker Mitarbeiter und Dissertanten zugegen waren, wurde von hochgeschätzter Seite der Einwand laut, daß in den einzelnen Beiträgen das Negative in dem Sinne dominiere, daß vieles in Zweifel gestellt, dafür jedoch kein Äquivalent geboten werde. Am Beispiel des älteren Cato wurde dieser Einwurf konkretisiert: Das Porträt des verehrungswürdigen tugendhaften Altrömers (der nach Seneca, ep. ad Lucil. 87, 9 einem Don Quichotte gleich auf einem Gaul mit einem Mantelsack, in dem er seine Habseligkeiten verstaut hatte, durch die Lande ritt!) wird von der Wand gerissen, und was kommt an seine Stelle? Wenn auch nicht direkt das Nichts, so doch nicht mehr als das — vergleichsweise — unschöne Bild eines Mannes, der es in bezug auf Geltungsbedürfnis, Streben nach Ruhm, Macht und Mehrung des Besitzes mit jedem seiner Zeitgenossen aufnehmen konnte. Meine Überlegung, daß wir hier wie sonst von der zuverlässigen Überlieferung ausgehen müßten und es für uns als Historiker keine Rolle spielen dürfe, ob das Bild, das bei dem Versuch, eine historische Persönlichkeit lebendig zu machen, schön oder weniger schön, erhebend oder eher deprimierend, anziehend oder, für unser Gefühl, eher

---

neuerdings besser als alles andere die Sätze, die J. Hawkes in dem von ihr herausgebrachten ›Bildatlas der frühen Kulturen‹ (unter Mitarbeit von D. Trump, deutsch von J. Rehork, 1977, 11) zu Papier brachte: „So sehr ich es vermeide, auf den nachstehenden Textseiten persönliche Ansichten zum Ausdruck zu bringen — eine Ausnahme gibt es doch: Und zwar *bekenne ich* (von mir kursiv gesetzt), Diffusionistin zu sein ..." Den Gegnern wird im folgenden vorgeworfen, „gegen offenkundige, historisch belegte Sachverhalte zu verstoßen". Ähnliches mußte sich schon etwa J. Wellhausen von den damaligen konservativen Theologen sagen lassen.

abstoßend sei, und solche Gesichtspunkte grundsätzlich ausscheiden müßten — dieser Überlegung entzog sich mein Gesprächspartner auf die Weise, daß er nun, mit Seitenblick auf B. Croce, der Historie einen Platz unter den (schönen) Künsten, nicht unter den Wissenschaften, zuwies. Wie hier die Dinge liegen, dürfte klar sein: An Werke der Geschichtsschreibung stellt man und stellte man schon im Altertum (siehe etwa Lukians Werk ›Wie man Geschichte schreiben soll‹, Kap. 34) die als solche gewiß nicht abwegige Forderung, daß sie nicht nur inhaltlich, sondern auch stilistisch, rein als Werke der Prosaliteratur, etwas darstellen sollen. Von Droysens berühmter Monographie über Alexander kann dies zweifellos ebenso wie etwa von Mommsens ›Römischer Geschichte‹ gesagt werden. Gegenbeispiele, d.h. Belege für Werke, die stilistisch wenig oder gar nichts hergeben, bieten die ›Geschichte des Altertums‹ von Ed. Meyer und M. Rostovtzeffs ›Wirtschaft und Gesellschaft im römischen Kaiserreich‹ bzw. dessen englische Originalausgabe; sie bleiben dennoch Standardwerke der Alten Geschichte, und zwar der Alten Geschichte als Wissenschaft, nicht als Kunst, und wenn nun M. Rostovtzeff in dem genannten Werk ein sehr negatives Bild von den wirtschaftlichen Folgen der von Kaiser Traian inszenierten Kriege entwirft und jedenfalls in diesem Punkt die übliche Vorstellung vom Optimus Princeps nicht teilt, so kann unsere Frage nur lauten, ob er damit recht hat oder nicht, und die Antwort muß unter wissenschaftlichen, nicht unter künstlerischen Gesichtspunkten gegeben werden. Wer also glaubt, zeigen zu können, daß Cato d. Ä. kein Tugendheld, sondern ein Machtpolitiker und Alexander eher ein Welteroberer als ein Welterlöser war, daß der Trojanische Krieg nicht stattfand und die Griechen nicht 'agonaler' waren als andere Völker, daß die Tatenberichte des Dareios und Augustus ebensowenig wie die Denkwürdigkeiten geringerer Leute als 'heilige Schriften' gelten können, daß die Wiege der Menschheit nicht in Babylonien stand und die richtungsfreie und sehbildhafte Kunst nicht ausschließlich griechische Konzeption war, daß nicht jede echte Kunst 'sakral' sein muß usw., hat als Historiker die Pflicht, diesen Weg zu gehen; ob er damit ernüchternd wirkt oder nicht, ist ein Aspekt, der hier, *wenn wir uns nicht selbst aufgeben wollen,* völlig außer Betracht bleiben muß. Im übrigen ist klar: Als Glanzstücke der deutschen Prosaliteratur haben die ganz negativen Charakterbilder, die Mommsen von verschiedenen Römern der spätrepublikanischen Zeit entwirft, den gleichen hohen Rang wie sein den 3. Band der ›Römischen Geschichte‹ abschließender Hymnus auf Caesar. Daß zu den ersteren auch ein solches des älteren Cato gehört (von dem man ebensowenig wie von dem Charakterbild des jüngeren Cato behaupten könnte, daß es der Persönlichkeit des Dargestellten wirklich gerecht wird), ist bekannt, sei aber — in Hinblick auf den Ausgangspunkt dieses Exkurses — doch noch besonders vermerkt. Einen eigenen Vermerk verdient schließlich hier noch die Tatsache, daß das oben angeschnittene Problem zwar — angesichts der starken Wirkung, die noch heute B.

Croce und andere ihm geistesverwandte Denker ausüben — unverminderte Aktualität besitzt, sich aber in der Geschichte der Historiographie weit zurückverfolgen läßt. Ob die bekannte, von Polybios gegen Phylarch gestartete Polemik[33] berechtigt ist oder nicht, soll uns an dieser Stelle nicht interessieren — so oder so ist der Abschnitt wissenschaftlich bedeutsam als erster Versuch, klar herauszuarbeiten, daß der Historiker im Bereich der 'Tragödie' nichts zu suchen hat und seine Aufgabe ganz und gar darin besteht, die Dinge, auch wenn es sich um ganz einfache Dinge handelt, so zu schildern, wie sie sich tatsächlich verhielten bzw. zutrugen.[34]

Wo unhaltbare Klischeevorstellungen nicht rein emotionelle Wurzeln haben, aus denen sie für ihre schier unzerstörbare Lebenskraft immer neue Säfte und Kräfte gewinnen, sondern mindestens nach außen hin als Ergebnisse nüchterner Denkoperationen und Forscherarbeit an den Quellen in Erscheinung treten, können die betreffenden Verfahrensweisen nicht ohne methodische und sachliche Schwächen sein. So läßt sich die weit zurückzuverfolgende, in jüngstvergangener Zeit beispielsweise von *H. J. Rose* in seinem Handbuch ›Griechische Mythologie‹ (deutsch von A.-E. Berve-Glauning, ³1969) mit großer Selbstverständlichkeit vertretene These, daß es genuin römische und italische Sagen nicht gebe, sondern nur eine Art — wie sich Rose ausdrückt (a.O. 300) — „italische Pseudomythologie", hinter der sich relativ spät übernommene griechische Sagen verbergen, von einer Vorstellung ableiten, die ihrerseits auch nicht mehr ist als ein unbegründeter Topos, von der Vorstellung nämlich des 'Bauernrömers', der zu nüchtern gewesen sein soll, eine sagenbildende Phantasie zu entwickeln. Um diese letztere Behauptung als wissenschaftlich legitime These vertreten zu können, müßte sich nachweisen lassen, daß die frühen Römer als Bauern in höherem Grade nüchtern waren als die bäuerlichen Bewohner Griechenlands oder der frühen germanischen und keltischen Bereiche, denen man die Phantasie, Sagen zu produzieren, wohl nicht absprechen kann. Es wird also hier im Grunde schlicht vorausgesetzt, was zu beweisen wäre ('die Altrömer und allgemein Altitaliker waren nüchterner als ..., folglich — im Gegensatz zu ... — unfähig, Sagen hervorzubringen'), anstatt daß man umgekehrt aus dem Umstand, daß wir trotz schlechter Überlieferungslage zahlreiche Angaben über römisch-italisches Sagengut besitzen (L. Preller hat darüber bekanntlich schon vor über 120 Jahren ein ganzes Buch geschrieben), den Schluß zieht, daß den

---

[33] Polyb. II 56 ff. (bes. 56, 10 ff.), siehe dazu jetzt die ausführlichen Erörterungen von K. Meister, Historische Kritik bei Polybios (1975), 93 ff. und 109 ff. sowie — nicht minder ausführlich — S. Mohm, Untersuchungen zu den historiographischen Anschauungen des Polybios, Diss. Saarbrücken (1977), 59 f., 110 f., 139 ff. — Zur Frage der sachlichen Berechtigung der Polemik des Polybios gegen Phylarch siehe oben S. 305.

[34] Vgl. dazu K. Meister a.O. 191.

frühen Römern sowenig wie anderen frühen Völkern mit bäuerlicher Sozial- und Wirtschaftsstruktur die Welt von Mythos und Sage fremd war, was freilich bis zum Beweis des Gegenteils ohnehin gelten müßte. Andere Beispiele für ein Vorgehen nach dem Prinzip, daß 'nicht sein kann, was nicht sein darf', könnten aus den Abhandlungen der drei Bände in beliebiger Zahl hier neu vorgeführt werden, ob es sich etwa darum handelt, daß man die Kunst Ägyptens ab der Zeit des Neuen Reiches abwertet, weil sich Ägypten — nach Spengler und seinen Anhängern — von da an im Stadium eines fortschreitenden Absterbens befand, oder ob es darum geht, daß man den Römern der guten republikanischen Zeit jegliche Eroberungsabsichten und jedes Begehren nach Beute abspricht, weil tugendhafte Altrömer dergleichen Ambitionen, was immer auch die Überlieferung und der Augenschein an Gegenteiligem bezeugen mögen, einfach nicht gehabt haben dürfen. Auf einen „logischen Skandal", wie J.-P. Sartre die Denkoperationen von C. Lévi-Strauss einmal treffend bezeichnete, laufen auch die Zirkelschlüsse hinaus, denen man im 'mykenologischen' Schrifttum überall dort begegnet, wo es darum geht, die Bastionen der Gralsburg zu verteidigen, mit der wir es in dem Aufsatz ›Die Chronologie der Einwanderung der griechischen Stämme und das Problem der Nationalität der Träger der mykenischen Kultur‹ (oben Bd. 2, 100—198 und oben S. 351) zu tun hatten: Aus dem ersten Auftreten von Mykenäern an bestimmten Stellen im ägäisch-kleinasiatischen Raum und auf Zypern wird auf eine damals erfolgte Besiedlung der betreffenden Gebiete durch Griechen geschlossen und daraus dann umgekehrt gefolgert, daß die Mykenäer bereits Griechen waren (und die Einwanderung der letzteren also spätestens im frühen 2. Jahrtausend v. Chr. erfolgte). Daß diese *petitio principii* und andere auf der gleichen Linie liegende Zirkelschlüsse im einschlägigen Schrifttum geradezu den Eckpfeiler der vorherrschenden Auffassung von den ethnischen Verhältnissen in der griechischen und ägäischen Welt des 2. vorchristlichen Jahrtausends bilden, kann man anhand von zahlreichen Literaturhinweisen in der genannten Abhandlung überprüfen[35],

---

[35] Siehe etwa oben Bd. 2, 110 Anm. 17 (zu K. J. Beloch und C. D. Buck), 113 (zu F. Schachermeyr), 156 ff. (zum Schrifttum über die Kolonisierung Zyperns durch die Griechen), 182 ff. (zu F. Schachermeyr u.a.) und passim. An dieser Stelle einige notwendige Bemerkungen zu kritischen Einwänden, die jetzt F. G. Maier in seiner übrigens keineswegs unverständigen Besprechung der zwei ersten Bände gegen meine Auffassung von der Nationalität der Mykenäer und Indogermanisierung Griechenlands erhebt (AnzAW 30, 1977, 190 f.). Der Haupteinwand läuft auf das schon von F. Chamoux und W. Merlingen u. a. vorgetragene Argument hinaus, daß Linear B die griechische Nationalität der Träger der mykenischen Kultur ausweise — eine Überlegung, deren methodische und sachliche Hinfälligkeit Bd. 2, 178 ff. dargetan wurde. Maier, der diesen Abschnitt anscheinend überschlagen hat, drückt sich freilich viel vorsichtiger aus als seine Vorgänger: Er sehe „noch keinen zwingenden Grund gegen die Annahme, daß die mykenische Kunst auch

und es läßt sich dann auch feststellen, ob es sich hier um einen ernst zu nehmenden, dann freilich sehr tief gehenden Vorwurf handelt oder um eine unberechtigte Unterstellung.

Gleich dem Topos und allen (sonstigen) logisch anfechtbaren Denkoperationen (wozu auch gehört, daß manche Gelehrte heute nichts dabei finden, einander widersprechende Aussagen zu Papier zu bringen, ja teilweise nicht anstehen, den Satz vom Widerspruch *expressis verbis* als überholtes Prinzip zu bezeichnen, vgl. den Literaturhinweis oben S. 260 Anm. 68!), ist der wissenschaftlichen Erkenntnis auch ganz und gar abträglich jener schon mehrfach herausgestellte Trend, Ausdrücke, die als scheinbar feste Begriffe einen vielleicht zentralen Platz einnehmen, im Laufe der Erörterungen mit wechselndem Inhalt zu gebrauchen. Wenn in der weltweiten Diskussion über Th. S. Kuhn und seinen 'Paradigma-Begriff' dieser zweifellos gegebene Sachverhalt offenbar kaum als störend empfunden wurde, so stimmt dies nachdenklich, doch fehlt es hierfür nicht an Präzedenzfällen: Daß Jaspers in seinem Werk ›Vom Ursprung und Ziel der Geschichte‹ den Terminus 'Abendland' in drei verschiedenen Bedeutungen verwendet, wo er immer das gleiche meint, jedenfalls meinen sollte (vgl. oben Bd. 1, 104 f.), war für seine Kritiker, soweit ich es übersehe, kein Stein des Anstoßes.

Von vornherein zum Scheitern verurteilt sind natürlich auch alle jene Versuche, durch Verallgemeinerung bestimmter, vielleicht ihrerseits schon fragwürdiger einzelner Beobachtungen das Wesen von Völkern und Epochen oder gar das 'Spezifische' einerseits der 'östlichen', andererseits der 'westlichen' Mentalität oder Seele zu eruieren (vgl. oben Bd. 1, 158 ff. und passim). Zum Scheitern verurteilt müßten solche Versuche — als unzulässige Generalisierungen — selbst dann sein, wenn es nicht auch in diesem Forschungsbereich immer wieder vorkäme, daß man die einzelnen Ausdrücke mit verschiedenen Inhalten versieht, wobei die Differenzen so weit gehen, daß die einen 'östlich' mit 'ostasiatisch' gleichsetzen und die anderen auch die Israeliten und kleinasiatischen Völker-

---

die Präsenz griechischer Bevölkerungsteile belegt. Denn wo überhaupt die Sprache der mit diesen archäologischen Befunden verknüpften ethnischen Gruppen faßbar wird, ist sie offenbar griechisch" — dies eine Feststellung, die nicht nur für Zypern, sondern auch für Griechenland gar nicht stimmt (vgl. Bd. 2, 114 Anm. 22 und passim über Linear A-Funde in Griechenland usw.). Und davon abgesehen: Maier übersieht ebenso wie die oben zitierten Gelehrten, daß die Linear B-Funde im spätmykenischen Bereich durch Jahrhunderte von den Blütezeiten der mykenischen Kultur getrennt sind und schon deshalb für die Nationalität der Träger der letzteren keinerlei Aussagewert besitzen. Wir halten noch fest: Die Versuche von Schachermeyr (siehe Bd. 2, 181 ff.) und jetzt von Maier, die alte Auffassung von der Einwanderung der Griechen und der Nationalität der Mykenäer mir gegenüber ganz oder teilweise zu retten, haben jedenfalls das Gute, daß sie das gänzliche Fehlen einer soliden Grundlage besagter Auffassung besonders kraß hervortreten lassen.

schaften dem Osten zurechnen, um dann auf solcher Basis etwa zu versuchen, die ganze Weltgeschichte als permanenten Ost-West-Gegensatz zu begreifen (vgl. oben Bd. 2, 298 ff.). Das erstaunlichste Phänomen in diesem Zusammenhang bleibt freilich jener endlose Kampf um die Grenze zwischen 'Altertum' und 'Mittelalter' (vgl. a.O. 205 ff.), der davon lebt, daß die Beteiligten nicht zur Kenntnis nehmen wollen, daß 'Altertum' und 'Mittelalter' keine allgemeinverbindlich zu definierenden Begriffe sind, sondern eingebürgerte bloße Bezeichnungen, deren schwankende Bedeutung zwangsläufig zu verschiedenen Grenzziehungen führt, die alle gleich unverbindlich sind; ein permanentes Wortgefecht, dem auch in Zukunft kein besserer Erfolg beschieden sein kann als anderen, mit gleichem Ernst ausgetragenen Fehden um historische Scheinprobleme wie etwa der Fehde um die Grenzziehung zwischen 'Mythos' und 'Sage' (vgl. Bd. 2, 2 ff.) oder der fruchtlosen Auseinandersetzung darüber, ob Primitivvölker eine 'Geschichte' haben oder nicht. Und noch ein letzter Punkt: Der von neueren philosophischen Strömungen (Gadamer) und der modernen Theologie herkommende 'Methodensatz', daß es legitim, wenn nicht sogar gefordert erscheint, einen Quellenbericht anders aufzufassen, als ihn der betreffende Autor selbst auffaßte, beinhaltet ein Todesurteil über alle Wissenschaften, die es mit literarischen Quellen zu tun haben. Daß sich eine solche Auffassung bzw. Vorgangsweise heute gleichwohl weiter Verbreitung erfreut (vgl. etwa oben S. 348 f.), hat Gründe, die hier nicht wiederholt werden sollen, und ist im übrigen wohl nicht zu trennen von jenem Trend zur Relativierung wissenschaftlicher Aussagen, mit dem wir es auch immer wieder zu tun hatten: Besitzen wissenschaftliche Aufstellungen ohnehin nur eine relative und subjektive Gültigkeit, kann man es kaum als Willkür empfinden, wenn Wissenschaftler den Aussagen früherer Autoren einen Sinn geben, der ihnen ursprünglich nicht eignete und der nichts anderes ist als das — anachronistische — Produkt der geistigen Welt der Neueren.

Die obigen Ausführungen boten Gelegenheit, einige Literaturnachträge zu geben und vor allem, zu neuesten einschlägigen Schriften noch kurz Stellung zu nehmen. Zwei jüngst erschienene Schriften, die in diesem Zusammenhang einen ganz besonderen Anspruch auf Beachtung verdienen, blieben bisher unerwähnt. Es sind Abhandlungen aus der Feder von *A. Heuß,* von denen sich die eine mit dem Thema › Über die Schwierigkeit, Weltgeschichte zu schreiben ‹ beschäftigt (Saeculum 27, 1976, 1 ff.), während im Mittelpunkt der zweiten › Alexander der Große und das Problem der historischen Urteilsbildung ‹ steht (HZ 225, 1977, 29 ff.). Eine eingehendere Beschäftigung mit diesen neuesten Arbeiten von Heuß kann hier nicht mehr geboten werden, doch soll wenigstens an einem für Heuß wesentlichen, allerdings direkt nicht ihn, sondern den von ihm hochgeschätzten und ihm hinsichtlich der Gesamtauffassung von Geschichte nahestehenden Soziologen *H. Freyer* und dessen Vorstellung von einer „Weltgeschichte Europas" betreffenden Punkt, der auch in unserem universalhistorischen Zusammenhang von Bedeutung ist, nicht ganz vorbeigegangen werden, wobei wiederum an frühere Ausführungen angeknüpft werden kann.

Heuß meint (Saeculum a.O. 33 Anm. 21), daß ich H. Freyer mit meiner Kritik an besagter Vorstellung (Bd. 1, 138f.) „evidenterweise Unrecht" tue. Natürlich war auch mir klar, daß Freyer die Paradoxie „Weltgeschichte Europas" bewußt wählte, aber daß sie „in allem Ernst Wahrheit (ist)", wie es Freyer in seinem gleichnamigen Werk (I, 1948, p. XI) formuliert, scheint mir nach wie vor höchst fragwürdig. Freyer reflektiert im 1. Band des genannten Werkes eingehend über die vorgeschichtlichen Verhältnisse, die als buchstäblich weltweite Erscheinung natürlich weder auf Europa beschränkt sind, noch auch, soweit sie geographisch anderen Bereichen angehören, einen besonderen Bezug auf Europa haben. Er reflektiert des weiteren über die frühen Hochkulturen in Ägypten und Mesopotamien, welche genausowenig zu Europa gehören wie zur 'Einheit der Mittelmeerwelt', zu der sie mit bemerkenswerter Hartnäckigkeit von anderen Gelehrten (mit ständig wechselnden Begründungen!) gerechnet werden, weil sonst die vielberufene Gleichung 'Einheit der Mittelmeerwelt = Altertum' nicht aufgeht (vgl. oben Bd. 2, 284ff.). Die „Weltgeschichte Europas" läßt dann Freyer mit den sekundären Hochkulturen beginnen (a.O. 372), zu denen er — man möchte einfügen: *nolens volens* — auch die indische und ostasiatische Kultur rechnet. Seine weiteren Feststellungen (I, 375f.), daß nicht nur die „vorarischen Induskulturen" in einem engen Zusammenhang mit den frühen vorderasiatischen Kulturen standen (woran sicher etwas Richtiges ist), sondern daß darüber hinaus die „Grabungen in China ... unzweifelhafte Zusammenhänge mit Südrußland und dem Donaubereich, andererseits mit den baltischen Ländern in neolithischer Zeit (lieferten)" — diese Feststellungen, bei denen doch wohl der Wunsch als Vater des Gedankens ein wenig Pate stand, können unseren Blick für die Tatsache nicht trüben, daß die Feststellung a.O. p. XI, die Geschichte Europas sei „... nach Herkunft, Hergang und Bedeutung" eine „Weltgeschichte", und zwar die einzige, die es — „jedenfalls bisher" — gibt, nicht einsichtig ist und mit vielen anderen Feststellungen neuerer Soziologen und Geschichtsdenker in jener schon im 1. Band (132ff.) einer kritischen Betrachtung unterworfenen europazentrischen Einstellung wurzelt, an der viele Neuere vielleicht nur deshalb hartnäckig festhalten, weil ihnen die außereuropäische Geschichte zu fern liegt. Die oben zitierten Gedanken Freyers machen deutlich, daß der Genannte tatsächlich einer Art Diffusionstheorie zuneigt, in der an Stelle etwa von Babylon Europa steht und in der dann natürlich die frühen Hochkulturen — von den meso- und südamerikanischen Kulturen ganz zu schweigen — nicht den Platz erhalten, der ihnen bei unvoreingenommener Betrachtung der Dinge zukommt. Mit einem Wort, weder nach Herkunft, noch nach Hergang, noch schließlich nach Bedeutung kann die europäische Geschichte für jemanden, der nicht von vornherein darauf festgelegt ist, den Anspruch erheben, schlechthin die Weltgeschichte (seit etwa 1000 v. Chr.!) zu sein, und Freyers Paradoxie erscheint nicht sinnvoller als F. Altheims ›Weltgeschichte Asiens‹ und gewiß weniger sinnvoll als O. Menghins ›Weltgeschichte der Steinzeit‹, die für sich im Grunde nichts anderes beansprucht als dies, eine Darstellung der in der Steinzeit in allen Teilen der Welt herrschenden Verhältnisse zu bieten.[36] —

Es erschien unumgänglich, außer auf die schon eingangs (S. 318) erwähnten Druckvorhaben auch auf den geplanten Neudruck von zwei älteren, an verhältnismäßig versteckten Stellen erschienenen Arbeiten zu verzichten, von denen sich die eine mit der Gründung von Konstantinopel durch Konstantin d. Gr., die andere mit dem 'Caesarenwahnsinn' beschäftigte. Ich bedaure dies um so mehr, als ich die Gelegenheit gern benutzt hätte, eine am Ende des zweiten der genannten Aufsätze flüchtig berührte, mit dem Problem des 'Caesarenwahnsinns' in einem gewissen inneren Zusammenhang stehende Frage, die im neueren Schrifttum bislang nur geringes Interesse fand, obwohl ihre Wichtigkeit (und Aktualität!) evident erscheint, etwas eingehender zu erörtern. Man kann sie als das Problem der 'Dämonie der Macht' bezeichnen, auf das wir schon einmal, bei Gelegenheit des Versuches, eine Skizze von der Persönlichkeit und dem Wirken Alexanders d. Gr. zu entwerfen (Bd. 2, 211), zu sprechen kamen. Man muß sich freilich im klaren darüber sein, daß der Neuhistoriker G. Ritter in einem berühmten Buch, das in seinen späteren Auflagen die in Anführungsstriche gesetzten Worte als Titel erhielt, dabei ein Problem im Auge hatte, das mit dem hier gemeinten nicht ganz identisch ist.

Wenn nun zwar auf eine eingehendere Behandlung der 'Dämonie der Macht' wie wir sie sehen, verzichtet werden muß, so soll doch angedeutet werden, worum es konkret geht. Den Ausgang wollen wir dabei von einer schon in anderem Zusammenhang (oben S. 256) kurz behandelten Stelle nehmen, an welcher Herodot (III 80, 3f.) herausstellt, daß den Monarchen, auch nach guten Anfängen, aus der Fülle seiner Macht Hybris überkommt, und daß er dann, von Neid zusätzlich stimuliert, auf die schiefe Bahn gerät und Torheiten begeht. Eine Stelle in den Briefen des Seneca an Lucilius bietet zwar einen anderen Aspekt, hat hier aber auch ihren guten Platz: Mit aller Schärfe wendet sich Seneca im 94. Brief (61 ff.) gegen die Großen der Geschichte wie Alexander, Marius, Pompeius und Caesar, denen vorgehalten wird, daß sie die ganze Welt erschütterten und dabei selbst wie vom Wirbelwind hin- und hergeschleudert wurden, daß sie Armeen befehligten (Seneca nennt hier nur Marius, meint aber sie alle), jedoch über sich selbst keine Gewalt hatten, sondern Sklaven ihres maßlosen Verlangens nach

---

[36] Zu Freyers Versuch, über die behandelte Paradoxie hinaus ein neues geschichtsphilosophisches System aufzustellen, vgl. oben Bd. 1, 97 f., ferner a.O. 245. Bd. 2, 301 und passim.

Ruhm und Macht waren; Gedanken, die es verdienen, einerseits den Vertretern einer, mit Th. Carlyle zu reden, auf 'Helden- und Heldenverehrung' abzielenden Historie, andererseits aber auch jenen 'Modernisten', bei denen sich Geschichte in Wandel gesellschaftlicher Strukturen auflöst, in Erinnerung gebracht zu werden. Man muß sie freilich in einem wesentlichen Punkt wenn auch nicht korrigieren, so doch, und zwar sozusagen in Richtung auf die zitierte Herodot-Stelle, ergänzen: Immer wieder läßt sich beobachten, daß Machthaber der Antike wie auch der neuen und neuesten Zeit *in zunehmendem Maße* aus Treibenden Getriebene werden und dabei auch jede Einsicht in das Mögliche, Erreichbare und ihnen Zuträgliche schrittweise verlieren, ja sogar auf dem Gebiet, auf dem sie sich vornehmlich zu Hause fühlen, mehr und mehr versagen. Männer wie Karl XII. von Schweden und Napoleon machten auch als Feldherrn, also in ihrem ureigensten Bereich, in der späteren Zeit Fehler, die sie vordem keinem ihrer Generale verziehen hätten.[37] Aber zurück zur Antike! Von Caesar sagt *Th. Mommsen,* einer der wenigen Historiker der vergangenen Zeit, die das Problem erkannten, wenn er es auch nur im Vorbeigehen behandelte, daß er

der einzige unter jenen Gewaltigen (war), der den staatsmännischen Takt für das Mögliche und Unmögliche bis an das Ende seiner Laufbahn sich bewahrt hat und nicht gescheitert ist an derjenigen Aufgabe, die für großartig angelegte Naturen von allen die schwerste ist, an der Aufgabe, auf der Zinne des Erfolges dessen natürliche Schranken zu erkennen.[38]

Kann man Caesar dieses Lob wirklich zuteil werden lassen? Es gibt genug Anzeichen dafür, daß gerade auch Caesar in den letzten Zeiten vor seiner Ermordung jedes Maß verlor und kaum noch in vollem Umfang Herr seiner eigenen Entschlüsse war. Das zeigen gewisse Vorkommnisse wie die, daß er Cicero, und zwar im vollen Bewußtsein dessen, was er tat, ohne Not in seinem Vorzimmer

---

[37] Mit Napoleon hat sich unter diesem Gesichtspunkt bekanntlich schon A. Graf von Schlieffen in seiner Schrift über ›Cannae‹ (1913) beschäftigt. Schlieffen sieht eine Art Wendepunkt i.J. 1807, von welcher Zeit an Napoleon zunehmend gegen seine eigenen Grundsätze der Vernichtungsstrategie verstoßen hätte. Schlieffens Erklärung, daß die zunehmende zahlenmäßige Stärke der von Napoleon eingesetzten Heere eine persönliche Leitung der Schlachten in steigendem Maße unmöglich machte, überzeugt freilich nicht. Die Schlacht bei Leipzig verlor Napoleon einfach deshalb, weil er sich eigensinnig mit einer konzentrisch von drei Seiten anrückenden Übermacht in eine Schlacht einließ, die nach den von ihm konzipierten klassischen Grundsätzen zu schlagen von vornherein unmöglich war. Auch der Feldzug gegen Rußland im Vorjahr war verloren, ehe ihn Napoleon, in Verkennung der militärischen Situation, begonnen hatte. Weitere interessante Hinweise bei F. Stählin, Napoleons Glanz und Fall im deutschen Urteil (1952), 88 ff.
[38] Th. Mommsen, Römische Geschichte III (⁹1904), 467.

warten ließ, daß er ferner Freunde und Gegner gleichermaßen mit der Aufstellung einer goldenen Statue der vergöttlichten Kleopatra und mit seinem Triumph über besiegte Mitbürger schockierte. Das zeigen aber mehr noch seine letzten, ganz irrealen Kriegspläne und die Bauprojekte für Rom, die ebenso von völliger Maßlosigkeit gekennzeichnet waren wie ganz ähnliche Projekte, mit denen sich Napoleon und Hitler in ihren späteren Zeiten beschäftigten. Irgendwie gehören diese Dinge auch zu dem geschichtlichen Phänomen, von dem wir in diesem abschließenden Kapitel unseren Ausgang nahmen und zu dem wir nun zurückkehren: Es kommt eine — hier in der Psyche des großen Einzelnen angelegte — Entwicklung in Gang, die dann, so scheint es wenigstens, unaufhaltsam fortschreitet, um schließlich in einem Zustand zu enden, welcher, von der Vernunft her gesehen, keinerlei Daseinsberechtigung mehr besitzt und nur noch als Triumph des Unsinnigen und Widersinnigen gelten kann.[39]

[39] Wenn man die in den letzten Zeiten erschienene Literatur über Hitler überblickt, so drängt sich einem der Eindruck auf, daß die oben herausgestellten Gesichtspunkte mit Bezug auf den Genannten noch kaum zum Tragen kamen. Es wird zwar überall unterstrichen, daß Hitler in den Jahren und Monaten vor seinem Ende jedes Maß verlor, starrköpfig auf sinnlosen Entscheidungen verharrte und auf militärischem wie politischem Gebiet Fehler über Fehler machte, aber es wird dabei nicht genügend berücksichtigt, daß das nicht immer so war (wie wären sonst seine Erfolge zu erklären?) und daß er noch in den ersten Phasen des Zweiten Weltkrieges dank des ihm nicht abzusprechenden 'technischen Verstandes' auch auf militärischem Gebiet manches klarer sah als seine Generale. So gab ihm die spätere Entwicklung zweifellos recht, wenn er — im Gegensatz zu dem Panzergeneral Guderian und den meisten anderen zuständigen Militärs — schon früh die schweren, mit Langrohrkanonen bestückten Panzer den leichten, beweglichen Kampfwagen mit schwacher Bestückung vorzog. Die ebenso gewagte wie erfolgreiche 'Sichelschnitt'-Operation in Frankreich — konzipiert vom General von Manstein — wurde von ihm befohlen und durchgeführt, er erkannte also jedenfalls ihre Richtigkeit. War Hitlers Befehl im Spätsommer 1941, mit einem großen Teil der Streitkräfte des Mittelabschnittes der Ostfront in Richtung Ukraine abzuschwenken und die dort stehenden sowjetischen Armeen zu vernichten (was bekanntlich gelang), wirklich so falsch, wie es durchwegs angenommen wird? Man schließt sich dabei der Mehrheit der damaligen Heerführer an, die fest glaubte, man könnte sich bei Fortsetzung der Offensive in Richtung Osten rasch in den — als kriegsentscheidend betrachteten — Besitz der Millionenstadt Moskau setzen, wovor den rückblickenden Historiker allein schon seine Kenntnis der späteren Offensiven gegen Leningrad und Stalingrad bewahren sollte. Natürlich besagt das alles nicht, daß Hitler, ehe er der 'Dämonie der Macht' gänzlich verfiel, nicht schon vorwiegend aus emotionellen Triebkräften heraus gehandelt hätte. Er war selbstredend in diesem Punkte nicht besser als viele andere 'Große' vor ihm, die die Welt — in ihrem Sinne oder auch zu ihren Ungunsten — veränderten. Zudem: Der Prozeß, daß aus dem Treibenden zunehmend der Getriebene wurde, setzte bei Hitler zweifellos schon geraume Zeit vor Beginn des Zweiten Weltkrieges ein. — Wie wenig ein führender Politiker des späten 18. Jh., Robespierre, in der letzten Zeit seiner 'Herrschaft' tatsächlich noch Herr seiner eigenen Ent-

In seinem genannten Werk ›Dämonie der Macht‹ spricht G. Ritter wohl Gedanken aus, mit denen sich die oben vorgetragenen berühren, doch geht es bei ihm letztlich um etwas anderes, nämlich um ein Bekenntnis zu der, nach Ritters Meinung, erstmals von Machiavelli konzipierten Einsicht von der „Unvermeidbarkeit eines Zwiespalts zwischen sittlichem Bewußtsein und den harten Notwendigkeiten des politischen Machtkampfes"[40]. Es wäre ein weites Feld, wollten wir uns mit 'Dämonie der Macht' dieser Art bzw. der Frage auseinandersetzen, inwieweit die von Ritter vertretene Auffassung berechtigt ist. Wiederum an etwas ganz anderes hat einstens Goethe gedacht, wenn er — an einer bekannten Stelle in ›Dichtung und Wahrheit‹ und verschiedentlich in seinen Gesprächen mit Eckermann — vom „Dämonischen" spricht, das manchen Persönlichkeiten eine Macht über andere Menschen gibt, die man, wie es Goethe sah, mit der Vernunft gar nicht erfassen, sondern nur einfach konstatieren kann.[41] Auch dabei können wir uns nicht mehr aufhalten (vgl. aber oben Bd. 2, 210), doch wollen wir nicht versäumen, aus dem reichen Schatz von für uns wichtigen Stellen in Goethes Schriften noch zwei zu zitieren, in denen Goethe direkt oder indirekt auf die Geschichte bezogenen, zeitlos gültigen Einsichten Ausdruck gibt. Diese Stellen in Erinnerung zu bringen, ist mir ein um so größeres Anliegen, als auch sie dazu beitragen können, die Problematik mancher heutiger Strömungen zu Bewußtsein zu bringen.

In der ›Italienischen Reise‹ schildert Goethe, wie er sich beim ersten Anblick der Tempel von Paestum zunächst in eine „völlig fremde Welt" versetzt fühlte, die ihm aber in der kurzen Frist von einer Stunde verständlich wurde, als er sich die Zeit vergegenwärtigte, „deren Geist solche Bauart gemäß fand" (Eintragung in Neapel vom 23. März 1787). Von dieser Erkenntnis ist es nur ein kleiner Schritt zu ihrer, wenn man es so ausdrücken kann, Umkehrung, welche eine *in*

schlüsse war, hat bereits ein führender Zeitgenosse, J. Fouché, klar erkannt, siehe seinen Ausspruch am 9. Thermidor, zitiert bei H. von Hentig, Terror. Zur Psychologie der Machtergreifung (1970), 39: „Ihr tut ihm viel Ehre an, ihm Absichten und Pläne zuzuschreiben. Weit entfernt davon, für die Zukunft vorauszudisponieren, dachte er gar nicht so weit. Er war einfach fortgeschwemmt."

[40] Zitat aus G. Ritters Erwiderung auf einen Aufsatz von J. Vogt, in welchem der letztere kritische Vorbehalte gegen ihn erhebt: G. Ritter, Dämonie der Macht und Weisheit der Antike. Erwiderung, in: Die Welt als Geschichte X (1950), 81 ff.; erneut in: H. Herter (Hrsg.), Thukydides (Wege der Forschung Bd. 98, 1968), 309 ff.

[41] Goethe, Dichtung und Wahrheit IV. Teil, 20. Buch; vgl. dazu Goethes Gespräche, hrsg. von F. von Biedermann IV (1910), 80, 338, 340 f., 358. Daß Goethe Gedanken von der Art der oben im Text geäußerten fremd waren, tritt a.O. 94 f. (zum 7. April 1829) besonders deutlich zutage, wo er über Napoleon reflektiert und meint, daß dieser „zu jeder Stunde derselbige war" und „immer in seinem Element und jedem Augenblick und jedem Zustand gewachsen …".

nuce auch schon in Herders › Ideen zur Philosophie der Geschichte der Menschheit ‹ aufzeigbare Wahrheit beinhaltet, die dahin geht, daß jeder (auch jedes Volk) nur das ihm Gemäße aufnimmt; eine Wahrheit, die der Kulturhistoriker immer erneut bestätigt findet und die auch die radikalen modernen Milieutheoretiker (und die darauf fixierten Entwicklungshelfer, die aus Papuas und Hereros unbedingt Europäer oder Amerikaner machen möchten!) nicht zu erschüttern vermögen. In die gleiche Richtung, mit freilich nur indirektem Bezug auf die Geschichte, gehen die Sätze, die Goethe in seinem letzten Brief — er schrieb ihn wenige Tage vor seinem Tode an W. von Humboldt — für die Nachwelt als Summe seiner Altersweisheit hinterließ und die hier nun auch noch — zugleich als eigenes Bekenntnis — ihren Platz finden sollen:

> Zu jedem Tun, daher zu jedem Talent, wird ein Angebornes gefordert, das von selbst wirkt und die nötigen Anlagen unbewußt mit sich führt ... Je früher der Mensch gewahr wird daß ein Handwerk daß es eine Kunst gibt, die ihm zur geregelten Steigerung seiner natürlichen Anlagen verhelfen, desto glücklicher ist er; was er auch von außen empfange schadet seiner eingebornen Individualität nichts. Das beste Genie ist das, welches alles in sich aufnimmt sich alles zuzueignen weiß ohne daß es der eigentlichen Grundbestimmung, demjenigen was man Charakter nennt, im mindesten Eintrag tue, vielmehr solches noch erst recht erhebe und durchaus nach Möglichkeit befähige. ... Die Organe des Menschen durch Übung, Lehre, Nachdenken, Gelingen, Mißlingen, Fördernis und Widerstand und immer wieder Nachdenken, verknüpfen ohne Bewußtsein in einer freien Tätigkeit das Erworbene mit dem Angebornen, so daß es eine Einheit hervorbringt welche die Welt in Erstaunen setzt. ... Verwirrende Lehre zu verwirrenden Handel waltet über die Welt, und ich habe nichts angelegentlicher zu tun als dasjenige was an mir ist und geblieben ist wo möglich zu steigern und meine Eigentümlichkeiten zu kohobieren (= läutern, vgl. Anm.!) ...[42] —

Ein verehrter Fachkollege, der auf ein langes und höchst erfolgreiches Wirken als Forscher und akademischer Lehrer zurückblicken kann, äußerte vor nicht langer Zeit gesprächsweise den Gedanken, daß die Alte Geschichte im herkömmlichen Sinne — freilich nicht sie allein — im Begriffe sei, sich allmählich zu erschöpfen, wenn ihr nicht durch unverhoffte Neufunde neue weite Forschungsgebiete erschlossen werden. Der Gedanke ist wohl nicht ganz von der Hand zu weisen und regt jedenfalls zu weiteren Überlegungen an: Die in unserem Fach wie auch sonst scheinbar unaufhaltsam fortschreitende Spezialisierung in dem Sinne, daß vor allem die zahlreichen jüngeren, unter Publikationszwang stehenden Forscher in zunehmendem Maße nach entlegenen und speziellen Themen suchen, die ihnen die älteren Fachkollegen noch übrigließen, hat ihre Grenzen, hinter denen jene wenig erfreuliche und durch Redensarten wie die, daß der

---

[42] Goethes Briefe, hrsg. von K. R. Mandelkow IV (1967), 480f. Zu „kohobieren" im Sinne von „läutern" vgl. a.O. II (1964), 593.

Wissenschaft nichts nebensächlich ist, nicht wegzudisputierende 'Wissenschaft vom nicht Wissenswerten' oder auch der Kreislauf des Wiederholens von längst Gesagtem seinen Anfang nimmt. An diesem Sachverhalt kann weder die allenthalben lebendige, letztlich *auch* auf eine völlige Relativierung von Aussagen der Wissenschaft im allgemeinen und der Geschichtswissenschaft im besonderen hinauslaufende Vorstellung, daß jede Generation die Dinge anders und neu sieht, noch auch die Flucht in die 'Verbalmagie', die nur den äußeren Eindruck erweckt, daß hier Tore zu neuen Welten aufgestoßen werden, etwas ändern. Nicht weitere Spezialisierung, sosehr diese in anderen Disziplinen noch angezeigt, ja notwendig ist, sollte also m. E. das Gebot der Stunde lauten, sondern Ausweitung in dem Sinne, daß man mit ständigem Blick auf die großen Zusammenhänge Linien nach verschiedenen Richtungen auf vergleichender Basis zieht und sich dabei nicht scheut, die Grenzen des engeren Faches zu überschreiten, was natürlich nicht heißen solle, daß man die feste Plattform des letzteren verläßt. Eines sicheren methodischen Standpunktes verbunden mit, wie sich von selbst versteht, ausreichender Vertrautheit mit den sachlichen Gegebenheiten und gezielten Fragestellungen kann freilich niemand entraten. Ob er dann das Ziel jeweils erreicht, kann sich nur von den Ergebnissen her zeigen, die es sich gefallen lassen müssen und zugleich ein Recht darauf haben, auf ihre Haltbarkeit hin *sine ira et studio* überprüft und sodann entweder akzeptiert oder aber — mit entsprechender Begründung — verworfen zu werden. Auch außerhalb des Kreises meiner Freunde, Mitarbeiter und Schüler, die alle schon mit entsprechenden Veröffentlichungen hervorgetreten sind, gewinnt das Verständnis für diese Einstellung und die Einsicht, daß hier noch weite Forschungsgebiete der 'Erschließung' harren, schrittweise an Boden.[43]

---

[43] Dies zeigen Rezensionen, die dem von I. Weiler und mir hrsg. Sammelwerk ›Kritische und vergleichende Studien zur Alten Geschichte und Universalgeschichte‹ (1974) sowie Weilers Schriften ›Der Agon im Mythos. Zur Einstellung der Griechen zum Wettkamf‹ (1974) und ›Griechische Geschichte. Einführung, Quellenkunde, Bibliographie‹ (1976) gewidmet sind, ebenso wie Besprechungen der beiden ersten Bände von ›Geschichte als kritische Wissenschaft‹. Die Verf. dieser Besprechungen übernahmen angesichts der großen Streuung der behandelten Themen eine sehr undankbare Aufgabe — ein Grund mehr, ihnen aufrichtig verbunden zu sein. Leicht gemacht hat es sich nur der Autor eines Sammelberichtes, der mein Anliegen mit einem, zugegeben, mühe- und liebevoll gebastelten Wortspiel abtut: „Wer nach vollständigem Wissen strebt, indem er alles über alles, etwas über alles oder alles über etwas in Erfahrung bringen will, wird kaum Fortschritte machen, sondern auf der Stelle treten" (Neue Politische Literatur Bd. 21, 1976, 424). Wie gründlich sich der Wortspieldichter mit der Sache beschäftigte, ergibt der vorhergehende Satz, wo festgestellt wird, daß „die in den zwei Bänden vorgelegten Arbeiten fast ausnahmslos Rezensionen althistorischer Werke sind". Welche Gewissenlosigkeit, sich über eine Schrift, die man für einen Literaturbericht übernommen hat, in der zitierten Weise

Dem ›Rückblick und Ausblick‹ folgend noch ein Schlußwort, resultierend aus einer vielfachen Dankesschuld. Unter den Freunden und Mitarbeitern ist einer, ohne dessen Hilfe und Aktivitäten mannigfaltigster Art dieser Band wie auch seine beiden Vorgänger nicht hätte erscheinen können: der Herausgeber I. Weiler. Die von ihm bewältigten technischen Agenden, angefangen bei einem umfangreichen Schriftverkehr, bilden nur einen sehr kleinen Teil dessen, was er an höchst Verdienstlichem für das Zustandekommen der dreibändigen Schrift tat, wobei die Übernahme des Lehrstuhls für Alte Geschichte an der Universität Graz 1976 keinerlei Minderung seiner Aktivität mit sich brachte; mit altgewohnter Energie trieb er die Sache weiter voran und stand mir weiterhin mit ergänzenden Literaturhinweisen, Änderungsvorschlägen und sonstigen Anregungen unermüdlich zur Seite. Für all das gebührt ihm Dank. Zu den Namen der hiesigen Mitarbeiter, denen schon I. Weiler seinerzeit im Herausgebervorwort des 1. Bandes (p. XIII) für ihre Mitwirkung dankte, darf hier noch der Name von Frau Ch. Kipp angefügt werden, die das Manuskript schrieb, laufend betreute und in eine gehörige Form brachte und die zudem die Hauptlast des Korrekturlesens auf sich nahm. Schließlich muß ein wiederum schon von I. Weiler (a.O.) zum Ausdruck gebrachter Dank vom Verfasser wiederholt werden, ein Dank, der sich an die Damen und Herren des Verlages richtet, welche — angefangen bei der Nachsicht mit dem Termin — in einer sehr entgegenkommenden und einsichtsvollen Weise alles taten, was an ihnen war, die Sache zu einem guten Ende zu führen. Mit dem Herausgeber fühlt sich ihnen auch der Verfasser sehr verpflichtet.

auszulassen, ohne auch nur darin geblättert zu haben! Grundsätzlich ist festzuhalten: Wer trotz allem, was in verschiedenen Beiträgen des ersten der hier vorgelegten drei Bände von ›Geschichte als kritische Wissenschaft‹ darüber gesagt wurde, ein Vorgehen, das nicht nur theoretisch, sondern auch tatsächlich das Ganze der Geschichte, wo es sich um entsprechende Probleme handelt, in die Betrachtung einbezieht, für illegitim oder dilettantisch hält, macht es sich zu leicht, wenn er darüber bloß witzelt; er muß vielmehr aufzeigen können, daß derjenige, der einen solchen Weg geht, sich wirklich überforderte, indem er aufgrund mangelnder Vertrautheit mit der Materie Fehler machte, die im Zusammenhang ins Gewicht fallen, oder zu sehr an der Oberfläche blieb, als daß es ihm gelungen wäre, wirklich weiterzukommen. Diese Forderung sollte sich eigentlich von selbst verstehen.

ERGÄNZUNG ZUM IN BAND I VERÖFFENTLICHTEN SCHRIFTENVERZEICHNIS VON FRANZ HAMPL*

F. Hampl — I. Weiler (Hrsg.), Kritische und vergleichende Studien zur Alten Geschichte und Universalgeschichte (= Innsbrucker Beiträge zur Kulturwissenschaft 18) Innsbruck 1974 (Mitherausgeber und Verfasser des Beitrags: Universalhistorische Betrachtungsweise als Problem und Aufgabe. Ihre Bedeutung in Theorie und Praxis der modernen Geschichtswissenschaft S. 121—155).

Rez.: K. Christ, Von Gibbon zu Rostovtzeff, Darmstadt 1972, in: AnzAW 27 (1974) 86—88.

Rez.: Hannibal, hrsg. v. K. Christ, Darmstadt 1974, in: AnzAW 27 (1974) 209—213.

Rez.: P. Green, Alexander the Great, London 1970, in: AnzAW 27 (1974) 74—76.

Rez.: M. Hallade — H. Hinz, Indien. Gandhâra — Begegnung zwischen Orient und Okzident, München 1968, in: AnzAW 27 (1974) 79—81.

Rez.: The Legacy of Egypt, hrsg. v. J. R. Harris, Oxford ²1971, in: AnzAW 27 (1974) 213—216.

Rez.: J. Kerschensteiner, Die mykenische Welt in ihren schriftlichen Zeugnissen, München 1970, in: AnzAW 27 (1974) 72—73.

Rez.: K. Parlasca, Repertorio d'Arte dell'Egitto Greco-Romano, Serie B — Volume I, Palermo 1969, in: AnzAW 27 (1974) 81—83.

Rez.: K. Schefold, Der Alexander-Sarkophag, Berlin 1968, in: AnzAW 27 (1974) 84—86.

Rez.: R. Schottlaender, Römisches Gesellschaftsdenken, Weimar 1969, in: AnzAW 27 76—78.

Rez.: A. D. Westlake, Essays on the Greek Historians and Greek History, Manchester 1969 in: AnzAW 27 (1974) 73—74.

Rez.: K. Würfel, Isfahan, Zürich 1974, in: AnzAW 27 (1974) 216—218.

F. Hampl, Herodot. Ein kritischer Forschungsbericht nach methodischen Gesichtspunkten, in: Grazer Beiträge. Zeitschrift für die klassische Altertumswissenschaft 4 (1975) 97—136.

Rez.: F. Oertel, Herodots ägyptischer Logos und die Glaubwürdigkeit Herodots, Bonn 1970, in: AnzAW 28 (1975) 219.

Rez.: H.-E. Stier, Welteroberung und Weltfriede im Wirken Alexanders d. Gr., Opladen 1973, in: AnzAW 28 (1975) 219—220.

F. Hampl — I. Weiler (Hrsg.), Vergleichende Geschichtswissenschaft. Methode, Ertrag und ihr Beitrag zur Universalgeschichte (= Erträge der Forschung 88) Darmstadt

---

* Stand: April 1979. Das Verzeichnis für die Schriften bis Oktober 1974 befindet sich im ersten Band S. XV—XXV.

1978 (Mitherausgeber und Verfasser der Beiträge: Vergleichende Sagenforschung S. 132—169, Vergleichende Kunstgeschichte S. 204—242).

In Druck bzw. in Vorbereitung

Kultbild und Mythos, in: Festschrift Bernhard Neutsch.
Zum Ritus des Lebendigbegrabens von Vestalinnen, in: Festschrift Robert Muth.

Für den AnzAW

Rez.: R. Egge, Untersuchungen zur Primärtradition bei Q. Curtius Rufus. Die alexanderfeindliche Überlieferung, Diss. Freiburg i. Br. 1978.
Rez.: J.-L. Huot, Persien I, München 1978.
Rez.: R. Rilinger, Der Einfluß des Wahlleiters bei den römischen Konsulwahlen von 366 bis 50 v. Chr., München 1976.
Rez.: J. Soustelle, Mexiko, München 1978.

REGISTER

A. Sachregister

Abstammungslehre 324
Absurdes 319 ff. 346
Aerarium-Affäre 160 f. 172 f. 180 f.
Aggressionstrieb 56
Anthropomorphismus 272
'Antikunst' 343. 346
Astrologie 322 f.
Astronomie und Philosophie 333
Augustus s. auch Personenregister
   cura et tutela rei publicae 212
   cura legum et morum 206 ff.
   imperium maius 218
   kaiserliche und senatorische Provinzen 210 ff.
   potestas — auctoritas 216
   potestas rei publicae constituendae 213
   Tatenbericht 196. 202 ff.

Bacchanaliendekret 115
bellum iustum 2 ff. 20
'beschönigende Historie' 50. 60 f. 116. 352 f.
Besiegte, Verhalten Roms gegen 3 ff. 24 ff. 92 ff.
Brachyllesaffäre 112 f.

Caesar s. auch Personenregister
   dictatura rei publicae constituendae 213
   Germanenexkurs 165 f.
   Glaubwürdigkeit 159 ff. 172 ff.
   Rhein als Völkergrenze 164 f.
   Zahlenangaben 172. 175 ff. 205
'Caesar-Legende' 184
Caesarenwahnsinn 361
Carteradministration 101
Censorengebot 45. 63. 81

Centuriatscomitien 9. 19
Chilam Balam 131 ff.
coniuratio 16 f.

'Dämonie der Macht' 256. 361
'Dareios-Legende' 192
dark age 311, 315, 352
Dedition 36 f. 40 ff.
'defensive Strategie' der Römer 93
Demokratisierung der Wissenschaft 323 ff.
Diffusionstheorie 335 ff. 353 ff. 360
"disziplinäre Matrix" 334
divide et impera 71. 116 ff.
documenta-Ausstellung in Kassel 345
Dolchstoßlegende 184

Einzelner und Gruppe 102, 334
Emotionelles in den Wissenschaften 332
'Entmythologisierung' des N. T. 349
Epochenjahr 168 v. Chr. 68 f. 93
Erfolgsethik 37
Ethisierung der Religion 7
Europazentrik 360

Fabier 16 f.
Fetialrecht, altrömisches 2, 8 ff. 19
foedus aequum 72
Freiheitsproklamation von 196 v. Chr. 49. 105 ff.
›Frühling und Herbst des Lü Bu We‹ 137 f.
"funktionale Christologie" 348

Gastfreundschaft, Ursprünge 7
Germanen: Sexualität und Sittlichkeit 140 ff.

Geschichtsschreibung, griechische 310 ff.
Gleichung 'Einheit der Mittelmeerwelt = Altertum' 360
Götterbilder, germanische 269 ff.
Goldenes Zeitalter 156
Grenzscheide zwischen Altertum und Mittelalter 359
Griechische Sage und mykenische Welt 350 f.
Größe Roms, Ursachen 51. 71 ff. 92 ff.
Gruppe und Wissenschaft 325
Gutsbesitzer: Homer und frühes Rom 34 f.

'Heeresdisziplin', römische 92 f.
heilige Könige 133 f. 147. 154 ff.
'heilige Urkunde' 175 ff.
'Helden und Heldenverehrung' 362
Helvetier s. Caesar, Zahlenangaben
Herodot s. auch Personenregister
  Ägyptischer Logos 238 f.
  Europa und Asien 225
  fingierte Gewährsmänner 229 ff. 242. 259 ff.
  Hellenen und Barbaren 225. 230
  Idee der Universalgeschichte 226
  Mythos und Geschichte 236 ff. 251 f. 264
  "naiver Empirismus" 263
  'Strukturanalyse' und Geschichtswerk 226 ff.
  Ursprünge des Skythenvolkes 235
  Verfassungsdebatte 198. 233 f. 244. 254 ff.
Heros Eponymos 156
historia sine nominibus 57. 69. 94. 98 f.
Historie als Kunst 355 f.
'Hohlkugeltheorie' 322
Holzarchitektur, Vorstufe der Steinarchitektur 336

Idealisierung der Frühzeit 50 ff. 75. 94
Imperialismusdiskussion 48. 53 f. 76 ff.
Indios 123. 128. 130
Indogermanisierung Griechenlands 351. 357 f.

Inkas 121 ff.
Inkastaat als Wohlfahrtsstaat 130
Inschrift von Behistūn 167. 188 ff. 253
Itzá 131 f.

Jungfräulichkeit, kultische 246 ff.
'Jungfrauengeburt' 348 f.

Karthagerverträge 12. 15 f. 35. 46. 298 f.
Kikonen 11. 15
Kollektivierung von Wissenschaft und Kunst 342 ff.
'Kollektivseele' 58. 63
Konstantinische Schenkung 331
Kopie, römische 340 f.
Kopistentätigkeit, ostasiatische Kunst 340 f.
Kreisbewegung der modernen Forschung 222
Kriege — Fehden 14 ff.
Kriegführung, römische 37 f.
Kriegsbeute 60 f. 85. 111 f.
Kulturheros 155
Kulturverfall 339 ff.
Kunst, 'sakral' — 'profan' 341 f. 347. 351

La-Tolita-Kultur 133
lex Vespasiani 215
Lustrationsriten 249

Machlyer 246 ff.
Macht- und Besitzstreben in römischer Politik 44 ff. 80 ff.
Mayas 120. 131
Memoirenwerke als Geschichtswerke 169 ff.
Mykenäer, Nationalität der 357 f.

'Napoleon-Legende' 184
nulla cultus iactatio bei den Germanen 274

Objektivität des Historikers 171
oderint dum metuant 71 f.
Ost-West-Gegensatz 359

Sachregister

'Paradigma' und 'Paradigmenwechsel' 261 f. 315 ff. 358
Parkinson'sches Gesetz 319 f.
'Personalisierung' der Geschichte 55. 94
Phalluskult bei den Mayas 132 f.
Philhellenismus, römischer 110 ff.
Politik, römische, als Vorbild 22
Politik, römische, und Moral 23 ff.
Pomerium, Erweiterung 45, 62 f. 81 ff.
Polybios s. auch Personenregister
 Tyche 296
Präkolumbische Kulturen 335
Prinzipien der Historiographie 297. 303 ff.
'Pseudomythologie, italische' 356 f.

Qanat-Bewässerung 337

Reispflanzfest in Japan und Bali 248
Relativierung wissenschaftlicher Aussagen 322 ff. 325 ff. 328

Sabiner 2. 14
Schamanentum bei der Skythen 249 f.
Schonung der Besiegten 2 ff.
Seebund, Erster Attischer 118
Seeraub bei Griechen, Römern, Karthagern 11 ff.
Sendungsbewußtsein der Inkaherrscher 129
Sendungsbewußtsein Roms 51 f. 70
Sittenverfallsvorstellung 22 ff. 33 f. 36. 84 f. 98 f. 131 ff. 136 ff. 140 ff. 152 ff. 158. 312 f.
Söldneraufstand, libyscher 87 f.
Söldnerheer 66. 73. 85 ff.
Spanier 122 f. 128 ff.
Staatsethik, stoische 38
Ständekampf 31 f.
'Sündenbock'-Zeremonien 248 f.
Sulla s. auch Personenregister
 dictatura rei publicae constituendae 213
Sullanische Reform 95 ff.
'survivals' 247

Tacitus s. auch Personenregister
 "Domitian-Erlebnis" 286 f.
 "geschichtliche Antizipation" 272 f.
 Prozeß gegen Statilius Taurus 284 f.
 sine ira et studio-Postulat 283 ff. 291 f.
 Tiberiusbild 275 ff. 283 ff.
 Wandermotive 268 ff.
Tatenberichte im Alten Orient 186 f.
Thukydides s. auch Personenregister
 fingierte Sprecher 234
 Korkyra-Exkurs 150 ff.
'Topos' in der Wissenschaft 335 f. 352 ff.
Tradition, geglaubte 347 ff.
Traditionsgebundenheit in der Wissenschaft 332
Triumph, römischer 32. 45 f. 61 ff. 83 ff.
Typenlehre Sprangers 68

Überheblichkeit in der Wissenschaft 332

vae victis 71
'Verbalmagie' 366
Verklärung der Vergangenheit 26 ff.
Victorianische Zeit, Politik 49. 51 ff. 78. 80
Volkslied 102

Wahrheitsstreben und Geschichtsschreibung 162
"Weltgeschichte Europas" 359 ff.
Weltherrschaftsstreben in Rom 89 ff.
 bei Alexander 89 ff.
 im Alten Orient 90 f.
Werte, altrömische 23 ff. 37 ff. 52 f. 71. 157. 209. 216. 218
Wissenschaft, Ethos der 351. 366 f.
 Fortschritt als 'Wissensakkumulation' 332
 als 'Glaubenssache' 322 ff. 325 ff.
 weltanschauliche Voreingenommenheit 332
'Wissenschaft vom nicht Wissenswerten' 366

B. Eigennamen
(Personen, mythische Gestalten)

Accame, A. S. 104
Achill 12. 18
Acilius Glabrio, M. 62
Adcock, F. E. 214
Adorno, Th. W. 329
Agamemnon 17. 311. 352
Agathokles 71. 153. 312 f.
Agricola, Cn. Iulius 283 f.
Aigner, H. 58. 61. 87
Aischylos 195 ff. 200. 227. 244
Alexander d. Gr. 90 f. 301. 353. 355. 359. 361
Altheim, F. 4. 52. 55. 68. 217. 254. 361
Aly, W. 234. 252 f.
Ammianus Marcellinus 83. 132. 139. 171
Andrewes, A. 315 ff.
Antiochos III. 68. 108. 112 ff.
Antonius, M. 204 f. 213 f. 291
Antonius Primus, M. 208
Apffel, H. 254 f.
Appian 64 f. 306
Appius Claudius Pulcher 67
Arat 305
Archimedes 326 f.
Aristainos 68. 106
Aristarch v. Samos 326 f. 331
Aristophanes 27 f.
Aristoteles 327
Artabanes 245
Artaphrenes 197
Asarhaddon 186 f.
Asinius Pollio 169
Astin, A. E. 81
Atahualpa 128. 130
Athene 245 ff.
Augustus 63. 82 f. 88. 97. 176 f. 187. 202 ff. 206 ff. 280. 355
Aurangzeb 101
Autaretos 87 f.
Aymard, A. 81. 109

Babur 184
Badian, E. 54. 104 ff. 113 ff.
Baebius, Q. 79
Balsdon, J. P. V. D. 54. 211
Baltzer, A. 329
Bardiya s. Smerdis
Barwick, K. 160 ff.
Bauer, A. 133. 137. 252
Beethoven, L. v. 102. 344
Belisar 146
Bellen, H. 48
Benfey, Th. 339
Bengtson, H. 4. 23. 49. 105. 118. 217
Béranger, J. 208. 213
Bergmann, H. 55
Bernatzik, H. 5
Bernhardt, R. 105. 108. 114
Berve, H. 44. 46. 97. 104. 215. 258
Beuys, J. 345
Bickel, E. 268. 270
Binder, G. 51, 252
Birket-Smith, K. 5. 14
Bleicken, J. 57 f. 65. 69. 74. 89 f. 92 ff.
Borgia, Cesare 153
Bornitz, H.-F. 237
Brachylles 112 f.
Brahe, T. de 327
Brassloff, S. 10
Braunert, H. 63
Breysig, K. 121
Briesemeister, D. 123
Bringmann, K. 150, 189. 198 f. 253. 255. 257
Broughton, T. R. S. 33. 46
Brutus 142. 170. 283
Buchanan, G. 162
Buddha 134
Bülow, Fürst 162. 170. 185
Bultmann, R. 348 f.
Burck, E. 13. 29. 36
Burckhardt, J. 154. 312. 341

Eigennamen

Caesar 38. 41 ff. 57. 61. 66. 68. 70. 82 f. 86. 89 f. 96 f. 102. 138. 144 f. 159 ff. 178 ff. 187. 203 f. 213 f. 259. 355. 361 f.
Camillus, L. Furius 8. 116 f. 142
Carcopino, J. 69.
Carletti, F. 338
Carlyle, Th. 362
Cary, M. 104
Cassola, F. 65, 104
Cato d. Ä. 23. 25 f. 29 f. 32. 36 ff. 43 f. 60 f. 64. 69. 94. 98 f. 140. 354 f.
Cato d. J. 61. 70. 99. 355
Cethegus 149
Chagall, M. 345
Chamberlain, J. 80
Chamoux, F. 357
Chang Hsüan 341
Christ, K. 54. 104
Christ, W. v. 226
Christo 345
Churchill, W. 22. 71. 184
Ciaceri, E. 283
Cicero, M. Tullius 1 ff. 6 ff. 13. 19 f. 26. 33. 37 f. 40 f. 43. 47. 50 f. 58. 61 f. 66. 72. 84. 98. 169 f. 208. 265. 362
Cicero, Q. Tullius 47. 58
Cieza de León 121 ff. 143. 146 f. 155 f. 337
Cincinnatus, L. Quinctius 34. 138
Cinna, L. Cornelius 86
Claudius 63. 81 f. 278. 285. 287
Claudius Quadrigarius, Q. 171
Cobet, J. 222. 228. 239. 259 f. 263
Collin, J. H. 161
Collingwood, R. G. 228. 263. 329
Cornelius Cossus, A. 176 f. 207
Crassus, M. Licinius 164. 176 f.
Cremutius Cordus, A. 283 f. 290
Creuzer, F. 222. 226. 234
Croce, B. 355 f.
Cunow, H. 130
Curius Dentatus 34. 36
Cyprianus (byz. General) 146
Cyprianus (Kirchenschriftsteller) 340

Dahlheim, W. 65. 104 ff.
Dahn, F. 148 f.
Dandamaev, M. A. 188 ff. 196 f. 199 ff. 252 f. 255
Dareios I. 188 ff. 234. 239. 252 ff. 257. 263. 355
Darwin, Ch. 324. 332
David, J.-L. 353
Davies, N. 335 ff.
Dayan, M. 170
Degrassi, A. 32
Deininger, J. 54. 65. 67. 78. 105. 295
Delbrück, H. 260
Demandt, A. 194
Demosthenes 26 ff. 44. 50. 149. 152
Dessau, H. 62. 176
Diels, H. 231
Diesner, H.-J. 143
Dilthey, W. 206
Dio Cassius 9. 82. 206. 208. 210 ff. 215 ff. 276. 280 f.
Diodor 31. 176. 307 ff.
Dionysios d. Ä. 71
Dionysios von Halikarnass 81. 83
Diophanes 110
Disraeli, B. 55. 80
Disselhoff, H. D. 130
Dornseiff, F. 242
Drexler, H. 229. 268. 275
Droysen, J. G. 1. 353. 355
Drumann, W. 160
Duchamp, A. 343
Dudley, D. R. 289 ff.
Dürer, A. 344
Durkheim, E. 55. 58. 63

Eckermann, J. P. 154. 364
Eddington, A. S. 331
Eder, G. 331
Eichhorn, W. 134. 241
Elias 348
Engels, F. 102 f.
Epameinondas 64
Eratosthenes 327
Erasmus von Rotterdam 137, 142

Erbse, H. 228 f.
Erdmann, E. H. 61. 76. 78. 87
Errington, R. M. 105 f.
Erwin von Steinbach 344
Euhemeros von Messene 175. 178. 232
Eumenes II. 114

Fabius Pictor 40. 307
Fabricius Luscinus, C. 34. 142
Fadinger, V. 214. 217
Fannius, C. 72
Fehling, D. 223 f. 231. 242. 245. 259. 264
Feist, S. 166
Feyerabend, P. K. 324 ff. 329 f. 332. 334. 342. 345. 353
Fick, A. 252
Fieldhouse, D. K. 55. 57. 94
Findabair 142
Flach, D. 54. 78. 91
Flamininus, T. Quinctius 49. 69. 89. 103 ff. 109 ff.
Flaminius C. 32. 58. 64. 66
Fraenkel, E. 283 f.
Frank, T. 10. 31. 63. 111
Franke, O. 139
Frei, P. 63. 80 ff. 157
Freud, S. 56
Freyer, H. 359 ff.
Friedrich Wilhelm I. 75
Fritz, K. v. 152. 225. 232. 234. 310 ff.
Fromm, E. 56. 103
Frye, R. 199 ff.
Fuchs, H. 2. 25. 52. 66 f.
Fulvius Flaccus, M. 72

Gadamer, H.-G. 228. 263. 359
Gärtner, H. A. 170
Galba 282. 292. 294
Galilei, G. 327. 348
Galsterer, H. 116. 118
Garcilaso de la Vega 122. 128. 130 f.
Gardthausen, V. 203 ff.
Gaumāta 189 ff. 197 f. 200
Gehlen, A. 346 f.
Geiserich 140 f.

Gellius, A. 9. 82
Gelon 71
Gelzer, M. 13 f. 40. 51. 64 f. 70 f. 74. 90. 117. 119. 157. 160. 167 ff. 180 f. 205. 279 f. 283
Germanicus 276 ff. 280 f.
Gesche, H. 179 f.
Gigante, M. 225 f. 237
Gisko 88
Gladstone, W. E. 55. 80
Göhler, J. 63. 115 ff.
Goethe, J. W. v. 77. 102. 153 f. 334 f. 364 f.
Goldschmit-Jentner, R. K. 329
Gombrich, E. H. 335
Gomme, A. W. 40. 150 f. 223 f.
Gracchus T. 32. 72. 91
Grant, M. 152. 289 ff.
Gregor von Tours 142
Grenade, P. 216
Greßmann, H. 188
Grimal, P. 68. 104. 217
Gschnitzer, F. 194 ff. 253 ff.
Günther, R. 103
Gundel, H. 104. 110
Gyges 235. 237. 245. 261

Haffter, H. 52. 68. 104. 118
Haftmann, W. 344
Hagen, V. W. v. 121 f.
Hamilkar Barkas 88. 308
Hannibal 73. 113. 301. 308
Haosyangha 155
Harrer, G. A. 276. 280
Hawkes, J. 354
Hehn, V. 339
Heidemann, M.-L. 104
Heintel, P. 261
Heinze, R. 39 f. 44. 51 f. 68 f. 72 ff. 98. 209
Hekataios 162. 231 ff. 251. 283. 311
Hektor 12. 351
Helbling, H. 140. 147 ff.
Helena 18. 233. 237
Hellanikos 197
Herakles 233. 235 ff.
Herder, J. G. 102

Eigennamen

Herodot 122 f. 125. 128. 162. 171. 175. 180. 188 f. 191 ff. 197 f. 200. 219. 221—266. 272. 288. 295. 306. 311 f. 337. 361 f.
Herschel, F. W. 331
Herzfeld, E. 190
Hesiod 26. 32. 152
Heuß, A. 8. 10. 13. 41. 61. 68. 75 f. 104 f. 108. 114. 225. 237. 335. 359 f.
Hideyoshi, Toyotomi 101
Hieron II. 56
Hill, G. F. 40. 110
Hippokrates 232 f.
Hitler, A. 22. 57. 71. 101. 183. 207. 289. 353. 363
Hobson, J. A. 48. 53. 78 ff.
Hofstätter, P. R. 55
Hohl, E. 10. 119. 218
Holleaux, M. 67. 108. 111
Homer 6. 11. 17 f. 26. 311. 348. 350
Hommel, H. 268. 286 f.
Horaz 51. 53. 142
Hostilius Mancinus 39
How, W. W. 249. 252. 255
Howald, E. 178. 224. 226. 232. 234. 242 f. 245. 278. 284. 310
Huascar 130
Huayna Capac 125 f. 130
Humboldt, W. v. 365
Hystaspes 191. 198

Idomeneus 15
Idrimi (syr. König) 186
Ihering, R. v. 7
Ihne, W. 30. 49. 103 f. 158
Imhotep 134
Immerwahr, H. R. 227 ff. 263
Intaphrenes 194 ff.
Io 229 f. 232 f. 236. 244. 260. 264
Isokrates 26 ff. 50. 149. 152
Iuno Sospita 247
Iupiter 176 f. 272
Iuvenal 25. 36. 137

Jacoby, F. 176. 223. 225. 231. 242 ff.
Jaspers, K. 358

Jelic, L. 259
Jesus 348 f.
Jones, A. H. M. 217
Joseph (Vater Jesu) 348 f.
Jost, K. 26
Josua 348

Kaiser, M. 238
Kalinka, E. 161
Kallisthenes 301
Kambyses 91. 189 f. 198. 200. 253
Kandaules 237
Karneades 66. 70
Katz, F. 130
Kienast, D. 13. 31. 98
Kinzl, H. 337
Kirchberg, J. 228
Kirchhoff, A. 242
Kirchhoff, P. 335
Kirsten, E. 216
Klebs, E. 31. 35
Klein, R. 22. 48. 157
Kleinknecht, H. 268. 270. 272 f.
Klingner, F. 25. 98. 267. 280 ff. 284. 286
Knapp, M. 170
Knoche, U. 23. 25. 32 f. 161. 290 ff.
Koch, R. 329 ff.
Koestermann, E. 280. 282. 284 ff.
Kolbe, W. 211
Konstantin d. Gr. 361
Kopernikus 325. 327
Kornemann, E. 4. 13. 36. 95. 105. 108
Korzeniewski, D. 229
Kranz, W. 243
Kraus, K. 335
Krickeberg, W. 131. 335
Kroisos 236 f.
Kroll, W. 27. 34
Kromayer, J. 260. 299
Kübler, B. 218
Küng, H. 347 ff.
Kuhn, Th. S. 325 ff. 342. 345. 351. 353. 358

Kuiper, P. C. 56
Kung-tse 133 ff. 158
Kunkel, W. 217
Kunze, R. 332. 334
Kyros 91. 155. 228. 235 ff. 251

La Bua, V. 307 ff.
Lacey, W. K. 218
Laertes 18. 177
Lakatos, I. 331 f.
Las Casas, B. 130. 133
Latte, K. 17. 176. 233 f.
Lauffer, S. 104. 307
Lefebvre (Erzbischof) 347
Lehmann, G. A. 67. 303 ff.
Leifer, F. 61. 97
Leipoldt, J. 247
Lenau, N. 148
Lenin, W. J. 80
Lentulus Crus, L. Cornelius 160 f. 173
Leo, F. 267. 278
Leonardo da Vinci 102. 344
Lepidus, M. Aemilius 213
Lesky, A. 237. 243
Lessing, E. 350
Lévi-Strauss, C. 228. 332. 336. 357
Lieberg, G. 54. 69. 104
Lietzmann, H. 350
Lippold, A. 98
Livius, Titus 8. 10. 14. 20. 25. 30. 33. 35. 42 f.
   45. 50 f. 53. 67. 79. 81. 83. 109. 112.
   116 f. 156. 162. 170. 176 f. 219. 298. 312
López de Gómara, F. 123
Lorenz, G. 249
Lorenz, K. 56
Lorenz, R. 55. 57
Loßmann, F. 160 f.
Lucullus 61. 86. 99
Lübtow, U. v. 13. 16. 35. 216
Lü Bu We 137
Lüddecken, E. 238
Lykortas 67 f. 106. 110. 115

Machiavelli 73. 153 f. 312. 364
Magie, D. 114

Maier, F. G. 357 f.
Manco Capac 124
Manlius Vulso, Cn. 60. 62
Mannsperger, B. 181
Manstein, E. v. 363
Marcus Antonius 204 f. 213 f. 291
Marcus Aurelius 71. 139
Marcuse, H. 55. 334
Marcuse, L. 334
Mardonios 245. 265
Mardos 196 f.
Marg, W. 221 f.
Marius, C. 41. 61. 64 f. 68. 86. 89. 95. 361
Marquardt, J. 8. 37. 63
Martin, J. 65. 69
Marx, F. 81
Marx, K. 102 f.
Mason, J. A. 130
Masterman, M. 328
Mathos 87
Mayrhofer, M. 252
Medb 142
Megabyzos 254
Meier, Ch. 64 f.
Meier, John 102
Meister, K. 295. 307. 356
Menghin, O. 361
Messalla, M. Valerius 82
Messner, J. 7
Metellus, L. Caecilius 160 f. 173 f.
Meuli, K. 249 f.
Meyer, Ed. 7. 120 f. 160. 178. 189. 217. 234.
   236. 240. 242. 276. 284. 288. 304. 355
Meyer, Ernst 52. 178
Michelangelo 345
Misch, G. 185. 199. 204. 206
Mithridates VI. von Pontos 61. 66. 187
Mitscherlich, A. 56
Mohm, S. 295. 356
Molthagen, A. 60 f. 93
Momigliano, A. 214. 228. 240
Mommsen, Th. 10. 16 f. 23. 45. 49. 55.
   64. 68 f. 74. 94 f. 103 f. 108. 110. 115.
   158. 202. 204. 206. 209 f. 213 f. 267.
   282. 288. 355. 362

Eigennamen

Mommsen, W. J. 55. 57. 94. 101 f.
Montgelas, M. v. 170
Montgomery, B. L. 184. 207
Morgenstern, Chr. 60
Moses 178
Mo-Ti 133. 135 f. 144
Much, R. 177. 274 f.
Müllenhoff, K. 273
Müller-Dango, A. 130
Müller-Jochmus, M. 10
Münzer, F. 16. 34. 36. 64 f. 73
Mugain 142
Mummius, L. 81
Murray, G. 347
Murschilisch II. 5
Myers, E. D. 329

Nabis 107 f. 112
Nachtigall, H. 127 f.
Naevius 26
Nap, M. 45
Napoleon 54. 64. 73. 75. 102. 154. 181 ff. 203. 222. 279. 353. 362 f.
Nebugatow, N. I. 293 f.
Nerthus 247. 271
Nestle, W. 256
Netzahualpilli 336
Niebuhr, B. G. 330 f.
Niese, B. 111
Nikias 153. 312
Nissen, H. 160. 172
Norden, E. 177. 268 f. 275. 278
Noth, M. 240
Nowikow-Priboi, A. S. 293 f.
Numa Pompilius 155 f. 176

Oberleitner, W. 340 ff. 350
Octavian s. Augustus
Odysseus 11. 15. 17 f. 34. 177
Oertel, F. 221. 223 f., 238
Olmstead, A. T. 199 f.
Oppermann, H. 52. 161. 180 f.
Osenbrüggen, Ed. 10. 13
Otanes 193. 254. 256 f.

Pachacuti 125
Palanque, J.-R. 69. 109
Panaitios 1 ff. 7. 13. 20. 37. 136
Panofsky, H. 242 f.
Paratore, E. 181. 267. 276. 280. 283
Parsons, T. 92. 94
Pausanias 25. 137
Pédech, P. 67
Peisistratos 257
Pelagius 147
Perikles 59. 257 f. 313
Perseus von Makedonien 69. 306
Perseus (myth.) 230. 236
Peter, C. 49. 103 f.
Petrarca 22
Peuckert, E.-W. 329
Pfeil, S. Graf v. 329
Pfister, F. 286
Phaidyme 193
Philinos 31. 298. 307 ff.
Philipp V. von Makedonien 31. 79. 90. 105 ff. 112 f.
Philon von Alexandrien 350
Philopoimen 67 f. 106. 115
Phylarch 305. 356
Piganiol, A. 149
Piso, L. Calpurnius 46. 278
Platen, A. v. 22. 148
Platon 2. 156. 175. 232
Plinius d. Ä. 25
Plinius d. J. 100
Plutarch 8. 43. 155 f. 176 f. 305
Pöschl, V. 10. 13. 21. 23
Pohlenz, M. 1. 11. 224 f.
Poincaré, R. 162
Polybios 6. 12. 20. 23. 25. 30 f. 35. 38 ff. 42. 46. 60. 67 f. 72. 90. 106. 112 f. 115. 129. 147. 162. 171. 173. 256. 288. 295 ff. 300 f. 303 ff. 356
Polykrates 11. 100. 237. 261
Pompeius 47. 57 f. 66. 88 ff. 99. 160. 174. 181. 183. 283. 361
Pomptinus, C. 83
Popper, K. 328. 332. 334
Poseidonios 25. 47. 164. 306. 314

Premerstein, A. v. 187. 206. 211 ff. 216. 218
Prexaspes 192
Prokop 129. 141. 143 ff. 171
Properz 51
Protagoras 258
Ptolemaios (Astronom) 327
Ptolemaios I. 170

Quetzalcoatl 194

Raaflaub, K. 181
Raleigh, Sir W. 52
Rambaud, M. 160. 164. 180
Ramses II. 186
Ranke, L. v. 265. 275. 288
Regenbogen, O. 233. 225
Regulus, M. Atilius 30 f. 34 ff. 308
Reinhardt, K. 197. 228. 237. 244 f.
Reinhart, R. 114
Reitzenstein, R. 284
Richter, W. 13. 180 f.
Rienzo, Cola di 22. 215. 257
Rilinger, R. 65
Ritter, G. 361. 364
Robespierre 95. 101. 174. 363
Romulus 155 f. 252
Rose, H. J. 356
Rosenberg, A. 176 f.
Rost, P. 189
Rostovtzeff, M. 54. 111. 355
Rousseau, J. J. 58. 102
Roys, R. L. 120. 131 f.
Rüstow, A. 263. 329
Russell, B. 312
Rutilius Rufus 99

Sadat, A. 219 f.
Säve-Söderbergh, T. 238
Saint Just 174
Sallust 6. 20. 23 ff. 29. 31 ff. 37. 41. 50. 66. 129. 137. 144. 162
Salvian 140 ff. 149
Sanctis, G. de 69. 105 f. 111
Sargon II. 187

Sarmiento de Gamboa, P. 122. 128
Sartre, J.-P. 228. 357
Sattler, P. 211. 213. 216
Schadewaldt, W. 226. 236 f. 239. 243
Schaefer, H. 23. 72. 104
Schachermeyr, F. 353. 357 f.
Schanz, M. 275. 279
Schenk v. Stauffenberg, A. 114. 307
Schlag, U. 85. 98. 105. 112
Schliemann, H. 350. 352
Schmähling, E. 32 f. 85
Schmalzriedt, E. 350 ff.
Schmid, W. 226. 234. 236. 239. 242
Schmidt-Glintzer, H. 135
Schmitt, H. H. 114
Schmitthenner, W. 300
Schmitz-Kuhlmann, G. 26
Schmökel, H. 240
Schneider, C. 104
Schönbauer, E. 9. 215 f.
Schottlaender, R. 54. 104. 119
Schröter, M. 329
Schubert, F. 102. 344
Schur, W. 65. 97
Schwartz, Ed. 13. 308
Schwertfeger, T. 114
Scipio Aemilianus 33. 41. 45. 81. 89. 118
Scipio Africanus Maior 46. 92. 97. 301
Scipio, L. Cornelius 62
Scullard, H. H. 65. 81. 104
Seel, O. 52. 98. 158
Seian 280 f.
Seleukos von Babylon 326
Semiramis 239
Semmelweis, I. 330
Seneca d. J. 34. 82 f. 334. 354. 361
Servius (Grammatiker) 16 f. 298
Servius Tullius 82
Seston, W. 149
Seume, G. 148
Sherwin-White, A. N. 181
Shi huang-ti 138
Siber, H. 9. 211. 216
Siegfried, W. 297
Silenos 308 f.

Eigennamen

Smerdis 189 ff. 253 f.
Soden, W. v. 187
Solinus 177
Solon 27. 32. 175
Sophokles 102
Sorokin, P. 329
Spendios 87
Spengler, O. 339. 341. 357
Spiegel, J. 6
Spiegelberg, W. 238
Spranger, E. 68
Sse-ma Ts'ien 139. 241
Staedler, E. 214
Stählin, O. 226. 234. 236. 239. 242. 362
Stalin, J. 207 f. 213. 215. 289
Stark, R. 17
Statilius Taurus 284 f.
Stegmüller, W. 77. 324 f. 328. 331 ff.
Steidle, W. 284
Stein, H. 257
Steinbach, E. v. 344
Stern, A. 329
Stier, H. E. 13. 23. 66. 104. 108. 110. 305
Stöhr, W. 250
Stoessl, F. 226. 233. 237
Strabon 211 f. 216. 218
Strack, P. L. 216
Strasburger, H. 64. 72 f. 157. 265. 305
Ström, A. V. 271
Stroheker, K. F. 257
Sueton 206. 208. 211. 276. 280. 292
Sulla 60 f. 64 f. 69. 82. 88 f. 95 ff. 169. 187. 213
Sulpicius Rufus 65
Syme, R. 65. 214. 216. 288
Symmachus 340

Tacitus 25. 32. 36 f. 45. 67. 83. 132. 159. 166. 173. 177. 179. 267—271
Täubler, E. 42. 105
Tarquitius Priscus 284 f.
Telemachos 11. 18
Theagenes von Rhegion 348
Theodahat 143
Theoderich 147

Thiel, J. H. 23
Thompson, J. E. S. 131 ff.
Thukydides 11. 28. 40. 50. 59. 67. 150 ff. 162. 171. 223 f. 227 f. 234. 258. 226. 277. 288. 295. 297. 303. 306. 311 ff.
Thutmosis III. 59. 100. 186 ff.
Tiberius 98. 275 ff.
Timaios 162. 304
Timur Lenk 126
Tizian 344
Topa Inka 125 ff.
Totila 141. 143 ff.
Toynbee, A. 339
Tränkle, H. 67. 112 f.
Traian 355
Treitschke, H. v. 74 f.
Treu, M. 155
Troll, C. 337
Tung Chung-shu 134
Tucholsky, K. 334
Tyrtaios 342

Uhland, L. 102
Usener, H. 121

Valentinus (Bischof) 146
Valerius Antias 171
Valerius Flaccus 86
Valerius Maximus 45. 81. 83 f.
Valjavec, F. 9
Valla, L. 331
Varro, C. Terentius 73. 271
Varro Murena 208
Velázquez, D. 344
Vergil 25. 46. 51 ff. 70
Verres 291
Vierkandt, A. 154
Virchow, R. 329 f. 332
Viriathus 24
Vitellius 285 f.
Vitruv 327
Vittinghoff, F. 218
Vogt, J. 4. 13. 38. 45. 59. 62. 68. 71. 104. 108 f. 116 ff. 245. 267. 275 f. 279. 283 f. 286

Voigt, M. 36
Volkmann, H. 111. 217
Voltaire 287
Vries, J. de 271

Wachsmuth, C. 185
Wagner, F. 329
Walbank, F. W. 295 ff. 300 ff.
Walker, B. 267. 276. 278 ff. 283. 287
Walser, G. 159 f. 163 ff. 180. 267 f. 272 f.
Warhol, A. 346
Weber, H. A. 261 ff. 334
Weber, M. 55. 121. 154
Weber, W. 207. 218
Wehler, H.-U. 48. 55. 57. 94. 101
Weiler, I. 251. 366 f.
Weische, A. 64 f.
Wellhausen, J. 332. 354
Wells, J. 249. 252. 255
Welwei, K.-W. 150. 153. 305
Wen 135 f.
Werner, R. 53. 69. 104. 218
Westermann, W. L. 37
Wickert, L. 217. 298

Widengren, G. 199 ff.
Wilhelm, R. 120. 135. 137
Winckler, H. 189
Wipprecht, F. 225. 242
Wissowa, G. 10. 14. 268. 270. 272. 275
Witiges 143. 148
Wittgenstein, L. 334
Wittmütz, V. 76. 78 f.
Wolff, E. 270 f.
Worringer, W. 329

Xanthippos 258. 308
Xenophanes 271
Xenophon 155. 170. 288
Xerxes 228. 245. 248. 257. 263. 265

Yao 134. 136
Yau 138
Yima 155
Yü 134. 138

Zäch, C. 292
Zeus 176. 230. 232
Ziegler, K. 295

C. Geographisches Register

Ägypten 134. 175. 186. 229 ff. 238 f. 252. 261. 357. 360
Afrika 29. 284. 301
Akragas 60. 307
Alba Longa 14. 16
Alesia 62. 163
Amerika 123
Andenländer 156
Antium 16
Apenninenhalbinsel 156
Ardea 39
Aricia 39
Asciburgium 177
Asien 257
Athen 26 ff. 32. 59. 63. 118. 153. 175. 258
Atlantis 175
Ayaviri 125

Babylon 239. 261. 360
Babylonien 355
Bali 248. 271
Barhut 336
Behistūn 167. 188 ff. 196 ff. 252 f.
Berg Sinai 178
Bibracte 163. 175
Boiotien 32

Cannae 299. 362
Capri 279. 281
Caranqui 125
Casilinum 38
Caudinische Pässe 39
Chaironeia 187
Chalkis 109

Geographisches Register

China 134. 138 f. 156. 338. 341. 360
Chios 227
Cilicien 61
Colla 127
Copacopa 125
Corsica 62
Cumae 144
Cuzco 122. 124. 128

Deldo 176
Deutschland 57
Dodona 230. 233. 259. 264

Ecuador 125. 226 f.
Ekbatana 240
El Alamein 207
England 51. 75. 80
Engyon 177
Ephesos 68. 174
Epirus 114
Euphrat 164
Europa 54. 360

Frankfurt/Main 342
Frankreich 51. 64. 75

Gallien 38. 159. 164 ff. 174. 179
Germanien 164 ff.
Griechenland 49. 261

Haïti 324
Halikarnass 123
Hellas 27
Henna 38
Hissarlik 352

Ianiculus 9. 19
Ilerda 145
Illyrien 71
Indien 134. 261
Israel 170
Issos 301
Italien 38. 46 f. 49. 52. 55. 129. 156. 183
Ithaka 11. 18

Japan 245. 248

Karthago 2 f. 12. 15. 25. 35. 46. 73. 141. 144. 298
Kathmandu 248
Kermanschah 167
Kolumbien 122
Konstantinopel 361
Korinth 3. 105 f. 110 f. 266
Korkyra 150 f. 154. 312
Kynoskephalai 110. 112 f.

Lanuvium 247
Latium 4. 14. 71. 117
Leipzig 167. 362
Leningrad 363
Ligurien 24
Lokris 40

Mailand 148
Mainz 167
Makedonien 49. 54. 71. 174. 305
Mantineia 305
Massilia 179
Medien 155. 189. 191. 201
Memphis 235
Mesopotamien 239. 360
Messene 18
Messina 297. 308
Mexico 130
Mexico City 353
Mitla 194
Moskau 363
Mykalessos 227
Mykene 311. 352

Naqš-i Rustam 188
Nazca 337
Neapel 145
Nepal 248
Neu-Karthago 61
Nola 60
Nubien 62
Numantia 2 f.
Numidien 73

Orient 261
Ostindien 52
Otavalo 125

Pachacamac 122. 128
Paestum 364
Panchaia 175. 232
Persien 189. 191. 194. 252. 254. 261
Peru 337
Perusia 146
Philippi 203 ff.
Platää 260
Portus 146
Preußen 75
Puebla 337
Puná 126
Pydna 38. 68. 114. 306

Qazvin 193
Quito 128

Ravenna 172
Rhein 164 f.
Rhodos 1. 38. 47. 114. 281
Rom 22 ff. 65 f. 72. 82. 130. 140. 146. 155 f. 158. 160. 172. 175. 203 f. 257. 273. 277. 279. 287. 312
Rubicon 172. 183
Ruscianum 147
Rußland 57. 293

Sakkara 336
Salamis 197. 200. 235
Samos 100
Sanchi 336
Sardinien 39
Satricum 42

Schleswig 271
Sizilien 37. 56. 177
Sowjetunion 293
Spanien 24. 29. 35. 39. 73
Sparta 64. 234
Stalingrad 363
St. Helena 181. 184
Susa 194. 198. 201
Syrakus 71
Syrien 285

Tarvisium 146
Telamon 60. 73
Teotihuacán 351
Theben 64. 101. 112. 230. 259
Thermopylen 29 f.
Thurioi 226
Tiahuanaco 351
Tiber 8
Tibur 146
Tritonissee 245. 247
Troja 15. 17. 237
Tsushima 292

Ukraine 363
USA 324
Uxmal 132. 336

Veii 8. 16. 31
Vesontio 163
Villahermosa 336

Waterloo 182

Yukatan 120 f. 131 f.

Zama 301. 306
Zypern 357 f.

BERICHTIGUNG

Die Behauptung Seite 345 Anm. 24, der Künstler Beuys habe Putzfrauen, die in der von ihm als Kunstwerk deklarierten Badewanne ihre Bierflaschen kühlten, auf Schadenersatz verklagt, ist unrichtig. Richtig ist vielmehr, daß Herr L. Schirmer als der Eigentümer dieses Objektes die Stadt Wuppertal, welche besagtes Objekt als Kunstwerk mit einem Handels- und Versicherungswert von DM 40 000,— von ihm ausgeliehen hatte, auf Schadenersatz verklagte und damit erfolgreich war.

WISSENSCHAFTLICHE BÜCHER
Studienliteratur Altertumswissenschaft

4498-3   Bayer, Erich, und Jürgen Heideking:
Die Chronologie des perikleischen Zeitalters. (EdF, Band 36) 1975

4244-1   Blume, Horst-Dieter:
Einführung in das antike Theaterwesen. 1978

6363-5   Brockmeyer, Norbert:
Antike Sklaverei. (EdF)

4908-X   Christ, Karl:
Römische Geschichte. Einführung, Quellenkunde, Bibliographie. 3. Aufl. 1979

5333-8   Gesche, Helga:
Caesar. (EdF, Band 51) 1976

7314-2   Heinen, Heinz:
Die Geschichte des Altertums im Spiegel der sowjetischen Forschung. (EdF) 1979/80

3864-9   Heubeck, Alfred:
Die homerische Frage. (EdF, Band 27) 1974

3724-3   Meyer, Ernst:
Einführung in die antike Staatskunde. 3. Aufl. 1976

4497-5   Neubecker, Annemarie:
Altgriechische Musik. Eine Einführung. 1977

4350-2   Nickel, Rainer:
Xenophon. (EdF, Band 111) 1979

7545-5   Papastavrou, Johannes:
Themistokles. (EdF, Band 92) 1978

8063-7   Radke, Gerhard:
Archaisches Latein. (EdF)

5672-8   Schmitt, Rüdiger:
Einführung in die griechischen Dialekte. 1977

6358-9   Weiler, Ingomar:
Griechische Geschichte. Einführung, Quellenkunde, Bibliographie. 1976

5673-6   Wille, Günther:
Einführung in das römische Musikleben. 1977

WISSENSCHAFTLICHE BUCHGESELLSCHAFT
Postfach 11 11 29   D-6100 Darmstadt 11